两岸发展的文化合力

——第二届两岸文化发展论坛文集

两岸关系和平发展协同创新中心福建师范大学两岸文化发展研究中心/编

人民出版社

责任编辑:詹素娟

封面设计:彭世兴

图书在版编目(CIP)数据

两岸发展的文化合力:第二届两岸文化发展论坛文集/两岸关系和平发展协同
 创新中心福建师范大学两岸文化发展研究中心 编.
 —北京:人民出版社,2015.9
 ISBN 978-7-01-015352-0

Ⅰ.①两… Ⅱ.①两… Ⅲ.①海峡两岸-文化发展-研究 Ⅳ.①G12

中国版本图书馆 CIP 数据核字(2015)第 229561 号

两岸发展的文化合力

LIANGAN FAZHAN DE WENHUA HELI

——第二届两岸文化发展论坛文集

两岸关系和平发展协同创新中心福建师范大学两岸文化发展研究中心 编

人民出版社 出版发行

(100706 北京市东城区隆福寺街 99 号)

北京中科印刷有限公司印刷 新华书店经销

2015 年 9 月第 1 版 2015 年 9 月北京第 1 次印刷
开本:710 毫米×1000 毫米 1/16 印张:32
字数:560 千字

ISBN 978-7-01-015352-0 定价:78.00 元

邮购地址 100706 北京市东城区隆福寺街 99 号
人民东方图书销售中心 电话 (010)65250042 65289539

目　录

下　篇

新形势下两岸文化交流合作的新意义、新作用

——在第二届两岸文化发展论坛开幕式上的致辞

孙亚夫

海峡两岸关系协会副会长

我很高兴应邀出席第二届两岸文化发展论坛。这届论坛的主题"两岸文化发展合力之探求",表达了促进两岸文化交流与合作的愿望;论坛将具体讨论的都是当前两岸文化交流与合作中的重要议题,反映了研讨的现实性、针对性。我不是研究文化问题的专家,对文化问题只有初步的了解,此次参会是向两岸专家学者请教。在此,我仅就两岸文化交流与合作谈些粗浅看法,就教于两岸专家学者。

两岸各领域包括文化领域的交流与合作,是两岸关系改善和发展的产物,也是推动两岸关系和平发展的重要途径之一。1949 年以后,两岸政治对立、军事对峙,经济、文化交往中断,人民没有往来。1979 年以后,经过大陆方面长期努力和台湾当局某些政策调整, 1987 年 11 月,台湾民众开始来大陆探亲,长达 38 年之久的两岸同胞隔绝状态结束了,两岸人民往来和民间性经济、文化等方面交流随之兴起。此后二十年间,两岸关系历经风雨,数度陷于紧张动荡,但由于两岸同胞天然的民族和文化纽带及对经济、文化交往的需求,两岸人民往来和民间性经济、文化等方面交流合作总体上发展起来。其中,文化交流合作领域拓宽、内容增多、影响扩大。2008 年 5 月以来,两岸关系实现重大转折,取得一系列突破性进展和丰硕成果,开创出和平发展的新局面,并

于 2012 年进入巩固和深化和平发展的新阶段。在这样的背景下,两岸文化交流合作取得很大发展。每年举办的两岸文化交流活动达两千多项,参与人数超过一万多人次。人文科学、社会科学,文学、艺术、文物,广播、电影、电视,出版、印刷、音像制作,少数民族文化、地域特色文化、民俗文化,几乎所有的文化领域及其门类都开展了交流,还搭建了一定数量的机制化交流平台。两岸文化界团体和人士交往密切,访问、研讨、讲学、巡演,合办展览会、图书交易会,合拍电影、电视节目,几乎所有的交流合作形式都运用了。台湾民众积极来大陆参加公祭中华民族人文始祖黄帝、炎帝等大典活动。妈祖、关帝等民间信仰交流活动热络。佛教、道教、基督教等宗教文化交流活动活跃。两岸文化产业合作也开展起来、方兴未艾。总的说,两岸文化交流合作领域更为宽阔,形式更为多样,内涵更为丰富,质量更为提高,影响更为广泛。真可谓百花齐放、姹紫嫣红。

长期以来,两岸文化交流合作,对丰富两岸同胞文化生活、增进两岸同胞相互理解和彼此感情、维护两岸同胞共同的中华文化认同和中华民族认同,产生了十分重要的作用;对两岸关系改善和发展、两岸关系和平发展及其巩固和深化,也产生了十分重要的作用。

当然,两岸文化交流合作也需要改进、提高和扩大、深化,也需要解决存在的问题。两岸文化界人士都还要为此而努力。重要的是,在当前要努力巩固和深化两岸关系和平发展的时候,有必要对推进两岸文化交流合作的意义和作用有进一步的认识。

两岸关系经过近六年的和平发展,从政治、经济、文化、社会等各方面看,都具有继续前进的基础、动力和条件。两岸双方在反对"台独"、坚持"九二共识"的共同政治基础上,建立和增进了基本互信。两岸协商达成一系列协议,对协议范围内的交往与合作作出了制度化安排。两岸全面直接双向"三通",方便了人民往来,促进了贸易投资。签署和实施两岸经济合作框架协议,推进了两岸经济关系。形成两岸社会各界大交流的局面,增进了社会各界尤其是基层民众的相互理解和感情。其间具有深远意义的是,两岸经济、文化、社会联系达到 65 年来最密切的程度。同时,两岸关系继续发展,还受到"台独"分裂势力的极力阻挠,受到两岸政治分歧问题的明显制约,受到外部势力的百般牵制。近期台湾时局出现的某些情况和问题,也对两岸关系发展产生了影响。

　　两岸关系和平发展,是两岸同胞共同的愿望,是一条正确的道路。面对上述形势,两岸同胞要坚定不移地走两岸关系和平发展的正确道路,抓住机遇,应对挑战,通过各方面的努力,继续推动两岸关系和平发展。推动两岸关系和平发展的强大动力,是两岸同胞团结奋斗。中共中央总书记习近平先生倡导"两岸一家亲"的理念,鼓励两岸同胞齐心协力持续推动两岸关系和平发展。"两岸一家亲"的理念,是两岸同胞共同推动两岸关系和平发展的精神源泉。

　　"两岸一家亲"的理念,植根于共同的血脉、共同的文化、共同的命运。两岸同胞同属中华民族,都受中华文化哺育,是血脉相连的命运共同体,是一家人,这是与生俱来、浑然天成的,是不可割裂的,也是不可磨灭的。在台湾被日本侵占的 50 年期间,台湾同胞保持着强烈的中华民族意识和牢固的中华文化情感。1949 年以来,台湾同胞生活在与大陆不同的社会制度和社会环境中,曾与大陆同胞隔绝长达 38 年之久,隔绝状态结束后又曾经历过两岸关系的紧张动荡,但是绝大多数台湾同胞仍然认为自己属于中华民族、认同中华文化。这是台湾同胞最基本、最深厚的认同。

　　巩固和增强"两岸一家亲"的理念,两岸同胞就会心心相印、守望相助,彼此认同、信赖和扶持,理解对方而消除不必要的疑虑,进一步交流合作、互利双赢;就会保护好、建设好大陆和台湾这个共同的家园,反对"台独"分裂势力的干扰、破坏;就会为两岸同胞互信充实更多的内涵,为增进两岸政治互信提供更广泛的社会支持,为两岸关系和平发展增添更强劲的动力、更有利的条件。

　　巩固和增强"两岸一家亲"的理念,是一个综合性的系统工程。要巩固反对"台独"、坚持"九二共识"的共同基础,增进维护一个中国框架的共同认知;要通过交流合作,扩大共同的经济利益,结成牢固的文化纽带,融洽彼此的同胞感情;要通过平等协商解决问题,不但要解决两岸交往中的经济、文化、社会等方面的问题,而且也要逐步解决两岸政治关系、军事安全、涉外事务等方面的问题;要坚决反对"台独"分裂图谋,批驳"台独"分裂势力割裂两岸历史和文化联系、制造两岸同胞对立的论调;要推进两岸关系和平发展制度化建设,巩固和深化两岸关系和平发展的政治、经济、文化、社会基础;总之,要在持续推动两岸关系和平发展的进程中,抚平历史创伤,实现心灵契合,树立共同愿景。

　　在这个系统工程中,两岸文化交流合作对于巩固和增强"两岸一家亲"

的理念具有独特的重大作用。文化的内在灵魂是人的基本价值、基本行为准则，最大特质是以无形的观念影响有形的存在，回答的最重要、最根本的问题是"我是谁"、"我们是谁"。人们是用祖先、语言、历史、价值来界定自己，标示自己的文化归属。而文化认同又将带动或推动民族认同与国家认同。因此，文化对人的思想感情包括认同的影响直接、深刻、久远。也因此，更要在两岸文化交流合作中注重倡导"两岸一家亲"的理念。

进一步说，在两岸文化交流合作中倡导"两岸一家亲"的理念，要注重共同传承和弘扬中华文化。中华文化是台湾文化的母体，在台湾根深蒂固、枝繁叶茂；台湾文化在这个基础上发展，形成自己的特色，丰富了中华文化的宝库。而且如前所述，台湾同胞受中华文化哺育，认同中华文化。因此，中华文化是两岸同胞的精神纽带和共同财富，是两岸文化交流合作的最大公约数。也因此，无论是从客观实际还是从主观努力来说，共同传承和弘扬中华文化，是两岸文化交流合作的主线，是两岸关系和平发展文化基础的核心内容。

当前，我们应该比以往任何时候都更加努力促进两岸文化交流合作，不但要继续丰富两岸同胞文化生活，而且尤其要注重共同传承和弘扬中华文化，巩固和增强"两岸一家亲"的理念，巩固和深化两岸关系和平发展的文化基础，为两岸关系和平发展提供更坚实有力的精神支撑、更蓬勃旺盛的生机活力、更丰富多彩的人文内涵。

衷心期待今后两岸文化交流合作发挥如下几方面的作用：

一是发挥发扬光大中华文化的作用。文化是民族的血脉。中华文化源远流长、博大精深、灿烂辉煌，积淀着中华民族最深层次的精神追求，是中华民族的血脉。在两岸文化交流合作中共同发扬光大中华文化，汇集两岸同胞的聪明才智，将创造出新的文化精品，为中华文化宝库增添新的精神财富。

二是发挥文以化人的教化作用。其中一个很重要的方面是，批驳"台独"分裂势力割断两岸历史和文化联系、制造两岸同胞对立的论调。"台独"分裂势力在90年代中期到2008年的十多年间在台湾极力推动"去中国化"，对台湾社会意识尤其是年轻一代的思想造成了十分恶劣的影响，而且贻害至今。对此，两岸同胞要予以拨乱反正、正本清源，两岸文化交流合作也要发挥这种作用。

三是发挥扩大和深化认同的作用。如前所述，台湾同胞有着明确的中华民族认同、中华文化认同，这是最基本、最深厚的认同，是十分宝贵的。要把这一最基本、最深厚的认同巩固起来、增强起来,在此基础上,通过两岸经济、文化、社会等等方面的交融,以及逐步解决两岸政治分歧问题,进而解决台湾社会中涉及认同某些层次、方面的问题,从而全面扩大和深化认同。在这整个过程中,两岸文化交流合作都将发挥不可替代的作用。

四是发挥推进两岸文化交流合作机制化和制度化的作用。2008年5月以来,两岸关系和平发展制度化建设逐步推进,提升了两岸关系发展的水平。在经济领域,签署和实施两岸经济合作框架协议,促进了两岸经济交流合作机制化、制度化,推动两岸经济关系取得迄今最重要、最显著的进展。在文化领域,两岸文化交流合作也应该走向机制化、制度化,以提升两岸文化关系发展水平。因此,需要商签两岸文化交流协议,也应该继续为商签这一协议积累共识、创造条件。不断扩大和深化两岸文化交流合作,将推动商签两岸文化交流协议的进程。

五是发挥推进中华民族伟大复兴的作用。中华民族近代以来最伟大的梦想,是实现自身的伟大复兴。经过几代人不屈不挠、艰苦卓绝的奋斗,如今中华民族伟大复兴已经展现出前所未有的光明前景,已经比历史上任何时期都更接近实现的目标。民族复兴离不开文化复兴,也将促进文化复兴。中华民族伟大复兴必然伴随中华文化的繁荣兴盛。进行两岸文化交流合作,传承和弘扬中华文化,推动中华文化繁荣兴盛,必将为推进中华民族伟大复兴作出宝贵的重要贡献。

最后,衷心希望两岸文化交流合作持续发展,造福两岸同胞,造福中华民族;衷心希望两岸同胞继续齐心协力推动两岸关系和平发展,共圆中华民族伟大复兴的中国梦。

预祝第二届海峡两岸文化发展论坛成功!

2014 年 10 月 25 日

上　篇

中华文化优良传统是两岸关系和平发展的合力

王耀华

两岸协创中心福建师范大学两岸文化发展研究中心主任、教授

中华优秀传统文化形成于中华民族数千年的文明历程,成为民族凝聚力的精神纽带。今天,继承中华文化的优良传统,使它成为两岸关系和平发展的合力,推动两岸经济、社会繁荣昌盛,应当成为我们的共识。

一、以"和而不同"的原则推动两岸关系和平发展

中华传统文化思想有一个重要范畴,就是"和"。中华民族一向看重和谐,崇尚中道,"和为贵","平和","中和","天地人和","和谐"为最高理想。同时,又明确区分"和"与"同"的界限,所谓"夫和实生物,同则不继。以他平他谓之和,故能丰长而物归之;若以同裨同,尽乃弃矣"。[①]"和"是保留差别与多样性的统一,不同、差异是万物生存、发展的基础。"和"的观念中蕴含着开放性和包容性。"同"是简单抽象的同一性,如果追求简单重复同一性的话,那就不可能产生出任何新的东西。所以,孔子说:"君子和而不同,小人同而不和。"[②] 这里,"和"的内涵,是不同事物或对立因素的相辅相

---

① 《国语·郑语》,叶郎总主编《中国历代美学文库·先秦卷(上)》,高等教育出版社 2003 年版,第 311 页。

② 《论语卷十六·子路第十三》,《诸子集成一·论语正义》,上海书店 1981 年影印版,第 296 页。

成,在肯定多样性、差异性存在,尊重差异、保存个性的前提和一定条件下,使矛盾、对立的诸因素、方面共处于统一体中。

数千年来,中华民族就是用"和而不同"这一原则,来正确处理民族种族关系、宗教关系、文化流派关系,尊重、承认和包容不同的民族、不同的宗教信仰、不同的文化流派,通过沟通、协调而不是冲突、暴力达到和平共存、和谐相处在一个国家、一个地区之中,共求发展,共同进步。体现了"万物并育而不相害,道并行而不相悖"①的"和而不同"的中国文化传统。其中,"万物并育"和"道并行"是"不同","不相害"、"不相悖"(不相冲突)是"和",既"不同"又能够"和",形成多姿多彩的和谐统一,为多民族、多宗教、多元文化的相容共处提供了成功实例。

当今,"和而不同"的原则,在两岸关系问题上也得到了充分的体现。两岸同属一个中国,两岸同胞都是中华民族的子孙,是血脉相连的命运共同体。维护两岸关系和平发展,携手共同建设和谐幸福家园,振兴中华,实现民族繁荣富强的"中国梦",是两岸人民的共同愿望。这就是两岸同胞的大"同"。其他的"异",如由于地域、历史原因造成的两岸有不同的意识形态,人生观、价值观有差异,实行不同的社会制度,这些都可以留下来。两岸关系和平发展这一主张,是对中华文化"和而不同"、"求同存异"原则的又一重大实践。事实证明,用和平的方式来维系两岸关系,最符合包括台湾同胞在内的中华民族的整体利益,两岸关系和平发展是通向未来的一条正确道路。两岸双方要开始学会彼此欣赏对方的优点,彼此珍惜对方的价值,抓住现阶段两岸关系发展的良好局面,全面夯实两岸关系和平发展的经济、社会、文教和共同事务共同治理基础,汇集社会各方面的智慧和力量,共同推进两岸关系和平发展的步伐不断前行。"当前,两岸关系进程正不断向前推进,没有因遇到一些沟坎而止步,反映了两岸同胞共同心愿。"②我们相信,两岸同胞在继承"和而不同"中华传统文化思想的基础上,一定能继续推进两岸关系的和平发展,"站在'振兴中华'、'共圆中国梦'的战略高度看待国家和平统一",义无反顾地承担复兴中华的重责大任。

---

① 《中庸章句》,朱熹集注《四书集注》,岳麓书社 1985 年版,第 60 页。
② 《习近平会见台湾和平统一团体联合参访团》,《福建日报》2014 年 9 月 27 日第 1 版。

二、以"自强不息"的精神促进两岸经济、社会共同繁荣昌盛

《易传》曰:"天行健,君子以自强不息。"① 其意为:天体运行永无休止,人要以天为法,永远向上,坚强不屈。自上古三代至今,历时数千年,这一《易传》所总结的思想深入中华民族的人心,其刚健、自强不息的精神,成为激励中华儿女奋发图强的动力和支柱。《史记·太史公自序》载:"昔西伯拘羑里,演《周易》;孔子厄陈、蔡,作《春秋》;屈原放逐,著《离骚》;左丘失明,厥有《国语》;孙子膑脚,而论兵法;不韦迁蜀,世传《吕览》;韩非囚秦,《说难》、《孤愤》;《诗》三百篇,大抵贤圣发愤之所为作也。"② 这些记载,反映了中华儿女愈是遭受挫折,愈是奋起抗争。所谓"三军可夺帅也,匹夫不可夺志也。"③"刚毅木讷近于仁。"④"富贵不能淫,贫贱不能移,威武不能屈。"⑤ 在中华民族处于危难之际,刚健有为、自强不息的精神,成为激励人们起来进行斗争的强大精神力量,提倡"生,亦我所欲也,义,亦我所欲也,二者不可得兼,舍生取义者也。"⑥"志士仁人,无求生以害仁,有杀身以成仁。"⑦ 出现了岳飞、文天祥、于谦等民族英雄。在中华民族处于和平发展时期,这种永无休止、永远向上的精神,也鼓舞着我们中华民族奋发图强、积极进取,为民族兴旺发达作出自己应有的贡献。

以上这种刚健有为、自强不息的民族精神也溶进了台湾同胞的血液之中。在历史上击败了荷兰统治者的侵略,打败了日本帝国主义者,建设了自己的美好家园。尤其是在 20 世纪七八十年代,台湾人民发扬刚健有为、自强不息的

---

① 《周易·乾》,(魏)王弼撰、楼宇烈校释:《周易注校释》,中华书局 2012 年版,第 2 页。
② 《史记·太史公自序 第七十》,《二十五史》,上海古籍出版社、上海书店 1986 年影印版,第 359 页。
③ 《论语卷十·子罕第九》,《诸子集成一·论语正义》,上海书店 1986 年影印版,第 191 页。
④ 《论语卷十六·子路卷第十三》,《二十五史》,上海古籍出版社、上海书店 1986 年影印版,第 298 页。
⑤ 《孟子卷十一·藤文公章句下》,《诸子集成一·孟子正义》,上海书店 1986 年影印版,第 247 页。
⑥ 《孟子卷六·告子章句上》,《诸子集成一·孟子正义》,上海书店 1986 年影印版,第 461 页。
⑦ 《论语卷十六·卫灵公 第十五》,《诸子集成一·论语正义》,上海书店 1986 年影印版,第 337 页。

精神,以艰苦卓绝的努力,创造了"亚洲四小龙"的经济成就。当评论家讨论这一成就时,他们往往强调中国传统文化所发挥的积极作用。有些评论家甚至称之为"儒家工业文明",因为传统的儒家文化和理念范畴,发挥着调节人际关系,增加凝聚力和振奋精神提高生产效率的作用。

20 世纪 50 年代以来,尤其是改革开放以来,大陆各方面事业所取得的巨大成就,既是马克思主义和中国实际情况相结合走中国特色社会主义道路的胜利,也是将中国文化刚健有为、自强不息精神与经济建设的现实要求结合起来,赋予它鲜明时代内涵的结果。

所以,我们相信,只要两岸同胞都能携手推进两岸关系和平发展,共同继承自强不息的民族精神,我们就一定能够迎来两岸经济、社会发展的更加繁荣昌盛。

三、以"贵仁崇礼"的准则作为两岸民众伦理道德的共同规范

中国是礼仪之邦。中华民族有"贵仁崇礼"的文化传统。

《吕氏春秋·不二》曰:"孔子贵仁。"[①] 对于"仁"的内涵,孔子说:"夫仁者,己欲立而立人,己欲达而达人。"[②] 这里的"立",指的是能立于社会,具有独立生活的本事和独立意志。"达"是具有较高的水准,能够为社会作出一定贡献。己立立人,就是一方面能够自立,肯定自己的人格,另一方面能够协助别人自立,尊重别人的人格。己达达人,是能够自己努力上进,达到一定成就,又能够协助他人上进,使他人也达到一定成就。孔子的"仁",提倡"爱人"[③]、"泛爱众"[④],是古代"人类之爱"的思想,宣扬人与人之间应该相爱。强调推己及人。所谓"老吾老以及人之老,幼吾幼以及人之幼"[⑤],"己所不欲,勿施于人"[⑥]。提倡"正身","其身正,不令而行,其身不正,虽令不从"。

---

① 《吕氏春秋卷·第十七·审分览第五》,《诸子集成六·吕氏春秋》,上海书店 1986 年影印版,第 213 页。

② 《论语卷七·雍也第六》,《诸子集成一·论语正义》,上海书店 1986 年影印版,第 134 页。

③ 《论语卷十五·颜渊第十二》,《诸子集成一·孟子正义》,上海书店 1986 年影印版,第 278 页。

④ 《论语卷一·学而第一》,《诸子集成一·论语正义》,上海书店 1986 年影印版,第 10 页。

⑤ 《孟子卷一·梁惠王章句上》,《诸子集成一·论语正义》,上海书店 1986 年影印版,第 51 页。

⑥ 《论语卷十五·颜渊第十二》,《诸子集成一·论语正义》,上海书店 1986 年影印版,第 263 页。

"为政以德,譬如北辰,居其所而众星共之。"① 把内心之德贯彻于政治生活之中,成为一种规范的生活方式。孟子还提倡修身养性,他说:"故天将降大任于斯人也,必先苦其心志,劳其筋骨,饿其体肤,空乏其身,行拂乱其所为,所以动心忍性,曾益其所不能。"② 孔子还反对暴虐,反对苛政,要求对民实行宽惠,"宽则得众"、"惠则是以使人"③,并且赞扬子产:"其养民也惠,其使民也义。"④ 这种对民实行宽惠的主张,有利于保护劳动力,维护民众的生活温饱。

孔子认为,礼是己立立人的关键,他说:"立于礼。"⑤ "不知礼,无以立也。"⑥ "不学礼,无以立。"⑦ 于是,他把"礼"与"仁"联系起来,他说:"克己复礼为仁。"⑧ 克己复礼的内涵是:"非礼勿视,非礼勿听,非礼勿动。"⑨ 孔子提倡以仁率礼,仁是内容,礼是形式,内容决定形式。他说:"人而不仁,如礼何?人而不仁,如乐何?"⑩ 又说:"礼云礼云,玉帛云乎哉?乐云乐云,钟鼓云乎哉?"⑪ 在上古三代之礼中,孔子推崇周礼。他说:"周监于二代,郁郁乎文哉!吾从周。"⑫ 但是孔子并没有原样恢复西周礼制,而是对它进行适度改变(损益)。孔子说:"殷因于夏礼,所损益,可知也;周因于殷礼,所损益,可知也;其或继周者,虽百世可知也。"⑬

正是在儒家"贵仁崇礼"思想的教育下,培养造就了一大批知仁识礼的志士仁人和世世代代的炎黄子孙。他们有着崇高的精神境界,"饭疏食饮水,曲肱而枕之,乐亦在其中矣。不义而富且贵,于我如浮云。"⑭ 有"仁智合一"

---

① 《论语卷二·为政第二》,《诸子集成一·论语正义》,上海书店 1986 年影印版,第 20 页。

② 《孟子卷十二·告子章句下》,《诸子集成一·孟子正义》,上海书店 1986 年影印版,第 510 页。

③ 《论语卷二十·阳货第十七》,《诸子集成一·论语正义》,上海书店 1986 年影印版,第 371 页。

④ 《论语卷六·公冶长第五》,《诸子集成一·论语正义》,上海书店 1986 年影印版,第 101 页。

⑤ 《论语卷九·泰伯第八》,《诸子集成一·论语正义》,上海书店 1986 年影印版,第 160 页。

⑥ 《论语卷二十三·尧曰第二十》,《诸子集成一·论语正义》,上海书店 1986 年影印版,第 419 页。

⑦ 《论语卷十九·季氏第十六》,《诸子集成一·论语正义》,上海书店 1986 年影印版,第 363 页。

⑧ 《论语卷十五·颜渊第十二》,《诸子集成一·论语正义》,上海书店 1986 年影印版,第 262 页。

⑨ 同上。

⑩ 《论语卷三·八佾第三》,《诸子集成一·论语正义》,上海书店 1986 年影印版,第 44 页。

⑪ 《论语卷二十·阳货第十七》,《诸子集成一·论语正义》,上海书店 1986 年影印版,第 375、376 页。

⑫ 《论语卷三·八佾第三》,《诸子集成一·论语正义》,上海书店 1986 年影印版,第 56 页。

⑬ 《论语卷二·为政第二》,《诸子集成一·论语正义》,上海书店 1986 年影印版,第 39 页。

⑭ 《论语卷八·述而第七》,《诸子集成一·论语正义》,上海书店 1986 年影印版,第 143 页。

的素养,达到"知者不惑,仁者不忧,勇者不惧"①的境地。同时,有利于家庭稳定,社会和谐,建立人与人之间和谐融洽的人际关系。

今天,两岸同胞应当坚持"贵仁崇礼"的伦理道德规范,把己立立人、己达达人、克己复礼、立于礼,作为行为的基本准则。培养全体中华民族成为有崇高精神境界、尊礼、"爱人"的公民,构建文明、和谐、安定、稳定的社会秩序。

四、"天人协调"是两岸人民共同追求的理想境界

中国古代哲学中,对于人应当如何处理人与自然的关系有三种学说:一是庄子的因任自然说;二是荀子的改造自然说;三是《周易》的天人协调说。

庄子的因任自然说,是基于对自然本来状况是和谐美满的认识,只是因为人类掌握了知识、发明了技巧,而使本来和谐美满的状况遭受破坏。庄子认为,人生的基本原则应当是消除一切人为,回到原始自然。庄子提出:"不以心捐道,不以人助天"②,"顺物自然"③。庄子认为,自然而然的是天,对自然加以改造的是人。但是他完全否认人为的价值,要求回到自然的本来状态。他说:"何谓天?何谓人?""牛马四足,是谓天;络马首,穿牛鼻,是谓人。"④"无以人灭天","无以故灭命"⑤,主张放弃人的主观能动性,放弃人为,随顺自然。甚至于提倡"畸于人而侔于天"⑥,不是天人相合,而是"与天为一"⑦。庄子说:"天地者,万物之父母也,合则成体,散则成始。形精不亏,是谓能移,精而又精,反以相天。"⑧这就完全违背了人。

---

① 《论语卷十·子罕第九》,《诸子集成一·论语正义》,上海书店 1986 年影印版,第 193 页。
② 《庄子集解卷二·大宗师第六》,《诸子集成三·庄子集解》,上海书店 1986 年影印版,第 38 页。
③ 《庄子集释·内篇·应帝王第七》,《诸子集成三·庄子集释》,上海书店 1986 年影印版,第 133 页。
④ 《庄子集解卷十七·秋水第十七》,《诸子集成三·庄子集解》,上海书店 1986 年影印版,第 105 页。
⑤ 《庄子集解卷四·秋水第十七》,《诸子集成三·庄子集解》,上海书店 1986 年影印版,第 105 页。
⑥ 《庄子集解卷二·大宗师第六》,《诸子集成三·庄子集解》,上海书店 1986 年影印版,第 45 页。
⑦ 《庄子集解卷五·达生第十九》,《诸子集成三·庄子集解》,上海书店 1986 年影印版,第 114 页。
⑧ 同上。

荀子的改造自然说，强调改造自然的重要。荀子说："大天而思之，孰与物蓄而制之？从天而颂之，孰与制天命而用之？望时而待之，孰与应时而使之？因物而多之，孰与骋能而化之？思物而物之，孰与理物而勿失之也？"① 提出了"制天"、"化物"、"理物"等改造自然、治理自然的主张。并认为人类生活应当以改造自然、利用万物为理想，所谓"经纬天地而材官万物"②，"天之所覆，地之所载，莫不尽其美，致其用。"③ 但是，荀子并不重视研究自然，他说："君子之于天地万物也，不务说其所以然，而致善用其材。"④ 因此，他未能找到改造自然的有效途径。

与以上学说不同，《周易》提出了"天人协调"学说。《周易》主张调节自然规律的作用，协助自然的变化，提出："裁成天地之道，辅相天地之宜。"⑤《周易》的《系辞》主张调整自然的变化，协助万物达到完满的成就，提出："知周乎万物而道济天下"⑥、"范围天地之化而不过，曲成万物而不遗"⑦。《周易》提出"与天地合德"的人格理想，"夫大人者，与天地合其德，……先天而先弗违，后天而奉天时"⑧。这里的大人指的是崇高伟大的人格，其品德与天地相合。先天指的是在自然变化之前加以引导，后天是在自然变化之后加以顺应。既能开导自然的变化，又能适应自然的变化，这样就达到了天人的协调。《周易》也承认天道与地道的区别，《系辞》说："显诸仁，藏诸用，鼓万物而不与圣人同忧，盛德大业至矣哉！"⑨"显诸仁"指的是天地之大德曰生，"藏诸用"是指天地含有生成万物的内在功能。天地生成万物，良莠不齐，善恶并育，不与圣人同其忧虑；圣人唯愿有良而无莠，有善而无恶，与天道不同。所以，圣

---

① 《荀子集解卷十一·天论篇第十七》，《诸子集成二·荀子集解》，上海书店 1986 年影印版，第 211、212 页。
② 《荀子集解卷十五·解蔽篇第二十一》，《诸子集成二·荀子集解》，上海书店 1986 年影印版，第 265 页。
③ 《荀子集解卷五·王制篇第九》，《诸子集成二·荀子集解》，上海书店 1986 年影印版，第 103 页。
④ 《荀子集解卷八·君道篇第十二》，《诸子集成二·荀子集解》，上海书店 1986 年影印版，第 153 页。
⑤ 《周易·泰》，（魏）王弼撰、楼宇烈校释：《周易注校释》，中华书局 2012 年版，第 48 页。
⑥ 《易传·系辞上》，（魏）王弼撰、楼宇烈校释：《周易注校释》，中华书局 2012 年版，第 235 页。
⑦ 同上。
⑧ 《周易·乾》，（魏）王弼撰、楼宇烈校释：《周易注校释》，中华书局 2012 年版，第 5 页。
⑨ 《易传·系辞上》，（魏）王弼撰、楼宇烈校释：《周易注校释》，中华书局 2012 年版，第 236 页。

人要"裁成"、"辅相","天地设位,圣人成能"①,发挥积极的功能。

《周易》中的"裁成天地之道、辅相天地之宜","范围天地之化而不过,曲成万物而不遗"②,提出了"裁成"、"辅相"原则,比较全面辩证地处理人与自然的关系,既承认自然变化及其规律的客观性,又肯定了主体(人)的能动作用。在两千年的历史上,这一原则运用在农业生产上,随着春夏秋冬的季节变化而采取不同的措施,一方面,肯定人的主观能动作用,通过人的努力,有效地促进农业生产水平的提高,另一方面,承认和尊重自然的客观规律,有利于保持生态平衡。

中国古代关于人与自然的学说,无论儒家和道家,都不把人与自然的关系看作是敌对的关系,而是看作相辅相成的关系,以天人的完全和谐为最高理想。这种观点,对于两岸炎黄子孙在新时代处理人与自然关系,科学发展,可持续发展,应该是具有深刻的积极意义的。

愿中华传统文化的思想精华,成为推动两岸关系和平发展,促进两岸经济社会繁荣昌盛,提升两岸民众伦理道德水平,科学发展可持续发展的思想基础、精神支柱和前进动力!

---

① 《易传·系辞下》,(魏)王弼撰、楼宇烈校释:《周易注校释》,中华书局2012年版,第257页。

② 《周易略例·明卜通变》,(魏)王弼撰、楼宇烈校释:《周易注校释》,中华书局2012年版,第274页。

两岸文化的传统与现代

邱坤良

台北艺术大学前校长、台北艺术大学戏剧学系专任教授

前　言

17 世纪大陆东南汉族移民成功在台湾建立汉人社会，使得海峡两岸文化呈现同文同种的态势，然而，1895 年清廷割让台湾，1949 年国共内战导致两岸再度分离，前 50 年的殖民统治及 1949 年迄今六十余年的政治阻隔，两岸不仅在政治、社会、经济发展上产生不同变化，在文化、艺术与意识形态等人文及精神层面上，亦产生偌大差距。1987 年两岸初接触，陌生与紧张相伴而生，随着时间与距离（定点航线）拉近，两岸由陌生而渐熟稔，初时的紧张关系渐渐消弭。其中，文化交流作为两岸相互往来的重要项目，从官方带动，民间具体推动，不仅大陆十分重视两岸的文化交流，台湾当局亦将文化视为传递台湾价值观的体现，也因此，在政治无解的两岸难题上，文化交流始终扮演着和善大使的角色。

一、两岸文化异同

就台湾而言，两岸文化交流的最高指导原则，以 1991 年颁布的"国统纲领"[①] 为最高准则。1986 年台湾当局宣布开放探亲，1987 年 11 月 2 日正式实施，

[①]　"国统纲领"为台湾当局于 1991 年颁布之最高指导原则。2006 年陈水扁宣布"终止适用"，但文化交流优先原则并未改变。

当局公布"现阶段学术会议或文化、体育活动涉及大陆有关问题作业要点"、"现阶段大陆杰出人士、在海外大陆学人、留学生……来台参观访问申请作业规定",双方文教交流正式展开。1991 年台湾"陆委会"成立,3 月李登辉公布"国统纲领",1992 年"两岸人民关系条例暨施行细则"开始施行,"陆委会"随后于 1994 年提出"现阶段两岸文化交流指导原则"及"两岸文教交流政策说明书",主要精神均依"国统纲领"指示,强调在"近程交流互惠阶段",基于两岸关系的整体考虑,两岸应以文教交流为先,借此增进两岸人民相互了解,充实两岸艺文的内涵,促进共同的文化发展。

至于大陆,在两岸关系上同样强调文化交流,只不过在"一个中国"最高政策指导下,始终强调中华文化同源同种,把文化视为加强民族意识的重要手段。2009 年胡锦涛同志在纪念"告台湾同胞书"发表三十周年座谈会上的讲话,依旧强调"弘扬中华文化,加强精神纽带:中华文化源远流长、瑰丽灿烂,是两岸同胞共同的宝贵财产,是维系两岸同胞民族感情的重要纽带。中华文化在台湾根深叶茂,台湾文化丰富了中华文化内涵。台湾同胞爱乡爱土的台湾意识不等于'台独'意识。两岸同胞要共同继承和弘扬中华文化优秀传统,展开各种形式的文化交流,使中华文化薪火相传、发扬光大,以增强民族意识、凝聚共同意志,形成共谋中华民族伟大复兴的精神力量。尤其要加强青少年交流,不断为两岸关系和平发展增添蓬勃活力。我们将继续采取积极措施,包括愿意协商两岸文化教育交流协议,推动两岸文化教育交流合作迈上范围更广、层次更高的新台阶。"[1]

然而,文化是人民生活的总合呈现,两岸历经长时间的隔阂,加上两岸政经体制不同,事实上,大陆文化与台湾文化虽同源同种,却面貌殊异。台湾从日据时期的现代化历程,到国民党迁台后展开的经济建设方针,到大量接收欧美西方现代思潮形成的人文精神,展现在艺文展演上,是偏向西方现代思潮的自由创作风气。虽说当局长期仍以"复兴中华文化"为标杆,并且透过政治、教育、传播等手段巩固中华文化根基,但民间活力一直维持着清代以来的闽粤移民性格,并渗透着日本殖民统治遗留的影响,同时也以欧美为文化标杆,形成东西混体的台湾文化。

---

① 胡锦涛:《在纪念"告台湾同胞书"发表三十周年座谈会上的讲话》,引自《2009 中共年报》,台北:中共研究杂志社 2009 年版,第 5—12 页。

　　而大陆自 1949 年共产党执政以来，以马克思列宁主义思想为中心，毛泽东"延安文艺座谈会上的讲话"为方针，贯彻工农兵文艺政策，以唯物论及辩证思维为主导。相对于台湾官方与民间意识形态并轨发展，大陆的文化由上而下，形成严密、彻底的网络。

　　在两岸进行接触前，台湾的艺文环境历经了几波严峻考验。20 世纪 50 年代，由于"反共抗俄"方针及"戒严"体制影响使然，台湾社会普遍处于高压噤声之下，投射于艺文创作上，是中华文化及"反共意识"为主的文学、国语话剧、传统书画占据地盘。日据时期曾一度发扬的台语现代戏剧、台湾文学作家、西画传统，或者销声匿迹，或者暗沉不彰。活跃于民间的传统音乐、戏剧以及使用台湾语言文化的民俗艺术，虽仍维持活力，但随着社会结构转型以及政府刻意忽视，也在 20 世纪 70 年代呈现急遽衰颓现象。

　　20 世纪 70 年代是台湾第一波文化自觉运动。以当时的国际情势来看，约 50 年代开始，美国的力量取代了过去的日本，在美援经济的影响下，台湾社会及文化生活染上极为浓厚的美国色彩，以美国为首的西方文化，深为台湾一般知识分子所景仰；特别是战后生长的一代，或困于自己国家一连串挫败的历史，极思仿效西方文化，希望迎头赶上欧美；或在接受教育过程中，西方文化早已潜移默化地蔚成现代化的共识。70 年代初，在一连串外交困境与打击下，台湾知识界普遍对国家处境与国族认同感到焦虑，纠结于日本殖民、国民党统治以及西方强势的殖民文化渗透，知识分子意识到与乡土家园的裂隙，凝聚了本土文化认同迫切之心，以文学界为首的文艺省思揭竿而起。70 年代初《笔汇》、《文学季刊》等杂志，介绍了台湾早期的文学，并引介本省籍年轻作家，包括陈映真、黄春明、王祯和等人的作品。这波文学创作与 60 年代晚期受到西方现代主义洗礼从事写作的作家群，如白先勇、王文兴、林怀民、欧阳子、七等生等人，引燃起 70 年代末乡土文学论战更是台湾文化自觉的重要启蒙点，带动现代舞蹈的崛起、传统戏曲的复兴以及民族音乐的寻根，全面更新政治高压控制下的台湾文化。

　　在美术方面，国民党撤迁来台，跟随来台的是相对传统、保守的一支，以水墨画家为主，他们与日据时期成名的在地画家会合主导全省美展，并共同在公立的艺术院校执教，官方大展及艺术科系成为创作发表及培育人才最主要的权威机构。20 世纪 70 年代之前，台湾美术地方认同与主体性论述还处于不成熟的阶段，美术的乡土主义过于单薄，虽说曾有引发热潮的"洪通、朱铭"现象，但后劲仍乏力。不过，整体说来，乡土运动无疑是对台湾战后右翼思想长期独断的局面产生了历史性的纠正与调整,从而启导出落实斯土和同舟共济的共识,不分省籍、族群,一齐关注及认同台湾这块土地。

1979 年 12 月,台湾爆发"美丽岛"事件,揭开了台湾社会转型的序幕。民主意识的高涨,抗争运动的前仆后继,终于导致"解严"时代的来临。随着政治的逐渐民主,经济的繁荣与信息的开放所涌现的生命力,使台湾进入了一个空前躁动与活跃的时代。在局势的交相激荡下,文化层面的效应是国际潮流的多元化生成及官方文化意识形态主控局面的崩解,民间力量朝向现实化及本土化发展,逐渐突显出建立自己文化主体的希望。而日渐勃兴的草根性社会运动让创作的关怀面,从乡镇扩大到更切身的都市生活层面,并对现行的政经结构及工商业化社会进行探究及反省,这些反体制意味浓厚的新兴创作心理,使得台湾文化呈现出复杂的后现代艺术文化样貌。[①]

戏剧方面,有小剧场运动带动的现代戏剧"二度西潮"[②];舞蹈方面以"云门舞集"为首,带动当代舞蹈风潮;音乐方面国人创作倍增,并且出现多位在国际乐坛头角峥嵘的音乐家;美术方面,新锐的美术团体冒出运动台面,以具体而明确的创作语言诠释及批判当代台湾社会的切身问题。同时,当局于 80 年代初期积极推展文化建设计划,成立"文化建设委员会",各县市兴建文化中心,"立法院"通过"文化资产保存法",第一所艺术学院(台北艺术大学)成立,台北市立美术馆开馆、台湾美术馆也跟着破土动工。

传统表演艺术方面,早期因军中体制保护的京剧,一枝独秀的局面逐渐被打破,伴随着"文建会"、文化中心活动的推展,台湾本土戏曲如歌仔戏、木偶戏、皮影戏、傀儡戏、客家戏、北管、南管,均普遍受到重视。同时,京剧也进行一连串改革创新,"雅音小集"、"当代传奇剧场"均曾引领风骚,掀起一场京剧舞台"革命"。进入 20 世纪 90 年代后,由于"解严"带动的社会巨大变化,台湾的艺文环境亦发生重大改变,包括"云门舞集"进军国际、京剧从军队体制改为公家剧团体制、歌仔戏进入国家艺术殿堂,台湾戏曲进入学校教育体系,音乐团体纷纷朝大型化发展。

---

① 以陈芳明的观点,台湾仅有后现代的样貌却无西方"后现代"的脉络与进程,故在他的分类中,台湾当代社会是属"后殖民"社会。参考陈芳明《后殖民台湾》一书,台北:麦田出版社 2002 年版。

② 马森语,指 20 世纪 60—70 年代以荒谬剧、诗剧为特色,80 年代以小剧场、后现代戏剧为潮流的台湾戏剧创作趋向。见马森:《中国现代戏剧的两度西潮》,台北:联合文学出版社 2006 年版。

正因为经济起飞凝聚了足以支持艺术自立发展的资源,加上教育普及,生活水平的提升,具有知识水平的中产阶级与日俱增,提供了艺文消费需求。在乡土与本土文化运动之后的 20 世纪 90 年代,台湾当代艺术逐渐进入后工业文化消费与产业化时代,消费主义与文化精英主义并驾齐驱,共同形塑全球化同步的台湾文化。台湾文化在本土化与国际化涵养下,兼容并蓄,具有传统文化根底,又不忘推陈出新;只是,由于人才与市场含量较小,历经半世纪发展,台湾的传统艺术人才逐渐凋萎,后继无人之下,传统音乐、美术、工艺、戏曲人才均呈断层,因此,在两岸初接触后,对岸的传统艺术资源翻江倒海而来,也的确掀起了一波前所未见的"大陆热",类此的倾斜输入直至近年才有所改变。

至于大陆,1949 年之后,在社会主义的大架构下,产生了一种艺术模式,即经由苏联社会主义现实主义与中国民间审美观念融合为"革命写实主义"。

在视觉艺术创作方面,中国当代艺术自 1979 年以来,大致历经了四个阶段。[①]第一阶段是"后文革"时期(1979 年至 1984 年)。后"文革"思潮的基本内容是对"文革"艺术的拨乱反正:一是反叛 50 年代至"文革"时期过度政治化的艺术传统,接受了西方早期现代主义的影响;二是校正写实主义,针对"文革"写实主义附庸于政治和粉饰现实的创作方法,强调人性与真实,关注小人物的写实主义潮流。第二阶段是"八五现代艺术运动"时期(1984 年下半年至 1989 年)。文化批判热是这时期最重要的社会思潮,主要原因是大量西方现代哲学、文学翻译著作出版,因此,这时的艺术呈现哲学化的倾向。第三阶段是"后八九"时期(1989 年下半年至 1994 年)。借用波普的样式,在西方商业符号与社会主义的政治形象处理中,呈现某种幽默与荒诞的意味,透露出艺术家在精神上特有的政治荒诞感。第四阶段是"全球化下中国当代艺术的多元景观"时期(1995 年至今)。20 世纪 90 年代中期,中国艺术走向世界,成为炙手可热的收藏对象,主要原因是中国艺术中强烈和鲜明的中国背景和符号,刚好搭上全球化,西方霸权下的东方主义列车。因此,中国艺术家频繁地参与世界各种展览,不再与中国社会思潮有着密切关系,而是与世界潮流发展同步,呈现空前的多元景象。

在表演艺术方面,中共革命史早有取材民间歌舞、谣曲作为创作素材的传统,尤其是 1949 年新中国成立之后,更收编民间戏曲、戏剧、舞蹈、音乐团体

---

① 　参考栗宪庭对中国当代艺术的分类方法。栗宪庭:《中国当代艺术的几个背景》,《艺术的鸣放——从国家意识形态中出走》,台北:艺术家 2010 年版,第 394—401 页。

及个人,进行全面国有化及公营化,以政治力介入艺术创作,并推动艺文展演。现代戏剧以苏联社会主义写实主义为依归,成立北京人民艺术剧院等表演单位,全力发展话剧。传统戏曲则有50年代的"戏改"及"文革"时期的样板化路线。舞蹈方面,引进俄国芭蕾,创立中央芭蕾舞团,并将少数民族文化全面歌舞化。音乐方面全力培养民乐演奏家及西乐演奏家。北京的中央音乐学院与上海音乐学院成为专业音乐人才培训机构,从中央到省市都成立官方组织的乐团。

1966年至1976年的"文化大革命"造成中国文艺界"十年浩劫","文革"后疗伤止痛,各类表演艺术展开复原与振兴工作,包括抢救剧目、恢复学校、重振演艺团体等。"文革"前出生,或于"文革"期间中断学习或演出的新世代艺术家,"文革"后成了中国表演艺术领域最受重视的接棒人,"文革"前即成名的,如闵惠芬(二胡)、俞逊发(笛子)、殷承宗(钢琴)、谢晋(电影导演)等,"文革"后展开旺盛创作生命;"文革"后毕业于中央音乐学院、北京电影学院、中央戏剧学院的新一代创作人才,如谭盾(作曲)、陈其钢(作曲)、瞿小松(作曲)、张艺谋(电影导演)、陈凯歌(电影导演)、林兆华(戏剧导演)等,都是日后扬名于国际,并最早为台湾熟知的艺术家。这批艺术家经历"文革"下乡及社会磨炼,反映于作品上呈现出大量汲取土地与人民的文化结晶,推进了中国表演艺术文化的发展。

1990年后,由于经济起飞及改革开放政策,文艺创作呈现大制作取向,并开始兴起都市阶层娱乐。进入21世纪,更由于"中国崛起"意识及全球资本进入中国市场带动的高经济成长率,商业化与娱乐化创作取向成为主流。经济带动的文化创意产业已将中国纳入全球市场一环,正以出匣之虎的姿态,展现全球接轨的雄壮企图,也因此使得两岸文化交流进入前所未有的大开放局面。

二、两岸文化交流现况与展望

二十年来的两岸艺文交流有变有不变,有常态的交流模式,也有随大环境改变的部分。整体而言,两岸文教交流的范围、项目与实质内容,均逐年提升,几乎遍及所有类别,从学术逐渐扩充到艺文、科技、体育、大众传播与文物、民俗技艺、宗教等多项专业范畴,交流内容亦趋多元与深入。①从早期仅限于人员互访、召开学术会议,发展至合作研究、技艺观摩、教学传习、共同拍片等交流活动。除政策上的开放外,在经费方面,各相关文教主管机关都曾资助民间团体进行两岸文教交流活动。1994年1月,台湾"陆委会"成立台湾"中华发展基金",以资助两岸交流为宗旨,赞助两岸的交流活动。经由多年的交流经验累积,两岸逐渐建立起多样的交流互动模式。从公私立学术、教育与艺术、文化机构,到民间社团、基金会和艺文表演团体,多已建立常态性交流管道,每年经常有互访活动。

就台湾观点来看,两岸艺文交流包括数个阶段:

第一阶段是1987年刚开放至1992年全面开放大陆团体来台前,两岸接触谨慎小心,以个人及学术交流为主。

第二阶段从1992年全面开放至1996年台湾地区举办第一次领导人直选为主,此阶段"大陆热"正当头,舆论与市场皆专注于两岸交流,媒体报道量尤居高峰。

第三阶段为1996年至2000年,处于台湾地区领导人更迭前夕,社会关注于岛内政经情势,本土意识抬头,同时,李登辉提出"戒急用忍"西进政策,让"大陆热"退烧,但两岸艺文交流并未完全中断。

第四阶段为2000年至2008年,民进党执政时期,虽然两岸关系紧张,但两岸艺文交流并未如预期的大幅度倒退,仍持续保持相当频繁的往来。

第五阶段为2008年至今,马英九先生当选台湾地区领导人,两岸关系和缓,甚至有重新"正常化"的趋势,双方的艺文交流也呈现急速升温,2011年大陆来台文教交流达到92334人次,为开放以来最高纪录,加上ECFA的签订、陆客陆生来台等因素,两岸艺文交流前景看好,也从过去"交流"层面迈入"市场"层面。

在两岸逐步走上和解的大前提下,艺文交流不可避免,也难以禁止。其实80年代两岸正式交流之前,台湾艺文人士提前偷跑的情形已很普遍,所反映的就是这种"沛然莫之能御"的趋势。然而,交流虽有正当性与必要性,但艺文交流很难无视于政治因素与民众情绪,尤其两岸长期对立所形成的既定印象,并不容易立即消弭,双方的交流仍然充满不确定性。最近几年,随着中国

---

① 参见台湾"陆委会"每季两岸文教交流统计资料。http://www.mac.gov.tw/lp.asp？CtNode=5717&CtUnit=3993&BaseDSD=7&mp=1.

经济快速发展,对与"文化"相关的政策与经营管理屡有阐述,而两岸交流的政治、社会与文化的生态环境也有明显变迁,台湾两个主要政党的两岸政策不同,导致双方艺文交流呈现明显的差异性。

两岸艺文交流早期,大陆团体、艺术家来台展演,所需经费均由台方负责,除票房收入外,还须仰赖企业或民间团体的赞助。亦与20世纪八九十年代,两岸艺文交流多由台湾担负经费的情形不同,大陆来台展演的艺术家、艺文团体,由大陆官方赞助或艺术家自筹经费的比例愈来愈多。台湾艺文界人士、艺术家、表演团体应邀登"陆"参访、演出者受到的待遇愈来愈好,与两岸交流初期多由台湾自理的情形不可同日而语。

2010年6月第五次"江陈会谈"签署"两岸经济合作架构协议"(ECFA)后,文化部门多次透过媒体喊话,希望比照ECFA签订两岸文化协议。然而文化涉及的层面并非如经济发展,以创造市场利益等为目标,还牵涉意识形态、人文素养及日常生活方式等诸多面相,即便是以"终极统一"为最后目标的国民党当局,对此亦不敢贸然从事,采取更谨慎的态度处理。

整体而言,随着国民党的重新执政以及马英九的"一中"路线,近年来两岸艺文交流转趋活跃,然而随之而来的艺文交流所潜藏的问题以及未来的发展趋势,均有必要做较深入与全面的研究与评估,并就衍生的根本问题设法了解、解决、改善;而非一味从艺文论艺,"艺术无国际"或完全从"交流"的正当性,视两岸艺文交流为理所当然。此因随着"中国崛起"的态势,两岸不论在政治情势、国家定位、经济竞合、外交关系,乃至文化诠释、文化实力、文化主体各方面,所面临的挑战均非过去二十余年开放交流初期所面对的生态环境。

两岸文化交流迄今二十余年,表演艺术方面,从早年大陆来台团体远多于台湾赴大陆的单边倾斜,到现在台湾当代作品赴大陆开拓市场日增;视觉艺术方面,从个人往来,到现在两岸各美术馆、博物馆之间的馆对馆际交流为主;大陆挟丰厚经济实力大举来台采购,并带来文化访问团的新交流模式;以及两岸资金流动,带动文化创意产业交流与合作形势等等,在在说明两岸文化交流随着时空演进,已迈入另一崭新阶段。然而,不论倾斜或合作倾向,交流除了是人民情感联络与交谊之外,也涉及相互影响。从过去二十余年累积迄今,两岸艺文展演交流对我方艺文界产生的影响,主要反映于艺术创作概念与手法、人才流动或流失趋势以及市场开拓或竞争面向。

　　台湾地区奠基于中华文化与后殖民文化的双重影响，产生的文艺特色是自由、开放、多元，既本土又面向世界的"台湾特色"。大陆由于意识形态与政治相关联的文艺政策，艺文创作反映的是政治与个人的意志拉锯，强调大历史的"中国特色"十分强烈。然而，两岸历经半世纪隔离，如今重新接触，不管是大陆强调的中华文化，或台湾急欲凸显的本土意识，"当代"的台湾V.S."改变中"的大陆都正以加倍速度进入前所未有的新世纪，两岸的文化交流也展现着前所未见的新格局，同时也潜藏着变量。

　　两岸艺文交流，大陆由于母文化优势，在传统表演艺术方面拥有丰厚的资源，在人才、创作、技艺方面成就特出，较台湾更占有优势。然而，台湾地区在传统文化的熏陶下，长期与欧、美、日文化接触，在现代艺术的观念及创作、展演观念上显得较为活泼开放。因此，两岸艺文交流对彼此既是刺激，亦有互通有无、取长补短的功效。至目前为止，两岸在实际交流过程中，除呈现大陆艺文人才来台多、台湾艺文人才赴大陆少的落差，实际执行层面亦有公私社团、各行各业各显神通，而有行政作业杂乱、不够周延之处，尤其致力两岸艺文交流人士中，不乏空有热情却无艺文专业知识或两岸交流实务经验，导致成效不彰的问题，时有所闻。

　　两岸艺文交流的项目与内容方面，与传统有关的艺术类型如戏曲、国乐（民乐）、国画（水墨画）成为大陆赴台湾最频繁、也最受欢迎的项目。国共对峙时期，显然台湾当局与教育主管单位长期以来把传统的戏曲、音乐、绘画列为中华文化传统象征的政策，是启动改革开放、台湾"解严"后两岸艺文交流的基石。大陆传统戏曲与国乐（民乐）团体、表演艺术家、水墨画家来台进行交流，不绝于途。

　　大陆传统艺文团体、艺术家涌入台湾，对本地团体所带来的冲击，除"票房"的影响外，亦使得台湾人在两岸艺文团体、艺术家"比较"之后，让许多台湾人贱台贵陆，纷纷把目光转向大陆的艺文团体与艺术家。比如台湾京剧一面倒地向大陆京剧拜师学艺，后来更产生传统退守，以创新京剧重新树立台湾京剧风格的策略。传统艺术所呈现的生态，反映台湾市场需求，也暴露台湾原来在戏曲、国乐、国画的人才培育管道并不健全，表演市场也未建立，尤其国乐的师资、人才与演奏家的整体水平，最为不足，必须仰赖大陆表演艺术家的指导。

　　视觉艺术交流方面，在开放交流之初，台湾已有民间画廊如龙门画廊、皇冠艺术中心、三原色画廊等,透过管道与关系,举办大陆艺术家作品展,带动了搜购对岸名家画作的热潮[①];而台湾的画家也透过各种管道到大陆开画展或参加联展。2000年前后是两岸美术交流的重要转折时期,交流的名目繁多,归纳起来,仍不脱现代水墨、现代版画、现代摄影、现代陶艺等四种主要类型。[②]

在文物交流方面,由于事涉重要文物出境相关规定,加以两岸并未建立互信机制,在缺乏仲裁法律与合作默契之下,两岸文物交流迟迟未能展开。1999年三星堆文物、马王堆汉文物、2000年兵马俑等文物来台展览,都造成轰动,其中马王堆三号墓帛画和巨型木椁均系首次离开大陆出境展览,缔造惊人参观人潮,中国古文明文化成为强化两岸文化认同的重要媒介。大陆开放古文明文物来台交流,显示大陆对两岸文物交流的重视,在两岸文物交流方面,台湾的公立博物馆,如台北故宫博物院、历史博物馆也扮演一定的角色。

2008年起的两岸艺文交流,最大特色就是"政治味",包括"海峡和平交响乐团音乐会"、歌剧《图兰朵公主》、大陆省级文化团大举来台模式,都是显例。

2008年起,台湾艺文团体、艺术家也开始积极赴大陆展演,展开开拓市场的企图。如"云门舞集"、"表演工作坊"、"朱宗庆打击乐团"、"果陀剧场"以及为数甚多的画家、画廊。这些登"陆"经验历经摸索、磨合,开始建立基础。以2010年进入大陆演出的《宝岛一村》为例,迄2011年年底为止,已在大陆巡演近40场,正准备四度进京。

以往大陆对于台湾的艺文人才、表演团体十分陌生,"市场"上亦少有台湾专业人才立足的余地,不过这种情形最近几年有了明显变化。随着大陆改革开放,艺文展演逐渐与国际有所互动,台湾艺文人才在展演方面的创意与国际观受到大陆重视,白先勇借苏州昆剧团制作青春版《牡丹亭》,不但风靡台湾艺文界,同样也能在大陆获得青睐,反映当下大陆艺文大环境,唯有具创意的台湾艺文人才,方有在大陆发挥的空间。

结　语

两岸文化交流涉及大陆与台湾地区意识形态,尤其两岸长期的隔离与对

---

① 萧美贞:《海峡两岸艺文界的交流》,《中国大陆研究》2000年第43期第3号。
② 陈春霖:《海峡两岸美术交流策略之研究——以沈春池文教金会为例》,台湾师范大学美术系2010年在职进修硕士学位论文。

峙深深影响台湾民众对大陆的印象,即使台湾"解严",以往的政治对立逐渐消褪,80年代后期也开放赴大陆探亲、旅游。理论上文化的交流促进两地人民相互了解,增进社会多元化,丰富两岸艺文活动,有助于化解双方的歧见与误解,尤其从两岸开放交流的二十多年来,每年数百万人次与文化有关的人、事、物往来,两岸艺文界彼此建立之间存在不少"人脉"与"交情",当这类交情增加,或能化解政治上的僵化概念。

两岸交流政治现实超越文化实务的"传统"也浅显易见,目的性太强或疑虑面过多,皆不易达到预期的目标,甚至产生反效果。此所以两岸交流进行二十余年,双方因为意识形态与政治立场的差异性仍然存在,连带影响两岸艺文交流,双方都容易从"统战"角度衡量。

台湾与大陆文化交流实务从开放以来,一直是民间先行。官方的态度则因"党"而异。国民党执政,积极推动两岸交流;民进党执政,则相对保守谨慎。民进党的政策或其影子内阁,多偏重政经层面,较少触及艺术文化问题。虽然赴大陆旅游参访的台湾人民之中,不乏民进党人士或所谓"深绿"的支持者,然而,至今,尚未看到民进党——不论执政、在野——对两岸文化交流有较清楚、完整的论述。

民进党及其支持者应已了解两岸关系从对立至和缓、开放,是大环境必然趋势,不容易再走回头路。即使民进党再执政,亦应处理"两岸艺文交流"的相关议题。台湾的中华文化是流传久远,深入生活的"事实",中华文化的存在与发展也是重要环节。从文化的角度,台湾的"中华文化"与大陆的"中华文化"交流、观摩、学习也是不可避免,也是文化"活水"之所在。

不论台湾或大陆当政者,在处理两岸文化交流的态度上,皆应了解现在台湾的文化已不仅以"中华文化"为主元素,原住民文化与来自荷兰、日本与现代欧美的文化因子同样深入台湾地区底层,而形塑台湾当代文化,唯有以台湾当代文化的形貌与大陆文化进行交流,才能有助于双方人民的相互了解与文化互补。

两岸文化交流的同中之异

贾磊磊
中国艺术研究院副院长

大陆与台湾有着共同的文化始祖,共同的文字语言。然而,两岸之间并不因为我们具有共同的文化始祖,拥有共同的语言文字,文化的交流就可以畅通无阻了。仔细想来,虽然我们使用的是同一种文字,可是,现在大陆书写汉字用的是简体,台湾书写用的却是繁体。同一种文字语言,呈现的却是不同的形式。如果,在全球化的语境中,我们两岸之间都不能够用一种通行的语言符号系统来表达与传播我们的思想,那么,势必在国际上会造成中国文化的两个版本。这不仅会给双方的交流造成了障碍,而且还影响了中国文化的对外传播。

我们知道,汉字在整个中华民族的形成过程中,对中华民族的政治、经济、军事、社会生活等各个方面,都起着无可比拟的重要作用。中华文化作为两岸共同拥有的一种文化资源,它的有效传播、特别是国际化传播必须通过一种双方能够共享的符号体系才能够实现。在今天,尽管通过汉字进行文化交流的难度较高,所需要的时间相对较长,可是,对于那些真正想了解中国文化的外国人,文字依然是他们要选择的可靠路径。现在的问题是:人们在台湾与在大陆得到的文化历史可能是两个不尽相同的版本,更不用说那些并不了解两岸历史的人,他们对中国文化的认知可能就会产生更为多的歧义了。所以,两岸应当尽快共同研究,改变汉字符号在两岸文化传播中的差异化表达,消除在同一种语言体系中的不同书写方式,打破两岸乃至在国际文化交流间的技术壁垒,这对于加强两岸的文化交流与合作都是非常迫切的事情。因为,汉字对于我们来说,不仅是一种记录信息的符号系统,更是一种文化精神的有效载体。我们期望用它去承传我们优秀的文化传统、价值观念,去展现中华民族的精神风貌。

进而言之,由于两岸之间不同的文字书写方式,我们对于西方语言的翻译,也出现了两个不同的汉语表达方式。尤其是对于西方经典文化的译著,常常不能在一个共享的学术框架、一个统一的语言标准下进行。像对瑞士语言学家费尔迪南·德·索绪尔的语言学经典著作《Course in General Linguiss》,大陆翻译成《普通语言学教程》,台湾则译为《一般语言学教程》。其中表示语言的物质形态和语言的意义形态的核心概念是 signifier 和 signified,大陆的学者将其翻译成"能指"和"所指",而台湾的学者将同样概念翻译成"符徵"和"符旨"。同一种外来语汇,在进入中国文化的语言体系之后,尽管英语的本义是一个,可是中文的表达却是两个完全不同的词汇,变成了两个不能够对等的概念。这在无形之中增加了我们文化交流的阅读障碍。现在,两岸之间的文化交往日益频繁,各个院校之间的互访也不断增加,可是,双方在讨论一个共同命题的时候,使用的却是两套学术语汇。尽管,在学术交流中也可以用原文来校正对方的意思。可是,这种各说各话的现状在客观上对两岸的学术与文化交流造成了不必要的技术性障碍。要想解决这种问题,最有效的方式是可以组织两岸的学者共同编著一部具有权威性、专业性的汉译词典工具书,来整合我们对于外来语的翻译与学术表达,以改变目前这种相互割裂、相互分隔的状态。

在文化传统上,两岸之间同根同祖,同脉同源,这固然不错。我们经历了共同的历史,可是,我们却没有共同的历史学,哪怕就是对 1911 年以前的历史,也没有一部能够获得两方共同认可的历史教科书。我们使用的是同一种语言,可是,我们却没有一部通用的汉语词典及英汉词典,导致我们的语言在国际交往中形成两个不同的体系,对内对外都不能够通用。我们都用汉语对白创作电影,可是,在两岸的接受程度却极为悬殊,像有些商业性、娱乐性影片,在内地坐收 5 亿多人民币的票房,可是,在台湾的收入才几百万新台币。难道我们的观众和台湾观众之间的审美差异真就那么大吗? 其实,我们还是缺少像《卧虎藏龙》这样能够共同赢得两岸观众共同认可的电影和像《宝岛一村》这样的能够同时唤起两岸同胞乡土情怀的话剧。两岸之间的文化交流尽管这些年取得了令人欣喜的成绩,可是,距"两岸一家亲"的愿景尚有诸多的坎坷要跨越。这要靠两岸人士携手并肩,共同迈进。特别是此次海峡两岸文化发展论坛建立的学术对话机制,更应当在双方的文化交流与合作中起到化解屏障、消除隔阂、铺设道路、架设桥梁的积极作用,为海峡两岸文化的协同发展、共同繁荣尽心尽力!

两岸朱子文化协同发展的哲学思考

朱人求

厦门大学两岸关系和平发展协同创新中心研究员

朱子是我国学术史上最重要思想家之一。钱穆先生推许曰："在中国历史上，前古有孔子，近古有朱子，此两人，皆在中国学术思想史及中国文化史上发出莫大声光，留下莫大影响。旷观全史，恐无第三人堪与伦比。"朱子的《四书章句集注》是元明清科举考试的官定书目，朱子思想还远播日本、朝鲜、越南等国成为东亚世界共同的最高统治哲学，又于近代传入西方对欧洲启蒙运动产生了巨大影响，朱子也成为一个世界性的思想家。朱子文化是两岸人民共同的精神家园，打造朱子文化品牌，对促进两岸文化 [①] 交流，提升中华文化软实力意义重大。

一、朱子文化是连接两岸的桥梁和纽带

2009 年 5 月 6 日，国务院通过的《关于支持福建省加快建设海峡西岸经济区的若干意见》明确指出："整合文化资源，打造一批地域特色明显、展现海

---

① 两岸朱子文化有广义狭义之分，狭义的两岸朱子文化主要指闽台朱子文化，广义的两岸朱子文化指大陆与台湾的朱子文化。本文主要立足于闽台朱子文化立言，在一般意义上，并适当推至于广义的两岸朱子文化，二者在逻辑上有相通之处。在历史上，福建是朱子学的发源地和大本营，朱子学即闽学；在现实中，朱子文化是中华文化的有机组成部分，与孔子儒学不同，朱子学的推动和弘扬多来自福建，多来自民间。在更广泛的意义上，两岸文化交流从福建开始确有其五缘（亲缘、地缘、神缘、业缘和物缘）优势。

峡西岸风貌、在国内外具有影响力的文化品牌,重点保护发展闽南文化、客家文化、妈祖文化、红土地文化、船政文化、畲族文化、朱子文化等特色文化。"这是朱子文化第一次写进国家文件,充分体现了党和国家对朱子文化的重视。2011 年 10 月 11 日,中国朱子学会在福建厦门正式成立,厦门大学是首任会长单位。党的十八大报告和十八届三中全会报告也反复强调,要进一步深化传统文化研究,实现中华文化的伟大复兴。2014 年 4 月 22 日,福建省"发掘朱子文化资源,提升福建文化软实力"社会科学季谈会在福建会堂举行,省委常委、省宣传部部长李书磊强调,福建省要加强朱子文化发展的顶层设计,着力发展以朱子学为中心的福建文化,提升福建文化软实力,切实打造朱子文化品牌,提升福建文化吸引力和影响力,促进两岸文化交流与合作。

(一)朱子学两岸共同传承

朱子文化在明清之际传入台湾,对台湾影响至深。朱子的《四书章句集注》是每一位科举考试的士人必读书,《朱子家礼》是每一个人都要自觉遵守的礼仪规范。至今,台湾许多书院仍主要供奉朱子而非孔子,朱子影响可见一斑。朱子文化是两岸共同的精神文化资源,弘扬朱子文化,对促进两岸文化交流与发展意义重大。

(二)在现实生活中,朱子文化的影响仍然深远

《朱子家礼》自元代开始就成为国礼,影响了元明清之后的中国七百多年的历史。《婚礼》在闽台民间生活中一直担任着主要角色,闽台民间婚礼至今仍以《朱子婚礼》为准绳。台湾辅仁大学郑志明先生在台湾推广朱子《丧礼》,朱子的出生地福建尤溪每年 9 月 15 日都会举行隆重的朱子《祭礼》。《朱子家训》、《蒙童须知》、《小学》、《增损吕氏乡约》等,在社会流行甚广,对儒学价值的大众化、通俗化,对培养少年儿童,养成德性,文明社会礼俗,起了积极的作用,在民间社会仍然发挥着潜移默化的教化功能。今天应当重视朱子这方面的贡献,使朱子的这些著作与目前流行的《弟子规》一起,古为今用,在道德教育中起其应有的作用。

(三)在学术研究领域,朱子文化得到了两岸学者高度的文化认同

朱子文化是中华文明的优秀成果,是两岸学者文化认同的基础。海峡两

岸朱子学研究在现代社会的转型中起落消长,虽然也有过种种曲折,但总体上处于蓬勃向上的发展态势。新世纪以来,两岸朱子学研究开拓的范围已相当广泛,如朱子的易学、朱子的四书学、朱子的工夫论、朱子的经学、朱子的经典诠释、朱子的文学、朱子的自然学、朱子后学的研究、东亚朱子学的研究、朱子礼学的当代社会实践研究等,都出现了不少专书、论文进行研究,取得了很好的成果。这种研究的多元化和广泛性在宋明理学其他大思想家的研究中(如陆象山、王阳明)是很少见的。

(四)以朱子文化为桥梁和纽带,进一步促进两岸合作交流,提升中华文化的辐射力和影响力

全面、深入地展开朱子学研究,开拓朱子学研究的新局面,有利于形成两岸文化建设的品牌效应,还原朱子在历史上的原真形象,推动两岸道德文化建设,为两岸经济建设营造良好的社会人文环境。全面发掘朱子文化资源,打造立体朱子文化产业链,逐步形成朱子文化知名品牌,促进两岸经济的发展。在深厚的理论研究与文化实践的基础上,确立闽台朱子学研究的中心位置,以闽台为中心辐射全国、全球,对于提升中华文化的辐射力和影响力,意义深远。朱子学是一门国际性学问,在全世界影响深远。朱子学不仅在国内影响深远,其声誉也远播海外,在儒教文化圈影响下的东亚成为主流学说。朱子学在近代传入西方,对欧洲启蒙运动产生了不小的影响。因此,打造朱子文化品牌,对提升海峡两岸共同的文化品位、扩大中华文化在全球的影响具有不可替代的价值。

二、两岸朱子文化协同发展步入新阶段

朱子是福建省的十大名片之一。打造朱子文化品牌,对促进闽台文化交流,提升中华文化软实力意义重大。由于多种原因,长期以来,朱子学研究没有引起我们足够的重视,我们福建省更是缺乏标志性的朱子学研究成果,这与我们文化大省的地位极不相称。相比较而言,台湾朱子学研究一直没有中断,钱穆、牟宗三、刘述先、黄俊杰、曾春海等前辈薪火相传,朱子学研究取得了可喜的成绩,为两岸合作与交流奠定了良好的基础。在全球化的背景下,朱子学越来越受到海内外朱子学研究专家的青睐。我们认为,"基础研究是根本,文

化宣传是窗口,文化产业是支撑",真正做到这三者三位一体,才能共同建设好两岸朱子文化,打造出朱子文化品牌。目前,两岸朱子文化的合作与研究仍处于起步阶段,在今后相当长的一段时间里,我们要进一步加强朱子学在两岸学术、实业、官方与民间文化等不同层面的交流与合作。

(一)学术交流与合作

基础研究是根本,学术交流是先导,这是两岸朱子文化的协同发展必须坚持的首要原则。美国文化人类学家克利福德·吉尔兹(C. Geertz)曾经呼吁,我们要研究那种具有全球意义的"地方性知识",而朱子学正是这种具有"全球意义的地方性知识"。我们认为,朱子学有三个层次,犹如一个同心圆展开的过程。第一个层次,中国文化圈中的朱子学;第二个层次,东亚文明圈中的朱子学;第三个层次,全球朱子学。海峡两岸朱子学研究在第一、第二层次的合作和成就有目共睹,并取得了一系列标志性的成果。如钱穆先生、牟宗三先生、刘述先先生、陈来先生等的朱子学研究;又如黄俊杰先生主持的东亚儒学研究、朱人求主持的《朱子学文库》等,极大地促进了两岸朱子学的合作与交流。当然,海峡两岸朱子学研究多停留在第一层次,在肯定成绩的同时,我们也要看到,即使在第一层次,朱子后学的文献整理与研究还有待进一步开拓。今后我们要大力提倡和发展第二、第三层面的朱子学研究。以朱子学和阳明学为核心的"新儒学是东亚文明的共同体现",未来的东亚朱子学研究应填补真空,走向综合,从整体上揭示和阐释东亚朱子学的话语体系,揭示出其内在的问题意识、思想脉络和朱子学的相互交涉,并予以其思想以正确的理论定位。

值得肯定的是,新世纪以来,一系列朱子学研究团体的成立,使得两岸朱子学的合作与研究向常态化趋势发展。2010年10月,两岸四地(福建、安徽、江西、台湾)朱子学论坛在台湾举行,会上两岸四地朱子学会负责人共同签署了两岸四地朱子学论坛合作协议,轮流主持每年一届的朱子学论坛。2010年10月,在纪念朱子诞辰880周年的纪念大会上,中华朱子学会正式成立,并连续举办了三届国际朱子学学术研讨会。2011年10月9日,中国朱子学在厦门大学宣告成立,吸引了大批两岸朱子学者的加盟,进一步促进了两岸朱子学的交流与合作,开启了我国朱子学研究的新篇章。这些朱子学研究机构立足朱子学的基础研究,以学术为导向,每年举行大型会议,吸引的不仅仅是两岸朱子学者,全球朱子学者都在他们的旗帜下共同研讨朱子学的新问题,共同推进朱子学的协同与发展。

(二)民间文化交流与合作

在某种意义上,两岸朱子文化的协同与发展首先由民间发动,其中起着关键作用的就是世界朱氏联合会。1993年5月4日,来自中国、韩国、马来西亚、新加坡、日本、美国等国家和地区的朱氏宗亲代表两百余人在韩国汉城组建了"世界朱氏联合会"。会议通过了"世界朱氏联合会章程",推举朱昌均先生为联合会第一任会长。会议决定出版发行会刊,两年召开一次世界代表大会,并组织颁发国际青年学者朱子学研究优秀成果奖。世界朱氏联合会是全世界朱氏族裔自己的组织,以促进全世界朱氏宗亲之间的亲睦团结、维护祖国及世界和平、继承发扬以朱子为代表的东方优秀传统文化、修复朱子遗迹、研究朱子思想为自己的宗旨。经过近十年的发展,世界朱氏联合会已经拥有近四十个团体会员,一万多个来自世界各地的会员。朱祥南、朱茂男、朱耀群分别为第二、三、四任会长。尤其是朱茂男会长,在积极推动朱子文化建设方面更是不遗余力,在中日韩积极举办国际朱子学研讨会,并促成了"朱子之路"研习营的积极开展。

"朱子之路"研习营是由世界朱氏联合会会长朱茂男先生和台湾"清华大学"杨儒宾教授、上海华东师范大学朱杰人教授等朱子学专家、学者发起,由世界朱氏联合会、台湾朱子学会、中华朱子学会、厦门大学国学院等大陆高校、朱子学研究机构、朱子故里相关部门共同策划,由海内外文化教育界学者、高校师生及热心朱子文化人士等报名参加的参访团队。自2008年8月第一届"朱子之路"研习营开始,至今已经走了7届。"朱子之路"研习营以学术为导向,追寻朱子足迹,体味朱子文化精神,参加对象主要为从事朱子学研究的硕士生、博士生和教师。"朱子之路"研习营是沿着朱子讲学、为官、终老之地对朱子生前生活、受教、讲学与著述过的地方开展考察与朝圣的一条文化体验寻访之旅。这一寻访线路包括:朱氏入闽首站政和县—朱子出生地尤溪县—启蒙教育地建瓯市—长期生活著述地武夷山—从学李侗实现思想转折地南平—"朱陆论辩"地铅山鹅湖—最后讲学及归葬地建阳等。七年多来,来自全球三百多师生参加了该活动,为朱子学研究培养了大量的后继人才,"朱子之路"也成长为一个蜚声海内外的知名文化品牌。

（三）官方支持两岸朱子文化的交流与合作

朱子文化是中华文化共同精神家园的一部分。打造朱子文化品牌,对促进闽台文化交流,提升中华文化软实力意义重大。近年来,随着国学与传统文化的勃兴,朱子文化也得到了官方文化的大力支持。

1988 年 6 月 25 日,南平市武夷山朱熹研究中心成立。该中心创办《闽学通讯》,至 1997 年已经出版 40 多期。已编辑出版《闽学研究丛书》8 册和《朱子研究》(后改为《朱子文化》)数十期,受到了学术界的好评。1989 年江西上饶师专成立朱子学研究室,1993 年组建为朱子学研究所。2003 年被江西省教育厅批准确定为高校人文社会科学重点研究基地。2014 年成为江西省朱子文化协同创新中心,是目前我国高等院校中唯一的朱子学协同创新中心。1989 年,该中心与中国社会科学院历史研究所共同创办了《朱子学刊》刊物,至今已经出版发行了 23 辑。该刊物曾被《解放日报》称誉为"国内朱子学研究领域唯一最具权威的刊物",著名学者陈荣捷先生生前赞誉"《朱子学刊》内容充实、必以先睹为快"。

1990 年,福建省闽学研究会成立。1996 年,安徽省朱子研究会成立。2005 年 10 月 25 日,正值宋代理学大师朱熹诞辰 875 周年之际,为纪念朱熹对中国文化乃至东亚文化所作出的贡献,促进旅游与经贸发展,中国炎黄文化研究会和南平市政府等单位联合举办的首届中国(武夷山)朱子文化节在武夷山市举行。文化节期间,还举办了"朱子学与和谐社会高峰论坛"、"项目推介会及签约仪式",海内外朱子后裔还举行了祭祀活动。从 2009 年开始,武夷山朱子文化节正式纳入海峡论坛,成为海峡论坛的一个极具文化品位的分论坛。目前,福建省政府正在筹划深入发展朱子文化的顶层设计,包括学术研究、机构设置、文化宣传、文化产业、影视制作、公共服务等方方面面。

2006 年,厦门大学国学院复办。复办后的国学研究院,在开展以朱子学为核心的、以中国传统文化为主要领域的科学研究方面,取得了引人注目的成绩,特别是在推动朱子学、海峡两岸国学研究与互动交流方面,成绩突出。近五年来,先后举办(包括联合举办)规模较大的国际和海峡两岸朱子学研讨会 6 次,出版朱子学研究专著、译著 20 余部。2011 年 9 月,朱子学会在厦门大学成立,创办《朱子学年鉴》,组织举办多次大型国际朱子学会议,团结了一大批海内外朱子学研究专家,引领朱子学研究走向国际化,厦门大学朱子学研究步入了一个全新阶段。2012年和2013年,厦门大学分别获得《百年朱子学研究精华集成》(乐爱国教授主持)、《东亚朱子学的承传与创新研究》(朱人求教授主持)两项国家重大招标项目,并以此为基础在商务印书馆编辑出版《朱子学文库》(朱人求教授主编),它也标志着厦门大学已经成为我国东南沿海朱子学研究的中心。

(四)实业界的合作与交流

在两岸朱子文化协同发展的过程中,一大批朱子文化企业家积极投身于朱子文化的合作与交流,开启了两岸朱子文化发展的新局面。

2010年海峡论坛武夷山朱子文化节,开启"儒商论坛"。2011年世界朱氏联合会在台北召开世界朱氏大会,表彰朱氏"儒商"朱金得(台湾)、朱小勤(陕西)、朱述贤(广东)。"儒商"品牌,越来越受到社会、企业、文化、教育各界的广泛关注和认同。世界朱氏联合会名誉会长、台湾朱氏文教基金会名誉董事长、海峡两岸朱子文化交流促进会会长、台湾文德药业公司总裁朱茂男先生凭借自己强大的企业文化与资金背景,一步步进入朱子文化的协同发展事业。2014年10月24日,朱茂男理事长积极筹划的"朱子之歌·道东之传"两岸交流音乐会在台北中山堂隆重举行。此外,上海华东师范大学出版社(朱杰人社长)、广东朱述贤的朱子画苑积极资助《朱子文化》杂志,上海朱日恒的朱子文化茶、福州朱陈松的熹茗茶业积极筹划和支持海内外朱子学研讨会,以极大的热情投身于朱子文化事业。

三、两岸朱子文化协同发展的哲学思考

所谓哲学思考,就是理性思考,理性的反思。两岸朱子学的合作与交流已经走过了几十个年头,回顾两岸朱子文化协同发展的历程,我们认为,有五点经验值得肯定,它们也可以成为我们今后两岸文化发展与协作的宝贵经验。

首先,风物长宜放眼量。从时间的向度来看,两岸朱子文化的协同发展要面向未来,跳出当下,明确目标,统一规划,注重社会文化的时代关切。文化发展需要一个长效机制,不可能一蹴而就。在举国上下重视传统文化的背景下,

两岸共同发展朱子文化正当时。

文化是国家的精神旗帜,其生存与发展品质是文明程度的标尺。当中国经济、政治和文化在国际上的影响力一步步上升,尤其是文化软实力不断赢得更多的国际认同的时候,中国才是一个真正具有国际影响力的文化强国。当前我们建设文化强国,必须解决文化道统的接续、文化走出去与国际话语权争夺、大国形象塑造与文化正能量传播等诸多难题,必须恢复我们的文化自尊与自信,拥有强烈的文化自觉与担当精神。在弘扬以孔子、朱子为主体的儒家文化的基础上,建构一个"文化中国",实现中华文化的伟大复兴,是我们未来的文化强国之路。"旧学商量加邃密,新知培养转深沉。"未来的路很长很长,我们坚信,发展朱子学研究是大有可为的。我们要加强规划,抓紧开展、促进国际交流,利用目前重视文化发展的大好时机,使两岸朱子学的研究出现一个新的局面。当前,我们着手进行的朱子学研究大型计划主要有严佐之教授的"朱子学文献整理与研究",朱人求教授的"朱子后学文献丛刊"、"朱子学文库"、"东亚朱子学研究",杨柱才教授的"朱子门人后学研究"、乐爱国教授的"百年朱子学研究"等,吸引了两岸及全球朱子学者的广泛参与。

其次,跳出两岸求发展。两岸朱子学的协同创新,不要有狭隘的空间观,不要有狭隘的区域思维,要具有一种天下情怀。

在两岸朱子文化发展初期,台湾有人来到大陆往往受到大陆朋友的热情款待,心里总是担心被"统战",经过多年的磨合,这一状况得到了根本的改观。在热心人士的积极推动下,两岸朱子文化注重多方合作机制的建设,以"文化中国"为发展导向,以天下为终极目标。这里所说的"文化中国",正如杜维明先生所认同的,包含着三个意义世界。第一个意义世界,包括大陆、港澳台地区,没有什么可以争议的,都是中国人社会。第二个意义世界,也很容易理解,就是散布在世界各地的华侨华人,人数加起来也很可观,经济力量非常强大。所以,从经济的力量来看,第二个意义世界和第一个意义世界,乃至第一个意义世界内部已经发生了很多的互动,因此有所谓"经济自然区"的形成。第三个意义世界是争议最大的,也就是包括了一批和中国与中华民族既无血缘关系、又无婚姻关系的外国人士,其中当然有学者和汉学家,但也包括长期和中国文化或中国打交道的企业家、媒体从业人员等。对于中华文化,他们常常是通过英文、日文、法文、德文、韩文和其他语言来加以了解。

实现中华文化的伟大复兴,必须联合三个层次的文化中国,发挥它们的合力,让中华文化走出去,为人类文明多做贡献。我们的大型朱子学研究计划与实践项目吸引了全球精英人士的参与,台湾学者也乐在其中。也就是说,当我们的思维以"文化中国"为思考对象,以天下(或全球)为基本关切的时候,我们就不再局限于你们和我们的对立思维而齐心协力,为一个美好的文化愿景而努力。

再次,家情国情一家亲。家文化是中国文化的根基。在家文化的脉络中,亲情最重要,血脉最可亲。由此,两岸文化协同发展自然水到渠成。两岸朱子文化发展正是建立在朱氏宗亲的倾力合作与奉献的基础上,才取得如此傲人的成就。

福建跟台湾地缘相近、血缘相同,80% 以上台湾民众的祖籍地都在福建。台湾地名与福建移民开发台湾息息相关,很多是以福建移民原居住地乡村名称来命名。综合各地同乡会、宗亲会还有学者的研究报告,目前已经初步查证部分有渊源关系的闽台同名村(同宗村)有 80 多对。闽台同名村(同宗村)具有丰富的历史文化资源,"同名村、一家亲"延续乡情乡谊,便于同名村落的文化传承。2014 年 6 月 14 日至 20 日,第六届海峡论坛(包括漳州、南平的朱子学论坛、"朱子之路"研习营、朱氏宗亲论坛等)在福建举办。本届论坛安排大会活动、基层交流、文化交流、经贸交流共四大版块 18 项活动,由两岸73 家单位(大陆 36 家、台湾 37 家)共同主办。论坛秉持"两岸一家亲"的理念,继续坚持以"扩大民间交流、加强两岸合作、促进共同发展"为主题,以"和谐发展、幸福两岸"为主议题。

第四,民间官方齐努力。文化的发展与传承离不开大小传统的合力。民间文化是带头人、发起者;官方文化是实质的推动者,最后的掌舵人。官民互动最可靠,最有力,二者共同形成的张力与合力,不断推动两岸朱子文化的发展壮大。可以说,每一次海峡两岸朱子学研讨会、海峡论坛、"朱子之路"研习营的成功举办,都是官方民间合力促成的结果。

"朱子之路"研习营的持续运作,离不开世界朱氏联合会的支持,尤其是朱茂男会长的大力支持。但在每一届"朱子之路"研习营的过程中,各地政府和高校都积极配合,才成就了今天的成功。海峡论坛的宗旨:扩大民间交流,加强两岸合作,促进共同发展。每一次海峡论坛,都牵动了成千上万海峡两岸民众的心,政府的积极筹划,民间团体的广泛响应,创造了一次又一次的辉煌。海峡论坛借民智开启了两岸关系新局面。而朱子学论坛在学术讨论的同时，朱氏宗亲也在开展宗亲论坛、儒商论坛和族谱文化论坛。法国《欧洲时报》就此发表评论文章说，人们已隐约可见，一个更为广泛的、以基层民众为主角的两岸民间全面交流时代正悄然来临。两岸交往的新历史正在被书写、被刷新、被争相传播。台湾两岸关系发展促进会连续6届承办海峡百姓论坛，其理事长郑昭明表示，中华民族就像一株大榕树，根在祖国大陆，花叶生长在台湾。数百年来，台湾同胞返回大陆寻根谒祖之风连绵不断。论坛深入民间、深入百姓，促进两岸宗亲、文化交流，让两岸民众紧密相连。台湾《工商时报》撰文评论说：论坛在两岸间建立了一个新的、民间性质的交流平台，理应能忠实反映民间对两岸关系的真正看法，而对政策面带来实质影响。美国《侨报》的社论敏锐指出，"草根交流"是走向两岸"庙堂交流"的最佳通道。

最后，将文化落实为一种生活。文化是一种生活方式。打好文化牌，我们必须保持文化的至上性和纯粹性，以礼仪推广和价值观的推广为核心，不断提升人民的生活质量、生命品质和境界。

中华民族是礼仪之邦，礼仪的推广对弘扬和践行传统文化至关重要。"朱子之路"研习营的成功，就在于《朱子家礼》的推广与落实。"朱子之路"的始业式、敬师礼、祭礼、《朱子家训》的诵读等，深深烙在每一位营员的脑海里，深深烙在每一位朱氏宗亲的记忆中。经历了礼仪的洗礼，我们的心灵得到了净化和升华，朱子文化也深深扎根在我们的生命之中。

贴近民生、贴近基层，是两岸关系巩固发展的基础。盘点六届海峡论坛，很多亮点至今仍未被超越。两岸海上直航圆桌会议、两岸青年社团负责人圆桌会议、海峡旅游论坛、大型综艺晚会、两岸的公益论坛，邀请"七大夜市"参加庙会等。此外，论坛还增加了海峡两岸青少年新媒体文创论坛、海峡两岸社区治理论坛、海峡茶会等贴近民生的内涵。而妈祖更是两地共通的信仰文化，每年6月由台湾五百余间宫庙组织的上万名妈祖信众齐聚福建，在福州、福清、莆田、泉州、厦门、同安等地开展声势浩大的"万众齐拜进香活动"，成为闽台两地宗教交流的重大庆典。类似的还有关帝信仰、开漳圣王信仰等。论坛的举办表明两岸交流合作正深化到社会生活层面，向民间层次扎根。

回眸历届海峡论坛，诸多活动和措施效果显现，海峡西岸经济区与台湾开始了全面交流与合作,闽台区域文化进一步融合,两岸民间交流进一步扩大。美国《侨报》的社论认为,海峡论坛和海西经济区有望打造两岸"共同生活圈",使两岸关系进入"社会化"的大交流、大合作、大发展时代。《日本新华侨报》发表署名文章说,论坛文化活动中祖地文化特色纷呈,海峡两岸共同传承的中华文化,或许将成为两岸人民全面深入交流的最好切入点。总之,两岸文化协调发展和创新要有更高的思维与视野,需要建构一个让人无法拒绝的理由。只有我们的时间思维和空间思维同时打开,并培育出一个坚实的生活基础、合作基础和价值观基础,才能开创出一个全新的两岸文化协同发展和创新格局。

两岸艺术中的新传统

——《水月》与《雷和雨》之比较

王一川

北京大学艺术学院院长、教授

考察海峡两岸文化艺术交流状况,中国传统(这里有时简称传统)是一个重要的切入点。正是由于这同一种文化传统的感召,长期相互分离地生活在海峡两岸的艺术家,有可能找到一种跨越海峡阻隔的共通语言及共通价值理念,由此路径而寻求相互沟通的可能性。鉴于这个问题本身内涵复杂且涉及面众多,至今仍处在艺术界和学术界的持续探索过程中,所以这里只能结合两岸文化艺术交流中的具体个案,做一次初步的分析。

为了讨论更集中,这里尝试选取两岸现代舞的案例,即林怀民编导的《水月》(1998)和王玫编导的《雷和雨》(2002),做一些相关讨论。

一、传统在两岸文化艺术交流中的作用

传统,简言之,是可"传"之"统",具体而言,就是那种在一个民族、族群或种群的生活中代代传承的共同的符号表意系统,包括生活方式、行为方式、象征系统及其中蕴含的价值系统。而按照美国社会学家爱德华·希尔斯在《论传统》中的观点,一种传统总是要至少历经三代的代代相传才能获得延续。而能够在历代被传承的东西,又总是能够被历代人们所共享的东西,是他们在不约而同地淘汰了那些不被他们认同的东西以后所保留下来的共同一致的被确认物。这样,传统正是在一个民族共同体中能够跨越不同时代人们

的差异而产生认同感的共通物,是他们得以实现相互沟通的共同语言。即便是在相互存在成见、或相互存在时间距离或时代鸿沟的情况下,这些共通物都可以充当他们之间建立相互联系的纽带。

可以说,在文化艺术交流中,传统具有至少三种作用:第一,在时间维度上,传统可以跨越时间距离的阻隔而实现历时沟通,即可以让身处不同时间或时段的人们之间形成认同感;第二,在空间维度上,传统可以消除或弥合空间距离的阻隔而实现共时沟通,即可以让身处不同地点的人们之间产生跨距离的共鸣;第三,在价值维度上,传统可以跨越各个次级共同体之间原有的价值系统差异而实现带有普遍性的价值认同,即可以彼此欣赏或吸纳对方的价值理念。在这个意义上,传统相当于一个民族、族群或种群生活中的共同语言或同一基因。传统本身虽然更多地属于人对本民族、族群或种群以往生活的一种回忆式体验、感受或理解,但毕竟可以借助艺术作品而获得一种远比任何其他形式都更加集中、凝练而又富于感召力的象征性形式。

同属中华民族这个宏大的共同体,海峡两岸的大陆与台湾地区艺术家之间却由于历史的缘故而长时间处于相互分离发展的状态中。与此同时,他们的相互分离发展本身也不得不遭遇以欧美文化艺术为中心的世界上其他文化艺术或外来文化艺术的影响,并且这种影响是如此之大、之深和之久,以致两岸艺术家都不得不以它们为参照系或示范,而全力以赴地创造属于自己共同体的新艺术。这样,参酌外来西方艺术的影响而创造中国自己的现代艺术,已成为两岸艺术家的不同而又可能相通的共同爱好。正由于如此,过去若干年来,两岸艺术界已经根据各自的需要而创造了彼此不同而又可能相通的富于新传统蕴含的艺术形式或艺术样式,得以跨越海峡的时间、空间及价值系统阻隔,而引发两岸艺术家之间的共鸣。

这里的新传统,是指因参酌西方影响而创生从而与中国古代艺术传统有所不同的中国现代艺术传统。它与古代传统相比虽有新元素,但也同时包含仍在延续并实际地产生作用的那些老元素。

二、台湾艺术中的新传统

谈到近六十五年以来台湾艺术在新传统领域的建树,最引人注目的案例之一,无疑有现代舞编舞家林怀民先生的"云门舞集"所创作之现代舞作品

《水月》。我们知道，留学美国而返回台湾的林怀民先生，于 1973 年以相传中国最古老的舞蹈"云门"为名，在台湾创办首个职业现代舞团，如今这个现代舞团以"云门舞集"而享誉世界。它致力于在现代舞样式中融合中国传统元素而形成以中西交融为特色的中国现代艺术新传统。其代表性作品有《白蛇传》、《红楼梦》、《狂草》、《行草》、《竹梦》及此处将要论述的《水月》等。《水月》可谓"云门舞集"迄今为止的最具影响力之作。

《水月》采用了典型的西方现代艺术样式——现代舞，显然属于外来艺术在中国的影响之作。但是，凡是看过它的公众及专家，无论中外，都没有不认为它就是中国自己的舞蹈作品的。原因在哪里？想必正是在于它别出心裁地在现代舞样式以及在巴赫的无伴奏大提琴组曲等中，成功地激活和融入了中国传统元素。那么，这其中的哪些属于中国传统元素或可以被纳入中国传统元素范围呢？

首先引人注目的一点在于其中国式舞台形式构造。整个舞台全用黑色，显示一种宁静到极致的状况。舞台上方还高悬着一幅面板，它可以像镜子那样反射出舞台地面的种种景象，宛若一种自我镜像装置。舞台地面在黑色中点缀有书法的飞白图案，宛如深水中荡起的稀疏水纹。而在整个舞蹈过程中，有一缕缕薄水缓缓地注入舞台地面，在其上逐渐地积成一两厘米厚度的波光粼粼的薄水。这层薄水同时有两重作用：一重可起到反光作用，另一重可呈现中国传统艺术（诗歌、散文、绘画等）中惯于描绘的水月交融景致。而这幅景致又常常呈现为如今世界公众都已知晓的出自中国的太极图式——双鱼交融圆弧形，从而传达出一种中国式宇宙图景。

其次在于中国式身体装束或造型设计。单纯从舞者的身体装束或造型看，男女舞者都一律身着中式宽大而飘逸的白绸裤，其中，男舞者上身赤裸，女舞者则上身穿紧身衣，都体现为东方式朴素装束。这就给人以一种想象中的中国古典式男女舞者独特的造型形象。

再次在于中国式身体运动姿态。这套舞蹈动作从程式看，基本上是化用了太极拳的样式。观察舞者的动作程式编排，仿佛就连舞者的呼吸也符合太极养身理论，其一招一式之间更是注重节奏的舒缓自如，优游闲散，当然间或状如雕塑般凝重，总之显出了动静自如的中国式生命节奏。这难免令人想到美学家宗白华对中国艺术精神的独特把握："我们的空间意识的象征不是埃及的直线甬道，不是希腊的立体雕像，也不是欧洲近代人的无尽空间，而是潆洄委曲，绸缪往复，遥望着一个目标的行程（道）！我们的宇宙是时间率领着空间,因而成就了节奏化、音乐化了的'时空合一体'。这是'一阴一阳之谓道'。"① 这里放在首位的是舞者身体运动的节奏,而非其固有质地或形状。

最后,"水"与"月"本来同为中国艺术传统中重要的象征形象或原型,容易随处唤起公众的中国情怀。作品取名于佛家的"镜中花、水中月",显然就是明确地要传承中国艺术精神。

总起来看,《水月》指向一种空虚、灵动或空灵的虚幻之境的生成。该舞蹈在现代舞的框架中集中融合了中国古典佛家、道家的理念,合力传达出一种虚静、空灵、无为的景致。这里借助舞蹈样式去表达中国式传统理念,确实符合中国古典艺术精神及古典美学的呈现惯例。因为,舞蹈在中国各种艺术类型中被视为最具"典型"意义的类型:"人类这种最高的精神活动,艺术境界与哲理境界,是诞生于一个最自由最充沛的深心的自我。这充沛的自我,真力弥满,万象在旁,掉臂游行,超脱自在,需要空间,供他活动。……于是,'舞'是它最直接、最具体的自然流露。'舞'是中国一切艺术境界的典型。中国的书法、画法都趋向飞舞。庄严的建筑也有飞檐表现着舞姿。"② 中国古典舞蹈艺术不仅讲究生命之节奏的表现,而且还把这种节奏感透过"飞舞"、"飞檐"等"舞姿"而呈现在中国书法、绘画、建筑等其他艺术类型中。"尤其是'舞',这最高度的韵律、节奏、秩序、理性,同时是最高度的生命、旋动、力、热情,它不仅是一切艺术表现的究竟状态,且是宇宙创化过程的象征。艺术家在这时失落自己于造化的核心,沉冥入神,'穷元妙于意表、合神变乎天机'(唐代大批评家张彦远论画语)。'是有真宰,与之浮沉'(司空图《诗品》语),从深不可测的玄冥的体验中升化而出,行神如空,行气如虹。在这时只有'舞',这最紧密的律法和最热烈的旋动,能使这深不可测的玄冥的境界具象化、肉身化。"③ 或许这一论述有些浪漫化,但毕竟还是透露了这位现代美学家的美学意向:舞蹈尤其能典范地呈现中国古典文化传统的精神气质。

可以说,这部台湾现代舞的经典之作是直接让西方现代舞样式与中国古典传统价值理念实现了相互交融,其文化代价则是一举跳过了或跨越了令人难免不充满愤激情绪的中国现代历史风云。这样做留给我们的问题是,我们

① 宗白华:《中国诗画中所表现的空间意识》,《宗白华全集》第二卷,安徽教育出版社1994年版,第436—437页。

② 宗白华:《中国艺术意境之诞生(增订稿)》,《宗白华全集》第二卷,安徽教育出版社1994年版,第368—369页。

③ 同上书,第366页。

真的能跨越中国现代历史依托而让本身空洞的现代舞样式与同样本身无所归依的中国古典传统意念直接对话吗?

三、大陆艺术中的新传统

似乎正是要重新纠正这种对中国现代历史时段的任性跳过或跨越之举,北京舞蹈学院教授王玫编导的现代舞剧《雷和雨》(2002),改编于曹禺先生的现代话剧经典之作《雷雨》(1933),致力于运用现代舞样式去讲述中国现代历史中的令人扼腕叹息的剧烈的悲剧冲突故事,特别是重点刻画《雷雨》中6个主要人物的心理状况。这6个主要人物有繁漪、周萍、鲁侍萍、周朴园、周冲和鲁四凤。

应当看到,这部舞剧与《水月》一样,属于西方现代舞的中国化移植形式,不过,与《水月》在西方现代舞美学范式中有选择地重构中国传统元素不同,《雷和雨》则选择在现代舞样式中不是传承与致敬中国古典传统价值理念,而是相反:通过在血缘上相互交接的两个家庭人物间的剧烈的心理冲突,凸显传统与现代之间的难以化解的纠结,从而揭示出从传统向现代的转型的艰难性和复杂性。

整部剧的悲剧冲突进程可以分为四个阶段:冲突酝酿期、冲突爆发期、冲突延伸期和冲突终结期。在作为冲突酝酿期的开端段落中,帷幕开启,一个令人烦躁的夏日,在一个封闭而憋闷的家庭环境中,6把椅子以及分别坐于其上的6个人物都似乎处于剧烈冲突的前夕。每个人都在几乎令人窒息的无边的沉默中,静静地酝酿着自己的暴风雨般活跃的情感。

接着是冲突爆发期。随着繁漪突然间将药碗摔向地面,这一动作及其巨响标志着全部世界终于苏醒了,同时也爆发了。6个冲突人物纷纷登场亮相,运用现代舞特有的身体语言,实际地演绎他们之间的相互冲突故事。

在随之而来的冲突延伸期,可以见出6个人物之间的仿佛无休止的缠斗和伤害。繁漪在遭到丈夫周朴园的冷遇后,愤而与其长继子周萍私通,既不满于周朴园的专横,又不满于周萍后来转恋年轻的四凤,还防备四凤与自己争抢周萍,以及恐惧于儿子周冲不明就里地追求已心有所属的四凤。周萍不仅在精神上背叛严父周朴园,更因与继母私通而犯有乱伦罪孽,又因与同父异母妹妹四凤相恋而致使后者怀孕,可谓在乱伦之上罪上加罪。周冲年轻、单纯、帅气,热烈地追求四凤,但不想遭遇已心属周萍的后者的冷拒。四凤与周萍热恋,没想到始终处在繁漪的敌意的包围中,以及后来生母鲁侍萍的阻拦中。鲁侍萍早年与周朴园自主恋爱、生子周萍和鲁大海,后被生生拆散,天各一方,当其前来寻找自己再嫁后为鲁家生的女儿四凤时,才知后者已与自己的长子、也就是同母异父的兄长周萍有了乱伦式恋情。目击此情此景,侍萍无法不陷入极度悲愤的绝境中,悲叹无情的命运对自己的作弄。最后,曾经在早年像如今的周冲那样生机勃勃地追求自由、自主恋爱的周朴园,如今早已变得守旧、陈腐、僵化和专横,不断地加压于妻子繁漪、长子周萍、次子周冲以及新见到的前妻侍萍。周朴园以追求自由始,又以回归僵化传统终,完成了一个恶性循环。

最后是冲突终结期。最终,当这6个人物相互之间不停歇地缠斗,直到斗得精疲力竭、丧失掉再争的力气时,突然一声枪响(与上一次摔碗巨响形成首尾呼应),此前一直在延伸的悲剧连续体好像被迅疾地一刀斩断,一切无法化解的恩怨情仇、丑恶罪孽都一下子解脱净尽,留待一个全面复苏的新世界。

与《水月》明显地趋向于宁静与淡泊的中国传统精神不同,《雷和雨》中的中国传统元素却要隐蔽得多,它们更多地潜隐于极富现代感的剧情中,让人难以直觉到,而需要作反复而深入的品评。第一,全剧的黑洞空间中的神秘感、压抑感或罪恶感,是已然分崩离析的古代传统留给现代人的一种变形式体验或异化式形象。第二,中国式圆形舞台空间的营造,让人在看似圆满的世界里相反地感知到无法弥补的残缺与无可挽回的颓败。第三,中国式静中有动的理念表达,透露出古代传统在现代崩溃和再生的必然性。第四,通过6人的命运式悲剧,显示出传统在现代虽曾历经再生但又无奈地走向异化的趋势。

如果这样的理解有一定的合理性,那么,可以见到,王玫的这部作品似乎对无论是现代还是传统都没有表示出基本的"好感"或正面评价,而是专注于对它们的负面价值或否定性价值的批判式反思。这样一来,王玫就与林怀民处在了一个相互对峙或对应的焦点上:如果林怀民一方更多地趋向于呈现中国传统与现代价值之间交融的肯定性一面,王玫则更多地呈现它们两者之间交融的否定性一面。

四、两岸艺术中的新传统汇通

我在这里并不是要归纳式地概括出两岸艺术中的新传统的异同,而不过是要借助双方分别创造的这两个特定个案,呈现中国现代艺术新传统创生的诸种可能性之一二。无论是台湾艺术家的《水月》、还是大陆艺术家的《雷和雨》，都已向我们打开了中国现代艺术中新传统的可能性。当然还会有更多的大陆及台湾艺术家已经和正在创造更多的艺术品去呈现更多的可能性。只是，单就这两例艺术品来说，比较而言，有些差异是值得探讨的。

第一，就直感来说，这两位艺术家的舞台表现的直接性有不同。林怀民力图在现代舞样式中彰显中国古代传统精神的正效应，从而透露出对中国古代传统的无需掩饰的欣赏态度。而王玫则是在现代舞样式中突出中国古代传统精神的负效应，从而显示了对中国古代传统的义无反顾的批判态度。

第二，就故事的显层结构与隐层结构的关系来看，两者的社会学功能有不同。林怀民所创造的新传统，属于对古代传统的超时空的致敬仪式；而王玫的则是对古代传统在现代具体时空中的分崩离析的控诉仪式。前者可以从容地把中国古代传统元素从它赖以生成的具体历史时空中抽取出来，纳入到仿佛无时空或超时空的共时环境中随处移植；后者则坚持中国古代传统元素在现代不可能获得任何无时空或超时空的生存良机，而是必然陷入到与新兴的强势生长的现代性的剧烈冲突中。

第三，就艺术家的素养构成来看，两者的创作动机有不同。林怀民先生学成并毕业于美国，获得美国艺术硕士学位，大胆地尝试把现代舞运用到中国传统的全新表达形式中，希望以现代舞样式激活中国古代传统元素。而王玫则学成于大陆，虽然也接受了外来现代舞的影响，但对现代舞样式中的古代传统再造并不那么在意，而是注重以现代舞样式去展现认为至今仍在生活中持续的古代传统与现代性的冲突，以便唤醒人们对于古代传统负效应的冷峻理性反思。

当然，从共时视角看，台湾的《水月》和大陆的《雷和雨》或许分别代表了现代艺术中新传统的不同呈现形态而已，这并非等于指认两者之间存在简单的高与低、厚与薄等差异。可以相信，从逻辑上看，假如台湾艺术家会像大陆艺术家那样富于沉重感地和具体地呈现古代传统中的负效应时，那么，大陆艺术家也会像台湾艺术家那样富于轻松感地和抽象地展现古代传统的正效应。这在当前应当都是可以理解或期待的。

增进两岸文化交流 共谋中国文化传播

——关于中国文化有效地进行国际传播的思考与实践

黄会林

北京师范大学教授、中国文化国际传播研究院院长

在中国，"海峡两岸"特指大陆和台湾，把两地文化特称为"海峡两岸文化"，更体现两岸同胞对建设闽台文化圈、弘扬中华文化传统愿景的一种期盼。

正是出于对文化美好愿景的期盼，专家学者们建言献策，既进一步增进两岸文化的交流，又扩大两岸文化共识，以整合各方的资源，促进两岸文化的发展。北京师范大学中国文化国际传播研究院自建院以来四年间，在传播中国文化方面进行了一些实践的尝试，积累了一些经验和资源，也触发了一些思考。关于两岸文化，我们觉得有共识、要交流，更要考虑如何共弘扬、谋对接。

一、中国文化——两岸共识

今天，我们两岸文化方面的专家济济一堂，来商讨、探求两岸文化发展合力，源于大家的一个基本共识：两岸同胞是一家人，两岸文化同根。海峡两岸在文化上的同根，在于双方不仅在血脉上同源共种、同宗共祖，而且在文明上同文共语，在生活上同风共俗。双方的历史和文化渊源，深厚而密切地交织在一起。

关于两岸文化同根，学者们的研究已经很多。大家一致的认识是：台湾当前的本土文化，从根源、内容、形态等方面，都与中华文化有着同一性。中华文化是中华民族几千年生息繁衍过程中逐步创造、积累并传承下来的文化复合体，

即作为主导文化的儒家文化在与其他派别（道家、墨家、法家等）、少数民族文化及外来文化相互影响、相互作用、相互融合、相互借鉴、共存共生、共同发展的过程中，逐步形成、确立、巩固并为人们普遍认同、自觉遵守、代代相传的核心价值，以及基于这些核心价值所生成的民族精神。主要体现在以下几方面：第一，以人为本，充分尊重和维护人的价值之人文精神，如《孝经》中"天地之性，人为贵"。第二，标举"君子为上"的道德品格、精神气节，如《易经》中的"天行健，君子以自强不息""地势坤，君子以厚德载物"，《论语》所记"己所不欲，勿施于人"。第三，强调个人对世界、国家、民族的道义担当，即家国情怀。中国传统文化提倡个人要志存高远，以生民安康、社稷太平、家国昌盛为己任。如"先天下之忧而忧，后天下之乐而乐"；又如张载所云"为天地立心，为生民立命，为往圣继绝学，为万世开太平"。第四点，崇尚"和合"的世界观、人生观、宇宙观。如古训所言："礼之用，和为贵"，"天时不如地利，地利不如人和"。而"天人合一"的理念，则体现出中国传统文化中崇尚自然、尊重自然规律、人与自然和谐相处的思想。

中华文化传统在台湾也得以继承。台湾社会中，儒家文化是其主色调之一。事实上，海峡两岸的社会生活中确有很多共同的特点和形式，如共同的民族艺术形式，共同的民俗文化传统，在经济、文学、艺术、语言、风俗习惯等方面，都是具有民族特点的文化内容。中华民族传统的伦理道德观念，在两岸同样发挥着规范思想和言行的作用。我们可以认为，海峡文化不论在哪个层面上都是中华文化的重要组成部分。

文化是一个民族生命力的催化剂，发挥着凝聚力和向心力的作用，文化的这一特性，在一定程度上促进着一个民族的成长与发展。在历史的发展过程中，文化通常都是一种强大的内在力量，是凝聚民族和国家一统的强力。文化是一个国家、一个民族存在和发展的灵魂。民族认同和文化认同的关系极为密切，文化认同是民族认同的黏合剂。因此，中华文化是一种基于民族认同的文化认同。

对于两岸文化，有一个根本性共识：我们有着共同的中华文化传统，共同怀抱着中华民族伟大复兴的梦想，共同期盼着中国文化屹立于世界多元文化格局之中。

于是，我们还可以有一个共识：增进两岸文化交流，把中国文化树立为"第三极文化"坐标，共同发展"第三极文化"。我们倡导两岸要增进文化交流与发展,根本目的是实现中国文化的自立、自强,造就"第三极文化"应有的地位,发挥"第三极文化"应有的作用。"第三极文化"是中国文化自强的一种尝试。早在2009年,"第三极文化"的观念就被提出来,并引起强烈的反响。所谓"第三极文化",可以说是对"中国新文化"的一种理想建构,达成"中国传统文化"与"中国现代文化"的融合体。中国文化应该成为"第三极文化",从而为中国文化的发展方向确定坐标。"第三极文化"的宗旨,是把中国文化中符合历史发展趋势、有利于推动人类文明进步的成果进一步继承、发扬,同时结合时代发展需要,吸收、借鉴其他文化的优秀成果,进一步丰富和发展中国文化的内涵,使中国的"第三极文化"与欧洲文化、美国文化以及其他各种文化,共同为构建和谐、美好的人类文明作出贡献。

"第三极文化"在定位文化坐标时,需要坚守文化自信。在全球化的今天,中国文化正在遭遇新媒体带来的其他文化的强烈冲击,这个时候,我们更应当保持自己的文化定力,坚守清醒的民族意识,坚守本土的文化自信,在外来文化铺天盖地涌入的时候,从容不迫、沉着应对,以丰厚的历史感和鲜明的文化底蕴,展示中国文化无可替代的魅力,确立文化交流的话语权。这种话语权的树立是非常重要的,不是要与欧洲文化、美国文化形成对抗、冲突,而是要赢得世界的认可和尊重,将优秀的"第三极文化"呈现于世界,力促中国文化走向世界,在世界舞台上发出自己的声音,赢得世界的认可和尊重。

两岸可以共同发展"第三极文化",把文化作为维系全体中国人的精神纽带,作为维系民族团结和国家统一的牢固纽带。海峡两岸对中国文化的继承和发展,将为国家统一和中华民族伟大复兴注入强大动力。

二、理性思考——两岸交流

增进两岸文化交流,需要尊重"中国文化多元一体格局",尊重两岸文化"和而不同"。由于中国地域广大,民族众多,各地各民族文化在发展中都带有本土的、地域的特点,但中国文化的核心内涵是一致的。费孝通教授提出"中华民族多元一体格局"的命题,从当前的情况来看,这个命题不证自立。相应的,"中国文化多元一体格局"其实也是如此。中国文化有很多组成部分,那就是各地域的文化圈。各地域的文化圈虽然有着各自的地理、历史、经济、社会等因素和特点,形成了独特的地方文化特色,但仍然体现着中国文化的根本特征。同样,海峡文化有着自己的特色,始终是中国文化的一条支流。所谓"海峡文化"可以特指中国文化在台湾海峡地区孕育发展的地域形态(《论海峡文化》)。中国文化从根本上影响着海峡文化的形态。海峡文化需要坚持和发展自身的文化特色,并不断地丰富和发展着中国文化。这样,海峡文化就能更好地"和"在中国文化共同体中,但又不同于这个共同体中的其他地域文化。台湾地域的民众在长期生活过程中形成了自己独特的文化个性,但从根本上讲,台湾地域文化并没有生成一种与中华文化完全不同、存在着本质差别的文化,台湾地域文化与大陆各民族、各地域文化一样,都是中华文化的重要分支。

总之,增进两岸文化交流,既要"和而不同",也要"多元一体",尊重"中国文化多元一体格局"。这既是发展各自的地域文化,也在发展着中国文化。

增进两岸文化交流,就要丰富两岸交流的多种形式,实现协同发展。当前,两岸文化交流形式多为民俗民间信仰、乡亲联谊会、同乡会、寺庙堂会、宗亲会和台属联谊会等内容,多为寻根祭祖、旅游和民间艺术交流,参与人群以中老年为多;而青年人参与的人数还相对较少。而参与较多的文化交流项目,如两岸大学生歌手赛、辩论会、赛艇比赛和台湾大学生夏令营等活动,受到季节、场地等限制。两岸的大学生文化交流活动项目较少,社会影响比较有限。尤其是在当前新媒体盛行的时代,线上的文化交流与传播更显不足。双方文化交流的形式过于单调,不够丰富,线下和线上没有很好地结合起来操作,当然谈不上规模和品牌影响力。如今,两岸各种经贸、文化交流已经十分频繁,有的逐渐达到了较高层次和水平,但是交流的形式永远不会嫌多,交流的深度也还远远不够。

因之,整合两岸的文化资源,用更多创新形式实现文化协同发展,显得非常必要和迫切。我们希望,两岸能够在交流过程中形成对话、消解矛盾、共赢发展,把中国文化推向全世界。

三、国际传播——两岸共为

2010年11月19日,北京师范大学与美国国际数据集团(IDG)共同组建了中国文化国际传播研究院,旨在有效整合社会各界的优势资源,通过开展扎实、深入的学术研究和富有中国文化特色的艺术创作,把中国文化更有力地推向世界,为构建和谐的世界文化贡献力量。几年来,中国文化国际传播研究院积累了较多资源,可以在两岸文化的交流与合作中予以对接。中国文化走出去,需要更为广泛的国际传播。

两岸共为中国文化的国际传播,既是对中国文化共同体的认同,也是对中国文化及其价值的认同和维护。在当今世界全球化的大趋势下,各种思想文化交融碰撞,民族的、本土的文化传统具有不可替代和复制的重要价值,同时也面临被边缘、取代、衰落甚至消亡的危险。研究院正是带着这样的自豪和忧虑,开展了一些文化交流与传播的工作。当我们在全球化背景下考量两岸关系,要尊重"中国文化多元一体格局",要求我们求同共为:弘扬中华文化传统,共谋中国文化的国际传播。弘扬中华文化传统,即是在增强中华民族的认同。基于文化自强和自信,把中国文化推出去,就是在肯定和维护传统文化其及价值,肯定和维护中华文化这一全球华人的共同财富,对于中国文化在世界文化格局中独树一帜具有重大的意义。怎样把中国文化传播到其他国家去,如何让"第三极文化"汇通于整个世界,让世界听到中国文化的声音,可以由双方共同谋划和操作。

传播,天然地需要有主体、媒介和受众三个环节。文化传播自身要求直接性的国际传播主体,适合由文化艺术界的力量来承担主要工作。文化在国际传播过程中形成了跨文化的传播。其中,如果是国与国之间的文化交流,是不同文化之间的国际对话,则理应由文化层面的媒体、人员来沟通,而不宜以官方政治宣传和教育为主要途径与手段,否则容易触发反感心理。

新媒体的个性化特征,要求文化传播由文化层面的力量来实现。在新媒体时代,信息传播服务更明显地表现为点对点、"所有人对所有人"的方式,针对不同的受众提供个性化的信息。受众对信息具有筛选的权利,可以通过新媒体检索、选择、定制、存储、推荐信息。

我们认为,中国文化在国际传播过程中,宜于发挥非营利组织作用。中国文化国际传播研究院作为非营利组织(NPO),对此做了示范性的探索工作。研究院近几年在美国、法国、俄国、中国等地相继组织各种活动,非营利组织的身份解除了西方学者、学生、友人的疑虑。研究院所做的工作得到较多海外人士的欢迎和支持。我们希望在两岸的文化交流中,加强非营利组织之间的沟通与合作。目前,需要更大范围掀起对中国文化的国际性研究,这其中包括跨极(美国、欧洲、中国这三极)、跨学科、跨地域、跨时代等交叉研究,让来自更多国家、更多学科的学者对各个时期中国文化进行更加深入和富有创新的研究。我们真诚地希望，两岸可以展开更多的实践操作，在两岸文化交流中实现对接，更在中国文化及其国际传播方面协作共为，作出贡献。

四、实践操作——两岸对接

研究院所做过的主要工作，都是围绕中国文化国际传播展开的，希望听取两岸的批评和建议，并且寻求多方合作的契机。希望各位听了我的介绍以后，与我们联系，共商参与的方式、合作的形式。

（一）看

"看中国·外国青年影像计划"，已成为中国文化国际传播的品牌项目。我们组织的"看中国"项目，征集具备影视创意和独立制作能力的外国青年到中国来寻找、拍摄、呈现中国文化。在招募时专门规定候选人资格为"第一次来中国"，以保证他们对中国文化的陌生感。青年本是未来和希望，他们不仅是文化的传承者，还将是新文化的创造者。中国的迅速崛起，已经吸引了世界各国青年的目光，他们向往中国，对中国充满了好奇和期待。当前，青年之间的国际交流活动日益频繁，国外的青年已经成为中国文化一股重要的潜在传播力量。这股力量如果巧妙地用好，会产生不可估量的影响。

对于大多数西方人士，汉字实在是难以掌握的文字，学习汉语需要相当长的时间。而中国文化最贴切的符号体系，到目前为止恰恰仍然是汉字。中国文化的国际传播在影像时代之前，一直非常困难。如今，"看中国"项目应用影视语言这样的新兴媒体，记录参与人员在中国看到的变化。目前，研究院已经组织了4年4届"看北京"、"看上海"等"看中国"项目，出色完成了100部短片作品，并获得6项国际奖。让每个项目体验者通过早期策划、前期拍摄、后期制作等环节，多频次、多层面、多角度地切入某个中国文化的显性点，持续地深度体验、观察、审视、反思、表现中国文化。成品以视频媒体承载外国人看到的中国文化景观，使得中国文化在国际传播过程中应用了通行无阻的新媒体视觉语言。影视语言涵盖了文字、音乐、戏剧、美术等多种人类符号体系，具有超越文字的可能性和特殊的艺术性，便于跨文化阅读和审美体验。"看中国"用最为简洁、真实的内容，通过外国青年的影像作品，告诉世界中国文化的价值。

我们目前正致力于把这个项目打造成国际级的文化品牌,扩大容量、提升质量、增强效果,将用一个庞大群落的视频集聚成一个"看中国"品牌。首先,参与国家的数量需要扩大,至少要覆盖美国、英国、法国、澳大利亚等大国及日本、韩国、印度、泰国等周边国家;参与人数也要扩大,参与阶层可以从青年扩大到中年等更广泛人群。

我们希望,在接下来的"看中国"活动中,台湾的高等院校也能积极参与进来,让参与项目的外国青年到台、闽地区去行走,用他们的视角去观看、记录,应用影视语言新兴媒体记录参与人员看到的变化,以外国青年的独特视角,展现当地的文化。比如阿里山和日月潭,比如别样风情的台湾民众生活;比如世界遗产福建土楼,包括漳州南靖土楼和龙岩永定土楼;比如遍及闽台甚至东南亚等地的妈祖文化;比如漳浦剪纸艺术、漳州木版年画等。

希望通过这样的交流与合作,加强中外青年之间的跨文化沟通、交流与合作,从而提升中国文化和闽台文化的国际影响力和吸引力。

(二)论

"论",指研究院一年两次关于"第三极文化"——中国文化走向世界的国际学术研讨会。

其中,"请进来"研讨会在每年11月的最后一个星期五,由研究院邀请海内外专家相聚国内,围绕中国文化国际传播,展开主题演讲和分论坛讨论。2011年11月,我们举办了"从孙中山到乔布斯——中华文明的现代传播"国际研讨会,美国前总统卡特先生出席研讨会。美国总统在中国出席研讨会还是头一次。卡特总统在会上发表了友好讲话,他说中国是一个伟大的国家,中国人民是伟大的人民,美国如果不和中国友好是没有前景的。2012年11月,我们的国际研讨会主题为"世界文化格局与中国文化机遇",世界文化格局是我们必须面对的大环境,在这个大环境中,中国文化到底有什么机遇? 2013年,研讨会的主题为"从'各美其美'到'美美与共'——跨文化语境下的文化共享",来自不同国家和地区的嘉宾从历史与未来、经济与文化、东方与西方、中国与世界、政治与文化、传统与当代等不同角度立体地审视文化,为"第三极文化"理论的深入研究开拓了思路和前进的方向。

2014年,研讨会的主题为"中国文化国际传播:话语体系与文化形象",本届研讨会旨在探讨经济全球化背景下的跨文化传播历史、现状与问题,反思现实的文化冲突与文化帝国主义,探讨在相互沟通、理解、尊重基础上的世界多元化发展道路;充分理解社会各方面文化的特点,为大众媒介的跨文化传播实践提供思想资源。同时,通过举办跨文化传播国际学术探讨会,增进世界各国学者在中国文化的跨文化传播问题上的交流与合作,搭建学术桥梁,履行北京师范大学中国文化国际传播研究院弘扬和发展"第三极文化"的创办目的。

另外一项是"走出去"。已经连续三年,研究院组织五位国内专家奔赴海外主办学术论坛,与海外专家针对中国文化的国际传播进行文化的沟通与思想的碰撞。2012年,到美国洛杉矶"中美电影节"中,主办了一场学术研讨会,和南加大(USC)、洛杉矶大学南加州分校(UCLA)的电影专家们进行对话。主题是中国电影如何有效地进行国际传播。这些顶尖级的专家在会上热忱地为中国电影的发展提出各种各样的主意,中肯地指出问题。五位海外专家中有一位是获得奥斯卡奖的,两位是南加大的教授,还有一位是电影协会的主席。几位专家做了非常精彩的演讲,他们说过去中国的专家很少来,来了也是参加我们的研讨,研讨美国好莱坞电影,还没有见中国人在美国主办论坛,让我们研究你们的电影,这个很好。所以他们踊跃参加,积极发言,扩大影响,这是我们第一次"走出去"的论坛。

2013年10月,我们在法国巴黎第八大学主办了第二次"走出去"论坛,与法国五位专家进行对话,其中包括法国教育部汉语总督学白乐桑、国际电影资料馆联合会主席艾利科乐华。在近4个小时的论坛中,中法专家的发言视角独特,内容精彩,法国专家称这是近年来少有的中国学者的"豪华阵容"在法国举办的高水平、高规格的中国电影学术论坛。

2014年,我们在莫斯科与俄罗斯科学院专家进行了关于中国文化的深度交流,收获与成果正在总结中。未来,我们还将去其他国家和地区进行学术研讨,以推动中国文化的国际传播。

"第三极文化"理论已经引起社会各界的高度重视,每年论坛结束后,在此基础上编辑出版一部《"第三极文化"论丛》,已出版3辑,第四辑即将出版。

（三）刊

"刊",是指研究院和德国 Springer 科技传媒集团联合出版英文学术期刊《International Communication of Chinese Culture》(中国文化国际传播,简称

ICCC）。根据检索，ICCC 是目前国际唯一关于中国文化国际传播的英文学术期刊。研究院负责 ICCC 的编辑工作，本人担任主编，编委来自中国、美国、英国、法国、加拿大、德国、澳大利亚、西班牙、南非、新加坡、丹麦、瑞典、瑞士、比利时、日本和中国香港、中国澳门、中国台湾等 17 个国家和地区。每年将出版两期，共约发表论文 16—20 篇。希望各位专家、学者能够积极为本刊投稿。全球前 80 名的大学图书馆免费赠送。

（四）创

"创"是指研究院组建了高水平的创作委员会，组织、开展创作项目，已经初步形成了一批作品，如长篇小说《红军家族（前传）》、电影剧本《司徒雷登》、电影剧本《国家利益》、关于邓小平访美的纪录片《旋风九日》等，均有一定口碑和影响力。研究院在影视创作方面有着广泛的资源，希望两岸在这方面可以形成合作。

（五）"会林文化基金"

为了强化"非营利"优势，研究院设立"会林文化基金"，致力于将其打造成整合各种文化资源的重要窗口、引领公益文化教育事业发展的重要引擎，作为推动中国文化国际传播的重要平台，为中华文化的复兴作出应有的贡献。目前，"会林文化基金"的重点工作之一，是筹划运用多种新媒体，在全球范围内征集在中国文化国际传播方面有突出贡献的人物，颁发"会林文化奖"，是对"第三极文化"的一种激励机制和推广机制。希望"会林文化基金"也能够以公益事业面貌为中国文化国际传播多出力、多作贡献。

按照基金会章程，会林文化基金隶属于北京师范大学教育基金会，常设机构设在中国文化国际传播研究院。预计 2015 年 2 月，我们拟向世界颁发"会林文化奖"。在此期间，请各位向我们推荐有突出贡献的人物，参与到评选中来。

总之，中国文化是海峡两岸人民共有的财富，希望随着两岸文化交流的深入，双方的合作不断进入新的发展阶段。两岸通过理性思考，扩大文化交流，增强民族认同十分重要。希望两岸在中国文化的国际传播方面，能协作共为，实现实践和资源的无缝对接。

海峡两岸文化产业交流的现状与发展趋势浅探①

张华荣

两岸协创中心福建师范大学两岸文化发展研究中心研究员

福建师范大学经济学院教授

方 忠

福建师范大学经济学院讲师

陈伟雄

福建师范大学经济学院博士研究生

近年来,伴随着全球金融危机和欧美债务危机的交替爆发,世界经济格局处在不断的调整变化中,海峡两岸经济既面临着发展机遇,也面临着严峻挑战。因此,如何应对全球经济格局变化所带来的新一轮挑战,抓住新技术革命所带来的机遇,抢占产业发展的制高点,成为目前海峡两岸经济发展的关键。而自 20 世纪 90 年代以来,文化产业作为知识经济时代的标志,其创造社会财富的形式已然成为当前经济发展的新一波动力,也引起政府、企业、学者乃至各民间机构的广泛关注。在此背景下,近年来两岸对文化产业的发展均给予重点关注,大陆先后出台相关政策法规,将文化产业提升到国家经济发展战略地位。改革开放以来,随着两岸的政治、经济和文化教育交流的不断深入,特别是 2010 年 6 月,《海峡两岸经济合作框架协议》(英文为 Economic

① 本文为福建师范大学海峡两岸文化发展协同创新中心课题"文化产业交流协定的历史、现状及其对策和文本研究"的阶段性成果。

Cooperation Framework Agreement,简称 ECFA）的签署,为推动两岸文化交流乃至文化产业在更广阔领域的合作提供了前所未有的条件。

一、两岸文化产业交流的历史回顾

1979 年以前,由于众所周知的原因,两岸处于敌对状态,一切交流无从谈起,遑论文化与文化产业的交流。但随着大陆实行改革开放政策,台湾地区领导人的更迭,两岸关系出现了可喜的转变,经贸交流及合作的步伐开始加快,并不断辐射到各个领域。但早期两岸之间的交流更多地是以文化交流为主,还未涉及文化产业之间的合作。直到 2008 年,两岸关系在"九二共识"的基础上恢复了制度化协商,这为两岸文化交流及产业合作创造了有利条件。两岸实现"三通",进一步降低了两岸企业合作的物流成本、能源成本等,从而有效地促进了两岸产业合作圈的形成。2010 年 ECFA（《海峡两岸经济合作框架协议》）的签订,标志着两岸经济合作关系开始走向制度化、常规化,两岸文化合作的领域也由以往单纯的文化交流深入到影视、音像制品产业、图书出版业、工艺美术业、文化旅游业等领域。

（一）两岸影视产业的合作简况

两岸影视业的交流始于 20 世纪 80 年代中期,其中以 1984 年两地同时在香港地区举行电影展,从而使得两岸影视从业者自新中国成立后有了首次接触的机会,也为后续的合作奠定了基础。从 20 世纪 80 年代后期开始,两岸影视产业的交流合作逐步深入,到 1997 年台湾正式放开大陆影片及大陆与香港合拍影片在台公映限制,自此两岸影视产业交流呈现出一片繁荣景象,出现过众多影响深远的影视剧,如《流星花园》风靡大陆,《还珠格格》更是在两岸都收获了极高的收视率。进入新世纪后,台湾在影视创作编剧人才、创意人才及营销推广所具有的长期优势,而内地凭借广阔市场、雄厚资本及深厚的文化底蕴产生了巨大吸引力,促进两岸影视产业合作的深入发展。2007 年广电总局宣布,大陆与台湾合拍的电视剧经核准可视为大陆生产的电视剧播出与发行,切实促进两岸影视合作的发展,两岸间的影视活动也是与日俱增。台湾偶像剧在大陆开辟了广阔的市场,而同样的,大陆《康熙王朝》等历史剧,《步步惊心》、《甄嬛传》等后宫剧也在台湾引起了强烈反响。单单是 2009 年，大陆从台湾购买的电视节目就长达 500 多个小时，占到同类节目总量的 1/4；而台湾购买大陆的电视剧相比于 2008 年也增长了一倍左右，达到 4200 多小时。而 2010 年，两岸签署 ECFA，将电影也列入服务贸易的清单，进一步放宽了台湾电影进入大陆市场的限制，激励更多的台湾电影人进入更为广阔的大陆市场。可以说，未来两岸影视产业合作的空间及市场将具有更大的潜力。

（二）两岸新闻出版业交流概览

改革开放三十多年来，两岸新闻出版业交流内容主要是以图书销售、出版合作及版权交易为主，交流方式也经历了从直接到间接、从单向到双向的过程。自 1988 年上海举办"海峡两岸图书展览"开启了两岸新闻出版业交流大门后，两岸开始以华文出版联谊会的定期举办形成固定的交流机制。此后，两岸新闻出版业合作的项目与日俱增，产品交易形态也是呈现出多样化状态，涵盖电子书出版、互联网出版、动漫网游出版及手机出版等各种数字出版产品。虽然相对于台湾，大陆数字出版业起步较晚，但广阔的市场及 ECFA 的签订实施，为众多从业者（包括台湾从业者）提供了巨大商机。如大陆的《读者》和台湾的《丰年》先后在对岸发行。而 2011 年《福建日报》与旺旺中时媒体集团共同创办《两岸传媒》杂志，搭建了两岸传媒业界、传媒学术界交流与传播的公共平台。在此背景下，两岸出版贸易也实现了快速增长，至 2011 年总产值也已超过 1000 亿元；而 2011 年，两岸版权贸易和出版物进出口持续健康发展，两岸版权贸易也继续保持增长势头。其中，两岸图书、报纸、期刊、音像、电子出版物等进出口品种达 48.66 万种，进出口额为 2243.76 万美元，分别比上年增长了 16.67% 和 22.66%。随着"在福建先行先试的五条出版方面的惠台政策"的出台，两岸新闻出版业交流及版权交易合作的政策和发展环境得以进一步优化，也进一步拓宽了两岸交流合作渠道。

（三）两岸文化旅游业交流一瞥

长期以来，受各种因素的影响，两岸全面放开旅游的协商进程进度较为缓慢，两岸之间交流方式大多只能采取间接的或者单向的人员交流方式，致使两岸交流处于不对等、不均衡的状态。直到 2008 年两岸签署《海峡两岸关于大陆居民赴台旅游协议》，这种不均衡的状态才得以改善，两岸旅游业合作也迎来了发展高峰。而到了 2009 年,两岸实现了全面直接对接的双向"三通",两岸游客之间往来成本大幅度降低,就更加便利了两岸旅游业的发展。从 2011 年 6 月开始,至 2013 年,陆续开放四批大陆居民赴台个人旅游城市达 36 个城市。经过二十多年的发展,海峡两岸旅游产业的互动发展规模不断增大,并逐步形成以宗教朝拜、寻根谒祖、风情体验、投资考察、文教交流等多种类型为主的文化观光交流产业生态,大陆与台湾也逐步发展为互为基础客源市场,其中台胞赴大陆旅游人数逐年增加,已然成为大陆接待入境旅游的重要对象。2012 年台湾游客约占大陆入境旅游总人数的 6%,是大陆第三大入境旅游客源市场。而自台湾地区开放了大陆居民赴台旅游,大陆客源也已成为台湾旅游的主要市场。大陆游客目前约占台湾入境游客总数的 30%,是台湾第一大客源市场,明显拓展了台湾的旅游市场,带动了台湾文化旅游业的发展。据统计,两岸双向交流规模从 2008 年的 470 万人次增加至 2011 年的 705 万人次,年均增长 14%。

当然,除了上述几个领域产业的合作之外,近年来,两岸文化产业交流日益深化,合作的内容和形式也呈现出多元化态势,交流的平台及渠道也不断得到拓展和提升,在广告、时尚设计、音乐、现代休闲农业、工艺和节庆会展业、动漫游戏业等各领域都已开展了不同层次的合作分工关系。2012 年 9 月,由台湾海基会、大陆海协会共同推动的"两岸文创产业交流合作座谈会"在台北举行,大陆海协会会长陈云林率"海协会文化创意产业暨书画艺术交流团"参加,进一步把两岸文化产业合作推向高潮。而 2012 年 12 月,在杭州举办了首届"两岸文创产业合作论坛"。论坛就未来两岸文创产业合作的交流机制、搭建平台及设立试验区方面达成共识。由此可见,两岸文化创意产业的交流合作已进入到新的发展阶段。可以说,当前两岸文化产业的合作已然成为两岸关系的风向指标。

二、两岸文化产业交流的现状分析

随着经济全球化进程的加速以及区域经济一体化的发展,两岸文化产业之间交流日益紧密,对于文化产业领域间需求及利益诉求也更为紧密,合作空间也由原先单纯的区域性优势互补的自然需求上升为全球文化产业市场体系重构中融合,共同致力于构建双向、开放的文化消费市场,相互融合的文化生产系统。当前,在共同推进文化经济时代的中华文明复兴与发展的目标引导下,作为以往维系两岸亲情纽带的文化产业交流,不仅交流内容广泛多样,而且交流层级、渠道、影响都有重大突破,大致呈现以下几个特点:

(一)交流内容日益丰富多彩,亮点纷呈

近年来,海峡两岸双方在"一中框架"的认同下,保持着频繁且富有开创性的互动,推动着双方文化产业合作政策方面往更加务实的方向发展。截至目前为止,两岸各地已开展了有关妈祖文化、书画文化、雕塑文化、生态农业文化、美食文化等各种文化交流活动,特别是作为两岸共同共通的我国首个信俗类世界非物质文化遗产——妈祖文化,已然成为两岸文化交流中心,并逐步形成以演艺、工艺美术为中心的妈祖文化产业链乃至产业群。可见两岸各地文化产业交流日益向高层次发展,并且深入各个产业中,从而实现双方互惠双赢的局面。据《两岸文化产业合作发展报告(2014)》发布的相关数据,2013 年两岸人员往来规模达 808 万人次;2013 年前 9 个月,大陆居民赴台个人游同比增长逾200%,人数达 168 万人次,全年大陆居民赴台 292 万人次。而随着 2014 年赴台个人游新增 10 个城市,达 36 个城市,进一步推动两岸人员交往和旅游业的共同发展。2013 年,两岸图书、报纸、期刊、音像、电子出版物等进出口品种就已达 48.66 万种,进出口额为 2243.76 万美元。近年来,台湾演艺人员近 600 人次参与大陆电视剧和广播电视节目制作,两岸影视方面交流合作包括互相参加展览、研讨会、合拍影视剧、连线制作晚会、赈灾演出等。据统计,2011 至 2013 年,有 21 家台湾电影企业参与两岸合拍影片的制作。

(二)两岸各地交流的平台及渠道不断得以提升和拓展

近年来,两岸各地文化产业交流不仅在展现双方各自丰富内涵的同时,也在不断拓展交流渠道,并提升双方交流的平台,从而为双方文化交流进一步深化夯实了基础。截止到 2013 年,两岸文化交流项目有 2116 项,参与者 11604人次,达到前所未有的规模,双方文化产业合作平台运作也逐步形成常规化乃至品牌化。如自 2003 年以来,福建马尾和台湾马祖已经连续联合举办了 12届"两马同春闹元宵"活动;海峡两岸图书交易会已经举办 8 届,现已成为公认的两岸图书交流的最好平台。"中国·湄洲妈祖文化旅游节"已成功举办14 届,而至 2010 年已连续举办 5 届的海峡两岸文化产业博览交易会,以中华

文化为纽带,着力打造一个综合性文化产业交易平台,是目前唯一由海峡两岸共同主办的综合性文化产业盛会。当然还有一些保生慈济文化节、海峡两岸关帝文化节、中华灯谜艺术节等众多活动平台,也纷纷以常态化、系列化的模式推动双方文化产业的合作和发展。

(三)官方交流与民间互访相互呼应

近年来,两岸各地文化产业的交流既有官方组织的,如海峡两岸文化产业博览交易会,也有民间团体自发组织的,如以客家文化、妈祖文化、朱子文化、关帝文化等为主题的两岸民间民俗文化系列活动,两者之间相互促进,相互补充,推动双方文化交流层级的不断深化。两岸文化交流自 2010 年以来,交流层级不断得以提升,先后有文化部长蔡武访台,台湾海基会董事长江丙坤、中华文化总会会长刘兆玄来大陆展开文化交流,这不仅凸显出两岸对文化交流的重视,也对双方增强互信,增进两岸同胞友谊,加强双方文化产业合作有着重要意义。而当前民间交流主要以两岸研究机构与高校的学术交流合作为纽带,加深双方文化产业合作力度。如 2010 年文化部依托上海交通大学建立的"两岸文化产业合作研究基地"以及中国传媒大学所建立的两岸高校"文化创意产业联盟",联合大陆及台湾多所高校或研究机构,已经开展多次以两岸文化产业合作为主题的学术交流及研究,同时两岸各地高校还依托自身优势对双方文化产业发展进行常态化互动扶持,如厦门艺术学校与台湾戏曲学院在教学、科研、表演、舞蹈、剧目、戏曲等方面进行常态化的互动交流。

总而言之,两岸文化产业交流及合作的不断深化是长期以来两岸文化交流和产业实践的需求和结果,也是提升中华文化全球能见度和竞争力的潜在动力,但随着两岸文化产业的不断发展,以往那种大陆提供市场或者资本,台湾提供创意的合作模式早已不符合未来两岸文化产业合作发展的需求,无法有效实现文化产业链的平衡发展。因此,未来两岸应着力于构建起双向、开放的文化消费市场,形成两岸相互融合的文化再生产系统,才能提升两岸文化产业竞争力。

三、两岸文化产业发展的共性与差异

当前两岸文化产业交流处在不断深化中,但由于各自文化产业处在不同的发展阶段,因此在发展中既有共性,也存在着差异的一面。

（一）两岸文化产业发展的共性

1. 文化根基的同一性

文化产业的发展本身是依托内容产业，文化产品是需要附上相应内容，价值才会得到相应提升，因此文化产业与内容是密不可分的，而传统文化又是当今文化发展的起点，文化产业的创意实质上是对传统文化的传承与创新。台湾与大陆之间本就是同根同种，两者之间有着特殊的史缘、地缘和血缘的关系。在海峡两岸移民史中，台湾民众大都是由闽粤等地移居过去的，这就造就了两岸之间在语言、宗教信仰、风俗习惯、生活习性等方面有着共同特点，并逐步形成共同的文化特征。正所谓，产业是发展途径，而文化则是产业之根。要促进文化产业的发展，只有在特定文化氛围中满足消费者特定的文化需求。当前两岸这种共同的文化根基，必然引发双方相似的价值取向及思维方式，从而决定了两岸之间有着相似的文化产业消费市场及创意源泉，也为两岸文化产业的有效对接提供了基础。

2. 注重政策扶持的连续性

作为新兴产业，文化产业的前期发展是需要一定程度的政策扶持及支撑。在文化产业发展战略政策的制定方面，两岸都为文化产业发展提供全方位、多层次的政策支持，比较强调政策的稳定性及连续性，都注重依托重大文化产业项目的带动作用，实施"走出去"战略来振兴文化产业。台湾自2002年颁布"挑战2008：文化创意产业发展计划"之后，便将文化产业列为重大扶持产业之一，之后陆续推出各种"文化创意产业发展计划"，涵盖整备文化创意产业发展机制、设置文化创意产业资源中心、发展艺术产业及媒体文化产业、台湾设计产业等5项推动措施，共28个子计划。此后，受金融危机的影响，台湾地区领导人马英九先生于2010年通过"文化创意产业发展法"，通过健全文创产业的相关规定，以及建立著作财产权制度，为台湾文化产业的发展提供了保障，并通过研发资金、税收优惠、健全文化产业商业机制等各方面的措施来扩大文化消费市场，优化文化产业发展环境。相比之下，大陆自2001年之后就出台了一系列扶持文化产业发展相关政策，既有偏向于宏观方面的《文化产业振兴规划》、《国家"十一五"时期文化发展规划纲要》，也有涉及具体某个方面的微观规划，如《关于支持文化企业发展若干税收政策问题的通知》、《关于金融支持文化产业振兴和发展繁荣的指导意见》、《关于扶持中国动漫产业发展的若干意见》等等。

3. 产业发展内在驱动性的相似性

目前,受全球经济剧烈变化的影响,海峡两岸经济都面临着产业发展效能欠缺困境,都面临着经济转型、产业升级的压力。大陆经济正处于经济结构战略性调整时期,由以往粗放型的经济发展方式走向可持续发展的经济发展方式;而台湾原先是以制造业及技术发展为主的产业形态,但受全球化趋势的影响,台湾很多产业外移到境外或者大陆,造成岛内产业空心率和高失业率的情况,因此台湾也正向服务业或者知识经济附加值更高的产业转型,以此来重新激发经济发展潜能,进而创造更多的经济成长及工作机会。而文化产业素有"城市面包器"之称,涵盖动漫、设计、工艺美术、会展等众多子产业,产业附加值高。发展文化产业可有效加快内部经济的转型,实现产业升级,因此,文化产业无疑成为两岸经济发展的重点,也是双方经济竞合的下一波动力。

(二)两岸文化产业发展的差异性

两岸拥有共同的文化传统,文化产业各有各的优势。但由于受到政治体制、文化产业发展程度及发展理念的影响,两岸文化产业在拥有诸多共性的同时也存在着诸多差异性。

一是发展模式的差异性。虽然台湾与大陆都给予文化产业发展相关的政策支持,但大陆更多是采取政府主导,自上而下的文化产业发展思路;而台湾则是典型的自下而上、社区主导的发展,即通过社区民众自主提案,梳理社区文化历史脉络,而后进行整体规划,并由当局给予相应资助及指导,当中当局更多承担着的是高度辅导、轻度管理的功能,这主要是由于台湾较早加入国际社会分工领域,文化产业有着基于长期代工经验积淀所形成人才和技术的优势,文化产业发展所依赖的民间基础较为扎实有序。而相比之下,文化产业在大陆发展的时间相对较短,发展基础特别是民间基础还较为薄弱,因此在文化产业的发展初期,需要政府的引导,需要走"政府主导,业界专家论证,培育市场"的发展思路。但文化产业的长期发展需要社会资本的介入和市场的成熟运作,要做大做强文化产业就需要引入民间智慧。

二是文化市场体系规范程度的差异性。台湾市场经济发展较为成熟,其文化产业市场体系也较为规范,在员工素质、企业组织及产品销售方面具有较为成熟的经验,拥有众多的知名企业或品牌,具备较为完善的文化产业链,涵盖研发、制作、策划、营销等方面,能充分了解市场需求,创造经济效益的效率较高,有着创意、人才、营销等方面的"软实力"。相比之下,内地文化产业拥有一定的文化资源优势和经济基础优势,有着资金、土地、市场及政策的"硬实力",但文化市场体系还不规范,仍处于文化产业链的低端制造环节。

三是文化产业发展理念及着眼点的差异性。两岸发展文化产业都比较强调通过建立或者扩大文化市场,达到经济转型升级的目的,但台湾发展文化产业比较偏向于强调传统文化的艺术性,以文化和艺术作为发展的核心,提升整体民众的文化素养,进而扩大文化市场。因此,很注重保护和开发历史文化遗产项目,将其当做文化产业发展的基因库。而大陆由于长期受 GDP 思维的影响,因此比较注重文化产业所产生的经济价值,而非文化价值,比较注重文化产业在地区 GDP 的比重,甚至有些地方政府就简单以这个指标来衡量本地区文化产业的发展水平。其实未来经济发展应是一种多元化的发展方式,是与文化融合的发展方式,因此对文化产业价值的考察应是一个全方位的考察,不仅要考察其经济价值,也要考察其文化价值,而考察一个地方文化产业的发展程度,不仅要考察文化产业的投入产出比,也要考察其是否提升了地区民众的文化素养。

四、制约两岸文化产业深化交流的主要因素

《两岸文化产业合作发展报告(2014)》指出,两岸文化产业合作因广泛涉及两岸文化、经济甚至政治方面的碰撞、交流、对话、弥合,不仅包括彼此理念方面的认同度、包容度,也包括具体实践的操作性、程序的协同度,因而已成为两岸关系发展水平的风向标。当前,由于诸多制约因素的存在,两岸文化产业交流合作仍然进展缓慢,这些制约因素主要包括:

一是两岸政治互信依然不足,影响了两岸经贸往来乃至文化产业交流的深入开展。虽然一直以来两岸都有合作、不以政治分歧影响经济合作的呼声,但是从两岸关系发展的历史来看,两岸的政治关系始终影响着经贸往来与交流合作。文化产业不仅具有经济属性、产业属性,而且具有文化属性即意识形态属性,其交流合作受政治因素的影响更为明显。2008 年以来,两岸签订的包

括 ECFA 在内的各项交流合作协议,无不是建立在"九二共识"这一政治基础之上的,而台湾民进党等绿营政党至今并不认同、不接受"九二共识",极力阻挠两岸交流合作的发展。以《海峡两岸服务贸易协议》的签署为例,2013年 6 月两岸签署服贸协议,在民进党的全力抵制下,协议签署一年多,依然无法生效实施。虽然该政党也认识到发展两岸经济关系有助于台湾经济发展,但由于与其追求"台湾独立"的政治目标背道而驰,故反对并干扰破坏两岸经济和文化产业合作,从而对两岸文化产业交流产生不利影响。因此,如果民进党等绿营政党再次在岛内掌权,两岸关系稳定性必将受到冲击,进而影响两岸经济关系和文化产业交流合作的深化发展。

二是两岸文化产业交流合作的政策体系不健全,组织机制和平台建设还不够完善。建立统一协调的组织机构以及灵活有效的运行机制是促进两岸文化产业交流合作的重要保障。目前,两岸在经贸合作方面仍然存在一些制度性、政策性障碍,使得两岸文化产业交流合作的深度、广度受到较大限制。首先,两岸文化产业交流的相关政策体系尚不健全,对台文化交流报批手续较为繁琐,直接影响两岸文化产业合作的效率和层次。由于政治体制、发展理念、产业化程度等方面的不同,两岸的文化产业政策存在着多方面的差异。如台湾奉行低度管理、高度辅导原则,大陆则采取政府主导原则;台湾文化产业的主管机构相对集中,大陆政策体系有赖于多部门以及国家层面与地方层面的协调建构。其次,两岸文化交流的平台建设形式单一,制约文化产业合作的全面开展。尽管近年来通过博览会、交易会、艺术节以及论坛等各类平台载体极大地促进了海峡两岸的文化交流与合作,但是以民间信仰和传统艺术为主,艺术的交流与合作更多的是戏剧演出方面,交流合作形态较为单一。再次,两岸文化产业交流合作还缺乏专门的组织机构,从而缺乏制度化协商机制,没有专项的文化产业合作基金会,资金的缺乏导致合作项目的规模无法得到保障或者无法引进需要的技术。互动沟通渠道不畅、市场开放度不同而形成的"文化壁垒",使得两岸优势无法形成互补,产业整合缺少必要的内聚力,进而增加了交易成本,限制了两岸文化产业合作向高层次发展。

三是两岸文化产业相关制度存在差异,进而导致两岸在文化产业知识产权保护上存在较大差异,制约了文化产业的交流合作。台湾早在 2002 年就已经开始了"文化创意产业发展法"的起草工作。2010 年 1 月 7 日通过"文化创意产业发展法"。除此之外,台湾还出台了一系列有关文化产业的相关规定,形成了较为完整的文化产业发展调控机制。大陆方面也出台了诸多政策性文件,如 2003 年 9 月文化部出台了《关于支持和促进文化产业发展的若干意见》、2009 年 7 月国务院出台了《文化产业振兴规划》。2011 年 10 月中共十七届六中全会最后决议文件《关于深化文化体制改革推动社会主义文化大发展大繁荣若干重大问题的决定》及 2012 年 11 月十八大政治报告亦对发展文化产业做了专门阐述。十八届三中全会提出要"推进文化体制机制创新","建立健全现代文化市场体系"等。然而,由于大陆在文化产业立法方面,缺乏一部经由立法机关按照立法程序产生的文化产业法,对于文化产业发展的一些制度性问题未能经由法律机制来加以界定,进而影响新形势下两岸文化产业对接合作按照法治路径规范发展。

四是两岸文化产业对接合作的产业链延伸不够,产业带动度低,互补性有待进一步提高。两岸文化产业要实现协同发展,必须有效整合资源优势,将优秀的文化作品进行开发衍生,积极开拓国际国内市场,不断延伸文化产业链条,带动其他相关产业发展。文化产品和作品的差别在于能否批量复制,能否有市场规模。而两岸合作的文化作品甚至文化精品不少,但很少对这些优秀作品进行市场化、规模化的复制、移植。一些优秀的文化作品未能进一步打造成为文化产品,其后续的衍生品开发、网络、游戏等多种播放平台的运用、形象版权许可的转让等几乎是空白,很难产生市场影响力。此外,与经贸交流相比,两岸文化产业交流的力度不够。尽管近些年来两岸文化产业的合作项目不断增加,但由于大陆文化产品相比台湾还缺乏创意,进入台湾的并不多,主动在台湾寻找投资合作开发的也较少;而台湾文化创意产业比较发达,主动寻求投资大陆且进入大陆的大多是一些流行和时尚的创意产品,能够很快占领大陆市场,因此两岸文化产业交流的单向性较为明显。而且两岸文化产业合作交流还局限于国内市场的拓展和整合,如何塑造文化创意的"中华牌",携手面向国际市场和世界舞台,尚缺少整体筹划和有效的合作交流。

五、两岸文化产业交流的发展趋势及促进文化产业交流常态化的对策建议

基于经济全球化视野的两岸文化产业合作,需要重新审视中华文化产业在世

界经济发展中的比较优势、发展目标和实现路径,在两岸文化产业结构调整方面应深度整合文化资源,利用科技发展的新成果,积极拓展文化产业发展新的业态。培育文化市场,扩大文化消费,使文化产业成为两岸经济贸易交流的新增长点。

(一)构建多元化的两岸文化产业合作体系,实现产业的有效对接

两岸之间的合作开发意识是双方文化产业合作发展的重要基础,也是进一步推动两岸文化产业深度交流的基本前提。首先,两岸应扩大互信,增进认同,明确双方的共同利益,以现有的文化产业合作为基础,加强文化交流活动,进而推进项目合作,为两岸文化产业合作搭建起合作交流的平台。其次,两岸应制定共同发展战略,致力于构建有利于两岸文化产业合作发展的市场环境、合作框架乃至资本运营体系。当前尽管两岸文化产业发展存在着明显的差异,但也存在特点鲜明的互补性,因此通过制定合作战略,通过两岸的经济实力、管理水平、运作经验及协作管理水平来发挥各自相应的资源优势,从而有助于两岸文化产业的共同发展,进而延伸其产业链,提升国际文化产业竞争力。最后,地方政府应为两岸文化产业的合作创造良好的环境,一方面引导相关行业协会充当好两岸合作的"桥梁",建立民间信仰文化保护协同机制。因为两岸存在着一脉相承的民间信仰传统文化因子,而这是两岸文化产业交流的重要纽带。因此通过地方政府牵头,引导各行业协会介入,从而建立起两岸民间信仰交流的协同机制。另一方面,通过合作打造品牌,推动两岸文化企业发展,从而提升两岸文化产业合作的整体竞争力。当前全球文化产业合作大致呈现出规模化、集团化和品牌化趋势,因此,两岸文化产业要在竞争激烈的国际产业中做大做强,就必须打造属于自己的品牌,形成独特的品牌效应。

(二)完善两岸文化产业人才的共享机制

文化创意产业人才匮乏历来是制约内地文化产业发展的一大瓶颈。由于产业发展特点所限,内地文化创意产业发展与制造业联系较为密切。因此,文化创意产业人才很多都是从传统制造业转化过来,缺乏专门的创意思维训练,整体素质不高。相比之下,台湾文化创意产业发展已经进入较为成熟阶段,从事文化创意相关行业的人才较多,甚至出现饱和状态。因此,通过加强文化产业人才的培养和引进工作,吸引台湾从事文化创意相关产业的人才进入大陆,从而提升大陆文化产业行业人才的整体素质。这就有必要建立两岸之间的文

化人才培养共享机制。首先,以文化交流活动为载体,深入开展两岸的文化人才培养工作,通过文化交流平台,有意识地增强文化产业人才的交流与合作。其次,建立两岸长期的人才合作机制,创新人才培养模式,完善引进文化创意产业人才的奖励机制,甚至有条件地拓宽台湾地区的文化创意产业人才引进的绿色通道,从而为两岸文化产业发展储备大批人才。

(三)加强两岸文化产业合作园区的建设,着力培育文化产业集群

依托现有的文化产业园区,根据两岸的产业基础和产业对接的实际需要,加强与台湾产业园区的对接,建立紧密的协作关系,进而推动产业园区的紧密对接。在此基础上,着力培育文化产业集群。政府可通过相关政策,鼓励大陆相关企业与台湾企业形成协同生产体制,吸引台湾企业在大陆设立总部、物流、研发中心,形成产业关联效应,引导两岸企业自由组合,协作分工,形成由高端至低端的紧密产业链,从而充分发挥产业集群效应。

总而言之,促进两岸文化产业交流合作常态化,是造福两岸人民福祉的大事。两岸应加强沟通和协调,增强两岸政治互信,致力打造两岸文化产业交流平台,按照"坚持政府主导,企业主体、市场运作、社会参与,扩大对外文化交流"的原则,同时注意"培育外向型文化企业,支持文化企业到境外开拓市场",促进两岸文化企业的合作;健全两岸文化产业交流合作的政策体系和组织机制;逐步弥合两岸文化产业制度规定上存在的差异,联手两岸共同维护文化产业知识产权。根据发达国家文化产业发展的先进经验,努力延伸两岸文化产业的产业链,切实发挥该产业的先导性、辐射性和互补性作用。

参考文献:

1. 胡锦涛:《坚定不移沿着中国特色社会主义道路前进 为全面建成小康社会而奋斗——在中国共产党第十八次全国代表大会上的报告》,人民出版社2012年版。

2.《中共中央关于全面深化改革若干重大问题的决定》,人民出版社2013年版。

3.《中共中央关于国民经济和社会发展第十二个五年规划的建议》,人民出版社2010年版。

4.《中华人民共和国国民经济和社会发展第十二个五年规划纲要》,2011年。

5.《政府工作报告》，人民出版社 2012 年版。

6.《中共中央关于深化文化体制改革 推动社会主义文化大发展大繁荣若干重大问题的决定》，人民出版社 2011 年版。

7.《国务院关于支持福建省加快建设海峡西岸经济区的若干意见》。

8.《中共福建省委关于制定福建省国民经济和社会发展第十二个五年规划的建议》，《福建日报》2010 年 11 月 26 日。

9.《福建省国民经济和社会发展第十二个五年规划纲要》，《福建日报》2011 年 1 月 25 日第 6 版。

10. 房宏婷：《论文化消费与文化产业的互动关系》，《理论学刊》2011 年第 10 期。

11. 王亚南：《福建文化产业未来十年增长空间——以扩大文化消费需求与共享为目标》，《福建论坛》（人文社会科学版）2012 年第 6 期。

12. 范周：《中国城市文化消费报告（总卷）》，社会科学文献出版社 2010 年版。

13. 王斌：《中国城市文化消费报告（北京卷）》，社会科学文献出版社 2010 年版。

14. 陈曼东、陈小申：《中国城市文化消费报告（上海卷）》，社会科学文献出版社 2011 年版。

15.《海峡两岸经济合作框架协议》。

"心灵契合"：两岸文化交流机制的考量

王巨川

中国艺术研究院文化发展战略研究中心主任、研究员

习近平总书记在会见台湾和平统一团体联合参访团时从国家发展战略层面强调了"统则强、分必乱"的历史千古规律,在两岸和平统一与共同发展的高度上指出:"我们所追求的国家统一不仅是形式上的统一,更重要的是两岸同胞的心灵契合。"这一具有深厚文化思想的对台理念,无疑为两岸文化的交流方向与交流内涵提供了新的维度。习近平总书记在会见中国国民党荣誉主席连战时亦曾提出"两岸一家亲"的理念,即用"一家人"的思路来处理两岸的各种事务,从"两岸一家亲"到"两岸同胞的心灵契合",让我们看到的不仅仅是国家在解决两岸问题时的政治性态度,更重要的是体现出包括台湾在内的中华民族在文化复兴、圆中国梦道路上的精神力量和高度自信。因为两岸关系中并非只有政治一题,文化是实现两岸协同共进、和平统一的重要纽带。加强文化的高度认同、促进文化的深层交流也是使两岸协同共进、和平统一的有效路径。因此,从"一家亲"到"心灵契合"的思想路径中便蕴含着一种大国风范的文化视野。而要切实可行地在两岸人民的心灵中串起这根纽带,文化的高度认同、深层交流与血脉融通是实现这一目标重要的一环。这就要求我们必须在现有的交流成果基础上,认真思考两岸文化交流的精神内涵,深度开掘两岸文化交流的价值理念,建立可持续发展的良性文化交流机制。具体而言,就是以两岸相关文化部门为主导,建立符合国情民情的文化交流政策机制;以民族文化生命血脉为基石,建立平等互信的文化交流互通机制;以两岸文化艺术形态为纽带,建立持续有效的艺术教育交流培养机制;以两岸区域文化承传与影响为重点,建立畅通的艺术科学研究交流合作机制。通过两

岸文化交流的机制建构,增强两岸文化交流的融通性、有效性和持久性,从而使两岸人民在心灵上的相互呼应与情感上的相互认同中达到"心灵契合"。

一、两岸文化的生命祖根

在习近平总书记的"一家亲"和"心灵契合"理念中,有这样一些关键词:"血脉"、"心结"、"愿景"、"同心"等,一条贯穿的主线就是一个字:"情",文化之情。两岸的文化发展虽然在各自的品格、形态、内质层面有着相对的差异与不同,但是两岸的文化祖根却是一致的,文化血脉是相同的,实现"两岸同胞的心灵契合",就必须高度认识两岸文化的生命祖根所在,这是连贯两岸文化血脉的基础,也是所有中华民族儿女的文化信仰。

在几千年的人类活动中,文化是陪伴人类与照顾人类的精神力量,它使人类脱离了自然物性的羁绊而成为具有创造性的物种。从宏观的角度来说,文化是人类一切精神生活和物质生活的总体,而构成人类精神生活和物质生活的就是文化的生命表现。微观而言,文化又是一个民族的生命表现,没有文化的生命就没有民族的发展。中华民族之所以能够在几千年的历史激流中依然延绵不息,正是因为我们的民族文化不断地在更新、融合中保持着自己的生命血脉,从而创造了世界上独一无二的多民族文化共生共存的中华民族共同体。

对于两岸同胞来讲,从我们的祖先到现在的我们,都是参与并见证中华民族延绵不息、跌宕起伏过程与发展的一分子。所以说,中华民族文化的原始之根——炎黄文化就是我们的文化祖根。比如我们把很多的最早的发明,如播五谷和尝百草,发明中医中药,记在炎帝神农氏的身上,又把造车、造衣服、用火、熟食、造文字等功劳记在了黄帝的身上。再比如黄帝的妻子嫘祖养蚕织布,也是中国人的发明。当西方用大麻、兽皮做衣服的时候,我们已经开始了养蚕织布的时代(浙江良渚文化遗址考古发现最早的蚕丝织品有五千多年)。自炎黄二帝开始的中华民族文化,不论是中原文明的率先发展抑或说边地民族的边缘活力,它们在共生性、互化性和内在有机性的系统动力中不断碰撞、融合与离散,使互动互化的中华民族文化生生不息。由此而言,炎黄文化就是两岸同胞共有的文化祖根,我们的生命血脉中一直都是承袭、浸染着五千年的炎黄文化在成长,并且这种文化祖根已经深深地印刻在一代又一代的每一个中国人精神记忆之中。

基于炎黄开始的中华民族文化与西方文化是决然不同的两种文化体系。我们的文化呈现出"多元一体的复合形态"，这种文化形态正如历史学家陈寅恪所说的那样："中国是文化大于种族。"这也就是说不同种族之间的矛盾可以用文化来包容，中国思想中的"和而不同"在这里发挥出了巨大的作用，它使各个族群之间的意见分歧可以在更高的文化层面得到融合。而西方的一些种族的冲突，文化则推波助澜，包容不了。正是在文化和种族之间的张力中，我们的中华民族文化在与世界文化的互动中推动了大国的格局和风范的建立。历史学家钱穆先生曾把中国文化和西方文化做比较，说："中国史如一首诗，西洋史如一本剧。"一本剧总要落幕，所以有不同的变化，经常是在很强烈的冲突中落幕。而一首诗却能够在和谐的节奏中转移到另一种新的阶段，在和谐流畅的文化流脉中奔涌不息。这也是之所以诗能代表中国文化最美的部分，戏剧则在中国文化历史中不占主体地位。而西方则恰恰相反，在西方文化中，戏剧是文学的最高境界。钱穆先生还把秦汉王朝与西方同时期出现的罗马帝国相比较，他把秦汉王朝和罗马帝国的结构形态各自做了一个比喻，说罗马帝国就像一个屋子里面悬着一盏巨大的灯，而秦汉就像屋子里的四周有很多互相映照的灯。罗马帝国是用强光征服他族，只要这盏灯一灭，整个屋子都暗了。而秦汉的这些灯是各地融合起来的，如果熄灭也只是其中的一盏灯，其他灯还是会发光的。所以当时的罗马帝国虽然跟秦汉帝国都是一个势均力敌的大帝国，但因其在单一文化的作用下很快就失去了更生的活力，而秦汉虽然经历了很多波折，朝代不断更迭，但是基于文化的生命力所在，我们作为一个民族还是在文化的生生不息中延续下来了。

因此，我们从文化的历史足迹中一路走来，这个文化祖根已经作为中华民族的文化信仰深深地印刻在所有中国人的精神记忆和文化血脉之中，这个文化信仰也正是两岸同胞所共同拥有的生命血脉和精神皈依。

二、两岸文化的交流内涵

两岸关系基于政治制度和社会形态的不同而由此产生了相对隔绝的状态，但我们不能否认的是，两岸在文化层面的交流却从未有过隔绝。从闻一多的《七子之歌》到余光中的《乡愁》、从闽南地区的"歌仔民谣"到费翔的歌曲《故乡的云》，各种文化形式不断地在两岸掀起情感的认同。可以说，在很多不可调和的问题中,文化交流都可以作为拉近两岸同胞在多方面、多层次的认知距离与消除隔阂的推手,也是沟通两岸同胞情感的纽带和桥梁。特别是在当前全球化视野和多元化格局的现代社会,如何继续增强两岸文化的深度交流和广泛合作,如何以文化的交流带动两岸的政治、经济交流,是我们需要认真思考的。我以为,在两岸人民共同拥有的文化祖根的丰沃土壤中,深度挖掘两岸文化交流的内涵是切实可行的,这种内涵的深度挖掘可以在三个方面展开,即增强文化认同、提升文化活力、保持文化个性。

首先,文化认同是两岸文化交流的基础,也是保障两岸文化交流持久性发展的基石。所谓文化认同,是个体存在的人在一个民族共同体中长期共同生活所形成的对本民族最有意义的事物的肯定性体认,其核心是对一个民族文化价值的认同。比如引起"天雨粟,鬼夜哭"的仓颉造字,不仅仅促使了中华民族的文明进步,同时也对国家的统一和稳定,对民族的万世长存起了很关键的作用。从大的方面来说,文化认同是凝聚这个民族共同体的精神纽带,是这个民族共同体生命延续的精神基础。从小的方面来说,文化认同可以摒弃有关政治倾向、观念壁垒、思想意识等外部问题,搭建人与人之间和谐交往、平等对话的心灵沟通平台。

在两岸文化交流中,对我们共有的文化祖根的认同,对我们文化历史发展的认同,对我们今天不断更新的现代文化的认同,不仅仅是以两岸同胞共同的文化血脉的认同为根本目标,同时也是对有着五千年历史的中华民族的尊重,是对未来我们的民族文化与世界文化共存共生的自信。

其次,两岸文化交流在文化认同基础上,我们还需要不断地提升区域性的文化活力。因为我们所倡导的文化认同并非是简单地传承和固守传统文化来实现一统化和单一化文化形态的思维模式,而是将文化认同的观念融合于社会发展的现代性进程中,将文化认同的思维置于全球化发展的大格局之中,在这样的融合思维中提升文化活力。这也是中华民族文化的优秀传统之一,即文化的活力和生命基因产生于文化的包容性和融合性之中。

比如台湾的南管,它最早是从福建传播过去的。据史料记载,明末颜思齐(1621)率三千人垦笨港、郑成功(1661)收复台湾所率五万闽南士卒以及乾隆四十九年(1784)两岸辟港通商(台湾鹿港与泉州湾蚶江港)后大量的泉厦移民进入台湾,南音这一作为闽南地区最高的文化艺术结晶也随之传入台湾。南音传播到台湾之后,从最初的闽南移民的休闲活动逐渐成为台湾人民生活中重要的一部分,并最终确定了它的艺术称谓——南管。南管又经过三百多年不断地与南音艺术的交流,在自身的吸收、演变、融通的过程中,已然成为台湾文化中不可分割的一部分。正如闽南南音中承载了闽南文化的生命基因一样,南管中同样承载着台湾文化的基因,融入了台湾文化的经验。因而,南管艺术与南音已经不再是简单的师承关系,而是可以平等交流、独立对话的同时又各具自身文化生命活力的艺术形态。正是如此,我们就要发掘二者各自的艺术形态和文化内涵,并不断地提升它们的文化生命活力。这种文化活力所表达的正是中华民族得以生生不息、千年不堕的生命力所在。南管作为台湾的艺术形态之一种,已经是中华民族多种艺术形态的一个独立艺术品类,在当前的多元文化格局中蕴含着丰厚的生命力和竞争力。正如谢冕在《多元秩序与文化整合》一文中所指出的那样,大凡容许多种文化存在、参与竞争的时代,总是充满活力的时代。① 而这个充满活力的时代必然需要充满活力的文化,通过南管的例证,我们完全可以相信,在两岸文化之间必然存在着共生性、互化性和内在的有机性,这些是构成一个互动互化、充满活力的两岸文化交流动力系统的根本。

最后,如果说在两岸文化的交流中,文化认同是奠基石,文化活力是源驱力,那么,文化个性则是两岸文化交流的添加剂。文化个性与文化共性作为文化属性中不可分割的两个部分,分别指向的是文化的不同价值维度。后者表现着文化的一致性和普遍价值,而文化个性则突出了作为人的存在所呈现的文化差异性,表现了文化共同体中的特殊性与个体性意义。不同的、众多的文化个性构成了民族文化共同体的整体性系统和稳定性模式,同时,文化共同体的整体性系统和稳定性模式又反作用于文化个性。美国文化人类学家露丝·本尼迪克特在《文化模式》中认为,文化在本质上是趋于整合的,各种文化特质形成一种具有内在统一精神和价值取向的文化模式,这种文化模式把每一个体的行为包容于文化整体之中,赋予它们以意义。②

因此,在文化的交流中,在宣扬文化整体性和文化同源性的同时,我们也应该注重两岸文化的区域性、人文性的文化个性。例如在闽台两地的南音文化研究中,大多数的学者关注视角多集中于二者的"文化脐带"关系,专注于

---

① 谢冕:《多元秩序与文化整合》,香港中文大学中国文化研究所《二十一世纪》1991 年第 6 期。

② 〔美〕露丝·本尼迪克特:《文化模式》,浙江人民出版社 1987 年版,第 45 页。

挖掘二者"同宗同族"、"同根同源"的历史事实,从而忽略了它们在几百年的艺术发展与繁衍中内在品质各自生成的地域性的文化个性。所以,在两岸文化交流的过程中,需要我们关注和研究的不仅仅是文化的同源性,也不是树立某种文化的独尊意识,而是应该更多地关注和研究文化在不同地域、不同文化形态中所生成的文化差异性,即文化的个性。既要尊重不同的文化品质和文化个性,又要在差异性中寻求文化的融通与共存。

三、大文化理念下的两岸文化交流

近年来,随着两岸关系的日趋紧密,文化交流也呈现出多样化、多元化和多层化的发展趋势。在日渐深入的两岸文化交流中,我们的文化理念也应该有所更新,特别是在当前国家文化大发展的背景和两岸文化交流的热潮下,以开放性的视野和宽容性的心态对两岸文化交流过程中的文化心理及其生成的主体性、民族性和世界性等问题以及它们之间的关系进行深入而又理性的探讨。

首先,文化心理是各种文化交往过程中重要的影响因素。文化心理决定了文化的价值观念和思维方式。在两岸的文化交流中,一直存在着某种不太和谐的文化心理,有少数政治家与学者们认为大陆在几十年的改革开放中对于文化的强调与发展或多或少地渗透着政治行为或意识形态思维,在对外开放的过程中也自然地会把这种政治行为或意识形态思维强加于文化交流中。这一点,在台湾"台独"势力的"逢中必反"的言行中及某些"台湾文化学者"的言论中清楚地表现出来,这种有偏见的文化思维必然也会对台湾的普通民众产生一定的影响。事实上,两岸文化共有的文化祖根如同人体的血脉一样在历史的进程中连通着两岸的文化生命,古时如此,现在也是如此。同时,大陆文化发展的多元化势头越来越强,以传统汉文化为一统的思维形态相对减弱,越来越多的学者能够以"多元共生"、"求同存异"的大文化视野来审视中华民族的文化形态,比如有学者倡导的"大文化观"、"边缘的活力"等理念,都为两岸文化的融通、交流提供了新的活力与动力。在两岸文化交流的文化心理方面,就要求我们能够以中华民族文化祖根为基石,以多民族文化共融、共存为基本,以区域文化差异认同为经络,唯有如此的文化心理,才能让现代中华民族的文化系统生生不息,才能以独具民族魅力的文化形态参与到世界文化的交流之中。

其次，"和而不同"的文化观念是两岸文化交流的基础。早在西周末年，史伯（伯阳父）与郑桓公议论西周末年衰败的弊病时就提出了"和实生物，同则不继"的思想。史伯认为西周将灭的根源是因为周王"去和而取同"，他不喜欢直言进谏的正人君子，而是喜欢对自己苟同的媚官小人，所以"去"正而"取"媚，从而导致了国家的灭亡。史伯并且形象地区别了"和"与"同"的概念："以他平他谓之和，故能丰长而物归之。若以同裨同，尽乃弃矣。"后来的齐国大臣晏婴（晏子）也说"和"就像烹调鱼肉，光是白水去煮就成清汤一锅，必须加上盐酱醋梅汁不同的配料，才能成为美味菜肴；"和"也得像好的音乐那样，必须有"清浊、小大、短长、疾徐、哀乐、刚柔、迟速、高下、出入、周疏"等不同"相济"而成，才能和谐美妙，悦耳动听，"心平德和"。孔子则从人的本体原则出发来强调"君子和而不同，小人同而不和"的道理，"和"的起点是人同此心、心同此理，因此要以善相应，此一"和"的前提是"不同"，不是曲己从人，而是能兼容"不同"，不仅要证同，还要能求异，此一"和"的目标是集众芳以为美，协调"不同"而达到新的和谐。

从文化发展的历史角度来说，不论是史伯的"和实生物"，还是孔子的"君子和而不同"，都已经证明了相异的文化如果能够协调并进，就能达到"和"的境地；反之，"以同裨同"，把相同的文化类同叠加，则无差别、无竞争，如此的后果就会使得生机荡然、文脉尽失。在"和而不同"的文化理念下，两岸文化交流不能仅仅停留在为文化交流而交流的表象，而是要进入到更深层次的、面向未来的多元文化建构的层面。如鼓励两岸学者进行中长期合作研究；共同合作出版文化书籍；交换学者及学生进行互动式文化研习；共同编写适合两岸学生使用的参考用书、青少年读物；共同展开不同族群之间、具有地域特色的民俗交流；提供文化信息共享服务等。由此建立两岸文化的深度了解与认知，才能发挥两岸文化资源整合与文化融合的效果。

再次，畅通、和谐、有效的文化机制是两岸文化交流的有力保障。就目前来说，两岸文化交流的文化主体有：学术的文化交流和民间的文化交流。这两种文化交流形态为两岸的文化交流与文化融通作出了各自的贡献。但同时，我们也不可否认，在多元并举的文化大发展的热潮中，文化交流过程中的各种问题也日益显现，文化虚无主义、文化保守主义、文化民族主义乃至民粹主义、分裂主义等意识形态都掺杂其中，成为阻碍两岸文化正常交流的礁石与暗流。

因此,在两岸文化交流的过程中,我们应该有一个完善的顶层设计和有效的文化沟通渠道,这就需要两岸共同努力建立起一个相对统一而又持久的文化机制,把各方文化交流主体整合起来,实现文化交流的资源共享、信息共通、协作共进的良性发展。比如通过商签两岸文化交流协议,搭建一个统一务实的两岸文化沟通渠道和交流平台,由两岸各自委托相关部门或团体成立专门的两岸文化交流委员会,在这个对接平台上进行两岸文化交流的政策性、学术性指导和统筹性管理,一方面能在整体性范畴中展开有序的文化交流活动,另一方面也可以避免文化信息的不对称局面以及盲目性交流所造成的资源浪费。

综上所言,习近平总书记对"两岸同胞的心灵契合"这一新思路的提出,是实现两岸和平统一、共同发展的有效路径,同时也为未来两岸文化交流与发展提供了新的机遇和新的动力,两岸的文化学者及艺术家们应该以此为契机,在中华民族文化祖根与区域差异共存的维度中加强文化交流与文化研究,使两岸文化交流在现有成果的基础上更上一层楼,由此展开更加有效率、有生命力的两岸文化发展的新历史阶段。

海峡两岸民族文学交流与合作

赵志忠

中央民族大学民族文学研究所研究员

海峡两岸民族文学是指在大陆的少数民族文学与台湾少数民族文学。这两种文学既是中国少数民族文学,也是整个中国文学的重要组成部分。由于历史的原因,海峡两岸民族文学交流与合作的机会比较少,彼此了解的不多。但随着两岸经贸往来、文化交流的日益频繁,两岸的民族文学交流与合作也应该得到进一步的加强。

一、两岸民族及其文学

中国有 56 个少数民族,他们从古代至今创作了众多的民间文学与作家文学作品。在民间文学领域里,少数民族民间文学显得尤为突出。那绚丽多姿的少数民族神话,那令世界震惊的少数民族三大英雄史诗——《格萨尔王传》、《江格尔》、《玛纳斯》,那多姿多彩的少数长篇民族叙事诗等,都是不可多得的艺术珍品,不但丰富了整个中国文学,而且在世界文学史上也占有一席之地。

少数民族作家文学没有汉族作家文学历史悠久,也没有庞大的作家群,以及类似先秦散文、汉赋、唐诗、宋词、元曲、明清小说等一以贯之的文学发展序列。但在少数民族古代作家文学中,也曾出现过像石君宝、李直夫、杨景贤那样的元杂剧作家,像萨都剌、耶律楚材、纳兰性德、顾太清那样的诗词作家,像李贽、哈斯宝、裕瑞那样的文学理论家,像曹雪芹、文康那样的小说家。这些少数民族作家与同时期的汉族作家相比毫不逊色,曹雪芹等甚至代表了那个时代文学的高峰。在现当代作家文学中,产生像老舍、沈从文那样的世界级文学大家,像端木蕻良、萧乾、舒群、李辉英那样的著名作家,像马拉沁夫、晓雪、李凖、赵大年、霍达、张承志、乌热尔图、阿来那样的优秀作家。他们都在各自的文学领域里创作出了独具特色的作品,为现当代文学的繁荣与发展作出了自己的贡献。

台湾地区的少数民族主要指高山族,有阿美、泰雅、排湾、布农、卑南、鲁凯、曹、雅美、赛夏等支族。台湾人口有两千多万,其中汉族约占总人口的98%;少数民族占2%。台湾少数民族大约有50多万人。他们的民族语为南岛语系,与大陆南方的一些少数民族有相近的语言与文化。南岛语系是南岛民族所使用的语言,是世界现今唯一主要分布在岛屿上的一个语系,包括马来群岛、菲律宾、越南南部、台湾岛、马达加斯加,东达南美洲西方的复活节岛,西到东非洲外海的马达加斯加岛,南抵新西兰。学术界有一种理论认为,由亚洲大陆移居至台湾的族群,在台湾形成了南岛语系,之后沿着岛屿,逐步扩展到太平洋各地。

当然,我们所称的"高山族"是指居住在台湾的少数民族的统称。台湾少数民族多为隋唐以后移居到台湾的百越人的支系。

台湾少数民族是台湾最早的居民,他们经历了上千年的历史,并且分别接触了汉族文化、西班牙、荷兰人的西方文化、日本文化。从一定意义上说,台湾少数民族文化具有独特与多元的特色。就台湾少数民族的文学而言,也呈现出一种多元的文化色彩与特征。台湾少数民族的民间文学是比较发达的,其部族神话、传说、故事、歌谣等流传甚广,弥足珍贵。比如,先后出版的《台湾原住民神话、故事全集》(林道生)、《台湾花莲阿美族民间故事》(金荣华)、《台湾邹族的风土神话》(浦忠成)、《台湾赛夏族民间故事》(金荣华)、《八代湾的神话》(夏曼·蓝波安)、《台湾原住民的母语传说》(陈千武)等一大批有关台湾少数民族的神话、传说、故事作品集,极大地丰富了台湾少数民族的文学。

从20世纪80年代起,台湾少数民族作家文学得到了长足的进展。他们创作了大量的反映自己民族生活与文化的作品,其创作势头方兴未艾。这些作品包括诗歌、小说、散文等样式,其主要代表作家有陈英雄(排湾族)、曾月娥(阿美族)、胡德夫(排湾族)、夷将·拔路儿(阿美族)、波尔尼特(郭建平,雅美族)、莫那能(曾舜旺,排湾族)、丽依京·尤玛(泰雅族)、拓拔斯·搭玛匹玛

（布农族）、孙大川（卑南族）等等。他们的作品《域外梦痕》、《太阳之子》、
《太平洋的风》、《人之岛》、《美丽的稻穗》、《走出控诉，活出尊严》、《最后的
猎人》、《久久酒一次》等，成为少数民族作家文学的代表作。台湾少数民族一
直没有自己的文字，其作家文学创作大都用汉文进行。值得关注的是，一些少
数民族作家正在试图用一种自己的"新文字"进行创作。比如，布农族作家卜
衮·伊斯玛哈单·伊斯立端，被称作母语创作作家，他的诗集《山棕月影》、《太
阳回旋的地方》均用布农语、汉文双语对照形式出版。"80后"作家沙力浪用
母语——布农语进行创作，用他自己的话说，用右手写汉语，用左手写母语，用
汉语是为了跟更多的人对话，而用族语是对母亲、对族群的责任。

二、两岸民族文学的交流与合作

由于历史的原因，海峡两岸的文学交流与合作受到了很大的限制。除了
学者们的个别交流之外，"两岸民族文学交流暨学术研讨会"是近年来最重
要的两岸民族文学的交流与合作项目。到目前为止，该研讨会已经举办了 3
届。第一届于 2011 年在台湾举行，第二届于 2012 年在北京举行，第三届于
2014 年在台北举行。主办单位主要有中国作家协会、台湾艺文作家协会。此
项活动为两岸作家、评论家搭建了一座桥梁，极大地促进了两岸民族文学的交
流与发展。

"第一届两岸民族文学交流暨学术研讨会"于 2011 年 12 月 4 日在台湾
举行。此次会议由台湾艺文作家协会、台湾《新地文学》季刊社联合主办，中
国作家协会、中国社科院民族所等单位协办。来自海峡两岸及马来西亚、新加
坡的 50 多位学者参加了会议。大陆的少数民族作家乌热尔图（鄂温克族）、
艾克拜尔·米吉提（哈萨克族）、郭雪波（蒙古族）、南永前（朝鲜族）等，原
住民作家瓦历斯·诺干（布农族）、卜衮（布农族）、沙力浪（布农族）、巴代
（卑南族）、莫那能（排湾族）、奥凯尼·卡露斯（鲁凯族）等，参加了会议，并
就两岸民族文学发展进行了交流。

"第二届两岸民族文学交流暨学术研讨会"于 2012 年 8 月 4 日在北京举行。
此次会议由中国作家协会主办、台湾艺文作家协会联办。来自海峡两岸的数
十位作家、学者参加了会议。海峡两岸作家、学者针对近年来少数民族文学的
热点话题展开了热烈讨论。台湾学者重点介绍了"原住民文学"情况。20 世

纪 80 年代以来，"原住民文学"迅速崛起。莫那能、瓦历斯等一批台湾少数民族作家用汉语创作了大量的诗歌、散文、小说等作品，田雅各、卜衮用母语创作的作品风格独具，在台湾文坛引起强烈反响，极大地推动了台湾民族文学的发展。

"第三届两岸民族文学交流暨学术研讨会"于 2014 年 8 月 22 日在台北举办，由中国作家协会、台湾艺文作家协会、新地文学发展协会主办，《新地文学》杂志社、《民族文学》杂志社和大溪艺文之家协办。大陆代表团以彝族诗人吉狄马加为团长，包括多民族作家、评论家一行 16 人参加了会议。台湾方面有 20 多位少数民族作家，还有一些评论家和学者参加了会议。大家围绕两岸少数民族文学的发展状况、少数民族作家的文化选择、全球化时代民族文学的坚守与嬗变、两岸多民族文学发展的差异性与共性、少数民族母语文学的独特价值等议题进行了深入研讨，从而进一步增进了两岸作家、学者的情谊，促进了海峡两岸的文学交流。

笔者在会上提供的论文是《20 世纪中国少数民族作家文学扫描》，将整个 20 世纪中国少数民族作家文学创作进行了大致的梳理。认为 20 世纪是中国少数民族作家队伍不断发展、壮大，走向辉煌的百年，并且涌现出了老舍、沈从文那样的文学大家。特别是改革开放以来，少数民族作家文学取得了长足的进展，令世人刮目相看。

海峡两岸的民族文学合作比较少。到目前为止，还很少有相关的大专院校、科研单位与台湾的同仁有相关的研究项目。就大陆而言，虽然已经出版了一些台湾文学史之类的著作，但缺乏台湾少数民族文学的系统研究。当然，台湾学者，包括其他学者 20 世纪 80 年代以来做了大量的研究工作，并且出版了一系列的作品选与研究著作，其中比较有代表性的著作有浦忠成教授的《台湾原住民族文学史纲》、俄罗斯著名学者李福清的《从神话到鬼话——台湾原住民神话故事比较研究》，还有日本学者下村作次郎等人的《台湾近现代文学史》（日语）等。

值得一提的是浦忠成教授的《台湾原住民族文学史纲》一书，是目前为止最为系统全面地介绍、评介台湾少数民族文学的大作。浦忠成（巴苏亚·博伊哲努），阿里山邹族人，台湾"中国文化大学"中文研究所博士，曾任台北教育大学语文系教授、台湾史前文化博物馆馆长等职。主要著作有《台湾原住民族文学史纲》、《叙事性口传文学的表述》、《台湾邹族的风土神话》、

《库巴之火》、《被遗忘的圣域》等书。《台湾原住民族文学史纲》分别论述了台湾原住民的民间文学与作家文学。民间文学部分由"浑沌的年代"、"洪水肆虐时期"、"家族部落时期"、"接触的时代"四个部分组成,对原住民的神话、传说、故事、歌谣进行了系统的梳理与论述。其洪水神话、飞鱼神话、石头变人神话等,为人们留下了深刻的印象。在作家文学方面,《台湾原住民族文学史纲》对20世纪80年代以来少数民族作家文学的发生、发展以及所取得的成果进行了较为全面的评价。作者对台湾少数民族文学未来充满信心,他说:"在新世纪的环境中,少数民族最能突显本身特色,同时足以安身立命的,还是我们传承自先人的无形资产或'软实力'的语言文化,以及我们心灵终将皈依的原乡部落。只要它们存在,台湾少数民族的文学长河将能继续奔流。"

大陆学者一直比较关注台湾文学,并且出版了一系列的文学研究著作,如《台湾文学史》(刘登翰、庄明萱主编)、《简明台湾文学史》(古继堂)、《台湾现代文学史》(白少帆等)、《20世纪台湾文学史略》(陆卓宁主编)、《台湾当代新诗史论》(郭枫)、《台湾当代新诗史》(古远清)、《〈创世纪〉与台湾新诗的发展流变》(白杨)等。这些著作的出版,为我们了解台湾文学起到了很好的作用。但对于台湾少数民族文学的研究和评介还是太少了,如较早出版的《台湾现代文学史》(白少帆等)中只简单地介绍了一下"高山族文学"和"蒙古族女诗人席慕蓉"。

由于时空的局限,多年来海峡两岸民族文学的交流与合作还是太少了,两岸学者基本上都是自说自话。在这方面,我们甚至还赶不上俄罗斯和日本学者。但台湾是中国的一部分,台湾文学(包括原住民族文学)也是中国文学的组成部分。离开了台湾文学及台湾少数民族文学,中国文学是不完整的。中国学者(包括台湾学者)进行全方位的文学交流与合作应该是责无旁贷、理所当然的。我们也希望海峡两岸的学者携起手来,为两岸民族文学的交流与合作献计献策,共同努力,开拓出一片新的天地,为中国文学的繁荣、发展作出应有的贡献。

一个不容忽视的文学谱系[①]

——世界华文文学中的旧体诗词

袁勇麟

两岸协创中心福建师范大学两岸文化发展研究中心研究员

福建师范大学协和学院教授

一

世界华文文学研究作为一门新兴学科，三十多年来在不断争议和探索中前行。从早期的"台港文学"，到"台港与海外华文文学"，再到"台港澳暨海外华文文学"，直至"世界华文文学"，内涵和外延一直在发展变化中。不过，有个创作类别虽然时隐时现，不绝如缕，却始终未获得世界华文文学研究界应有的青睐，那就是旧体诗词。"旧体诗词"这个名称各地称呼不同，台湾学者多称为"古典诗"，香港学人称为"传统诗词"，还有人主张称为"汉诗"等等，总之都是指中国古代形成的各种诗词体制。

有人认为，中国现代文学史研究权威唐弢先生曾有旧体诗词不宜入史的言论，影响所及，有关现当代台港澳暨海外华文文学研究中，旧体诗词被忽视。早在1980年1月15日，姚雪垠写给茅盾的信中就提到"打破文言白话的框框"，建立一种"大文学史"的观念。他认为："解放后写的现代文学史很少对'五四'前夜的文学历史潮流给予充分论述，私心常以为憾。目前正在陆续出版的《中国现代文学史》（唐弢主编）第一册前边，也未重视这个问题。""关

---

① 本文为国家社科基金重大项目"百年海外华文文学研究"成果。

于中国现代文学史，我常常考虑应该有两种编写方法。一种是目前通行的编写方法，即只论述'五四'新文学运动以来的白话体文学作品，供广大读者阅读，也作为大学中文系的教材或补充教材。另外有一种编写方法，打破这个流行的框框，论述的作品、作家、流派要广阔得多，姑名之曰'大文学史'的编写方法，不是对一般读者写的。"姚雪垠心目中的"大文学史"，"第一要包括'五四'新文学运动以来的旧体诗、词"，他特别提到"新文学作家也有许多人擅长写旧体诗、词"，如"郁达夫的旧体诗写得很好，这是大家都清楚的，当然应作为郁氏文学遗产的一个组成部分。现代文学史应该在论述他的小说之外，也提一提他的诗"。此外，"不写白话作品，却以旧体诗、词蜚声文苑，受到重视，也应该在现代文学史中有适当地位"，如柳亚子、苏曼殊、吴芳吉、沈祖棻、于右任等。①

事实上，支持"现代旧体诗词"进入文学史的黄修己在《旧体诗词与现代文学的啼笑因缘》一文中提到，据他所知唐弢先生对现代优秀诗词是很喜爱的，对郁达夫的旧体诗词评价很高，在他主编的《中国现代文学史》的郁达夫一节中，还引用了郁达夫的《过岳坟有感时事》等三首旧体诗，并说旧体诗是他的作品感情最浓烈的部分。黄修己认为："这样单独写一个人的旧体诗，似乎与全书风格不统一，但唐先生还是这么做了。这说明他并非不重视'五四'后旧体诗词的成就，不赞同将旧体诗词入史是出于他的现代文学观。"他认为我们以前写文学史，只讲新的战胜旧的，取代旧的，这不完全符合历史实际，有的文类创造了新品种，推进了文学的现代化，与此后继续存在发展的旧形式并存，谁也不能取代谁，"新诗自有其优越性"，同样，"文言旧诗词也有白话诗达不到的特长"，正如胡适发表在 1918 年 1 月出版的《新青年》第四卷第一号上的《论小说及白话韵文》一文中提出的观点，"不必排斥固有之诗词曲诸体。要各随所好，各相体而择题，可矣"②。

有些学者为了规避命名的尴尬，另起他名，以避免涉及当代人写的旧体诗文。如朱寿桐就标举"汉语新文学"来取代"现代汉语文学"，他认为："如果用'现代汉语文学'，则凡是现代历史时期的汉语文学都得计算在内，则对于大量的现代文言文、现代旧体诗词都需要负起研究的责任。这不仅是许多现

---

① 姚雪垠：《中国现代文学史的另一种编写方法——致茅公同志》，《无止境斋书简抄》，《社会科学战线》1980 年第 2 期。

② 黄修己：《旧体诗词与现代文学的啼笑因缘》，《中国现代文学研究丛刊》2002 年第 2 期。

当代文学研究者力所不能及的,而且影响汉语新文学的学科整体性、严整性甚至规范性。"①台湾学者陈芳明新出版的文学史,也取名为《台湾新文学史》。在世界华文文学史研究中使用"新文学"一名,确实可以规避当代人写作的旧体诗文,但却不能忽视它存在的事实。一个不容置疑的事实是在20世纪汉诗的发展历程中,新诗与旧体诗既相颉颃又相渗透,正如台湾学者高嘉谦在《二十世纪的古典与现代诗学》的课程说明中所指出:"综观20世纪的中国诗学,可以分为两个视域加以观察,一个是白话新诗,一个是传统旧诗。尽管新诗回应文学革命的号召而起,新文人打破旧形式,努力进行白话新诗的尝试和实验。但旧体诗的传统也不曾断绝,诗社雅集依旧蓬勃,旧体诗的古典精神和文化元素,持续回应着现代时空的种种变异。当我们检视20世纪的中国诗歌领域,值得我们重新思考以下议题:旧诗接触新世界而产生的语言和形式变化,以及新／旧文人写作旧体诗的文化意识和想象;新诗因应白话变革而必须重建诗的审美意识,进而跟古典传统互涉交融。"

由于不同区域华文文学的发展具有自己的特殊性,尤其是海外华文文学具有跨文化、跨国别、跨民族的特点,它与中国现当代文学存在相当大的差异,饶芃子和费勇就曾指出:"由于海外华文作家处于活生生的异域,因而他们所负载的中华民族传统文化的许多素质可能会变成精神上的'家园';而在本土,出于变革的要求,异域的文化因子常常作为革命的思想被广大的知识分子接受,并借以抨击传统文化的许多质素。"②因此,按照传统的单一思维来一统世界华文文学研究,就可能出现削足适履的局面,现在是到了改变这一局面的时候了。

二

大陆学者中,较早关注台湾文学中旧体文学的是汪毅夫,他不仅在《台湾近代文学丛稿》(海峡文艺出版社1990年版)、《台湾文学史·第二编·近代文学》(海峡文艺出版社1991年版)中较为深入地探究台湾近代文学的发展,而且在《语言的转换与文学的进程——关于台湾现代文学的一种解说》

---

① 朱寿桐、熊焰:《学术个性的觅取——朱寿桐教授访谈录》,《澳门研究》2014年第2期。
② 饶芃子、费勇:《海外华文文学的命名意义》,《文学评论》1996年第1期。

和《文学的周边文化关系——台湾文学史研究的几个问题》等论文中,提出了自己的台湾文学史编写理念。在前文,他认为:"台湾现代文学"不是"台湾新文学"的同义语,"'台湾现代文学'乃同'台湾古代文学'、'台湾近代文学'和'台湾当代文学'并举,而'台湾新文学'则与'台湾旧文学'对举。与此相应,台湾现代文学作品包括了文言作品、国语(白话)作品和日语作品等,而台湾新文学作品首先就排除了文言作品。"可是,"有台湾现代文学史论著对台湾现代作家吴浊流的文言作品完全未予采认,对其日语作品,则一概将译文当做原作、将译者的国语(白话)译文当做作者的国语(白话)作品来解读。我们可以就此设问和设想,假若台湾现代文学作品在写作用语上的采认标准是国语(白话),文言不是国语(白话),文言作品固当不予采认;但日语也不是国语(白话),日语作品为什么得到采认?假若日语作品的译者也如吾闽先贤严复、林纾一般将原作译为文言而不是国语(白话),论者又将如何措置?另有语言学研究论文亦将吴浊流作品之译文当做原作,从1971年的国语(白话)译文里取证说明作品作年(1948)之语言现象"①。后文是他指导几位博士生撰写台湾古代、近代、现代文学史时的讲义,他指出:"在我看来,我们收集台湾文学史料的注意力应当及于台湾作家的联语、诗钟、制义、骈文、歌辞等各类边缘文体的作品。"②

正是在汪毅夫重修台湾文学史的新理路指导下,他所带领的几位博士生撰写的论文,努力实践他的这一思想。如游小波的博士论文《台湾近代文学边沿研究》,在传统文学史通常意义上的主流作家与经典作品之外,把研究目光投向一批数量庞大的"另类"文学——边沿文学,诸如诗钟、击钵吟、制义、联语、竹枝词、笔记、骈文以及俗文学形态的"歌仔册"等的整理;对于游宦与游幕作家、内渡作家以及艺旦、怨妇等另类作家(非主流作家)的创作和文学史料的收集;对于文学外部制度与文学史实、圈外事件与文学史分期的关联等构成的文学周边文化关系的探究。正如作者自述:"本文避开正面论述文学思潮、文学流派、主流作家、经典文本等传统的文学史撰述方法,借鉴'文学的周边文化关系'理论,以'文化诗学'的人类学视角和方法,把文学还原到文化

① 汪毅夫:《语言的转换与文学的进程——关于台湾现代文学的一种解说》,《中国现代文学研究丛刊》2004年第1期。

② 汪毅夫:《文学的周边文化关系——台湾文学史研究的几个问题》,《福建师范大学学报》(哲学社会科学版)2004年第1期。

背景之中，对台湾近代文学边沿问题进行了多侧面的考察：整理、观察往常被视为'末技小道'的边沿文体；选取往往被忽略的另类作家进行解读；透视、分析那些似乎远离文学的外在势力。目的为文学史写作、文学史料的收集起到丰富充实与拾遗补缺的作用，并以此迂回包抄，还原历史原貌、寻找文学祖庙。"①

李诠林的博士论文《台湾现代文学史稿（1923—1949）》，从文本创译用语的角度构建台湾现代文学史，通过语言与文学的关系来考察台湾现代文学史上的诸多文学现象，而这正是汪毅夫所提倡的契合台湾现代文学研究的新路径。台湾现代文学作品的语言载体有汉语文言、国语（白话）、方言（客家语、闽南语、台湾少数民族语言）和日语等多种样态。使用不同写作用语的台湾现代作家在其文学活动中经历了以下几种不同类型的语言转换：①从用文言写作到兼用国语（白话）写作，如赖和、陈虚谷和杨守愚；②从用文言起草到用国语（白话）和方言定稿，如赖和；③从用文言写作到兼用日语写作，如吴浊流；④从用文言写作到兼用日语和国语（白话）写作，如叶荣钟；⑤从方言俚语到文言词语，如许丙丁的《小封神》与赖和的《斗闹热》；⑥从用日语写作到用国语（白话）写作，如吕赫若；⑦从用方言思考到用日语和国语（白话）写作，如吕赫若、张文环；⑧从日语作品到国语（白话）译文，如杨逵；⑨从使用国语（白话）创作到改用日文创作，如杨云萍；⑩各类翻译文学，如张我军的日文中译及黄宗葵、刘顽椿、吴守礼等的中文日译，许寿裳、黎烈文等的欧文中译等。论文除了注意区分原作与译作，辨别台湾方言与文言词语和国语（白话）的血缘外，其中一个重要的特点是"重视台湾现代文学史上的文言诗文"，作者认为："文言诗文在台湾现代文学史上具有其独特的作用与意义。比如，台湾日据时期的旧体文学（或称文言文学），与同时期的大陆文言文学有着不同的文学史意义。台湾日据时期的文言文学在很大程度上起到了抵制日本文化同化、高扬中华文化旗帜、弘扬中华传统文化、强力挽留殖民者所妄图泯灭的炎黄文化之根的作用。因此，不能将台湾的文言文学者简单地视为不适应历史潮流的封建旧势力的维护者与代言人。……即或是击钵吟之类的赋诗游戏，也不能轻易就完全抹杀其在整个中华文明史进程中的特殊的历史意义与作用。"②

① 游小波：《台湾近代文学边沿研究》，《华文文学》2009 年第 5 期。
② 李诠林：《台湾现代文学史稿》，海峡文艺出版社 2007 年版，第 19—21 页。

黄乃江的博士论文《台湾诗钟研究》,以台湾诗钟为研究对象,通过钩沉辑佚,发掘出有关台湾诗钟的大量史料。论文认为,诗钟在台湾社会文化生活中曾经产生过极其广泛而深刻的影响。清代末年,诗钟一经传入台湾,便迅速在台湾兴起,占据台湾诗坛的主流地位,并使台湾诗风为之一变。日据时期,台湾钟手以诗钟为载体,同声相应,同气相求,广泛开展社际联吟、区域联吟与全岛联吟。由此,台湾诗钟汇聚成声势浩大的诗海钟涛,掀起一股股反抗日本殖民统治、保存和延续中华传统文化的民族文化浪潮。光复之初,台湾钟手纷纷释放出长期被压抑的诗思与热情,台湾诗钟迎来了盛大的狂欢。1949 年前后,随着一大批大陆钟手特别是闽地钟手的纷至沓来,台湾钟坛形成了大陆钟手与台湾钟手合流的局面,从而把狂欢中的台湾诗钟推到了顶点与极致。20世纪 80 年代以来,诗钟又成为海峡两岸文化交流的桥梁和纽带。作者指出:"从对台湾诗钟发生、发展与演化过程的考察,及与大陆诗钟、台湾击钵吟等的比较中,我们看到,诗钟在台湾社会文化生活中曾经产生过极其广泛而深刻的影响。然而,现有台湾文学史的写作,大都把诗钟弃置于台湾文学的边缘。……可以说,现有台湾文学史,特别是台湾现代文学史,对诗钟文体的关注和重视还很不够,没有全面、真实地反映出台湾文学的发展生态。诗钟在台湾文学史上应有更高的地位。"[①]

三

台湾学者许俊雅在反思台湾区域文学史时曾指出:"二十世纪以来的传统诗赋创作及通俗文学,相对台湾现当代文学研究的主流叙述,可说一直以来即受到不公正待遇,或被排斥或篇幅仅是点缀,这自然是撰写者不熟悉旧文学外,可能也存有捍卫新文学精神的用心。幸而几个区域文学史特别留意战后的古典诗,发掘一些淹没已久的文献,就台湾文学史的知识建构、文本的选择,区域文学史相对提供了较多的史料文献,……"[②]她说台湾当代旧体诗的繁荣归功于 20 世纪六七十年代台湾地区的"中华文化复兴运动"。她所提到的"区域文学史"是 20 世纪 90 年代末陆续出版的一些地方文学史,包括施懿琳、

---

① 黄乃江:《台湾诗钟研究》,福建师范大学 2007 年博士学位论文。
② 许俊雅:《建构与新变 / 敞开与遮蔽——台湾区域文学史的意义与省思》,《台湾文学研究学报》2014 年 4 月总第 18 期。

许俊雅、杨翠合著的《台中县文学发展史》，施懿琳、杨翠合著的《彰化县文学发展史》，江宝钗主编的《嘉义地区古典文学发展史》，陈明台主编的《台中市文学史初编》，莫渝、王幼华撰写的《苗栗县文学史》，龚显宗撰写的《台南县文学史》，彭瑞金撰写的《高雄市文学史》，李瑞腾等人撰写的《南投县文学发展史》，陈青松编撰的《基隆古典文学史》等。如《台中县文学发展史》在"第四篇 战后至今（一九四五——一九九二）"部分，列有"第六章 战后台中县旧文学发展概况"，下分三节，分别叙述"战后初期以雾峰栎社为主的中县文人"、"以清水、大甲为中心的滨海诗社"、"以丰原、神冈为中心的中县诗社"。此外，也有一些台湾年轻学者注意到当代的旧体诗词写作。仅涉及战后旧体诗（古典诗）研究的博士论文，就有孙吉志的《罗尚〈戎庵诗存〉研究》（中山大学 2005 年）、尹子玉的《叶荣钟诗稿研究》（"中央大学"2007年）、李知灏的《战后台湾古典诗书写场域之变迁及其创作研究》（中正大学 2008 年）、顾敏耀的《台湾古典文学系谱的多元考掘与脉络重构》（"中央大学"2010 年）、姚蔓嬪的《战后台湾古典诗发展考述》（台湾师范大学 2012年）等。

在这里，需要特别提及的是李瑞腾，他虽然主要研究台湾新文学，却始终对台湾当代旧体诗的创作持续关注。李瑞腾在担任《文讯》总编辑期间，曾在 1985 年 6 月出版的该刊上策划"传统诗社的过去、现在与未来"专题，他指出："比较起现代诗社来说，他们绝非存在的少数，诗社多，写诗的人更是不少，他们也常办活动，有的还出版了诗刊，但是他们被漠视，仿佛在现代社会和现代诗社的强势压力之下，他们便被命定得自生自灭，果真如此吗？我们不信，君不见各种传统的技艺都不断被注入新的血液，有了新的生命吗？而纵使不幸真的是这样，也该确实找出原因来。"[①] 此前于 1985 年 4 月 20 日，他策划召开了"传统诗社的现况与发展"座谈会，邀请张梦机、曾文新、许君武、李猷、罗尚、王文颜、龙冠军、庄幼岳、傅紫真、林荆南、林安邦、史元钦、简锦松等人，围绕四个方面"一、传统诗社一般的活动状况；二、传统诗社面临哪些困境；三、传统诗社在现代社会中的存在意义；四、传统诗社未来的发展"展开讨论。他希望借着这个座谈会和《文讯》这个文学的传播媒体，"让社会大众

---

① 李瑞腾：《编辑室报告》，《文讯》1985 年 6 月总第 18 期。

以及文学界对传统诗社有基本而且准确的了解"①。1988年4月10日,他在《大华晚报》上撰文《研究台湾的古典文学》,认为尽管20世纪20年代新文学正式登上台湾文学的舞台,然而被张我军视为"败草丛中的破旧殿堂"的"垂死的旧文学"并非真的死去,疾呼:"正视那个传统的存在是非常重要的,整理与研究的工作必须积极进行。"② 1990年8月25—26日,他出席新加坡同安会馆主办的"华人传统文化的保存与发扬"学术研讨会,提交论文《台湾旧体诗的创作与活动》,透过文学社会学的考察,从"大学校园的教学与活动"、"诗社及其他社会性活动"、"旧体诗的发展与出版"三个方面,将台湾旧体诗的创作及其社会性活动做了扫描,他感慨台湾当代旧体诗作"流传不广,搜罗匪易,将来要做,恐怕得大费周章",指出:"我个人站在研究台湾文学的立场,已经着手这一部分资料的清理工作,深感旧体诗的创作及活动,在当代仍颇具意义,尤其是它以传统形式面对现代化社会所形成的冲突,正是我们在保存与发扬传统文化所遭遇的最大难题,如果现代新诗也能纵向继承传统、旧体诗也能突破过去格律严谨的书写成规,横面关切现实,则新体旧体各自发展,并行不悖,我们更愿它们彼此互相渗透,互补互化,共存共荣。""而作为一个文学的研究者,去搜辑、整理,披沙拣金,提出一个合理的历史和文学的解释,应该也是一件责无旁贷的事。"③

正是基于上述理念,李瑞腾在2002年至2003年期间,指导硕士班学生林淑华、顾敏耀、蔡谷英、简小雅,完成专题研究计划"台湾报纸四个旧体诗专栏调查分析(1954—2000)"。在该研究计划精简报告的前言中,他指出:"从明郑时期以迄日据时期的台湾汉诗自有其高度的价值,关注于此者颇众;而国民党迁台以后的旧体诗,虽也有其丰富的文学、社会、历史、文化等各个层面的意义,很值得学者研究,但是有志于这方面的研究者却如凤毛麟爪。"④ 该计划涉及《大华晚报》的"瀛海同声"专栏(1954年5月3日至1988年12月30日),《自立晚报》的"海滨诗辑"专栏(1955年11月23日至1966年5月1日)和"自立诗坛"专栏(1966年5月5日至1988

---

① 何芸记录:《传统诗社的现况与发展》,《文讯》1985年6月总第18期。

② 李瑞腾:《研究台湾的古典文学》,《台湾文学风貌》,台北:三民书局1991年版,第13页。

③ 李瑞腾:《台湾旧体诗的创作与活动》,《台湾文学风貌》,台北:三民书局1991年版,第26、16、28页。

④ 李瑞腾主持:《台湾报纸四个旧体诗专栏调查分析(1954—2000)》,《"行政院科学委员会"专题研究计划精简报告》(2003年版),第1页。

年 1 月 5 日),《民族晚报》的"南雅"专栏(1957 年 10 月 6 日至 1987 年
7 月 26 日),《台湾新生报》的"传统诗坛"专栏(1976 年 10 月 31 日至
1982 年 1 月 29 日)、"新生诗苑"专栏(1982 年 1 月 31 日至 1999 年 12
月 31 日)、"台湾诗坛"专栏(1996 年 7 月 7 日至 2000 年 12 月 10 日)。
其中仅《民族晚报》的"南雅"专栏,三十年间就刊登诗作三万六千余首,
曾经发表作品的诗人不下千人,诚如精简报告小结指出:"这些作品数量十
分庞大,有关诗坛及诗人的讯息量十分可观,是十分珍贵的台湾文学资产,
可依此更深入当时台湾古典诗坛之情形。"[1] 但是,这些战后台湾报纸古典诗
专栏研究者甚少。作为这一课题组的成员,顾敏耀此前 2001 年在"中央大
学"中文研究所举办的"文学社会学研讨会"上,发表过《"海滨诗辑"研
究(1955—1957)》;此后在李瑞腾指导下于 2009 年年底完成博士论文《台
湾古典文学系谱的多元考掘与脉络重构》,其中第九章"台湾战后古典诗与大
众传播媒介——以《自立晚报》古典诗专栏为例"加以扩展,将维持 32 年的
《自立晚报》古典诗专栏作者整理后发现,有 3 个显著特点,"第一,栖身军公
教者甚多","第二,诗人与书画家的重叠身影","第三,新文学与旧体诗的
双语复调"。这些人中,"除了有跨足新文学者之外,几乎都不见于台湾的文
学史论述以及作家作品目录之中"。古典诗作者中新旧文学兼擅者包括毛一
波、曾今可、阮毅成、易君左、黄得时、周定山等人,论者认为处于新旧文学交替
的时代环境中,这种现象不足为奇,同时也印证了台湾学者黄美娥在《台湾古
典文学史概说(1651—1945)》中所指出的:"文学史论述中习见的将传统与
现代间的不兼容性、新与旧的紧张对立关系,当成是一种研究前提的说法,也
就有了重新省思的空间,新、旧文学的发展将有承衔转化的可能。"也就是说,
"文学阅读焦点 / 作家创作主力由旧文学转移到新文学的过程应为一缓慢的柔
和曲线,而非如部分文学史的想象体系那般毫无瓜葛的一刀两断、薪尽火灭,
其间藕断丝连、身份混叠的情况实亦不可忽略"[2]。此外,顾敏耀在第七章"台
湾古典诗与战后移民社群——以李炳南在台诗作为例"、第八章"台湾战后古
典诗与女性诗人群体——从诗话、地方志到选本的考掘"等章节中,通过爬梳
考掘"台湾战后文学史最具份量的古典诗人之一"李炳南"量多质精"的古

---

[1]　李瑞腾主持:《台湾报纸四个旧体诗专栏调查分析(1954—2000)》,《"行政院科学委员会"
专题研究计划精简报告》(2003 年版),第 8 页。

[2]　顾敏耀:《台湾古典文学系谱的多元考掘与脉络重构》,台湾"中央大学" 2010 年博士学位论文。

典诗作,以及让许多曾经被注意/尚未被注意的众多女诗人重新浮出地表,在在说明:"一、台湾古典诗的创作活动在战后日趋没落,社会大众对文坛的注意力聚焦于新文学(包括诗、散文、小说等);二、台湾文史的研究在国民党迁台之后一直受到打压,要到'解严'之后才逐渐复甦;三、台湾文学的研究着重在新文学方面,古典文学不受重视;四、近年来虽然台湾古典诗文的相关论文有缓慢增加之势,但是仍以明郑、清领及日据时期的诗人为主,战后的古典诗研究非常少见。至今许多学者听到台湾战后的古典诗作,一般都想当然地认为其素质必定'自郐以下',不足一哂;然而若深入研究之后,往往会有与成见不同的发现。"①

在李瑞腾担任台湾文学馆馆长后期,于 2013 年 8 月 6 日至 12 月 22 日,举办"战后台湾古典诗特展"。本次展览的时间设定为 1945—2012 年,分为"诗社的传承与开展"、"延续斯文于不坠——战后古典诗人及其作品"、"纸上展乾坤——战后古典诗报刊"、"学院延风雅——诗学教育传承"及"网络新世代——古典诗发展的新契机"五个区块,从社团组织、参与成员、刊载媒体、诗歌传承以及新世代的表现方式等不同面向,呈现台湾古典诗近七十年的发展历程。它的意义或许如台湾学者李知灏所指出:"此次台湾文学馆所举办之'战后台湾古典诗特展',是台湾文学史上难得一见的展览主题。藉由展出前人的诗集、诗社的活动照片,展现战后古典诗在诗人、诗社、大学校园与网络等层面的活力;更以数位交互式的方式展示未来进行文创加值的可能性,这都可为战后古典诗的活动、整理与研究发展等面向,再添无数的想象空间。也希望藉此次特展的机会,提升大众对战后古典诗的兴趣。"②

四

在香港,旧体诗创作同样面临不被关注的尴尬局面,许多文学史对此视而不见。香港学者邓昭祺在《论旧体诗在香港文学史应有的地位》一文中指出:"我们追溯香港文学的源头,缕述香港文学的发展,描绘香港文学的整体风貌,评论香港文学的整体成就,似乎没有理由把文体集中于白话诗文,而

---

① 顾敏耀:《台湾古典文学系谱的多元考掘与脉络重构》,台湾"中央大学"2010 年博士学位论文。
② 李知灏:《踵事增华:战后台湾古典诗的教学、研究与文献整理》,《文讯》2013 年 9 月总第 40 期。

把传统诗文摒诸门外。一本以'香港文学史'为名的书,应该是白话与文言相提并论,新诗与旧诗共冶一炉。"他提到国内学者编撰的几本《香港文学史》,"对香港的传统文学,或是作过场式的简单交代,或是干脆只字不提"①。

本身也写作旧体诗词的香港报人罗孚较早关注此事,他在1998年撰文指出:"当代人的旧体诗词都有着一个地位的问题,它们是客观的存在,也在起着实际的作用,这些作用而且很大,是不可能被忽视的。""在中国的文学活动中,旧体诗却好像已被消灭,不复存在,其实完全不是这样一回事。这不能不说是一大怪现象。这就不仅香港一处为然,整个中国文学史,无论海峡此岸或彼岸,都是这样。总该有人出来,改变这样的现状。"②

著有《香港诗词论稿》、《香港旧体文学论集》等,并在香港主办过十几次"诗词大赛"的香港中文大学黄坤尧教授,在1998年12月香港中文大学主办的"中华文化与二十一世纪国际学术研讨会"的发言中指出,香港现当代文学中不乏诗词名家,例如廖恩焘、刘景堂、王韶生、陈湛铨、饶宗颐、罗忼烈、苏文擢等,"他们的诗作丰富,意境高远,反映现实生活,表现时代的节奏,写现当代文学史的专家有他们的章节吗?香港文学的星空有他们的席位吗?我想,如果他们能顺应潮流改写新诗,可能就会呼风唤雨,摇身成为二十世纪香港诗坛的新宠了。可是现在治文学史的专家却是不闻不问的,视而不见,甚至不加任何的褒贬或评价,这是否又有失责之嫌呢?这种现象推而至于大陆及台湾文坛,几乎同出一辙"③。在1999年4月由香港艺术发展局和香港中文大学新亚书院联合举办的香港文学国际研讨会上,黄坤尧再次呼吁:"香港文学应该包括古典诗词的写作在内,而在搜集、整理及评价当代的诗词文集也是研究香港文学的重要任务之一。"他以香港番禺刘景堂一门三世皆富诗才并都有诗稿传世为例,认为:"这是香港文坛上最骄人的文学成就,希望文艺界能作出公正的鉴别和评价。同时亦宜及早抢救当代以古典体式写作的文学史料,不要任其流失。"④同样在这次香港文学国际研讨会上,多位学者在发言

---

① 邓昭祺:《论旧体诗在香港文学史应有的地位》,《文学研究》2006年第4期。

② 罗孚:《当代旧体诗和文学史——从〈追迹香港文学〉谈起》,《明报月刊》1998年9月号。

③ 黄坤尧:《廿一世纪诗词写作的展望》,《香港诗词论稿》,当代文艺出版社2004年版,第186页。

④ 黄坤尧:《香港番禺刘氏四家诗说》,《香港诗词论稿》,当代文艺出版社2004年版,第18页。

中涉及旧体诗文入史的问题。王晋光指出，黄坤尧和邝健行两位学者很重视香港旧体文学的文献，是少数不随波逐流的研究者，而"绝大部分现当代文学史著作都排斥旧体诗文，我认为这是不合理的现象。研究香港文学的学者也一直忽视香港文坛存在着一批优秀的旧体诗文作家，只有极少数的学者关心这一问题。其实香港旧体诗文作家之创作生命力一直很旺盛"①。陈耀南的发言以香港大专教师文言诗作为例，认为："历来论述香港文学者，总是不谈或少谈旧体文学。但是，以文言为'死文学'这种偏颇狭隘、鲁莽武断的讲法，早已经不起事实的考验；而能读能懂、喜写喜作的人数多寡，并不就是衡量文学价值的标准。本文列数香港大专教师所作之旧体诗，以见其情采交融、华实并茂，富有民族感、忧患感、时代感，即是社会的写生、历史的见证，也是香港文学园圃的异卉奇葩。"②

在香港艺术发展局于 2006 年 11 月 29 日至 12 月 1 日举办的"二十世纪中国文学的回顾与廿一世纪的展望"国际学术研讨会上，香港作家容若借用余光中批评五四文学健将"高估了西文，低估了文言"一语，指出："'高估'和'低估'的偏差，也见于某些写香港文学史的人。他们谈'诗'，只承认形式来自西洋的新诗才是诗，不承认属于中国传统的旧诗是诗。这些文学史，只见新诗不见旧诗。""五四至今八十多年，旧诗仍然不断开花结果，显得千年古树尚未衰老。写香港文学史的，又怎可以'贪新忘旧'呢！"③ 他认为，谈诗不宜"贪新忘旧"，这该是写香港文学史应有的态度，许多写传统诗词的香港诗人及其作品应该载入香港文学史。在这次研讨会上，香港教育工作者何世强提交了一篇《香港二十世纪旧文学概况及展望》的论文，洋洋洒洒论述香港旧文学（主要是旧体诗词）的发展概况。他以诗词题材上的变化，将香港旧体诗词分为四个时期，1900 年至 1935 年为第一期，"此时期香港文坛十分鼎盛，诗人辈出，题材多咏香港风物，稍涉时事及晚清民初时中国之乱局"；1935

---

① 王晋光：《王韬——香港作家鼻祖论》，黄维樑主编《活泼纷繁的香港文学——一九九九香港文学国际研讨会论文集》，香港中文大学新亚书院、中文大学出版社 2000 年版，第 69 页。

② 陈耀南：《香海簧宫怀国步，汉唐旧体绘新情——香港大专教师文言诗作的华夏情怀》，黄维樑主编《活泼纷繁的香港文学——一九九九香港文学国际研讨会论文集》，香港中文大学新亚书院、中文大学出版社 2000 年版，第 137 页。

③ 容若：《香港文学的反思与前瞻》，寒山碧主编《中国新文学的历史命运——二十世纪中国文学的回顾与廿一世纪的展望国际学术研讨会论文集》，中华书局（香港）有限公司 2007 年版，第 410—411 页。

年至 1950 年为第二期，"反日情绪及慨叹悲苦岁月则成为香港诗人之题材"；1951 年至 1980 年为第三期，"此时期之诗词题材亦最为多样化。除上述以'避秦'为题材外，其他如游记、酬唱、答赠、题画、时事等都有不少，不过诸家仍囿于旧题材，少赋新事物"；1981 年至 2000 年为第四期，"此时期之诗词题材较为新颖，诗人开始接受新事物，以新事与现代科技入诗"①。在"香港诗词作者之部分作品简介"中，涉及的旧体诗人有何绍庄、伍宪子、余芸、岑光樾、李洪泽、林伯聪、李巽仿、何国华、汤定华、易君左、饶宗颐、罗忼烈、唐石霞、王淑陶、熊润桐、梁简能、何敬群、李璜、王韶生、张叔平、陈荆鸿、曾克耑、陈湛铨、张翼诒、吴天任、曾希颖、陈耀南、黎晋伟、费子彬、张纫诗、潘小磐、萧颖林、郭亦园、夏书枚、郑水心、刘祖霞、伍醉书、周仪、张江美、陈蝶衣、董力行、杨逸骏、陈襄陵、蔡俊光、韩穗轩、余璞庆、叶玉超、潘兆贤等 48 家。不过，他也认为，香港之旧文学已日趋式微，主因是时代变迁，环境有异。"当今学子，以习英文、念理科为能事，以便日后谋职，而诗词歌赋、对联等旧文学，不合时宜，亦欠实用价值，在功利主义与实用价值为尚之环境中，旧文学之日渐式微，乃意料中事。现代纵使习文学之大学生，大部分皆学习新文学如新诗、散文等，旧文学难有用武之地，故其式微乃由于后继者少人，而后继者少人之原因是时代与环境使然。"②

与此观点略有不同的是，黄坤尧认为近百年来香港诗坛大约经历了清末民初、二三十年代、五六十年代、八九十年代四个世代，有两次高潮：先是二三十年代重建传统文化，回应五四运动的疑古思潮；后是五六十年代的诗社勃兴，在文化救亡的严肃使命下，见证了中华诗词不死的传说。进入八九十年代，香港诗坛除了享有盛名的"当代国学大师，多才多艺"的饶宗颐，"兼通新旧文学"、"诗风豪迈，意气昂扬"的曾敏之等大家外，本土中青年诗人崭露头角，而内地新移民也正在不断地填补新血，香港诗词表现出特有的新世纪、新事物、新思维、新观念。他指出："过去香港不断地吸纳来自全国各地的诗才，不分左右，不辨主客，不论流派，不管雅俗，大家屏除成见，逐渐地融为一体，通过诗艺的切磋，香港诗词早就在一个艺术的国度里统一起来了，甚至足

---

① 何世强：《香港二十世纪旧文学概况及展望》，寒山碧主编《中国新文学的历史命运——二十世纪中国文学的回顾与廿一世纪的展望国际学术研讨会论文集》，中华书局（香港）有限公司 2007 年版，第 449—453 页。

② 同上书，第 500 页。

以填补诗史残缺断层,以至现代文学空白的一页,将现代和传统之间重新嫁接起来。"①

　　作为"为香港文学修史"先声的《香港文学大系一九一九——一九四九》,终于在千呼万唤中由香港教育学院陈国球教授总主编,2014 年由香港商务印书馆先行推出 6 本,其中就包括程中山主编的《旧体文学卷》,可谓一大创举。陈国球在大系的总序中指出:"香港能写旧体诗文的文化人,不在少数。报章副刊以至杂志期刊,都常见佳作。这部分的文学书写,自有承传体系,亦是香港文学文化的一种重要表现。……可以说,'香港文学'如果缺失了这种能显示文化传统在当代承传递嬗的文学记录,其结构就不能完整。"②《旧体文学卷》选录王韬以下九十多位作者的旧体文学作品,"各体诗文具备,唐宋风格及中西思想,兼采并重;而于题材,或写人生际遇得失,或描绘江山风月,或反映不同期的香港时局、家国灾祸,具有鲜明的时代色彩"③。

五

　　澳门大概是唯一的例外,由于特殊的历史原因,旧体诗创作十分活跃,写作澳门文学史,这是绕不过去的一个文学现象。澳门本地学者、诗人郑炜明的博士论文《澳门文学发展历程初探》(澳门民族大学 1999 年),2004 年 6 月以《澳门文学史初稿》为名由香港 CVSV Limited 出版,2012 年 6 月增补版改名《澳门文学史》由齐鲁书社出版。其中第二章是"16 世纪末至 1949 年澳门的华文旧体文学概述",用了 4 万字洋洋洒洒梳理了明末至民国时期澳门旧体文学的成就,认为中国文学在澳门这块土地上是从来没有间断过的。杨匡汉在书序中高度评价:"尤其是对 16 世纪末至 1949 年澳门旧体文学的概述,作者从丰富的文学沉积中征引了七十余种名家诗文集资料,梳理敷演,下了一番狮子搏大象般的功夫,当属难能可贵。这种努力,正是把'问题'回放到'历史情境'中去审察,为显现当初的人文情境和文学现象提供比较丰富的材料,也为我们走近'文学'和'历史'增添了可能性。"不过,略感遗憾的是,在第三章"澳门

---

① 黄坤尧:《香港诗词百年风貌》,《中山大学学报》(社会科学版) 2007 年第 1 期。
② 陈国球:《总序》,程中山主编《香港文学大系一九一九——一九四九·旧体文学卷》,商务印书馆(香港)有限公司 2014 年版,第 26 页。
③ 程中山:《导言》,同上书,第 76 页。

现当代华文文学概述"中,作者留给澳门现当代诗词的笔墨不到两千字,加以分析的诗家仅有冯刚毅、程祥徽二人,让杨匡汉感叹,与第二章相比,"对于当代澳门旧体诗词的繁荣以及如梁雪予这样的名家,还缺乏足够的注重"①。杨匡汉此前 1997 年参加澳门大学中文学院举办的"澳门文学的历史、现状与发展"研讨会时,在闭幕式上的讲演中指出:"一般讲澳门文学是指从现代到当代的语体新文学。但以诗歌为例,澳门诗歌可谓双水分流、双峰对峙——新诗与旧诗并驾齐驱,后者历史长、数量大、成就高,如梁披云先生当属旧体诗文的大手笔。有些新诗人的旧体诗词亦出手不凡。"② 这些兼写旧体诗词的新诗人就包括郑炜明、冯刚毅等。

耐人寻味的是,刘登翰在主编《台湾文学史》、《香港文学史》时,涉及当代台港文学部分,只谈论新文学,不关注旧体诗词的创作,但在此后主编《澳门文学概观》时,特别设置了第八章谈论澳门当代的旧体诗词创作,由词学专家施议对执笔,分析了澳门悠长的与诗结缘的传统,并对梁披云(梁雪予)的《雪庐诗稿》、马万祺的白话诗词、佟立章的"晚晴"诗词、冯刚毅的行吟诗词详加评价,从而阐明旧体诗词创作在澳门文学中占有的独特地位,与第四章的澳门新诗创作相并肩。刘登翰在谈到这一现象时指出:"时至今日,澳门的古体诗词创作仍然有着相当广泛的群众基础。澳门中华诗词学会拥有的会员达一百多人,就会员数与常住人口比例而言,可能居于中华之冠。其成员既有年过古稀的老人(如在古体诗词和书法艺术创作中取得很高成就的梁雪予先生),也有初学的中学生;既有政界商界的闻人(如马万祺先生),也有普通的市井小民。新文学作者中,不少也擅古体。每有所感,新诗古诗两体并发。以用云独鹤的笔名写新诗,用本名写古体诗词的冯刚毅为最典型。在近年刚刚活跃起来的为数不多的澳门文学出版物中,当代作者的古体诗词集的出版,仍是最重要的门类之一。"③

饶芃子、莫嘉丽等著的《边缘的解读——澳门文学论稿》一书,虽然限于叙述的角度,对澳门当代旧体诗词"存而不论",但也"并不意味着将旧体诗

---

① 杨匡汉:《流动岛上的文学沉积——序〈澳门文学史〉》,郑炜明《澳门文学史》,齐鲁书社 2012 年版,第 3、2 页。

② 杨匡汉:《给澳门文学一颗奔腾的心——在学术研讨会闭幕式上的讲演》,李观鼎主编《澳门人文社会科学研究文选·文学卷》,社会科学文献出版社 2009 年版,第 279 页。

③ 刘登翰:《澳门文学概观》,鹭江出版社 1998 年版,第 28 页。

逐出'汉语诗歌'的范畴",论者坦承:"我们注意到当代澳门汉语诗歌中'新旧'并立的现象,不仅'新'、'旧'两体共存于同一杂志或报刊,而且相当一些诗人同时创作新体与旧体,如冯刚毅、苇鸣等。澳门的旧体诗成绩非常引人注目,本身构成一种耐人寻味的文化现象与文学现象,引发诸如文言与白话、旧体诗与当代生活、汉诗的语言技巧等问题。"①

朱寿桐立足于"汉语新文学"视角主编的《澳门新移民文学与文化散论》一书,尽管是为了避开涉及澳门当代大量的旧体诗词,可是具体论述时还是不能回避,如谈到"转换期澳门移民文学"时,云独鹤(冯刚毅)的诗词集《天涯诗草》和《镜海吟》得到高度评价,认为:"(《天涯诗草》)体现出作者很高的古典文学造诣,……(《镜海吟》)在言志与抒情的创作方向下,诗词题材多种多样,体裁也力避单一,诗以五七言律诗、绝句为主,词则以小令、中调较多。风格雄迈流畅,清新自然,艺术手法多样。"②

六

在海外华人社会,旧体诗词创作绵延不绝,同样在海外华文文学研究中遭到冷遇。新加坡学者李庆年在与有志于此研究的中国学者赵颖通信时感慨万分:"有关华文新旧文学的研究,是一种十分寂寞无奈的工作,外人无法了解我们的感受。其道理是研究不被社会重视,或甚至漠视,因此研究者实属稀少。"③李庆年将博士论文修改出版的《马来亚华人旧体诗演进史(1881—1941)》是一本填补空白之作,内容涉及"甲午战争前后的马华旧体诗(1881—1895)"、"戊戌维新运动前后的马华旧体诗(1896—1900)"、"辛亥革命前十年的马华旧体诗(1901—1911)"、"新文化运动前后的马华旧体诗(1912—1926)"、"国共纷争时期的马华旧体诗(1927—1936)"、"抗日战争时期的马华旧体诗(1937—1941)"。他在书的前言中指出:"马华旧文学是华族整体文学不可分割的部分,它是华族文化中承前启后的一道桥梁,因此,我们是有必要整理这批文学遗产的。""1919

---

① 饶芃子、莫嘉丽等:《边缘的解读——澳门文学论稿》,中国社会科学出版社 2008 年版,第37—38 页。

② 朱寿桐主编:《澳门新移民文学与文化散论》,中国社会科学出版社 2010 年版,第 84 页。

③ 赵颖:《新加坡华文旧体诗研究》,陕西师范大学 2012 年博士学位论文。

年 10 月,马华新文学诞生,取代了旧文学的地位。自此以后,人们就集中精神于新文学而忽略了旧文学,数十年来,几乎没有人对它进行任何评价。"实际上,"马华新文学诞生后,旧体诗仍然一枝独秀,活跃于文坛,甚至到了今天,还可见到它的踪影"①。

诚如斯言,复旦大学潘旭澜曾撰文谈及新加坡著名文化人潘受的书法和旧体诗。他指出:"潘受的诗词,题材广泛,中外古今。青年时代迄今,宽阔的人生阅历,华夏文化的深厚涵养,炎黄子孙的赤忱,中正豁达的品性,艺术家的想象与感悟,在不少优秀篇章中浑然融合。……总的说来,他的诗词有书香味、沧桑感、浩然气,常令人击节赞叹。还应提到的是,他以中国古代诗词为根基,又努力从西方吸收滋养,这正是许多擅长中国旧体诗的老诗人所不及的。"令他感到不解的是,"新加坡和马来西亚的华人,知识界不说,连许多中老年半文盲,都知道潘受,引为华夏文化的骄傲。可是在他的祖国,除了老一辈文化人之外,到了八十年代,才逐渐为书法界所知。他的诗集《海外庐诗》,虽由一家出版社重印,却没有引起应有的重视。十余年来,大陆的报刊,介绍、评论过几千位台港澳及海外文化界华人,有些已有几本专著或上百篇评介,而谈论潘受的,只有寥寥可数的几篇短文,无论从哪个角度来说,都极其不成比例。"②类似潘受热心旧体诗词创作的海外华人还有不少。

遗憾的是,《马来亚华人旧体诗演进史(1881—1941)》的论述主要集中在 20 世纪 50 年代以前,对于抗战之后的华文旧体诗一笔带过。这种缺憾在赵颖的博士论文《新加坡华文旧体诗研究》中得以弥补。该文对新加坡华文旧体诗作者的时代背景与身份背景进行回顾,将他们分为"过客"、"流寓"者和新生代新加坡诗人,并具体分析不同的艺术风格,同时总结了新加坡华文旧体诗的传播途径——报纸及其副刊、诗集、社团传播和网络传播。作者指出:"新加坡华文文学的发展是新旧两种文学并行的,新旧文学在不同历史时期发挥不同的功能,而华文旧体诗作为海外华文文学的组成,更是海外华人创造的精神产品,反映的是新加坡华人落地生根的历史和面对故土复杂的心理。将华文旧体诗纳入'文学公共空间',不仅有增强海外华文文学版图完整性的

---

① 李庆年:《马来亚华人旧体诗演进史(1881—1941)》,上海古籍出版社 1998 年版,第 1 页。
② 潘旭澜:《星洲北斗》,《小小的篝火》,群众出版社 1996 年版,第 266—268、262—263 页。

意义,更是华人南洋生活经历的反映。"①

在相当长一段时间内,台港澳暨海外华文文学史的编写体例和评判标准趋同于中国现当代文学史,没有注意到各地华文文学的特殊性,甚至掩盖了世界华文文学的多元性,现在是到了反思并付诸实践的时候了。正如相关学者所呼吁的,世界各地华人社会中的旧体诗词创作,都应该引起华文文学研究界的关注并加以研究。只有这样,才能充分反映世界华文文学的多元性和各区域华文文学的独特性,描绘出一个完整的世界华文文学谱系。

---

① 赵颖:《新加坡华文旧体诗研究》,陕西师范大学 2012 年博士学位论文。

两岸电影、电视剧合拍或合资之展望

陈清河

台湾世新大学副校长、教授

前　言

　　海峡两岸自 1989 年开放交流以来，电影与电视剧产业与映演发行的合作已行之有年。电视剧部分，早期有琼瑶制作的一系列电视剧，如《三朵花》、《雪珂》、《青青河边草》、《梅花三弄》、《还珠格格》等；另有 2000 年台湾制片徐立功所主持的纵横电影公司出品的《人间四月天》，都是由台湾剧组赴大陆拍摄完成后既在台湾也在大陆叫好又叫座的电视剧。电影方面，则以台湾的纵横电影公司与美商哥伦比亚电影公司合资赴大陆拍摄的《卧虎藏龙》为模范，该片不仅创下高票房，亦获得电影界大奖奥斯卡金像奖最佳外语片的殊荣。

　　除了上述所举的成功案例之外，台湾剧组每年赴大陆开拍电影、电视剧的现象非常蓬勃，反观目前台湾本地制拍的电视电影数量与质量，实是每况愈下，常态电视剧部分以粗制滥造的偶像剧以及本土草根系列为主，虽创下颇高的收视率，基于题材的框架，若要跨入大陆市场则仍困难重重；2012 年前后，偶有几部零星好口碑的电视剧进入日本与韩国市场。正因上述种种因素，目前电视台迫于现实的经济压力，多半外购他国电视剧在台湾的频道播映，其中滥觞的就是韩剧与日剧。

　　许秋煌（2011）提及，基于两岸同一种文化的电视节目或电影，在国内市场具有票房和吸引力，但到了非属同一文化圈的地区，吸引力就会减退，因为不同文化背景的观众比较难认同影视内容传递的行为、价值观等文化元素。相对于文化折扣,就有所谓的"文化红利"(Culture Bonus or Extra Dividend)现象。两岸在语文、文化的背景条件之下,两岸的影视出版产品在大陆和世界其他华人地区,都享有明显的文化红利现象。2013 年 10 月 27 日第 9 届"两岸经贸文化论坛",提出 19 项共同建议中便强调,促进两岸影视交流合作,加强制度化建设。拓宽两岸广电媒体交流合作管道,继续支持两岸合拍电影、电视剧,加强两岸影视演职人员及创作人才双向交流。

一、两岸影视产业发展现况

20 世纪 90 年代初期,台湾的连续剧如《星星知我心》、《星星的故乡》、《八月桂花香》等节目在大陆电视台播放,家喻户晓。在 2001 年前后,大陆的电视剧如《水浒传》、《铁齿铜牙纪晓岚》、《宰相刘罗锅》、《大宅门》、《雍正王朝》都在台湾创下不错的收视率(卢庆荣,2005)。近几年来,两岸广电交流已经有越来越单向的倾向,如今大陆民众已经想不起来台湾有什么轰动的连续剧,反而是 2013 年韩剧《来自星星的你》横扫两岸。台湾的演员与歌星虽然常会出现在大陆的节目上,甚或,台湾很多影视制作人或幕后人员到大陆,但 2013 年之后,数量逐年减少。

然而,2010 年两岸签署了《海峡两岸经济合作框架协议》(ECFA),两岸的电影片也列入了服务贸易业的早收清单。2011 年台湾同意开放 10 部大陆电影片进入台湾的配额,迄今已全部核发许可,并有 5 部已在台湾放映,台湾也有几部电影片陆续向大陆方面洽谈版权及申请播映,确实是另一好的开端(赵怡、刘立行,2009)。近几年,从大陆"优酷网"、"土豆网"等新兴网络平台,可以看出台湾偶像剧在大陆市场确实占有一席之地。依据一项分析影音网站的播放历史排名纪录,在前 20 大电视剧中,台湾制作的偶像剧占了 6 部,另有 2 部片是两岸合拍剧(褚瑞婷,2011)。在台湾播映的大陆剧以历史片、古装片为多,也有不错的收视率,近来则开始引进现代剧。两岸合拍已有相当的成绩。大陆宣布从 2008 年 1 月起,两岸合拍电视剧经审查同意后,可视为国产电视剧播出与发行,2009 年及 2010 年已有 14 部两岸合拍剧发行,其后陆续增加。

二、两岸广电媒体交流之发展及模式

根据大陆在 1994 年对十几家有线电视的调查发现,其 9 成以上的节目都是来自于香港地区、台湾地区或是外国进口(赖祥蔚,2001)。吕郁女(2003)研究发现,台湾制作的影视产品在大陆受到相当大的欢迎,有不少的代表作出现,吸引了大陆观众的注意力。中国在加入 WTO 后,许多方面都必须进行大规模的结构改革,影视市场将面临立即开放与质量竞争等压力,影视政策势必有限度地调整,例如大力推动广播影视媒体集团化,以整合现有的影视资源与资产,并确保对影视机构的掌控与抗拒国际传媒的竞争等,而这些转变都将直接或间接对媒体产业发展造成威胁与冲击,因此媒体企业如何因应经营环境的改变以调整现有的经济策略已成为最迫切的重要课题,而大陆的广电媒体产业的市场开放与政策变革,同样亦将牵动台湾媒体企业赴大陆发展的市场进入模式与投资策略(杨志弘,2002;李自如、陈东园,2001;赖祥蔚,2002;刘现成,2001)。

根据大陆电影与电视剧产业专家估计,大陆影视市场的产值,理论上还有很大的增量空间(曹鹏、王小伟,2004:4;喻国明,2002:25)。而投资大陆媒体相关产业的业者预估,从 2002 年到 2008 年,北京奥运会举办期间,是台湾影视企业在大陆植根与发展的关键时期,如果谁能软土深掘,谁就会抢先枝叶繁茂,而且两岸影视企业一定能在这块土地上有更好的表现(杨人凯,2002:35)。

大陆影视产业因其所处的地理位置与影视角色不同,对两岸影视合作交流或许抱持不同的态度与采取不同的模式。在此,基于与台湾影视交流的情形、在媒体市场的影响力以及开放境外频道落地等因素,以中央电视台、湖南电广传媒、上海文广传媒、南方广播影视传媒集团(广东电视台)之交流与合作经验,提出两岸影视产业竞争力分析。

表 1　两岸影视产业竞争力 SWOT 分析

区域	台湾	大陆
优势	1. 1996年台湾曾"计划成为"亚太媒体中心,各年度都设有短期、中期、长期的计划,因此在相关产业方面对电视业方面的发展有帮助。 2. 台湾有线电视的普及率高达80%,电视几乎是每个家庭中必有的家用品。 3. 台湾在甚多大专院校有相关院系(如)电影电视业、戏剧院系)培育相关人才,以无线电视及有线电视来说,基础人才需求目前在软硬件各方面是没有太大问题的。 4. 在全球信息化及数字化的趋势中,利用卫星作为传输工具是必然的趋势,目前台湾卫星有线相关技术已经日新月异成熟,有助于影视产业发展。 5. 台湾在信息工业与通信科技方面已有深厚基础,尤其是信息软、硬件技术颇具竞争力,在亚太地区颇具发展及引进近年来信息与传播通信渐趋整合之趋势下,在既有的基础上推动"媒体中心计划",优势、前景可期。 6. 台湾社会多成熟,拥有充分自主性,民众思维缜优,适合涵养创意人员。 7. 台湾文化多样目活跃,题材众多,流行文化自行发展。 8. 台湾影业在创意形态、艺人经营、管理营销技术等方面有较强的优势。	1. 未来几年大陆在数字化的方面进步很快,以上海为例,在2010年,所有的广播电视平台将转换成数字化的发展。 2. 国家可动用其资源帮助。国家新闻出版广电总局规定黄金时段不可播境外剧,不仅保障了大陆国产剧,也培植了大陆国产剧。 3. 外资媒体公司以入股大陆广播电视的节目制作经营企业,允许各类所有机构作为经营主体进入除新闻宣传外的广播电视节目制作业。 4. 法规逐渐开放。在合营企业中拥有不低于51%股份之规定,外资持股不得超过49%,被视为大陆中央以来最大程度的开放。 5. 大陆允许境外卫星频道落地,只要有得到国家新闻出版广电总局的批准,境外卫星频道可在三星级以上的涉外宾馆、专供境外人士办公居住涉外公寓等范围落地。 6. 大陆的经济比以前大为改善,资金也比以前充沛,人才也渐充实。 7. 媒体市场因素:大陆广电媒体市场规模大,市场成长潜力也大。因消费人口多,故可自给自足。 8. 大陆节目产制资金充裕,节目制作技术比以前提升,内容也比以前好看。观众看境外节目的比例除了韩剧以外是下降的。 9. 目前已与香港有合制关系,可与其影视工业进行互补。 10. 设置诸多大学、学院多完整培训各类影视创作人才,使人才不致断层。 11. 悠久历史及多元人口,文化取材丰富多样。

续表

区 域		台 湾	大 陆
劣 势		1. 由于卫星电视是属于较新的产业,部分相关技术人员及知识方面有所不足,即使台湾已有相关的卫星传输系统,但许多相关设备仍需仰赖进口。 2. 目前台湾有线电视为这项产业中的最大势力,无线电视之影响力正逐渐衰退,有线电视传输缆线的限制,同时在频道数目上亦不及卫星电视,而卫星电视又处于发展中之阶段。 3. 由于台湾过于开放予外商进入,起步又晚,难以抵挡外商之现有市场优势。 4. 台湾影视相关规定仍然落后于产业发展,且修订缓慢。 5. 湖南电视台与上海电视台与台湾广电交流多半是与个别的制作人或编剧合作。 6. 大陆大众传播人士若欲申请来台参观访问,采访,拍片或制作节目,需于预定来台之日一个月前提出申请,仍乏弹性。	1. 大陆拥有世界最大的电视市场,但广电产业的发展却面临许多制度,产制等问题。 2. 碍于过往经验与管理机制需求,一般的民营机构与外资并没有办法设立电视台,主管部门仍习惯于运用传统的行政手段进行管理,申请程序的层层门坎,申请时内容的实质审查,在进入障碍上形成很高的门坎,大陆影视产业的开放目前仍受到限制。 3. 播出时段控制:各电视频道每天所播出的境外影视剧,不得超过该频道当天影视剧总播出时间的25%,每天播出的其他境外电视节目,不得超过当天该频道总播出时间的15%,如未经国家新闻出版广电总局批准,不得在黄金时间(19时至22时)播出境外影视剧。 4. 产业保护的机制:广电总局在2004年规定要停止进口不适合大陆国情的影视节目,避免过度集中引进同一国家,同一地区或同一题材电视剧。海外宫廷武打题材电视剧,不得超过每年进口电视剧总量25%。其目的在于保护国产剧之效果。

续表

区　域	台　湾	大　陆
机会	1. 台湾凭借个人计算机系统领域的成功发展经验以及掌握平面电视的面板关键技术等因素，成为大陆发展新型平面电视的重要伙伴。 2. 随着社会进步，消费者的要求越来越高，对节目的内容及收视质量的提高，因此推测影视的"精致化"及"客制化"的节目是未来成长的趋势，尚有许多潜在的消费者需求未被满足。 3. 近年来信息快速流通，使得一般人对信息的需求越来越高，目前有线电视所能提供的节目内容有限，而影视提供多样化的内容，专业性质的节目，亦有学识性的内容，可以提供许多人不同的知识需求。 4. 借助外发展经验，台湾在影视工业已经十分成熟，有助于提供技术及经验上的协助。 5. 大陆阅听众层面，偏好台港的娱乐、戏剧等休闲节目。 6. 台湾电视电视业人员要求来到台湾大陆摄制电视节目，对台湾演艺人员有相关优惠，明订对台湾电视从业人员来大陆摄影队的收费可略低于对外国摄影队的收费标准。 7. 两岸关系如果稳定，大陆官方与台湾媒体对台媒体也会比较开放。近几年，在中秋或春节的联欢晚会，也有两岸的主持人共同主持，电视台现场转播。	1. 美国反倾销案，有助于大陆业者重新思考经营策略，加速发展高阶平面电视，促进需求。 2. 大陆经济的起飞，大众对于信息、文化产品、娱乐、广告在社会发展，这也显示着大陆的电视市场和广告市场的潜力无限。 3. 政府对传媒的经济政策变利于市场转型。 4. 未来外资将可以在大陆境内合资，合作设立专门从事或兼营广播电视节目的制作，发行业务，而时政新闻，与新闻有关的专题，专栏节目，仍是外资媒体的禁区。 5. 因应加入WTO与媒体市场的变革，政府对媒体投资与管制政策已逐松动迹象，且也正逐步开放部分媒体市场。 6. 行动影音发展迅速。移动电视，公交车电视、手机电视迅速发展，有利影视内容市场延伸。 7. 大陆影视规模力及复制超强，短期内可达成面取代性成果。

续表

区　域	台　湾	大　陆
威胁	1. 台湾经济成长率屡次向下修正，失业率也是近几年来的新高，在社会一片不景气的情况下，民众的消费能力也会受到影响。（在目前有线电视普及的情况下，要消费者加装卫星收讯系统，或是改收看卫星电视，似乎是不太可能。尤其是目前一套设备需要七八千元，同时每个月还需负担电视收视费用，更会降低大众换装卫星电视的意愿。） 2. 卫星电视相关产业，目前并不足够的能力自行制造，仅能从事人代工，因此为求未来之发展，需要积极培养相关人才。 3. 大陆的演员与歌星虽然会出现在大陆的节目上，但是也是需要经过大陆相关部门审批。 4. 大陆的媒体制作水平也在进步。台湾连续剧因为大陆连续剧太强调走本土路线，夹杂大陆民众没兴趣。台湾节目将会因为大陆连续剧的内容，大陆媒体即使失掉大陆的市场，韩剧因为强调走本土路线，夹杂为强调家乡思想，制作认真，抢走不少台湾节目在大陆播出的机会。 5. 台湾媒体登"陆"的动作，终究还是因大陆对境外媒体诸大陆经营，有着层层的规范而颇受限制，因此只能以各种"交流"或"合作"等名义，无法像其他投资或经营等的正式管道进入大陆市场。 6. 国家新闻出版广电总局规定黄金时段不可播境外剧，也培植了大陆国产剧，不仅保障了大陆国产剧，也培植了大陆国产剧与其他有限的配额在有限的境外剧没机会在台湾与其他境外剧竞争。	1. 国家政策虽然有助于政策倡导及政权巩固，保护大陆电视产业免于境外媒体的长驱直入。 2. 大陆影视产业具有宣传性质，公共服务的性质，经济性质三种不同的性质，使得大陆影视产业多元发展受其限制。 3. 大陆的内容审查，或许对创意和多元性的培植有一定影响。 4. 地方电视台资源不如中央台充裕，无法负担相对不断上升的节目制作成本，使得节目自制能力持续委缩。 5. 对于大陆市场而言，目前影视市场部分需求来自境外，尤其是港台的娱乐、戏剧节目，好莱坞电影等。如果大陆能实时填补需求空缺的话，境外节目势将显示其质、量，价等优势补充。 6. 国家新闻出版广电总局明订中外合作制作电视剧的合作形式，在节目主持人方面于《广播影视加强和改进未成年人思想道德建设的实施方案》中，要求节目主持人必须使用普通话，不要以追求时尚为由，在普通话中夹杂外文；不要模仿港台话的表达方式和发音。 7. 大陆影视规模仿仍力及复制超强，但容易流为公式化及面面功夫，创造力仍不足，除了历史剧，短期内较难达成其他类型影视的高水平制作或内涵。

如上述之分析确可以推论两岸影视产业竞争力,在推动两岸合作的政策之前,必先清楚了解两岸产业的优劣势所在,才能发挥取长补短的效果,并降低投资风险。大陆媒体产业的优势在于人口众多、内需市场广大。近年来,由于市场开放的政策,使得大陆的经济实力快速壮大,因此也拥有足够的资金推动影视产业的发展。然而,大陆影视产业发展的相关规定,会因在不同的行政层级、地方单位情况可能有所不同,影响影视产业的发展。另外,大陆对于时装剧的题材掌握能力不足,一直是台湾可以有所发挥的地方。

大陆与台湾市场毗邻,皆属华人文化圈,拥有共同地缘、语言与文化优势;同时也具有人才、创意、剧本、资金跟技术的扶持;另外在音乐创作、广告制作、商业活动、频道营销等方面经验都很丰富。在劣势方面,台湾影视产业最大的劣势在于内需市场过于狭小,使得台湾影视产业势必要进行对外扩展的工作才能建立其经济规模。另外,对于外资的限制几近于无,使得台湾影视产业映演市场几乎全被外来势力占据;最后,台湾影视产业的基础建设及人才培育工作也不够完整,使得台湾在影视产业发展上的体质尚未达到健全之状态。

近年来,大陆大力推动影视产业的升级,同时在对两岸交流方面也展现了合作互惠的意愿。广电总局自 2008 年 1 月 1 日起,两岸合拍的电视剧经大陆主管部门核准后,可视为大陆生产的电视剧播出与发行。根据广电总局所提供的官方数据显示,目前大陆每年所通过申请的引进剧(包含电视剧及电影片)数量已超过三百部左右;而在尚未公布上述办法前,台湾引进剧每年仅约二十部(赵怡、刘立行,2009)。主要原因,即为近几年来认定标准的放宽,被视为大陆剧的台湾剧比例升高,数量也明显增加近两倍,此举让很多台湾的资深艺人在大陆找到了事业的第二春。

三、两岸影视产业推动合制的可行性

本文探讨两岸进行电影或电视剧合制工作之可能性,重点如下:一是两岸合作影视合拍或合资的模式与现况:为寻求未来健全的合作机制,本文将搜集及采访影视工作业者对两岸电影、电视剧合拍或合资的看法及目前两岸合作的现况,以求得更详确的研究结果。二是两岸影视合作优劣势之比较分析及未来趋势:研究者针对两岸电影及电视剧合拍或合资之状况分析;如按上表之 SWOT 分析模式得知,各自所代表的产业意义如下所示,其中优势(Strength)与劣势(Weakness)乃指台湾影视业者在两岸合作的机会下所拥有的内部条件,包括专业及技术人员、创意人才、设备等;在外部环境的机会(Opportunity)和威胁(Threat)则是指台湾影视业者在面临两岸合作机会上的外在影响条件或可能的威胁因素,其中包括经济、文化、法律、技术和社会大众等面向。

除 SWOT 分析结果之外,根据前述关于现行法令规章的探讨,将以推动台湾开放对等机会给大陆演员与工作人员来台拍摄两岸合拍合资之戏剧为主要趋势,以重新带动两岸影视产业发展。

电影产业在台湾,是属于低度发展、几近聊胜于无的夕阳工业。台湾电影工业低迷不振的因素,主要来自于好莱坞电影工业的强力入侵。由于台湾长期的政策偏向使然,好莱坞八大片商垄断台湾电影工业的发行端,再利用强势的营销手段及大成本的制作预算吸引绝大多数的观影人口,也扼杀了电影产业的生存空间。综观台湾生产影片市场的冷淡,实与台湾电影工作者缺乏资金、无力制作具票房潜力的商业影片有关。由于拍摄影片的资金不足,使得无多余资金投注于营销宣传之上,而使得回收资金更不足以开创更多后续电影投资的行动。

面临资金不足,"两岸合制"策略实为帮助电影工业筹措拍摄资金之良方,而台湾许多合制影片,如 2001 年《卧虎藏龙》、2002 年《双瞳》、2006 年《诡丝》,也在低迷的影片市场上创下亮丽票房佳绩。因此,以"两岸合制"策略作为未来台湾电影或电视剧工业振兴方向,应为实际可行之方向。除了资金的挹注外,合制亦有助于市场的开发。然而,两岸合制策略所带来的并非是全然的帮助,在进行合制的过程中,若是合制作业程序并无法带动本地电影或电视剧工业的发展,则合制对于本土影视产业之振兴功效仍属有限。最重要的,仍是本土影视产业体质进行改造之必要,唯有强化基本质量,台湾在合制策略进行上,才能具有更多发展空间。

两岸影视合作相关权益归属,为求健全的两岸影视合作的模式及避免未来合作上的不必要纠纷,确保双方合作利益及相关权益归属,提出以下几项重点:营销机制,两岸合制合资之电视剧与电影营销机制的确认,将是研究者欲探询的方向之一。电视剧与电影营销机制上,必须考虑的议题包括海内外之营销通路、影视通路的对价关系、行政规范的对等、播放与映演管道以及营销资金相互挹注等,以便寻找出未来台湾与大陆合制合资影剧节目的相关营销机制。借由两岸合拍或合资,有利中国的文化输出。两岸在文化的发展上有所不同,台湾所属的特色,将可透过双方的编剧、导演的创意达到文化交流的成效,例如吉光电影公司所制作的两岸合作的电影《五月之恋》,就把五月天和陈柏霖在台湾的故事和大陆的刘亦菲串联在一起,两岸的题材尚待两岸的影视创意人员去发掘。以往,此类研究多半涉及政治与意识形态议题而多有限制。

整体而言,不管是台湾或大陆,其影视产业政策皆深受政经脉络深切影响。而在 2001 年之后,面临 WTO 要求本土市场全面开放的规定,台湾与大陆在本土电影政策上也跟着作出调整。印度传播学者 Pendakur(1990:194-195)曾为跨国合制提出较为宽松定义:"一个电影或电视制作者所采用的重要机制,从世界各个地方整集资金或劳工,并藉此掌握全球市场。"(魏玓,2006)因此,跨国合制是一种"汇整"的过程,拥有多方筹措资金、分摊风险、增加市场、促进创作资源共享等优点(魏玓,2006),分述如下:

(一)合制模式

合制并不是一种新的概念。魏玓(2006)认为,在台湾影视产业早已存在几种模式的合制案例:

表 2　台湾影视产业已存之合制案例

类　型	合制者	合制对象	目标市场	范　例
一	好莱坞	特定对象	全球市场	卧虎藏龙
二	好莱坞	特定对象	区域市场	双瞳
三	欧洲	知名导演	欧洲艺术片	天边一朵云
四	台湾	大陆	大陆市场	

由上表得知,美国影视产业的合资优势在于其主导权,以下几项皆为过往经验参考:

第一,好莱坞工业投资特定创作者并以全球市场为目标,台湾仅以少数资金与人力参与:如《卧虎藏龙》,但此例并不多见,其条件及模式也难以复制。

第二,好莱坞公司投资特定创作者,但以区域市场为目标,台湾在人力及资金参与程度较高:例如《双瞳》等影片,但因主要决定权仍在美国,此一模式较不稳定。

第三,非好莱坞公司投资特定台湾知名导演,进行艺术电影创作:此为台湾最常见之合制形态,却可能造成导演创作与本地观众距离疏远之现象,形成影片屡夺大奖,却在本地票房叫好不叫座之情况。同时此种合制方式使台湾制片业常常是这几人从事创作,压抑新人空间。

第四,台湾创作者或电影公司主动寻求大陆方面的合作,目标以其市场为主。

综观以上四种合制方式,前三者资金皆由外部掌控,难免有受制于他人之情状。而第二种合制方式虽以区域化为目标,但基于外资商业回收考虑,多以类型化影片(如灵异惊悚类型片)为拍摄对象,且文化元素有限。因此,在考虑合制方面,第四类的合制方式,是最适合发展合制目标之模式。

根据以上对于合制模式的探讨及分析,理想的合制策略对于两岸影视产业应须有如下帮助:首先是一种"汇整"的过程,能整合台湾电影相关群集工业之投入,达成综效效果及整体发展之目标。其次,由于合制影片针对的目标群众是较大规模的市场,因此在制片上势必将投入较一般影片更巨额的资金。合制影片必须有助于制片技术之进步及人才之培育,健全整体产业体质。因此,合制不应是一条单纯扩张市场、获取资金的路径。其真正目的,在于藉由合制之过程,同时进行电影相关产业之上下游整合,并与合制截长补短,运用两岸合制之结盟达成双赢之考虑。其本身不应是解救衰颓的终点,而只是一个开始,召唤更多政策关切以及产业的投入,即借由合制之"点"的发展,进而带动整体台湾文化创意产业之"面"的整体成长。

大陆进行合制之必要,在于改善其本土影片映演票房不佳之状况。如前所述,大陆影片疏远市场,映演票房不佳。基于此考虑,实行合制策略,为大陆旧有之影片元素进行革新,实属改善大陆影视产业之一帖良剂。大陆与台湾由于文化相近、语言相通,且娱乐产业已具一定之基础,也具有不少大陆知悉的明星,因此变成了大陆进行合制影片策略时相当良好的考虑对象。然而,碍于两岸长久以来政治和意识形态上的对立及欠缺官方性交流,要进行合制之前,尚有许多如下图的障碍与问题亟待排除。

（二）两岸合制之问题

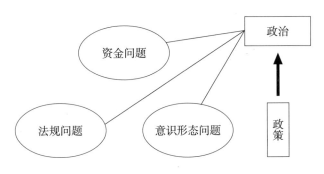

图 1　两岸合制之问题示意图

魏玓（2006）曾提出两岸合制可能产生的问题，包含"经济"面向与"文化"面向。然而，由于台湾与大陆长久以来的历史文化渊源以及意识形态的相左，在两岸进行影片合制时，势必会面临更多的挑战及影响。同时，台湾在电影合制策略上，一向以民间协议为主，即便两岸有所交流，也多为个别演艺工作人员的点对点交流，当局从未积极介入。而面对欲与大陆合制之协议，双方的公部门扮演正式角色，则问题意识将更加升高。本文研究者认为，在进行此一合制计划会遭遇以下问题：

1. 资金的投入问题

台湾并没有专为影片合制所订定之规，因此对于合制之双方资金上限并没有明确的界定。然而如同有线电视、卫星电视等媒体，电影也具文化性之性质。如欲与大陆进行合制影片之政策，台湾是否应对大陆投入资金订定上限仍未确认。相对应的是，两岸影视产业皆不应仅在资金思维，而是，全球华人市场的推广。

2. 相关规定问题

大陆相关规定，合制之电影必须在境内完成后制如冲洗等工作，然此一政策无助于台湾之后制人员培育及养成。同时，台湾对于大陆影片进口及人员来台限制仍严。以日前大陆导演尹力拍摄之《云水谣》为例，其申请来台取景屡屡遭拒，导致全剧虽有台湾演员，却无台湾场景，未来应进一步放松管制尺度。两岸影视产业之合作，必须考虑长远性而各自提出让利。

3. 意识形态的问题

由于长久以来纠结的历史情感,两岸始终视电影工业为一具高度敏感性及政治性之媒介。而大陆通行影片内容审查制度,因此对于合制电影的题材选取、创作走向上,都具有相当之限制。因此如何在意识形态的限制下及商业娱乐性之间取得平衡,是探讨合制议题时一重要考虑。两岸影视产业,宜处于文化融合高度,让过往之意识形态问题化之无形。

针对以上讨论,两岸合制议题最大之障碍仍在于"政治"因素之上。由于合制涉及高度政治议题,本文研究认为,两岸决策者在其中扮演的角色尤为重要。在未来与对岸进行合制议题讨论时,或许成立一专职共同委员会,对外为协议窗口,对内则具提供咨询之职责,而能有助于两岸电影合制之推动。

然而,如前所述,合制只是一种路径,在合制背后,更重要的是整体产业规模的提升、电影产业体质性的健全。例如,即便两岸成功合制了一部具市场潜力之影片,但在台湾映演市场上由于外商垄断而无法排上映演空间,其仍不具备台湾本土电影产业之功效。因此,在进行合制之外扩政策的背后,内在对于文化创意产业的推动仍是不可或缺的配套措施,此即为论述之重点。

(三)影视产业五大辅导面向

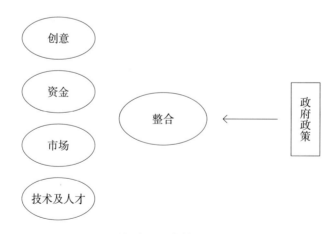

图2　影视产业五大辅导面向示意图

1. 创意面

在现代影视产业高度汇流时代里,"content is king"已是文化创意产业最重要的定律。两岸合制的优势在于提供了资本与市场面的扩大,然而没有好的剧本,即便有多么充裕的资金也无济于事。在创意面的投资上,具体内容包含三种发展方向:

加强教育面向,设立两岸相关教学协同机构。

提供作品发表空间,如豪华戏院设立专属空间,提供民众放映自行创作拍摄之影片。

介绍多样化影视作品,如举办两岸影视博览会等,促进两岸文化交流,提供创意来源。

建立两岸影视作品鉴价制度,使其更具两岸市场潜力价值。

建立两岸影视内容数据库,保存既有文献。

2. 资金面

对于资金面之发展,理应将两岸影视工业为“企业体”之一环,且采“重点发展政策”,于辅导金运用方面更具弹性。其具体内容包含:提供两岸企业资助影片拍摄,皆可减税等优惠政策,并以法律明文规定之;针对两岸合制影片、商业影片、艺术片之辅导机制应用应进一步筹划;咨询两岸业界意见,修订辅导及审核条例。

3. 市场面

市场面之考虑,即针对现今两岸发行映演市场皆受美国八大片商高度钳制突围之考虑。当今之映演业场所播映两岸影视内容,给予补助政策略仍偏消极,宜以更具积极性眼光看待市场面之振兴,其具体方案,诸如,增进映演通路、咨询专家及业界人员意见、提高两岸影视作品能见度,以及进一步发展数字影视之政策,使科技面提升两岸电影电视产业之利基。

4. 技术与人才面

技术与人才面即针对两岸影视从业人员的质和量上都能有进一步提升所进行之规划。目前台湾电影工业技术人员严重不足,使得诸多跨区域合制之影片无法在台湾进行后制工作。因此欲与大陆进行合资,一定需具备足够技术人员方具备更高之主动权,其考虑面具体内容如下:增进学校教育,符合科技潮流趋势;邀请国外专业人员进行技术转移;施行职训计划,使现有两岸从业人力皆能学习最新技术。

5. 整合策略面

“整合”应为两岸电影产业的最终目标,也是两岸影视产业能发挥附加产值最大的要素。其具体辅导内容应包含：建立完整的上下游通路，从电影到DVD到版权销售，皆具备良好上下游整合体系；筹划"两岸影视育成暨营销中心"，宜进一步落实加强相关功能，且加强与产业界之联系；推动定期影视会报，针对产业上下游环节进行持续观察。

影视产业之发展并非一蹴可成，也并非单一因素的改善或政策进行即可改善。合制为两岸影视的未来走向提供了一个可行的方向，然合制仍需奠基在两岸影视产业内部整体的经济规模及分工整合之上。

四、两岸影视产业交流的主要瓶颈

目前影响两岸广电产业交流的主要瓶颈，在于大陆与台湾双方对影视产业交流的规范。目前两岸影视产业缺乏共同的活动平台。媒体之间个体性的交流即便有所开展，也一般限于互为采访、主持人互派至对方做节目等，难以有较高层次的观念交流和彼此资本、人力的融合，亦无法有机会开创新的空间。比较切实可行的是结合市场和利益的观念，以推动两岸影视产业进一步交流。

（一）两岸影视产业交流建议

1. 逐步放宽与解除管制

目前两岸影视产业交流的推展还是有待两岸对于相关影视产业活动的放宽。曾有大陆学者指出，大陆对民营及外资逐步开放是趋势，但是应是有秩序、有步骤的开放，先对民营开放，再对港澳台开放，再对东南亚华人开放，最后才是对其他国家或地区的开放（陆地，2005）。台湾方面也应该同时对广电交流的限制放宽甚至解除一些管制，以营造两岸广电或影视交流良好的气氛。

2. 将两岸合制节目视为境内节目

如果将两岸合制节目视为境内节目，就可不受黄金时段不得播出境外节目相关规定的限制，如此两岸的影视内容才比较会有更多在媒体或戏院播出的机会。

3. 允许两岸卫星媒体有条件地落地

既然大陆已经允许8家境外卫星电视频道透过广东有线电视网络进入民

众家庭及 30 家境外媒体进入三星级以上的宾馆,台湾的卫星频道应该可以比照。大陆是透过利益交换的方式允许境外卫星媒体落地,例如协助中央电视台第九套进入美国有线电视网络,以让广大华裔及外国人收看。台湾卫星电视媒体如果也能提供类似的协助,应该可以同等看待,让其在广东有线电视网络或三星级以上的宾馆落地。如果不从利益交换的角度,亦可从平等互惠的角度,两岸都开放一样数量的卫星频道让彼此民众收看。

4. 制作符合两岸观众期待的节目

两岸广电媒体可先从无涉及政治敏感的节目先合作,节目内容对观众"无害"是底线(陆地,2005)。台湾要制作大陆市场能接受的节目,大陆媒体也要顾及台湾民众的兴趣。胡冠英(2007)认为,大陆演员由于市场广大、演出经验众多,因此若能开放大陆演员来台,就可以借由合作机会吸收大陆影视业的相关经验,促使台湾影视产业能发展得更为成功。胡冠英表示影视产业属于文化创意产业的一环,其成功重要的关键要素在于创意、人才、资金、市场。台湾的营销能力非常优秀,但是先天的缺点就是内需市场小。若开放大陆演员来台,则有机会结合相关要素,并获得资金与大陆市场,使台湾的影视产业更加健全,这对台湾影视产业的发展是有正向效果的。

然而,尽管台湾拥有先天上气候的优势,但缺乏专门的影城设备却是一大劣势。影城提供现成的场景及道具,可以有效地缩短拍片的时程及增加拍片的效率;然而台湾现今却无这样的设施,连旧有的中影文化城都已拆掉。因此,在台湾拍戏将面临可能某些场景找不到地点拍的窘境,而导致台湾影视产业无法做特定类型节目的生产(例如历史剧)。因此,除了开放大陆演员来台之外,应针对己身产业的不足,去做整体规划上的疏通及加强,才能有效使此政策的效率发挥到最大。

(二)宜先商酌处理之问题

1. 合拍片规定问题

根据周晓明(2007)表示,台湾的两岸人民条例规定了何谓"大陆电影片";而台湾新修订的"电影法",在制定何谓大陆影片的规定下,似乎就没有多余的空间,去界定何谓"合拍合资片"?也就是说,将来若要将两岸合制合拍片纳入政策与法规之中,该将其列为何种影片类型?不同的分类方式将呈现在后继的管制之上,例如配额制度,这些相关事宜两岸在相互规范上又应如何处置？

然而，针对影片之认定完全不处理资金来源之问题，导致可能其与"陆委会"之大陆影片认定办法产生冲突（例如若有一部影片在资金来源上可查证是大陆资金多于台湾资金，但其演员及工作人员有半数以上为台湾人）。若此种情形发生，不论是"两岸人民条例"或是"电影法"皆由当局授权通过，该适用于何种条文将是一大争议，且合资合拍影片如何能在两条文间取得一平衡标准？这些都是未来两岸相关规定制定上将面对的难题。

依照两岸合制合拍的分工而言，大陆出资、台湾出人应该是目前最好的生产模式。然而如依此生产模式进行，势必会面临相关规定层面上定义的尴尬问题。按照"陆委会"之"两岸人民条例"规定，此一合作方式大陆资金必多于台湾本地资金，因此此类影片应列为大陆电影。然若如此认定，此类影片即将面临大陆影片一年仅配额十部进口之窘境，而无法形成量产之标准，对于本地电影工业之发展亦有限。

而若把此类影片列入本地影片，可能产生之尴尬情况，在于此类影片可能全片皆在大陆拍摄、取景亦全在大陆；而根据大陆法规规定，合拍之影片后制亦需全在大陆完成。也就是说，这部影片除了该片本地工作人员领到部分酬劳外，根本与台湾影视产业毫无关联，也对于促进两岸影视产业之活络无实际作用。

大陆对于合拍之片纳入国产片之标准在于"需在大陆申请、拍摄、后制"，同时规定此类电影主创人员不得为境外人士、境外演员不得超过 1/2 等，对于"台湾开放大陆演员来台，并回销内地市场"此一影片并无特别定义。站在此一层次思考，在影视产业方面，即便台湾开放大陆演员来台，合制片有部分在台取景、摄制，此影片如不经官方单位以项目方式洽谈对岸，此一生产影片恐不得其门而入。

2. 开放影视作品进行置入性营销

林锡辉（2007）认为本土影视产业目前发展处于捉襟见肘的原因，正在于台湾影视产业市场过度竞争的生态环境。传统影视产业的收入来源以广告费为主，大规模资金制作影视节目不外乎是希冀借由资金的投入能够吸引更多的广告，而获取回收的高利润。然而，广告的费用以收视率作为依据，在台湾影视产业已过度饱和情况下，由于内需市场不够大，使得台湾影视节目进入微收视率的状态，影视节目如能超过 1% 就可说是拥有佳绩。

广告业主的资金固定,在众多影视节目的稀释之下,已不足以支撑影视单位投入高资金进行节目制作的行动,进而导致台湾影视产品制作资金不足、公司投资策略过于保守,而使自身之质量下降,在两岸生存尚属不易,遑论对外营销。

除了产业内部过度竞争之外,由于电视市场目前处于微收视率之状态,更进一步地影响了广告主投注广告资金于电视产业此一媒体之动力,而转向抱注资金于因特网、户外广告牌、捷运广告等新兴媒体广告形式之上。也就是说,影视产业广告经费的减少,不仅仅来自于产业内部的竞争压力,更受到产业外部其他媒体形式的挤压。回收的资金不足使影视内容制作的资金投入更加谨慎,从而使整体影视产业的产品竞争力下滑,连带又将导致广告主决心转移更多广告经费到其他媒体形式上,而形成了一连串的恶性循环。或许,在广告费用之外,试图开拓其他利润收入,可为此窘况提供一疏解之道。完全地禁止置入性营销,将使得影视业者无法借由其他来源获取收益,而形成资金不足的"浅碟式经济"。这种"绑手绑脚"的现象不但对于台湾影视产业的发展产生阻碍,更重要的是,也阻碍了企业进行投资的意愿,而企业的投入,正是一个产业得以整合并且壮大的基础。因此,开放置入性营销的禁令,影视业者才能获得更多的资金,拥有更大的竞争力。

五、结论与建议

两岸的电视文化互动,在 1987 年开放台湾地区民众赴大陆探亲后,打破过去完全隔绝的状态,展开初步实际的接触。20 世纪 90 年代以来,尽管两岸文化交流活动开始活络,但实际而言,两岸电视媒体的交流,始终处于非对等平行之互动状态;就客观事实来看,两岸媒体的交流,长期以来在促进两岸关系的发展、民间交流的推动上,确实扮演了积极的角色。许秋煌(2011)认为,2010 年两岸签订的 ECFA 及知识产权两项协议,对于影视产业至为重要。两岸在 ECFA 后续的服务贸易协议继续协商市场的准入开放问题,扩大相关业者的合作机会,加上智财权的联系平台,共同打击盗版这种扼杀产业的恶劣行为,将可全面性保障创作者的权益,达到互利双赢的局面,增进两岸影视产业实力。本文即从两岸影视交流之合作关系为起点,探讨两岸合作的可能机会与利弊;经研究者的深入搜集与分析,其结论如下:

（一）两岸影视产业思维差异

由过往经验及相关规定分析可以窥见，大陆政府的政治系统，主导其传播制度的运作，并有主旋律（主要政策）、黄金时段设限、审批及立项等规定，国家力量积极介入于传播产业之中。而台湾媒体产业现况，主要呈现一种分割型的产业结构，放任市场决定，而由收视率决定市场走向，形成台湾媒体生态过于恶性竞争之结果。在内容上，台湾的媒体多为外购而少自制，内容产制严重不足，对此，则多以消极回放与重制的节目策略来应对；而大陆由于内需市场广大，自制节目多，而对外来节目有所设限。在未来政策上，大陆将以"数字化"作为未来主要发展方向，积极推动产业升级的工作；而台湾在影视产业方面，其初期最重要的应为建立"产业化"的生产方式，以外销为导向，结合产官学界，并投入资金提升自制节目的竞争力，才能在未来华人影视圈中占有一席之地。

（二）两岸目前合作模式

两岸目前的合作模式，多半是大陆出资金制作节目，再与台湾影视公司私下进行交易；台湾也出一部分的资金，然后台湾工作人员前赴大陆进行"打工"，也就是大陆所谓的"假国产片"。这样的合作方式使台湾的人才流失，并间接地促成了技术的转移；另外有一种合作方式是，台湾负责出部分资金，工作人员也以台湾为主，搭配几个大陆演员，而在台湾没有的场景或是大陆演员出现的场景去大陆拍戏。之所以会有这样的合作模式，是建立在两岸相关规定差异限制之上。台湾规定大陆演员来台拍戏只限两个，电视剧则是完全禁止；大陆则是规定只要有 1/2 以上的主要工作人员是大陆人，且台湾工作人员不得挂名即可。上述规定以及市场规模的落差，逐渐使台湾的影视产业在两岸合作的条件上形成劣势。除了内容合作，另外涉及影音产品版权的部分，也多以台湾对于大陆的进、出口及转口的买卖。

（三）未来合作模式

在未来的合作模式上，台湾应采"影视产业外销"之政策，积极收纳大陆资金，并健全自身产业体质，以"时装剧"作为主要合作题材，全力拓展台湾影视产业之境外市场。在此一目标下，建立产业化（即制度化）的影视节目生产模式是最重要的要点。目前台湾与大陆影视产业的交流仍集中于个人奔波及打工性质,无法汇整成具备综效的力量,缺少当局的协助也使得影视产业核心技术不断外流,不利于台湾影视产业之发展。因此在进行两岸合制合拍之政策时,如何整合相关资源、推动外销补助、规划整体业务,将是促成合制合拍类型影视节目生产产业化最重要的考虑。

(四)合作题材之考虑

两岸由于民情、文化氛围不同,因此在题材的拍摄上各据擅扬。不仅如此,就连大陆的南方和北方,因为风俗民性的不同,对于相同的节目内容,也有着极不同的收视反应。以目前而言,台湾影视产业的优势在于时装剧,而大陆影视产业的优势则在于古装剧。近几年来,大陆开始以时装剧作为主要影视产制主轴,这对台湾的影视产业是一大契机;在未来,台湾应确保在时装剧(包含偶像剧)方面的优势,并极力健全自身影视产业,以确保目前在华人影视圈的地位。另外,由于大陆民情尚称保守,因此在题材选定上,大陆严禁第三者、婚外情、同性恋等题材,又有黄金档禁播的规定,这些都是两岸在进行影视节目合制合拍时必须要注意的问题。

(五)两岸工作人员之差异

在目前的合作上,台湾的影视工作人员在导演、编剧方面较优秀,因此常常协助大陆制作影视节目构思及流程主导。在技术人员方面,台湾原先略占优势,但因台湾工作人员有许多前往大陆打工,使得大陆的技术人员水平目前已不亚于台湾技术人员。在人才培育上,大陆为了厚植影视产业,广设影艺学院,提供技术教导;而台湾如未能在未来影视人才培育上积极赶上,极易发生人才断层的现象。因此,台湾影视产业不但应在硬件与市场环境多加辅导奖励之外,在内容产制创意以及营销谈判人才更需全力投入,使得思产管销皆能兼顾,以取得永续提升产业竞争的优势。

(六)加入WTO之影响

台湾为加入WTO,将自身的文化创意产业归入服务业类别,导致对于外资全盘解禁,对于台湾的影视产业而言更是雪上加霜;然而,台湾亦可与更多外来节目交流,而吸收其创意元素,对于其本土节目之创作必会有所帮助。然而最重要的思维,仍是要确保己身的影视产业体质能健全发展,才能确保加入不至于受到全面开放太大冲击。在大陆方面,即便加入 WTO,大陆仍严守其基本立场,并未特别地开放其市场,因此 WTO 对大陆本身市场影响有限,反而因此可吸引大量外资与人力技术,加速扩展其影视产业规模。

总结而言,诚如赵怡、刘立行(2009)在第五届两岸经贸文化论坛,针对两岸影视产业整合与互惠合作提及,就目前日渐频繁的两岸影视产业交流趋势来看,现在重新思考两岸影视政策换文、协商的气候正合时宜。如两岸 ECFA 架构尚远,有关影视产业建议部分,则可先行磋商。

参考文献:

1. 李自如、陈东园:《WTO 情势下中国电视事业的变革与发展》,《空大人文学报》2001 年第 10 期。

2. 周晓明:访谈记录,2007 年。

3. 林锡辉:访谈记录,2007 年。

4. 胡冠英:访谈记录,2007 年。

5. 曹鹏、王小伟主编:《媒介资本市场透视》,光明日报出版社 2002 年版。

6. 许秋煌(2011)。http://old.npf.org.tw/pdf/.

7. 陆地:《2004:中国电视产业大译码》,《南方电视学刊》,中华传媒网,2005 年。http://academic.mediachina.net/xsjd_viewjsp?id=1661.

8. 喻国明:《中国传媒业的投资前景》,《明报月刊》2002 年第 436 期。

9. 杨人凯:《两岸加入 WTO 之后,台湾媒体的去从》,《动脑》2002 年第309 期。

10. 杨志弘:《大陆加入 WTO 后,广电媒体集团化之分析》,《亚太经济合作评论》2002 年第 9 期。

11. 褚瑞婷(2011)。http://www.npf.org.tw/post/3/7201.

12. 赵怡、刘立行(2009)。https://tw.search.yahoo.com/search.

13. 刘现成:《面对 WTO,大陆传媒产业的发展新趋势》,《广电人》2001年第 84 期。

14. 卢庆荣:《中国影视工业发展暨两岸影视交流:兼论对台湾演艺界及从业人员之影响》,中山大学大陆研究所 2005 年硕士学位论文。

15. 赖祥蔚:《大陆电视节目供需的政治经济学分析》,《广电人》2001年第 84 期。

16. 赖祥蔚:《大陆广播影视集团政策的政治经济分析》,《广播与电视》2002 年第 18 期。

17. 魏玓:《是出口还是深渊? ——台湾电影跨国合制的困局与转机》,《94 年台湾电影年鉴》, 2005 年 12 月 16 日。http://www.taiwancinema.com/ct.asp?xItem=52452&ctNode=217.

18. 魏玓:《合制文化:反思全球化下的国际电影合制》,《新闻学研究》2006 年第 89 期。

19. Pendakur, M., *Canadian dreams & American control. Detroit*, MI: Wayne State University Press, 1990.

海峡两岸促进数字内容产业的政策工具研究

肖 庆
中国艺术研究院文化发展战略研究中心副研究员

随着科学技术的飞速发展,以信息化、数字化、网络化为代表的高新科技日益成为国家文化创新的重要推动力。科技与文化的融合构建新的文化生产和消费方式,培育出新的文化消费群体,以数字内容产业为代表的新兴文化业态正呈现出多元化、立体化的发展态势,推动文化创作、表达、存储、传播的本质和形态发生根本变化。这一数字化的变革趋势既是增强文化自身竞争力的内在要求,亦是适应知识经济时代所进行的发展转型。

一、数字内容产业发展的国际经验

为了适应新技术浪潮所带来的文化发展方式的巨大转型,考量科技全球化时代文化发展的现实需要,许多国家开始积极制定适应高科技发展趋势的文化政策措施:

其一,英国政府从创新的角度,通过信息科技提升传统文化产业的附加值,呈现出数字内容产业的架构。成立于 1998 年 5 月的英国创意产业项目小组(Creative Industries Export Promotion Advisory Group),提出三项重要建议:①要赋予权利给消费者,鼓励产业竞争和创新的市场架构;②供给上需有创新、动态、成长的信息科技、电子和通信;③需求上要有具备"选择数字化产品与服务"能力的使用者（包含消费者与企业）。英国数字内容产业主要推动部门与单位包含：文化新闻体育部（the Department of Culture，Media and Sport：DCMS）、贸易工业部（Department of Trade and Industy：DTI）、英国海外贸易部所属机构（Trade Partners UK）及民间组织等。为了增加文化产品的科技含量，在具体的政策工具运用方面，英国政府主要运用研发补助与风险性资金来刺激企业创新发展，鼓励企业与科研机构之间、企业与企业之间以及与国际合作伙伴的知识转移、从事知识与技术生产活动，以增加国内科技知识存量，并在政策连结性上提供丰富的科技商业服务，进而加强知识生产者之间的技术交流（亦即促进知识存量的扩散效果）。运用政府力量来支持中小企业成为创新的主要来源，并刺激区域经济使创新成为发展的主要驱动力。此外，除运用知识产权、标准与法规设计等法制架构来促使企业创新能力外，还利用各种支持创新型企业的方式鼓励知识生产者携带知识资本直接投入科技产业市场，创造技术知识商业化的实际应用价值。鉴于知识产权管理的重要性，英国政府相当重视提升公众对于知识产权的认知。英国政府专门成立了"网络小组"用以解决知识产权的营利保护问题，并着力于推进公众对于数字版权加密保护技术（Digital Rights Management，DRM）的认知。

其二，日本政府积极推广数字技术的发展，形成了规模庞大且颇具影响力的数字内容产业。日本数字内容产业的发展着重在游戏、电影、音乐、服务等领域，市场结构依产品可划分为"数字内容市场"及"数字内容相关市场"。前者指的是以数字资料呈现内容的市场，根据内容属性可分"影像类"、"音乐类"、"游戏类"和"出版/资讯类"，根据产品流通型态则可区分为"套装式"、"网络式"、"手机内容"及"数字播放"四种；后者指的是为提供内容流通所具备的产品（软硬体及平台）市场及支持内容流通的服务市场。文化产业发展迅速的重要原因是日本实行了符合其国情的科技发展战略，这些战略包括以下几个方面：第一，鼓励文化产业的投资。80年代，日本泡沫经济崩溃，往日的重工业与科技业处于发展的低谷，为替巨额储蓄找到投资用途，政府鼓励民间进行文化产业的投资。1989年SONY以48亿美元的代价入主美国哥伦比亚公司，又于2004年再以50亿元买下米高梅电影公司，取得控制权，目的是让独霸电影业的好莱坞增添日本文化的分量。第二，重视文化输出。日本政府在总预算中编列"文化无偿援助资金"，购买动漫著作权，并将这些动漫产品无偿提供给其他国家电视台播放，使这些国家不需任何花费即可播放日本的动漫片,一则借此向海外推广日本的动漫文化,打开日本产品的市场,二则扩大日本文化的影响力。第三,形成推进数字技术发展的政策体系。2001年1月日本为了建立"知识流通迅速的社会",建立了高速网路设备与竞争政策、推行使电子商务更加便利化的措施、构建电子化政府、加强对高品质人力资源的培养,并通过推行一系列行动计划,在法律上形成了日本在数字内容发展方面的基本策略。

值得关注的是,日本政府在知识产权保护、技术与产品标准的制定上不遗余力,以保护知识产权作为促进创新的工具,以标准的建立作为引领企业生产高科技创新产品与服务的推进措施。在日本政府提出的"知识产权战略大纲"中,针对知识产权的"创造"、"保护"、"活用"及"充实人性的基础建设"四个领域提出了应对策略。其中,"创造"方面的策略主要强调在教育过程中培养创造性意识,从青少年时期便要开始注重创意技术方面的涵养,并随年龄增长推广知识产权教育,建构一个尊重独创性及个性的文化环境;"保护"策略是指对著作权进行适当的保护,为保证著作权权利行使的有效性,并让权利者与使用者双方都能得到保护,必须开发有效的安全网路技术、改善诉讼制度、建构能顺利处理权利问题的契约系统并确立可适当保护数字内容文化产品的法律架构。

其三,作为最能够体现美国文化未来发展理念的政府代理机构之一,美国国家人文基金会(NEH),认为数字技术在推动文化发展方面有着巨大的潜力,同时也会改变人文学科的知识、教学以及规划和设计。2006年该基金会专门设置了旨在推动数字人文实践项目发展的"数字人文办公室",并于2009年初将数字人文办公室升级成一个永久性机构,展示了基金会对发展"数字人文"理念的重视。在"数字人文"理念的引领下,各个大学也成立了"数字人文"研究中心,例如,美国斯坦福大学的计算机辅助人文研究中心、南加利福尼亚大学的数字人文研究中心、马里兰大学的人文技术研究机构、伊利诺伊大学的科学与学术情报研究中心等。

美国政府很少颁布法律性的创新政策。有限的政策,只在于创造一个良好的创新环境。在推进数字内容产业的过程中,美国政府着重对著作权法律的规定:美国于1998年通过"数字千禧年著作权法(Digital Mulennium Copyright Act of 1998,DMCA)",针对网络环境可能产生的著作权侵害制定规章,避免著作权所有人的权益在网络环境下受到不当侵害,内容包含P2P违法传输与 ISP 通知与下载责任（notice and takedown）规定等，在 DMCA 的立法过程中，美国国会商业委员会发现，与传统的模拟环境相比，在数字环境下，复制及散布侵害著作权的行为变得轻而易举，著作权所有人的利益受到极大威胁。因此，国会除了履行世界知识产权组织（WIPO）的条约外，还制定了反规避条款，除限制不当的利用行为（重制行为本身）外，亦限制不当的机械（帮助复制的装置）及下载的服务（增进复制能力的行为）。另在著作权法新增第 12 章"著作权保护及管理系统（Copyright Protection and Management Systems）"，对有关科技保护措施的反规避条款及著作权管理讯息完整性条款加以规定。此外，DMCA 亦对违反其规定者制定了严格的民事及刑事责任，远较原有著作权法的规定更为严格。这种立法上的变革，也对传统的合理使用，特别是提供设备（包括软硬件）与服务的厂商造成极大的挑战。

美国还运用强势文化输出国力量要求世界其他各国尊重其产业著作权，如由各软件公司共同组成的民间组织——商业软件联盟（BSA），目前在全球拥有 41 家会员公司。BSA 与全球各地的政府部门与相关协会，在政策、教育与执法方面关系紧密，微软公司是其主要成员，共同利用这一组织的力量防止软件盗版。

二、海峡两岸数字内容产业发展概况

随着高科技对文化产业的全面渗透，文化发展的格局将在多样化的基础上实现深度融合。深度融合是一种创造性融合，可以实现各文化业态之间的资源重组，实现传播内容的丰富性和多媒体化，亦有助于吸引信息环境中成长起来的新型受众。建立在多样化基础上的数字内容产业作为一种注重创意、具有高附加值的新兴产业，在海峡两岸的文化发展格局中都被赋予很高的战略定位。

在大陆，发展数字内容产业已成为国家级战略：

2006 年的国民经济和社会发展第十一个五年规划纲要提出：鼓励教育、文化、出版、广播、影视等领域的数字内容产业发展，丰富中文数字内容资源，发展动漫产业；

2009 年 9 月的文化产业振兴规划强调要加快数字内容动漫等新媒体产业的发展，并提出采用数字网络等高新技术推进文化产业升级的发展思路；

2011 年 3 月的国民经济和社会发展第十二个五年规划纲要指出：加强信

息服务,提升软件开发应用水平,发展信息系统集成服务、互联网增值服务、信息安全服务和数字内容服务。

2011年10月,《中共中央关于深化文化体制改革的决定》强调加快发展文化创意、数字出版、移动多媒体、动漫游戏等新兴文化产业。

在台湾地区,数字内容产业被视为经济发展的新动力:

2002年,台湾行政主管部门提出挑战2008的发展重点计划,确定科技与文化发展的双主轴,选定了若干未来应该优先发展的创意产业。

2002年5月,台湾行政主管部门通过"文化产业发展计划"后,召开三次会议凝聚社会对发展文化产业的共识。同年10月,经济主管部门成立"文化创意产业推动小组"及办公室,由相关主管部门主管人员共同担任召集人。

2003年3月,台湾行政主管部门把"文化创意产业发展咨询委员会"改组为"文化创意产业发展指导委员会",由各部门主管人员和学者担任委员。

2003年9月,公布"促进产业研究发展贷款办法"适用于文化创意产业,解决文化创意产业投资者融资的问题。

2004年3月31日,决议订定"文化创意产业发展条例",这项条例将比照促进产业升级条例的制定精神,提供租税优惠、免娱乐税等多项奖励优惠措施。

2007年8月,通过"数字内容产业发展条例(草案)",确立台湾对于数字内容产业发展所需人才的培养与认证机制、民间资金投入数字内容产业的优惠措施、技术与标准的研发与推广、数字学习的推广、播放本土动漫的补助等措施。

2009年,台湾将文化创意产业列为六大新兴产业之一,公布创意台湾文化创意产业行动方案,数字内容是其重点发展的六大旗舰产业之一。

三、海峡两岸促进数字内容产业的几种典型政策工具

政策工具是政府在部署和贯彻政策时拥有的实际方法和手段。目前应用最多的政策工具可以分为三大类:一是供应方面的政策,包括金融、人力和技术上的帮助,以及建立科学技术的基础设施等;二是需求方面的政策,包括政府采购、合同等。这些政策扩大了对创新产品、过程和服务的需求;三是制度环境方面的政策,包括税收政策、专利政策、政府管制等,目的在于为创新活动

创造一个好的环境。① 以下重点讨论属于制度环境方面的知识产权政策、中小企业政策,属于需求层面的政府采购政策以及供给层面上的风险投资政策。

(一)知识产权政策

根据世界知识产权组织(WIPO)对知识产权的界定,知识产权可以分为两大类:创造性成果权利和识别性标记权利。其中第一类包括:发明专利权、工业品外观设计权、著作权(版权)、软件权、集成电路布图设计权、植物新品种权、技术秘密权;第二类包括:商标权、商号权以及其他与制止不正当竞争有关的权利。

随着科学技术的迅猛发展和文化产业的互相推动,知识产权的重要性得到了空前的提高,并日益成为一个国家核心竞争力的关键所在。在知识产权对社会发展贡献率不断提高的背景之下,知识产权制度对文化发展的全局性、基础性、长期性和关键性作用正日益显现出来。

大陆《民法通则》第五章第三节规定的知识产权有六种类型,包括著作权(版权)、专利权、商标权、发明权以及其他科技成果权。这一知识产权的范围与《世界知识产权组织公约》中规定的知识产权的范围大致相同。改革开放以来,大陆对知识产权的保护越来越完善,知识产权作为对文化产品产权的规定,界定明确可以降低生产—流通环节的交易成本,提高知识生产的效率,为经济转型和建设创新型社会提供好的氛围。1990 年第七届全国人大常委会第四次会议通过了《著作权法》,并于 1991 年 6 月起实施。出于对知识产权法律有效实施的考虑,国务院还颁布了一系列保护知识产权的行政法规,如《著作权法实施细则》、《计算机软件保护条例》、《音像制品管理条例》等,同时《刑法》等法律中也包含了与知识产权保护有关的条款。在行政体制上,1991 年国务院知识产权领导小组成立,统一负责和协调知识产权方面的行政立法和执法工作。1994 年国务院又建立了知识产权办公会议制度,研究和协调我国知识产权有关的问题。在国务院知识产权领导小组下,国家版权局是大陆版权的行政管理部门,主管大陆的版权管理工作。与国务院有关的管理组织相对应,地方上也有同样的知识产权管理组织。入世后,与版权有关的国际公约主要有:《保护文学艺术作品伯尔尼公约》、《保护表演者、录音制

---

① Roy Rothwell and Walter Zegveld:Reindustrialization and Technology,Longman Group Limited,1985,p.83.

品制作者和广播组织国际公约》（即罗马公约）、TRIPS 协议、中欧、中日等多个双边协议、《世界知识产权组织版权条约》（即 WCT）、《世界知识产权组织表演和录音制品条约》（即 WPPT）等。

为了加大知识产权的保护力度，1999 年，台湾"经济部"下设了专门的"智慧财产（知识产权）局"，将专利、商标、著作权、集成电路布局及商业秘密保护等业务集中运作，着重于"提升审查品质与效能"和"加强智慧财产保护"，还建立了跨部会的"保护智慧财产权协调会报"，每 3 个月就政策及重大措施进行研议。"警政署"于 2003 年成立"保护智慧财产权警察大队"，强力扫荡仿冒盗版行为。台湾于 2001 年对所有有关知识产权的相关规定进行大幅修改，以符合《与贸易有关的知识产权协定》的各项标准。台湾于 2004 年年初开始研究成立台湾"智慧财产（即知识产权）法院"的可行性，并着手制定"智慧财产法院组织法草案"和"智慧财产案件审理法草案"。2006 年 4 月台湾行政主管部门院会通过了这两个草案并送台湾立法主管部门审议，5 月台湾"法制、司法联席委员会"初审通过了"智慧财产法院组织法草案"。为配合台湾和国际知识经济的发展态势，台湾的"著作权法"分别在 2003 年及 2004 年进行修改，增订"公开传输权"规定，著作权人享有专属公开传输权，未经授权允许不可任意传输他人著作权的作品。[1]

2010 年 6 月 29 日，两岸两会领导人第五次会谈在重庆举行，海协会会长陈云林和海基会董事长江丙坤签署了《海峡两岸知识产权保护协议》，这是两岸知识产权领域合作的新里程碑，为两岸知识产权（智慧财产权）保护方面的交流与合作，两岸知识产权（智慧财产权）的创新、应用、管理及保护奠定了基础。

（二）中小企业政策

根据经济合作与发展组织的一份估计，在全部中小企业中，大约有 30%—60% 可以认定是创新性的企业。"小企业和大公司在创新中起着略为不同的作用。中小企业一般更多的是市场导向的而较少是研究驱动的，会更快地对新机会做出反应，而且更多地从事小的渐进性创新。它们对于研究开发或者

---

[1]　欧琳：《台湾地区知识产权保护和发展状况》，中国人大网。www.npc.gov.cn 2006-08-03.

广义创新的贡献以及对于高技术就业的贡献是非常重要的。[①] 支持中小企业发展的最好的政策主要有政府融资、创造好的制度环境和基础设施、提供技术支持、加强经营管理能力的培育以及促进市场进入。

在大陆，政府对中小企业加大了扶持力度，政策的着力点是引导中小企业向"专、特、精、新"方向发展，主要政策措施有：①建立健全促进中小企业发展的政府财政扶持政策体系。政府从资金、税收、融资扶持、财务管理和政府采购等方面出台和整合相关政策，为中小文化企业创造一个公平、公正的竞争环境。②进一步加大中小企业自主创新的政策扶持力度，提高中小企业创新能力，鼓励和引导中小企业创业投资。③积极推进投融资担保体系建设，为中小企业融资创造更加有利的条件。④建立健全中小企业服务体系，改善中小企业经营环境。⑤建立开拓国际市场平台，对中小企业境外参展、管理体系认证、产品认证和商标注册等予以资助。⑥利用政府采购政策功能，为中小企业搭建发展平台。[②] 在立法方面，大陆在2002年6月29日全国人大通过《中华人民共和国中小企业促进法》，该法在2003年1月1日正式实施；同年2月19日，国家改革和发展委员会正式出台了中小企业划分标准，针对不同行业的不同特点，以职工人数、销售额、资产总额作为划分标准。《中小企业促进法》的贯彻和落实，对促进大陆广大中小文化企业的发展以及文化产业组织的优化都具有重要意义。

中小企业还可以划分为中型、小型、微型三种类型。近年来，大陆小微文化企业迅猛发展，成为推动文化发展的重要力量。据抽样调查测算，目前大陆小微文化企业的数量已占到文化企业总数的80%以上，从业人员约占文化产业从业人员总数的77%，实现增加值约占文化产业增加值的60%。加上200多万文化类的个体创业者、经营者、工作室，小微文化企业对大陆文化产业发展的贡献大大高于这个比例。为了激发小微文化企业的发展活力，十八届三中全会明确提出"支持各种形式小微文化企业发展"的要求。2014年8月，文化部、财政部和工信部联合印发了《关于大力支持小微文化企业发展的实施意见》，针对小微文化企业融资难、存在市场准入门槛、人才短缺、财税方面的种种问题，推出了一系列扶持措施，面对新兴创业载体的蓬勃发展趋势，提

①　Small Bussinesses，Job Creation and Growth：Facts，Obstacles and Best Practices，OECD，1997，p.27.
②　参见《中国政府对中小企业的扶持政策》，《中国高新技术产业导报》2000年8月19日。

出鼓励互联网创业平台、交易平台等新兴创业载体发展,将其放在与实体的文化产业园区、基地、集群同等重要的位置;此外,《实施意见》首次将支持小微文化企业发展与公共文化体系建设结合起来,鼓励小微文化企业参与公共文化服务和政府采购。[①]

在台湾地区,根据 2011 年的统计资料,目前有 124 万 8 千家中小企业,占台湾企业总数的 97.68%。台湾号称中小企业王国,一直重视中小企业的发展,于 1967 年核定施行"中小企业辅导准则",确定了对中小企业进行服务与管理。此后,对"中小企业辅导准则"进行了 6 次修改,并于 1991 年由"中小企业辅导条例"取代。中小企业是台湾经济发展的重要磐石,也是最稳固的基础。台湾"经济部中小企业处"是台湾当局关于中小企业发展的专职辅导机构。依据"产业升级条例",台湾形成了经营管理、生产技术和研究开发辅导体系,推动中小企业的升级转型。经营管理辅导体系由中小企业处负责,并有 8 家具体辅导单位。为提高中小企业的产品技术含量,台湾还积极鼓励科研部门将科技和研究开发成果直接转移给中小企业。目前,台湾形成了以"中小企业发展条例"和相关规定为依托的全面服务中小企业的完整的辅导体系,从融资、租税、用地、国际市场开拓、公共工程采购、人力资源等五个方面对中小企业提供保障。同时,台湾还积极发挥社会民间组织的作用,建立了若干中小企业创新育成中心、风险投资基金和中小企业银行。[②]

(三)风险投资政策

风险投资(venture capital)是由职业金融家投入到新兴的、迅速发展的、有巨大的竞争潜力的企业中的一种权益资本。[③] 风险投资是一种高风险的投资活动,具有极大的不确定性。为了推动风险投资活动的开展,政府除了要通过税收优惠、政府担保等政策鼓励风险投资活动以外,往往还要亲自组织风险资本,特别在风险投资事业的启动阶段更是如此。在某种意义上,风险投资是整个国家经济和制度发展到一定程度以后的产物,只有通过必要的制度安排

---

① 参见《关于大力支持小微文化企业发展的实施意见》的十大亮点,中国经济网,2014 年 8 月 21 日。

② 参见中小企业服务机构发展状况及扶持政策研究课题组:《美日韩国和台湾、香港地区的中小业服务机构》,《中国中小企业》2011 年第 3 期。

③ 刘曼红:《风险投资:创新与金融》,人民大学出版社 1998 年版,第 3 页。

和法律保障,使资本、知识、人才等资源能够自由转换和流动,风险投资活动才能真正得到发展。对于政府来说,最能有效地推动风险投资事业的工作不是筹集风险资本和亲自运作投资项目,而是以发展高新技术为目标,营造一个有利于风险投资活动的政策环境和法律环境。由此看来,虽然政府的作用很重要,但如何发挥政府的作用则是一个更重要的问题。

近年来,大陆加大了风险投资政府引导基金的力度,并形成了风险投资资金网络。1999 年,国家科技部、计委、经贸委、人民银行、财政部、税务总局、证监会七部委联合出台《关于建立风险投资机制的若干意见》。2010 年,风险投资企业（基金）达到 720 家,风险投资管理资金总量 2406.6 亿元。十二五时期,无论是中央还是地方层面,均加大了对风险投资的扶持力度,营造出有利的政策环境,进一步聚焦于战略性新兴产业。①

风险投资在台湾中小企业融资中发挥重要作用。据台湾创业投资商业同业公会统计,自 1982 年起三十多年来台湾风险投资项目将近 14000 件,累计投资金额更超过新台币 2600 亿元,扶植 400 家企业上市,经由风险投资业投资而启动的总资本形成,已达到新台币 23000 亿元新台币。台湾的上市企业中,每 3 家就有 1 家曾接受过风险投资资金的协助;在高科技产业中,几乎每 2 家上市企业,就有 1 家接受过风险投资资金的支持及援助。②

（四）政府采购政策

公共采购的一个最重要的功能就是为创新产品和创新企业提供了一个稳定的、可以作出清晰预期的市场,从而大大降低技术创新过程中与市场相联系的诸多不确定性。就公共采购而言,政府是中小企业创新产品的重要市场。政府留出一定比例的政府采购合同给中小企业,意味着中小企业在其市场开拓时期有一个稳定可靠的市场存在,这对于促进创新是非常有利的。在存在一个稳定的可预期的政府市场的情况下,创新企业可以最大限度地降低在产品宣传、市场开拓、教育消费者等方面的支出,使得创新产品与市场直接联系起来。在法国的文化政策中,自大革命时期起就已有专门针对文化艺术创作的政府采购制度。1791 年"艺术公社"的首要诉求之一即是政府艺术采购必

---

① 参见科学技术部发展计划司:《2010 年中国风险投资统计分析》,《科技统计报告》2011 年第 506 期。http://www.sts.org.cn/.

② 成思危:《中国风险投资年鉴 2012》,民主与建设出版社 2012 年版,第 183 页。

须"必须依据公众意见,公开评审"①。

大陆《政府采购法》自 2003 年 1 月 1 日颁布施行。据统计,2011 年政府采购规模达 1.13 万亿元人民币,占国家财政支出 11%。② 政府采购对文化产业发展具有重要的扶持和调控作用,有利于扶持具有核心技术和自主品牌的创新型民族文化企业,支持文化企业参与和承担国家重大文化工程项目。大陆也已制定了文化产品采购制度,即政府面向不同所有制文化单位进行采购,不同所有制的文化单位都可以平等参与竞投,政府择优购买的制度。2006 年出台的《国家十一五时期文化发展规划纲要》提出运用政府采购来重点扶持创新型民族文化企业。《十二五时期公共文化服务体系建设实施纲要》提出逐步建立公共文化服务政府采购制度,支持民营文化企业和服务进入采购目录。同时,鼓励民间资本通过招投标等方式,参与公益性文化产品和服务供给、重大公益性文化活动和其他公共文化服务。在推进政府购买服务的要求下,广东、山东等地将公共文化类服务纳入到《政府向社会力量购买服务指导目录》中,并且对其进行了细分。实行政府文化采购制度,有利于构造平等竞争的市场环境、推广民族文化产品、提高文化企业的知名度和影响。例如,广州已开展了对画家、雕塑家创作精品的政府采购和收藏,深圳也在逐步推行对准公益性文化机构和公共文化产品和服务如演出团体的文艺演出、美术文博展览场所的展出、演出场所的高雅艺术演出等的采购。

台湾地区相关规定于 1989 年 5 月 27 日正式施行,并历经两次修正。在管理上采取委员会制,设立"行政院"暨"公共工程委员会",负责修改采购制度、制定采购政策、审定采购的标准合同、培训采购专业人员、协调督导。同时,相关部门又制定了一系列的配套规定,因此相对比较完善,很多情况的处理有章可循。③ 2002 年 7 月 15 日,台湾"行政院公共工程委员"会颁布"机关邀请或委托文化艺术专业人士机构团体表演或参与文艺活动作业办法",进一步规范文艺采购行为,以解决因公平竞争、委员会评选制度衍生的文艺采购负面问题。④

---

① [法]杰郝德·莫里耶:《法国文化政策——从法国大革命至今的文化艺术机制》,五观艺术管理有限公司 1994 年版,第 31 页。

② 《我国政府去年采购规模达 1.1 万亿》,中国新闻网,2012 年 11 月 3 日。http://www.chinanews.com/.

③ 包军:《完善政府采购监督机制——借鉴台湾地区政府采购法》,《中国科技信息》2010 年第 17 期。

④ 陈伯礼:《台湾文化创意产业营造及其启示》,《华东经济管理》2011 年第 11 期。

普通家书的两岸南音情缘

陈建中

泉州市博物馆馆长、研究馆员

一

张光远先生祖籍泉州崇武,在台北故宫博物院工作三十多年,对文物、古文字、书画等颇有研究。2006 年 8 月 24 日下午,应泉州博物馆的邀请,前台北故宫博物院器物处张光远研究员为泉州博物馆及泉州海外交通史博物馆的专家学者及工作者们举办了一场题为"文物纵谈"的讲座。在讲座中,张先生详细讲述了他对文物及中国历史的理解,阐释了他对古代殷墟文化甲骨占卜术的理解,并做现场演示。还为大家讲解了明代四大书法家之——张瑞图的生平事迹及书法特点,鼓励年青一代努力学习,钻研学术,敢于向权威挑战。此后张先生多次来泉,对泉州博物馆关心不断。2009 年 6 月 11 日,张光远先生赠送泉州市博物馆南音磁带 6 盒,并附其父张世昌寄予他的信函 2 封,信函中提到南管典故及 30 年代闽南南管第一名师张启才的故事。由此道出一段闽台两地南音故事。现将家书附录如下:

台北市士林镇水双溪

故宫博物院器物处

张光远先生 启

三重 张缄

1973. 8. 7 函

关于南管典故，爸不甚了了。惜年青时没有接受挚友张启才拟专心为我深造的好意。他是南管专家，从八岁起，其义父不惜逐手耗资，特地为他聘请几位南管名师，单独授艺。故年方弱冠，便名噪闽南。各县地方遇有娱乐集会，无不请他前往演奏。由此名重一时，成为青年南管专家。他对南管三十六套指谱之精奥，一一贯通。各种乐器，件件皆能。尤其编谱作曲作词，则为闽南第一人。记得东三省沦陷时，他曾作四曲（曲名爸已忘之）俱为忧时愤世之词，成为南曲中之阳春白雪，轰动一时。惜高才不寿，卅六岁便染恶疾，赍志已殁。爸少他四岁，友情逾手足。当时，因互相琢磨，初研诗书，故感情比他友为密切，如果，爸当时受其熏陶，则今对南管当有相当造诣，如今思之，不胜悼悔。

你必得南管资料，等爸有机会去闽南乐府，请教一二友人，如有端倪当告你。

祝

  阖安

爸字

八月七日

1980 年 3 月 13 日张世昌寄长子（光远）南管曲词之俗字解及录音带六集（高雄之闽南同乡南管乐团制），并附信件一封。

远儿：南管录音带大六集小三集，大小集曲及指谱一样，每集内附有曲词说明书，一些闽南语或有俗字谐音，如"卜"字是为"要"字，然，又如"心头闷□□"，这"□□"两个字应该是焦焦比较恰当，而词中有句"听拙言语，□阮（我）心神为醉□"□"拙"字等于这字，"□"字等于使字，所以南管曲词每曲中都有这种俗言俗字，非闽南人不懂也。你慢慢体会。

祝

  时绥

爸字

三月十三日

张世昌先生的两份家书及六集录音带反映了他对故乡南音依依之情，对于其年轻时期没有好好学习南音，颇有遗憾之意，以致谆谆嘱咐其子张光远先生有到闽南，必得去搜罗南音资料，以补年轻未学南音之憾。由此可见，南音在迁台泉人心目中还是故乡之音。

二

（一）泉州南音 ①

泉州南音，又称"南曲"、"南乐"、"南管"、"弦管"，被称为音乐文化的"活化石"②。唐代琵琶普遍用拨子，且是横抱姿势，所用筒箫严格规定为一尺八寸。泉州南音至今保持这一遗制。南音中所用的"拍板"及其演奏方式与敦煌壁画中的伎乐图一样。据文献记载：唐僖宗光启元年（885），王潮、王审知兄弟率军入闽，他们带去了唐代"大曲"传播于民间。大曲与当地民间音乐的相互影响和吸收，产生了别具一格的"南曲"。据此，一般认为南曲起源于唐，形成于宋。南曲主要流行于泉州、龙溪和厦门，在台湾及南洋群岛华侨居住的地方也很盛行。

南曲在民间流传，有赖于社团组织的传承和传播。清代以来在泉州、厦门和晋江、南安、惠安、安溪等地都有社团成立，并有专业的教师传艺。新中国成立以来，成立了不少南音研究社、南音研究会，还建立了专业的南曲音乐团。

南曲音乐包括"指、谱、曲"三类，记谱方法与众不同，乐队组合分"上四管"和"下四管"两种。

"指"是有词有谱和注明琵琶指法的大曲。

"谱"是无词而有琵琶指法的器乐演奏谱。原有十三大套，后增至十六大套；南曲十六大套"谱"，以"四"（四时景）、"梅"（梅花操）、"走"（八骏马）、"归"（百鸟归巢）四套最为著名。

"曲"即散曲（亦称草曲），在南曲音乐中占有很大比重，不下于千首。

南曲使用的工尺谱与众不同，是一种独特的谱式，以"X（尺字的俗写）、工、六、士、一"。这五字依次代表"宫、商、角、徵、羽"。采用固定唱名法。

南曲的乐队组合有固定的形式，分"上四管"和"下四管"两种。

（1）上四管又分"洞管"和"品管"两种不同组合：

洞管——洞箫、二弦、琵琶、三弦、拍板五种。

品管——品箫（即笛）、二弦、琵琶、三弦、拍板五种。

（2）下四管乐器有南嗳（中音唢呐）、琵琶、三弦、二弦、响盏、狗叫、铎

---

① http://baike.baidu.com/view/62104.htm.

② 郑国权：《泉州弦管曲词总汇》，中国戏剧出版社 2014 年版。

（木鱼）、四宝、声声（铜铃）、扁鼓，共十种，故又称"十音"。在惠安一带有用云锣、铜钟、小钗和笙等。

上四管属丝竹乐队、下四管属吹打乐队。

泉州南音演唱时的位置固定为：演唱者执拍板居中；其左边，上方为洞箫，下方为二弦；右边，上方为琵琶，下方为三弦。

演唱程序固定是"指头谱尾"，就是说开头一定要合奏一套或一折"指"，最后一定要奏谱"煞尾"；中间演唱也要按"支头"顺序来进行。要"起曲头"，就是每个支头要有带头唱的人，他唱的曲属于哪个支头，其他人就要跟着唱这个支头的曲。若转换支头，则须唱"过支曲"作为转折的过渡、连接。上一个唱完，下一个接过拍板接着唱，伴奏乐器基本没有间断。

乐器演奏也有其规矩，琵琶是先生，起指挥乐队的作用；三弦和之，犹如"琴瑟和鸣"；而洞箫与二弦的关系，洞箫为主，二弦为辅，"箫咬弦，弦入箫"，即所谓"丝竹更相和，执节者歌"。

泉州南音有着深厚、丰富的历史文化积淀。它是从中原传到闽南来的，这些中原音乐同闽南地方音乐互相渗透融合，孕育出泉州南音来。

（二）泉台南音渊源 [①]

闽台两地自古以来地缘相近、血缘相亲、文缘相承、商缘相连、法缘相循，被视为一个同缘文化区域。在源远流长的闽台文化交流中，南音是最有代表性的文化形式之一。南音是随着闽南先民迁台而传入台湾的。自三国、隋唐宋元以来，闽台人口交流密切，尤其是明、清时期，颜思齐、郑芝龙率众开发台湾，郑成功率军收复台湾；清政府在台湾设立行省后，台湾社会的主体都是闽南人，即漳州人、泉州人、厦门人。他们在带去生产技术的同时，也把南音这种家乡十分流行的文化形式带到台湾，传遍全省。根据《台湾在籍汉民族乡县别调查》（1928）记载："当时全省福建系人口计312万，占总人口的73.5%；其中，以来自泉州府者为最多，占福建系总人口的54%；漳州府次之，占42%。"这又为南音的流行提供了广泛的群众基础。特别是南音语言朴素，采用方言俚语演唱，通俗易懂，曲调优美，音乐唱词富有闽南乡土气息，反映大陆和台湾的历史与民间故事，备受台湾人民的喜爱。据统计，台湾现在比较成规模的南

---

① 廖秋子：《从南音文化的同一性看闽台文化的统一性》，《福建论坛》（人文社会科学版）2007年第1期。

管乐团有 65 个,遍布于台湾的主要城市,使南音成为台湾民众家喻户晓、雅俗共赏的文化形式。近代,泉州人曾省先生把升平奏的 42 套指谱抄本带去台湾,成为台湾弦管界的标准本,吕锤宽先生据此和从闽南其他地区征集来的资料,汇编出版《泉州弦管(南管)》指谱丛编。泉州人林鸿、林祥玉、纪经亩先后移居台湾,毕生致力于传播南音,出版了《泉南指谱重编》(林鸿编)和《南音指谱》(林祥玉编),使台湾的南音演出内容和形式有了统一规范。现在,台湾地区的弦友与大陆的弦友随时随地合奏南音名曲,都能够十分和谐。

(三)泉台南音交流

闽台人文的同一性,有力地促进了两地人民的亲和力、亲近感和强烈的相互联系交流的愿望,使两地虽然政治上保持僵局,但民间文化交流依然十分频繁,特别是南音文化作为两岸文化交流的主体形式,发挥着维系海峡两岸同胞亲情,抵制"文化台独",促进祖国和平统一的精神纽带作用。

改革开放以来,闽台之间的南音社团纷纷开展交流合作,通过组织互访以及参加政府或民间组织的文化活动,开展研究、同台献艺,增加同胞间其乐融融的和谐气氛。据不完全统计,2000 年来,泉州先后有 35 批次 898 人次赴台进行文化交流,台湾有 42 批次 876 人次到泉州交流演出。双方在戏曲、宗教、文物、民间信仰、民俗、书画、学术等多个方面进行了广泛的交流,并建立起相应的联系、合作渠道,取得了较好的成效。

三

"南音发源于中原,保留、发展、成熟于泉州,广泛流传于闽南方言区域,并随着闽南人漂洋过海、远播他乡","在台湾及南洋群岛等地盛行的南管文化,和泉州南音有着深厚的渊源"[1]。

闽台两地自古就是同宗同祖,同根同源,同文同种,血脉相连。闽台文缘传承与渊源上具有同一性与共通性,作为闽台文化中的一朵奇葩,南音文化印证了闽台人民同宗同族、闽台文化同根同源,南音是闽台文化交流的一座桥梁。加强南音文化交流,能够进一步强化闽台两地的文化同感关系,增强台湾同胞对祖国大陆的"认同感"和"归属感",促进祖国和平统一事业。

---

[1]　http://www.huaxia.com/jjtw/dnsh/2009/05/1418057.html.

现代中的传统

——两岸庙宇文化的形象、发展与差异

陈启钟

闽南师范大学闽南文化研究院副教授

前　言

　　庙宇是传统民间信仰文化的载体之一,它不仅跟信仰者的精神、心理、日常生活及对形而上未知世界的祈望、敬畏有关,同时也是统治者、地方领导阶层及不同群体掌控社会的工具。神道设教,用以安定社会秩序,实行政治教化,并打击一切有损国家统治基础的异端,而地方人士及群体则借以强化本身的声望、提高社会地位、增加话语权、获取资源和处理地方事务。传统庙宇的功能,还显现在小区意识的凝聚、聚落的自治、经济的发展、教化的辅助等方面。[①] 因此,庙宇的存在意义,除了宗教范畴外,还涉及地方的社会、经济、政治、文化等,它既是村落或行会的自治、自卫与涉外机构,也是人们社交、教化及娱乐的中心。

　　台湾的民间信仰虽然大多数源自大陆,但是由于两岸在体制、宗教政策、意识形态、历史发展等方面的差异性,使得各自的庙宇文化走上不同的道路。即使如此,两岸庙宇仍然有相同必须面对的问题,那就是在追求现代化的过程中,该如何改变形象,如何调整、因应,以及预防社会问题。本文基于笔者对寺庙文化的亲身参与及观察,结合相关研究,试图以闽台两区为例,就上述问题

---

① 蔡相辉:《台湾的祠祀与宗教》,台北:台原出版社1990年版,第172—186页。

提出一些个人看法。

一、现代人眼中庙宇文化的负面形象

在中国近现代化的过程中,尤其是五四新文化运动以后,在西方中心论的推波助澜下,作为传统权力之一的神权逐渐被妖魔化,烙印上许多负面印象,甚至有人附和西方文明的优越性,以基督教一神信仰来严厉批判中国民间杂乱无章的多神教,将其视为低层次的性质。他们将民间信仰的内容称为精灵崇拜或精灵教,认为与许多原始部落或第三世界乡民的信仰没有差别,因此,是一种原始的、低级的宗教,精神境界低俗卑陋。① 在这样的氛围下,民间信仰在知识分子和改革派的眼中,成了人人喊打的过街老鼠。以两岸言,大陆在无神论思想的指导下,不但持续了清末民初以来对民间信仰、宗教的批评与否定,甚至某些时候有严厉打击、取缔和控制民间信仰,捣毁寺庙及设施的行为。而在台湾,传统庙宇文化也因为与现代工商社会人民的生活习性和观念有许多方面的抵触,引起更大的反感,庙宇成了影响房价的十大嫌恶设施之一。②

综观起来,民间信仰给人的负面形象有以下数端:

(一)迷信

以现代人的观念,所谓的迷信,指的是盲目、不理解的相信,它源于无知、患得患失的病态心理,奉行巫术,相信宿命论,因果错误联想和对神秘事物的莫名恐惧感。于是,缺乏理性实质的信仰或习俗,信仰不存在的事物,并相信某种莫名奇妙、毫无相关的事物,凡是经验、技术与知识能够解决的事,转而求助于神灵或超自然,都是迷信。可以看出,现代人对迷信的批评,与启蒙运动理性主义盛行后的科学至上论有很大的关系,受到这个论点的影响,凡是无法被论证的形而上学、神秘主义都是非理性、不科学的,或是病态的呈现。

基于此,理性科学论者不但将宗教信仰、巫术等虚无飘渺之物视为荒诞

---

① 潘朝阳:《台湾汉人通俗宗教的空间与环境诠释》,厦门大学出版社 2008 年版,第 29 页。

② 台湾住宅的十大嫌恶设施分别为:一、高架桥、高架道路、铁道或捷运轨道;二、高压电塔、变电所、捷运轨道;三、加油站、瓦斯行;四、机场;五、焚化炉、资源回收场;六、声色场所;七、神坛宫庙;八、传统市场、夜市;九、福地、灵骨塔、殡仪馆;十、"总统府"、"立法院"。其被嫌恶的原因大出多于噪音、安全、污染等问题。

不经,甚而企图以科学证其之非,并且用病理学来解释信仰行为与仪式。在认定信仰属于迷信的先入为主观念下,算命、占卜、风水、神巫治病、拜拜等行为都遭受攻击和鄙视。在众多迷信中,尤以神人的沟通媒介——乩童最受批评。有人认为这种初民社会的野蛮遗存物,当出现在现代的寺庙祭典之中,这些精神有问题的人物,把整个庄敬的宗教礼仪,变成市井卖艺的场合。[1] 为求改善,许多人纷纷组织协会,提出建议。例如 2000 年 11 月,著名作家李乔先生就联合许多知识分子成立了全民反迷信协会,希望以社会运动的方式消除种种社会迷信的风气和行为。

其实,过度相信科学万能也是一种迷信。人类的科学发展毕竟有其局限性,有许多目前无法解决的问题、无法解释的现象以及不属于科学的范畴,无法以此来否定、排斥其他事物。既然科学无法解决、无法解释所有的问题,就应当抱持着自知不足的谦虚心态,兼容它者,小心求证以去芜存菁。诚如顾颉刚所言:"朝山进香,是他们生活中的一个重要部分,绝不是可用迷信二字一笔抹杀的。我们在这上,可以看出他们意欲的要求,互相的同情,严密的组织,神奇的想象;可以知道这是他们实现理想生活的一条道路。他们平常日子只为衣食而努力,用不到思想;惟有这个时候,却是很活泼地为实际生活以外的活动,并尽力于社交的时候。"[2] 信仰有其发生的社会背景和存在意义,不能以迷信一笔抹杀,以偏概全,完全不去了解其重要意涵。以最受批评的神巫治病为例,现代与传统在性质上有很大的差异,古代由于医药环境不佳,大多数人只好直接求助于神明,产生有病求神不问医的情况。而在现代,信徒的求神行为却是一种经过思考的选择,毕竟医学无法治愈所有的疾病,在无助之下,神明提供了另一种希望的途径,在求助者心中,借由冥冥之力成为可能的解决方式。换句话说,实际上他们是双管齐下的,先医后神或医神并行,多方尝试。

在笔者服务过的某个宫庙,就曾经发生过一个案例,据某位长者的口碑资料,他会虔诚信仰该庙主神的缘故,是因为之前心脏病开刀手术失败,医院已向家属发出病危通知书,暗示家属应当准备办理后事。然而,家属不愿放弃,前往该宫庙向主神求助,并获得主神同意,表示会立即派遣宫内神明赶赴处

---

① 阮昌锐:《如何端正民间宗教信仰》,收入李亦园、庄英章主编《"民间宗教仪式之检讨"研讨会论文集》,台北民族学会 1985 年版,第 136 页。

② 顾颉刚编著:《妙峰山》,中山大学语言历史学研究所 1928 年印行,第 6 页。

理。神奇的是,不久后病人即转危为安,逐渐康复。从理性的角度观之,可能是出于巧合,但也无法用科学来论证,正因为如此,信徒才会那么深信神巫有治病能力。当然,也常会有治疗无效或神明直接言明命数已至、无法医治的情形发生。

(二)浪费资源

古往今来,在统治者与知识分子的眼中,民间宗教的大拜拜及祭祀花费,数目大得惊人,例如丧事做功德,各种节期的祭祀,如拜斗法令、作醮、进香、竖灯篙、放水灯、烧王船、演戏以及仪式所需要使用的银纸、金纸等,既浪费金钱,又消耗时间与精神。不仅如此,民间旧时普度或建醮,为宴客而杀大猪,久而久之遂有赛猪公之俗。饲养一只一千多斤猪公,必须付出几倍心力,饲养期要几年,成本昂贵几倍,而且要喂以西瓜,夏天需挂蚊帐及使用电扇照顾,劳民伤财至巨。而且杀很多猪只祭拜,有违诸神慈悲劝善本意,尤其在夏天炎热天气之下,祭拜全猪容易腐败,不合卫生之道。有鉴于此,如果能将民间宗教的花费改用它途,就能够增加国家社会的建设,提升生活的质量。[①]

然而,批评者的角度和立场,与信仰者有很大的差异,相对于国家、总体花费,信仰者更关注的是自身的利益与生命安全。对信仰者来说,总体花费看似庞大,但是如果化整为零,分散于个人,金额尚在能够负担的范围内。从投资的眼光看,以小小的成本来换取更大的利益,如果能够成功的话,怎么说都划得来。因为所求通常大于所给,以功利为目的,透过价值交换遂其心意,实际上就是一种生活质量的提升,更遑论生命安全的无价性以及感恩行为的不可论价意涵。

(三)污染环境与危害健康

自从60年代美国的环境保护主义萌芽后,不但直接导致70年代以来的环境史研究,还在全球掀起环保运动热潮。在环保意识概念下,庙宇文化中的烧金纸、燃香、放鞭炮、烧王船等仪式都被贴上了污染环境的标志,包括空气污染、废弃物、废污水等。实际上,这种负面标志是有科学基础的,并非空穴来

---

① 陈壬癸:《民间祭祖、拜神仪式之检讨》,收入《"民间宗教仪式之检讨"研讨会论文集》,台北民族学会1985年版,第32—35页。

风,随意批评。根据研究,于中元节或特定庆典时大量焚烧拜香与金纸,会产生大量一氧化碳、悬浮微粒、PAHs 和臭味,再加上热气,不仅使空气质量恶化,也会危害到人体健康。香客在寺庙内之 PM10 及 PM2.5 暴露浓度,比一般居家环境中暴露浓度高 5—16 倍,比当时庙外马路上浓度平均约高 4—5 倍,而于初一、十五,人潮汹涌时的悬浮微粒暴露浓度明显高于其他日子。燃烧拜香或蜡灯时会导致寺庙内总 PAHs 浓度高出寺庙外 19—27 倍,是都会区的 11.6—16.4 倍。拜香燃烧时亦会产生重金属微粒,香客在寺庙内接触重金属微粒可能有吸入过量的危险。[1]

另一研究庙宇拜香环境空气污染的结果也显示:寺庙室内空气,平日上班时间内 8 小时 PM10 的平均浓度为 161—505 $\mu g/m^3$,农历初一或十五的浓度范围为 407—1464 $\mu g/m^3$,尤其极细微粒 (PM1.0) 更高达 237.3—432.9 $\mu g/m^3$,占总悬浮微粒 63.2%—94.6%;寺庙室内甲醛 8 小时平均浓度为 0.07—0.24 ppm,有 83.3% 测定值超过台湾空气质量建议值的 0.1ppm;另外 VOCs 分析结果显示,寺庙室内空气样本皆可测得 Propane、Chloromethane、Acetonitrile、Acetone、2-Butanone、Toluene、Ethylbenzene、p, m-Xylene、o-Xylene、1,2,4-Trimethylbenzene、1, 3-Butadiene、Methylenechloride、Benzene、Styrene 等物质,以 Acetonitril 浓度最高为 ND—714.0 ppb,其中后三项污染物为确定或疑似致癌物质。庙宇室内 PM10、PM2.5 中 PAHs 浓度在望日为 34—201ng/m^3 及 25—177ng/m^3。这些拜香产生的空气污染物 PAHs、HCHO、PM10、PM2.5 污染较为严重,可能对寺庙工作人员及香客健康造成危害。[2]

（四）制造噪音

除了环境污染,制造噪音也是庙宇文化最为人诟病的问题之一,甚至成为台湾市民投诉排行榜上的第一名。在现代工商社会里,忙碌工作之余,最需要的就是能够有一个好好休息的安宁环境,然而庙宇平日信徒的喧哗,特别是庙会活动期间,以扩音器播放诵经声、敲锣打鼓、施放鞭炮、烟火、电子音乐及野台戏、歌舞团等,基于热闹的心态,总是愈大声愈好,加上活动时间过长或时候

---

① 江彧晖、杨锡贤、罗鸿伟:《金炉焚烧金纸排放废气对空气质量之影响研究》,"健康与管理学术研讨会",新竹,2005 年 10 月 22 日。

② 陈美莲:《庙宇拜香之环境空气污染及室内空气质量研究》,台北:阳明大学环境与职业卫生研究所 2008 年硕士学位论文。

不宜（如凌晨或夜晚），对于不相干的附近民众而言，实在是一种痛苦的折磨，严重影响生活作息与睡眠质量，并且容易使孩童受到惊吓。

（五）破坏社会秩序

作为民间信仰载体的庙宇，本意原在稳定人心，维护社会安宁，但是在黑道染指、有心人士操控和现代社会环境影响下，产生了许多如赌博、毒品、斗殴等非法行为，成为犯罪的温床，严重危害社会秩序。庙宇负面形象的不断被宣传和强调，逐渐使其变质，不但受教育者鄙视，斥为低俗，拒绝参与，一般父母和长辈也不愿意小孩去接触相关活动，这使庙宇在人手的选择上产生某种程度的困境。为了填补人力的不足，许多庙宇将焦点放在辍学生上，而这种物以类聚的群聚效应和团体所能提供的保护以及活动上的自我展现、自我认同，都深深吸引着这批处于社会底层的青少年目光。在社会的排挤、团体的壮胆下，加上非法之徒为了谋利等特定目的，以毒品、金钱、地位来控制、引诱他们，为了获得认同，他们逞凶斗狠，贩卖违禁品，从事非法行为，使得社会案件频频发生，庙宇也因而被染黑，成为黑道的堂口和集结地。

庙宇对社会秩序的破坏，主要指的是阵头团员。虽然阵头仪式长久以来在台湾寺庙是常见的景象，但阵头表演者大多是少年犯的这种看法损害了其形象。这样的刻板印象常被媒体夸大，但也不是没有依据：很多寺庙的表演者的确已经辍学或曾加入帮派。当中，又以八家将所引起的问题最为严重。家将团的主要功能，本在协助主神驱鬼平妖，是主神的随从、部将，所以只要主神的性质，是审理世事、压制妖魔鬼怪者，皆有家将团。然而，受到现代化的影响，台湾传统乡民社会透过集体宗教活动而形成的规范力量，已经趋向薄弱而几近瓦解，致使一些阵头团体的问题层出不穷，例如若有弟兄与人冲突，大伙便纠集打群架。尤其是一些演练八家将的青少年，平日不再遵守传统的戒律，动辄仗恃着习得的武技，为自己的弟兄寻仇，甚至持演练家将用的武器集体出动，围杀对方。[①]

（六）骗财骗色

所谓宗教诈骗，指的是在信徒面前，用假神让人相信，用虚伪的信仰骗术，

---

① 黄美英：《神圣与世俗的交融——宗教活动中的戏曲和阵头游艺》，收入《"民间宗教仪式之检讨"研讨会论文集》，台北民族学会 1985 年版，第 85、88 页。

公开地让信徒自动奉献财物。而受骗者往往不会觉醒,会继续主动回来被骗,重复多次性,终生性。由于从事宗教诈骗是个低成本、低风险、高回收,有前景、有钱途、可避税,几乎稳赚不赔的行业,所以常被心术不正者利用。而在庙宇文化中,这类问题突显在神棍身上。神棍大都会用一套玄虚的说词或符号,有些附带有恐吓,有的则串通旁人渲染助势,以谋取财色。从其诈骗的借口来分,神棍大约以3种角色骗人:其一。以神的代理人或化身自居。他们或者宣称能够通灵附身,或者能扶乩治病,或者能求神明显灵治病、降雨,或称自身已经得道,是某某神明的化身。这种神棍的"法力",大都依附在其所宣称的神祇身上,或者仅是神与信徒的媒介,代神传达旨意或代信徒祈愿。其二,是自称具有"法力",但非以神祇为借口者。这种神棍并非以神的代理人或化身自居,而通常是以卜卦、算命为手段,骗称被害人有什么灾厄,需要如何来解困,并称自己有改运、解厄的法力,然后在"施法"的过程中骗取财色。其三,不涉神力、法力者,他们的手段是借词建庙、做善事等,募款后加以侵占。[1]

二、两岸庙宇文化的复兴

尽管在现代化过程中,政治、教育不断强调传统庙宇文化的迷信、"封建"和浪费资源以及它确实存在若干非法、扰乱生活作息、制造环境污染等行为,然而,不管传统民间信仰给人的印象如何,它依然能够在现代社会中持续存在与发展,这是因为它能够提供问题的解释,强化人类应付人生问题的能力,并且具有教育价值和造福社会人群。这些重要的功能,让它与个人、社会具有密切的关系。[2] 在台湾,宗教热是由以下三个因素造成的:①近年来社会生活形态的急剧变化,导致广大民众精神上的苦闷、空虚和无所归依;②台湾当局适时调整了以往的宗教政策,逐步解除了对宗教发展的限制,以期利用宗教为稳定社会服务;③宗教界内部积极地自我改造和完善,为自身的发展拓展了更加广阔的空间。特别是80年代以后,台湾各类宗教活动出现了空前活

---

① 朱永昌:《寺庙神坛纠纷案例之分析》,收入瞿海源《宗教、术数与社会变迁》第1册,台北:桂冠出版社2006年版,第417—420页。

② 阮昌锐:《如何端正民间宗教信仰》,收入李亦园、庄英章主编《"民间宗教仪式之检讨"研讨会论文集》,台北民族学会1985年版,第130—131页。

跃的现象,这主要表现在:①信徒人数剧增,成员社会地位和知识层次不断提高;②财力雄厚,经营方式日益现代化;③充分利用现代传媒,强化和扩大宗教宣传的力度与广度;④立足本地,拓展海外。[①] 据统计,目前台湾登记有案的寺庙数量将近一万九千座,此外,还有为数众多的神坛,可见台湾寺庙文化之盛。[②]

在大陆,自从改革开放后,对于民间举行的信仰仪式、祭祀行为,力道已经有所放松。再者,由于庙宇文化是台湾民众的生活重心之一,而台湾的信仰又大多源自于大陆,作为"五缘"[③] 之一,在两岸交流趋于热烈的现今,以民间信仰的内容和精神感召,借助其在两岸间的影响力、辐射力和凝聚力,希望能够有效实施对台联络,推进中国和平统一,实现中华民族的伟大复兴[④],并用以昭示两岸密不可分的关系以及台湾是中国神圣不可分割的领土。另一方面,宗教文化活动算是一种观光资源,其所带来的人潮、生产与消费,对于地方经济的促进和活络,也具有一定程度的效应,此即所谓的"文化搭台,经济唱戏"。

基于上述诸种原因,在增加社会和谐、强化两岸交流以及促进经济发展的目标下,大陆将庙宇视为古迹和传统物质文化保留下来。于是,在大陆(特别是福建),庙宇建筑被刻意或不禁止地大量兴修,扩大规模,庙宇节目成为地方政府重视的项目之一,以因应台湾宗教团体返回大陆祖庙的进香活动和促进经济发展。同时,有关信仰的会议、书籍也被大量举行和出版。在政府的政策导向下,大陆民间信仰逐渐恢复和发展,百姓也在政府的默许或鼓励下,能够堂而皇之、行之有据地公开到庙里拜拜和举行神诞活动。

三、台湾庙宇文化的调整

由于大陆的庙宇文化正处于恢复期,宗教活动也不若台湾般频繁和带危害及妨碍性,加上民众的环保观念相较于台湾较为淡薄,宗教容忍度高,所以对庙宇文化不认为有必要也尚未有改革措施。而在台湾,地方主管、庙宇自身和相关团体针对庙宇文化所带来的负面影响和不符合现代需求方面,已做了

① 严安林、盛九元、胡云华编著:《台湾神灵》,九州出版社 2006 年版,第 2—12 页。

② 在台湾,庙宇与神坛的区别标准在于是否有屋顶,有者为庙,无者为坛。

③ 五缘包括亲缘、地缘、神缘、业缘和物缘。

④ 郑永、何子鹏:《五缘文化与对台网络宣传》,《今传媒》2013 年第 4 期。

许多的防治措施和调整,不过各项改革成效有所差异。在污染环境与危害健康方面,地方主管推出改善政策,积极推广与辅导环保寺庙认证,更进一步建议寺庙"减炉"或"暂时性封炉",亦即庙方仅留天公炉及主祀神的香炉,其余香炉可规划进行"减炉"或"暂时性封炉"。同时,还鼓励庙方以LED灯取代蜡烛和民众以米、以功、以鲜花代金等,并建立"不烧纸,心意不打折"的认知。目前,许多寺庙已经配合政策改设环保金炉,或是推动纸钱减量与封炉,将纸钱集中载运到资源回收厂纸钱专用投入口焚烧,及一炉一炷香和成立白米代金专区等措施。更有甚者,少数庙宇还走在时代尖端,在获得主神的同意下,将庙中的金炉、香炉、供桌完全撤除,并向民众倡导以手代香、心诚则灵的观念。虽然基于传统习惯让信徒感到不适应,心理也有待调整,但是民众大多肯定庙方的决定。

针对噪音问题,台湾当局于2008年修正"噪音管制法",在第二章第八条规定:噪音管制区内,于直辖市、县(市)主管机关公告之时间、地区或场所不得从事燃放爆竹、神坛、庙会、婚丧等民俗活动。于是,各地方纷纷依此制定相关规定,其主要着眼于禁止上述行为的时间,大致而言是上班前、下班后,特别是凌晨与休眠时刻,违者处以罚款。然而,不可讳言,由于官员基于对传统民俗的尊重,活动人员认为法规不合理,有损活动的热闹气氛,加上传统习俗的吉时和起始时间限制之故,多不愿配合,以致成效不彰。在热闹与安宁两方面如何取得平衡,尚有赖于观念的改革、活动人员的自律和地方主管的监管力度。

至于庙宇的犯罪行为,与个人心术和庙宇困境有关。如果主事者是心术不正的非法之徒,根本不会自断财路,改邪归正。反之,良善之人则没有这方面的问题,无需调整。就目前所见,仅有少数庙方为了预防染黑,谨慎选择并加强约束从事人员与子弟。例如九天民俗技艺团即规定成员必须遵守严格的规定,包括克制自己不骂脏话、打架、吸烟、喝酒和嚼槟榔。

台湾庙宇文化的调整,还显现在表演团体演出形式融入现代因素以及企业化、艺术精致化上。由于传统民间曲艺表演的形态内容已经逐渐无法适合现代人的思维及情感的需求,难以和现代生活步调配合,致使许多表演团体在变迁过程中产生了各种不同的调适方式。最普遍的现象,便是将现代社会的娱乐表演形态融入传统曲艺的演出中。因此,在节庆庙会时,戏台上便出现了各形各色的表演,除了一些地方戏曲的搬演仍然保有原来的特色之外,有许多剧团往往在传统地方戏的搬演过程中穿插时装剧,以现代社会生活为题材,不再搬演传统地方戏。

加上现代科技进步,现代社会新兴的娱乐形态与传统农业社会大异其趣,在内容和题材方面也有不同,例如电影、电视综艺歌舞、歌厅表演秀、卡拉 OK 伴唱机等,而这些娱乐表演往往也融入现代的节庆祭仪活动中。①

庙会表演团体的企业化和艺术精致化最成功的例子,莫过于明华园与九天民俗技艺团。明华园由陈明吉于 1929 年创立,至今已有八十几年的历史。在台湾,明华园不但成功将歌仔戏化身为最有群众魅力的文化创意产业,更让这门台湾独有的表演艺术惊艳国际舞台,而其家族三代子弟、媳妇都投入歌仔戏演出行列,也是表演艺术界的一大特色。明华园的戏剧表演展现了台湾人千变万化的艺术想象,它融合民俗、戏剧、诗词、音乐、舞蹈、杂技、美术、电影、现代剧场等多元艺术,甚至还有黑光剧场、空中飞人等特效运用,节奏明快,娱乐效果十足。强烈的视觉色彩、丰富的声光、具亲和力的肢体语言,让明华园一展开朗而热情的风格。②

综观明华园对歌仔戏的改进主要有三个方面:

其一,适应台湾社会进步的脚步,加强歌仔戏的精神与内涵的提升,给剧种注入新的生命。他们从内涵着手,重视剧本的创作,剧团设有专职的编剧,并聘请专家撰写剧本。同时,改变演出方式。一部戏上演之前都先经过反复排练,然后才搬上舞台与观众见面,摒弃歌仔戏演出的不严谨和随意性,从而提高整体艺术水平。

其二,从表演形式上进行改进与提高。一方面加强演员的基础训练,提高演员的技艺,另一方面重视导演的主导作用,以艺术化和精致化为提升的目标。再者,改进国乐,丰富歌仔戏的音乐表现力,糅合现代剧场和电影分场的节奏方式改进歌仔戏,并结合现代观众的审美情趣,强化现代剧场设备的运用,从灯光、布景、服装上做全面的更新与改进。

其三,把现代企业管理方法运用到剧团经营上。除了重视艺术人才的培养外,还重视行政管理人员的培养,建立社会联络网络,加强营销推广能力,降

---

① 黄美英:《神圣与世俗的交融——宗教活动中的戏曲和阵头游艺》,收入《民间宗教仪式之检讨"研讨会论文集》,台北民族学会 1985 年版,第 86—87 页。

② http://www.twopera.com/about_mhy.html.

低营运成本,针对不同的经营环境,采取不同的策略。①

由于明华园的表演能够与时俱进,不断创新、改造,严谨而精致,符合现代人的口味,因此屡屡登上大型室内舞台,深受观众的喜爱和赞赏。

九天民俗技艺团原为庙会上的阵头表演团体,表演类型有鼓艺、家将、神偶等,是由九天玄女庙出身的许振荣于 1995 年创立。他除了希望借由民俗表演让迷失的少年走回正轨外,还以发扬及传承传统技艺为己任,不断钻研精进技艺,创新台湾传统艺阵艺术,期望在传承之中增加新生命,而将民间习俗技艺提升至剧场艺术文化层次。对于九天而言,艺术是一种追求完美的极致,它秉持着宏观的视野及理想,将台湾传统的民间阵头表演加以活化推广、提升,进而艺术化并扬威境内外,使"技"与"艺"能够达到极致境界,成就民俗美学。② 近年来,九天的鼓艺表演与神偶艺阵,不仅多次参与台湾大型庆典活动,更受邀前往美国、加拿大、日本、韩国、非洲等地区进行巡回演出,甚至还被翻拍成电影。

四、两岸庙宇文化的若干差异

海峡两岸由于民间信仰热衷程度、社会经济发展、宗教政策和意识形态等方面的不同,随着两岸的分治,庙宇文化的发展也产生若干差异。依据笔者的观察,有下列几点:

(一)庙宇建筑的豪华程度

台湾由于民众信仰的虔诚,到寺庙参拜,特别是寺庙计划翻修时,总会慷慨解囊,不吝惜捐助香油钱,借以感谢神恩或希望获得神明的眷顾,加上寺庙发展出许多生财之道,并且不用缴税,许多大庙极为富裕,有足够的经济力量重修一间美轮美奂富丽堂皇如宫殿般的庙宇。必须说明的是,这种行为和心态,也不是为了炫富,其意义除了表示对神明的敬意,希望她们能够住得舒适外,华丽的建筑更重要的是彰显出该庙的灵验与香火旺盛,因为财源主要来自于信徒,有坚强的经济实力代表香客众多,而香客众多则意味着该庙神明的法

---

① 林国平主编:《文化台湾》,九州出版社 2007 年版,第 602—604 页。
② http://www.chio.com.tw/achievement1.php?b=4.

力强大,并有较高几率达成求助者目的要求,同时也标示着该庙的地位。

相较于台湾,大陆庙宇由于正处恢复期,财力也不若台湾庙宇般大,况且其修复多以古迹和传统物质文化的名义进行,因此,建筑形式显得古朴许多,少装饰,用色较为简单。不过,近年来在台湾分庙组团返回大陆祖庙进香的盛况下,台湾庙方人员出钱筹划重修,大陆祖庙的规模便愈来愈宏大,愈来愈壮观。对此,政府也乐观其成,采取默许的态度。

(二)庙宇内部设施与器具

台湾庙宇建筑的重要表现形式之一,是位于主殿天花板上代表主神地位的藻井,虽然有繁简之分,但是几乎每个庙宇都存在这个装饰构件。除了藻井之外,由于台湾庙宇、神坛普遍存在神明降驾办事的乩童文化[①],其所存在的乩童及神明专用的法器——五宝[②]和小型五色令旗[③]则是大陆庙宇所没有的。

当然,闽南庙宇也有台湾庙宇没有的设施,笔者认为最特别的是中庙门内侧上方的天公或三界公神龛。据口碑资料言,其含意在于表示不管进庙者的身份多么尊贵,都要从神明的脚下通过,亦即神明的地位高于世间众人,即使是上天之子也必须臣服。这种说法虽然未必完全正确,但有一定的道理,因为能进出寺庙中门者除了神明外,只有特殊人士才有此殊荣,庙方会开中门迎接以表重视,而这些特殊人士通常又多是拥有权势和地位者,或许是庙方人员内

---

① 台湾的乩童分为文驾和武驾,扶鸾不使用法器者为文驾,此类的神人媒介包含许多以朝山为主的灵修者,而灵修派的特色是每个灵修者都能够直接与神沟通,也容易被各式灵体(通常为动物灵)附身,附身灵体常常假称为某某神明;相对地,有使用法器的为武驾,武驾乩童在办事前通常会在神椅上闭目静坐,以待神明决定此次由哪尊神明降驾。每尊神明降驾时在乩童身上所呈现的姿势都不同,相关辅助人员(主要是左右笔生即桌头)常常能够依据经验,事先得知降驾神明的身份,以此来准备神明惯用的法器、服饰和令旗。而神明在降驾后,多会有一番的操宝仪式,其所持法器、令旗亦在为问事者解决问题时使用,如画符、治病、驱邪等。

② 五宝指的是七星剑、铜棍(角棍)、鲨鱼剑、月斧、刺球,其在仪式使用上有固定的顺序。七星剑、铜棍、刺球是神明办事时较常用到的法器,通常关圣帝君持铜棍、玄天上帝持七星剑、中坛元帅三太子持刺球,不过也有例外,并非固定不变。

③ 五色令旗指的是青、黑、红、白、黄五种颜色的三角旗帜,是指挥内外五营兵将的主帅旗,各营统辖数目不同(九夷军九万九千、八蛮军八万八千、六戎军六万六千、五狄军五万五千、三秦军三万三千)。在武将神明降驾办事时,不同神明通常会手持专属的色旗和穿着相对应的服饰,如关圣帝君持青旗、玄天上帝持黑旗、九天玄女持红旗、中坛元帅持黄旗,如果情况特殊或严重,则有持黑令旗的共同现象。有一说言,不同颜色的令旗是神明权力大小的表征,笔者无法判断此种说法正确与否,姑且存疑。

心冀望,不管进庙者权势或地位多高,都应该对神明抱执着谦卑、敬畏的态度,又不能明讲的缘故吧。

（三）开放时间

台湾庙宇每日从早晨开门（6:00—8:00）到夜晚关门（20:00—22:00）,其间均是开放时间,中间不休息,让有需要的民众随时都可以到庙里参拜,庙中有轮流守职人员。大陆许多庙宇则为上下班制,中午午休时间不开放,晚上关门时间也较台湾早。之所以如此,除了庙方人员自行决定外,是否还有其他因素,有待进一步调研,而一些有政府机关入驻的庙宇甚至不开放,已失去宗教的功能。

（四）骗财方式

台湾神棍骗财方式已于本文第二部分有所论说,属于诈骗行为;大陆寺庙骗财人员则多为假和尚、假道士,并带有半胁迫的意味。这些寺庙的特征是很少当地人会去参拜,庙中也少见或不见信徒,而穿着道服、僧服的工作人员会在未告知的情况下,主动点香给进庙者,然后带领不明就理者向神尊进香叩拜,拜完后告知对方必须在油箱里投入多少钱。接着工作人员会再编造一套说辞,其台词多为自己平时很少跟人说什么事,但是因为彼此有缘,所以泄露天机,当事者在当年某时会有大利或大灾,如果想要保有或避免,最好捐钱请所拜神明帮忙。同时,拿出一本内中记有某某、某某捐献多少（通常是数百至数千元）的账册,连哄带骗游说被害者依照册上数目供奉,以便留名,受神眷顾。对于初次遇到此一手法之人,常会基于不好意思或担心受灾的心理因素,出资若干以摆脱工作人员的纠缠。这种戏码,有时在街上也会遇到。

结　语

传统民间信仰自清末以来,在中国追求现代化的过程中,随着西方中心论、马克思主义思想的盛行,统治者和知识分子透过政治、教育、媒体多方面的宣传和强调,被赋予不科学、迷信等负面印象,并被视为是一种原始的、低级的宗教,加上与现代工商社会人民的生活习性和观念有所抵触,以及仪式活动和从事人员确实有污染环境、危害健康、制造噪音、破坏社会秩序和骗财骗色的事实,两岸庙宇文化同样经历了一段萧条期。然而,因为它能够提供问题的解释,强化人类应付人生问题的能力,并且具有教育价值和造福社会人群,所以依然能够在现代社会中持续存在与发展,而庙宇文化透过自我的改造、完善以及两岸交流热络的契机,再度恢复和兴盛起来。

台湾庙宇配合现行政策,实行少纸、少香措施,约束子弟行为。不过,其努力成效在各方面不尽相同。大体而言,减少环境污染最有成效,但是在噪音、犯罪方面,问题依然相当严重。这种调适,同样也发生在与庙宇文化相关的表演团体上。这些团体将现代娱乐项目融入节庆祭仪活动中,企图以此重新吸引众人的目光。但是以结果论,不但未能达到希冀的目标,也丧失了传统戏曲的味道,变得不伦不类。即使如此,还是有转型成功的例子。当中,明华园与九天民俗技艺团可说是典型。他们成功的因素不在于媚俗,而是将传统戏典、阵头质量提升到现代表演艺术的层次,不断地创新、精进、专业、有水平,以此获得中外的赞赏,屡屡登上大型舞台。

两岸庙宇文化由于分处恢复期与热络期,加上政策、意识形态、社会经济发展等方面的不同,虽然拥有共通的神缘,却也存在若干的差异。大陆庙宇文化除了尚未发生过上述台湾的经历外,在庙宇建筑的华丽程度、内部设施与器具、营业时间等方面,都与台湾庙宇有不同的发展,即使同样都存在骗财现象,其诈骗手法也不尽相同。

关于两岸语文工作研究的几点想法和建议

李如龙

厦门大学中文系教授

一、台湾海峡两岸的关系中，语言文字的关系是最深层的、最不可改变的，应该充分理解和珍惜这一历史的现实

台湾虽然和大陆分隔过六十多年，在日据时代还经历过"皇民化教育"对汉语母语的残酷压制，但是，由于中华民族的文化具有深远的渊源和强盛的生命力，语言文字之缘一直没有被切断。光复之后，台湾很快就普及了国语，如今台湾普通百姓比闽粤两省一般人的普通话水平还高。台湾和大陆的普通话甚至还没有英、美、澳之间的英语差别大。在书面语方面，两岸通用的白话文也相当一致。在台湾，民间通行的闽南话、客家话和闽粤两省的闽南话、客家话依然十分相近，通话毫无困难。尤其是厦门话和台湾闽南话之间的近似度甚至超过了泉州、漳州以外的闽南话。台湾使用繁体字，但口语和书面的通语都更接近大陆。在台湾，连最顽固的"台独"派也从来没有人提过不要国语、不要白话文、不要闽南话和客家话，离开了这些沟通工具，谁还能生存？为了抵制已在全世界通行的汉语拼音，陈水扁执政时曾经炮制过"通用拼音"，企图用它来代替汉语拼音，没几年工夫也销声匿迹了。

二、"语文之缘"应该得到充分的重视

由此可见,海峡两岸之"缘"最重要的是"语缘"。这里所说的语缘包括语言以及作为语言的书面记录形式的文字。有如阳光和水分,语言文字是人们须臾不能离开的生活需要。语言文字的背后有丰厚的文化蕴涵:从风俗习惯、宗教信仰到种种意识、观念,成语、谚语中所体现的是与非,古典诗词中洋溢的美感,经史美文中凝聚的道义,就是争取两岸和平统一的最基本、最强大的,取之不竭、用之不尽的动力。

三、"语缘"的研究已有良好的基础,其两岸的合作经验值得总结与推广

对于语文之外的各"缘",多年来两岸的民间已经有多种途径开展交流和合作。例如许多姓氏联手续修族谱,共同研究妈祖、保生大帝、临水夫人等民间信仰文化并开展相关的各种活动,组织南音、歌仔戏和客家山歌的交流、演出和研究,台商在福建各地的工农业开发、商业沟通等等。这些沟通对于两岸的文化认同、促进经济发展都有重要作用。可见,提倡"五缘"文化的研究是有重大意义的。

在语言文字方面,多年来两岸学者已经有了长期的、广泛的深度交流,闽方言和客方言都是闽台两省最重要的方言。汉语方言的按区举办研讨会,闽语和客语是走在前列并且连续不断的。从 1987 年开始,闽方言研讨会两年举办一次,除了福、厦、漳、泉之外,还在台北、香港、汕头、海南、湛江各地举办过,台湾学者参与的越来越多。从 1993 年起,客家方言研讨会也是两年一届,除了在龙岩、厦门之外,也在台湾的桃源、香港、广东、北京、四川、江西等省市开过会,闽台两省数十位学者年年都能共聚一堂,交流研究成果;关于两岸语言文字的比较研究也常有专题会议举办;在许多学者的共同努力之下,《全球华语词典》和《两岸常用词典》已经出版发行,两岸合作创建的"中华语文知识库"网站也开通了,新出现的不同词语有人监控、搜集、整理公布。语文之缘事实上已经展示了两岸交流的良好功能,创造了有效的模式。建议有关部

门多做调查研究,及时总结经验加以推广;发动和指导各级政府关注和支持这方面的工作,投放必要的资金,促进两岸文化界、经济界的交流与合作;发动高等学校、研究机构和社会团体,加大力度组织两岸相关学者举办各种研讨会和对口参观访问。

四、维系并拓展语文之缘的当务之急

台港和大陆使用这不尽相同的繁简字,这对民间的沟通造成了一定的困难,学界对此也有些不同看法。两岸应该正视这个问题,求同存异,先易后难,逐步落实。

在现代化的网络时代,文字书写已经大部分交给计算机去处理了,合作的计算机输入也走过了"万马奔腾"的年代,集中于几种输入法。在繁简字并存的情况下,首先应该解决的是计算机上的繁简转换的问题。最近,厦门大学计算机系研究的繁简转换方案已经取得初步成效,应该进一步讨论研究、使用推行,最好吸收香港、台湾的有关专家共同参与讨论,形成最佳方案。先把一两百个"同音替代"的简化字(后—後、只—隻、干—幹)造成的转换失误解决了,就是扫除繁简障碍的第一步,这个当务之急,并不难做到。

接着,有必要探讨由繁识简和由简识繁的最佳途径。繁简字的存在已经有两千年的历史,港台习惯使用繁体,大陆习惯使用简体,则是难以改变的现实。事实上,识繁学简和识简学繁都不是什么难事。50年代的大陆知识分子就在不知不觉中学会了。改革开放后,港台人士来大陆,也有许多人很快就掌握了简体字。繁简互学首先要扫除思想障碍,知道繁简差异并不可怕。现有的大陆简化字,不做简化偏旁用的简化字只有350个,可做简化偏旁用的简化字和简化偏旁也只有146个,两项之和也不到500字。有许多简化字早在宋元时期就通行了,"台湾"二字其实也是台湾最常见的写法。只要组织一批专家编一本最为易懂易学的《繁简字学习手册》,使识繁的人学简和识简的人学繁能在最短时间内学好,便可以过渡到繁简双轨并用。在大陆,可以在高中生中试验教学繁体字的办法,总结经验,逐步推广。在高中以上的学生中普及繁体字对于他们日后学习古文、接受历史文化遗产是大有好处的。简体字已经推行了半个世纪,虽有一些缺点,也有不少可取之处,印成的读物已经难以计数,两岸的华夏子孙将来若能繁简兼通岂不是更好?

我还想提个建议,组织两岸的语文学家探讨简化字的适当调整。

50年代确定的简化字中,现在看来有少数是不合理的,是否有可能改回繁体? 1986年国家语委曾经把"叠、覆、像、啰"4个字改回繁体,事过28年了,如果把它看成试验,应该说试验是成功的,适当调整并非不可能。当然,需要改动的有多少,要认真研究、谨慎从事。大面积地改动显然是不合适的,工作步骤和可行性都要经过充分的讨论和研究。在这个问题上也不妨听听港台学者的意见。

五、制定汉语和汉字的规范也可以听取港台学者的意见

汉语和汉字既然是在所有的华人中使用的,由于历史的原因,除了使用繁简字的不同,在汉语汉字的使用中境内外还存在着不少差异。例如,台湾的国语有些读音是延续30年代的《国语词典》的(如和读为han),也用惯了一些方言词和外来词(头家、便当);香港则使用了更多的粤语词汇和俗字(揸车、泊车、好嘢);海外华人说的华语也有特殊词汇(唐山、唐人)。如果是面对海内外的全体华人,词汇上的规范是否应该适当放宽些? 通用汉字有1/10的多音字,还有不少异体字、异形词,国家语委和相关的各种机构常年不断地在进行有关的研究,如普通话审音、异体字整理、异形词规范、自然科学术语统一。以往这些工作都是由北京方面做的,事实上,台港、东南亚的几千万华人都在使用汉字,也可以听取他们的意见。可以邀请这些地方专家参与研究,或就已有的初步方案提出修改意见。这种集思广益的做法只有好处、没有坏处。除了可使规范方案更加合理,也能表示出应有的大度,工作过程中还可以增加境内外华人的沟通,增强海外华人的民族意识。

六、组织学者交流语文政策和语文教学经验

由于历史的原因,各地的语文生活有不同,当政者在制定有关政策时也有许多意识形态上的差异,所制定的政策也就会有种种差别。在全球化的当代社会,为使海内外华人的语文生活更加和谐,有关工作更加高效,在这些方面应该淡化政治色彩、强化业务意识,提倡多交流、多切磋,求同存异。

在语文政策方面,如何既有效地普及民族共同语又不断提高其规范水

平？境内外、南北方在普通话测试和 HSK 测试中要不要有所区别？早有学者提出来了，却未加讨论；如何适当地保护地方方言，提供其存活空间，例如开放和鼓励在课堂之外、校园之内使用方言，以增加社会生活中的语言多样性？台湾多年来实行的"乡土语言教育"究竟得失如何，有何经验？大陆有些地方也在仿照有关做法，效果如何？都是值得调查研究的课题。如何有步骤地推行国际上已经通行的汉语拼音，使华人的语文生活能够更好地实行国际接轨，也使对外汉语教学更有成效？台湾所用的"注音符号"已经明显地捆住他们海外华文教育的手脚，这其实是一个很值得引起台湾教育部门关注的问题。在香港，在中小学采用普通话作为教学语言已经提倡多年，还有不少教师有不同看法。这固然有旧的教学习惯的因袭，也存在值得探讨的地方。闽粤方言都是距离普通话较远的方言，在用汉语拼音识字学普通话的同时，如果辅以方言对字义、词义的解释，应该是可以采用的教学法。在三四十年代的闽南地区，曾经有过"正音识字、方言解释"的教学法，这种教学法使小学生学了拼音化的字音和词汇，也把它和方言挂起钩来，理解普通话又快又准，学了普通话，方言也没有忘。这种教学法可以考虑在闽粤地区试行。

有关这些方面的问题，可以由国家有关部门立项招标，研究所和高等学校、专业学会组织研究，也可以组织两岸学者联手协同研究，但必须有政府在政策上和财力上的支持。

各地华人社会所使用的语言文字既然是同源同宗的，面向少年儿童的语文教育应该有更多的共性。但目前各地的做法有许多不同。例如语文教材中现代文和古文的比例不同、书面语和口头语的要求不同，听、说教学和读、写教学的要求也有许多不同说法，课堂教学和课外活动的关系、对汉字认读和书写的要求等，都有不少不同的做法。例如，港台的中小学语文课本文言文的篇目就比较多，香港的口语训练指的是粤语的交际训练，而普遍都强调读写训练而少有口语训练的安排。应该说，适应着不同社会生活的特点和方言使用、通语普及的不同状况，不同的要求和做法都是事出有因的，都有存在的理由，实践效果也各有经验和教训。八九十年代，各种语文教育学会和一些高校都组织过联合调查和讨论，也取得了一些共识，推动过各地的语文教学。近些年来教育经费多了，教授队伍也大了，不知何故，此类很有必要、很有价值的交流研讨活动反而少了。国家社科课题和教育部的研究课题的设计,高校和研究机构的导向,一向都是集中于语言学的本体研究或引进国外的种种现代语言学理论,而严重地忽视了汉语教育的应用研究,语文教育的课题被认为是没有科学含量、没有学术价值的,这显然是个偏差。

近些年来,全世界学习汉语的大潮滚滚而来,事实上,如何根据汉语的特征,瞄准各国二语教育的实际国情、地情和民情,使满腔热情来学汉语的外国人学得好、学得快,还有许多学术问题和工作问题要研究。看来,除了每年的社会科学研究项目之外,建立几个语言文字应用研究基地,组织固定的研究队伍,持续不断地研究语文教育问题是非常必要的,而现有的语言学研究基地都是汉语本体研究的。

七、关于境内外汉语词汇语法的比较研究

近些年来,关于海内外汉语的词汇、语法的比较研究已经引起学界重视,有了一批成果,如《全球华语词典》、《两岸常用词典》,海内外汉语在语法方面的差异也有一些课题和项目正在研究,还开展了一些合作的大课题在研究。这方面的工作有了进展,应该继续推动。关于汉语词汇、语法的研究不能只局限于大陆地区的汉语,也应该包括境外的华语。把数千万的境外、海外华人所说的华语的词汇语法特点排除在外,汉语的研究就是残缺的;把海外华语的种种差异也涵盖其中,汉语的研究只会更加全面、更加深刻地展示汉语的特征。如何考察和理解海内外华语在词汇语法上所形成的差异,这是很有意义的社会语言学的研究课题;如何正确对待这些差异? 在教学、测试当中怎样恰当处理这些差异,要不要采取不同的规范和测试措施? 这是应用语言学应该研究的课题。所有这些研究课题,都应该展开专门的研究。

其实,不仅内外的通语有别,在两岸的闽南话和客家话方面,也是同中有异、异中有同的。以往的比较研究都是两岸的学者分别去做,虽有交流,沟通还是很不够,不能形成大规模的比较研究、提出足以传世的研究成果。福建师范大学曾经设立两岸语言比较研究中心,设计过《闽南话比较词典》和《客家话比较词典》的编写方案,看来,很有必要立项并组织两岸学者合作完成。这对两岸人民的母语认同和汉语语言学的研究都有重要意义。

八、关于筹建闽台方言博物馆的建议

几年前,笔者曾经向厦门市提出筹建闽台方言博物馆的建议,一直没有得到回音。后来,还多次向有关部门建议过。最好是由福建省和厦门市共同筹建,相关的广东、江西、海南等省合作进行。闽台共有的闽南话和客家话不但流播两岸数百年,至今还能通行无阻,而且还传到东南亚各国,使用人口至少超过八千万。闽方言和客方言是汉语方言中向外散播最为广泛的方言。虽然在东南亚落籍的闽南人和客家人的后裔有的已经不会说自己的母语了,但是母语的情结依然存在,因为闽、客方言都有很强的民族文化向心力。建立闽客方言博物馆对于增强两岸人民的民族认同感和自豪感,理解和体会闽南和客家的海洋文化,从语言学方面考察方言的流播和接触,探寻其中的演变规律,都有着重要的意义。

这个博物馆可以绘制闽客方言的各种分布地图,配上简明的录音音档和详实的语料库,并附有相关的图像,观众按动电钮就可以听到不同地方的闽、客方言的不同口音,并使人对闽、客方言的国内外流播一目了然。这实际上也是东南亚华侨史的展示,可以使参观者体会到闽台人民走向海洋的过程和艰辛。展品中还可以有不同方言区的种种日常生活用具和服饰的实物展览,可以有闽客方言的研究成果展示,并提供闽客方言的各种地方戏曲、说唱的声像材料,供参观者浏览和研究。

筹建闽台方言博物馆理所当然也要延请台湾学者参与,还可以采取合作的办法,复制两套在两岸分别展出。办好这个博物馆,对于把闽台两岸和东南亚华人的"五缘"世世代代地传承下去,意义是很难估量的,真是功在当代,利在千秋。

海峡两岸典型性政治话语比较分析

刘国深

两岸关系和平发展协同创新中心执行主任,厦门大学教授

梁 颖

厦门大学台湾研究院研究生、广西医科大学外国语学院教师

政治话语由最小单元的政治语词构成,是政治文化最简易的表征之一。政治文化是总体文化的一部分,而当前两岸文化话语体系差异中最复杂、最敏感的问题就是政治话语体系的错位。经过长期各自为政的政治社会化过程,两岸在政治认知体系方面出现了不少差异,双方对一些常用政治语词的内涵和指涉范围的理解存在或显著或微妙的歧异。两岸政治话语体系的差异既影响着两岸之间的沟通,也给别有用心的政治人物以火中取栗的可乘之机,甚至可能带来两岸政治关系的波涛汹涌。例如,当两岸双方各自提到"我国"一语时,其中的概念内涵却是相当分歧的。当台湾方面有人在大陆声言"台湾是一个主权独立国家,它的名字叫中华民国"时,大陆方面许多人的血脉一下子偾张起来。再如,大陆方面的"一个中国三段论"政治话语,"世界上只有一个中国,台湾是中国的一部分,中华人民共和国政府是代表全中国的唯一合法政府",曾经是官方典型的权威性政治论述,围绕这一政治话语,海峡两岸进行了几十年的政治较量,演绎出许多惊心动魄的故事。进入两岸关系和平发展的历史新阶段后,两岸政治话语也已开始悄然发生变化。以典型性政治语词的比较分析为突破点,厘清两岸政治话语差异问题,有助于海峡两岸的政治沟通与对话,有助于缩小两岸政治文化差异,为两岸政治整合创造更好的条件。

一、两岸典型性政治话语举隅

海峡两岸的政治话语差异不仅体现为某些相同事物的名称不同，而且还表现为相同话语的概念内涵歧异。当前两岸比较具典型意义的差异性政治话语有："一国两制"、"九二共识"、"维持现状"、"中国"、"国家"、"政府"、"一个中国"、"主权独立"等，以下我们先举"一国两制"、"九二共识"、"维持现状"等典型性政治话语差异案例进行比较分析。

（一）"一国两制"

根据大陆学者的解释："一国两制"指一个国家根据自己宪法、法律的明文规定，在这个国家的部分地区实行不同于其他地区的政治、经济和社会制度，但这些地区的政府是这个国家的地方行政单位或地方性政府，不能行使国家的主权。根据这一定义，"一国两制"有两项基本特征：一是在单一制的国家结构条件下实行的，但具有复合制的某些特征；二是"一国两制"的主体为社会主义。王邦佐、王沪宁则从国家结构理论和主权理论的角度来说明"一国两制"的涵义，"一国"就是讲国家主权的不可分割性和中华民族的统一性，"一国"是"一国两制"的立足点，不仅阐明了"一个中国"的原则，还强调了国家的单一制，"一国"和"两制"是主权和治权的高度有机结合，从主权和治权的权力关系看，其最大的特点就是高度自治权。[①] 大陆方面认为这是中国领导人的一大创举，是对台湾当局释出的极大的善意。

而台湾方面的理解却是相当负面的，大多数台湾人至今认为"一国两制"就是矮化台湾，把台湾香港化。台湾地区前领导人李登辉曾多次公开反对"一国两制"，并在 1994 年的《海峡两岸关系说明书》中直指"一国两制"是任由中共宰制的一种权宜措施。台方"陆委会"于 1997 年 6 月发表的"对九七香港情势的立场与政策说帖"中，较全面地阐述了台湾当局对"一国两制"的理解和观感，认为大陆提出的"一国两制"构想，"究其本质，是要台湾向中共归降，所以'一国两制'不仅台湾地区人民无法接受，在客观上亦不可行"[②]。

---

① 王邦佐、王沪宁：《从"一国两制"看主权和治权的关系》，《政治学研究》1986 年第 2 期。

② http://www.mac.gov.tw/ct.asp? xItem = 45567 & CtNode = 6076 & mp = 1.

也有台湾学者认为"中共通过'改朝换代'的逻辑建构了以上对下的'一国两制'架构途径来对付台湾","基本上不是以市民社会或人民为主体；于是，由此所延伸出来的对内对外政策作为都会呈现以国家为中心，强调由上至下权威行使的统治格局"①，有损台湾尊严而无法接受。

（二）"一个中国"

长期以来，大陆方面主张一个中国就是中华人民共和国，台湾是中国的一部分；而国民党方面主张一个中国就是1912年成立的"中华民国"；李登辉主张政治上的一个中国早已不存在；而民进党内有人认为"中华民国"论已经没有正当性基础了，一个中国就是中华人民共和国。

大陆对"一个中国"的表述经历了从"老三句"到"新三句"的变化过程。20世纪70年代，中国政府与其他国家建交时，都会要求建交对象国必须遵守"一个中国"原则，这就是"世界上只有一个中国，台湾是中国的一部分，中华人民共和国政府是代表中国的唯一合法政府"，这就是著名的"老三句"。1995年1月，江泽民主席在《为促进祖国统一大业的完成而继续奋斗》中对其进行了部分修改，"一个中国"原则被重新表述为："世界上只有一个中国，台湾是中国的一部分，中国的主权和领土完整不容分割"，这也被称为"中三句"。2000年8月24日，钱其琛副总理在会见台湾《联合报》系访问团时，对"一个中国"原则的内涵又做了新的诠释："我们主张的'一个中国'原则是，世界上只有一个中国，大陆和台湾同属于一个中国，中国的主权和领土完整不容分割"，这就是著名的"新三句"。

台湾内部对一个中国的解释存在很多争议。国民党方面长期坚持一个中国就是"中华民国"。但在李登辉主政中后期，国民党执政当局在一个中国问题上的政策立场开始发生逆转，推动所谓的"中华民国台湾化"，提出"中华民国在台湾"等论调，竭力谋求台湾"与大陆对等的、独立政治实体"地位。1999年7月，李登辉公开鼓吹"两国论"，更是其在一个中国原则问题上的背道而驰。2000年，在丢失台湾的执政权后，国民党着手与李登辉的"台独"思想进行切割。2005年国民党主席连战访问大陆，与胡锦涛总书记共同发布"两岸和平发展共同愿景"，包括"九二共识"在内的"五项共同愿景"后来被纳

---

① 李英明：《重构两岸与世界图像》，台北：生智出版社2002年版，第168页。

入国民党的党纲,为此后国民党领导人的大陆政策提供决策依据。但国民党仍然认为,对于"一个中国"的内涵,两岸并未达成一致的意见,双方可以各自表述自己的看法。

民进党内的一些人长期以来公开指称的"一个中国"就是中华人民共和国,他们认为"中华民国"只是国民党人带到台湾的"跑路政权",没有正当性,同时认为"台湾不属于中国"。

(三)"九二共识"

"九二共识"是时任台湾大陆事务部门主管苏起先生根据1992年两岸两会"香港会谈"的书面文件,概括出来的描述双方基本立场和主张的名词。国民党对"九二共识"的认识与处理因其不同时期主政者立场的不同而有所变化,但国民党的主流意见是强调"九二共识"就是"一个中国,各自表述"。大陆方面对"九二共识"解释的核心内容与精神是"海峡两岸均坚持一个中国原则、谋求中国的统一",但在两岸事务性商谈中可以不涉及"一个中国"的具体政治含义。

民进党方面始终不承认两岸双方有"九二共识"的存在,其主要原因是出于对1991年"台独党纲"的坚持。2000年台湾政党轮替之初,在各界的压力下,陈水扁提出所谓的"四不一没有"承诺,对"九二共识"的态度也比较暧昧,甚至称"如果要说有共识,那就是'没有共识的共识'"。基于陈水扁表现出的弹性,时任台湾大陆事务主管蔡英文立即发表声明加以"修正",否认存在"九二共识"。之后,陈水扁的态度逐渐明朗化,指称"九二共识"是由当时的台湾大陆事务主管苏起杜撰的名词,根本不存在,从来没有人看过或听过"九二共识"这四个字。陈水扁之后的民进党领导人,不论是谢长廷、苏贞昌还是蔡英文,都附和这样的主张,即否认"九二共识"存在。民进党不仅否认"九二共识",而且使用各种替代词以回避两岸关系的核心问题。例如,陈水扁主政时期曾一度想以"九二精神"取代"九二共识";2008年谢长廷等人提出"05共识",即两岸以2005年推动节日包机直航的模式;2010年吕秀莲提出"96共识",即以1996年台湾首次直选领导人所形成的共识;2011年蔡英文为参加次年台湾领导人选举而提出的"台湾共识";2012年谢长廷到大陆参加活动时提出了"宪法共识"。虽然民进党人不断尝试用各种新的说词来代替"九二共识",但是其根本意图仍是否认以"两岸均坚持一个中国原则"为核心的"九二共识"。

（四）"维持现状"

大陆方面过去对"维持现状"的相关表述主要集中在"和平统一，一国两制"的方针政策中，强调国家统一后，将维持台湾现有的政治经济现状。1979 年元旦大陆方面发表的《告台湾同胞书》明确提出，一定要考虑到现实情况，完成祖国统一的大业，在解决统一问题时尊重台湾现状和台湾各界人士的意见，采取合情合理的政策和办法，不使台湾蒙受损失。1981 年的"叶九条"也明确称"国家统一后，台湾可作为特别行政区，享有高度的自治权，并可保留军队，台湾现行社会、经济制度不变，生活方式不变，同外国的经济、文化关系不变"。近年来，大陆方面对"维持现状"的论述重点开始向最终统一前的两岸政治关系现状漂移。

台湾方面关于"维持现状"的话语表述频繁出现在以台"陆委会"等民意调查机构公布的"统独民调"选项中。台湾的民调选项一般包括"维持现状，以后走向独立"、"永远维持现状"、"维持现状，看情形再决定独立或统一"以及"维持现状，以后走向统一"这四个不同政治光谱。对于"维持现状"的定义，台湾内部的认知也是分歧的，蓝营的表述侧重于"中华民国主权独立现状"，绿营侧重于"台湾的现状就是一个主权独立的国家"。绿营内部对"现状"的解释又以对"目前的国号叫中华民国"的态度不同区分为"现状台独"或"激进台独"。台湾的政治人物之间也对"维持现状"有着各自的解读，例如马英九认为的"维持现状"即是"不统不独不武"。而施明德则从"分裂"的角度强调要维持"中华民国"（或"台湾"，或"中华民国在台湾"）作为"一个主权独立的国家"的"现状"。

二、两岸政治话语差异的环境因素分析

特定的政治话语是特定时空条件下政治文化的产物，而特定的政治文化又与特定的社会文化大背景、社会结构以及经济结构有着密不可分的关系。在两岸特殊政治语境下，两岸政治话语的发展和演变从另一个层面折射出两岸大环境和各自内部环境发展的轨迹，而政治话语的差异简明扼要地勾勒出两岸关系发展的时代背景。1895 年以后，海峡两岸的社会、文化、经济

发展出现明显的不同步现象,日据时期和新中国成立以后,两岸公权力组织和民间社会结构形式存在明显的差异,不同的经济、社会和文化生活环境,强化了两岸政治话语的差异性,这种政治话语的差异又进一步增大两岸政治沟通的难度。

中国人的政治话语体系本来就与西方社会的政治话语体系存在明显的语义差别,中国内部的幅员辽阔和复杂多元更使得中国人的政治语言常常是不够清晰的。在中国人传统的知识体系中,"天下"与"国家","国家"与"政府","政府"与"政权","政党"与"政府"、"单位"与"政治体系"……太多的政治话语都是混淆不清的,我们日常使用的政治话语与西方主流政治话语之间存在明显的语义落差。极端的例子,中国社会甚至存在有些政治强人与"国家"指代合而为一的现象。至于"主权"与"治权","代表权"与"管辖权","立法权"与"行政权"、"司法管辖权"等概念的差异,大概只有极少数专业人士可以分得清楚。中国人许多政治话语含有多重意义,有时口语表达的语调重音的选择,也会有不同的内涵。如此形成的两岸话语差异直接影响到两岸双方的政治沟通有效性。海峡两岸之间的政治话语差异不仅是中国人内部之间的地区差异问题,加上特殊的历史原因,使它有着更加深刻的经济、社会、文化大背景。

(一)两岸经济发展模式和利益联结断层

按照马克思主义理论有关经济基础决定上层建筑的著名论断,经济基础决定上层建筑,社会文化发展的内容和形式受制于经济发展模式和利益格局。长期以来,两岸不仅在经济发展模式上南辕北辙,更缺少基本的相互依存和利益联系,两岸社会文化出现"断层"也就不可避免。

大陆长期以来以计划经济和公有制经济为主,与之相应的是信奉马列主义和毛泽东思想为核心的政治文化,经过几十年的发展,自然形成与台湾在形式和内容上截然不同的中国特色的社会文化体系,农业社会的体制鲜明。台湾地区发展中国特色的资本主义,以私有制和市场经济为特征,与之相应的是政治上信奉美国式民主政治,社会大文化则是中国传统文化和美国、日本等外来文化混杂的文化体系,后工业社会的特征鲜明。

1990年前后,两个经济发展水平相差20年以上,缺乏共同的利益联结关系的政治次体系彼此打开大门,双方第一时间感受到就是巨大的差异,而政治文化更是格格不入。1987年蒋经国开放国民党老兵返乡探亲时,台湾的年人均收入为4905美元,而大陆年人均收入仅为290美元,两者相差17倍。明显的经济优势无形中使台湾民众在面对大陆的时候产生政治上的优越感,两岸政治话语内涵的差异因此进一步强化了。

然而,差异也产生了动力,不仅大陆急起直追,台湾工商界也发现了大陆潜藏的巨大商机,两岸经济—政治互动关系的格局也从此开始。在进入20世纪末和21世纪之后,台湾经济在连续受到1997年世界经济危机和2008年世界金融危机的冲击之后,其经济发展甚至一度出现负增长,极大地影响其在世界经济中的地位。在世界性的危机面前,大陆后发优势产生的巨大发展潜力不仅为台湾经济发展带来新的增长点,而且为自身经济高速成长赢得了机会,目前,大陆的国民生产总值已超过日本成为世界第二大经济体,国民人均收入方面也大幅缩小了与台湾的距离。

大陆经济力量的快速成长使得台湾方面许多人开始重新认识两岸政治话语体系下对方的存在价值和合理性,大陆在自信提升的基础上也开始调整对台政策。在和平发展进程中追求两岸双赢成为大陆对台政策的主旋律,两岸双方得以在新的经济利益联结基础上开始包容对方、欣赏对方和珍惜对方。两岸关系和平发展更使得两岸政治话语体系走向融合成为可能。

(二)两岸民间社会的结构、角色及功能差异

经济发展模式的差异,也形成两岸不同的社会结构形态。长期的计划经济体制下,大陆的公权力机构力量强大,民间社会力量相对弱小;而台湾的公权力机构相比大陆的权威性就差很多,反而是台湾的民间社会相当多元且力量相当强大。在这种情况下,台湾社会的政治话语结构也呈现出多元格局,各种政治语词被创新出来,人们对很多政治话语的理解都不一样。相比之下,大陆的民间社会比较沉寂,官方与民间的政治话语差异不大。在面对台湾的政治定位和"统独"问题上,大陆方面在政府长期宣导和教育之下,整个社会对于典型性的政治话语有着相对一致的认知,并在重大政策理解上保持基本一致。反观台湾,因为多元复杂的社会构成,官方的政治话语未必具有权威性,政党和政治人物的政治话语权都非常有限,即使媒体上很受追捧,也未必是社会多数人的一致认知。

由于尚未形成紧密的两岸共同生活体,两岸社会次体系之间存在明显的

界限,这是两岸政治话语差异一时难以缩小的主要原因。目前存在于两岸之间的典型性政治话语差异,与两岸差异性的社会基础直接相关。近代以来大相径庭的两岸历史记忆,加上李登辉和陈水扁在台执政 20 年的"去中国化"影响,台湾民间社会对于"统独"、"认同"等政治话语存在不同的认知和情感是正常现象,双方对"中国"、"国家"等典型性政治话语的认知是不一样的。我们注意到,台湾各种民意调查机构长期做相关调查,并出于各自政治意图作扩张性的解读,两岸政治文化差异在失控的政治社会化过程中进一步扩大。在这种情况下进行极其简化的"认同"对象调查只会强化双方的差异性,无助于问题的解决。

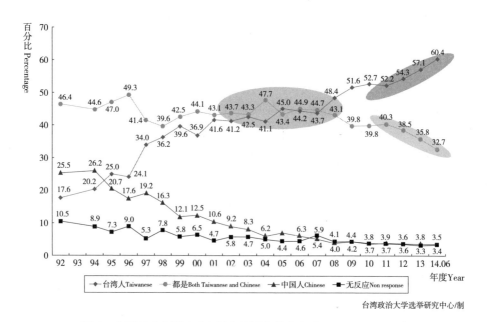

台湾政治大学选举研究中心/制

图 1　台湾民众台湾人 / 中国人认同趋势分布（1992—2014.06）
Changes in the Taiwanese/Chinese Identity of Taiwanese
as Trackde in Surveys by the Election Study Center, Nccu(1992-2014.06)

从民间社会的力量观察,两岸处于完全不同的量级。台湾在 1987 年开放"党禁"、"报禁"之后,民间社会的声音,尤其是参与政治的声音不断扩大,许多党派如雨后春笋般在短时间内涌现出来,各种社会组织也随之发展壮大。在经历了"宪法"改革之后,台湾地区领导人由民选产生,这种"一人一票"的选举方式从根本上改变了民间社会与政府的力量对比,在 2008 年台湾和平完成两次政党轮替时,整个台湾的民间社会力量已经超过当局,在政治话语方面也出现"强社会弱政府"的状态,台湾社会政治话语的权威流失将是长期性的。因此大陆方面大可不必太过在意台湾某些人、某些政党的言论。

在两岸政治沟通中,台湾发出的声音往往混乱着杂音,这反映了其特定阶段的内部斗争结果。而对于大陆,由其特定环境决定的民间社会有着明显的官民双重性。大陆方面在政治话语上表现出较明显的一致性。

(三)两岸亚文化差异

两岸文化同属中华文化,但因为各自的发展轨迹不同,形成了"同根"但"不同质"的两个亚文化。大陆学者陈孔立认为,"当代大陆的文化是社会主义文化,而当代台湾的文化则基本上保留了传统文化并且受到西方文化的较大影响,而不可能含有任何社会主义文化的性质,这就是二者的本质差异"[1]。

1990年以来,台湾政治上越来越地方化,政治上的"台湾性格"与台湾地方文化特色直接相关。台湾人绝大多数来自福建,福建的闽南人和客家人源自中原地区,从民系的政治性格上就有着追求自由、抗拒权威的传统。明末清初以来,台湾地区先后受到荷兰人、日本人、美国人的文化影响,加上台湾少数民族的文化,来自大陆各省人民带去的各省文化自然强化了台湾的区域文化特征,显得更有竞争意识和开放性格。台湾政治话语的形成不能不与其特殊的文化大背景联系在一起。作为一个紧密的生活共同体,台湾内部形成一个相对独立的亚文化区域,这一亚文化圈内部的群体之间在符号的运用上是相互感染的。例如,过去台湾人很少自外于"中国"这一符号,这些年来,越来越多的台湾人"出让""中国"符号给大陆,将"台湾"与"中国"并称。但我们仔细了解后发现,大部分人只是无意识地自外于中国,其中并没有多少深刻的政治价值取向。相反的,大陆强大的政治社会化能力,让全体人民更加坚信"台湾是中国的一部分",于是,两岸政治话语的对抗性升高了。

两岸政治文化的差异从根本上来说是近代以来的政治发展道路和模式之争的延续。这可以追溯到甲午战争前,当时的中国知识分子在思考中国未

---

[1] 陈孔立:《两岸文化的本质差异》,《台湾研究集刊》2013年第4期。

来走向时在路线上的分歧。国民党和共产党作为后来两种路线的具体实现主体，从自身的角度对于传统中华文化进行"去其糟粕，取其精华"的工作。特别在1949年10月至1987年11月间，基于两方严重对立的背景之下，两岸文化交流不仅在台湾单方面实行的"三不"政策之下受到严重阻挠，双方皆实行"你扬我贬"反方向文化政策，造成两种亚文化日行渐远。同时，两岸在冷战期间分别属于两大对立阵营，而台湾则依附于西方阵营。两大阵营对立的意识形态、价值观以及思维模式不仅扩大了两种亚文化之间的冲突性和差距，而且更加深彼此间的敌意。

三、两岸政治话语差异之政权因素分析

比较分析海峡两岸政治话语差异的原因，不能仅仅从经济、社会、文化大背景中去寻找，海峡两岸内部、海峡两岸之间以及两岸所处的国际大环境是充满着政治性的，政治角力赋予两岸政治话语体系太多的政治话语权之争的内涵。

政治话语不同于日常生活语言，具有一定的专业性。政治话语具有认知性、情感性和政治价值取向性（或可称为工具性），对于人们来说，政治话语是后天习得的一种能力，人们习得的能力又是千差万别，这就使得政治话语总是显得缺乏精确定义。政治话语通常是由原初表达固定所指的，而现在又被转移到一个高度情感化的情景中的那些词语所组成。[①] 正如莫瑞·埃德尔曼所指出的，在多数情形下，政治语言并不在于客观说明问题，而主要用来转移注意力，准确不是它的基本属性，其根本作用不过是使政治行为神圣化。[②] 基于两岸政权之争的本质，海峡两岸的政治语境充满着或敌对或对立或对话或合作的性质，这是造成两岸政治话语差异的重要原因。

首先，台湾的政治社会资源再分配导致内部政治话语呈现出二元对立现象。

1949年国民党败退台湾之后，为了维持其统治的合法性和正当性，以较为"妥善的方式"安抚追随其到台湾的大陆籍官员、士兵，从而顺利地对当时

---

① 马敏：《政治语言：作为话语霸权基础的结构—功能分析》，《中共浙江省委党校学报》2004年第4期。

② Edelman, Murry, The Symbolic Uses of Politics, Chicago：University of Illinois Press, 1985, p.115.

台湾内部的政治资源和经济资源进行再分配。这种新的政治论述主导下的分配，极大地挫伤了台湾本省籍民众对回归祖国的热情和向往。国民党的政治话语体系有效地压制了台湾本省人参与管理、分享社会资源的机会，自然引起并开始累积"本省人"对"外省人"的不满和怨恨。1987 年，在蒋经国主政的最后时期，在台湾开放"党禁"、"报禁"和民进党"抢滩成立"成功的背景下，台湾旧政治话语体系开始解体，新政治话语体系逐渐形成，本省籍台湾人开始通过组成政党的方式要求分享权力。以台湾本省人为主体的反对势力在参与台湾内部权力再分配的过程中，成功地创造出以"本土化"、"民主化"为特征的新政治话语体系，对国民党所抱持的官方政治话语体系发挥了颠覆性的作用。

蒋经国逝世之后，李登辉虽然作为蒋经国"钦定"的接班人，但是他身为"本省人"，又没有显赫的政治资历，在国民党的政治话语体系中存在明显的正统性危机。为了巩固自己的政权，李登辉选择与在野的民进党联合的方式，大力推销"本土化"和"台湾化"等政治话语，试图通过改变政治话语体系结构的方式，塑造自身正当性和合理性政治基础。他利用中国人传统政治话语和西方主流政治话语概念上的差异，刻意模糊一些关键政治概念，成功地进行类似"爱中国"与"爱台湾"、"中华民国在台湾是一个主权独立国家"等的二元对立或指鹿为马式的政治话语操作。作为最大反对党的民进党更是出于争夺政治资源和选票的目的，成功地将国民党外省政治势力塑造成"卖台集团"。针对国共达成的"九二共识"，民进党人刻意操弄抽象概念与具体概念的差异，以找不到当年双方有白纸黑字的"九二共识"这四个字为由，否定当年双方均坚持一个中国原则的共识。台湾虽然形式上是以美国民主政治模式为蓝本，但是相较于美国人清晰的国家认同和两党制的理性和成熟，缺乏清晰的国家认同的台湾，其政党政治则呈现出没有公共利益和整体思维的恶质化的"为了反对而反对"。在这样的政治生态之下，台湾内部政治话语的差异性和海峡两岸政治话语的差异性，都成为政党之间夺取政权的斗争工具。

国民党与民进党之间的"九二共识"之争，民进党内部的争议，台湾内部的许多政治话语之争都是"只有立场，没有是非"的权力斗争典型案例。

其次，两岸政治话语也受到两岸内部政治环境的影响。

所谓两岸内部政治环境，本文指的是两岸在某一时段交流过程中双方的力量对比以及彼此之间的气氛和谐度和紧张度。自两岸开始开放人员往来到李登辉执政早期,作为"亚洲四小龙"之首的台湾,面对刚刚开始实行改革开放的大陆充满自信和优越感,因此在民间交往带动官方互动的情况之下,双方在此期间的政治沟通除了大陆方面为了"说服"台湾领导人"回归祖国"而积极展开宣传工作之外,更多地关注民众交往所带来的具体问题,因而就整体而言该时期的政治沟通是相对比较平稳的,两岸政治语言虽然存在比较大的差异性,但是对两岸政治环境的影响不大。然而在李登辉执政后期和陈水扁执政时期,大陆综合实力迅速发展,而台湾则逐渐开始走下坡路,两岸双方政治话语上的沟通困难进一步使两岸敌意加深。随后台湾方面抛出的"两国论"和"一边一国"极大地影响了两岸政治环境,甚至出现剑拔弩张的紧张时刻,两岸的互信降到了低点。两岸在彼此沟通过程中都将对方预设为"敌意的一方",因此在解读对方话语的时候常常带有明显的感情色彩,面对两岸政治话语的差异很难做到客观的理解和包容性的解读,最后难免漏读和误读话语的真实意义。而在进入 2008 年马英九上台后,两岸进入和平发展时期,政治沟通在彼此都预设对方为"非敌意"的情况之下进行,双方正视对方政治话语中与己方的差异,愿意更有自信、更客观地去理解与包容,两岸政治沟通才重新趋于顺畅。

相比之下,大陆方面的政治话语比较稳定和一致,这方面的研究有待我们进一步分析。

第三,两岸所处的国际环境也影响着两岸政治话语。

多年来,台湾方面与西方主流社会保持非常密切的关系,因此,他们的政治话语更接近西方话语体系。但是,改革开放以后,大陆与西方社会快速接轨,专业性的政治话语差异逐渐缩小。目前,许多政策性的政治话语也开始趋近。例如,"反对台海双方片面改变现状"的政治话语,原是美国方面经常用来介入台湾问题的政策主张,近年来,海峡两岸双方先后都选择了对己方有利的"维持现状"解释,其中多少都有对美外交的策略考虑。

台湾问题的形成有特殊的国际政治环境因素,特别是美国因素对两岸关系的影响更是直接而巨大。通过梳理中美关系的历史,我们可以发现台湾问题的处理随时都与美国有着千丝万缕的联系。在冷战时期,两岸分属两大敌对阵营,彼此政治话语的敌对性、斗争性和差异性是显而易见且无法衔接融合的。随着冷战进入后期,包括中苏关系在内的国际关系发生变化,美国出于自身利益拉拢大陆,与大陆方面发布联合公报后建交并与台湾断绝官方交往,但这并不意味着美国放弃遏制大陆并实施和平演变的意图,因此在中美建交的同时美国国会也通过"与台湾关系法"确保了台湾作为其亚太战略棋子的地位,并实行对台军售。即使在冷战结束后,美国虽然公开反对"台独",但是其用意仍然在于"以台制华"。美国既不愿与中华人民共和国政府翻脸,又不想放弃台湾,因此长期以来主张"反对台海双方片面改变现状"。80年代以来国民党当局基本上接受美方的"维持现状"政策。但2000年民进党上台后,情况发生了变化。在小布什当选美国总统初期,美方曾一度想抬高台湾地位进而压制大陆,但是"9·11"事件的发生让美方意识到大陆方面也是其应争取的反恐伙伴,因此改变了一度出现的对华强硬态度。

在陈水扁执政后期,由于民进党开始推行"法理台独"和"公投制宪"等政策,造成台海局势动荡,布什政府通过各种渠道向陈水扁施压,最终让其政策无法实施甚至"胎死腹中"。与此同时,中华人民共和国政府公开表达了"反对台湾当局片面改变现状"的立场,美国方面开始体认到,中华人民共和国政府才是台海地区和平稳定现状的维护者。鉴于"法理台独"的可能性大幅下降和两岸同属一个中国的法理和政治现实,鉴于大陆综合实力的快速增长,中华人民共和国政府也开始对"维持台海地区和平稳定现状"的丰富内涵有了新的认识。

四、共建两岸新政治话语体系的路径选择

两岸政治话语的差异性是客观存在的,其产生的各种因素中有一部分是我们无法主观而粗暴地将其消灭的。任何政治体系内部都或多或少存在政治话语的差异,只要不会显著影响政治系统稳定和人民的生活就不应该当成问题,有很多差异甚至可以成为政治和社会发展的动力。因此本文认为两岸政治话语完全融合是不可能的,也是不必要的,强制性地定为一尊,甚至有可能给两岸发展带来不必要的困扰。因此我们建议两岸双方可在彼此欣赏和彼此包容的基础上,以便民利民和追求两岸民众更加幸福美好生活为目标,创造两岸人民共同生活平台,在共同的生活过程中构建适应两岸关系和平发展需求的新的两岸政治话语体系。

首先,两岸既要立足两岸政治现实,也要突破政权之争的本位思想藩篱,着眼国家和民族的整体利益,建立互信、搁置争议、求同存异、共创双赢。中国是两岸人民的共同家园,国家和民族意识是两岸双方的公共财产,在海峡两岸之间的场合,尽量避免使用和"国家"相关的政治话语。大陆方面的"一个中国"三段论表述方式的演进,就是充满善意的政策调整。最近六年来,双方涉外领域的政策行为也是一项明智的选择。虽然尚不具备进行终局性政治安排的条件,但双方对某些政治现实的尊重,的确减少了许多两败俱伤的冲突。

其次,双方要从两岸现实社会基础出发,从民间社会入手,夯实新政治话语系统的基础,扩大两岸联合协作的机会,通过现实中的使用、磨合,完善整个话语系统,提升其沟通的有效性。台湾的民间社会对台湾政治格局的影响力是巨大的,多元的民间社会虽然有难以定于一尊之嫌,却也有效地防止了激进势力的政治冒险,两岸民间社会的桥接为两岸关系和平发展提供了可能。两岸的最终"统一"应该是两岸人民生活的幸福"统一"。在构建积极正向的共有知识的基础上,发挥民间社会的力量,让话语从民间生根,在实际沟通和运用中提升,扩大两岸政治沟通的广度和深度,让民众听懂、理解和支持。而其产生的语境则需创造更多的两岸协同机会,让越来越多的人参与两岸共同美好记忆的形成中。换而言之,让新的两岸政治话语系统有坚实的民众基础。通过此途径扩大话语的有效性,缓和原有的差异性和冲突性,并以渐进的、潜移默化的方式消除过去的误解。

第三,双方要继续推动两岸经济合作,厚植两岸共同利益,重建两岸人民生活共同体。两岸社会和文化的融合必须建立在共同的经济基础之上,有了共同的经济基础,两岸社会整合和文化融合才能可长可久,两岸民众将在自然的进程中形成共同的政治认知、政治情感和政治价值,届时两岸政治话语的差异性将明显减少,两岸双方的沟通对话将更加顺畅,两岸政治难题也有可能迎刃而解。

第四,随着中华人民共和国政府在国际政治格局中角色的变化,大陆方面可以更有自信地参与国际政治话语权的制定,在融入国际主流话语体系的过程中,与台湾方面分享强大的国际地位,共创中国人的现代政治话语体系。

结 语

简而言之,两岸政治话语的差异性是特殊历史阶段的产物,虽然暂时造成了沟通的困难,但是我们还是有理由乐观面对这些差异,用智慧化解矛盾,把两个政治话语体系的对立面搁置在一旁,降低其负功能,以双赢的策略共建两岸政治话的新交集。我们要注意处理好两岸政治话语的相融与共生问题,在"桥接"的思维下彼此吸收对方的正能量,共同推动两岸政治文明的发展进程。双方要从多方面入手正确解读原有的两岸政治话语、构建两岸积极正向的共有知识,进一步自下而上地构建新的两岸政治话语系统。两岸关系和平发展是两岸政治话语融合创新的最佳选择,两岸双方的价值都有可能在两岸人民生活共同体的打造过程中成为中国新政治话语体系的正能量。

两岸青年学生对当代社会文化之集群认知差异研究

张 羽
两岸关系和平发展协同创新中心、厦门大学台湾研究院教授
王贞威
厦门大学台湾研究院政治所博士研究生
刘 乐
厦门大学台湾研究院经济所博士研究生

所谓集群认知,是指生活在一定文化空间内的个体由于受到政治制度、经济制度、文化思想观念、教育理念和社会舆论等影响,会形成带有趋同性、团体特色的认知倾向。由集群认知差异而产生文化冲突,会产生相当严重的负面效应。陈孔立教授指出:①必然对双方的主流文化,包括价值观、道德观造成冲击,在社会上引起不同程度的震荡;②造成对对方的刻板印象,互相"妖魔化",互相歧视,形成敌对情绪;③对两岸文化认同造成冲击,即使两岸都认同中华文化,但两岸之间存在着明确的"我群"与"他群"的区分,彼此认为"他们和我们不同",存在互相区隔、互相分离的倾向;④文化冲突导致政治冲突。[①] 因此,两岸青年学生在对待同一社会文化问题所呈现出的集群差异应当引起两岸学界的足够重视。本文从学术角度解读海峡两岸青年学生在对待同一社会文化问题所呈现出的集群差异,探讨其差异形成原因,有助于我们厘

---

① 陈孔立:《两岸之间的文化冲突》,《台湾研究集刊》2014 年第 1 期。

清两岸关系发展的困境和关键环节,为塑造两岸未来发展道路的内在动力机制提供助力。

课题组在进行前期研究资料梳理过程中,发现当前针对两岸学生群体的研究主要集中在陆生和台生适应性、台湾政治社会化对青年的影响等方面①,而直接聚焦两岸青年学生对同一社会问题的集群认知差异的研究较为少见。究其原因,可能是由于跨越两岸、数据难以采集和资料缺乏等原因,导致相关研究难以聚焦到两岸青年学生的集群认知差异上。

为使本文后续的理论研究建立在实事求是的社会调查基础上,课题组设计了题为"两岸青年对当代社会问题的看法"调查问卷,自 2014 年 1 月 10 日至 7 月 30 日,在台湾大学、台湾"清华大学"、成功大学、彰化师范大学、北京大学、厦门大学等二十余所学校,面对本硕博先后共发放问卷 1500 份,回收 1207 份,回收率 80.5%。在回收的问卷中,无效问卷 114 份,有效问卷 1093 份,有效率 90.6%。大陆版有效问卷 696 份,台湾版 397 份。本次问卷调查客观呈现出两岸青年学生对同一社会文化问题的认知类同与集群差异。

本文通过对问卷数据分析,辅以课题组深入台湾针对台生所做的深度访谈,拟深入探讨如下问题:第一,"差异是什么?"主要梳理两岸青年学生对当代社会集群认知差异的表现及其特点;第二,"产生差异的根源是什么?""为何两岸青年要各自宣称我们是谁?"主要探究两岸青年社会认知差异的根源与社会建构过程;第三,探寻实现包容性弥合的路径,提出科学的学理前瞻。随着两岸交流的逐步深入,两岸青年在思想碰撞和方法借鉴中逐渐削弱两岸文化差异的负面影响,进而推进两岸关系和平发展的历史进程。

---

① 相关研究专著如:何培忠《海峡两岸青年生活观比较》(经济管理出版社 1998 年版)、杨云玉《台湾青年族群对传统戏曲京剧演出观赏行为研究》(秀威资讯科技 2005 年版)、大学丛刊编委会《这一代青年谈台湾社会》(台北:环宇出版社)、张方远《我们的歌是青春的火焰:一个 80 后台湾青年的自我批判与反省》(海峡学术出版社 2012 年版)等等。相关学术论文:苏振芳《两岸青年文化认同与两岸和平发展》(《福建论坛》2011 年第 6 期)、周智《海峡两岸青年思想观念比较分析》(《青年研究》2004 年第 2 期)、曾盛聪《海峡两岸青年政治价值观异同比较》(《中国青年政治学院学报》2001 年第 5 期)、李鹏、杜谷文《两岸青年国际观之特点及成因分析》(《当代青年研究》2010 年第 10 期)、唐桦《两岸青年交流的现状与路径建构——以政治社会化为视角》(《福建师范大学学报》2013 年第 3 期)、唐桦《两岸青年持续合作的动力与机制》(《台湾研究集刊》2012 年第 6 期)、唐桦《政治社会化与两岸青年交流的动力机制建构》(《当代青年研究》2012 年第 11 期)、刘凌斌《两岸关系和平发展时期台湾青年的"两岸观"初探》(《广州社会主义学院学报》2013 年第 4 期)、艾明江《两岸青年交流中的理论与实践思考》(《当代青年研究》2012 年第 2 期)等;硕博士论文有:严寒《台湾海峡两岸大学生人生价值观比较研究——以闽台交流生为例》(福建师范大学 2012 年硕士学位论文)等。

一、两岸青年学生对当代社会集群认知差异的表现及其特点

本部分对"两岸青年对当代社会问题的看法"的调查问卷进行数据分析,主要围绕青年对两岸各领域交流的认知类同与集群差异、对两岸经济社会发展程度的认知不同、关于民族及中国人认知的集群差异三大方面进行分析。

(一)对两岸各领域交流的认知类同与集群差异

本部分以两岸青年对陆客赴台观光,陆生赴台就读以及在台湾深受欢迎的大熊猫团团圆圆为切入点,了解青年对两岸日益紧密交流的看法。

第一,对陆客赴台观光的看法:台湾青年总体上支持两岸各领域的交流,52.7%的台湾青年认为:陆客赴台有助于台湾经济的发展,42%认为有助于两岸人民的了解。但支持度不如大陆高,问卷中有76.4%的大陆青年认为陆客赴台有助于两岸人民增进了解,40.1%的大陆青年认为陆客观光对台湾经济发展有帮助。也有部分大陆青年看到了两岸交流的部分负面影响,有12.8%的受访

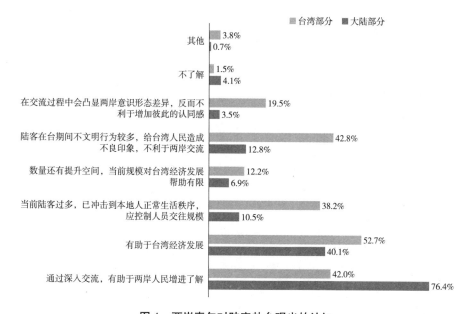

图1　两岸青年对陆客赴台观光的认知

者认为陆客在台期间不文明行为较多,给台湾人民造成不良印象,不利于两岸交流。还有少部分人认为,两岸交流规模过大,应对陆客人数进行管控。

第二,对陆生赴台求学的看法:台湾青年对陆生赴台求学的支持比例比陆客高,高达68.4%的受访者认为陆生赴台求学有助于两岸人民深入交流,61.7%认为有助于陆生进行深造、开阔眼界,32.9%认为有助于台湾高校的发展。仅有8.2%的受访者认为,陆生会和台湾人竞争,不利于台湾社会的发展,甚至有高达16.2%的台湾青年认为"三限六不"政策对陆生不公平,降低了陆生来台的意愿。对于陆生赴台进行深造,大陆方面有66.9%受访者认为开阔眼界,58.5%认为有助于两岸人民进行深入了解,27.2%认为有助于台湾高校的发展。同样,有12.7%的大陆受访者表达了担忧,认为"三限六不"政策降低了陆生赴台的意愿,不利于两岸交流。

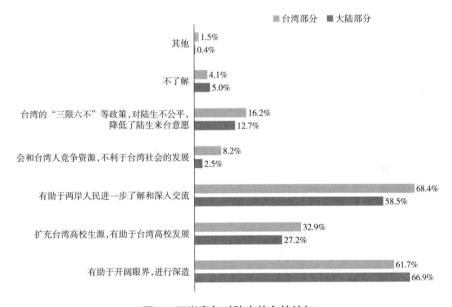

图 2　两岸青年对陆生赴台的认知

第三,对赠送台湾大熊猫的看法:两岸青年比较一致的看法集中在"是世界珍稀动物,长相动作很可爱,很喜欢,不要泛政治化"、"圆仔就像外省第二代,父母是大陆人,后代就在台湾出生,它让我想到自己的身世"、"希望今后有更多的像熊猫这样的大陆来客在台湾生活"等。两岸青年都对不要将熊猫泛政治化有很大的呼声。但也存在明显的认知差异,如大陆青年对"团团、圆圆的名字反映了大陆人民的朴实愿望"非常认同,占作答者总数的 58.8%。但这一选项只有 9.9% 的台湾青年表示认同。对于"团团圆圆"名字的象征意义,有 25.7% 的台湾青年认为"团团"、"圆圆"的含义象征性明显,无法接受这一名称。反映出两岸青年对两岸"团圆"这一概念的认同差异。

整体上,大陆青年对两岸交流的看法更为积极乐观,也高度肯定两岸进一步深入交流对两岸关系发展的正面作用。

(二)对两岸经济社会发展程度的认知不同

第一,对未来理想的就业地的选择:就业是青年最为关注的问题,因此对理想就业地点的选择也可以充分反映出两岸青年对彼此经济发展的预期和对社会环境的认可度。有高达 92.2% 的大陆青年选择大陆为理想就业地,仅 7.8% 选择台湾。其中,50.9% 的受访者因为本身是大陆人不愿背井离乡,42.8% 因为大陆经济发展迅速,就业机会多,22.0% 认为创业机会多。台湾受访者中有 64.5% 会选择台湾,但也有高达 35.5% 认为大陆是理想就业地。选择台湾的原因主要有:本身是台湾人,不想背井离乡;台湾有较好的社会保障和公平发展的环境;热爱台湾或对台湾充满兴趣,想在这片土地生活,分别有32.6%、27.4%、24.6%。而选择大陆的大多数因为大陆地区经济增长迅速,就业机会多;大陆地区高速发展,创业机会多,更想在大陆创业,分别有 36.9%、26.2%。

第二,关于两岸发展程度的看法:大陆经济方面的迅猛发展成为两岸共识,同时社会文明方面和台湾尚有较大差距的观点也在两岸得到众多认同。在两岸关于发展程度得到认同度最高的观点为"近年来大陆快速发展,某些发达地区和领域发展程度已经超越台湾",大陆部分有 54.5% 的受访者认同这一观点;而台湾受访者对此的认可度更高,有 68.3% 的受访者认可这一说法。认同度第二高的观点为"近年来大陆经济发展较快,但是社会文明程度和台湾还有一定的差距",台湾受访者中的 54.2%、大陆受访者中的 30.8% 认可这一说法。这些数据在反映出两岸对这两种观点普遍认可的同时,台湾的高认可度,尤其是关于"文明程度"的认可度比大陆高出近 24个点的现象,也反映出台湾青年对大陆经济发展认可和对自身社会文明的高度认可。

除此之外,近年大陆经济发展和台湾经济停滞的落差也给台湾青年带来深刻印象,有33.8%的台湾青年认为,短期内大陆经济将超越台湾,而大陆青年对此则表现得消极得多,只有6.9%的受访者认为,这一超越会在短期内实现。同时,有15.2%的大陆青年认可台湾整体发展程度超越大陆,但只有11%的台湾青年对此表示认可。

第三,关于近年来"中国崛起"的看法:"中国崛起"是21世纪最重大的历史性事件,也是改变两岸经济社会发展程度的重要动力。对于"中国崛起"及其影响的看法深刻反映两岸青年对世界政经格局的判断以及对大陆发展的感情倾向。对于"中国崛起"的基本看法两岸表现出极为一致的观点,都集中在"中国经济、科技等'硬实力'正在快速崛起,社会文明等'软实力'还有欠缺"这一选项上。台湾74.2%的受访者支持这一观点;大陆部分低一些,也有高达64.5%的受访者支持这一观点。与以上几题关于大陆经济较发达而社会文明较落后的观点类似,本题台湾对此的认可度也比大陆认可度高出10%左右。

除这一观点之外,两岸对"中国崛起"的影响出现显著相异的观点。从图3数据分析看出,有38.7%的大陆受访者认为"'中国崛起'是和平崛起,对世界其他国家和地区友好",但是对这一观点表示认可的台湾受访者只有5.6%。同时有48.7%的台湾受访者认为"'中国崛起'给世界其他国家和地区带来政治、经济的压力",而只有12.9%的大陆受访者认可这一观点。当提到"'中国崛起'的同时,有意扩大对周边的影响,给世界其他国家和地区造成威胁"时,台湾受访者的认可程度略降至39.3%,但仍然比4%的大陆受访者的认可度高出相当程度。将影响范围进一步收窄至对台湾的影响时,认为"'中国崛起'对台湾本身造成了极大的吸附力,使得台湾被大陆控制"的台湾受访者占总数的30.9%,而认为"'中国崛起'吸附了周边的资源对台湾发展造成竞争,不利台湾未来发展"的受访者也占到总数的25%;作为对照,认可这两个观点的大陆受访者分别只有3%和1.3%。

"中国崛起"对周边影响的积极面也为两岸青年所认识。认可"'中国崛起'给世界其他国家和地区发展带来新的动力"的台湾受访者占总数23.2%,大陆受访者对这一观点的认可比率则达到29.4%。在对台湾的影响方面,认可"'中国崛起'是台湾进一步发展的机遇期,台湾应当抓住这一机会发展自己"的台湾受访者占总数的27.6%,而大陆受访者则占总数的24.6%。整体而言,台湾青年对"中国崛起"持消极和负面观感比例要高于积极认可的观点,台湾的"太阳花学运"以及"反服贸运动"也间接印证了这一现象。

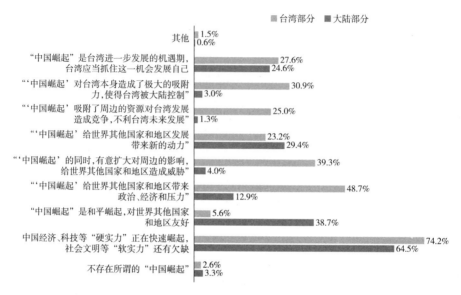

图3 两岸青年对"中国崛起"的看法

（三）关于民族及中国人认同的差异

第一,关于两岸同属中华民族的看法:两岸的观点有着典型的聚集倾向。大陆部分最被认可的观点首当其冲的是"双方同属中华民族",认可度高达93.5%;台湾部分相对较低,但仍有53.3%的认可度,加上24.4%的台湾青年认为"台湾汉人和大陆人同属中华民族,但台湾原住民不是",宽泛而言,台湾依然有高达百分之77.8%的青年认为两岸同属中华民族。

除此之外,大陆方面其他观点的认可度均在5%以下。而台湾方面认可"台湾人已经形成独立的台湾民族,与大陆人不同"只有17.4%,认可"台湾汉人尽管和大陆汉人同属汉族,但是不属于中华民族"者则只有5.1%。由此可见,两岸青年对中华民族仍有较高的认可度。同时也可以看出,台湾青年对政治主权和民族的概念有清晰的区分。

第二,关于"中国"的论述看法:大陆部分,对于中国的看法主要集中在认为中国是"文化、历史意义上包含大陆和台湾在内的中国",占总受访者的71.1%;认为中国即中华人民共和国者,占作答总数的26.4%;认为中国指地理和法理上包含中国与大陆在内的中国,分别占总数的 23.4% 和 18.9%。另有 4% 的受访者表示对这一问题不了解或说不清。

台湾部分,认可最多的为中国即中华人民共和国,占受访者的 46.2%;同时认可中国为"文化、历史意义上包含大陆和台湾在内的中国"也有相当部分,占作答总数的 41.6%;认为中国指"地理上包括大陆和台湾在内的中国"者占受访者总数的 12%;只有 5.9% 的台湾受访者认可中国为"法理上包含大陆和台湾在内的中国"。另有 5.6% 的受访者表示对这一问题不了解或说不清。台湾方面的选项结构反映了台湾青年对"中国"这一概念已经有归入"他群"而非"我群"的倾向。唯在文化、历史意义上对中国概念上认可同属"我群"的倾向较高,在地理上和法理上,并不赞同将自身包含进入这一概念群体。

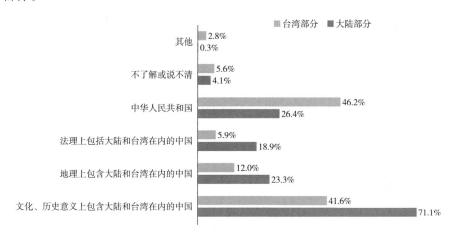

图 4 两岸受访者对中国概念的看法

第三,"中国人"论述:大陆受访者倾向于以文化的概念定义中国人。支持最多的观点为中国人指"历史、文化、血缘意义上的中华民族、炎黄子孙",占受访者总数的 66.7%;此外认为中国人指"居住在全球各地的华人"者和"包括台湾人民在内的两岸中国人"者分别占受访者的 19% 和 21%。8% 的受访者表示这一论述应当依据不同语境确定具体意义。

台湾部分,约 35% 的台湾受访者从文化角度认识中国人论述,选择中国人是指"历史、文化、血缘意义上的中华民族、炎黄子孙";约 20% 的台湾受访者认可中国人是指"居住在全球各地的华人",但认可中国人是指"包括台湾人民在内的两岸中国人"的只有 9%。另有 23% 的台湾受访者认为这一概念应当在具体语境中具体解读。

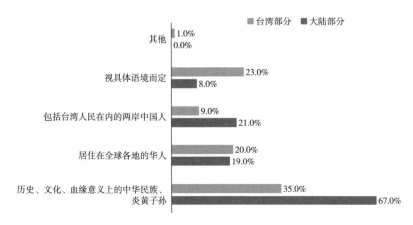

图5 两岸受访者对"中国人"概念的看法

通过对问卷的数据分析,可以看出两岸青年对当前两岸社会文化的认知存在着大量共识,这是两岸未来走向的坚实基础,但也存在普遍性的差异。一般来说,越具敏感性的政治性问题,如两岸在国族认同、政治定位、涉外事务等领域,双方青年的认知差异较大;反过来,低敏感度的社会经济领域的认知较为接近。

二、两岸青年社会认知差异的根源与社会建构过程

通过上述数据分析,可以发现两岸青年对许多社会文化问题存在着较为明显的认知差异。这种差异的形成,既受到两岸经济社会发展差距等物质因素的影响,也受到两岸文化观念等群体意识差异的影响。从社会建构主义的角度来看,两岸青年社会认知具有较大差异性的根本原因在于两岸是两个不同的文化意义系统,彼此内部具有不同的集体知识和群体记忆。这种集体知识,经过历史的沉淀和不断的内化,已具有高度的客观性和稳定性,所以身处其中的个体行为者或者集体行为者,必然受到这种群体知识的规约和渗透。这种规约和内化过程的主要途径有:周边人际环境、学校教育、媒体等大众传播工具等。而相关途径传播内容的不同,就造成了两岸青年认知的差异。

（一）周边人际环境的差异性

周边人际环境主要涉及家庭环境、同侪群体、亲朋群体等。根据数据分析,在台湾受访者中,有高达 61.2% 的人,通过与别人交流来获取关于大陆的知识和信息;只有约 4.1% 的受访者在"其他"这一途径中,即主要通过亲身体验来了解大陆,说明台湾青年对大陆的了解主要还停留于二手资料。即使对有到大陆参访经验的 64% 的台湾青年,由于时间都较短,他们通过亲自体验和感受的比例和程度并不高,绝大部分时间还是靠二手信息。而大陆方面通过跟他人交流获取对岸信息的比例则更低,仅有 29.6%。如果没有亲身赴对岸参访或者身边没有到对岸旅游观光参访经验的人,则不利于青年形成较为切身的体验。

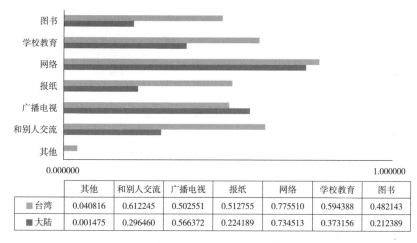

	其他	和别人交流	广播电视	报纸	网络	学校教育	图书
■台湾	0.040816	0.612245	0.502551	0.512755	0.775510	0.594388	0.482143
■大陆	0.001475	0.296460	0.566372	0.224189	0.734513	0.373156	0.212389

图 6　两岸青年互相了解对方之主要方式对比

但另一方面,台湾青年对陆客和陆生的看法有一定差异,说明青年人接触到陆生的机会比较多,而且可以深入交往;而长期在学校学习,接触到的陆客较少,更多的印象来自于他人认知的二次传播或者媒体的新闻报道。这也再次表明交流尤其是深入交流的重要性。而大陆青年对台湾人的接触相对较少,所以对台湾的了解主要还是通过网络等传播媒介。

在台湾,如果家里有浓厚的政党背景,则青年很容易受到这种政治意识形态的影响。如果父母对中国文化和中国人较为认同,则孩子在潜移默化和日常生活中会受到父母的影响,对中国文化和中国人形成正面印象和判断,对两

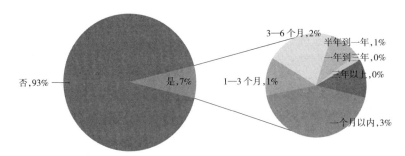

图7 大陆青年赴台参访情况

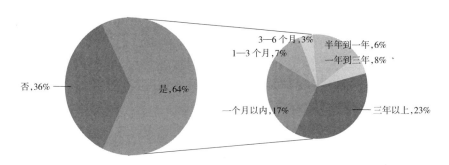

图8 台湾青年赴大陆参访情况

岸的各项交流也会持积极态度。因此,整体上台湾具有外省人背景或者跟大陆有亲戚连接的家庭对大陆持较为积极的态度。

(二)两岸学校教育内容的差异性

根据图6调查数据显示,大陆受访者中,通过学校教育获取对岸信息者占作答总数的37.3%;使用较少的途径包括和别人交流的占29.6%。台湾受访者中,选择学校教育者占总数的59.4%,是仅次于传播媒介的第二个获取对方信息的重要途径。学校,是青年思想认知形成以及固化的重要场所,学校教育中最能影响青年政治认知和价值判断的内容主要涉及历史教育、政治教育以及文化教育这三个部分,而两岸在这三个主要的涉及认同和价值塑造的方面存在较大的差异。这种差异的典型即两岸史观的差异。

"历史教科书在历史教育中具有举足轻重的作用。其内容的差异阐释直接影响着青年学生对历史事件的差异认知,乃至决定其历史观与世界观的最终形成。自 1949 年以来,两岸就开始使用不同的历史教科书。受意识形态、政治立场、撰史者的史观等影响,两岸历史教科书的内容有很大的差异。"① 2002 年始,台湾教育主管部门成立了"高中历史课程委员会",草拟了"高中历史课程纲要草案"。该草案基本以杜正胜的"同心圆理论"为框架,以台湾为核心,逐步向外辐射,进行中国史和世界史的历史叙述。而大陆的史观与台湾的史观有较大的差异。一些基本的历史事件的称呼也不同,如淮海战役在台湾则被称为徐蚌会战。

（三）两岸传播媒介生态的差异性

大陆受访者中,了解台湾方式以网络方式最多,占受访者总数的 73.5%;其次为通过广播电视途径占总数的 56.6%,通过报纸占 22.4%,图书占 21.2%。而在台湾的受访者中,了解大陆途径同样以网络方式最多,占总数的 77.6%。报纸、广播电视和图书途径比较接近,分别占总数的 51.3%、50.3% 和 48.2%。可见通过网络、报纸等新闻传播媒介获取信息,是两岸青年了解彼此的最主要途径。而我们知道,两岸媒体生态有相当大的差异,台湾媒体立场多元,且竞争激烈,新闻自由度很高,为求生存,吸引眼球,常常报道大陆负面新闻。另一方面,由于两岸政治意识形态的差异,在一些涉及高度敏感的政治性问题或国际关系问题时,台湾媒体都是基于台湾的立场进行报道,比如在国际场合由于主办方基于一个中国原则而对台湾代表团的称谓等做的一些技术性处理,或者两岸在国际场合发生的一些冲突都会被描述成大陆对台湾的政治打压。而且两岸的政治话语系统本身又有着差异。所以,受其影响的两岸青年的价值判断和政治认知必然有较大的差异。

（四）历史背景下两岸形成不同的集群认知

隐性制度架构的规约与基础秩序的束缚,使得个人的"认同"与其说是"自主性建构"不如说是"结构下驱使"②,在社会建构主义的视角下,虽然施动者在结构的形塑和建构过程中具有较大的能动性作用,但反过来结构对施动者又具有较强的规约能力,这就是个人认同的结构驱使现象。文化结

---

① 张彩霞:《两岸高中历史教科书中的"美国"形象比较——以"南一版"和"人教版"为例》,《台湾研究集刊》2014 年第 5 期。

② 金虎:《国家认同:全球化视野下的结构性分析》,《中国社会科学》2014 年第 6 期。

构（cultural structure）是一种隐性制度架构，是行为者互动过程中建构的结果，同时经过历史积淀和社会内化而形成的文化结构对深处其中的个体行为者具有较大规约和影响。两岸历经长期的隔绝，加之周边人际环境、学校教育、媒体生态等知识内化和文化形塑途径都具有较大的差异性，经过长期的政治社会化进程，两岸各自的集体知识（collective knowledge）具有较大的差异性。所以，在两岸关系发展的不同文化阶段，两岸青年的认知会有较大的变化。

近年来，两岸都积极进行文化建设，但建设的内容、重点均有不同，如大陆把"中国特色社会主义文化"的建构作为建设中国特色社会主义的组成部分，强调"一定要坚持社会主义先进文化前进方向，树立高度的文化自觉和文化自信，向着建设社会主义文化强国宏伟目标阔步前进"。显然，中国特色社会主义文化是在大陆社会主义建设特定的环境下建构的，强调的是社会主义文化，这就和一切非社会主义的文化区隔开来。而"台湾特色的中华文化"的建构则是通过与大陆的社会比较而展开的，台湾方面公开提出如下一系列"超越大陆"的论点：①台湾的中华文化已经超越大陆，台湾要做"中华文化的领航者"；②台湾的中华文化是在台湾"打造"的，是大陆所没有的，并且受到各国的肯定；③台湾要做"中华文化的领航者"，不担心会触怒大陆，不怕与大陆相比；④大陆的中华文化受到"摧残"，甚至已经"断绝"。这是社会认同过程必然产生的现象：为了满足自尊的需求，往往把本群体和外群体的区别最大化，力图提升对本群体的积极评价，在形成对内群体的"偏好"的同时，也形成对外群体的"偏见"。①

由于两岸社会制度、背景条件以及发展方向的不同，在制度文化、行为文化，特别是精神文化方面存在很多差异。在近年来两岸交往、交流的过程中，大家都有亲身的感受。两岸文化"同根不同质"，应当强调指出，两岸无论在主流文化、传统文化和外来文化方面都存在着"差异"，这是不可忽视的现实。② 这种大的集体认知差异是造成两岸青年认知差异的根本原因。因此，未来要建构两岸共有的集体知识，这样才能弱化彼此差异性存在的负面影响，提升两岸人民的命运共同体感，形塑未来中华民族发展的共同图景。

---

① 陈孔立：《"台湾特色的中华文化"的建构》，《台湾研究》2013 年第 6 期。
② 陈孔立：《两岸文化的本质差异》，《台湾研究集刊》2013 年第 4 期。

三、建构两岸青年集群认同路径的学理前瞻

在全球化的语境下,两岸文化交流呈现了多重维度与可资利用的多重资源。两岸民众应共享中华文化的多元性,而不是各自宣誓差异性和先进性。就宏观层面而言,弥合两岸青年认知的差异性的关键在于实现两岸文化的包容性融合。在微观层面形塑共有的文化知识,可结合青年人的心理和社会状态,在如下几方面着力:

(一)秉承中华民族传统文化,努力培育和提升中华民族精神

历史看来,民族精神具有极强的包容性,能够将社会主义、保守主义、自由主义三种尖锐对立的意识形态统一起来。"它可以是保守的,强调传统、共同体精神、国家的权威;也可以是自由民主的,立足于所有公民的平等权利,即分享国民福利和获得法律保护的平等权利;还可以是社会主义的,把民族解放与阶级解放合一。"[①] 中华民族的群体认知是经过长久历史沉淀的集体知识,具有较大的稳定性。以模拟同胞手足之情的 "文化亲亲性"(cultural nepotism)来强调两岸青年人的共同历史记忆,弥补各自的 "结构性失忆"。"台湾人有,或至今仍有,强烈的中国人认同情怀。这种中国人认同的产生和强化,可能源于早期移民的华夏认同危机意识。"[②] 从我们的问卷统计数据看,有78%的台湾青年认同两岸同属中华民族,对中华民族这一概念有共同认知,就是两岸未来发展的最坚实基础。为此,继续培育和弘扬中华民族精神,加强爱国主义教育仍是我们教育工作的重心。既要充分发挥学校教育的主导作用,也要重视普及读物、书刊杂志、广播电视、网络等现代传媒系统,突出历史国情教育和传统文化教育,丰富教育内容和形式,固本强基,以多种多样的有趣形式吸引年轻人,并结合实践纠正相关偏差表述,进一步牢固广大青年学生的理想信念。

---

① [美]罗兰·斯特龙伯格:《西方现代思想史》,刘北成、赵国新译,中央编译出版社2005年版,第273页。

② 王明珂:《华夏边缘——历史记忆与族群认同》,台北:允晨文化事业股份有限公司1997年版,第382页。

（二）正视两岸文化认知差异，努力激发文化发展活力

广义的文化，即社会共有知识（socially shared knowledge），有许多具体形式，包括规范、规则、制度、意识形态、组织、威胁体系等等。[①] 因此，在巩固和深化两岸对传统中华文化认知的基础上，还要树立大文化观，两岸的认知、价值等观念性因素均是大文化的一部分。当前，两岸实践性互动的密度和深度超过了历史上任何时期，文化认知的差异乃至冲突变得更加明显和突出。如我们问卷数据中反映出的，台湾青年对"中国崛起"普遍所持的消极负面评价、无法接受赴台熊猫名字"团团"、"圆圆"的象征性含义等，与我们在大陆的调查数据反差很大。存在这些认知冲突并不可怕，"文化冲突是文化发展的重要动力。文化冲突实际上是文化竞争和文化比较发展的过程。没有竞争，没有比较，文化就不能发展自己的个性，也就不能获得巨大成就而具有普遍意义"。在经历尖锐的文化冲突之后，就会出现文化整合，即"不同的文化相互吸收、融合、调和而趋于一体化的过程"[②]。也因此坚持包容性弥合是两岸在交往过程中最重要的价值和理念之一，其意旨就在于跨越差异、寻求共识，即在尽可能包容彼此差异性的基础上寻求双方最大程度的双赢。由于两岸发展路径及所经历的历史际遇不同，有些差异的存在是合理的，对于这部分双方要尽可能地理解、尊重和包容。如台湾社会存在的"台湾意识"，是特殊历史情况下形成的群体想象和记忆，应予以尊重和理解。习近平总书记也强调我们尊重台湾同胞自己选择的社会制度和生活方式，也愿意首先同台湾同胞分享大陆发展的机遇。[③]需要强调的是，未来两岸在互动过程中要建构新的共有文化认知。这种共同性既包括对旧有的共识存量的发掘，也包括对增量部分的建构性生成。如"九二共识"，即是两岸双方在对彼此差异尽可能尊重的基础上寻求关于"一个中国"原则的最大共识，是对两岸业已存在的法理共识的最大程度挖掘。

（三）扩大两岸青年学生交流的深度和广度，增进相互理解和包容

由于两岸长期隔离，导致两岸文化差异性的客观存在，两岸青年的文化认

---

① ［美］亚历山大·温特：《国际政治的社会理论》，秦亚青译，上海人民出版社 2008 年版，第 141 页。
② 司马云杰：《文化社会学》，华夏出版社 2011 年版，第 303、306 页。
③ 习近平：《共圆中华民族伟大复兴的中国梦》，新华网，2014 年 2 月 18 日北京电。

知差异难以在短期内弥合。2011年,台湾当局开放陆生来台就学,胡俊锋是第一届来台就读的陆生之一。面临太多限制与不适应,他曾慨叹:"我不来台湾,台湾永远只能是我从小学教科书中读来的'宝岛'想象;台湾与大陆的距离,看似近在眼前,却是咫尺天涯。"① 课题组在进行深度访谈中,曾有台生指出,大陆同学普遍爱问台生的问题有3个:第一个是:"你好,你是台湾人吗?"第二个是:"你来这里还习惯吗?"第三个是:"你们想统一吗?"或是"你们为什么想独立?"暗示了两岸青年交流中常常存在一定的内在主观想象。② 我们通过问卷统计,可以明显看出大陆青年对台湾社情民意的了解十分有限,只有7%的大陆受访者有过赴台经验,其他的获取信息渠道大多是网络等媒体传播手段。大陆受访者69%为大学学历,但涉台知识尤其是较为深入的知识,十分欠缺。两岸青年学生唯有增进实践性互动才是破除成见的有效方法,也是形成共有知识和文化的最根本途径。首先,共同举办两岸青年历史文化教育研习营,通过对历史文化叙事的充分解读与反复论述,逐步改变特定人群的思想文化定势,最终打造被两岸青年人接受的共同文化认知体系。其次,搭建两岸青年学生创意文化产业等领域的合作平台,特别是拓展台湾学生在大陆就业的渠道。在我们所做的问卷中,台湾受访者中有高达35.5%认为大陆是理想就业地,他们认为大陆地区经济增长迅速,就业机会多,创业机会多。但目前大陆对台胞政策尚不完善。此前,笔者曾就在大陆台胞的生活满意度做过相关调查,台胞反映比较大的问题主要有:"物价和房价、房租偏高,(台湾人)购房条件苛刻,公共设施和教育缺乏长远考虑,食品安全堪忧;行政执法上,法律规范不好,宣导不完善,公务单位行政效率不佳等;无法顺利浏览台湾网站;医保问题;往来大陆的手续繁琐……"③ 大陆方面应进一步完善和引导台湾年轻人来大陆求学、就业、生活,为其营造更好的生活环境和优质的服务,获得台湾青年的认同感,提升两岸关系的亲密度。最后,利用大众传播

---

① 胡俊锋:《台湾,你可以更赞》卷首语,台北:新锐文创出版社2012年版。

② 2014年7月,课题组成员张遂新(厦门大学台湾研究院政治所博士生)赴台湾展开的深度访谈。访谈人张哲翊为台中梧栖人,现为台湾师范大学历史系研究生,曾于2011年9月—2012年1月在中国人民大学历史系交流学习。访谈时间:2014年7月27日。访谈地点:台中市梧栖区童综合医院25楼丹堤咖啡。

③ 张羽、刘乐:《深化海峡两岸文化交流的机制探讨——以在厦台胞满意度调查分析为中心》,第二十二届海峡两岸关系学术研讨会会议论文集》,2013年8月18日至8月22日,辽宁省沈阳市。

媒体凝聚两岸青少年共同文化认知,两岸青年学生要建立一种健康的心态,既不应仰视神化对方,也不要俯视丑化对方。双方以一种平和而积极的态度,进一步扩大交流规模,提升交流质量,拓宽两岸青年的交流形式,增进两岸共识。

(四)加强两岸青年学生的集群认知差异的田野调查和理论研究

课题组针对两岸学生群体进行问卷调查和深度访谈中,发现两岸青年学生常存在情绪化或带固有成见看对方的情形。如深度访谈中,在面对"两岸现在青年交流存在的问题"时,有台生回答:"我觉得台湾所接触到的大陆青年都是对台湾有一定理解的,可是感觉到他们对台湾要么是过分好的印象,要么是过分糟的印象,我觉得这都是需要多接触的。"① 直接地反映出两岸交流的深度还远远不够。台湾开放观光之后,大批陆客的不文明表现更加剧了台湾青年对大陆人的不良印象。从问卷数据分析看,有高达 42.8% 的受访者认为:"陆客的不文明现象,给台湾人民带来了不良印象,不利于两岸交流。"还有 38.2% 的受访者认为:"陆客过多已冲击到当地人的生活秩序,应控制人员交流规模。"同样,在 2014 年 9 月 3 日—9 月 16 日的《两岸犇报》所做的台湾青年认同调查中,"受访者中有高达 61.9% 的青年学生一次都没有到过大陆,当中绝大多数是经济问题,但也有相当部分是持有成见"② 。这些带有成见的情绪化发生往往依赖于整个有机体过去和现在的认知经验。可见,与大陆青年相比,台湾青年更多地看到交流带来的负面影响。其实,旅游中的不文明现象存在于任何一个国家,随着游客文明意识提升和旅游经验的增加就会自然消失。借鉴人类学的田野调查方法,深入对岸对青年群体进行系统观察,准确地进行描述,客观认识两岸青年业已形成的固有成见,对于其中因历史等客观因素形成的合理差异应予以充分尊重,不应盲目或轻率地否认或企图改变之。对一些敏感话题,尤其涉及自身形象的描述问题,应尊重各种文化心态和价值选择。尊重和宽容,是两岸交流尤其是青年交流过

---

① 2014 年 7 月,课题组成员张遂新(厦门大学台湾研究院政治所博士生)赴台湾展开的深度访谈。访谈人张哲翊为台中梧栖人,现为台湾师范大学历史系研究生,曾于 2011 年 9 月—2012 年 1 月在中国人民大学历史系交流学习。访谈时间:2014 年 7 月 27 日。访谈地点:台中市梧栖区童综合医院 25 楼丹堤咖啡。

② 《台湾校园青年认同问题调查》,台北《两岸犇报》(双周刊)2014 年 9 月 3—16 日第 79 号。

程中最重要的人文精神。

（五）积极回应现实需求，努力推动相关文教协议的商签

近几年，关于文化 ECFA 的签署问题，两岸的态度和意见明显不同，台湾方面动力不足，大陆方面强调"刻不容缓"。分歧的基本原因，主要在于台湾当局认为两岸文化交流合作的重点是文化产业利益，现有的协议已经基本解决台湾方面在文化交流中遇到的问题。此外，台湾方面认为签署文化协议要建立在双方彼此认同基础之上，目前两岸历史价值观、政治价值观差异大，当前的条件并不成熟。基于现实的考量，课题组认为未来几年，两岸文教应着力透过文化建构、叙事体和时间的累积，产生时空脉络中对应关系下的"叙述认同"（ipseidentity）。首先，应做好现有的以两岸青年为主角的文教交流平台、论坛、机构的建设。如促进两岸教育、学术、新闻资讯、艺术戏曲团体、影视戏剧舞蹈与文化创意产业、基层组织社团的深度交流。其次，一些比较有意向的文教协议可以先签。如"两岸高等教育交流合作协议"、"两岸出版业协议"与"文化创意产业合作协议"，可以先暂时寄居在"两岸经济合作架构协议"之中。再次，就两岸教育资源的共享和互补进行战略规划，进一步打破两岸在文教领域的封闭性，推动两岸联合编写大中小学历史教科书、语文教科书、社会学教科书和艺术领域教科书；扩大学生赴对岸短期交流的可行性。最后，建构一个多样性、包容性和持续发展的两岸文化大市场。如媒体和资讯网络可以形成两岸有史以来最没有阻碍的社会参与空间，系统推出两岸文史系列书系，合力推动中华优秀作品的数位化、有声化，设立海峡两岸多门类的各类奖项，促进两岸社会主流理念和不同文化价值观念的协调与融合，共同拓展国际文化市场，提升中华文化的整体竞争力。

结　论

"人们对文化的强调，并非仅仅是基于对自己历史传统、宗教信仰、风俗习惯、语言艺术、生活方式等等的自然传承和迷恋，而是强调这些因素已经成为政治身份和权利的重要组成和表达。"[1] 通过以上分析可以发现，两岸的文

---

[1]　张兴成：《文化认同的美学与政治——文化帝国主义与文化民族主义关系研究》，人民出版社2011年版，第4页。

化互动相当复杂,它不仅体现在不同政治、经济、社会间的相互影响中,而且也体现在两岸青年思想和意愿的微妙交流中,既有认知个体之间的差异,更多体现为一种集群认知差异。这就深刻表明,两岸青年的认知差异是两岸群体记忆和集体知识的差异造成的。我们必须诚实面对这种差异的客观存在。当代理论家哈贝马斯(Jürgen Habermas)提出"互为主观"是突破两岸的封闭体系,寻求共同发展的前提。共建美好家园、共享祖国发展进步的丰硕成果、共担振兴中华的历史重任,是两岸年轻人共赢的最佳选项。系统研究两岸青年的集群差异是一个非常有趣而又富有挑战的话题,无论是出于"他性",还是出于"我性",整个世界正面临着新形态的文化组合,两岸青年应该积极参与文化对话,以一种互为主观的方法重新认识自己和对岸。

论海峡两岸"海洋文化资源"合作开发与保护

谢必震

两岸协创中心福建师范大学两岸文化发展研究中心副主任、教授

2001 年 5 月,联合国缔约国文件指出:"21 世纪是海洋世纪(Ocean Century)",换句话说,就是:海洋发展是 21 世纪人类社会发展的主要问题。海洋文化亦是海洋发展的重要部分,不容忽视。

有人说,海洋文化有两个最基本的要素:一个是"人",一个是"海"。人海互动,产生了海洋文化。海洋文化是人的力量在海洋活动的过程中,逐步形成了人们关于海的生活、生产、价值观念、性格、习俗的文化表象。事实上,我们将其具体化,就有造船技术、航海技术、航海叙事、海洋文献、航海制度、海神信仰、航海习俗、海洋神话传说等。

两岸海洋文化资源,就是关于"人"与"海"互动留下来的物质或非物资的产物。保护好海洋文化资源,开发、利用这些资源,对于深化和巩固两岸和平发展的文化基础,促进两岸文化的发展,有着重要的意义。

一、两岸"海洋文化资源"的丰富内涵

中国是一个海洋大国,因此两岸"海洋文化资源"内容十分丰富,这是必然的。大致划分有如下几类:

（一）历史文献

历史文献包含有历代的针路簿、航海地图、古籍、方志中与海洋有关的内容。此类史料举不胜举。

关于涉及福建、台湾、浙江等地航海的针路簿，《顺风相送》是一部内容详尽、意义不凡的一本针路簿。书中"福建往琉球"条第一次出现了"钓鱼屿"、"赤坎"即"钓鱼岛"、"赤尾屿"的名称。今据藏于英国牛津大学鲍德林图书馆（Bodleian Library）的明代抄本摘录如下：

> 福建往琉球"太武放洋，用甲寅针七更船取乌坵。用甲寅针并甲卯针正南东墙开洋，用乙辰取小琉球头，又用乙辰取木山。北风东湧开洋，用甲卯取彭家山。用甲卯及单卯取钓鱼屿。南风东湧放洋，用乙辰针取小琉球头，至彭家、花瓶屿在内。正南风梅花开洋，用乙辰取小琉球，用单乙取钓鱼屿南边，用卯针取赤坎屿，用艮针取枯美山。南风用单辰四更，看好风单甲十一更取古巴山，即马齿山，是麻山赤屿，用甲卯针取琉球国为妙。……①

这条针路所记载的正是海峡两岸之间的航线，记述了中国人开辟福建到琉球的航路，发现钓鱼岛，命名钓鱼岛的历史事实。

又如1296年浙江永嘉人周达观编撰出版的《真腊风土记》，其中详细记述了从温州到真腊的针路，夏鼐先生称其为中国历史上第一部航海针路簿，不可多得。康熙四十七年（1708），琉球士大夫程顺则在福州柔远驿也编纂出版了一部航海用书《指南广义》，这是当时往琉球的航海手册。该书记述了福建人往返琉球的针路14条。这些关于航海针路的记载，都是海峡两岸海洋文化的珍贵资源。

关于海峡两岸航海相关的古籍史料也有不少，黄叔璥的《台海使槎录》、郁永河的《裨海纪游》、江日升的《台湾外纪》、张燮的《东西洋考》、明清时期二十多种的《使琉球录》和《使琉球记》，都记述了两岸之间，台海历史上的航海叙事，这些历史记述，都形成了丰富多彩的海洋文化资源。

中国的方志中亦有无数的航海资料，亦是海洋文化资源的组成部分。关

---

① 《顺风相送》藏英国牛津大学鲍德林图书馆，明万历钞本。

于海峡两岸与海洋文化有关的资料,在浙江、福建、台湾的地方志中都能找到。这些方志史料,涉及海峡两岸之间的造船、航海的故事,涉及海防、海战、水师的活动,还有海上贸易和海神信仰等,极为丰富。如《福州府志》卷十二就记述了古代水师的建制:

> 闽安水师营(所属烽火营驻劄霞浦县蓁屿兹不开载)副将一员(驻劄闽安镇)。左营:游击一员、守备一员、千总两员、把总四员、外委千总二员、外委把总四员、步兵三百九十一名、守兵四百二十五名、官坐马三十三匹、赶缯船五只、双篷艍□船八只。岁需俸饷乾银一万三千四百七十三两五钱零,米二千九百三十七石六斗。闰月,需饷乾银一千四十四两五钱,米二百四十四石八斗。生息银两营共三千二百六十四两,充赏恤营兵婚嫁丧葬之用。
>
> 右营:游击一员、守备一员、千总二员、把总四员、外委千总二员、外委把总四员、步兵三百九十一名、守兵四百二十五名、官坐马二十二匹、赶缯船五只、双篷艍□船八只。岁需俸饷乾银一万二千九百六十四两四分零,米两千九百三十七石六斗。闰月,需饷乾银一千三十三两五钱,米二百四十四石八斗。

又如台湾《噶玛兰厅志》载台湾海防形势,"一海岛屏蔽全闽。上而江浙、登莱、天津、盛京,南而潮、惠、广州,一航可达者台湾也"。

又如《宁波府志》卷十"坛庙"载,"天后宫,府东二里,东渡门外。宋绍熙二年建元,延祐元年封护国庇民广济明着天妃,至正末毁。明洪武三年,中山侯汤和重建。天顺五年,知府陆阜修葺及创寝宇,明季颓废。国朝康熙二十三年后海禁既弛,闽粤商贾辐辏其地,海中屡著灵异,捐资修建,金碧辉煌,为城东距观,雍正五年敕号'天后'"。

从上述方志关于与海洋有关的记载,显而易见,方志中的与航海相关的史料,内容丰富,不啻为海峡两岸的重要海洋文化资源。

文献中还有一类资源就是与航海有关的地图,抑或航海图,也是海洋文化资源的重要组成部分。

(二)历史遗址与文物

在中国海洋发展的历史长河中,有许多关于海洋的历史遗存,这些历史遗址与文物,形成了丰富的海洋文化,闽浙台地区尤为突出。这些地区的海洋文化资源,即代表了两岸海洋文化资源的主体。港口、古船、海底沉船、出土的航海文物,包括沉船上的货物、沿海的航标、历史上的航道、祈风遗址、航海祭祀遗址、造船遗址、在古代航路上的地名、岛屿、著名的礁石等都组成了丰富的两岸海洋文化资源。

台湾的基隆、淡水、鹿港、高雄等港口,还有福建的漳州古港、泉州古港遗址、福州的马尾、浙江的宁波古港等,都纳入到了两岸海洋文化资源之中。台湾的鹅銮鼻灯塔、泉州的姑嫂塔、福州马尾的罗星塔等都是古代航海的航标,都带有海洋文化资源的标记。在浙江河姆渡遗址中挖掘出船桨、陶灶、石碇等器物以及大量河口与海洋生物骨骸等珍贵文物,充分展现了河姆渡文化中独具特色的海洋文化因素。泉州南宋的沉船、福建平潭碗礁一号的沉船,都向世人叙说了两岸海洋的故事。沉船上的瓷器、香料、航海用具等,是海峡两岸海洋文化资源收集与保护的重要内容。

(三)海洋信俗

海峡两岸关于航海宗教信仰与航海习俗也属海洋文化资源的范畴。两岸航海过程中的海洋信俗是重要的海洋文化资源之一。妈祖信仰是所有海神信仰中最普遍、最有影响力的一种,这一信仰在台湾尤为盛行。妈祖信仰源于福建莆田的湄洲岛,并辐射到世界各地。在海峡两岸留有成千上万的妈祖信仰的天妃宫,祭祀妈祖的仪式从古代一直延续到今天。此外,临水夫人信仰在海峡两岸也十分盛行。此外,海峡两岸关于海神的信仰多达几十种。相传,古代航海信奉的海神有东西南北中,五方执事直符使者——掌管方向的神明;奉直四位功曹——掌管年、月、日、时的神明;黄帝轩辕氏、周公——都是建造指南车的神明;九天玄女——中国古代法力无边的女神;茅竹水仙五位尊神——水仙即水神;还有青鸦、白鹤二位仙师;杨救贫、王子乔、马头陀、张仲坚、李定、陈搏、柳仙、郭璞列位先生;罗经二十四位尊神;掌针大将、下针力士、定针童子、转针郎官;叶石大神、守护罗经坐向诸神;历代过洋、知山、知水、知屿、知礁、知湾、知澳、知浅、知深、牵星望斗、看云探风、擎波喝浪的仙灵;鲁班仙师暨部将、神兵;木船、木龙、杠榟诸神;海上虚空过往神明;经过岛屿山神、土地神等等。①

---

① 程顺则:《指南广义》,(日本冲绳)琉球大学附属图书馆仲原善忠文库本,康熙四十七年钞本。

通过上述罗列,我们了解到在遥远的古代,航海技术和造船技术还不发达的情况下,人们将航海的安全保障全部寄托在上天的庇佑上,因此所供奉的神明真是太多了,这些神明信仰成了两岸海洋文化资源的重要内容。

其他如人们航海生活的记述以及延续至今的习俗,都是值得探索与研究的海洋文化。古代航海的饮食、医疗、娱乐等,这些习俗的记述,文字的、口述的、传承的,都是海洋文化资源所涵盖的。

二、应重视两岸"海洋文化资源"的合作开发与保护

两岸"海洋文化资源"的共同开发与保护,最基本的工作就是收集、整理和保护"海洋文化资源"。

钓鱼岛问题的合作,由于台湾当局受到美国和日本方面的压力,在钓鱼岛问题上缩手缩脚,无所作为。在钓鱼岛问题上两岸应有许多事要做。最近两岸共同举办"钓鱼岛:历史与主权"的图片资料展就是很好的开端。

妈祖信仰的相互促进与交流,已经有相当长的历史。如何深化巩固这一交流,需要两岸智者建言献策。当下,由福建省地方志编纂委员会牵头,由台湾妈祖基金会、福建厦门大学、泉州学院、莆田学院、福建师范大学等两岸学者共同编撰《天后志》,正在紧锣密鼓地进行中。

两岸"海洋文化资源"的合作开发与保护,必须加强两岸相关的学科建设与交流,譬如海洋文学、海洋史学的发展,这是"海洋文化资源"得以开发与保护的最佳途径。没有这一方面人才的培育,两岸"海洋文化资源"的合作开发与保护无从谈起。

海洋文学与史学,是海洋视野下一切与海洋相关的自然、社会、人文的研究,从理论上说,包括海洋的自然生态变迁、人类开发利用海洋的历史、海洋社会人文的发展等,它是以海洋为本位的整体研究,探讨人与海的互动关系,海洋世界与农耕世界、游牧世界的互动关系。它的学术目标瞄准海洋世界在世界历史体系和结构中的地位,不仅仅是航海史、海域史、海洋地缘关系史的研究,一言以蔽之,海洋文学与史学是认识历史多元化、多样性不可缺席的视界。只有两岸在海洋文学与历史学科建设上携手并进,才能为"海洋文化资源"的合作开发与保护提供最可靠的人才保障。

三、"海洋文化资源"与两岸合作机制的建立

以目前两岸的关系与氛围,两岸共同建构"海洋问题合作机制",增强海洋互信,可以作为两岸开创历史新页的起点与试点。这种合作机制包括生物资源的评估、保育、采捕、营销;海洋环境保护;海洋科学研究;海洋公园区域之设置;海运交通安全;海难救助;打击海上走私与贩毒;非生物资源的探勘、开发与管理等。在此基础上,维护海洋主权,建立广义的两岸军事互信机制,促进祖国的统一大业。

如今基本实现了两岸实质"三通",在两岸关系上取得了历史性突破。2009 年 4 月 26 日,两会签署了三项协议(《海峡两岸金融合作协议》、《海峡两岸空运补充协议》、《海峡两岸共同打击犯罪及司法互助协议》);2009 年12 月两会又签署了三项协议(《海峡两岸渔船船员劳务合作协议》、《海峡两岸农产品检疫检验合作协议》、《海峡两岸标准计量检验认证合作协议》)。应该说,这些协议的签订和实施是两岸政治互信、要求合作、共同发展的产物,已给两岸人民带来了实实在在的利益和好处,符合两岸人民的意愿。由此可见,两岸"海洋文化资源"共同开发与保护真正进入轨道,那就是两岸文教协定的签订。

鉴于目前台湾岛内复杂的政治环境,两岸的合作先易后难的原则是必要的,也是适时的。我们在切实符合两岸利益、没有争议的问题上,积极开展这一工作。譬如,两岸学者共同的学术合作,有助于两岸"海洋文化资源"的合作开发与保护。围绕"海洋文化资源"的问题举办各种层次的学术会议,共同出版相关的学术著作,开展学术访问与交流,开展各项海洋民俗活动,这都有助于"海洋文化资源"合作开发与保护工作的进行。在原先的基础上,进一步探讨"海洋文化资源"活动的新的方式,譬如两岸合作开展海洋考古发掘活动、两岸合作建造海洋文化博物馆、两岸联手开拍与海洋文化相关的视频作品、两岸共同创建中国钓鱼岛资料展馆、两岸共同开展海洋文化教育、海洋科技宣传等活动,从而在共同的发展过程中向制度层面,即文化协定的方向迈进,夯实两岸关系和平发展的文化基础,早日实现中华民族伟大的复兴之梦。

恢复"商人节"对两岸商业文化融合的意义

王日根

厦门大学人文学院副院长

今年恰逢厦门商会110周年,厦门市工商联策划举办庆典活动,找到其中一个抓手就是恢复"商人节",我觉得这个动议适时适地,具有积极意义。

一、商人节的提案及其意义

1946年,全国商联会在南京开会,厦门市商会带给大会共18项议案,其中之一为"规定商人节日以加强商运案",呈请社会部规定商人节,建议以全国商联会开幕之11月1日为商人节日。此项提案经大会一致通过。[①]

我们检索有关商人节的资料,发现国际商人节时间是5月15日。1935年南昌商人响应"新生活运动"也提出了8月15日为商人节的倡议,主要是为了树立商人生活节俭、遵循传统美德等形象。

我们理解:厦门商人能在抗战后的全国商联会议上提出该提案,彰显了厦门这座具有海洋文化精神的城市中商人处于主导地位的社会现实。在中国传统社会,士农工商的四民秩序被信守不移,商人的社会地位一直不高,像徽商、晋商大多是士而兼商或商而兼士。唯有处于厦门这样海洋环境的商人能居于

---

① 厦门总商会、厦门市档案馆编:《厦门商会档案史料选编》,鹭江出版社1993年版,第170—172页。

社会生活的主流地位,因而他们也容易提出彰显自己身份的提案。

二、商人节的举行

1947 年厦门市商会便组织了庆祝活动,规定:

> 甲、庆祝方式:①十一月一日上午十时在市商会召开庆祝大会,每同业公会推派代表三人参加,公司派代表一人参加,并邀各机关首长莅会指导大会推举理事长、主席;②在市商会门前扎牌楼一座,各公会均悬旗结彩庆祝;③各商店于是日上午八时升旗并鸣炮庆祝,并得自由结彩装饰;④是日全市各商店休业一天,以示庆祝;⑤商借本市报纸版地于是日发行特刊稿,请各公会理事长暨各机关首长撰送市商会编印;⑥标语由市商会撰制并发各公会缮贴。乙、其他活动:①各商店自行宴会庆祝;②由市商会邀集各公会及公司代表(每公会三人以上公司一人以上)于是日正午十二时举行聚餐会,并招待各界首长,餐费每份十万元;③自十一月一日起公演平剧二天;……①

看当时出版的《海澄日报》和《邵武日报》,得知两地都举行了相应的活动。

1948 年 10 月 23 日,福建省商会联合会再度发布公告:

> 第二届节期将临,各地自应筹备举行,希即参照去年本会所通告及当地情形分别办理,……准此除分电外,相应电达查照,先期筹备为荷。

以往我们都较难看到商人展示自己团体力量的行动,厦门商人之所以能做到这一点,与厦门商人的国际性视野关系密切。有人给首届商人节写来祝词:"我国商誉,早播寰球;伟哉商人,迹遍五洲;国民经济,唯商独优;社会景气,唯商是谋;贸迁有无,调剂供求;欣逢令节,载祝载讴。"这是海澄县司法厅的林棠先生所题祝词,体现了对商人社会地位的肯定以及对商人社会作用的体认。从闽商坚守商道、乐善好施等来看,商人确实对社会有着较显著的贡献。举办商人节实际上又为商人向社会展示良好形象搭建了一个平台,成为商人报答社会的一个良好机会。

---

① 厦门总商会、厦门市档案馆编:《厦门商会档案史料选编》,鹭江出版社 1993 年版,第 355 页。

事实上，在中国传统社会，尽管都有抑制商人的相关规定，但从来没有完全取缔商人和商业活动，而且商业的繁荣往往是盛世的重要衡量标志。

在近代世界舞台上，"商战"是较军事战争更为持久的战争，商人的地位便更加凸显。正是因为沿海地区具有长久的经商传统，到近代他们便能自然而主动地融入世界商战，谋得在世界舞台上的地位。

三、如今恢复"商人节"的意义

台湾自1947年举办"商人节"后至今每年均依例举行，已有68届，时间是11月1日，完全是厦门商会所倡导的商人节的执行者。如今我们要进一步加强两岸之间的文化交流，两岸共同举办"商人节"实际上是恢复了两岸共同的文化遗产，相互更能形成彼此间的认同，也将有利于相互间的经贸活动之扩展。

从"太阳花学运"反思海峡两岸文教交流与合作

邓启明

宁波大学台湾研究中心常务副主任、教授,宁波大学国际经济与贸易系主任

张真柱

宁波大学台湾研究中心主任、宁波大学人文社会科学处处长,研究员

相关研究和近年实践表明,两岸关系和平发展得到两岸同胞支持,受到国际社会欢迎,是两岸同胞共谋中华民族伟大复兴之正确道路。作为中华民族伟大复兴的生力军和最主要推动力之一,青年学子在未来两岸关系和平发展和统一大业中的作用不容小觑。大力加强和推进两岸青年互动及文教交流与合作,对两岸关系持续发展具有至关重要的影响和关键性作用。作为两岸文教交流与青年互动的新起点、新模式,自 2011 年首届陆生赴台以来,"陆生赴台就学"发展变化引起了人们广泛关注;2014 年备受瞩目的"习连会""张王会"先后登场、台湾当局"陆生招生政策"的重大转变,以及岛内"太阳花学运"的发生及其发展变化等,更是引起海峡两岸有识之士的极大关注与热议。

正如国民党重要智囊赵春山所指出的,"太阳花学运反映出的问题不只是两岸,还有社会共识、世代交替、社会运动、蓝绿对决等多重问题";"大陆应该藉由台湾类似议题和活动,来了解台湾人民真正的需求是什么,重新思考两岸政策,争取更多台湾民众的好感"。这也是笔者写作此文的重要依据与出发点之所在。

一、"太阳花学运"的发生、发展及其深刻影响

"太阳花学运"是指 2014 年 3 月 18 日晚间 9 时起,台湾地区一百多名大学生和社会人士共同发起的、突破警方的封锁线并占领"立法院"和冲进"行政院"等社会运动事件;直至 4 月 10 号学生撤离,前后 24 天。运动虽然结束了,但影响将是深远的,特别是对两岸关系发展的影响。换句话说,学运的伤害已经产生,而且后遗症巨大,两岸各界应对此运动发生背景、原因、特点及其可能产生的影响,进行客观、理性分析、评估与反省。诸如那些"参与的大多数",究竟是不是"沉默的大多数"?那些"领袖"们"究竟是谁"、他们又"代表谁"和"反对谁"呢?

一般认为,事件起始于台"立法院"专门委员会审议《海峡两岸服务贸易协议》。服贸协议本是为促进两岸贸易与经济发展的,但以民进党为首的在野党,对协议进行刻意歪曲与丑化,一些并不清楚事实真相的大学生据此认为协议将影响其未来就业和台湾经济发展。尽管当局坚持不会撤销服贸协议,主流媒体也呼吁学生不要被利用,但这场以"捍卫民主"、"反对黑箱操作"、"反对两岸服贸协议"为起点的学运,运动的要求层层加码,整个社会的容忍与政局备受考验。

对此,台北市议员李庆元分析指出,此次学运基本上是在马英九"执政困难"情况下的"落井下石"行动;中国文化大学林忠山副教授分析指出,此次学运明显有外力介入,是密谋策划、里应外合的结果,表面上是反服贸黑箱和反服贸,但主要是"台独"势力担心两岸越走越近,目的是要切割台湾跟大陆的关系,丑化和恶化这个关系。但由于运动是在"没有足够正当性"情况下进行并攻占了"立法院"和"行政院",使得台湾地区形象、利益和民主成果受损,但也清楚反映了社会对当局的不满。台湾"行政院长"江宜桦表示,此次学运对未来台湾政治发展有一定影响力,"就像过去很多重要的学运一样,都扮演着里程碑的作用",并强调当局需要重视新媒体的力量等。

台湾大学张亚中教授则认为,不少有心人利用此次社会运动来强化台湾民众对大陆的不信任、恐惧与敌视,借以妨碍两岸交流、协商或阻绝两岸领导人会面,但两岸交流的速度与广度不应受此影响,建议大陆方面以平常心和体谅心看待,不要掉进"有心人"的陷阱;但在继续鼓励和加强两岸互动时,也

要避免所有利益为特定团体或人士独享,建议以"为台湾地区广大人民带来利益"为首要考量。对此,中国社科院台湾研究所周志怀所长强调指出,台湾民主在深化过程中出现的一些非理性现象,令人担忧。认为"深化民主,不能以牺牲台湾经济发展、牺牲两岸经济合作和牺牲人民的饭碗为代价";台湾浅碟社会的特征在此次学运中显现无遗,尤其是"街头决策现象比以往更加突出,一两个人就可以改变当局政策,这实际上是一个反民主的现象,是比较危险的"。

事实上,当前台湾地区的年轻人,大多出生在"解严"以后,成长在台湾民主化快速转型的过程中,他们在民进党执政时期接受了中小学教育,强烈的"本土化"概念在他们头脑中扎根并发展壮大。笔者观察和相关调查也表明,他们中的很多人"非常封闭",对大陆有一种现实的恐惧,而且从根本上更认同"我是一个台湾人"。这是否清楚地表明:目前海峡两岸间仍存在严重隔阂与陌生感,以及当前进一步加强和改进两岸文化与教育交流合作和青年学子间的互动的必要性和迫切性。

二、"陆生赴台就学"意愿及其影响因素调查

如前所述,"陆生赴台就学"是两岸青年互动和文教交流与合作的新起点、新模式,但自2011年首届陆生赴台就学以来,台湾地区所招收陆生并未达到预期规模,这对两岸青年互动和文教交流与合作等方面十分不利。主因是岛内针对陆生求学、就业具有"三限六不"等诸多限制("三限"包括限校、限量、限域;"六不"是指不涉及考试加分,不影响本地学生招生名额,不会编预算提供奖助学金给陆生,不允许校外打工,不能考职业证照,不会有就业问题等)。显然,深入调查、分析和把握陆生赴台就学的意愿及其主要影响因素,对如何加强和推动两岸青年互动和文教交流与合作,无疑具有重要战略和现实指导意义。

为此,笔者曾以陆生赴台就学首批开放的6个省(市)之一的浙江省为例,进行问卷调查与访谈。调查采用多阶段抽样法和整群抽样法相结合的方式,随机抽取浙江省6所普通高中和3所综合性大学,共获取1446个有效样本;通过EXCEL和SPSS数据分析软件,运用描述性统计分析、因子分析以及Logistic回归模型等多种方法,对所获取第一手资料进行分析处理,从学生基

本信息、对台湾信息了解程度、赴台就学意愿及其影响因素入手进行分析研究。当面访谈,主要是对曾赴台交换学生、已赴台就学陆生和研究两岸关系的专家学者进行访问,以更加客观实际地了解陆生赴台求学的现状和未来发展趋势与影响因素。

问卷调查和当面访谈发现,只有39%受访者愿意赴台就学;经过系统分析与讨论,我们把影响陆生赴台就学意愿的因素归结为四大引力(高校竞争优势引力、地域及环境优势引力、文化产业引力和实践与经验引力)和三大阻力(资源限制阻力、生源限制阻力和主观限制阻力)。显然,赴台就学固有丰富陆生阅历和开阔视野的优势,但当前台湾当局所奉行的"三限六不"政策显然是陆生赴台就学意愿的最大限制因素;Logistic 回归模型分析发现,是否拥有赴台经历和是否对台湾高等教育有客观认知与把握对陆生赴台就学意愿也有很大影响,曾到过台湾和对台湾高等教育比较了解的学生的赴台就学意愿,要明显高于未曾赴台和不了解台湾高等教育发展学生。

针对调查中浙江省籍生赴台就学意愿不足问题,我们从意识和行动两个层面,对海峡两岸有关部门以及陆生等主体提出了相应对策建议。在意识层面上,建议台湾当局应改变"有限开放"态度,正确认识陆生赴台重要性;大陆有关部门应尽快完善相关机制,增进双边共识与交流合作可行性。在行动层面上,台湾当局应促进陆生招生政策与自身教育优势正向发展;要加强两岸高校合作,丰富双边交流合作形式;台湾地区高校还应提升学校综合实力,并加强宣传力度。对陆生而言,应树立正确的"择校观"。只有将理论与实际、台湾和大陆两对关系处理好了,陆生赴台就学意愿低迷的问题才得以真正解决,促进两岸关系发展。

值得注意的是, 2014 年台"陆生招生政策"发生了许多重大转变。尽管"开放省份"仍维持原来的"六省二市"格局(即:福建、广东、浙江、江苏、湖北、辽宁、上海、北京),但在"开放院校"方面却有了历史性突破——除了先前开放的众多私立大学之外,包括"台、政、清、交、成"等顶尖学府在内的公立大学均为陆生敞开大门,提供了更多元选择及更强大诱因。虽然公立名校欢迎陆生报考,但每校设有 5 个名额的上限(每校最多只收 5 名大陆学生就读本科)。

另据介绍,目前台湾地区平均每所大学针对大陆学生只有 6.2 个奖学金名额,意味着每 11 个在台陆生才有 1 个申请奖学金的机会。对此,海基会董事长林中森明确表示，"两岸交流不能也不会因台湾学运影响而停顿"，海基会将设立专案为在台大陆学生牵线搭桥，协助这些熟悉两岸的优秀学子进入急需人才的台资企业实习和就业，实现互利双赢。

三、促进两岸文教交流合作与青年互动之建议

包括高等教育在内的两岸文教交流与合作，是两岸关系发展的必然结果，也是两岸青年学子交流与互动的重要内容与载体；海峡两岸间高等教育市场的进一步开放与拓展，又将开启青年学子和文教双向交流与合作的新篇章，为两岸文教交流、青年互动和两岸关系发展注入新活力。中共十八大报告提出的"持续推进两岸交流合作"、"巩固和深化两岸关系和平发展的政治、经济、文化、社会基础"，即是新时期两岸青年学子和文教交流与合作的基本指导方针和重要任务。而且随着经济全球化和区域经济一体化的快速发展，世界各国（或地区）教育领域交流与合作也日益广泛和深入——教育资源的跨国（或地区）流动、教育活动的国际合作、教育问题的全球性等"全球化"现象日益凸显。

笔者和相关研究表明，海峡两岸高等教育交流与合作有着良好基础和发展机遇，前景看好。一是两岸关系快速发展，为高等教育交流合作创造了良好环境；二是两岸高教资源优势互补，为推进交流合作提供了有利条件；三是两岸经贸文化全面合作，也为高等教育合作带来新机遇。此间，两岸高校纷纷签订了"姐妹校约"，建立双向或者多向交流机制，开展校际交流与教育合作；其交流与合作的内容，已不仅仅局限于普通参访和学生文化交流，教师间学术交流、交换讲学及国际学术会议等也不断增多，两岸间各种专业领域的高等教育合作论坛也不断推出。特别是台湾地区高校由于生源不足等现象，急需招收大陆学生，到大陆寻求市场的意愿强烈。建议通过开放招生、合作办学、合作研发、扩大就业等途径与配套策略措施，促进两岸高教合作向更宽领域、更大规模、更深层次迈进。

值得一提的是，目前高等商科教育交流合作，已成为两岸和国际教育交流合作中最活跃、进步最显著的重要领域之一。率先签订、实施两岸高等商科教育合作协议，逐步规范两岸合作办学与共同研究等项目的管理，构建两岸高等商科教育合作协调组织，将是推进两岸青年交流和高等教育制度化合作的重

要保证。换句话说,海峡两岸应率先探讨高等商科教育交流合作的新模式,突破机制、体制等因素的制约,优化交流与合作环境。为此,一是要充分利用海峡两岸高等教育交流合作发展中的重大事项与活动,聚集两岸网络媒体力量共同做好宣传报道,不仅给两岸学生提供信息服务,更要为两岸网络媒体交流合作创造诸多契机,有力促进两岸民众加深了解、融洽感情、增进互信;二是要充分利用两岸经贸合作框架协议(ECFA)加强对话及积极协商,在大陆和台湾当局有关部门的支持下,共同设立海峡两岸高等商科教育交流合作组织,有效联络大陆和台湾地区各高等院校,打破两岸行政区域界限和各自为战状况,并对两岸高等教育交流合作相关事宜进行协调决策,制定相关章程;三是要充分发挥企业、社会组织的作用,鼓励工商界人士、两岸民间组织等出资设立专项资金资助陆生在台或台生在陆高校学习期间的费用,等等。此外,建议大陆高校与台湾地区高校达成相关协议,包括引进合作方相关教学课程,实现学历学分互认,陆生自由赴台学习;还可建立完全学分制,只要在台陆生或在陆台生修满学分即可提前毕业,等等。

小　结

目前,两岸关系已进入"深水区",两岸经贸你中有我、我中有你,密不可分。虽然服贸协议在台湾引发争议,但这不应当成为台湾闭关自守、固步自封的理由,更不应成为贸易保护主义的开端和起点。事实上,包括海基会董事长林中森在内有有识之士纷纷表示,"两岸交流不能也不会因台湾学运影响而停顿",大陆高层近期也纷纷率团赴台参访;海峡两岸两会间也就 ECFA 后续货物贸易、争端解决机制协议、两会互设办事机构商谈、两岸避免双重课税及加强税务合作协议、两岸民用航空飞行标准与航空器适航合作协议、两岸环境保护合作框架性协议等议题,正紧锣密鼓进行业务沟通。台湾地区唯有以更加开放的思维、更包容的心态,积极面对挑战,才能在两岸互利双赢中实现经济提振发展,也才能够为青年一代的发展创造良好条件,奠定坚实基础。

至于如何唤醒包括青年学子在内的广大民众,正如中评社"快评"所指出的,马英九先生"倾听青年心声、实现世代正义"的就职 6 周年演说并举行记者会,作出五大承诺(一是全力改善学用落差,让青年学以致用;二是积极促进青年创业,让青年勇敢圆梦;三是加速实现居住正义,让青年住得起台湾;

四是正面迎向自由贸易,让台湾迈向世界舞台;五是全面鼓励青年关心国事,让青年参与决策过程),就是重要一环。我们认为,马当局从教育、职场、住房、经济社会发展和青年参与等具体层面,针对问题提出解决方案,为台湾青年描绘出一个美好愿景,是值得肯定的,也是与本文的立意相符合的;但我们认为,不仅要加强对青年参与社会公共事务的重视,还要进一步加强两岸青年与高等教育的交流与合作。

正如习近平总书记在会见亲民党主席宋楚瑜一行时明确指出的,"两岸之间需要全面、深入的交流,特别是要加强两岸青年之间的互动与了解";在会见"台湾和平统一团体联合参访团"时,习近平总书记又对国家和平统一的形式、内涵作出了包容性很强的新论述,再次强调了坚决反对"台独"分裂的坚定立场、坚持两岸关系和平发展的正确道路和方向——"我们所追求的国家统一不仅是形式上的统一,更重要的是两岸同胞的心灵契合"、"愿意用真诚、善意、亲情拉近两岸同胞的心理距离。同时,台湾同胞也需要更多了解和理解大陆13亿同胞的感受和心态,尊重大陆同胞的选择和追求"。我们认为台湾当局应当正确认识并积极回应大陆释出的诚意与善意,努力增进两岸青年一代的互动与交流,为两岸关系及台湾的稳定发展不断注入新的活力与动力,为两岸青年共同发展的美好愿景奠定更为坚实的基础。

参考文献:

1. 潘懋元:《中国高等教育评论——两岸互动新阶段的高等教育发展》,教育科学出版社 2010 年版。

2. 邓启明、闫华清、张真柱:《海峡两岸高等教育交流合作的内容与平台创新》,《台湾研究》2011 年第 5 期。

3. 张真柱、邓启明:《海峡两岸高等商科教育交流合作现实条件与实现路径研究》,《中国高教研究》2013 年第 6 期。

4. http://www.crntt.com.

5. 邓启明:《海峡两岸现代农业合作研究——模式创新与运行机制》,经济科学出版社 2014 年版。

区域文化研究:以闽台美术为例

练春海

中国艺术研究院工艺美术研究所研究员

区域文化研究既是近年来学术研究的一个热点,也是一个众说纷纭的前沿热点所在。对于何为区域或区域研究,有关的讨论尚未形成一个相对一致的定义,甚至有时我们可以在一个研究中见到类似"中西部地区"与"珠江流域"赫然作为一个平等的区域概念用在同一篇文章中的情况。而另一方面,尽管有着这样或那样的问题,但很明显,有许多研究受益于这种更新的思考问题和发问视角,做出了许多值得关注的研究成果,因此它的学术价值还是显而易见的。笔者在本文中不去讨论这个基本的学术概念问题,而是把关注点放在区域美术研究这个更为狭小的范围之内。

想到笔者所要讨论的主题与观点,我不禁联想到一首宋代著名诗人苏轼所写的作品。北宋元丰七年(1084)四月,时值春末夏初之际,苏轼遭贬谪,由黄州赶赴汝州任团练副使,途经九江,遂与友人参寥大师共同游览庐山的西林寺。面对瑰丽山水,东坡先生遭受贬谪的积郁暂时被搁弃一边,逸兴壮思油然而生,于是挥毫写下颂赞庐山景致的诗十余首,《题西林壁》便是其中之一:

> 横看成岭侧成峰,远近高低各不同。
>
> 不识庐山真面目,只缘身在此山中。

这首诗是苏轼总结庐山之游的绝唱,它描写了庐山变化多姿的面貌,并在说景的言辞中说理。《东坡志林》第七条载"仆庐山诗尽于此矣",可见这首诗是苏轼的精心力构,也是他勘透世情、悟彻人生的妙谛。这首诗不仅构思精巧,还展现了人与事物之间的互动与决定关系,二者之间相对位置的变化会导致主体认识发生变化。如果我们把苏轼的这件作品的精心修辞对应于一种研究状态,那么它大概可以视为对区域文化研究理论的一个隐喻了,"横看成岭侧成峰,远近高低各不同"无疑指出了这种研究因其"逼近"便能达到某些意外的收获。

一、区域研究作为一个视角

就方法论而言,区域研究的本质是一种在视角上区别于传统研究方法的方法。

其一,区域的概念是相对的。区域的概念具有不确定性,因此区域的划分通常有一定的前提与范围。在某个具体的前提与范围下,区域才能够被有效、均质地划分。而没有前提的区域划分通常不具可比较性,比如"长江三角洲",这个区域以大江与入海口为同等概念划分的基本条件,同等的概念可能是"黄河三角洲"(假如存在的话),而闽江三角洲则不是一个同级概念,因为闽江水系与长江水系不可同日而语。更为显而易见的是以行政区划为基础的区域概念,尽管这种概念内在的内容有时并不同质,如中国与新加坡。新加坡在国土面积、语言文化习惯等方面都只能够与我国港澳台地区或闽南地区同一个数量级,绝对无法与整个中国的幅员广袤相比,中国文化的多元性与丰富性有时是几个小国联合在一起也无法相比肩的,从这个角度来讲,区域的提法是一种"暂时的妥协",而从另一个角度来讲,这种相对性也可以很"绝对"。比如,以一个国家为整体,那么在这个国家范围之内的地区、县市都属于一个区域概念,此时后者就是一个相对于前者的相对概念,在这个绝对前提再往上提一级,那么国家也可以是一个相对于大洲的区域概念(大洋洲、南极洲除外),而大洲又可以是全球的一个区域概念。

其二,区域的大小:尽管前面我们说过,依据行政区划进行的划分经常会让我们的区域陷入一种尴尬,但是更多的时候它所提供的还是一种便利,因此我们仍然会依据以下各种概念:半球、大洲(包括远东地区这样的概念)、国家、国家内的局部地区(包括闽台、港澳地区)等具有一种逐级递减的节奏来进行区域划分。如此一来,我们的很多研究便可以在一个有限的范围内获得前所未有的深入开展。

（一）区域研究的传统

1. 区域研究的历史脉络

确切地说，区域研究并不是一种全新的人文与社会科学研究方法，它最初是西方人探索海外地区，然后是侵略其他地区，为了更好地掌控他们的殖民地而有目的地针对欧洲之外的国家和地区进行的系统的、专门的研究。久而久之，这些新的研究也逐渐地形成了一些成果并被补充到原有的系统中去，这个系统服务的对象非常明确，他们的研究方法后面有着深刻的西方中心主义的核心价值观。在英国成为海上霸主，哥伦布发现新大陆，西方国家先后展开对欧洲以外地区的殖民统治、征服活动以后，对远东地区的研究、非洲地区的研究、美洲地区的研究、亚洲地区的研究变得日益迫切。这些研究为他们提供了解殖民地原住民文化与生活习性的机会，使得他们更为轻松地主宰和统治当地的土著社会，从而为他们从当地榨取源源不断的物质与金钱并输送回宗主国服务。虽然区域研究的这个视角早就存在，但其学术理论并没有发展出来，它始终是西方各学科研究的一个从属与异化。"区域研究"的提法，一方面消解了传统区域研究中的"西方偏见"，另外一方面宣告了更为客观、科学的区域研究方法的建立，这为学术界从宏大叙事向微观叙事转变打下了扎实的基础。

2. 艺术史中的"区域"观

探讨艺术史中的区域研究是我在这里要讨论的中心。而关于中国以及欧美以外地区的艺术史研究也是一个受西方中心主义观念毒害较为严重的一个学术领域。就中国艺术史而言，这个领域之所以如此，是因为中国的艺术史建构完全是在"西学东渐"的基础之上建立起来的，此前中国的这个领域是一片空白，就算有的话，那也是属于今天我们所熟悉的另一个学科概念框架以下的东西，它可能是金石学或画法理论，但绝对没有一个可以与艺术史可以对应的概念。最早在中国建立的艺术史体系无疑是完全"欧式的"，其基本逻辑内核是：线性发展、进化论、西方中心（对应的是蛮族艺术）。然而，用这样的学术框架去塑造中国艺术史，这里少不了对原有中国艺术发展脉络的解构（或剪裁）与拼装。比如，用这个体系我们无法回答秦代兵马俑在中国美术史的体系中算是一个例外还是一个分枝；我们也无法去解答写意绘画史如何反映进步这个概念，是越画越抽象呢？还是越画越简单？中国艺术中工笔的写实、书法的抽象、山水的意象似乎没有一个脉络是按照线性的逻辑来发展的,或者是按进化的理路来发展的,更何况"以西方为中心"这一精神内核活活把中国艺术逼到了艺术史林的角落。"西方"以及所有中国以外的地区在中国古代的知识分子眼中全是蛮族,他们的艺术更是形而下的,正是他们所要摒弃的那种,中国数千年的文明,与印度艺术一样悠久,当然古埃及、古巴比伦没有延续下来,否则西方的"中心"也绝对落不到欧洲。艺术史中的西方中心内核还改变了人们对传统的中国艺术的看法,包括"中国画"这个可怕的命名,不伦不类,中国画到底是在中国画的画,还是中国人画的画,还是用中国材料画的画,现在都没有闹明白。为了更为准确地表达"中国特色的画",有人又创造了"水墨画"这个概念来代替"中国画",但它其实也不能解决问题,中国不是日本,中国画在日本本质上是一种外来画种,——尽管日本本土也没有什么拿得上手的绘画形态,但是相对于源于中国的"南画",浮世绘显然是一个更为本土化的艺术形式。中国画如果有一个像浮世绘一样的名字,而不是有洋化的名字,至少这会更说得过去。

为了削足适履,中国的美术史研究者以及研究中国美术史的研究者们还生造出许多概念来,比如"散点透视"就是其中之一。既然散点,又何来透视,透视学的发明就是因为假定存在着这么一个焦点,然后基于这种理论,画家们才能够在二维的纸上呈现三维的虚拟空间,实际上这种三维空间并没有真正的"三维",因为观者必须站在某个具体的视点上,才能够实现二维平面的图像经视觉神经处理后三维化,除了这个点,二维的图像仍然是二维的。而即便是如此,"散点透视"也显然是一个矛盾词汇的强行组合,用来表达中国视觉艺术中并不存在的"透视"处理。实际上,中国的绘画艺术用的是另一种立体表达方式,这种方式并没有限制人的行动,恰恰相反,是通过人的移动来反映景致的立体。诸如《万里江山图轴》之类的卷轴画,人们只要轻轻地打开画卷,便能把中国的万里江山尽收眼底,这种"移步换景"的形式,把溪涧、山峦、平原、岛屿、沟壑并列于一幅作品上的手法难道还不够立体吗?事实上,回答这个问题最好的答案无非就是我们肉身的结构,我们的双眼并没有形成一个成像的焦点,它是通过一种错位的觉知方式来产生立体的纵深感。从这一点来讲,中国传统的知觉方式其实是一种更为"科学"的观察方式,而不是所谓的透视方法。换言之,在西方古典艺术中盛行的各种艺术理论其实也只是世界艺术之林中艺术家们找到的一种成功模式而已。这种模式并不是放之四海而皆准的一种形式，即使是西方艺术史家，面对现代艺术的林林总总，也不得不放弃他们所得意的艺术史理念：我们通常所谓的西方艺术史，其实指的都是西方古典艺术史，这个体系在现代艺术领域里遭到了无法解决的顽症，因此艺术史家们不得不把艺术史断裂为两个部分来书写：经典艺术史与现代艺术史，这种断裂无疑宣告了西方传统艺术史观的失败。

（二）区域文化研究之"新"意

然而，正如上文所指出的，在一定程度上，我们认为区域文化研究也是一种比较新颖的研究方法。通常情况下，研究要想获得突破，其途径有三：方法的革新、材料的占有、视角的改变。方法的改变原则上是非常困难的事情，没有长期的学术积累，没有大量学者，尤其是方法论学者的努力，通常很难有研究方法的突破。而对于艺术史等学科而言，占有新材料也是一个很重要的渠道。通常由于获得材料渠道的改善，学者们在学术研究上会取得更大的成就。相反的情况就是，很多与艺术史相关的部门，特别是文物部门、古代史料与文献管理部门，对于图像资料、文物资料等把控过多，不轻易向学术界公开，或者是设置太多的利用条件，或者是不及时整理、积极发表有关的学术公告、发掘报告等资讯，使得那些文物变成私有物，而不是公器，等等，这在中国的学术界是一个很普遍的状况。

具体说来，"区域文化"研究的新义可以分为如下两种：

1. 重建文化自觉与自信

近代欧洲是现代科学研究的发源地，许多重要的学术研究理论与体系都是由欧洲的科学研究机构及相关的欧美专家们建立起来的。这种科学技术与研究的发展迅速提升了他们的国力，但是资本的特点让这些拥有先进技术与理论的国家侵略他国，成为掠夺他国的帮凶。而作为落后的被侵略和殖民的国家的人们在遭到列强铁蹄蹂躏之后，幡然醒悟，随即产生的如"西学东渐"、"洋为中用"之类的思想在这些弱国中如病毒一样地传播，逐渐形成弱国在向近现代社会过渡过程中的转基因文明，其实质是文化自觉的丧失，乃至自信的丧失。而区域文化研究方法的提出，对于中国美术而言是有着重大的意义的，具体而言又可以细分为两点。其一，重申中国美术在世界艺术史上所具有的重要地位。中国美术是世界艺术之林的一个重要分枝，它有悠久的传统，绝非西方可以等闲视之的"远东"艺术、蛮族艺术、落后的艺术。从外部讲，它是构成世界美术史林多极性不可或缺的组成部分;从内部讲,它也有多种多样的成分,或保守,或激进,或绚烂,或素朴,或精致,或粗放,不一而足。落实到闽台美术这个具体的区块,闽台美术不仅在中国美术史上具有重要的地位,而且它在中国传统文化的保存中也有突出的贡献。闽台地区在中国而言,也是一个非常独特的地区,从它的地理环境与人文环境来看,都非常的独特。在地理上,背山面海;在人文上,各种信仰、族群杂居,这个地区可以说是中国传统文化精髓的吸附地与活化石,为我们今天研究与考察中国不同历史时期的文化提供了很多标本与史料。区域文化研究从区域出发,以一个主动的视野与眼光考察当地的文化现象,表明了文化自觉在当代中国已然成熟。

2. 新的区域研究理念包含了"平等"、"客观"的内核,区别于传统艺术史观

传统的美术史观表面上获得了一个中国化的外在特征,但其本质上仍然是西方中心观的表现。且不说进化论与透视学、解剖学在美术史论中投下的不可磨灭的影子,单看每一本艺术史中中国以及像中国一样伟大的国家与地区的艺术历史被压缩成短短的一章甚至更少的篇幅作概要性地介绍就可见一斑。尽管世界各大博物馆、艺术馆费尽心机地搜罗中国盗墓团伙、文物贩子倒卖到境外的文物,收集中国古代艺术家创作的艺术精品,但是大多数西方人对中国的艺术品其实是不了解的,这与他们所接受的信息不对称有关,他们想象中的中国永远都是满街拖着长辫子的中国人与落后的自然经济,中国的文化永远处在这个世界的边缘。然而新的区域研究观的提出,正好是对这种被动边缘的反拨。笔者相信,通过这种主体的自觉书写,不久的将来,会有越来越多的来自中国的声音,反映中国艺术从业者、理论研究者真实的觉知,和更多能够反映中国艺术发展规律的学术著作问世。而只有这些才能最终避免与让全世界的读者真正地认识、理解与接受中国艺术这个目标背道而驰,而且也只有这种平等的研究体系才能够把一个被埋没的文化的价值挖掘出来,让它重新回到艺术的世界舞台上来,贡献它的学术价值与影响力。

二、从区域文化的角度研究闽台美术

在我们探讨了从区域文化的角度来研究闽台美术的重要意义之后,我们就要来讨论一下关于它的研究方法。很显然,我们不能够再囿于传统的美术史研究方法,因为这样的观念本身有一定的逻辑问题。我们在研究之前必须警惕传统研究方法的种种"陷阱"，时时防止那些可能让我们放弃"自我主动性"的概念与方法对我们的宰制。除此之外，我以为还要从"区域"的角度重点把握几个对象及其特点。

（一）研究主体

以国内的研究者来讲，区域美术的研究主体一般都以本地的学者为主体。研究闽台美术的多为闽台地区或生长于闽台地区的学者为主体，这些研究者有一个特点，一是对当地的文化有一种与生俱来的联系，很容易理解它；二是，许多研究者可以操一种以上的本地方言；三是与当地的联系非常密切。对于这样的研究主体，笔者以为有两点值得借鉴。其一，是在研究中发挥必要的想象力。前面我们说过，因为研究者对于研究对象的熟悉，有许多研究内容其实是他们从小就有的一种体验的延续，因此他们可以从自己的经验出发，作出某种预判。当然，我所谓的"发挥想象力"不仅在寻找可能的结论时，还特指正式的结论，当然，在作出结论时要尽可能出示更为严谨的逻辑推断。近年来，随着我国学者与国际学者之间越来越多的学术接触以及国际重要学术著作的翻译，很多学者也慢慢地了解到了国际学术的一些风格。比较典型的有，长于理性把握的德式研究风格与长于想象的美式研究风格，它们在学术观念的差异上都给了我们以启示。当然这是人们的一种印象，实际上从我所接触的欧美学者来讲，虽然总体上有这种趋势，但是不同的学者在想象与严谨之间并没有泾渭分明的一个国别特点，而更多地反映了与个人性格相关。在英美学者中不乏严谨者，德国学者也有长于想象的。对于学术研究的"想象"这个概念，我有一个理解，在人文社科的研究中，其实有很多的时候并不存在一个完全科学的逻辑链，因为人文的东西本来就"一千个读者就有一千个哈姆雷特"，因此对于人文的研究与讨论最重要的不在于"客观证据"，而在于推断过程的严丝合缝，自圆其说。因此我既不主张德国式的学究，也不主张美国式的想象，而是一种折中的观点——请注意，我的折中不是中立于两种观点，而是在不失严谨时发挥想象。其二，我认为提倡"旁观者"的立场也很重要。我在文章的开头提到苏轼的《题西林壁》，这首诗的后两句是："不识庐山真面目，只缘身在此山中。"近距离对于研究者是一个双刃剑，它有利也有弊，不好的地方是他会左右研究者的情感、意志、判断，会令研究者一叶障目，不够客观。因此，适当地使自己远离观察对象，成为一个旁观的他者，从"当局者"

的亲身体验转向"旁观者"的冷静观察,无疑会给研究者很多独特的理解与认识。

(二)研究对象

我们的研究对象——闽台地区非常特殊复杂,具体地我们从两个层面来看,其一,地理要素。台海地区具有多样性的地理特征:它们既有背山面海的福建,也有四面环水的台湾,这样的地理概念本身又衍生出许多的特点:例如封闭性—开放性、山区文化—海洋文化、中原文化—闽越文化 ……这些复杂的特性,使得研究对象自身非常复杂,正如它们的语言一样,福建山区隔一个村就一种语言,甚至两个邻村的语言都无法沟通。福建北部山区既有与浙江地区交汇的吴语语音,也有与江西连接的客家话,因此在许多以语言为基础的艺术呈现上自然而然就形态各异了。闽台地区的其他艺术形式也是如此,比如建筑,既有顾忌咸湿的海风腐蚀的石质建构、贝壳装饰,也有依山而建的吊脚楼;既有沿袭远古时期兼防御工程与居住一体的土楼,也有取材山林的木构建筑。既有活化石布袋戏,也有走街串巷的木偶戏;既有伊斯兰教、佛教、基督教等多种宗教(及其遗风遗俗)杂糅的都市,也有移民的内陆山城,等等。其二,文化史上的坐标。闽台地区有许多坐标都值得我们关注,比如中原战乱时,多次发生大批难民涌入福建地区的记录,解放前又有大量的人员迁台,这些现象本质上是与文化的交流相联系的。而另一方面,横向的比较也很重要,日本有中国唐代文化的沉积符号,韩国有中国明代文化的沉积符号,还有与一些周边国家(尤其是东南亚地区)的文化信仰与艺术特点的比较,通过这些都可以帮助研究者去厘清闽台美术中的许多关键性问题。

闽台文化创意产业合作探究

黄后杰

两岸协创中心福建师范大学两岸文化发展研究中心硕士研究生

吴浩宇

两岸协创中心福建师范大学两岸文化发展研究中心硕士研究生

一、文化创意产业概述

有"未来支柱产业"的文化创意产业可以说是一种不同于传统产业的新经济形态,它的兴起与发展,与产业结构升级优化有着密不可分的联系。文化创意产业凭借着低消耗、低污染、高附加值、高回报率、高经济影响力、高融合性等特征,引起了世界各国政府与民众的普遍关注与高度重视。

然而,文化创意产业的发展虽然迅猛,但其理论层面的研究仍显滞后。各个国家和地区对"文化创意产业"这个概念仍存在不同的认识。因此,笔者认为有必要先对文化创意产业的相关概念及其重要性做一个简单的梳理。

(一)文化创意产业的理论渊源

德国著名经济学家约瑟夫·阿洛伊斯·熊彼特在 1912 年时指出:"现代经济发展的根本动力不是在于资本和劳动力,而是在于创新,创新的关键点又在于知识和信息的产生、传播与使用。"[①] 这一理论在当时引起了广泛的关注,"文化创意"这个概念首次出现在公众的视野中。联合国教科文组织在 1982

[①] [美]约瑟夫·熊彼特:《经济发展理论》,何畏、易家祥译,商务印书馆 1990 年版。

年发布的《文化产业：文化未来的挑战》中提出："文化产业是按照工业标准生产、再生产、存储以及分配文化产品和服务的一系列获得、采取的经济战略，其目标是追求经济利益而不是单纯为了促进文化发展。"[1] 随后，"文化产业"逐渐得到各国官方与民间的关注。1989 年，日本学者日下公人在其《新文化产业论》一书中指出，"文化产业的目的是创造一种文化符号，然后对这种文化及文化符号进行销售"[2]，他从经济学角度出发，为"文化产业"做了界定。

20 世纪 80 年代，根据经济发展以及社会消费特征的转变，人们又提出了"创意产业"这一新概念。1986 年，著名经济学家罗默指出："创意可以衍生出无穷的新产品、新市场和财富，可以创造新的机会，所以，创意是推动一国经济发展的重要动力。"[3] 而文化创意产业真正引起世界的关注，是因为英国提出的"创意产业"政策。英国"文化媒体和体育部"成立的"创意产业工作组"于 1998 年和 2001 年两次发布《创意产业图录报告》，将"创意产业"定义为"源于个体创意、技巧及才能，通过知识产权的生成与利用，而有潜力创造财富和就业机会的产业"[4]。"创意产业"的迅速推广与这两份文件有着密切的关系。从某种意义上说，"创意产业"概念正是"文化创意产业"的源头。

（二）文化创意产业的定义

许多国外学者通过对各国文化创意产业发展模式的对比以及对其发展经验的分析，从学术角度对文化创意产业的概念进行认定。哈佛大学政治经济学者理查德·凯夫斯从文化经济学的角度出发，对创意产业进行了界定："提供广义文化、艺术或仅仅是娱乐价值的产品和服务的产业。"[5] 有"创意产业之父"美誉的英国著名经济学家约翰·霍金斯从"专利授权"的视角出发，认为"创意产业主要包括商标、设计、著作权和专利等四类产业，并由此形成了智慧财产。因此，可以将'创意产业'界定为'利用创意资本将所有产业联系起来，

---

① 转引自苑洁：《当代西方文化产业理论研究概述》，《马克思主义与现实》2004 年第 1 期。

② ［日］日下公人：《新文化产业论》，东方出版社 1998 年版。

③ Paul Romer, "Increasing Returns and Long-Run Growth", *The Journal of Political Economy*, 1986,（94）5, pp.102-103.

④ Department for Culture Media and Sports, The Creative Industy Mapping Document, 2001. 英旧创意产业网。http：//www.culture.gov.uk/creative/mapping.html.

⑤ ［美］理查德·凯夫斯：《创意产业经济学：艺术的商业之道》，孙绯译，新华出版社 2004 年版。

并以知识产权作为其产品法律保障的产业'"①。他将专利研究活动也纳入创意产业的范围之内，丰富了创意产业的内涵，扩大了创意产业的范围。

国内许多知名学者也分别从不同的角度为"文化创意产业"下了定义。如中国人民大学文化创意产业研究所所长金元浦教授就认为："文化创意产业是全球化条件下，以消费时代人们的精神文化娱乐需求为基础，以高科技技术手段为支撑，以网络等新传播方式为主导，以文化艺术与经济的全面结合为自身特征的跨国、跨行业、跨部门、跨领域重组或创建的新型产业集群。它是以创意为核心，向大众提供文化、艺术、精神、心理、娱乐产品的新兴产业。"② 这个定义强调了"文化"因素在文化创意产业中的作用，体现了文化创意产业的"文化属性"。台湾方面，台湾政治大学管理学吴思华教授认为："文化创意产业的发展并非单一的经济事件，观察文化创意产业生态系统的形成与发展，是以一组新颖、独特的创意文化核心，透过'生产价值链'与'顾客价值链'所衍生扩展的产业范畴，涵盖了全面发展文化创意产业的上、中、下游厂商与衣、食、住、行、育、乐各领域的产业，形成紧密、多元交叉、独特的地方事业群网络。"③ 这一观点，认为发展文化创意产业的三大基本要素是"文化资本"、"创意经营"和"城市基础"。

（三）文化创意产业的价值

其一，国民经济的持续发展离不开文化创意产业。文化创意产业能促进国民经济的持续发展，这不仅仅是因为它是一种低污染、高附加值的新兴产业，更重要的是文化创意作为一种生产要素，已经成为促进国民经济增长的一种重要手段。好的文化创意，有利于企业提高其品牌价值，增加文化创意产品的附加值，为传统产业注入新的活力。

其二，文化创意产业的兴起与发展，带给民众一种新型的生活方式，提高了民众的生活水平。例如文化创意产业在台湾兴起之时，台湾当局便强调要通过发展文化创意产业来改善民众的生活质量，创造出具有文化品位的创意生活，以满足民众多样化的生活需求。此外台湾还与大陆在精致农业、休闲生活等方面进行合作，大大拓宽了两岸文化创意产业的消费空间。

---

① Howkins J，The Creative Economy：How People Make Money From Ideas，London：Penguin，2002.
② 金元浦：《文化创意产业、创新型中国的战略选择》，《人民日报》2006 年 12 月 29 日。
③ 吴思华：《文化创意产业化思维（下）》，《典藏 – 今艺术》2004 年第 136 期。

其三,文化创意产业是一种以文化为基础,以创意为核心,具有高融合性的产业,它可以与其他产业相互融合,促进产业的升级与转型。将文化创意产业与传统产业相结合,可以有效地提升产业、地区、文化的竞争力。

二、两岸文化创意产业的比较

中国是公认的文明古国,在华夏文明五千多年的悠久历史中,孕育出丰富的文化底蕴,这毋庸置疑是中华民族最宝贵的文化财富。中国近代意义上的"文化产业"可以追溯到 20 世纪初,当时的西方电影、音乐、绘画等艺术形式传入中国,使得当时中国的"文化产业"曾达到令人慨叹的高度。[①] 新中国成立后到"文革"时期,受当时政治、经济、文化制度环境的影响,文化作为意识形态生产的一个重要部门与计划经济的一个重要领域,受到严格管理。随着 1978 年十一届三中全会的召开,改革浪潮席卷大陆,大陆开始了轰轰烈烈的社会主义现代化建设。随着改革开放的不断深入与社会主义市场经济建设步伐不断加快,人民群众的文化需求不断高涨,文化领域由原先的以阶级斗争为纲的范式向以经济建设为中心的新范式转变,开始形成"文化产业"雏形。1992 年,邓小平同志南方谈话进一步解放了中国人民的思想,促进改革开放向深层次发展。20 世纪 90 年代,大陆的文化产业取得较大的成就,包括文艺演出市场、电影电视市场、音像市场、文化娱乐市场、文化旅游市场、艺术培训市场、艺术品市场等在内的文化市场体系初步建立[②],文化在改革浪潮的驱动下与产业相结合,推动着经济的持续发展。随着经济的持续发展、国家综合实力的不断攀升,文化产业在大国崛起、中华复兴的热潮中逐步从宏观走向微观,由概念深入到内容,"文化产业"的概念逐渐被"文化创意产业"所取代,并得到公众的认可与关注。一系列国家政策的相继出台,亦表明了文化创意产业已经被大陆提高到国家战略高度,文化创意产业逐渐彰显出拉动社会经济发展的驱动作用。作为具有先导性、战略性与支柱性的新兴朝阳产业,文化创意产业成为中国推动经济结构战略调整的重要支点和转变经济发展方式的重要着力点,并在提升国家文化软实力和国际竞争力方面发挥不可替代的重要

---

① 向勇、刘静:《中国文化产业十年进程:一个实践分析框架研究》,《福建论坛》(人文社会科学版)2009 年第 8 期。

② 《文化产业发展第十个五年计划纲要》,中国网。http://www.china.com.cn/ch-whcy/7.htm.

作用。目前,大陆的文化创意产业在经历萌芽、起步和探索阶段后,已经开始步入战略调整阶段,呈现欣欣向荣的局面,并具有以下几个鲜明的特点:

第一,起步晚,发展迅猛,新兴业态不断涌现。改革开放、思想解放,为文创产业发展奠定了思想基础。文化创意产业开始迅猛发展,在经济领域崭露头角,并扮演越来越重要的角色。伴随经济与科技的进步,除了传统的演出业、娱乐业、文化旅游业等门类构成的产业体系外,以数字化和网络化为支撑的以网络文化、动漫游戏产业等为代表的新文化业态也不断涌现。大陆文化创意产业门类逐渐完善,结构也趋于合理。

第二,政府支持力度逐年加大,相关法规仍不完善。政府一直是大陆文创产业发展的主导力量。这不仅由政府在文化创意产业发展中所扮演的角色决定,更与中国政治体制密切相关。在大陆政治体制下,政府对产业的扶植与否,很容易决定一个产业的兴衰。自文化创意产业作为增强国家综合国力、提升国际竞争力的重点产业被提高到国家意志的高度后,各级人民政府都对文创产业给予高度重视,制定了相应的文化创意产业的发展规划,同时颁布了专门的法律法规,利用行政与司法手段,弥补了市场经济在产业发展方面的缺陷,保证了文创产业高速、健康、持久的发展。但是也应该看到,由于大陆文创产业刚起步,相关法律法规还不完善,因此难免制约了产业的进一步发展,这在一定程度上会挫伤从业人员的积极性。

第三,规模不断扩大,整合力不断加强。在国家各项政策措施的有力推动下,大陆文创产业发展迅速,成效明显。截至 2012 年,中国文化产业总产值已经突破 4 万亿元,占 GDP 比重达 8.5%。[①] 据统计,大陆文化产业机构数目从 2006 年到 2010 年呈现逐年下降趋势,但另一方面,文创产业的从业人员总量却不断增加,占全国从业人员的比重亦逐年提高。笔者认为,这与文化创意产业市场自身整合调节可能有很大关系,从侧面反映出了文创产业的整合力不断加强,这使得大陆的文化创意机构拥有更强的竞争力。

第四,产业集群化明显,但统筹规划质量尚待提高。目前大陆主要形成了北京、上海、珠三角、滇海、川陕、长株潭等六处创业产业集群。除此之外,很多城市也分别制定了文化创意产业发展战略与优惠措施,规划建设文化创意产业园区,这些无疑都促进了文化创意产业的飞速发展。但是应当看到,目前许

---

① 中国人民大学文化创意产业研究所:《2012 年国内文化产业总产值破 4 万亿元》。http://www.ruccci.com/qydt/52.html.

多地方存在盲目跟风、扎堆建设、雷同度高等问题。因此如何将文化资源进行统一整合，打造优质文创品牌，提高各地文创产业特色与竞争力，将是未来大陆应该思考的一个重要问题。

第五，文化产品出口总量持续增加，文化贸易逆差仍然存在。随着大陆文创产业的发展与文化产品质量的提升，带有民族特色的文化产品不断走向国际市场。随着文化产品和服务出口的增加，大陆与国际间文化贸易逆差过大的状况正在逐步扭转，但是目前大陆文化产品出口总量仍然偏低，并且质量上也略显粗糙。因此努力开发传统文化资源，打造有华夏文明印记的中国特色文化产品，仍然是我们应该重视的方向。

相比之下，台湾在文化创意产业方面的成就要略胜大陆。但是若单论台湾的文化创意产业，其飞速发展时期仅仅只有不到十年的时间。台湾的文化创意产业在 20 世纪 80 年代开始萌芽，经过 90 年代间的摸索，在 21 世纪的前十年异军突起，迅速发展成为台湾经济新的支撑力量。20 世纪 80 年代末到 90 年代初，台湾经济进入转型调整的关键时期。这一时期，台湾经济及产业结构发生了重大改变，由劳动密集型的"代客加工"向知识密集型的"自主设计"转变。兴起于 1991 年的"社区总体营造运动"作为台湾文化创意产业的先驱，符合当时台湾政治、经济、文化的需求，迎合了台湾的自我定位，因此得到了台湾各界的一致认同。"文化产业"亦开始进入台湾社会经济发展的视野，为后来文创产业打下坚实的基础。随着经济全球化、信息数字化浪潮的兴起，台湾制造业的优势不复存在，台湾面临缺乏特色商品的巨大危机。为了应对挑战，台湾当局开始推动台湾经济转型与产业升级，鉴于文化产业为地区发展带来的正面效益，自 2002 年起，台湾"经济建设委员会"正式编列预算，将"文化"作为总体建设的重大工程之一。当局文件第一次出现"文化创意产业"这个概念，标志台湾文化创意产业政策的真正形成。在当局的重视下，台湾文创产业发展迅速，成效显著，形成了台北、花莲、嘉义、台中、台南等文化创意产业园区，营业额与附加价值均有大幅增长，从业人数也大大增加，同时，在文化创意产业理论方面的研究也取得了较大的成就，越来越多的学者投入文创产业研究领域，使得"文化创意产业"的概念得到进一步的丰富。2008 年的金融危机，尽管对台湾文化创意产业产生了相当的冲击，但台湾当局积极应对，将文化提升到总体发展战略的最高地位。台湾当局还制定相关规定，为文化创意产业保驾护航。2010 年通过的"文化创意产业发展法",为文创产业发展提供了保障,其所规定的奖励措施成为扩大台湾文化创意产业营业额的重要驱动因素。"文创法"的制定,为规范台湾文化创意产业、打造台湾自有品牌、进一步拓展国际市场、推动其进一步的发展提供了法律保障。随着海峡两岸签署 ECFA,台湾文化创意产业必然迎来更加优越的发展机遇。

台湾文化创意产业从萌芽、探索到今日的飞速发展,经历了"从自发到自觉、从基层到上层、从民间到官方"的过程;经历了从最初的为了"活化地方经济"到以"厚植文化国力"和"文化强国"为发展目标的过程;经历了以单一的"在地化"、"本土化"为发展维度到以"泥土化、国际化、产值化、云端化"为核心价值的过程。台湾的文化创意产业以民间创意为发展源泉,以文创企业为发展主体,台湾当局仅仅作为"支持者",运用政策手段为产业发展营造一个利于民间自由创作发展的环境,让民间想象力与创造力自发推动产业的发展。目前台湾文化创意产业发展尽管受到国际环境影响较为明显,但整体规模呈扩大趋势,对台湾的拉动作用日趋显著。经过数年的培育,文创产业在台经济结构中已经成为总体经济效益的强劲动力和支柱产业。从营业额来看,台湾文化创意产业的主力军是广告业、广播电视业、出版业、建筑设计业、电影业、流行音乐业等这些在文创产业总体产值的比重较大的产业。台湾文创企业多为中小企业,它们利用灵活机动的经营模式打造出一系列知名品牌。当然,台湾文创产业亦存在一定的问题,例如发展不均衡、市场狭隘等,这都是台湾当局与文创从业者将不得不面对的挑战。

三、闽台文化创意产业合作 SWOT 分析

(一)优势(Strengths)

一是区域优势突出。福建地处中国东南沿海,北连长江三角洲,南接珠江三角洲,东与台湾隔海相望,具有广大的经济腹地。优越的地理环境使得福建成为了海峡两岸文化交流与经贸往来的重镇。大陆地区拥有巨大的文化创意产业市场潜能,完全能够满足两岸文化创意产业发展的市场需求。台湾与福建共同扼守台湾海峡这个交通要道,北通日韩,南进东南亚,是亚洲乃至全球

重要经贸要道,有利于将闽台文创产业合作成果推向全球。因此闽台文创产业合作必然将推动大陆市场的开发与国际市场的开拓。

二是文化相融度高,默契大。中华文化源远流长,博大精深。丰富的文化素材、深刻的文化底蕴,使得闽台文创产业无论从深度广度上都具有其他地域无可比拟的优势。虽然台湾文化具有鲜明的地方特色,但不可否认,它仍是中华文化的一种自然延伸和发展,与福建文化具有极大的相似性,二者同属于一个不可分割的文化系统。闽台两地地缘相近、血缘相亲、文缘相承、商缘相连、法缘相循,建立在这种相似文化基础之上的文化创意产业合作交流空间巨大。

三是产业发展互补性强。文化创意产业的成功,不仅仅需要深厚的文化底蕴与丰富的文化创意,良好的资金投入、成功的商业运作模式亦是不可或缺的一部分。福建省民营经济起步早,发展快,具有较雄厚的经济实力,可以为发展文化创意产业提供坚强的经济后盾。福建省在国务院发布了《关于非公有制资本进入文化产业的若干决定》后相继出台了多项优惠政策,鼓励民间资本进入文化创意产业,积极参与文化创意产业的开发、建设、管理与营销。因此福建的民营经济完全可以成为推动闽台文创产业发展的重要力量之一。反观台湾,文化创意产业具有较福建更加成熟的运营模式。台湾现有的文化创意产业商业模式主要有对传统艺术建立新的运行模式和文化创意产业园区建设两种。对传统艺术建立新的运行模式即通过传统的艺术门类手法来表现现代社会的内容,或者将现代科技手段融入传统艺术表现方式中,使其更富有生命力和表现力。如台湾的布袋戏作为一个小剧种,至今对民众仍能保持强大的吸引力,主要还是得益于经营方式的创新。文化创意产业园区建设是一种通过文化主管机关制订园区的经营管理方针以及文化环境标准,并公开招募符合条件的厂商,对其实施定期监督、考核其运营管理绩效的一种运营方式。如果能综合双方优势,必然能打造有闽台特色的商业运作模式,推进文创产业的发展。

四是政策支持力度大。福建省通过颁布一系列文化产业政策,引导和刺激文化创意产业的健康和快速发展。2007 年福建省十届人大第五次会议通过了《福建省建设海峡西岸经济区纲要》,提出要把福建省建设成为文化大省,并明确指出要重点扶持一批文化产业,将其建成具有引领示范作用的文化示范产业。2009 年 5 月 14 日,国务院正式发布《国务院关于支持福建省加快建设海峡西岸经济区的若干意见》,明确提出推动文化与经济融合,大力发展文化创意产业,建立海峡两岸文化产业合作中心,着力培育专、精、特、新文化企业,努力使海峡西岸经济区成为全国重要的文化产业基地。福建正逐步形成由政府、中介组织、市场三方联合发展文化创意产业的氛围,这些都为福建文化创意产业的发展提供了有利的政策环境。而文化创意产业一直以来都被台湾当局视为经济支柱产业加以培植。台湾当局鼓励民间力量参与文化创意产业,并出台了一系列的支持措施,如协助文化创业者参与相关竞赛、为文化创业者提供贷款和创业机会等,这些措施都为台湾民众参与文化创意产业营造了良好氛围,为台湾文化创意产业的发展提供了广袤的创意空间。大陆政府与台湾当局对文化创意产业的重视,为闽台文化创意产业合作奠定坚实的基础。

五是产业发展缺陷互补。文化创意产业人才的不足,是大陆发展文化创意产业的最大障碍。文化创意产业人才可分为两类:一类为创意人才,一类为对文化创意产业进行经营的管理人才。这两种人才,构成了文化创意产业阶层的中坚力量。中国从事文化创意产业的人员少,并且尚未建立一套有效的人才培养机制。例如,在广播影视业中,大陆现有从业人员 57 万多人,但具有创新能力的人才仅占总数的 1% 左右。高端创意人才和经营管理人才匮乏,这就导致原创作品少,创新模式少,这成为制约文化创意产业发展的关键障碍。[1] 比如中国的游戏运营商约有 200 多家,但其拥有的游戏产品仅 70 余种,其中 70% 来自韩国,25% 来自欧美和日本。在我国青少年喜爱的动漫作品中,日本、韩国的动漫作品占 60%,欧美动漫作品占 29%,中国内地的原创动漫作品仅占 11%。[2] 反观台湾,已经形成成熟的文化创意人才培育机制,民间创意层出不穷,高端文创人才各领风骚。"2003 年以来,台湾在德国 iF、德国 red dot、美国 IDEA、日本 G-Mark 等国际产品设计奖项中共得到 800 多个奖项"[3],充分展现了台湾文创实力的雄厚。这正是福建所急需的。而台湾地区因市场规模小而无法通过内需形成产业,更由于政党轮替而无法保证政策的延续性,都将严重制约台湾文化创意产业的发展。大陆具有的广阔内需市场和稳定的鼓励性政策,自然对台湾文化创意产业产生极大的吸引力。两岸缺陷互补,携

---

[1] 徐斯勤:《文化创意产业、品牌与行销策略》,INK 印刻文学社 2009 年版,第 68 页。

[2] 王晓红、柴林涛、刘林:《加强两岸文化创意产业合作的探讨》,《时代经贸》2012 年第 4 期。

[3] 台湾"经济部"文化创意产业推动小组:《2003 台湾文化创意产业发展年报》,台北:台湾"经济部"文化创意办公室 2004 年版,第 189 页。

手共赢,使得闽台文化创意产业合作具有极大的潜力。

(二)弱势(Weakness)

其一,闽台文化创意产业的最大弱势在于福建与台湾的产业化程度都不足。如何有效地整合两地官方和民间力量,使两岸合作在框架内尽快形成成熟的产业链,都是亟待解决的问题。

其二,双方尽管同文同种,但政治体制的不同、文化差异的存在,使得闽台文化创意产业合作不是那么尽如人意。因此两岸文化创意产业合作还需双方共同的努力。

其三,目前两岸尽管实现了大小三通,签订了 ECFA 协议,但就目前来看,双方之间的全方位交流还有待加强。只有进一步扩大两岸交流,才能保证闽台文化创意产业合作平稳、健康、持续发展。

(三)契机(Opportunities)

一是世界经济格局已经悄然变化,这对海峡两岸的经济发展来说既是机遇,又是挑战。两岸合作思考的关键应是如何应对经济形势的变革,抢占产业发展的制高点。随着大中华经济圈的崛起,中华文化必然在全球掀起一股新的浪潮。目前,汉语市场处于未开发状态,各种汉语教材、出版物、电影、音乐等方兴未艾。因此,整合大陆充沛的资金、土地、市场与台湾先进的创意、人才、文化底蕴、创造环境,加上双方明确的政策支持,必然在开发新兴市场上大有作为。

二是大陆一直以来都积极推进国共两党间的交流合作,2005 年台湾前国民党主席连战访问大陆,开启了国共合作的新篇章,两岸开始建立政治互信。2008 年国民党在台湾地区领导人选举中获得大胜,使得大陆海协会与台湾海基会的事务性协商得以恢复。经济上,两岸经贸交流更加密切,逐步走向正常化;合作领域也不断扩大,其中就包括文化创意产业这类低污染、高附加值的新兴产业。在文化交流方面,两岸基本实现直接"三通",文化交流迅速升温。2010 年签订的 ECFA 协议,为两岸产业合作提供了良好制度保障和政策框架,这自然也为两岸文化创意产业的合作开拓了广阔空间。

三是大陆与台湾都因产业结构的调整需要,而对文化创意产业的发展相当重视。大陆的"十二五规划"与台湾的"黄金十年"政策都把文化创意产业列为未来经济发展的重点。大陆与台湾都希望通过发展文化创意产业,进一步拓宽现代服务业市场,完成产业结构的转型升级,推动经济增长。这为闽台两地文创产业的合作提供了恰当的契机,文化创意产业不仅将成为两岸发展的重点,亦将成为两岸竞争合作的下一波发展主力。

四是文化创意产业的交流与合作,将成为两岸各自增强自身"软实力",提高海峡对岸政治影响力的重要手段。因此,为了在未来两岸关系中占据有利地位,就决定了双方在文化创意产业上竞争且合作的关系。而同文同种的大陆与台湾双方,面对西方文化的冲击,出于提高中华文化影响力的考量,必然会选择文创产业合作,在共同文化背景下,互相切磋、取长补短,将会产生很强的协同效应,开辟出双赢的前景。近年来,两岸通过海协会、海基会等官方活动进行活动交流,同时民间交流的渠道也不断多样化,文化创意产业的合作、交流活动日益密集,北京、上海、厦门等城市都已经与台湾方面形成了紧密的产业合作。2012 年 12 月 20 日,在杭州召开的首届"两岸文创产业合作论坛"汇集了两岸多位优秀的企业领袖和专家学者,共同探讨文化创意产业发展规律和两岸文化创意产业合作的前景,为两岸文化创意产业交流与合作提供了一个良好的平台。

(四)威胁(Threats)

其一,两岸文化创意产业合作的最大障碍在于政治制度和意识形态的差异。由于历史原因,两岸形成了不同的政治制度和意识形态,这对两岸经贸文化的进一步交流合作造成了极大的阻碍,使得福建与台湾在合作中形成极不对等的局面。再加上岛内"台独"分子极力反对当局开放大陆学生赴台学习,污蔑《两岸文教交流协议》是"文化统战协议",这些都成为两岸文化创意产业正常交流与合作的阻碍。

其二,两岸文化创意产业合作缺乏长期有效的协商机制。长期以来,民间自发组织是两岸文化交流与合作的主要形式,文化创意产业也不例外。两岸关系缓和以来,两岸在文化创意产业领域开展了多样化的民间合作模式。但自发形成的民间合作模式缺少政府的引导、官方的政策保障,一些纠纷也无法得到及时有效的解决,这些都使两岸文化创意产业在深化合作方面步履维艰。

其三,两岸对于文化创意产业的部分认知存在差异,为两岸的合作增添了障碍。海峡两岸对文创产业的定义、范畴虽然基本一致,但亦存在部分差异,这使得两岸文创产业的相关统计数据缺少统一标准,无法为两岸合作提供准确依据,必然造成一定的干扰。"两岸没有共同的价格指标,各项合作计划的评估也缺乏一致的标准。因此,在建立产业分工体系方面不易达成共识,这就使得两岸经济整合缺少必要的内聚力"[①],这自然使得两岸文化创意产业的合作停于表面,难以达到更加深层次的合作。

其四,两岸文化创意产业还面临着世界其他国家的挑战。当今世界各国都认识到文化创意产业的优越性,将其视为未来的支柱产业,因此各国政府对本国文化创意产业也积极扶持,除了美、英、法等发达国家之外,亚洲国家如日本、韩国的文化创意产业也不断崛起,成为两岸文化创意产业的合作发展强有力的竞争者。

四、两岸文化创意产业合作的建议

根据对闽台文化创意产业合作的 SWOT 分析,可以认为闽台之间进行文化创意产业的合作利远大于弊,福建与台湾如果能充分发挥各自优势,扬长避短,必定能取得共赢。当然,打造海峡两岸共同的文化产业链,形成稳定的文化交流合作,这并非一朝一夕所能完成。针对闽台文创产业的合作,笔者提出以下几点建议:

一是增强海峡两岸民族认同感,借助中华文化的桥梁,积极消弭两岸隔阂。由于历史和政治原因造成了两岸长期隔绝,尽管目前两岸实现了大小三通,签订了 EFCA 协议,但台湾同胞目前对中国的历史认同感仍然有待加强。对中国的认同,关系到对中华文化的认同,这是闽台文化创意产业合作的根基。因此,未来两岸仍应该继续扩大文化交流范围,推动民间和官方之间的交流合作,这对于消除两岸隔阂、凝聚民心具有十分重大的意义。

二是加大政策层面支持力度,消除制度障碍,为闽台文化创意产业的发展创造一个良好的环境。为促进两岸文化创意产业合作的深入发展,政府应该给予进行合作的两岸文化创意企业一定的政策支持,如对前往台湾学习的大

---

① 李向民:《努力打造统一的两岸文化产业链》,《中国文化产业评论》,上海人民出版社 2006 年版,第 38 页。

陆人才或来大陆发展的台湾人才给予一定的补助和津贴;对两岸联合建设的文化创意产业,可以采取减少税收等优惠政策。两岸文化创意产业的交流与发展,需要政府的支持,单纯靠企业与企业之间的互动,很难达到真正意义上的交流与合作。为了鼓励台商在福建投资、加强两岸文化创意产业的合作,政府首先应该放宽台资准入门槛,为企业在土地、融资等方面提供便利。其次,简化两岸文化创意产业人才交流的审批环节,提高效率,以便两岸人才更加便捷地交流。另外,完善服务体系,可建立专门的服务机构,为台商投资提供政策咨询等服务,协助其解决政策难点。

三是健全两岸文化交流协调机制,推动两岸文化创意产业交流制度化。两岸文化创意产业若要在更大范围、更深层次地交流与合作,则必须有一个健全完善的交流协调机制为保障。两岸应对文化创意产业的统计口径、文化创意企业的资质认定等标准进行规范与认定,并将两岸相关的产业讯息通过官方平台发布,为两岸文化创意产业合作提供有效信息及标准化依据,以实现两岸文化创意产业合作与交流的规范化、制度化和常态化。

四是推动两岸联合建设文化创意产业示范区。文化创意产业示范区的建立,既能起到引领示范作用,又能形成产业集聚效应。福建方面既有大陆文化创意产业园区的长处,又有台商聚集的优势,两岸可以考虑在厦门、福州等既具有文化创意产业基础,又是台商聚集的城市,联合建立具有海峡两岸特色的创意产业园区,整合当代艺术、历史文化、闽台文化等资源,加大文化创意产业与旅游、会展、商业的融合,使其成为两岸创意资源的聚集地,成为两岸文化产业创意交流的重要平台和载体。

五是充分利用闽台已有的经济文化优势,发展具有闽台特色的文创产业。闽台区域文化既有中华文化的共性,又有地缘文化的独特性。福建与台湾风俗相近,闽南与台湾语言相通,民俗文化上得天独厚的优势,是发展闽台文化创意产业合作的强大助力。闽台的茶文化独具魅力,妈祖文化广播世界,寿山石、陶瓷、剪纸、木雕、木偶、珊瑚等民间工艺品声名远扬,如何把这些深烙闽台传统文化的闽台名片提炼转化为文化创意产业,是一个很值得探究的问题。笔者认为,充分利用现有文化资源,打造具有闽台地方特色的文创品牌,扩大文化创意产业的覆盖范围,将闽台合作下的文化创意产业做大做强,不仅是闽台双方共同的愿景,也符合两岸文创产业发展的要求。

六是加强两岸民间文化创意产业的交流与合作,尤其应该重视文创产业人才的交流与培养。两岸应充分发挥民间团体、学术机构、企业在文化创意产业交流过程中的主体作用,为两岸文化创意产业的民间交流搭建一个良好的平台。例如,两岸企业可以联合举办创意大赛,吸引和挖掘有潜能的创意人才;而两岸高校和研究机构的相关学者也可以通过咨询培训、出版发行等活动,为两岸文化创意产业合作提供服务和建议。创意人才是文化创意产业的核心,因此注重两岸创意人才的交流与培养,建立两岸人才交流合作机制,对两岸文化创意产业的发展尤为重要。首先,可以通过研讨会、联合科研活动等形式扩大两岸高校以及科研机构中创意人才和文化创意产业理论学者的交流与活动。其次,由于台湾方面具有大批的文化创意、经营管理方面的人才,而这一点正是大陆所缺的,所以大陆可以制定某些优惠政策来吸纳台湾的优秀创意人才。同时,为两岸的创意人才建立联合培训平台,加强两岸文化创意产业人才的交流与合作。

七是完善知识产权保护体制。文化创意产业的核心资产是知识产权,知识产权保障是否得当,关系到文创人才的生产积极性及文化创意产业的健康发展。大陆方面对知识产权的保护还稍显滞后,这一点上可以借鉴台湾的经验,两岸联手完善保护知识产权的相关立法,加强对知识产权的保护,共同促进两岸文化创意产业的长远合作与持续发展。

结　语

有未来支柱产业之称的文化创意产业,对两岸都具有重要的意义。当今两岸双方的文创产业各有优势,已经具备取长补短、优势互补的基本条件。两岸应在掌握各自优势的情况下,相互借鉴、相互吸收,以弥补自身的不足。若能在文化创意产业领域开展更深层次的合作,一定能提高两岸文创产业的竞争力,增强两岸人民的文化认同感,促进两岸经贸的持续发展,使两岸关系朝着和平健康的方向发展。

下　篇

简析日本殖民统治与台湾社会认同问题

余克礼

中国战略文化促进会台湾问题研究中心主任

中国社会科学院台湾研究所研究员

20世纪八九十年代,随着国际冷战的结束和苏联、东欧一些国家的先后解体,认同问题成为当今国际社会一个十分突出的问题,也是国际上学术界研究的一个热点问题。近三十年来,受岛内外局势及两岸关系急剧变化的冲击,部分台湾民众对国家、民族、历史、文化的认同感与归属感,发生了颠覆性的变化,台湾社会出现了国家、民族认同危机。这是当今台湾所面临的最大问题,也是两岸关系发展与两岸统一所必须要面对的一个重大而又复杂的问题。

台湾自古就是中国的一部分,两岸同文同种同宗同祖同源,同属一个国家、一个中华民族,何以还会发生国家、民族认同危机的问题? 其原因是多方面的,也是错综复杂的。但是,追根溯源,一百二十年前中国甲午战败,台湾沦为日本殖民地并被其统治50年所遗留下来的皇民意识与历史悲情意识,至今仍在一些台湾人中发酵是一个重要的历史根源。本文拟就这一问题,谈点粗浅的看法,向各位专家学者请教。

一、台湾社会认同问题的由来与中国社会认同问题

所谓台湾社会认同问题,主要是指台湾民众对族群、文化、历史、民族、国

家的认同感与归属感。台湾是由中国移民开发与建设起来的一个典型中国人的社会,历史文化与祖国大陆一脉相承,台湾社会认同问题也是在祖国历经沧桑巨变的过程中产生的。因此,追溯台湾社会认同的起源,首先应对中国社会认同问题的发生与发展演变有个初步的了解。

(一)关于中国社会认同问题

学术界普遍认为,中国社会认同问题最先是从族群认同开始的,然后生成出文化认同。族群认同是文化认同的基石,文化认同是中国不同族群之间相互融合的发酵剂与黏合剂。正是在漫长的历史长河中,族群认同与文化认同彼此之间的这种相辅相成、相互作用,凝炼成了灿烂的中华文化与古老的中华民族。中华文化认同是中华民族认同的纽带,没有中华文化认同就没有中华民族认同。政治认同主要包括民族认同与国家认同,都是以文化认同为基础。没有中华文化、中华民族的政治认同,也就没有几千年来中国大一统的维系。

中国在进入近代社会前,主要有族群、宗族、文化认同,没有国家和民族认同的问题。在前近代,中国人所认知的是:"天下"即为"国","国"即为"天下",所谓国家观也就是天下观或称中国观。"中国"作为具有主权国家含义的专称始于清代后期,作为近代意义上的国家正式名称是在辛亥革命后,而在此之前漫长历史上的所谓"中国",可与"华夏"并称,也曾经是指中原地区、中原王朝①,是天下的政治中心、唯一的国家。"普天之下,莫非王土,率土之滨,莫非王臣"的观念贯穿于中国古代的历史。因此,在中国古代根本不存在国家民族认同的问题。

中国的近代国家和民族意识、观念与认同,是在饱受西方列强侵略与凌辱的苦难中逐步形成与凝聚起来的。鸦片战争开始动摇了中国人自以为是世界中心的观念,感悟到天朝之外还有尚未认识的世界。甲午战争的惨败和八国联军的入侵,颠覆了传统以天朝为中心的"天下中国观",唤醒了沉睡的中国人民,大批知识分子、民族精英开始为构建近代意义上的国家和民族意识、观念与认同而努力。辛亥革命结束了中国的封建专制,创建了共和,标志着中国初步完成了向现代民族国家的转变,也标志着凝聚国民意志力的中华文化认同、中华民族认同和国家认同得以确立。日本对中国亡国灭种的大举侵略,激

---

① 参见朱昌荣:《明清易代没有中断中华文化》,《参考消息》2014年7月24日。

发了中国人民空前强烈的民族意志和爱国精神。八年抗战展现了中华民族前所未有的凝聚力和向心力,取得了近现代史上中国第一次打败外国侵略者的彻底胜利。

中国自建立现代民族国家以来,由于种种原因,虽然在意识形态方面的政治认同或主张曾经是多彩纷呈,甚至彼此之间也出现过尖锐对立与不可调和,但在国家、民族、历史、文化认同问题上,却始终是高度一致的,没有任何的异议与歧见,尤其是当国家、民族面临危机时,更能体现出全体国民的民族精神和国家意志。国家、民族认同是增强民族团结、维护国家统一的基石,更是今天实现中华民族伟大复兴的强大动力。

(二)台湾社会认同问题的由来

在进入近代社会之前,台湾与祖国大陆一样没有国家民族认同问题,只有族群和宗族认同问题,主要体现在有闽南人、客家人与少数民族之分,也有唐山人、漳州人、泉州人、安溪人之别的观念,没有国家和民族的意识与认同问题。台湾人民首次产生认同问题是肇因于中日甲午战争、乙未割台。1895 年即农历乙未年,在甲午之战中惨败的中国清政府被迫与日本签订马关条约,将台湾及澎湖列岛割让给日本。这一丧权辱国的赔款割台条约,不仅促使了中国国民意志、民族意识和国家观念的大觉醒,更使一夕之间被迫改变命运的台湾同胞,产生了强烈的民族意识与祖国观念。自此台湾社会开始出现了以国家、民族为核心内容的政治认同问题。

二、日本殖民统治与台湾社会认同的凝聚与裂变

甲午战争、乙未割台是导致中国"数千年未有之变局"的重大历史事件,对中国尤其是对台湾历史发展的影响巨大而又深远。日本殖民主义者不只是一个军事强权,还是一个"现代国家",它不只是要在武力上打败中国、强占台湾,而且还要在文化上、物质文明上压倒中国,彻底改变台湾社会。[①] 因此,日本殖民统治在台湾所造成的认同问题的裂变及历史与文化的断裂是全方位的,也是极为深刻的。

---

① 参阅郑鸿生:《台湾的认同问题与世代差异》,中评网, 2014 年 4 月 4 日。

有台湾学者把日本在台湾 50 年的殖民统治分为三个时期:绥抚时期、同化政策时期、皇民化时期。[①] 也有台湾学者把它分为割让早期、割让中期、割让晚期三个阶段。[②] 两种划分法其实没有什么实质的差别,只不过是表述有别罢了,所要关注的是日本殖民主义者所采取的殖民统治政策,对台湾社会认同问题究竟产生了怎样的影响。

(一)日本强行割台与武力占领催生并凝聚了台湾同胞国家和民族认同意识与向心力

日本强迫中国清政府割让台湾,并以武力强行占领全台湾的野蛮行径,激醒了台湾同胞的民族与国家意识。马关签约割台消息传到台湾,"全台震骇","若午夜暴闻轰雷,惊骇无人色","聚哭于市中,夜以继日,哭声达于四野"[③],全台湾迅速掀起了反割台运动的斗争。台北民众"激于义愤,万众一心",鸣锣罢市,抗议清政府卖国割台,决心誓死抗日保台。[④] 台湾的士绅及在京的台籍举人、官员分别向朝廷上书强烈表明,"台湾属倭,万姓不服",反对将台"弃以予敌";"台民誓不臣倭","愿誓死守御","抗倭守土","舍死亡生,为国效命"。

反割台斗争失败后,日本殖民主义者以武力强行占领全台湾。孤悬海外的台湾人民在大难临头时,为御敌自主保台,毅然成立"仍奉正朔"的"台湾民主国",组织台湾义军和守台清军官兵一起以武力反抗日本军事占领,历经大小仗百余次,牺牲了数万台湾同胞,让日本侵略者付出了比在甲午战争中还多出一倍的重大伤亡代价。台湾军民在面对外族入侵时所展现出来的同仇敌忾和浩然正气,是国家、民族认同意识觉醒与向心力凝聚的重要标志。

(二)日本殖民统治裂解台湾社会认同

日本殖民主义者无论是实行武力镇压,还是采取同化、皇民化的手段,最终目的就是要在台湾彻底消灭中华文化、中华民族意识及故国观念,构建大日本臣民意识及对大和民族、日本国的认同感。日本 50 年的殖民统治不仅给台

①　参阅谢政谕:《两岸民族认同的问题与前景》,中国网, 2002 年 7 月 26 日。
②　谢大宁:《民进党执政复杂化台湾社会认同问题》,中评新闻网, 2014 年 6 月 29 日。
③　江山渊:《徐骧传》,《小说日报》1918 年第 9 卷第 3 号。
④　陈孔立主编:《台湾历史纲要》,九州出版社 1996 年版,第 320 页。

湾人民造成了巨大的心灵创伤,而且也裂解了原本铁板一块的台湾社会认同。

1. 部分台湾人接受殖民统治者强加的日本价值观与日本认同观,台湾社会日本化

日本殖民者用武力占领全台湾后,开始调整殖民统治政策与策略,在不放弃强硬手段的同时,先是采取同化政策,后又推行皇民化运动,强行将台湾社会日本化,把台湾人改造成效忠天皇的日本帝国"忠良臣民"。为此,日本殖民统治者采取了一系列破坏中华文化,瓦解中华民族认同,灌输大和文化及"忠君(天皇)爱国(日本)"意识的措施。包括在全台湾强制使用日语,不准使用汉语和地方方言,否则处以罚款;强制生活方式日本化,推行神社崇拜,不准供奉祭祀中国人信仰的神明,不准过中国传统的节日,强迫家家必须改用日式风吕(澡盆)、榻榻米,强迫台湾人改用日式姓名;全面推行皇民化教育,在学校强迫接受日本国民训练,丑化中国,抹灭学生的故国观念,倡导敬仰天皇,培养日本式国民性格。总之,日本殖民主义者以种种方式消除台湾人的民族认同和民族尊严,树立亲日、崇日心态,要台湾人"在不知不觉中感受皇民意识",完成日本化。[①]

由于中国的历史、文化、语言、风俗、习惯等从教育、媒体和社会生活中被予以强行去除,台湾的中华民族与中华文化认同随之在悄然之中不断没落,出现了自弃中国文化主体,以日本殖民母国的文化为主体的台湾认同。持这种认同的人否定自己为中国人,而一心期望脱胎换骨变成日本人。[②] 在日本殖民统治下出生、受日式教育长大的部分台湾人,因为接触不到中国历史文化与风俗习惯,对祖国不了解,故接受了日本生活方式和价值观,认同日本,自视为日本人,如李登辉就曾对司马辽太郎讲过, 22 岁之前他是日本人。有些人被洗脑后,甚至视中国为敌国,日本是母国,为日本殖民主义者效劳,充当日本人的走狗、爪牙,甚至自愿当日本皇军,甘为日本进行"圣战",为日本天皇献身。日本皇民化运动酿成台湾社会很深的日本情结,并且通过家庭传下来,至今仍在台湾社会中弥漫。

需要指出的是,当时一般台湾民众特别是在老一代人中,很多人因为无法想象日后台湾还会有机会再回到祖国的怀抱,而不得已归顺日本殖民统治,但

---

① 陈孔立主编:《台湾历史纲要》,九州出版社 1996 年版,第 414 页。
② 潘朝阳:《台湾认同的异化和去中国化》,中评网, 2014 年 6 月 29 日。

他们仍难以放弃中华文化认同,甚至还有人"暗地里祈求神明庇佑,使日本早日战败,回归祖国"①。

2. 部分台湾同胞滋生"弃儿意识"、"孤儿意识",疏远了对祖国的认同

甲午战争、马关条约与日本50年的殖民统治,给台湾社会留下了道道历史伤痕。清政府割台给日本,伤透了台湾同胞的心,使他们深感被祖国无辜遗弃,台湾社会"弃儿意识"、"孤儿心态"由此油然而生。台湾同胞掀起的反对割台运动得不到祖国政府的回应;反抗日本武装占领与殖民统治的斗争,也没有得到过祖国政府的任何支持与帮助,加深了台湾同胞的"弃民感"与"孤儿意识"心态。在台湾,台湾同胞被日本人称为"支那人"、"清国奴",视为二等公民,备受压迫与摧残,回到大陆,又被称为日本人,没有感受到祖国的关爱,也深深地伤害了"亚细亚孤儿"痛苦的心。种种被遗弃的痛楚、被殖民的耻辱、被歧视的不平,汇聚成台湾社会强烈的"悲情意识",并演变成对祖国的怨恨与不信任感,淡化并逐渐疏远了祖国意识和认同、归属感。

3. 部分台湾同胞矢志不渝地坚持祖国认同与中华文化认同

日本殖民者无论是采取武力征服的高压手段,还是使用皇民化的怀柔收买手法,都无法完全改变台湾人民对祖国的认同观,台湾社会依然存在着坚持中国文化为主体的台湾认同,"坚持汉家儿女的传统精神,不被日本人同化而为日本皇民"②。在日本统治期间,台湾同胞以武力抗暴、"自治运动"、保住民族文化传承、拒绝向日本天皇效忠等各种形式的反抗殖民统治的斗争从未停息过,先后有六十多万人献出了生命。台湾的知识分子、社会精英一直站在反抗日本殖民统治斗争的最前面,坚持祖国认同,"苦守中华儿女气节",维系中华传统与文化命脉而不坠。对祖国和民族认同的坚定信念是台湾同胞反抗日本殖民统治的力量源泉。日本人写的《警察沿革志》也不得不承认,台湾人的民族意识之根本起源,乃系于他们原是属于汉民族的系统,"民族意识牢不可拔……故其以支那为祖国的情感难于拂拭,乃是不争之事实"③。

4. 部分热血台湾同胞深受祖国历史大变革的影响,产生了意识形态的政治认同

一些无法接受日本殖民统治的台湾同胞特别是知识精英,一直把摆脱日

---

① 蔡慧玉:《保正、保甲书记、街庄役场——口述历史之二》,《台湾风物》第44卷。

② 巫永福:《风雨中的常青树》,台北:中华书局1986年版,第82页。

③ 陈孔立主编:《台湾历史纲要》,九州出版社1996年版,第400页。

本殖民统治的希望寄托在祖国的大变局上。他们密切关注乙未割台后祖国发生的一系列重大历史事件,包括八国联军攻入北京城、戊戌变法、辛亥革命、五四运动、中国共产党诞生、国共合作与北伐战争、十年内战、八年抗战等等。尤其是辛亥革命推翻封建统治建立共和、近代风云人物孙中山与梁启超等人深深地影响与鼓舞了一批台湾知识分子和社会精英,使他们看到了祖国未来的希望,台湾的革命派力量与组织正是在这样的背景下诞生的,台湾社会对现代概念的中国国家认同也是自辛亥革命后开始出现的。1921 年中国共产党成立后,台湾共产党接着应运而生,使意识形态的政治认同开始对国家认同产生积极影响。很多台湾同胞选择了离开台湾到大陆参加革命运动,有的人加入了中国共产党甚至参加了长征,有的人参加了中国国民党。中日战争全面爆发后,不少台湾同胞来到大陆奔赴抗日前线参加战斗。这些不愿屈从于日本殖民者的台湾同胞抱定一个理念,只有民族独立、祖国强大,台湾才能摆脱日本殖民统治,重新回到祖国的怀抱。因此,他们中的不少人毅然背井离乡回到祖国大陆,以主人翁姿态投身到祖国历史变革的大洪流之中,为中华民族的独立与振兴而奋斗。

三、日本殖民统治裂解台湾社会认同留下的后遗症

日本殖民统治台湾 50 年,裂解台湾社会认同,断裂中国历史文化,培植亲日、哈日、媚日文化与势力,强制台湾同胞认同大和民族、日本国,给台湾社会留下了严重的后遗症,其恶劣影响,从台湾光复至今仍挥之不去,无时不在。

(一)日本殖民统治造成的台湾对祖国的疏远感和疏离意识是今天台湾社会认同错乱的历史根源

如前所述,日本殖民统治台湾 50 年,推行同化政策、皇民化运动,强行切断中国的历史文化、风俗习惯、生活方式甚至宗族渊源关系,使台湾社会在不知不觉中对祖国的观念与意识渐渐模糊,产生疏远感,更造成在日本统治下出生的一些台湾人,对祖国完全陌生,只有疏离意识。台湾光复后,由于众所周知的诸多复杂原因,国民党在台湾几十年的统治,不仅未能从根本上消除日本殖民统治所遗留下来的这种疏远感与疏离意识,甚至在某种程度上还有所扩大与加深,酿成了对祖国认同更深的隐患。李登辉、陈水扁执政时,疯狂鼓吹

"两国论"、"一边一国",全面推行"去中国化",制造台湾认同错乱的社会基础,正是那些至今仍怀抱着日本皇民意识不放,不认同中国是自己祖国的人。

（二）"孤儿意识"、"悲情意识"是造成今天台湾社会认同问题错综复杂的另一重要历史因素

形成于乙未割台、日本殖民统治时期的台湾社会"亚细亚孤儿意识"、"悲情意识",在台湾光复后,由于"二二八"事件及国民党在台湾实行长达38年的白色恐怖、独裁专制统治,不仅仍得以深植于台湾社会,还造成一些人对国族认同的彷徨与无措,甚至还滋生出分离意识。民进党从成立时起,为了扩大社会基础不断地操弄"悲情意识"。李登辉、陈水扁在执政期间,打着"孤儿意识"、"悲情意识"、"台湾人当家做主人、出头天"的旗号,全面推行"去中国化"政策,构建"台湾是独立民族主体"的政治文化认同,塑造所谓"台湾主体意识"为社会主流民意,颠覆台湾社会的国家、民族、历史、文化认同观。"孤儿意识"、"悲情意识"成为他们"一丝一丝断裂台湾与大陆'祖国意识'脐带关系"的工具[1],造成了正如许倬云教授所指出的,"反映于台湾今天的文化归属和认同问题上,依然是一个很大的问号"的严重恶果[2]。

（三）日本殖民主义者策划并扶植起来的"台独"分裂势力是台湾社会产生国家和民族认同危机问题的祸根

众所周知,台湾岛内的"台独"分裂势力与日本殖民主义者有着千丝万缕的密切关系。最初出来策划"台独"活动的骨干分子,除日本人就是由日本皇民化培植起来的亲日势力。岛内"台独"分子公开出来制造"台独"活动,是在70年前日本宣布无条件投降之时。日本投降的消息传出后,驻扎在台湾的日军中部分少壮派军官,串联已被日本彻底皇民化了的一些所谓高等台湾上层人士,策划发动"台湾独立自治运动",企图在台湾建立第二个"伪满州国"。该计划流产后,仍不甘心的"台独"分子,利用战后回到台湾的部分台籍日本士兵秘密组建"台独"组织,从事"台独"活动,企图阻止台湾重新回到祖国的怀抱,以保住他们的既得利益。这就是今天台湾岛内"台独"

---

① 谢政谕:《两岸民族认同的问题与前景》,中国网,2002年7月26日。
② 参阅江俊伟:《甲午战争与台湾的"孤儿意识"》,甲午双甲子学术研讨会论文,2014年6月。

活动的源头。

日本不仅是策动"台独"分裂活动的始作俑者,也是"台独"分裂势力逃往海外最初赖以生存与发展的基地。"二二八"事件爆发后,"台独"分子纷纷逃往日本,在那里组建"台湾民主独立联盟"、"台湾住民投票促进会"等"台独"组织,并得到了日本右翼势力的暗中支持。老牌"台独"分子廖文毅等人在香港难以生存,将"台湾再解放同盟"、"台湾民众联盟"等"台独"组织迁到日本。日本成为"台独"分裂势力活动的大本营。

两蒋时代,"台独"势力在台湾没有生存空间。但是,由于有日本、美国的庇护,在海外不仅生存下来,还获得了发展。李登辉上台后将"台独"活动合法化,那些长期流亡在海外的"台独"分子得以纷纷返回台湾,与民进党等"台独"势力合流,"台独"势力在岛内迅速坐大,并掀起了一波接一波分裂中国的"台独"恶浪。2000年,在李登辉的暗中支持下,民进党终结了国民党在台湾长达50年的统治,夺取了执政权。民进党、陈水扁八年执政期间,不仅完全奉行李登辉的分裂路线,全面推行"去中国化"运动,而且赤裸裸地大搞"法理台独",造成台湾社会更大、更深的国家民族认同危机,严重地危害了两岸关系发展,损害了国家的核心利益和台湾同胞的切身利益。2008年国民党重新上台执政后,虽然终止了陈水扁疯狂的"台独"分裂活动,两岸关系实现了历史性的转折,迈入了和平发展的轨道,但是仍未能有效地扭转台湾社会所存在的分离倾向,"台独"分裂势力及其分裂活动,依然是两岸关系和平发展最大的威胁,台湾社会出现的国家和民族认同危机更是两岸和平统一的巨大障碍。

海峡两岸都应正视如何从根本上扭转台湾社会存在的分离倾向、导正台湾认同出现的偏差。两岸执政当局应以更大格局和气魄,从结束两岸敌对状态着手,破解两岸政治难题,为尽早解决两岸历史性的、结构性的矛盾创造条件。两岸敌对状态的存在,台湾同胞对大陆的疑虑、隔阂、误解、误会甚至敌意就无法从根本上消除,两岸政治互信也很难真正、全面地建立起来。因此,结束两岸敌对状态,解决两岸政治分歧问题是化解台湾社会国家和民族认同危机,扭转分离倾向的根本途径,也是实现两岸关系全面正常化,推进两岸和平统一的必由之路。

当代台湾"本土论"的演变及对两岸文化交流的影响

刘小新

两岸协创中心福建师范大学两岸文化发展研究中心副主任

福建社会科学院文学所研究员

"本土论"或"本土化"是 90 年代以来台湾重要的文化思潮之一。从 80 年代初浮出历史地表到 90 年代取得某种"政治正确"的地位,"本土论"或"本土化"概念常常与台湾的政治意识形态勾连在一起,有时甚至变成政治意识形态的工具。因而,关于"本土"和"本土化"的定义,迄今,台湾思想界仍然聚讼纷纭。何谓"本土"?台湾需要什么样的"本土化"?"本土"原本就是一个充满歧义的概念,"本土化"也是一个充满张力和矛盾的文化政治场域。由于理论立场和论述位置以及参照系统的不同,人们对"本土"和"本土化"的界定和阐释也有着显著的差异:或开放,或封闭,或多元。但在当代台湾社会思潮脉络中,"本土"和"本土化"逐渐演变为一种内涵单一的话语,甚至异化为一种封闭的、排他的和民粹化的政治意识形态。在一段时间中,所谓"本土论"已经成为新的文化与政治权力结构合法化的一种论述策略。在"本土与外来"二元对立的社会和历史分析框架中,"本土论"扮演着十分重要的角色。这一演变显然也引起了一些知识分子的反思和批判,把"本土"和"本土化"概念从政治意识形态的绑架中解放出来也就成了批判的知识分子的一项重要课题。

本文将梳理"本土论"的形成与演变,讨论"本土化"论争中台湾知识界的分歧,阐释本土主义思潮极端化发展与"台湾文学论"话语霸权建构的关系,分析台湾知识界对"本土论"的诸种反思、批判与解构,并探讨"本土论"在台湾的最新演变形态及其对两岸文化交流的影响。

一、"本土"的歧义

在当代台湾文化思想场域,"本土"是一个具有高度政治化意涵的概念。何谓"本土"? 何谓"台湾"? 两个问题似乎早已经深刻地纠缠在一起。如何定义或重新定义"本土"? 这显然构成了一种文化政治实践,它看起来如此"事关重大",牵涉界定者在复杂的政治光谱中的位置,牵涉当代台湾文化认同的矛盾与纠葛。但"本土"原本是一个充满歧义的概念,由理论立场和论述位置以及参照物的不同与差异,人们给出的"本土"概念也往往歧义横生。如果把阶级、种族、族群、性别、全球资本以及国际地缘政治等社会关系所构成的权力结构考虑在内,"本土"无疑是一个充满张力和歧义的结构性、历史性概念。"本土"本身就是斗争的场所,是一个开放的场域。"本土"正是深嵌在这个错综复杂的文化网络和权力结构之中,嵌入到充满异质矛盾的意识形态和文化政治框架之中,所谓"本土"早已被各种力量所穿越甚至被爆破了。因而,我们在讨论"本土"问题时,必须建立以下基本观念:"本土"概念具有多重面向,由于理论立场、知识视域和发言位置的不同,人们对"本土"的理解与阐释存在差异甚至南辕北辙。所以,在面对种种"本土话语"时,我们首先有必要提出这样的问题:谁的"本土"? 谁的"本土"想象? 其论述的参照对象是什么? "本土"具有物质性和象征性的两个侧面,在象征的意义上,"本土"又是如何被编码的?

的确,唯有透过包括阶级、种族、族群、性别等维度的追问和质疑,才能真正认识90年代以来台湾地区日益兴盛的"本土论"的真实意图及其所建构的知识图景,才能真正认识"本土论"如何隐蔽地化约、消解、排除或收编"本土"概念原本具有的种种歧义和内在冲突。我们认为,"本土"概念不是抽象的,"本土"是相对于"世界"、"阶级"、"性别"与"族群"乃至"民族"的"本土",所谓"本土"需要在与以上种种历史及现实因素彼此关联的关系结构之中予以定义。因而,"本土"概念就具有复杂多元的面孔。它至少应该包括以下几个重要维度:

其一,相对于"世界"或"全球"的"地方"。本土无疑是世界之中的本土,本土化与全球化构成了既对抗又交融的复杂关系。如同彼得·卡赞斯坦所言,现今,全球和地方已经以某种方式完全交织在一起,这既"加强了一体化的力量,同时也推动了碎片化的进程"①。许多时候,人们把"本土"想象为葆有"自性"的文化飞地或纯洁的文化处女地,或抵抗全球化的场域。但正如拉图尔、罗伯·威尔逊所指出:在全球/跨国资本主义时期,日渐明显的是全球和地方的最终难以区分,他们用"全球本土"(glocal)这个新造的术语来表述这种混杂与杂交状态。这表明,全球的地方化与本土主义的全球化是一体的两面。德里克则指出了作为抵抗论述的本土概念所面临的重重困难和脆弱性:"将全球排除在其方针之外,本土面临的头号问题便是在全球化资本操作下它所暴露出的脆弱性,因为全球化资本需要的是一个对全球一体化更容易理解的方法。关于本土的兴趣与权力的差异如何以非传统的、民主的路线对本土进行重构是非常重要的,但是在资本作用于这些差异时本土却显得更加脆弱,而对于不同看法与兴趣的提倡更加剧了资本与它们的对抗。这一进程中的本土变成了当代社会多方面矛盾不断上演的场所。"② 的确,如果要保持本土概念的抵抗意义,那么就要把本土概念从纯粹性"迷思"、神话化以及原教旨主义化中解放出来,而以"非传统的、民主的路线"对本土概念进行现代性的重构,即建构一种批判的本土主义。

其二,"本土"概念的阶级维度,即"阶级的本土"。所谓"本土",究竟是谁的"本土"?这一质问显然应该与阶级概念以及政治经济学批判视域相勾连。布尔乔亚、小布尔乔亚和劳工阶级对"本土"的想象和定义显然存在着巨大的差异和分野,这一差异无疑是不能忽略不计的,是不可化约的。如果把"本土"概念放到政治经济脉络中予以考察,"本土"的歧义性就彻底地暴露了出来,这甚至可能对同质化的"本土"概念构成某种颠覆和解构。这显然与原教旨主义化的本土论相对立。所以,作为意识形态话语的"本土论"往往要抹去阶级维度和政治经济脉络,从而突出"本土"的纯粹性和抵抗外来他者的特殊意义,借以遮蔽本土内部的压迫和不平等的权力结构。

其三,"本土"概念的性别维度,即"性别的本土"。所谓"本土",究竟

---

① [美]彼得·卡赞斯坦:《地区构成的世界》,秦亚青、魏玲译,北京大学出版社2007年版,第31页。

② [美]德里克:《跨国资本时代的后殖民批评》,王宁译,北京大学出版社2004年版,第156页。

是谁的"本土"？这一质问显然也与性别问题密切相关,这个维度同样不可化约。许多事实表明,在"本土论"框架中,性别因素往往无足轻重甚至被有意无意地忽略不计。现今,女性主义地理学已经深刻地揭示出空间、地域生产与性别之间的紧密关联,揭示出本土概念的生产与性别权力结构是如何隐蔽地镶嵌在一起。"女性主义地理学的特殊目标,是要调查、揭显并挑战性别划分和空间区分的关系,揭露它们的相互构成,质疑它们表面上的自然特性。"① 它旨在揭示出女性和男性如何以不同的方式感知和经验空间与地方,以及这种不同又如何成为性别与地方建构的一环。性别维度的质问,对同质化的"本土"概念同样也构成了某种有力的挑战。

其四,"本土"概念的族群之维度或"族群的本土"。不同的族群对"本土"的想象与认知以及对"本土"的定义都可能产生种种差异与分歧,甚至可能存在某种程度上的矛盾和冲突。

在我们看来,"本土"具有"多重互文"、"多重空间"和"多重时间"绞缠的特性,它应被理解为充满矛盾、张力并且不断变化的结构。当人们忽视本土概念的历史性与内部歧义,而心安理得地把它当成一个现成的框架或理论前提,甚而在其身上寄寓某种崇高的价值、理想乃至信仰时,这个概念就变得僵硬了凝固了本质化了。人们因此遗忘或漠视"地域"或"本土"含义的变动不居及其内部所包含的各种异质元素和杂多层面。这种遗忘与漠视使"本土"概念从反对文化同一性出发,却走向了其反面即一种"本土"内部的同一性和同质化。接下来,我们将从以上的观点出发讨论当代台湾的"本土论"思潮,分析"本土论"如何化约主义地处理"本土"结构内部和外部的种种歧义,分析"本土论"如何对"本土"想象进行重新编码,进而自我"正当化"为一种霸权话语。

二、台湾当代"本土化"思潮的兴起

现今,人们一般把台湾"本土化"思潮的萌生追溯到日据时期。但由于理论立场的分野,人们对"本土化"思潮的萌生和演变的理解和描述存在着

---

① ［英］琳达·麦道威尔（Linda McDowel）:《性别、认同与地方:女性主义地理学概说》,徐苔玲、王志弘译,台北:群学出版有限公司 2006 年版,第 16 页。

巨大的差异和冲突。如果比较游胜冠的《"台湾文学本土论"的兴起与发展》和陈昭英的《台湾文学与"本土化"运动》，我们可以看到，当代台湾理论界对"本土化"的阐释存在着根本性差异。游胜冠和陈昭英都提出了台湾"本土化"运动的三阶段说，但两者的立场截然相反。游胜冠把台湾文学本土论的兴起和发展划分为三大阶段："一、日据时代——'本土论'的兴起；二、50、60年代——'本土论'的式微；三、70、80年代以后——'本土论'的再兴。"① 由于这一历史描述建立在所谓"台湾意识"的基础之上，在他看来，"本土化"是相对"外来化"的概念，"'台湾文学本土论'所谓的'本土文学'、'本土化'，除了相对于日本、西方等外来文学而成立以外，主要也是相对海峡对岸的'中国文学'而言的。"② 游胜冠对"本土化"思潮的理解存在着意识形态的偏见。陈昭英则把台湾"本土化"运动描述为以下三个阶段："反日阶段"、"反西化阶段"、"反中阶段"。1895—1949年为"反日阶段"，"台湾意识"与祖国的认同意识紧密联系，"台湾意识"与"中国意识"重叠在一起而有着相互定义的关系；1949—1983年为"反西化阶段"，以乡土文学和环保文学为中心，批判的目标转向"西化派"；1983年以后，台湾的"本土化"运动异化为一种"反中"的文化思潮，所谓"台湾意识"也异化为"台独意识"。③

关于日据时期台湾"本土化"思潮的发生与演变，我们认同陈昭英的分析，我们不再做梳理与分析。在当代思潮的场域，我们认为，考察80年代台湾"本土化"思潮的兴起，必须关注四个重要的脉络和语境：一是从"中国化"到"本土化"的转变；二是从"乡土"到"本土"的转换；三是从"反动运动"到"本土化"运动；四是全球化语境与本土化运动的关系。

第一，从"中国化"到"本土化"的转变。80年代初，"本土化"概念的最初登场，始于社会科学界，其含义即是"社会科学的中国化"。1980年，杨国枢、李亦园和文崇一等学者举办"社会及行为科学研究的中国化"研讨会，杨国枢、文崇一指出，中国学者"在以中国社会与中国人为对象从事研究工作时，往往偏重西方学者所探讨的问题，沿用西方学者所建立的理论，套用西方

---

① 游胜冠：《"台湾文学本土论"的兴起与发展》，台北：前卫出版社1996年版，第10页。
② 同上书，第5—6页。
③ 陈昭英：《台湾文学与本土化运动》，台北：正中书局1998年版，第103页。

学者所设计的方法"①。呼吁和提倡心理学、人类学和社会学的"中国化"或"本土化","所谓'中国化'问题可以说是从事社会科学研究的学者的一种自我反省的行动,他们觉得我国社会及行为科学研究者多年来一直在吸收西方研究的成果,模仿西方的研究方式,沿用西方学者所建立的理论,而忘却将自己的社会文化背景反映在研究活动之中,由于这样的趋势,不但使中国的社会及行为科学缺乏个性与特征,而且几乎沦为西方科学的附庸,其长期研究的结果所能反映中国社会文化历程的程度也成为可疑。"② 叶启政也参与了这场重要的讨论,提出"社会理论的本土化建构"的主张。杨国枢、李亦园、文崇一、黄光国和叶启政等人所论及的社会科学"本土化",包括以下内容:其一,所谓"本土化"即是"中国化",在他们的论述脉络中,这两个概念显然是可以互换使用的;其二,这场社会科学"本土化"运动是对中国现代社会学、心理学、人类学家如孙本文、潘光旦、陈达、杨开道、费孝通、吴文藻和潘菽等开创的"学术中国化"传统的继承和发扬,吴文藻和潘菽曾经都明确提出过学术中国化的主张;其三,80年代台湾地区的社会学科本土化运动是对学术西化主义倾向和依附性发展的不满和反动。

　　90年代至今,社会科学"本土化"运动仍然在持续发展。根据石之瑜的概括,这场运动产生了四种"本土化"论述:①杨国枢的"本土心理学"或"华人心理学",强调对象和理论及方法的契合,试图建立本土化的原则和本土化的方法。"在方法上放弃普世,在知识上以普世为目的。"②黄光国的"共享知识论",认为社会科学的本土化需要建立在西方知识传统之上,主张中西知识的对话。③萧全政的"情境契合论"。④石之瑜"放弃主体位置论"③。在以上四种论述中,关于"本土"范围的界定显然是有区别的。杨国枢把本土范围划为"华人社会";黄光国并不把本土范围的界定视为重要的问题;石之瑜的本土则由研究对象所包含的问题以及对话对象的变化而不断变动;萧全政把"本土"界定为"台湾",即"台湾本土的实存政经形构"。但正如叶启政所观察到的,在台湾的社会科学领域,80年代大多使用"中国化"概念,而到90年代由于社会和政治的变迁,"中国化"概念逐渐被"本土化"所替

---

① 杨国枢、文崇一编:《社会及行为科学研究的中国化》序言,"中研院"民族学研究所1982年版。

② 李亦园、杨国枢、文崇一:《现代化与中国化论集》导言,台北:桂冠书局1985年版,第3页。

③ 石之瑜:《社会科学知识新论》,北京大学出版社2005年版,第85—90页。

代。在叶启政看来，"本土化"概念比较中性。但事实上，这个原本是"中性"的概念却越来越被意识形态化，高度政治化，"本土化"常常被"台独"政治势力所绑架并且翻转为"去中国化"。这对社会科学"本土化"运动无疑造成了巨大的伤害。

第二，从"乡土"到"本土"的转换，或从"乡土文学论"到"台湾文学本土论"的转换。70年代的乡土文学论战在理论立场上包含了三种冲突：一是左翼与右翼意识形态的对抗，陈映真、尉天聪、王拓等持左翼的乡土文学立场，承续了现代文学的左翼传统，以唯物论为基础建立反映论的文学观，主张介入现实批判现实。彭歌、银正雄和余光中等人是体制内知识分子的代表，反对左翼的文学观念。二是乡土派与现代派的美学冲突。乡土文学派与王文兴之间的争论，是现实主义与现代派美学观念的对立。三是乡土派内部"中国意识论"与"台湾意识论"之间的分野。

叶石涛的《台湾乡土文学史导论》论述了五个问题："台湾的特性和中国的普遍性"、"台湾意识"、"帝国主义和封建主义下的台湾"、"台湾乡土文学中的现实主义道路"、"台湾文学中反帝、反封建的历史传统"，其核心是"台湾意识"。而陈映真则指出了叶石涛"台湾的乡土文学"论中所隐含的"分离主义"意味和"台湾的文化民族主义"倾向，认为"所谓'台湾乡土文学'，其实是'在台湾的中国文学'"。80年代初，乡土文学论战逐渐转变为"台湾文学"论与"第三世界文学"论的分歧，"台湾意识"与"中国意识"的分野。正是在这些分歧的辩论中，"本土"和"台湾文学"概念粉墨登场，取代了"乡土"和"乡土文学"。以陈映真为代表的"第三世界文学论"与叶石涛、彭瑞金、李乔和陈芳明等人的"台湾文学本土论"的分野，演变为"统一左派"与"本土主义左派"之间的激烈斗争。"乡土文学"分裂成为在政治意识形态上尖锐对抗的两派。"统独议题"切割了80年代的左翼力量，左翼批判社会的声音也因而被削弱了。传统左翼理论所关注的核心"阶级"和反资本主义命题被"中国民族主义"与所谓的"台湾民族主义"之间的论争和对抗所遮蔽甚至取代，"乡土文学"时期建立的相对稳定的阶级与民族合一论述框架也被破坏了。从"乡土"到"本土"的转换，意味着台湾左翼知识分子的分裂，也是台湾当代文论史中进步的左翼论述的一次重大挫折。

第三，"反对运动"与"本土化"思潮。在台湾当代政治思想史的场域，所谓"反对运动"，指的是反抗威权体制的政治和文化运动。从50年代的

"自由中国"运动到70年代的乡土文学思潮,从"党外运动"到后现代主义思潮……"本土化"思潮最初属于反抗威权体制的民主化运动的一环。90年代以后,随着"本土论"转变为争夺文化霸权的一种意识形态,并最终获得了话语霸权的地位,也就日渐丧失了其"反支配"的意义,而走向"反支配"运动的反面。但反对运动的进步性和民主性光环已经被"本土论"所独占,变成"本土主义"意识形态正当化的文化修辞。

第四,"全球化"与"本土化"。在今天,信息社会和全球化已经成为普遍的语境,后现代的"时空压缩"正在深刻地改变着人们的空间观念。地理环境所造成的种种隔阂早已消亡,不再是影响文学的决定性因素。但有趣的是,"地域"概念却再次登场,在当代文学理论中承担了一个重要的角色。由文学与人文地理之间相互作用而产生的地域风格或地方色彩,在经济全球化和文化全球化的语境中,其意义似乎越发突显出来。现在人们常常把这种地域性称之为文学的本土性或地方性。在"后殖民主义文化"进入知识背景之后,这个替换了"地域风格"的"本土"概念再度炙手可热,并获得了一些新的意义。它不仅意味着生于斯长于斯的温暖的自然家园,而且意味着一种强大的可以信赖的文化根系;同时,作为文化身份的标志,这个概念还隐含着一种抵抗全球化的文学与文化立场。

如果说过去人们提倡地域风格是为了走向世界,即越是地方的也就越是世界的,那么今天人们再度呼吁"本土化"和"地域性",其意趣却有了些微妙的变化,它显然构成了文化全球化的一种反动。在全球化与后殖民论述中,文学普遍性与特殊性、世界主义与民族主义、同质化与异质性、殖民话语与后殖民话语、普遍知识与地方性知识等二元并置的术语频频出场,一再显示了当代文化的两极化走向。全球化的一极推销"文学普遍性"观念,通过把某种特定的文化价值观公理化,把某种文学成规典律化,助长了西方殖民话语的中心性;另一极为本土化和"批判的地域主义"倾向。这种倾向强调地方性,认为在全球化的今天必须保卫地方性,保卫地方性就是保卫差异性和抵御全球主义:如果资本主义支配越来越全球化,那么我们要抵抗它,就"必须保卫地方,建立起各种壁垒,以阻遏越来越快的资本流动"①。这一倾向显然赋予了"地

---

① [美]麦克尔·哈特、[意]安东尼奥·奈格里:《帝国》,杨建国、范一亭译, 江苏人民出版社2003年版,第50页。

方性"一种抵抗全球化和普遍主义的意义。90年代"全球化"风起云涌,正是在这个语境中,台湾"本土化"论述获得了发展壮大的另一个重要契机。但反讽的是,声称"本土论"立场的政治势力却为"新自由主义"的全面入侵打开了大门。

所谓"台湾文学本土论"在以上四个脉络中表面上获得了某种正当性的基础:反对西方理论霸权;乡土文学精神的延续;抵抗资本主义的全球化;反支配运动的重要一环,但事实上,"台湾文学本土论"并不真正反对西方理论尤其是美国和日本的知识霸权;"台湾文学本土论"放弃了乡土文学孕育的左翼思想和中国民族主义立场;"台湾文学本土论"并不构成资本主义的全球化;"本土化运动"也并不能代表80年代以来的"反对运动"的全部。90年代以后,随着"本土论"话语霸权的逐渐建立和政治权力结构的改变,它甚至走向了"反对运动"的反面,逐渐丧失反支配的意义,成为"新反对运动"批判的对象。

三、"本土论"的意识形态化

我们首先重点讨论"台湾文学本土论"是如何建构的,即分析"台湾文学本土论"的形构策略。上文我们已经指出:"本土"是个充满歧义的开放的概念,它应被理解为一个充满矛盾、张力的结构,这个结构在内部和外部各种力量的作用下不断变化,具有"多重互文"、"多重空间"和"多重时间"的相互交错的特性。如同德里克所言,现今,"本土"已经"变成了当代社会多方矛盾不断上演的场所"。"本土"概念或具有批判的进步意义,或蜕变为本质化的意识形态,抑或"批判转变为意识形态而意识形态又转变为批判,完全取决于在某个一闪即逝的瞬间内所处的位置"①。但许多事实已经表明,"台湾文学本土论"放弃了不断变动的论述位置,试图把"本土"转变为某种固定的稳定的和同质化的结构,这样批判的"本土"概念也就逐渐蜕变为"本土论"的意识形态。我们把这个蜕变的过程——亦即"本土论"的形构过程——称为"本土"概念的意识形态化。所谓意识形态化,即是对"本土"进行重新编码和重新定义,清除"本土"中原本具有的各种异质性和矛盾性

---

① [美]德里克:《跨国资本时代的后殖民批评》,王宁译,北京大学出版社2004年版,第156页。

元素。本土的意识形态化也是"本土"概念的纯粹化、纯洁化、清洁化和绝对化的过程。这个意义上的"本土化"或隐或显地含有清洁、排除、化约、整合和收编的意味。坚持本土论立场的游胜冠就曾经如是声称:"本土论"是一种意识形态,而"意识形态基本上具有'实践的集体性'与'独特性的肯定'及'排他性'三项特质"①。

在"本土论"的形构过程中,"本土论"者采取了如下的"本土"化或"意识形态"化策略:

首先是去除"本土"概念的阶级维度。的确,消解本土概念内部的阶级差异是迈向同一性的至关重要的一步。从"乡土"到"本土"的转换完成了这个重要工作,即把"乡土文学"所建构的阶级观点清除出"本土"领域。"阶级"是本土论形构的首要障碍之一,唯有抹去阶级范畴,才能整合"本土",才能建立同一性的"本土"概念。"本土论"试图用"土地意识与认同"和"命运共同体"以及"人民"等一系列概念,解除"阶级"差别对"本土"概念构成的破坏性,用"台湾人"或"两千三百万人"等全称性想象去除"本土"内部的阶级性差异。李乔,这个"文化台独论"和"本土论"的最初提倡者之一,用"土地与人民"替代了乡土文学的"阶级"。这一转换正如廖咸浩所作的分析:"台湾文学史在八十年代中期之后开始了两个重大的转向:城市转向与'本土'转向。'乡土文学运动'至此可谓力竭而衰;其中国民族主义取向,由本土论者的台湾意识所取代;其社会主义色彩则由右翼中产阶级趣味所取代。……乡土文学的社会关怀也受到本土论予以空洞化。乡土文学的意识形态虽因中国民族主义影响而有寓言(allegorical)倾向,但其社会主义色彩,终究能把文学与文化的视野一定程度聚焦在下层人民身上。然而其后继者的右翼民族主义倾向,则完全把下层民众的困苦再寓言化:下层民众的苦难,乃是台湾受外来政权支配的苦难,而非阶级的宰制与剥削。阶级议题的国族化,使得'人民'沦为了权力征逐的借口。"②

其次,以后殖民理论为论述工具,建立"本土与外来"的阐释框架。在这个框架中,"外来"等于殖民者,"本土"则代表抵抗殖民的正面力量。如此就把"本土"结构中难以化约和统合的一部分异质性历史因素纳入"外来"

---

① 游胜冠:《台湾文学本土论的兴起与发展》,台北:前卫出版社1996年版,第7页。

② 廖咸浩:《最后的乡土之子——论林宜的〈耳朵游泳〉》,《自由时报·生活艺文网·自由副刊》2002年9月10日。

范畴,使其丧失在"本土"结构中原本具有的历史正当性和合法性。

再次,但原住民的存在显然对"本土与外来"的阐释框架构成了巨大的挑战,成为本土论者的"本土化"运动"除不净的余数"。那么,"本土论"又如何应对这个"余数"或无法排除的异质性因素?"本土论"启动收编策略。作为"本土论"的补充方案,"多元文化论"于是出场,在"多元文化"的框架中试图安顿这个令本土主义者十分不安的因素。但反讽的是,"本土论"的"多元文化"框架却坚决地排斥历史的和现实的"中国性"。

最后,以安德森"想象的共同体"为理论基础,试图清除"本土"概念包含的复杂多元的历史维度,或去除历史维度中与"本土论"不能兼容的元素,进而"建构"所谓的"台湾民族论"和"台湾民族主义"论。本尼迪克特·安德森在台湾有着十分特殊的影响力,其代表作《想象的共同体——民族主义的起源与散布》在台湾"本土论"尤其是在"本土论"的极端表现形态"台湾民族论"或"台湾民族主义"话语形构中扮演着近似于思想教父的角色。《想象的共同体》的翻译以及安德森两次赴台(2000 年和 2003 年)都对"台湾民族论"产生了重要的影响。这种影响主要表现在:其"建构主义"知识论,即把"民族"视为某种纯粹"想象"、"建构"和"发明"的产物,这样就把"民族"形成的复杂的历史基础轻易地化约掉了。但吊诡的是,虚构的"台湾民族论",一方面以"建构主义"对抗"本质论"和"原生论",另一方面却又把所谓"台湾民族论"本质主义化。如同陈孔立所指出:"他们歌颂极端的'台湾人本质主义倾向',在这种倾向下,'和台湾相关的文化符号则被赋予神圣的位置。闽南语,或通称台语,被当成是认同台湾土地或人民的标准,不会说闽南语被当成不认同台湾,或者轻忽台湾。'"①

透过以上策略的运作,90 年代台湾的"本土论"逐渐获取了文化霸权的位置。但另一方面,"本土论"也越来越本质主义化,也越来越暴露出排他性格。这一点连"本土论"者自己有时也不得不承认,萧阿勤在《台湾文学的本土化典范》一文中就曾经承认:文学本土化典范的基本性质,即是"一种叙事化、相对封闭的意义形构整体"。"80 年代以来,作为反抗'再殖民'斗争之一部分的台湾文学本土化典范,其中从'去中国化'到'(台湾)民族化'的历史叙事所建构的台湾认同,具有后殖民政治 / 文化斗争的'策略的本质

---

① 陈孔立:《台湾"去中国化"的文化动向》,《台湾研究集刊》2001 年第 3 期。

主义'特征。然而……策略的本质主义几乎不可能只是策略的,它与本质主义之间难以区分,往往引起本质主义式的认同冲突。"①"本土论"的本质主义遭到了台湾进步知识分子的根本质疑,也遭到了后结构主义的强有力的挑战。萧阿勤和吴叡人都试图引入后殖民理论的"策略的本质主义"概念为排他性的"台湾文学的本土化典范"辩护。吴叡人曾经援引斯皮瓦克的相关论述来说明某种"本质性宣称"的必要性:任何本质性的宣称都有可能导致排他的结果,这种排除会使他们的共同性展现,建立一个论述来反抗压迫者。因此,一个本质宣称,在运动上是必要的。建构一个主体性论述,多少要有本质性宣称。所有的运动都有可能是本质主义与建构主义两者并存。萧阿勤则引入霍尔的认同理论,同样认为,对于认同政治的建构而言,"策略的本质主义"比反本质论更具建设性意义。在他看来,民族、族群与性别的认同建构必然涉及一种意义的关闭终止,一种对他者的封闭,"亦即权力对语言的专断介入、意识形态的'截断'、定位、跨越界限、断裂等"。这种任意武断的关闭终止,是"策略性"的必要。② 但问题在于如何划分本质主义与策略的本质主义的界线? 阿帕、斯皮瓦克和霍尔是在反抗压迫的立场上提出"本质性宣称"的必要性,但是,"本土论"在台湾已经翻转为一种主流话语,一种"政治正确"的意识形态。本土论的本质主义化则构成了对他者的巨大压迫。这种本质主义还只是一种策略的"本质性宣称"吗? 所谓"策略性的本质主义"是否已经蜕变成为政治实用主义的借口和修辞?

四、"本土论"的反思与批判

随着"本土论"的日益强大并逐渐在台湾论述场域中建立了霸权的地位,更由于"本土论"的高度政治化,其排他性格和封闭性也愈发突显出来,因而也遭到了来自"本土论"内部和外部两个方面的批判与挑战。在"本土论"阵营内部逐渐出现了一种反省的力量和声音。陈芳明是其中最有代表性的学者之一,他把自己的文学观念划分为两个阶段:1983—1995 年坚定不移信仰"本土论";1995 年回到学术圈之后,"渐渐体会到本土论已不足以概括

---

① 萧阿勤:《台湾文学的本土化典范——历史叙事、策略的本质主义与国家权力》,台湾《文化研究》2005 年 9 月创刊号,第 99 页。

② 同上书,第 115 页。

台湾文学的内容与精神"。在陈芳明看来,"本土论确实有其阶段性的使命。没有本土论述的建构,就没有日后台湾文学研究的空间。尤其是'去台湾化'政策还在当权的时刻,'本土论'发挥了抗拒、批判与重建的力道"①。但是,陈芳明已经意识到"本土论"的封闭化和政治化对台湾社会的巨大伤害:"绿色执政高举本土意识的主张时,并未把外省族群视为本土意识的形塑者的一环。因此,主张本土之余,无可避免伤害外省族群的情感与记忆,'本土'一词的定义与解释,似乎已被民进党垄断。如果继续把本土意识等同于本省人的历史意识,族群的对峙与分裂就注定要不止不懈地凌迟台湾住民的精神。"因而,陈芳明提出了一个重要的问题:"日据时期的本土精神是为了对抗殖民体制,战后时期的本土精神是为了抵抗戒严体制,那么'解严'以后的本土精神又是要抵抗什么?"②他主张重新定义"本土"概念——"随历史进步来定义本土",重建开放的"进步的本土主义"。尽管陈芳明仍然未能建立一种"多重互文"、"多重空间"和"多重时间"相互交错的"本土"概念,但从"本土论"到"开放论"和"宽容论"的转变还是有着十分积极的意义,这一转变对偏执的排他的"台湾文学本土论构"成了一种有力的挑战。

"本土论"阵营内部的哗变的确意味深长。而传统左翼、后现代主义、后殖民主义和自由主义的知识分子对本质主义化的"本土论"都展开了更为深刻全面的批判:

其一,左翼的批判针对的是"本土论"对阶级差异和底层庶民真实生活的遮蔽。在左翼知识分子看来,从"乡土"到"本土"的转换意味着台湾思想史的重大转折,这一转折是台湾左翼思想的一次挫折。早在 1997 年,林载爵《本土之前的乡土》一文,曾经明确地指出:"乡土"和"本土"的根本区别不在于"中国意识"与"台湾意识"的分野。从台湾当代思想史的层面看,"乡土"和"本土"代表着两种本质不同的思想范型,代表着两种根本不同的阐释台湾的理论立场和思维方法。"乡土"概念打开的思想的诸种可能性——如对"被殖民历史的审视"、"第三世界观点"、"社会阶级的分析"、"大众文化的反省"等等——在本土转折中都遭到了严重的"中挫"。③"本

---

① 陈芳明:《从接枝到开枝》,《文讯》2005 年 9 月第 239 期。
② 陈芳明:《朝向开放的台湾文学本土精神》,《联合报》2002 年 8 月 1 日第 39 版。
③ 林载爵:《本土之前的乡土——谈一种思想的可能性的中挫》,《联合文学》1997 年 12 月第 158 期。

土论"的代表作家彭瑞金声称"台湾文学的本土化"是延续乡土文学思潮的趋向发展而来，而林载爵的阐释解构了"本土论"者把"本土论"纳入乡土文学精神谱系的观点，并且直接指出"本土论"是对左翼社会主义思想的反动。廖咸浩同样也认为，"城市转向与本土转向"导致乡土文学运动力竭而衰。"乡土文学的社会关怀也受到本土论予以空洞化。……阶级议题的国族化，使得'人民'沦为了权力征逐的借口。"①

其二，后现代主义和后结构主义以及"民主左翼"的批判锋芒则直指"本土论"和"国族论"的本质主义倾向。早在1993年持后现代左翼立场的《岛屿边缘》杂志推出了"假台湾人专辑"，对"台湾人论"这一主流政治论述进行了后现代的解构与颠覆。持"民主左翼"立场的"台社"知识分子夏铸九提醒人们注意："本土认同过了头很危险。"他认为："本土化不是一个可以努力以赴的政治理想。深究本土化，就会发现它是不能寄托理想，因为这里面有很落后的东西，举个例子说，性别歧视，你不能将它本质化。我们需要开放我们自己，去学外来的新东西。不能把台湾本质化，不能什么东西都要台湾的才好，这都变成了政治操弄的结果。"② 的确，从反本质主义角度来反思本土论述十分重要，正如蒋宸厚所言："如果不从反本质主义的视角出发来检视本土化这个在解释上已被垄断的概念，那这个社会将彻底的失去反省和挑战男性霸权论述的能力。"蒋宸厚提出了对本土概念的反本质主义阐释："反本质主义的论述主张社会是一个复杂的整体，就本土化的意涵来说，它应该是一个变动的过程，反本质主义会强调本土化论述过程中的差异性而非要建立一个同构型的场域。反本质主义的论述更指出没有所谓真理的存在，任何想要以男性霸权姿态出现的本土化论述、任何企图垄断对本土化解释的论述都应该要被质疑。因为本土化的过程是被多方决定的，也就是说，宗教、性别、省籍、教育、年龄等都可以是决定本土化论述差异性的因子。"在这个基础上，蒋宸厚有力地质疑和瓦解了"本土论"的本质化倾向："'民进党式的本土化论述'是自由社会的对立，因为他用本质主义的二元结构，台湾人 V.S. 中国人、爱台湾 V.S. 不爱台湾，来做强者 V.S. 弱者、真理 V.S. 非真理、男性 V.S. 女性的划分。"③

---

① 廖咸浩：《最后的乡土之子——论林宜的〈耳朵游泳〉》，《自由时报·生活艺文网·自由副刊》2002年9月10日。

② 夏铸九：《本土认同过了头很危险》，《远见杂志》2004年第215期。

③ 蒋宸厚：《反思民进党式的本土化论述》，《蜂报》2004年4月8日。

其三,后殖民主义的批判直接指向"本土论"的"纯质膜拜"倾向和对霸权化典范的仿制性质。在《这就是我们要的本土化吗?》一文中,宋国诚提出了一个尖锐的分析判断:"从爱乡爱土一路滑向河洛霸权,本土化已被固化为民粹自恋主义。""本土意识演变至今,可以称之为'后殖民焦虑',这是一种对殖民宗主'欲舍难割'的暧昧情结,一种从殖民主体的模仿(mimicry)中构建一个镜像自我的分裂意识,它从一个主人的宰制那里学习做一个宰制的主人,从典范化的帝国霸权那里,仿制了霸权化的典范。"① 宋国诚对本土主义的批判与萨伊德《文化与帝国主义》的分析如出一辙。在《文化与帝国主义》中,萨伊德曾经描绘了第三世界在摆脱了西方政治和军事的殖民统治后在文化上出现的种种反应形态:第一种是沿用西方殖民文化模式使新的统治合法化,即复制殖民文化的统治结构,以新的权威代替旧的权威;第二种是封闭的文化民族主义,其极端即是民族文化的原教旨主义;第三种是萨伊德认同和倡导的既反殖民文化霸权也反对文化民族主义尤其是原教旨主义的立场。"那种民族主义和帝国主义的两极理论已不复存在了。我们认识到,新的权威不能代替旧的权威;而跨越国界、跨越国家类型、民族和本质的新的组合正在形成。"② 他们对本质主义本土论的批判可视为是对法侬区分"政治解放"与"民粹主义"思想的发展。

其四,自由主义对"本土论"的批判则直指"本土论"的民粹化倾向。李明辉指出:"本土意识本身具有一定的合理性,但也潜藏着异化的危险;一旦它脱离了民主政治的基本原则,便迅速异化成民粹主义。在经过李登辉、陈水扁的先后操弄之后,台湾所谓的'本土化'已成了一个怪物:其实质属性是一套不顾逻辑与事实的福佬沙文主义,对外则表现为反智与反民主。藉由巧妙的操作,本土/非本土与南部/北部、乡村/都市、贫穷/富裕、台湾/中国等二分法链接在一起,而达到以虚幻的满足麻痹人民的目的。……在民粹主义的麻痹下,民主宪政的基本原则都被架空了。"③ 在自由主义者看来,"本土论"的民粹主义化是通往独裁政治之路。而唯有以自由主义的"多元文化论述"取代民粹主义的"本土论述",才能抵抗民粹化本土论对民主的威胁。在《自由民主的理路》中,江宜桦同样把"民粹主义"和"本土化所造成的统独

---

① 宋国诚:《这就是我们要的本土化吗?》,《新新闻》第 865 期。
② [美]萨伊德:《文化与帝国主义》,李琨译,生活·读书·新知三联书店 2003 年版,第 21 页。
③ 李明辉:《愚民政治:通往独裁之路》,《联合报》2004 年 5 月 5 日。

争议"视为"台湾民主政治的隐忧"。① 李明辉和江宜桦对"本土主义"的批判代表了台湾自由主义知识分子的声音。

"本土论"与"反本土论"构成了90年代以来台湾思想史的一条重要线索。如果"本土论"在国民党威权统治时期还具有反抗支配和压迫的积极意义,那么,当"本土论"获得话语霸权并且成为新威权的统治意识形态时,它早已走向反面蜕变为一种压迫力量。在这一语境中逐渐形成的"反本土主义"的论述就具有了抵抗文化的意义。

五、重启"本土论"及对两岸交流的影响

2006年,陈水扁贪腐集团的弊案不断被揭发,2008年二次政党轮替,国民党重掌执政权力。以"去中国化"为目的的极端本土主义意识形态受到了有力的抑制,两岸文化交流得以全面展开,进入全新的历史发展时期。但以"去中国化"为目的的极端本土主义并没有在台湾意识形态话语光谱中轻易退却,而是在经过重新包装修补缝合后卷土重来,并再次发展成为阻碍两岸文化交流的意识形态障碍。

吴介民和吴叡人是重启"本土论"的关键人物。吴介民提出"第三种中国想象"和"中国因素"两个彼此相关的概念,并在"哲学星期五"读书会开设十场"论辩中国因素"活动,讨论大陆崛起因素对台湾本土政治经济及文化结构的深刻影响。吴介民对本土论的改造包括三个方面:一是把"中国因素"纳入本土论重构的视野之中,认定"'中国崛起'使台湾民族主义问题雪上加霜";二是把"公民社会"概念引入本土论的重构之中,企图用"公民社会"来补"台湾民族主义"之不足;三是将本土主义与"去中国化"相切割,企图解除本土主义的"污名化"。但吴介民在论述逻辑和思想情感上都是自相矛盾的,一方面,吴介民认为台湾"本土化"运动的本质即是"去殖民化","本土化"不等于"去中国化",另一方面又认为"国共的合作,重新把一种巨大的、已经在过去笼罩在台湾社会头上,压得大家喘不过气的大中华民族主义意识形态,重新又盖在台湾身上"②。其本土论述最终还是没有摆脱

---

① 江宜桦:《自由民主的理路》,台北:联经出版有限公司2003年版,第341—347页。

② 吴介民、吴叡人:《民族主义的永恒魅惑》,共识网。http://www.21ccom.net/plus/view.php?aid=47178&ALL=1.

"台湾民族主义"与"中华民族主义"二元对立的错误立场,仍然深陷于"台湾民族主义"的"永恒魅惑"之中难以自拔。

早在 2006 年,以陈水扁为代表的所谓"本土政权"正当性破产之时,吴叡人就提出了"进步本土"概念,试图"重构"本土主义意识形态,重新"赋予"本土主义意识形态的合法性。迄今,吴叡人发表的《台湾后殖民论纲》《贱民宣言》以及《民族主义的永恒魅惑》(与吴介民合作)都是在做这项缝合工作。吴叡人采用的论述策略是:

第一,将后殖民理论和左翼的解放论述相接合,用左翼理论改造本土论,"赋予"本土主义意识形态进步性意涵和"理想主义"色彩。在《台湾后殖民论纲——或者,台湾悲剧的道德意义》一文中,吴叡人表述得十分清楚:"一个符合台湾主体立场的后殖民论述——本文称之为台湾后殖民论述——一方面必然继承台湾反殖民民族主义追求民族独立的志业,另一方面也试图批判,批判地继承,再诠释,乃至超越台湾反殖民民族主义的传统视野,基于公平、正义、多元、普遍主义之立场,追求台湾人全体与一切弱小者真正、彻底的解放。""当代后殖民主义主张,只有经由社会主义中介之后的民族主义才具有正当性,因为第三世界的经验告诉我们,只有政治独立不足达成社会解放。'台湾人全体的解放'此一本土左翼传统视野,从'社会'(阶级/分配)而非'国家'角度,指出一个由下而上连结不同群体,以建构一个较平等、包容之'台湾人'概念的途径。"① 吴叡人的意图在于用"台湾人全体的解放"替代陈水扁时期"本土政权"与"外来政权"的二元对立论述,因为这种二元对立的本土论早已破产。但吴叡人的论述难以缝合"阶级解放"与"台湾人全体的解放"的巨大裂口。在吴叡人那里,左翼的阶级分析方法和社会政治立场被彻底悬置抽空,左翼只是一种文化修辞,一种"台湾民族主义"的文化修辞,一种意识形态的论述策略。

第二,用斯皮瓦克的"贱民"理论重新诠释台湾的历史悲情意识,企图"赋予"本土主义意识形态和"台湾民族主义"在道德上的正当性。吴叡人将台湾视为世界体系中的"贱民阶级之一员","贱民的困境强迫成就了道德的民族,然而困境的道德意义不会终结困境,道德主义也不会解放贱民。在

---

① 吴叡人:《台湾后殖民论纲——一个党派性的观点》,《思想》3(天下、东亚、台湾)。

帝国强权眼中,贱民困境没有任何实践的意义"。① 吴叡人的《贱民宣言》把
台湾悲情从中华民族的近代史脉络中彻底抽离出来,切割开来,并糅合了政治
的、道德的、美学的、怀疑主义的、生命意志论以及黑格尔的主奴辩证法等多种
元素,将"台湾民族主义"人格化、隐喻化、激情化和悲剧化,他的"贱民"论
述其实即是所谓"想象的共同体"的后殖民版的表述形式,但更具魅惑性和
鼓动性。正如赵刚教授所指出:"这是一篇复杂而危险的文章,徘徊于'高贵'
与'低贱'之间。文字之中,透露着一种自由的呼唤,但也埋伏着一种嗜血的
残忍。"② 吴叡人的"贱民困境"论述对两岸的历史和解和两岸关系和平发展
所可能造成的坏影响乃至破坏性作用是不能轻视的。吴叡人究竟要召唤出何
种知识政治和社会行动? 这个问题不能不让人深思和警惕。

　　台湾是个意识形态岛屿,思想市场已经形成。而台湾人文知识界与大陆
的专业主义化不同,台湾人文知识分子更强调介入和行动,他们的论述生产对
社会运动和文化行动都已经产生了重要的影响,这种影响可能还十分深远。
所以,加强两岸人文知识界的深度思想对话乃至论辩十分重要,这是两岸文化
交流不能忽视的关键环节之一。唯有如此,才能正本清源,穿透本土主义意识
形态的幻象,破解虚假意识的影响。

---

① 吴叡人:《贱民宣言——或者,台湾悲剧的道德意义》,见徐斯俭、曾国祥主编《文明的呼唤》,
台北:左岸出版社 2012 年版。
② 赵刚:《"新右派"出现在台湾地平在线了:评吴叡人的〈贱民宣言〉》,《隋大每月评论》第
10 期。

从"反服贸学运"看两岸文化协议

谢大宁

台湾佛光大学研究发展处处长

两岸协创中心福建师范大学两岸文化发展研究中心研究员

在"反服贸学运"之后,服贸协议在"立法院"通过的可能性看来已经很不乐观了,这也许也可以称为"服贸协议封存"吧!服贸若没有了,货贸当然也就很难乐观了,这对台湾经济的伤害姑且不论,其影响就是在可预见的将来,两岸的任何协议恐怕都将难以推动,能够不倒退都已经是万幸,当然就更谈不上什么文化协议这种逐渐进入两岸关系深水区的协议了!但以上的观察也许符合政治现实,却不代表我们应该忽视两岸文化协议的重要性,在我看来,从这次"反服贸学运",恰恰突显了两岸文化协议的迫切性。本文即想从"反服贸学运"所显示的本质问题,来谈谈两岸文化协议的重要性,以及它应有的内容,至于它现实上有没有实现的可能性,当然就只能置之不论了!

一、我对"反服贸学运"的观察

就在"反服贸运动"如火如荼之际,我刚好在大陆进行参访,所到之处,所有朋友提出的第一个问题,几乎都是台湾学生为什么反服贸,这反应当然表示了大陆朋友对台湾问题的关切和信息的迅速,但从大家困惑的表情,特别是几乎每位朋友都说大陆已经如此"让利"了,为何台湾学生还会有如此动作,这真是让人大惑不解。由于刚好犬子就在此次学运的风暴中心——台湾新竹的"清华大学"就读,学运一爆发,他就不断透过网络把最新消息传给我,因此我大致可以得到第一手的资料,来了解详情以及学生们的想法,这些资料也许对解答大陆朋友的疑惑会有一些帮助吧!

就我综合一些相关信息所得到的大致印象,这次所谓的"学运",其实并不是严格意义的学运,它只是台湾年轻人在这个时空对社会情绪的某些宣泄而已,因此很难归结出单一原因。龙应台说这次"学运"从动员的技术面来说是杰出的,可是从思想面来看则是贫乏的,这个评论我以为大体不差。学生们运用现代年轻人熟习的工具,成功煽起了他们群体的集体焦虑,也为这个焦虑找到了共同的宣泄口。当然,也由于国民党马王的斗争,导致王金平纵容学生,为学生搭建了一个足以充分聚焦的舞台,这也是动员得以成功的重要助缘。可是整体来说,这次"学运"并没有创造任何价值,大部分年轻人并不知道服贸是什么,只凭一些片面信息,就胡乱地介入了一个高度专业的公共政策议题,并任由学运的领导者以及其背后的一些影武者,将之操作成了"台独"的复辟,这是非常令人遗憾的。

有人说,从这次事件中,看到了马政府的拙于沟通以及无法提振经济等,但在我看来,这些讲法其实只触及了部分事实,而且只是一些表面的原因。简单说,今天台湾就算开动了所有宣传机器,这些年轻人我敢担保,他们大多数人还是不会关心什么是服贸协议。台湾年轻人的就业困难,也有着世界性的因素,很难单一归咎给谁。但年轻人的集体焦虑是事实,这个焦虑在现在的台湾,常习惯以执政者为宣泄口,也就是现在的台湾以骂马英九无能为时尚,在这种状况下,马政府当然也就只能概括承受了,谁叫你是执政者呢?

然而我以为有一个方面是值得特别注意的,那就是上面我一再提及的年轻人的集体焦虑,他们焦虑什么? 他们自己怎么解读这些焦虑? 造成这些焦虑的真正原因是什么? 要了解这点,我觉得犬子提供给我的一个信息是非常重要的。就在"学运"最高峰的阶段,我儿子跟他许多支持学运的同学谈起他们支持这个运动的原因,他们几乎都一致表示,如果这次服贸的签署对象,是美国、日本乃至是任何一个其他国家,他们恐怕连看一眼的兴趣都没有,但这次就因为是两岸的服贸协议,这就碰触到了他们焦虑的一个源头。学生们的话是很直白的,据我儿子转述他们的原话是如此的:"就因为是跟'大陆'签的,所以我们就反对。"这样的讲法,相当程度证实了许多论者所说的,"反中"的情绪恐怕才是这次学运背后真正的心理基础,其他都只是借口或表面原因而已。但我想也许不宜用"反中"这么强烈的字眼,我的想法是,今天的大陆的确构成了台湾年轻人心理焦虑的某个极重要的源头。我儿子曾转述学生们的一个戏谑性的说法，就是学生们私下曾开玩笑说："没想到他们比蒋介石还反共。"这虽是个冷笑话，但也许正好准确地暴露了那串接起年轻人焦虑的"接合点"。

我如此说，并不是要将所有台湾年轻人的焦虑，用一个简单的方式来作化约思考，只是要指出两岸问题的确成为困扰台湾年轻人的重要因素。在他们的意识架构中，台湾与大陆早已经是完全的"异己关系"，你是你，我是我，我们彼此是没什么关系的，台湾学生看待大陆的同学，其实和看待日本同学没什么两样，唯一差别只是彼此语言能够相通而已。从这个异己关系出发，很不幸的，台湾的年轻人多半把大陆视为是一个"具有敌对倾向的异己关系"，这种认知当然有部分来自于台湾早年的反共教育，但更多的恐怕来自于近些年来从李扁时期，乃至于马当局都不断强调的大陆对台湾的"威胁"。这种近乎洗脑式的"威胁极大化，机会极小化"的教育，一方面强化了两岸的异己关系，另一方面也在年轻人心中种下了两岸乃是敌对关系的基本印象，于是这样的印象就会像病毒一样，不断在心中制造焦虑，这当然就很可能造成"看见黑影就开枪"的结果了。

这样的焦虑，其实质内容是什么呢？简单说，就是一种可能"被并吞"的焦虑。所谓的"被并吞"，当然是从异己关系推演而来的概念。如果两岸不是异己关系，也就没有"并吞"的问题了。而随着大陆有形国力的崛起，两岸的力量对比，其差距也越来越大，这时由于由敌对的异己关系所带来的阴影以及以往历史仇恨的某些记忆，自然会把大陆的一切作为都解读为企图"消化"台湾的手段，这种心理就成了一种恶性循环，于是渐渐酿成了"逃离中国"的心态。基本说来，我觉得这一面也许就可以描绘成某种"自卑自怜的小红帽"心情吧！我以为由这样的焦虑所产生的意识，也许并不一定会转成"台独或独台"的政治意识，但它无疑会是这样的政治意识之温床，因此它也就格外值得我们注意。

而从心理层面来说，某种隐微的自卑情绪，也常会以某种自大的方式表现出来。就这点而言，台湾刚好在吸收现代文明上比大陆要幸运得多，也因此在社会层面上的确比大陆表现出更好的文明素质。我相信就这点来说，大陆朋友恐怕也会承认这是一个客观的事实。然而撇开这一事实面不论，我以为台湾的文明程度某种程度地转成了掩饰焦虑的凭借，在这点上，我不否认台湾有很多人是"瞧不起"大陆的,只是我不认为这是由于什么优越感的作祟,而是由小红帽情绪所发展而来的某种自大吧!于是,这种自大就更加强化了想"逃离中国"的"正当性",他们想的不是要用自己的文明去改善大陆的"不够文明",而是用自己的文明来告诉自己,一定要远离不文明的病毒,于是最好把台湾像"无菌室"一样地保护起来。这也就是说,从被并吞的焦虑,以及由此焦虑所产生的某些心理机转,我以为我们也就比较容易理解这次"反服贸学运",以及当学运领袖喊出支持"台独",会受到英雄式欢呼的由来了。

我这样的分析有没有根据呢?这里我想举一个例子来说,这是我小儿子前两年在读高中时的一个故事。当时他们有一群同学在台北街头碰到了一群大陆的观光客,这些大陆朋友在大街上旁若无人地大声谈笑,引来了许多路人的侧目,于是这些同学交头接耳了一下,就一起走到了这群陆客面前,像西方万圣节的小孩一样,突然一起喊出了一句话,这句话就是"海峡两岸一边一国",然后这群学生就很骄傲地走了开去,回到学校,他们也不断转述给其他同学听,好像自己完成了一件多了不起的英雄事迹一样。这个故事读者诸君会觉得它很无厘头吗?在我看来,它真的一点也不无厘头,而恰恰是我上面分析的一个明证。

从以上的分析,我大致提供了一个逻辑图像,也就是由两岸乃是敌对的异己关系这样的意识,通过对大陆与台湾有形国力的巨大落差,乃产生了集体的被并吞的焦虑。我认为这正是"反服贸学运"可以如此迅速地煽起风潮的原因。但是这样的逻辑图像还缺乏一个更根本的原因说明,也就是台湾社会为什么会把两岸关系如此明显地转成了异己关系呢?

二、认同问题才是两岸关系深水区的核心问题

在我小时候,那时两岸的硝烟味还非常浓,那真是一种完全的敌对关系,一直到我念高中时,每隔一天报纸上都还会看到昨天金门落弹几发,无人伤亡等的报道,街头也随处可以看到"小心匪谍就在你身边"的标语,可是我们并不觉得两岸乃是异己关系。还记得当年俄国的诺贝尔文学奖得主索忍尼辛来到台湾,他在中山堂的演讲我也去听了,演讲中他不断提及台湾在整个中国发展中的特殊地位以及灯塔效应。那场演讲在我们同学中的激荡是很大的,我们多半也都如此在思考台湾的价值。这也就是说在我们心中,

台湾与大陆就现实政治来说,固然是敌对的,但心理上则是一体的,我们觉得大陆是一块我们必须去关切,甚至是必须去改造的地方,而我们也愿意为此付出努力。

记得有一回在报纸上看到了陈水扁的贴身亲信罗文嘉的一篇文章。罗先生晚我差不多十岁,他是我同一个高中,也就是台湾师大附中的学弟。我们师大附中的校歌里,有这样的句子:"我们是新中国的中坚,看我们附中培育的英才,肩负起时代的重担",而每位附中的同学对这首校歌都是很有感情的,我们每天唱着校歌,也就沉入了那种意识之中,所以罗先生在他的文章中提到,在高中时代,他其实是个标准的大中国意识者,这也就是说即使是陈水扁身边的幕僚,一位标准的"台独"支持者,在他成长的过程中,都也曾经是大中国意识的坚定支持者,这种例子其实真是不胜枚举的。

换句话说,敌对关系并不是两岸成为异己关系的关键因素,在我看来,真正的关键因素还在认同的问题上,兄弟反目,只要彼此还认这个家,就终有修好的可能。但若彼此不再认这个家了,那可能就是永成陌路。所以台湾其实是在认同上出了问题,当人们逐渐不再接受中国认同了,两岸也就渐渐成了异己关系。当然,如果更学理一些地说,认同也有许多不同的面向,所谓的中国认同可以是指政治的、国家的、民族的、文化的等面向。如果就这些比较细分的面向来说,两岸在政治的、国家的面向上,一直存在着认同分歧,这是毫无疑问的,这也是两岸曾经长期维持敌对关系的原因。但诚如上面所说,这一面向的认同分歧并不必然导致彼此成为异己关系,这主要是因为当时在民族的、文化的认同上,两岸始终不曾断裂。可是任何明眼人都会看到,这些年来两岸在民族的、文化的认同上,正在快速地断裂之中,而且越是年轻人,断裂的速度与程度就越快、越彻底。这样说有根据吗?

有很多人引述台湾"陆委会"这些年委托政治大学所做的民调,其数据都证实了这个现象。可是厦大台研院的刘国深院长也曾多次质疑这个长期追踪的民调,由于问题设计的不够明确,比如说题目询问受测者自认为是中国人还是台湾人之类,这样的问法,对中国人与台湾人这样的概念,其界义实在不够清楚,所以刘院长认为这些民调未必可靠。可是一年多前我看过一份在基本概念上最明确的民调,比如说该份民调问受测者,在台湾每个人端午节要吃粽子,中秋节要吃月饼,这件事如果描述为"我们中国人端午节要吃粽子",受测者是否同意这样的描述?像这样的问题设计,应该是非常明确在询问受测者的文化认同,而且受测者误解的可能性也很小了,而这份民调的结果确实是令人吃惊的,因为在文化认同与民族认同上,台湾30岁到60岁的人口里,依然有六成左右的人口维持着中国认同,可是在18到30岁之间的人口,其情形刚好是颠倒的,大约有2/3的年轻人已经不认为自己是中华民族的一分子,也不再认为自己隶属于中华文化圈。记得当时民调的执行者为了避免取样误差,还特别又加做了几百份30岁以下者的取样,而其结果则完全一致,可见这的确表示了认同断裂的现象并非空穴来风。坦白说,这现象确实是严峻的。然而这现象是怎么发生的呢?

毫无疑问的,这现象的成因肯定不是单一的,它必然和两岸的长期隔绝与单纯的时间因素有关,也一定和台湾政治宣传对大陆的长期妖魔化以及不断把大陆对台湾的威胁极大化有关,甚至也和大陆的某些表现有关,但大概也没有人能够否认,从民进党的前身开始,就采取族群动员的方式来夺权,乃至后来李扁时期在政治、教育、社会以及传媒上铺天盖地的"去中国化"有关。这里,自然的原因与人为的操弄交错混杂在一起,便成了一个难以厘清,也很难扭转的趋势。更重要的是,不管这是不是真实的理由,由于选举,在去除了李登辉之后的国民党,也还是几乎只能跟随李扁所设下的"去中国化"框架,即使以目前国民党来说,仍然最具备着文化中国情怀的马英九先生,也是如此,只是程度上比较好一些而已。就以这几年我几乎无役不与的课程纲要修正与历史教科书问题来说,我们真是费尽了力气,直到今年才刚完成的社会科课纲微调,也还是只能达到了勉强及格的结果,但具体落实到教科书上,究竟还会不会有变量,也还不知道,可是届时也已经到了马当局即将结束的时候了。而我觉得最关键的地方,也就是当年杜正胜以所谓"同心圆史观"来执行李登辉"去中国化"政策的那个最基本的大框架,我们还是不能整个把它颠覆掉。如果这个框架犹存,在我看来,任何想要在台湾现行的教育上扭转两岸认同断裂的努力,就势必还会是事倍功半,更何况还不能保证我们这次的微调成果,究竟能够保住多久,如果即将开始的所谓十二年国教课纲的修正,马当局不能挺住,那么任由"去中国化"教育持续下去,则认同断裂的现象便有可能更加恶化,终至积重难返了。

在我看来,台湾现在所存在的认同断裂的现象,才真正是两岸所谓深水区的核心,这次"反服贸运动"告诉我们,如果不解决这个问题,两岸想从现状再向前走,都将举步维艰,然则像政治谈判之类的协议,那就更是缘木求鱼了。

然而就像老话说的，三年之病都得求七年之艾，要解决认同断裂的问题，恐怕会是一个十分浩大的工程，如果我们就认同的各个层面来做个排序的话，政治认同里的国家认同与制度认同是个最显性的层面，所以也许很多人会因此认为这个层面的问题解决了，问题就解决了。这也就是像民进党所说的，大陆如果不自由、不民主，两岸就免谈。可是我以为事实恐怕并不如此简单，今天台湾已经有一些研究显示，即使大陆在制度上与台湾趋于一致，台湾也有越来越多人主张两岸永远分离，可见文化认同的断裂以及由此所导致的民族认同的断裂，才是更根本需要解决的问题。而文化认同的问题当然也只能通过文化的手段来解决，这也就让我意识到了两岸文化协议的重要性，因此下面我就想谈谈我对文化协议的原则性看法。

三、"参与"是两岸文化协议的真正关键词

文化认同问题需要以文化手段解决，这是个常识。但解决的基本原则是什么呢？这就像解决两岸经济的问题，其基本的原则是互惠，这原则当然也普遍及于所有国家与地区之间经济问题的解决，能让彼此赚钱，这贸易关系才维持得下去，这是谁都知道的道理。而由两岸的长期隔绝所产生的陌生感，则可以靠交流来解决。当我们每个人都有几位来自对岸的好朋友，或者彼此多来往几趟，那种陌生感也就可以逐渐化解了。但交流与互惠可以解决文化认同断裂的问题吗？

举个例子来说吧！现在随时都大约有两三万大陆学生，游走在台湾各大学校园之中；台湾学生赴大陆念学位或交流的学生人数也在逐年增长，这也就是说大概台湾的每位大学生，都会有几位大陆朋友了。透过每年大陆所提供的落地招待访问大陆的台湾学生，也已经有了相当的数量。照理说，对台湾的大学生而言，尽管仍有相当比例的学生还不曾前往大陆，但透过大陆同学，也应该对大陆不那么陌生了，可是"反服贸运动"一起，他们还是欢欣鼓舞地去参加了，这说明了什么？

前两年，我小孩学校办毕业旅行，我推荐了几个大陆的景区，还跟他们说我也许可以找到朋友帮忙，让大家可以玩得更省也更好，但没想到反应奇差无比。他们同学中只有包含我小孩在内的两位同学愿意去，其他人则多半选择日韩，甚至愿意去菲律宾、印度尼西亚、泰国的都比大陆多，最后他们还是

去了日本，这件事也许只是个案，但如果它是一叶知秋呢？交流可以增进感情，这是事实，互惠可以让双方有共同利益，但一旦把问题提到了认同的层次上，欧阳修《朋党论》的老句子，以利聚者以利散，会不会也套用到这上头来呢？交流与认同的关系，也许可以有一个比较戏谑的比方，交流就像找对象，但找到目标却未必真能成为对象，即使彼此成了朋友，也未必能过渡到男女朋友的关系。这当然不是说交流是没有用的，而是说如果真正的问题是在认同的层次上，那就像从朋友过渡到男女朋友的过程一般，还必须有一种内涵上的转变，也就是除了我有意愿参与到对方的生活之中去，还需要对方同时也愿意接受我的参与才行，这个关键的转换若不能发生，则一切就只是停在原点而已。

前几年曾看过台湾政治大学的一份民调，它的对象是针对曾到大陆参加过营队的台湾大学生而做的，主要在调查这些学生参加这类活动的感受，并探询这些交流的经验有没有改变他们的认同。按照这份调查，大多数的学生对这类活动的经验都是正向的，包括与大陆学生的良好互动和感情交流，也对大陆这些年来的发展持正面看法，同时多数人的确对大陆经济与社会的印象有改观，觉得和自己原先对大陆的刻板印象不同。但是除此而外，几乎看不到他们在认同上曾经因为这些交流而有任何改变。这样的民调事实上呼应了我上面的主要论点，也就是由交流并不能直接过渡到认同，而我这里更要表示的是，如果真的想要解决认同问题，没有"参与"是不可能的，而且就像我以男女朋友为例子所表示的，这种参与必须是双方的共同意愿，否则也只是单相思的徒劳而已。换言之，参与也就是解决文化认同的最基本原则。

然而也许马上就有人会进一步提问了，大陆有什么地方可以让台湾参与进来的呢？怎么参与？参与进来后要做什么？怎么做呢？或者我们说，大陆提倡的中国梦，那么有哪些梦可以让全大陆与台湾都可以一起做，而且台湾也会有意愿，更可以有贡献的呢？对这样的提问还真是不好回答，比如说在政治上大陆开放台湾参与？这条件恐怕还不成熟；经济上似乎也不是那么好想。此外在某些议题上，比如沙漠化的议题，台湾好像已经有人参与了，可是也很难全面铺开。顺此思路，好像原则有了，可是具体的工作还是很难落实，这里有办法可以落实吗？

对于这个问题，我以为有一个方向也许是值得思考的，那就是在大陆的整个价值重建的过程中，如果能够让两岸充分合作，也许是会收到事半功倍之效果的。何以言之呢？近几年来，大陆兴起了一场国学热，我觉得这一方向本身就蕴含着丰富的意义。当整个中国在寻求和平崛起的过程中，的确有一个价值命题横亘在每个中国人面前，我们要的应该是一种什么样的崛起？这世界又需要一种什么样的崛起？我们该如何承担这样一个历史使命？对这样的问题，不管我们每个人的答案多么不同，有一个方向恐怕是必然的，那就是它必须源自于传统的创新，而传统如要创新，某种传统与现代的辩证思考绝对是必要的。就这点而言，台湾的经验可能是比大陆要来得丰富一些。如果大陆可以善加运用这样的资源，或者说能够充分与台湾合作，相对而言，它是比较容易组织，而且也比较可以回避双方之各种障碍的。另一方面，台湾也比较容易从这里找到一个具有理想性的出口，从而开辟出一条政治与经济之外，可以避免走上附庸之路的道路。而当台湾愿意从这里开始参与整个中国梦的缔造过程时，也许整个认同的断裂就可以开始找到自我疗愈之方了。

当然，就本文这么简短的篇幅而言，我也只能如此原则性地提出我的思考，以上方案的具体落实，其实还需要两岸的彼此激荡，但无论如何，我觉得这会是一条比较可行的让台湾重新参与到中国来的道路，而其难题则是谁有如此的胸襟与气魄来经营这条道路。从另一个原则的面向来说，这条道路其实并不一定要由官方来做，或者即使由官方来做，也不必一定非得在有什么协议的状况下来做。由于认同的问题发生在台湾，所以很难期待由台湾来主动发起这样的工作，就算台湾有人愿意做这件事，他也必须冒着比较大的风险。在这种状况下，当然最好是由大陆方面的有心人士来主动发起。但我也必须说，许多事也许可以先由大陆这边主动发起，或者寻找某些课题，比如说我们两岸统合学会曾提倡过的，两岸可否使用相同的文化基本教材的读本；两岸的语文课本在文言文的部分，可否尽可能提高其重叠率，等等，这都是大陆可以考虑进行，而让台湾可以有参与感的事。然而不管怎么说，要想真正把这件事做大、做得更持久，就还是必须思考签署两岸文化协议，特别是基于认同问题的性质，它的解决往往更需要耐心与持久的努力，所以两岸文化协议还是有其必要性与紧迫性的。于是我就想进一步来谈谈我对这个协议具体内容的一些想法。

四、两岸文化协议应以建立两岸文化共同体为其核心内容

如果读者还可以原谅我，对这个问题的思考还没成熟到可以拟出一个协议的文本的话，那我现在也想还是以最原则性的方式来提出一个基本看法。

读者们也许知道，我们两岸统合学会针对两岸问题有一个原则性的看法，认为两岸毕竟分隔了这么久，如果它没有一个磨合的过程，绝对不可能平顺地过渡到统一，所以我们认为所谓的两岸和平发展时期，它非常需要有一个指导性的构想，而这个构想就是所谓的统合。

具体地说，统合的意思是什么呢？我们的构想就是两岸能够在现有的运作机制之外，建立一个由两岸官方出面或授权的机制，来处理特定的两岸共同事务。这个机制也就是一种第三主体的概念，在这样的机制中，两岸是平等的，而它所提出的决策也能够通过两岸的官方获得履行。这样一来，两岸就可以在这机制中来学习如何彼此相处，彼此参与，共同决策，并且透过这样的机制来建立彼此的重叠认同。于是当彼此的重叠认同越来越多，统一的阻力当然也就越来越小，如此一来，所谓的和平发展才会是一种真正的向统一过渡。这也就是说，每一个共同体的建立，都是两岸迈向统一的某个新起点。如果说西方式的民主是所谓以数人头来代替弹头，那两岸各种共同体的建立也就有着类似的意思。在共同体中，两岸也许可以有争执，但将之框在共同体内争执，那就只会是茶壶内的风暴，我们可以在其中学会相处之道，而不至于外溢成两岸的剑拔弩张。我们认为这样的构想，应该会是处理两岸和平发展期的一种最理性、也最具有理想性的设计。

就是基于这样的构想，所以我认为如果我们要推动两岸文化协议，就不应该还是停留在交流互惠的思考中，去规范什么文化产业、文化交流的东西（虽然它也并非不能包含在内），而是应该高屋建瓴式地朝向建立文化共同体的方向规划，由两岸的文化官员或是获得授权人士，一起推动涉及两岸的文化工作。比如说两岸如果真要逐渐走到一起，某一些共同的历史记忆应该是必要的吧，我们总不希望后人再为抗战是谁打的继续争执下去吧！那么我们可不可以就由这个共同体来一起书写属于两岸共同的抗战史呢？我这样的提议，当然只是一种抛砖引玉，我相信如果真能建立这样的文化共同体，它必将为弥合两岸的认同差距带来重大影响，而由此所可能发生的催化功效，也将会难以

估计。而我认为这也许才是我们对历史负责的做法。

结　语

走笔至此，迤逦写来，不觉已经远超过总编给我的篇幅了，但许多意思也只是提了个头而已。不过在写此文时，最重要的感触倒不是篇幅问题，而是觉得这也许又是一次书空咄咄而已。在台湾反服贸乃至反核的浪潮中，看到台湾由焦虑引生的强烈浮躁，就不免一阵慨叹，所谓常侨居是山，不忍见耳，但我们绞尽脑汁，换来的会是什么呢？一阵讪笑与怒骂而已吗？我真的不知道！我只知道，在台湾现在的气氛里，两岸文化协议也许就只是我书斋里的一个名词吧！

有谁能告诉我，我何时能看到它的实现？特别是按照我所期待的方式被实现！

近二十年来台湾多元文化主义思潮初探

朱立立

两岸协创中心福建师范大学两岸文化发展研究中心研究员

福建师范大学文学院教授

多元文化主义（Multiculturalism）是 80 年代兴起、90 年代迄今盛行不衰并产生广泛影响和争议的一种世界性文化思潮，它是多元主义的一个特殊形态，主要应对多元种族国家的族群问题和全球化语境下的国际移民问题，处理族裔文化多样性和少数群体的权利保护等文化和现实问题。基于民主、平等、自由、宽容等价值理念和文化立场，多元文化主义致力于"探究在一个社会中存在数个歧异甚大的群体（例如族群、语言、宗教信仰乃至社会习俗）时，如何建立群体间对等关系的论述"[1]。其首要内涵便是："破除他者的迷思，让弱势群体的文化不再擅用为主流文化的他者，并进一步肯认各差异文化各自的价值。"[2] 多元文化主义与一个社会中不同群体的多种权益直接相关，不仅是停留于抽象思考层面的文化观和历史观，还具体落实于教育实践乃至公共政策的制定和施行上，因此必然带有不容忽视的文化政治（cultural politics）色彩。

90 年代以来，"多元文化主义"这个概念也在台湾地区的学术研究、文化教育、文化政策以及文学批评乃至政治家的说辞中频繁出现，"多元文化主义"已逐渐成为当代台湾社会主流的文化思潮，甚至演变为一个政治正确的

---

[1] 萧高彦：《多元文化与承认政治论》，参见萧高彦、苏文流编《多元主义》，台北："中研院"人文社会科学研究所 1998 年版，第 488 页。

[2] 洪泉湖等：《台湾的多元文化》，台北：五南图书出版股份有限公司 2005 年版，第 9 页。

文化口号,如赵刚所言:"多元文化"这一语词已经站上了霸权地位。[①] 那么,"多元文化主义"对台湾社会文化有些什么影响? 为何台湾知识界会对它产生如此浓厚的兴趣? "多元文化主义"征引了哪些思想文化资源,它在台湾的传播和演绎存在哪些问题? "多元文化主义"的意义与局限在台湾文学领域又是如何体现的? 从现实的角度看,作为一种意识形态,"多元文化主义"真正有助于台湾建构宽容多元的社会文化形态吗? 抑或走向与其初衷相背离的其他面向甚至反面,反而对真正的宽容、民主和多元的文化构成某种伤害? 这些问题都值得我们重视和深入探究。本文将从以下几个层面做一些初步的梳理和厘析。

一、"多元文化主义"在台湾的源起和形构

有关"多元文化主义"在台湾地区的发生和兴起,张茂桂和庄胜义等学者都进行了始源追溯和一些具体阐释。在《多元主义、多元文化论述在台湾的形成与难题》和《多元文化论述在台湾》等文中,张茂桂将"多元主义"的发生上溯到七八十年代的"多元化"论述和现代化论述。他认为,最早提出"多元化"或类似理念的是 70 年代的《大学杂志》这个刊物,担任《大学杂志》主编的杨国枢等人是"多元化"理念最早的鼓吹者。连载于《大学杂志》1971 年 7—9 月的张俊宏、许信良、张绍文、包奕信 4 个年轻知识分子联合撰写的长文《台湾社会力的分析》,可视为台湾地区"多元论"的真正先锋。[②] 该文从阶级视野分析了当时台湾社会的 6 个社会群体——旧式地主、农民及其子弟、智识青年、财阀、企业干部及中小企业者、劳工以及公务人员等的处境、思想意识及政治态度。

但此一时期的"多元化"概念有其特别的意义,它是自由主义知识分子因应台湾经济发展和社会分化而提出的现代化论述,其目标在于重建一种集体"共善"的基础,具有知识精英和中产阶级的"中间反对论述"之功能,而且早期的这种"多元化"论述更多是作为知识分子的思想理念存在,并不尽同于之后风靡社会并体现于公共政策与文化实践中的"多元文化主义"。

---

① 赵刚:《"多元文化"的修辞、政治和理论》,《社会学研究》2006 年第 3 期。
② 张茂桂:《多元主义、多元文化论述在台湾的形成与难题》,薛天栋编《台湾的未来》,台北:华泰文化事业公司 2002 年版,第 227 页。

"'多元化'进入 80 年代,因为社会经济发展的结构性分化,取得现实生活中的'本来'应有位置,但是,也因此已逐渐丧失了它作为政治改造的力量。反而到了 80 年代后期,开始跟多元文化、台湾的族群运动(包括原住民运动、台湾民主运动、妇女抗争、女权兴起),这些有的包括在党外活动中,各种新兴的权力斗争的上演,使得新的关于多元文化的政治论述与力量,而不是多元化,成为新兴的反抗论述。"[1] 这一新兴的反抗论述经过台湾"四大族群"的分类与建构、"原住民运动"、90 年代的"社区总体营造"、"教育改革"以及文化与政治民主化运动的改造,并且接合美国、加拿大和澳洲的文化经验,形构出 90 年代以来台湾的多元文化主义思潮。庄胜义则把影响多元文化主义思潮出现的原因概括为四个方面:第一是"政治'解严'与本土化运动";再者是"欧美多元文化教育风潮之影响";第三是"国际原住民(族)运动"的启发;第四则是台湾社会对"族群和谐的期待"。[2] 的确,多元文化主义在台湾的兴起有其必然性,它曾经是反抗威权统治的一种力量,也是威权体制解体后台湾社会多元化发展在文化思潮上的直接体现。

二、台湾人文知识界对"多元文化主义"含义的理解

台湾学者王俐容在《当代多元文化主义的发展》和《多元文化主义在台湾:冲突与挑战》等文中,将"多元文化主义"含义区分为四种:① "多元文化主义作为一种社会现象";② "多元文化主义作为一种政治的意识形态";③ "多元文化主义作为公共政策";④ "朝向多元文化公民权(Multicultural Citizenship)",并且提出了"多元文化权力"的概念,这是一个很有建设性意义的提法。在她看来,"多元文化权力"包括"文化认同权"、"文化生活参与权"、"文化发展权"和"文化再现权"。[3] 而暨南国际大学人类学研究所学者潘英海则把"多元文化"概念放在纵向的历史脉络中予以考察,认为"多元文化论"经历了三次变迁:"现代"脉络下的多元文化;"后现代"脉络

---

① 《多元文化论述在台湾——张茂桂老师专访》,《教育研究月刊》2004 年 1 月第 117 期。

② 庄胜义:《多元文化与台湾社会》, 2005 年 6 月 30 日。http://www.wfc.edu.tw/~cge/new_page_73_images/07.doc.

③ 王俐容:《多元文化主义在台湾:冲突与挑战》,台湾社会学年会暨"走过台湾:世代、历史与社会"研讨会论文, 2004 年 12 月 11—12 日。

下的多元文化和"全球化"脉络下的多元文化。在不同脉络下,其含义是有所不同的,"现代"的脉络下所重视的是"进步","后现代"脉络下重视的是"批判",而"全球化"脉络重视的则是"过程"(参见潘英海:《多元文化:问题开发与课程设计经验》)。相对于王俐容对"多元文化公民权"的强调和潘英海对全球化语境下个人可以拥有多元文化经验的分析,更多的学者倾向于从族群的角度理解"多元文化主义",如洪泉湖在《台湾的多元文化》一书中就认为,多元文化主义的分析焦点是"拥有特定文化的群体,而较不是其中的个人"。多元文化主义的内涵在于"理解各群体之不同的社会身份与主体位置,并且探讨因此不同位置而产生的权力运作关系,进而希望透过行动得以改变此权力运作产生的压迫结构,让各文化的各种主体性得以真正的共存"。这样,多元文化主义的具体内涵就由三大方面构成:①破除"他者"的迷思,呈现多元的文化样貌;②追求积极的差异性对待,而非一视同仁的消极式平等;③强调行动的积极展开。① 从现有的研究成果看,台湾人文学界更重视在文化政策的层面和实施多元文化教育的具体行动中来理解"多元文化主义"的含义。

三、建构"多元文化论述"的多元思想资源

台湾知识界的"多元文化论述"所引入的资源也颇为多元,至少包括自由主义、社群主义、多元文化主义以及后现代主义等欧美理论。

(一)自由主义的多元价值理论

台湾学界对自由主义多元价值理论的引入包括约翰·罗尔斯(John Bordley Rawls)的"合理多元主义的事实"(the fact of reasonable pluralism)概念,罗纳德·德沃金(Ronald Dworkin)对自由主义宽容特质的理想政治社群的认可,约翰·葛雷(John Gray)等人的价值多元主义(value pluralism),迈可尔·沃尔泽(Michael Walzer)的多元主义的政治认同理论,威尔·秦力克(Will Kymlicka)的自由主义多元文化论等等。承认多元价值的自由主义为多元文化主义提供了重要思想资源,尤其对如何在民主体制和宪政框架中处

---

① 洪泉湖等:《台湾的多元文化》,台北:五南图书出版股份有限公司 2005 年版,第 7—11 页。

理多元文化主义问题多有启发,如罗尔斯在现代自由主义的框架中讨论"出于政治的目的合乎理性然而又互不兼容的完备性信念之多元性"。承认这种多元性乃是"立宪民主政体之自由制度框架在理性实践下的正常结果"。而秦力克则在"自由主义个人自由理念与差异文化(尤其是非自由主义少数族群)平等存续权利之间寻求最大的可能平衡空间"①。

(二)社群主义和多元文化主义理论资源

如查尔斯·泰勒和迈克·桑德尔(Michael J. Sandel)等人的社群主义思想,以及秦力克的多元主义思想和艾利斯·马瑞恩·扬(Iris Marion Young)的差异政治论述都进入了台湾多元文化主义的知识视野。如张茂桂就承认自己从艾利斯·马瑞恩·扬的《正义与差异政治》(Justice and the Politics of Difference)那里获益良多,"她提出'压迫的五个面相'作为违反正义的社会事实:① 经济成果被剥削(如劳工);② 社会生活被边缘化(如贫穷与少数);③ 个人应享有的权威、地位、尊严的被剥夺(威权压迫与歧视);④ 被主流'刻板印象化'(如妇女、外籍人士);⑤ 受到暴力侵犯威胁等(如侵略、仇恨犯罪等)"②。

(三)批判理论的影响

如批判理论在当代美国的代表性人物南茜·弗雷泽(Nancy Fraser)女士的思想,台湾学者魏玫娟就声称其对台湾多元文化主义的批判性认识深受南茜·弗雷泽"承认"、"正义"、"平等"等概念的影响。③

(四)后现代主义等的影响

台湾的多元文化主义接合了后现代主义和后殖民主义对本质主义的批判,质疑一种同质化的"文化差异"概念,并且以"混杂的文化"概念来丰富和批判"多元文化主义",从而形成非本质化的真正多元的"多元文化主义"。

---

① 张培伦:《族群差异权利之道德证成——秦力克自由主义多元文化论之可能性》,台湾大学哲学研究所博士论文。

② 张茂桂:《多元主义、多元文化论述在台湾的形成与难题》,薛天栋编《台湾的未来》,台北:华泰文化事业公司 2012 年版,第 266 页。

③ 魏玫娟:《多元文化主义在台湾:其论述起源、内容演变和对台湾民主政治影响的初探》,《台湾社会研究季刊》2009 年 9 月第 75 期。

四、对"多元文化主义"的反省与批判

在欧美社会,多元文化主义兴盛的同时也就伴随着相应的批评和质疑,批评主要集中在四个方面:①认为"多元文化主义"是新种族主义,如美国学者伯林纳和赫尔在《多样性和多元文化:新种族主义》一文指出,"多元文化政策"将民族隔阂固定化、合法化,无异于在不同种族间构筑起不可跨越的鸿沟;②批评多元文化主义将错综复杂的社会问题简单地化约为/文化问题,进而幻想通过/文化展示(而且仅仅限于外在文化景观的展示)消除根源于生存竞争的族群矛盾,其结果只能是乌托邦;③认为多元文化主义否认文化有先进性和落后性之分,为一切反科学、伪科学披上了合法外衣;④指出多元文化主义反映的是一种静止、僵死、本质主义的文化观。[①]

台湾地区随着"多元文化主义"逐渐成为社会主流价值,人文知识界也产生了诸多反思和批判,主要有四种观点:

其一,认为"多元文化主义"是"统治阶层的治术",实际上并没有产生实质性的结果,变成了政治的修辞和装饰,"说穿了,只不过是一种新形态的'屏幕论述',声光效应取代了实质内涵。""台湾原住民族在社会经济上所受到的不平等待遇,恐怕不会因族群不同而有所差别。至少在现阶段,原住民族所要共同面对的是突破被压迫、被漠视的困境,而不是在'多元'文化的烟幕之下,一再地细分你我,一再地划清界限。"[②] 的确,"多元文化主义"在对抗政治经济的实质不平等上是无能为力的,多元文化的界限区隔甚至还可能对被压迫者的团结构成负面的影响。正如奚密所言:"到目前为止,多元文化主义暴露了自身的许多局限与不足。它和跨国公司利益及狭隘的族群或民族主义的挂钩,使其容易被用作掩饰它们的烟幕或流于空洞的形式与口号(如'政治正确')。但是这并不表示我们应该放弃这个理想,而是应该致力于化解其中的矛盾,超越它的局限。"[③]

其二,"多元文化主义"以多元文化为正义目标,却缺乏普遍的社会正义

[①] 李明欢:《多元主义述评》,《文艺报》2000年6月20日第3版。
[②] 林深靖:《多元文化主义架构下的权力关系——再谈失窃的一代》,台湾《立报》2000年11月7日。http://www.lihpao.com/?action-viewnews-itemid-52947.
[③] 奚密:《多元文化主义的悖论》,《读书》1998年第2期。

作为基础;而作为一种拉杂形构出来的优势意识形态,体制化了的多元文化论成为刻板论述,"缺乏正义论述、流于高文化的表征化'codification',霸权正隐隐成形","一般所谓的'多元文化'、'多元尊重',并不见得有充分的社会正义的认知跟讨论,因而许多问题往往讨论到后来变成只是身份差异的问题。倘若能将这些问题放到一个包含更广的脉络,来面对社会不平等的抗争性,才可以有更多行动的可能"①。没有普遍的社会正义论述作基础的"多元文化主义"显然是有问题的,而把实质的社会不平等问题仅仅归结为身份问题,这样的多元文化的承认政治有可能遮蔽了社会问题的复杂性。

其三,台湾的多元文化论述要建立一个以台湾人为主体的民族想象,但这里的"台湾人"大多指的是闽南人或福佬人,即那些早先移民台湾的闽南语系汉人。这些人被赋予不需证明的台湾人的主体或本尊位置。而国共内战后移民来的"外省人"则需要用"爱台湾"来验明正身。因此,所谓的多元文化论述并不平等,被建构的不同族群天然地存在着不应有的高低位阶,"并没有一个平等的相指涉的意思"。这种所谓的多元文化论述,实际上是在假多元文化之修辞、处理外省人问题的反多元文化,是赤裸裸的政治运作。②

其四,台湾的多元文化论述大多关涉族群权益和社区文化,缺乏阶级分析的观点或政治经济学批判视域,忽视甚至遮蔽了阶级和性别压迫问题,"压制阶级分析与社会平等的话语"(赵刚语)。缺乏阶级分析纬度和政治经济学视域的"多元文化主义"常常被统治意识形态所收编,转变成为"省籍路径民主化"的合法化理论之一。这是"多元文化主义"为什么对台湾形成真正宽容多元的社会文化形态没有产生实质性的作用,反而是走向与其初衷相悖的反面,对真正的宽容、民主和多元有所伤害的原因之所在。

其五,"多元文化主义"还常常被资本主义的文化工业和消费主义意识形态所收编,变成具有各种文化风味和异族/异国情调的文化商品,蜕变为一种不具批判性和反思功能的文化消费品。对于"多元文化主义"的诉求而言,这样的结果的确十分吊诡,如同台湾学者赵刚所言:"在大家高呼多元文化时,多元文化消失了。多元文化运动经常恰恰好就是在谋杀多元文化。"③

---

① 李雪菱:《多元文化论述在台湾——张茂桂老师专访》,《教育研究月刊》2004 年 1 月第 117 期。

② 赵刚:《"多元文化"的修辞、政治和理论》,《社会学研究》2006 年第 3 期。

③ 同上。

五、"多元文化主义"对台湾文艺思潮的影响

应该说,"多元文化主义"对台湾文学思潮存在广泛深入的影响。

第一,"多元文化主义"极大地促进了少数和弱势族群文学的发展,尤其对原住民文学的复兴和发展有所助益。一方面,在"多元文化主义"勃兴和国际原住民运动的影响下,以及在后殖民论述的推波助澜之下,原住民的文化自觉与权利争取合流,成为台湾原住民文学发展的动力;另一方面,在"多元文化主义"的思潮下,原住民文化逐渐被纳入公众讨论,许多院校开设多元文化研究所和原住民文学相关课程,这有助于台湾社会改变对原住民文化的歧视或漠视态度,促进人们对原住民文化的理解,这使得原住民的文学与文化再现权力获得了一定的空间。

第二,"多元文化主义"促进了台湾文学史研究的开放性和多元化发展。台湾文学史研究开始理解和接受多元语言主义和多元文化主义,打破了传统的文学典律体系和一体化的文学史典范。"多元典范"和文学史的"复系统"观念有可能使台湾文学史研究变得更宽容多元了,为原住民文学、客家文学、闽南语文学、马华旅台文学和"同志文学"以及其他各种弱势群体的文学表述等打开了空间。以原住民文学为例,人们已经认识到:"文学史是一套权力/文学知识所构成的体制,当前原住民文学史应被视为建构中,有待增补的,而非已确定完成的,并且,文学史的建构总有某些作品被'遗漏'(left over)。"开放宽容的台湾文学史必须重新反省80年代原住民族文学研究(含议题)如何被建构。"透过对典范论述的拆解,重新理解是谁、在何时、以何种品味观点,来检讨编者及后继评论者判断原住民文学价值所持的美感意识形态"①,重构原住民族文学在台湾文学史中的位置。的确,文学史典范的形成往往是一个严密而又隐蔽的排除过程,只有打捞出被传统典范所压抑和排除的异质性元素,建构"多元经典系统"和历史演变的"复系统"观念,才能真正走向开放、多元和宽容的文学史。

第三,从理论上看,"多元文化主义"也有助于台湾文学批评的宽容与对

① 黄国超:《"典范"的省思:论80年代台湾原住民文学史的建构》,"台湾文学馆第一届台湾文学研究生学术论文研讨会"论文,2004年。

话关系的形成。在 80 年代,这种宽容与对话关系对促进台湾文学多元化发展曾经起到了积极的作用。从文学研究突破乡土文学与现代主义在美学上的二元冲突,瓦解纯文学与流行文化之间不能相容的观念藩篱以及对弱势社群文学的重视与接纳等方面,都可以看出批评的"宽容与对话"所产生的积极影响。

第四,"多元文化主义"促进了人们对文艺政策的认识和反省。从多元文化观点考察文化艺术之政府补助政策,如洪淳琦的《从多元文化观点论文化艺术之补助》和林于湘的《文艺政策的制定与辩证:试析 1981 年至 1998 年台湾文化论述的建构与转型》等,提出"借着补助文化艺术之活动,便是增加人民多元的选择机会及文化表现机会,并积极地承认每个人文化的独特性,维持个人自主"①,对多元文化主义与文艺政策之关系的研究颇有参考价值。另外,"多元文化主义"也有助于多元文化观点的文学教学理念的形成。

第五,"多元文化主义"还被视为一种"去殖民良方"。有论者认为李有成著作《文学的多元化轨迹》②的论述进路之所以在台湾具有参考价值,"在于他继承查尔斯·泰勒(Charles Taylor)对平权和差异的折衷。在民粹政治论述当道的台湾,平权论述高举的'平等'标准,容易隐藏着主流势力的霸权;至于差异论述和主流社会之间的对话基础又不见得健全"。因此,在平权之路仍然遥远、差异政治亦属奢谈的台湾,"折衷平权和差异的认同政治策略,其必要性不言而喻"③。

第六,"多元文化主义"与台湾的文艺教育。"多元文化主义"思潮在台湾教育理论与实践中产生了十分明显的影响,这种影响从一系列的成果中可以看出:如陈美如的《多元文化课程的理念与实践》,陈枝烈的《多元文化教育》,黄政杰的《多元文化教育的设计途径》和《多元社会课程取向》,杨莹的《多元文化教育的发展过程与响应典范》,张建成主编《多元文化教育:我们的课题与别人的经验》,等等。多元文化主义思潮也逐渐渗透到文学艺术教育领域,郭祯祥的《多元文化观与艺术教育》,龚玉萍的《多元文化艺术教育之研究——以台湾排湾族艺术为例》以及游君如的《多元文化与艺术教

---

① 洪淳琦:《从多元文化观点论文化艺术之补助》,台湾大学法律学院法律学研究所 2005 年硕士学位论文。

② 李有成:《文学的多元文化轨迹》,台北:书林出版有限公司 2005 年版。

③ 大圈仔:《去殖民良方:多元文化主义》,《破报》2005 年 8 月 26 日第 374 期。

育——以艺术品中的文化多元议题为例》等论著都对此有较为深入的研究。"艺术在教育中的主要价值在于它那独一无二的贡献:使人的经验含带着对世界的了解。……艺术本身就是尊重多元化的,艺术史的发展也不是单一轨道,加上一个特性,如托尔斯泰相信艺术是人与人之间或团体对团体情感的交流。多元文化观艺术教育也就成为课程设计中,以最亲和的形式,包含各种不同文化内涵与特质,帮助学生学习、了解和欣赏本身的、家庭的、社会的与世界上的艺术,和受其文化影响下的表现特征,也在过程中建立尊重他人与认同自己的态度,达到培养健全人格的目的。"① 许多成果表明,这一认知已经成为台湾艺术教育研究者的一项共识,一方面,多元文化主义形塑了文艺教育的多元文化观念;另一方面,由于文艺作品本身含有"多元文化表现"的丰富内涵,文艺教育也是培养"关怀接纳他人,分享对生命共同体"的多元文化观念的一种良好途径。

但是必须指出的是, 90 年代至新世纪初的台湾,由于"多元文化主义"的高度意识形态化和族群议题的政治操作化,导致了台湾版的"多元文化主义"的异化和畸形:对话变成了对抗,宽容变成了排外,"承认的政治"异化成为敌我划分的"仇恨的政治"。在文学和文化领域,"本土主义"话语已经取得了唯一政治正确的文化霸权,另外一些声音则被压抑或排除。所谓的"多元文化主义"的"多元"也就消失了,只剩下唯一"政治正确"的本土认同。"多元文化主义"变成了一种残酷政治斗争的美学装饰或意识形态修辞,这样,"多元文化主义"必然走向了其反面,即走向了文学领域的一元主义和文化的不宽容。正如黄锦树在其著作《文与魂与体——论现代中国性》的绪论中所言:"在认同问题几乎成为唯一的这个年代,台湾的现代文学研究也已经成为是非之地。曲学阿世,或自以为占据最高的道德立场检证异己是否认同台湾,无非皆重演了政治转型期中'识时务者'的'应帝王'与败德。"② 近些年来,对构建台湾文学"本土论"贡献十分突出的陈芳明也认识到"文学本土论"的极端化发展已经演变为封闭、本质化、排除异己的政治教条,开始反省并重新阐释"本土论"的内涵,提出了"开放的本土主义"论述:"进步的本土精神,宽容的多元文化。"在 2007 年发表的一篇关于谈论黄春明给

---

① 游君如:《多元文化与艺术教育——以艺术品中的文化多元议题为例》,台湾彰化师范大学艺术教育研究所 2001 年硕士学位论文。

② 黄锦树:《文与魂与体——论现代中国性》,台北:麦田出版社 2006 年版,第 10 页。

予自己深刻影响的文章中,陈芳明再次谈到了"宽容"的重要性:"在爱的情感之上,应该还有更高情操的宽容。这是他给我的最深刻的文学教育,因为这样的启悟,也刷新了我对黄春明小说的解读。为什么甘庚伯心甘情愿照顾一位长年精神失常的孩子,为什么白梅能够以更开阔的胸怀重新面对过去看海的日子。只是简单以土地之爱或母性之爱的解释,并不足以探测小说的艺术深度与高度。情爱是平面,情操才是立体。爱是有所选择,宽容才是涵纳一切。"

"我终于必须承认,宽容比爱强悍。"① 陈芳明如是而言。

在一个被撕裂的社会,在一个貌似追求多元实则二元对立的时代,文学和文学批评必须承担起重建社会核心价值和"宽容的多元文化"的使命,因而迫切需要黄春明小说世界所体现出的那种深刻开阔的宽容精神,需要陈芳明对"宽容"真谛的重新领悟和阐发。正如启蒙主义哲学家伏尔泰所言:"倾轧不和系人类之大恶,而宽容则是唯一的治疗之道。"

---

① 陈芳明:《宽容比爱强悍》,台北《INK 印刻文学生活志》2007 年 3 月第 3 卷第 7 期。

闽台文化交流之若干反省

杨开煌

台湾铭传大学教授兼两岸研究中心主任

一、政治目的干扰文化交流

在大陆只要谈到闽台交流,就会想到文化、历史、语言、故乡等优势,在厦、漳、泉之间流行着"五缘"即地缘、血缘、业缘、文缘和神缘等五种缘分,也有"九缘"之说,即"五缘"之外,再加上人缘、史缘、商缘、法缘的说法,总之,就是强调闽、台间的关系深厚,本属一家,此种说法当然是事实,而且是众所共知的事实,然而我们也必须特别注意到这只是部分事实,历史事实;特别是如果我们带有政治目的的强调,再以此事实推动闽台文化交流的话,其效果可能适得其反。大陆学者林晓东说:"文化是具有推动作用的。这种推动作用是建立在人们对民族文化认同的基础上。这种认同感产生了强大的精神力量,使海峡两岸闽南人共同推动着两岸关系朝着祖国统一、民族团结的方向发展,谱写了抵御外侮、维护统一、奋发图强的历史篇章。"文化交流最终不会没有效果,可能是经济的,也可能是政治的,然而以政治导向的文化交流,可能出现文化交流的"异化"现象。

第一,"文化交流"有了政治目的就想求其速效,因为政治目的的交流绝大部分是由官方主导,而为官在位或有任期,或有政绩的压力,这就和文化交流这种源远流长,润物无声的交流,在追求效果上产生矛盾,其结果就会以追求数量作为成绩,可能会牺牲文化交流的真正目的。例如在 2007 年 7 月 23 日至 26 日,台湾澎湖天后宫组织的 400 多名妈祖信众,在该宫主委杨国夫的带领下,从澎湖包机飞抵金门,后经泉金航线直航抵达泉州进行为期 4 天的进香民俗文化交流活动。地方媒体报道说"此次进香团特点:一是人数多,二是层次高、分布广,三是年龄跨度大,在历年来泉进香团组中是少有的。……此次民俗交流活动是一次充分利用各种管道做好台湾政界人士工作的难得机会,也是推动深化福建与澎湖交流合作的难得机会"。

第二,"政治"唱主角,"文化"成配角。在官方主导的文化交流活动中,我们最常见的现象是"政治"唱主角,"文化"成配角,这里包括了参加人员的身份和他们的发言,都是政治的,而非文化的。例如两岸祭祀"妈祖"信仰活动,祭祀"关公"信仰活动,在本质上都是民间信仰活动,但在活动中常被赋予政治意义。一般台湾民众赴大陆参与某些民间信仰活动,多属个人的信仰行为,与政治无关,而大陆则会从民族认同的角度作解释;反之,在台湾各类型的政治人物,做任何事,基本是为了自己的选票,为了自己的政治目的,而非为了文化本身的交流、理解与学习。但是在两岸社会都尚未成熟到可以支持独立的文化活动,因此两岸的文化也乐得政治的介入,从而带入经济的支撑,逐渐地文化活动习惯与政治的搭配,习惯于政治的主导。换言之,两岸的文化交流在很大的情况下被异化为政治的配角。

第三,片面夸大两岸文化的"同"与"异":"交流"原本是放置在异文化之间,以便透过交流促进认识和了解,减少误会。如果原本是同根同源、知根知底的,则根本无需强调交流,因为在同源文化中的交流是个人的行动,而无须以政策加以鼓励或限制;换言之,在两岸之间如果相信是同根同源,则无须政治的干预,正因为有政治的干预,等于是承认了两岸文化是有差异的,是有不同的,所以不断鼓励交流。反之,在台湾从李登辉以降的执政当局,不断干扰、限制交流,倒是证明了两岸文化从大陆方面应该重视不同的部分,所以鼓励交流,在台湾当局害怕交流、限制交流反而证明了同文同种、同根同源;同时也正因为过度的政治干预,所以大陆在交流上反而特别重视"同"的部分,而台湾则极力夸大"异"之所在。这个本身就不是正常的文化交流现象。

二、历史事实难以感动现代

从两岸关系历史的角度来看,站在汉族的立场,一部台湾历史其中的 4/5 就是大陆的闽、粤各省移民台湾开发的历史,因此两岸族群同根,文化同源,信仰相通,习俗相同,言语相近,这是事实;但是对台湾而言,历史的、事实的"同"不等于今日也"同";何况在台湾,以李登辉到民进党掌权的二十年间,有计划地推动以分裂台湾和大陆的认同为宗旨的文化、历史、语言的教育和"反中"的意识形态宣传,这一整套细密的"去中国化"政策,大大改变了台湾青年的价值认同和民族认同,使得台湾分裂意识和主体意识大大抬头,两岸文化的分裂危机也大大增强。因此,推动交流,发现和强调两岸文化的同构型的活动和政策,其实很难真正吸引台湾人民的认同,就使得两岸文化交流长期停留在表面的层次、热闹的层次,而无法形成台湾社会对自身文化寻根探源的新风潮,对台湾青年而言,这是一种"向后看"的文化观,对他们的吸收力是十分有限的。

再就文化交流本身而言,过往的两岸文化交流在论述上,几乎是一面倒地强调两岸文化的"同",甚而为了突显两岸之"同",而抱持"求同存异"的心态进行两岸的交流,结果也就会因为此一政治的目的而掩盖了或刻意淡化两岸文化之"异"。从理论上说文化交流是一趟发现差异之旅,一趟扩大自我之旅,因为期待的是"发现"和"扩大",所以在心态上文化交流应该是求"异"为目的,果如是,在文化交流中"同"的部分才是一种惊喜,一种动力,而"异"的部分则是一种欣赏,一种学习,特别是在两岸关系如此复杂的情况下,两岸在近百年的分离和分别承受了不同的小气候的主宰,两岸的文化已经形成不同程度的"同文异质"的文化样态;所谓"同"是指两岸人民的言语、风俗、信仰、食饮等生活层面、表象层面的部分;所谓"异"是指两岸人民在思维、认识、价值、意识形态等本质层面、文化的核心层面的部分;因此,客观而言,两岸的文化表现为"同文异质";在两岸关系中对台湾而言,两岸的文化交流变成只有交流接口的"同",一旦深入其相异的部分立刻浮面,而成为两岸关系探讨"深水区"的心理障碍,甚至是心理的恐惧。

从大陆学者的角度,在闽台之间,存在着不论五缘、九缘;对台湾而言,文化的"缘"并不能自动成为台湾不能追求自己"主体性"的原因。易言之,"缘"归"缘","主体性"归"主体性",同时过去有再多的"缘",当今的台湾人也有权不认同。足见同"缘"的提法只是围绕着历史打转,这对于本质上属移民性格的台湾人民而言,其说服力原本就十分有限。两岸的文化交流在目的上,应该有更鲜明的文化目的,首先会是一个中华文化内在之间,文化母体与地方次文化以及地方次文化之间的相互对话和相互丰富的过程,"对话"是为了探寻其流变过程以及最终导致差异的因素,而"丰富"是透过对话,调整或学习对方的内容,丰富自身的文化。其次是应对全球化的过程,文化全球化的过程中迫使所有的现存文化,都必须作出回答,由于文化是国家"实力"的表现,因此文化交流、文化影响,从来不是平等的,文化全球化更是如此,特别经由产业的包装和网络的科技。因此,文化全球化的过程中对弱势文化就带有"文化的殖民化""文化同质化"的忧虑和压力,从而形成全球化与在地化,外来文化,科技新文化和传统之间的矛盾、冲突和不适应等,其实是两岸在文化调适和创新的过程中共同的课题。两岸的文化交流上,如何保存民族文化的主体性,两岸的文化交流必须提供更多的现代元素,更具吸引力的文化需求,透过文化交流引导创意和创新,才有未来性。

三、闽台文化交流与两岸文化交流

广义而言,闽台文化交流自然是两岸文化交流的一部分,因此,闽台文化交流与两岸文化交流自然不会存在任何矛盾,但是福建与台湾既有不同于大陆其他省份的渊源,则闽台之间的文化交流自然就必须与其他省的文化交流有不同,而且与中央主办的两岸文化交流活动也有区别。

中央部委层级应以中华文化为主体,以文化复兴、文化认同为主轴,而闽台文化交流则应以地方文化为内容,以地方特色为主体。

其他省份总体而言,也是透过各省市自己的地方文化的特色,与台湾的多元文化去对接,但是闽台文化交流则应以海洋文化为内容,突显闽台不同于其他地方文化的特点,特别是闽南的厦、漳、泉三地,不但是台湾人的直接故乡,而且具有相似的海洋特征,因此在文化交流中除了一般性地方文化的交流之外,不能欠缺海洋文化的交流,缺少了此一特征,就不足以突显闽台文化交流的重要性和特别性,同时闽台海洋文化的交流既是历史性,也是具有未来性的文化交流。当然如今厦、漳、泉的带大陆文化色彩和特征的海洋文化,和台湾带有海岛文化特征的海洋文化并不相同,然而也正因为不同所以才更具交流的必要性。

所谓海洋文化源自一个民族的海洋观,人类的文明最早都是发生在江河旁边,因为人们需要淡水才能存活,所以对水并不陌生,然而海洋是另一件事,海水不能食用,所以海洋也是"水"但是对人们而言,是一种障碍,而非延续,因此,人们对海洋的看法,可能就是"限制";但也可能被视为挑战的对象,征服的对象。

近代科学发展之后,人们发现海洋对人类的重要性,因此,人们对海洋的识又有了提升,不仅仅局限于交通、娱乐和食物而已,从而加强海洋资源探勘、海洋生态保育,海洋事业推动发展等等。总之,海洋文化从物质层面看,人类与海洋的关系,从精神层面看,是人类因着与海洋的关系而产生的精神特质,即一般所说的"冒险、征服、侵略"的性格特征。"海洋"之所以提供人们了养成上述性格特征的原因,主要由于海洋不同于陆地给人们一种踏实的感觉,对早期的人类而言,是限制、是未知的、流动的,必须有人去尝试、去冒险、去行动,以便打破限制,开启未知,确定流动;闽台的海洋文化交流,也可以本乎物质层面的合作,精神层面异同的探讨,展现出更多的可能性,才能真正把闽台的"缘"与"同"的"文化软实力"发挥出来。

四、沿海的海洋文化与海岛的海洋文化

在闽台的海洋文化交流中,闽和台还是有差别的,福建省是大陆沿海的省份,而台湾则是"孤悬海外"的岛屿,因此两者的海洋文化仍然存在某些差异,因此,在两地的海洋文化交流中,不宜一厢情愿地认为"求同存异"。

其一,从理论上说厦、漳、泉的海洋文化是沿海的,故而如今的闽南人在冒险性格上相对保守。而当年勇渡黑水沟的台湾先民,或是远走异乡、另创天地的侨民,则是一群更敢于冒险、敢于尝试,敢于面对不可知的未来的闽南人。

其二,从地理上看,厦、漳、泉的位置地处沿海,与外界接触甚早,不过基本上还是以陆地为依据,所以长期在吸收外来文化上表现为带有大陆文化基因的海洋文化,可以包容外来文化,但较少吸收;相对台湾在海运大开之后,位居辐辏之地,更易于吸收外来文化。

其三,从历史来看,厦、漳、泉有外敌入侵,但从未被殖民,是以与外国的接触,多为经商和传教,台湾则曾被西班牙、荷兰,特别是日本的半世纪殖民统治,故而与外国有着深刻的接触,也深受其影响;这就使得双边对西方国家与其所代表的价值在评价上产生差异。

其四,从政权的意识形态变化来看,1949 年之后全大陆相对封闭,厦、漳、

泉沿海优势完全丧失,不仅仅海洋文化、海洋性格深受打击,在"文化大革命"时期厦、漳、泉人民的海外关系又是政治打击的对象,一时之间厦、漳、泉的海洋因素,在人民的生活中,不仅在地理上一如以往的海禁,特别在心理上更有一条十分严格的海禁,直到大陆实施改革开放之后,厦、泉、漳才依序逐步释放出原本的海洋基因。反之,台湾在国民党的统治下,虽然两岸之间严禁任何往来,但由于当时必须获得西方集团的保护,从而开启了台湾前所未有的开放。从 50 年代开始台湾每年都有大批的留学生、官员和经商人士到西方考察,外藉人士也入出台湾;六七十年代以来,开始有人投资移民,80 年代起海外学成返台形成趋势,而外国人趁着大陆改革开放之际,来台了解、观察大陆动向也越来越多,纵使在戒严时期国民党的封锁也只封锁两岸,而不自我封闭;特别在经济发展方面,更是紧密地和西方世界接轨,从而在 70 年代到 80 年代开创了台湾的经济奇迹,台湾的发展被誉为亚洲四小龙之首。在海洋议题上,虽未受到政界、知识界的关注,但是台湾游艇输出名列世界前茅,远洋渔业遍及全球,台湾的造船业也曾盛况空前,执世界之牛耳,台湾凭借着海洋之便,造就了台湾经济十分活跃在世界的经济舞台上。反而是李登辉和民进党掌权之际,不察国际形势的变化,采取了"仇中政策",无形之中逼得其他国家不得不疏离台湾,台湾因而被边缘化、孤岛化,形成走不出去的困境,形同锁国。所幸根植于台湾人民内在的海洋基因,依然是开放的、自由的而且是自主的,不因为台湾当局的短视而受阻,台湾民间依然活跃于两岸、活跃于世界。

近半世纪的世界是骤变的,是质变的也是全球的。闽台双方在不同的政治社会化的影响之下,表现出的海洋文化也有所不同,台湾则一直处在变化之中,而厦、泉、漳则才起步未久,对全球化的变局仍须一段的调适。

然而从总体表现上来看,台湾当局在海权意识方面较薄弱,而大陆海洋意识中重商主义的意识比较强,海洋教育相对不足,表现在台湾则是从当局到民间对南海纠纷,表现为是别人的纠纷,漠不关心的心态;在大陆方面,民间依然停留在对海洋的"冒险、征服"作为上,而对海洋的保护、再生的意识则比较弱,特别是个别厦、泉、漳渔民"炸鱼"的做法,更是海洋意识欠缺的具体行为。

结　语

本文从个人从事两岸文化交流的狭隘经验出发,反省当前大陆对两岸文

化交流的努力及所取得的成效不能成正比的原因,主要有二:

从文化交流的理论层面来看,大陆过度强调两岸的"同",以至于闽台文化交流的"异",因两岸文化之"异",反而成为两岸文化交流的负担,更成为反对两岸文化交流者打击"同"的有力证据和借口;同时强调两岸的"同",也升高了两岸文化交流的期待,更降低了文化交流的意愿与效果,而认真研究两岸文化之"异",尤其是闽台文化之"异",才是化"异"求同之道。

从软实力层面来看,如果我们认为文化是一种软实力的话,则文化之所以有力量,是因为其影响力,而影响力是一种"润物细无声"的功夫,也是一种"铁杵磨成针"的耐力,所以"文化交流"是一种慢工细活,不能有政绩心态。换言之,软实力不能硬推销,官方可以定规则,可以造市场,但是执行层面必须是文化人、文化展示者、文化产业者、文化推销者,才能有创意的交流。

从文化交流的内容层次来看,除了历史层面、民族层面的内容之外,必须有很多前瞻性、未来性、发展性的内容,例如全球化下的闽南文化之顺应与变迁;闽南海洋文化与中国海洋文化之比较;沿海的海洋文化与海岛的海洋文化之比较;中国海洋文化与西方海洋文化之比较等,都可以吸引两岸的文化精英,投身研究,发展新内容,探索新论述,构建未来民族特色的海洋文化。

文化与认同

李功勤

台湾世新大学共同课程委员会主任委员

台湾是"南岛语族"发源地之一,可以概要分类为"高山族"与生活在平地的"平埔族"。而自南宋以来,已有汉人及其他少数民族陆续迁居台湾,例如今日居住在彰化一带的粘姓,在学者考证下就是女真族的后裔;而居住在云林县台西乡一带的丁姓,根据丁姓族谱记载,台西乡丁氏是阿拉伯人后裔。祖先丁苏在两百多年前自福建省渡海到台湾,由于不断汉化通婚后,目前子孙已没有伊斯兰教习俗。也有日本学者研究台湾平埔族,认为与大陆西南一带少数民族有关联。在汉人早期移民中,其祖籍分布以来自福建及粤东(即客家)一带人士最多,他们带来原乡的风俗习惯;在郑氏家族与清朝治台期间,科举考试、典章制度等都直接在台实施,使台湾社会的汉文化与大陆衔接及传承,这种"中国化"(或称内地化)集体意识,虽然历经日本50年殖民统治及尔后民主化过程中,某些具有排他性的"去中国化"政治清算,都难以撼动民间社会底层的传统文化。

台湾是移民社会,人民迁台后,历经时间转移,在祖籍的认同、祭祀圈的统一(妈祖、保生大帝、开漳圣王、三山国王、开台祖)、与"原住民"通婚(主要是平埔族)等方面,也产生"台湾化"(又称本土化)现象。他们在台湾繁衍家族,认同现居地等,与文化典章制度上的"中国化"(即内地化)现象,在政治力尚未介入前,两者并行而无直接的冲突。尤其台湾历经日本长期殖民统治,到今天在饮食方面,还是盛行日本料理;而殖民时期日式建筑,虽然因为都市更新和开发而逐渐减少,但在台北市的青田街、温州街、汀州路一带仍保留部分古迹。至于行政区域,如西门町等,依然可见日式风格名称。而公馆、三张犁等地名,又充分反映当年移民垦殖历史。

1949年,国民党迁台,与此同时约有两百万左右的大陆各省人民移居台湾,他们祖籍分布更广,文化更多元,光是饮食就是一部大陆文化的缩影。像今日台湾社会盛行的川菜、湘菜、上海菜、南京板鸭、北平烤鸭、山东面食、江浙菜、港式饮茶等,充分象征中国文化的小传统及地域特性。这些迁台的大陆人士,以军公教及其眷属居多,也形成台湾特殊的"眷村文化"。眷村不但创造出很多美食,例如川味牛肉面、冈山豆瓣酱、屏东凉面,他们成长的背景,也凸显了眷村子弟对原乡浓烈的情感。眷村子弟受父祖职业或语言(不谙闽南语)影响,多半投身政府公部门,也形成一个特殊阶级;但又因为多半没有私人土地,故在台湾经济发展过程中,始终居于经济上的劣势地位。由于他们对大陆的文化情感强烈认同,使他们在台湾与早期移民占多数的土著社会,形成一个对比强烈的族群符号。

面对1949年的大迁徙,台湾历经了政治、社会和文化方面的巨大冲击与融合,一座海岛,跃身为重要区域(其实还包括金门、马祖、澎湖等外岛),但也因为当年国共内战的历史教训,国民党对经济发展和金融秩序的管控特别重视,创造了经济奇迹并晋身"亚洲四小龙";历史的争议,在往后数十年中,逐渐形成"统"、"独"与"外来政权"、"本土政权"以及"外省人"、"本省人"的冲突、抗争,其结果是社会和谐的撕裂与国家团结力内耗,使台湾在各方面的发展出现了停滞的现象。

1988年,台湾开放大陆探亲,两岸间对民族的认同产生了复杂的变化。而所谓"民族"的界定,一般定义均不脱血缘、文化、历史、宗教、风俗习惯等客观性的描述。米勒(David Miller)则以认同面来为民族作一界定。他认为构成一个民族必须具备五个要件,并据此形成民族认同:①民族的成员必须视其他的成员为同胞(compatriots),具有共同生活信念,愿意在一起生活的一群人。②彼此间具有历史连续性(historical continuity)的认同。③是一种能发生主动行为的认同(an active identity),表现在共同的决定、共同的行动以及共同的成就。④民族要有自己的家园(homeland),即一群人生活定居在某块固定的土地上。⑤民族认同表征着成员有共同的"公众文化"(public culture)。"公众文化"可以解释为包括对民主政治、社会基本运作价值、宗教信仰的接受等人群彼此生活在一起时的共同信念与价值观。①

而在随着台湾开放大陆探亲之后,由于两岸人民在政治制度、文化发展、社会价值等方面,都存在颇大的差异性,彼此在"信念价值"与"历史连续性"上存在着不算短的距离。台湾民众一方面觉得两岸应该是存在着共同的民族认同,但另一方面又觉得彼此在最近的四十年并没有相同的历史回忆与经验。在两蒋父子时代,对中华民族的认同是强烈的,尤其大陆在 1966 年发动"文化大革命"之后,蒋介石随即成立"中华文化复兴运动委员会",对中华文化推广不遗余力,如当时客居香港的国学大师钱穆等人都应邀而返台定居。

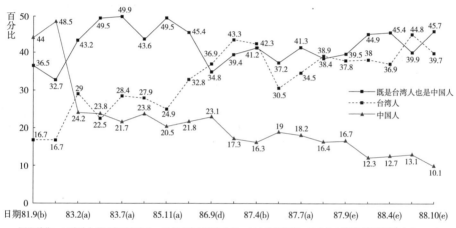

调查单位:(a)政治大学选举研究中心。(b)柏克市场研究公司。(c)中华徵信所。(d)中山大学民意调查研究中心。(e)中正大学民意调查研究中心。调查样本数分别为1067、1600、870、1209、1067、1205、1211、1240、1067、1067、1122、1098、1078、1107、1112、1067、1119人。调查样本1600人以上为当面访问,其余为电话访问。调查对象为台湾地区20–69岁之成年人。
资料来源:台湾"陆委会"。

图 1　民众对于自我认同的看法

根据图 1 历次民意调查中,台湾人民对两岸的民族认同最大转折是在 1994 年间。从此以后,台湾人民对"民族认同"便没有再回到 1994 年前的水平。

在马英九上任后,与大陆关系走向平稳,时任日本驻台代表斋藤正树,因为强调"台湾不必然属于中国"而遭到马英九的拒绝,并且遭到日本当局的撤换。马英九在 2010 年接受美国《华盛顿邮报》专访时也表示,两岸关系

①　David Miller, "On Nationality", Oxford:clarendon Press, 1955, pp.21–27.

已经达到一种运作无碍的"现状",他指出大陆在口头上"搁置对统一的要求",台湾淡化"独立"主张,彼此致力于维持和平。①

为了加强文化教育,国民党在重新执政后,教育主管部门修订2010年版的高中课纲,在民进党执政时期,国文课程文言文比率由六成五减为四成五,也把早期高中课纲将《论语》、《孟子》、《大学》、《中庸》四书列为必修的"中国文化基本教材"改为选修课,且只教《论语》、《孟子》,而不教《大学》、《中庸》。目前,台湾教育主管部门把课程改为"中华文化基本教材",同时将文化基本教材改列"必选"。

近年来,大陆掀起"国学热",台港研究儒家学者,如杜维明、成中英、刘述先、余英时等人学说和著作,在大陆出版并广为流传。同时,文言文在大陆高考所占比重也越来越大,大陆也在2013年9月28日孔子诞辰日,推出唯一一套"中国传统文化教育全国中小学实验教材",分别从《弟子规》、《论语》、《孙子兵法》、《道德经》、《古文观止》、《孟子》中选取精华而成,传统文化方兴未艾。知名作家白先勇先生被问到其心灵故乡在何方时,他以"中华文化"作为答案,同时也是本文最好的批注。②

① 张亚中:《两岸统合论》,台北:"两岸统合学会"2011年版,第117—118页。
② 白先勇于2014年6月3日在台湾世新大学演讲时,接受学生提问时所答。

闽台文化的历史构成及其基本特质

陈支平

两岸关系和平发展协同创新中心文教平台主任

厦门大学人文与艺术学部主任委员、教授

闽台区域文化是中华文化的一个重要组成部分,同时又是中华文化中的一个极具鲜明特色的地域文化。中华文化的核心价值培育了闽台文化的茁壮成长,而深具地域特色的闽台文化又使得中华文化的整体性显得更加丰富多彩。

福建和台湾,分处台湾海峡的东西岸,我们之所以把隔海相望的福建与台湾,从区域文化的概念上合称之为"闽台文化",这是因为闽台文化的形成及其发展,是经过了漫长的历史演变与文化磨合,以及东南沿海地带独特的地理环境、闽台两地的家族血脉相连等多种因素所逐渐造就的。台湾岛内的主流社会文化,无论是从社会经济的开发历程、基层社会乡族组织、方言结构、宗教与民间信仰、民风习尚、草根艺术,以至学校教育、儒学教化、民族国家认同等的层面,几乎都是从福建传承而来。正因为福建和台湾有着密不可分的文化源与流的关系,海峡两地所呈现出来的文化内涵,无论是其表征还是本质,都有着高度的承继性和共通性,我们就不能不把福建与台湾的区域文化,统称之为"闽台文化"。

一、闽台文化的多源复合

文化的主体是人,闽台文化是由祖祖辈辈繁衍生息在这两块土地上的人民所创造、演进和传承的。

上古时期的福建称"闽",是土著越人的居住地。秦汉以前,闽中土著居民与中原的交往不多,土著民俗自成体系,史称他们傍水而居,习于水斗,善于用舟,盛行原始巫术。到了汉代,中原人士依然认为闽中及其居民为"方外之地,劗发纹身之民也"。汉晋至五代,中原汉人开始不断向东南沿海迁徙。随着汉人大批入闽,汉文化在闽中由北向南迅速传播,汉族的生产习俗、生活习俗、人生礼仪、岁时节庆、宗教信仰等民俗逐渐取代土著民俗而占主导地位。[①]同时,一些汉族与土著通婚,或土著为适应新的社会环境,自动转化为汉族,闽越族的一些习俗风尚及其人文特点也沉淀下来,成为福建区域文化特征的一个重要组成部分。

上古时期的台湾岛内同样繁衍生息着与闽越人同属于"南岛系民族"的原住民,这也是我们后来统称之为"高山族"的台湾土著人。目前从考古学的调查研究所知,从距今五万年前的旧石器时代晚期,台湾开始就已经有人类居住,历经新石器时代、金属器及金石并用时代,长时间发展过程中有很多时空分布不一致的史前文化单位。汉人可能早在唐末或唐宋之间便已进入澎湖开发拓殖。17世纪20年代以来荷兰、西班牙相继占领台湾,历经南明郑氏政权和清朝时期,以福建为主体的汉民大量移民,逐渐在台湾建立一个完整的社会,并与原住的南岛系民族及高山族之间产生长期的社会与文化互动关系。[②]

闽台现有居民的绝大部分,在追溯先祖的时候,大多声称自己是来源于华夏的中原地区,其实这只是一种对于中华核心文化的向心追寻而已。从民族人类学的角度来考察,福建和台湾等中国南方的居民来源是多方面的。即便以最重要的北方来源而言,也并不是如一般研究者所说的那样,来源于河南中州,或来源于所谓的"河洛文化",而是来源于中国的所有区域。[③]这些天南海北不同地域的人民,经历了不同时代的迁移,汇合于福建,成了福建与台湾现有居民最主要的组成部分。而古代闽越人、台湾原住民对闽台两地现有汉民系形成的重要性,古代闽越族人、台湾原住民以及其他少数民族在现有福建汉民血缘中所占的重要地位,也是我们研究闽台民系及其文化时所不应忽视的。

---

① 以上均见林国平等主编:《福建省志·民俗志·概述》,方志出版社1997年版,第2—3页。

② 以上参见刘益昌:《文化史迹冲击评估》,1988年度环境影响评估讲习班讲义,台北:中华环境工程学会印行。

③ 参见杨绪贤:《台湾区姓氏堂号考》,台湾新生报社1981年版;参阅笔者:《福建族谱》,福建人民出版社2009年修订版。

闽台民系多源的复合，造就了福建地区众多的方言类别。各个民系在南迁定居于福建各地之后，由于各自所处的自然人文环境不同，又各自在不同程度上吸取了当地土著即古代闽越族的一些语言特点，从而形成了各自的方言区域。甚至与其他少数民族的畲语、壮语、瑶语等，也都存在着一定的传承关系和相互渗透影响的关系。[①] 语言是民族、民系最能表现自身特征的文化现象之一，而在闽台地域方言中占有重要一席的闽南方言和客家方言，更是联络、凝聚以至于传播闽台区域文化的一个不可替代的人文纽带。

闽台民系的组成部分，还不仅仅只是北方移民与古代闽越族、台湾原住民这几种，由于福建面临大海，自汉唐以来都是中国海上交通的重要地点，海外民族尤其是阿拉伯人的内移定居及其血缘在福建汉人中的流播，也应当引起我们的高度重视。海外民族尤其是阿拉伯人对于福建汉人民系的影响，又集中体现在与台湾关系最为密切的闽南区域之内。因此可以说，福建与台湾的民系血缘复合是多方面的，由此而造就的文化特征与人文性格，无疑是多源的复合体。

研究中国文化史的学者们，往往把中国文化的模式分为中国北方文化与南方文化这两大类型，认为中国文化的南、北之异大于东、西之别的格局，时至今日并没有太大的改变。这种概述，从整体的情景而言，当然有一定的道理。但由于闽台区域民系是一种多源的复合体，它的人文性格吸取了不同地域、不同民族，甚至不同国家的多种文化成分，并经过闽台特定地域和社会的不断磨合、扬弃以及历史时代的千锤百炼，最终形成了一些兼备南北、糅合汉回越各族的人文性格特征。

虽然说闽台两地民系，是由上古时期的闽越人、台湾南岛系民族、来自北方中原的汉人以及阿拉伯人等海外民族的多源因素所融合而成，但是由于从汉唐以来北方汉人的不断南迁，其数量毕竟在现有的闽台民系中占有绝大部分的比例，更为重要的是，从汉唐以至宋代，北方南迁的汉民，给边陲地带的闽台区域带来了先进的文化意识和生产方式，迅速地促进了福建地区的社会经济开发。尤其是唐末五代时期河南固始等地以王审知为代表的北方移民，在福建建立了第一个地方性政权，对福建地区社会经济、文化教育等产生了深远的影响。[②] 在这样的历史背景下，福建的地域文化，基本上成为中国中原文化

---

① 参见笔者：《推展客家民系与其他民系的比较研究》，载台北"中研院"民族学研究所主编《第四届国际客家研讨会论文集》，1998 年 11 月。

② 参见笔者：《福建六大民系》，福建人民出版社 2006 年版。

在边陲地带的复制品,福建地域文化中充满着对于中原文化的崇拜与向心,源自于黄河流域的中国传统文化,是福建文化以及明清以来台湾文化的核心结构。

在当今的闽台民间社会,人们在谈论自己家族的演变历史时,大都认同祖先源自于中原地区,特别是中原的光州固始县一带。光州固始成了闽台民间社会的一个家族溯源的永久性记号。岂止闽台,在华南的珠江三角洲一带,以及散布于南中国各地的"客家"民系,也都有其各自的家族从北方中原溯源的永久性记号,譬如珠玑巷、石壁村、山西洪洞县大槐树下、河洛等。现在东南地区的一些家族史研究,人们根据自家族谱的记载,可以非常自豪地对外声称自己的家族是中国最纯正的中原汉民族世家望族的嫡传血统。我们现在有些区域文化史的研究学者,往往把当地家族变迁史的这一历程,作为本区域文化有别于其他区域文化的主要表征之一。再如关于中国南方地区方言的研究,长期形成的思维惯性模式是现存的南方方言,是北方中原正统语言的传承。绝大多数的研究者们几乎都是从现在的东南方言是从北方移植过来的这一前提作为出发点来研究这一问题的。其结果是不论是哪种方言,所得出的研究结论全部是:我们的方言保存了最丰富的上古、中古时期中原的古音;中原古音在中原已经逐渐消失,我们的方言是中原古音的活化石,诸如此类。北方中原语言作为当时政治核心的语言,对于南方新开发区域的影响是不容置疑的,然而,原先流传在南方各地的地方语言,是否也在现在的东南方言中被部分地传承了下来?

闽台文化史研究中所出现类似于以上观点雷同、一厢情愿研究结论的根本原因,就在于深受文化思维定式和文化情感投入两种因素的干扰。那么,我们应该如何来认识和理解这一文化思维定式在中国南方文化史研究中所产生的历史影响力呢?

如上所述,中国上古时期的南方地区,是众多少数民族散居的区域。而在其北方地区,则是社会经济与文化均呈现出先进的所谓"华夏文明"。先进的"华夏文明"对于南方少数民族的影响是不可阻挡的。有关华夏文明及中国古代史的传统阐述,从总体上看,是以北方中原地区的历史发展为主要阐述脉络的,甚至可以表达为一种"北方中心论"或"中原中心论"。长期以来,我们及学界的大部分研究者一样,相信传统文献中有关南方社会、经济、文化乃至环境等方面的记载,借以研究问题。但是在北宋中期以前,有关南方地区历史的记载,可以说主要出自北方士人或持华夏正统观念的南方士人之手,他们对南方地区的描述,主要是立基于华夏正统观念以及中原士人观念的。①

在这种"中原中心论"文化观念的支配下,宋以来,中国南方的士子及知识分子们在继承和补强中国正统的伦理文化规范上作出了杰出的贡献,以朱熹为代表的南方理学家群体对于中国后世的文化贡献成为众所周知的事实。然而我们在阅读早期南方士子们求道为学的著述时,从中不难看出他们津津乐道于自己已经成为一名"正统文化者"的心态。而这种"正统文化者",自己已经不知不觉地演化成为一名亦步亦趋的北方文化中心标识的追随者。

"中原中心论"的文化影响力并不仅仅局限在南方的士大夫和知识分子层面,它对于中国南方民间社会的演变以及民族关系的调适都产生了不可估量的深刻影响。研究中国家族史的学者都注意到宋明以来中国的家族制度及其组织,南方地区普遍发达于北方地区。朱熹在重构宋以来中国家族制度的理论和实践上都作出了极为重要的贡献。显然,如果说早先的中国南方民族历史文化是由北方中原人基于"中原中心论"而塑造出来的,那么其文化的影响所及,到了宋代以至明清,乃至于现在的许多南方汉民,已经在其潜意识里根深蒂固地根植了自己是源于中原的文化认同。在这样的文化认同之下,"中原中心论"的南方家族史、民族史以及各种与此相关的历史文化命题,就由南方人自己创造出来了,而再也无需由北方中原人代劳了。

这种源于"中原中心论"的文化思维定式,渗透到中国南方社会史、民族史研究的各个主要的层面,包括语言、风俗、艺术、文学、宗教的许多领域,甚至于近年来刚刚兴起的民族基因学,也在一定程度上受到这种先入为主的思维惯性的影响。显然,这种文化思维惯性在很大程度上体现了不同民族间文化相互影响力扩展,特别是北方文化对于闽台区域文化影响力扩展的必然趋势。

由文化崇拜、文化向心所形成的文化思维惯性,或许在一定程度上误导了人们对于中国南方文化史以及闽台文化的本来面目的全面认识,但是它却能够始终引导一代又一代的闽台人,潜意识地坚持弘扬和传承中华文化的核心主流价值观,坚持对于中华民族与国家的认同,从而使得闽台文化虽然历经历史的曲折与磨练,都不能偏离于中华文化的整体结构之外。而闽台文化的多源复合,则可以更为包容地吸取多元的文化元素,促使闽台文化在遵循中华文化整体价值观的基础上,绽放出更加多姿多彩的光芒。

---

① 参见鲁西奇:《人群、聚落、地域社会》,厦门大学出版社 2011 年版。

二、闽台文化的二元结构

福建区域文化的形成,受到中原华夏文明的深刻影响,这是毫无疑问的历史事实。闽台区域文化特征不是一朝一夕形成的,而是经历了一个漫长的历史演化过程。自汉唐以来北方汉人大量迁移入闽之后,汉族文化逐渐取代土著民俗而占主导地位。宋代是福建社会经济得以全面发展的一个重要时期,也是福建区域文化特征的形成和演化的一个重要转折时期。在中国经济重心南移的历史条件下,福建社会经济在短时间内跻身于全国发达地区行列。特别是宋代闽学的兴起,对于福建文化以及民间的习俗风尚起到了重要的引导作用。经过唐宋时代的锤炼,作为一种具有某些独特性格的福建区域文化已经基本形成。元明时期,福建区域经历了海洋社会经济与文化的强烈冲击。明代中后期,中国商品市场经济繁荣,士农工商的界限渐趋模糊,传统的农业经济更加掺杂混合了多元的经济成分。与此同时,思想文化界酝酿着求新求变的思潮冲动,更是对福建区域文化特征的走向成熟起到了积极的推动作用。明清以来,福建的居民不断向台湾迁移,在台湾岛内形成了与福建祖籍地保留着千丝万缕联系的新的乡族社会,福建的区域文化也随着移民的垦殖和繁衍,迅速在台湾岛内复制并扩散开来。到了清代中期,一个有着共同地域特征的闽台文化圈最终形成了。

福建区域文化的形成与成熟定型显然是伴随着中原文化在福建的传播而向前发展的,中华主流文化对于福建区域文化的形成与成熟定型有着主导性的影响力。中原华夏主流文化由北向南而向各个边陲地带传播的历史,造就了人们认知地域文化的思维惯性与定式,即边陲等晚开发区域的文化是由中原华夏主流文化移植传承而成的。然而我们不能不看到,中原华夏主流文化南传的同时,原来生长于福建以及台湾区域的土著文化、外来的海洋文化等不同源流的文化,对于闽台区域文化的最终形成,同样产生了重要的影响力。由于受到文化思维惯性及其定式的限制,这种土著文化、海洋文化的合力在以往的研究中被有意无意地低估了。人们过多地关注于北方中原士民对于南方区域开发的压倒性作用,中国南方原有土著对于南方区域的开发与贡献被大大忽视了。事实上,所谓核心与边陲的文化概念是相对性的,在中国大一统国家的边陲地带,各自所处的自然地理位置差异很大,文化渊源多样化,因此各个边陲地带接受中原主流文化的程度以及其所形成的地域文化特征也将是各自不同、多姿多彩的。①

我们通常所说的中华主流文化，其实是一个比较笼统的宏观性概念。中华的主流文化，并不是一成不变的，而是随着时代的变迁在潜移默化之中。先秦时期，是中华文化中"诸子百家"争相辉映、充满生机活力的年代，随着秦汉时期大一统中央集权政治体制的确立，儒家文化逐渐成了这种政治体制"独崇"的主流意识形态。儒家文化的独尊地位为维护中华大一统的中央集权政治体制以及融合吸纳多民族的文化因素起到了无可替代的历史作用。唐宋以降，中国的大一统中央集权体制日益朝着极权专制的方向迈进，因循守旧、虚伪逢迎、营私舞弊的官僚恶习，逐渐成为司空见惯的社会风气。与之相对应的思想文化意识形态，也出现了两极分化的严重变异。一方面，空谈高调的道德标准往往令人可望而不可即，而另一方面，迷信权势、唯利是图又成了许多士大夫安身立命的行为准则。可以说，从宋代以后，虽然还有一部分士大夫和知识分子力图坚守先秦儒家的道德规范，但是从整体上看，围绕着政治统治核心的中原主流文化，日益出现了空疏凝重与抱残守缺的异化倾向。

中原主流文化基本上是由北向南而向各个边陲地带传播的。相对而言，越是边陲地带，其所受到的中原主流文化影响就会越弱小一些。中国大一统国家的边陲地带，各自所处的自然地理位置差异很大，文化渊源也多有不同，因此各个边陲地带接受中原主流文化的程度以及其所形成的地域文化特征也将是各自不同、多姿多彩的。

就福建的情景而言，福建地处东南一隅，东面朝海，西北面是武夷山脉，在古代交通工具很不发达的情况下，它把福建与浙江、江西以至北方中原各地天然地阻隔开来，形成一个自成体系的社会经济区域。这是造成福建区域文化特征与浙江、江西、广东等相邻区域有所差异的一个重要的地理因素。而在福建内部，有河流闽江、九龙江、晋江、木兰溪等，都是发源于西北部山区而流向平原，是北方汉人入闽后定居繁衍的最主要的栖居地。但是这些江溪与江溪之间，大多被山脉隔开，交通比较困难。这种以不同江溪流域所形成的相对独立的小经济区域，把福建分隔成许多不同的小民系。这样的地理环境特征，自

---

① 参见笔者：《中国东南民族史的三大特征》，《史学碎想录》，福建人民出版社2012年版。

然而然地使得福建区域有着"天高皇帝远"的潜在意识。①

远离中国的政治文化中心并不一定就可能造就独特变异的区域文化。事实上,正如我们在上面所提到的,随着唐宋时期北方汉族移民文化的大量进入,福建社会一直把接受儒家正统文化作为社会文化建构的核心位置。中华儒家主流文化始终对于闽台区域文化的形成与成熟定型有着主导性的影响力。然而所不同的是,当宋明以来中原主流文化日益走向空疏保守的时候,福建特别是闽南区域的远离政治文化中心的边陲性的自然地理位置,以及面向海洋、勇于接纳外来文化的传统,都使福建与台湾这种边陲性的区域文化,较少或较缓受到中原地区主流文化历史变迁的影响和制约,从而在明清时期的闽台区域文化中,能够较多地体现儒家早期许多具有生命力的因素。甚至于许多中原古文化已在其发源地逐渐式微甚至湮没,而在闽台地区却被较完整地保存下来。这种文化变异的历程,大概就是孔子所说的"礼失求诸野"的意味了。

在这样有所差异的历史变迁中,闽台区域文化就显现出一些与中原主流文化不同的独特表现形式。在文化思想方面,科举制度的羁绊及官僚体制的束缚,固然促使许多士大夫和知识分子随波逐流,成为政治文化的殉葬品,但是也有一部分富有社会文化责任心的知识分子,其摒弃因循守旧、追求革新变化的思潮往往能够比中原地区的士大夫和知识分子更能先声夺人;在社会行为方面,不尚空谈高调、脚踏实地,务实做事,努力进取,是民众的基本价值取向;追求效益,商品意识较强,对外来文化和民俗采取较为宽容的态度。这种情况又与中原内地人民的淳朴、守成和不轻易冒险的保守性格形成了一定的反差。

闽台区域文化作为中华核心与边陲的文化变异的一种产物,在一定程度上大大补强了中华整体文化的多样性。而在其自身的结构上,它能够较好地吸收中华核心文化以及其他区域文化,甚至外来文化的精华成分,来强化自身的文化特征。这种潜移默化式的、带有一定文化变异意味的区域文化变迁历程,是闽台区域文化得以在不同的历史时代适应新的时代需求的最本质的力量源泉。

透过对闽台区域文化历史变迁以及其与中华核心主流文化的相互关系的

---

① 参见笔者:《福建六大民系》,福建人民出版社 2006 年版。

分析,我们似乎可以对闽台区域文化的本质作出这样的总结:闽台区域文化是一种二元结构的文化结合体。这种二元文化结合体既向往追寻中华的核心主流文化,又在某种程度上顽固地保持边陲文化的变异体态;既遵循中华民族大一统政治文化体制并积极为之作出贡献的同时,又不时地超越传统与现实的规范与约束;既有步人之后的自卑心理,又有强烈的自我表现和自我欣赏的意识;既力图在边陲区域传承和固守中华文化早期的核心价值观念,却又在潜移默化之中造就了诸如乡族组织、帮派仁义式的社会结构;既坚持慎终追远、以农为本的社会传统观念,又勇于犯难涉险,挑战与包容外来的文化碰撞。这种二元结构的文化结合体,可以把许多看似相互矛盾、相互排斥的人文因素有机地磨合和交错在一起。也许正是这种二元文化结合体,在一定程度上滋生了闽台区域文化及其社会经济的持续生命力,从而使得闽台社会及其文化影响区域能够在坚守中华文化核心价值的同时,有所发扬,有所开拓。我们通过对闽台二元结构文化结合体的研究,应该有助于对中华文化演化史的宏观审视。

三、闽台文化的两大特征:乡族性与国际性

闽台文化的多源复合与二元结构铸就了闽台文化中的乡族性和国际性两大特征。换言之,乡族性与国际性特征是表现闽台文化最为核心的两大要素。

(一)闽台文化的乡族性

一千多年来北方移民的不断入闽以及宋明以来福建居民的向台湾迁移,不仅主导了福建与台湾社会的转型与建构,而且也给闽台社会留下了永远难以磨灭的"移民记忆",这种历史的记忆促使乡族观念与乡族组织成为闽台社会的坚固基石。

福建民间聚族而居的传统由来已久,这一传统的形成和发展,是与福建地区经济、文化的开发紧密地结合在一起的。虽然说,北方的南迁促进了福建边陲地带的开发,北方士民迁移福建取得生存空间和地方上的统治权,但是经历这一漫长的过程远不是一帆风顺的。在早期的迁居过程中,北方士民的活动往往会遭到当地闽越土著的顽强反抗;即使是北方士民之间,由于缺乏应有的社会秩序,他们为了取得自己的生存空间和政治社会利益,相互之间往往也

要经过激烈的争夺甚至相互残杀。正因为如此，北方士民不断移居福建并取得生存空间，在一定程度上，必须以宗族的实力作为后盾。在渡江南迁的过程中，他们每每统率宗族乡里的子弟们，举族、举乡地移徙，在兵荒马乱的恶劣环境和交通困难的条件下，加强了相互扶助，巩固了血缘关系。"当其在新垦地定居下来的时候，又为着从事生产，防御外来者的入侵，常采取军事的组织。"所以在福建的聚落形态，其名为坞、堡、屯、寨者甚多，这正是北方士民入迁福建时的那种浓厚的军事战斗的性质在聚落形态上的反映。在这些屯堡寨坞中，有的为一村一姓的村落，也有一村多姓的村落，从而形成了相当牢固的聚族而居的社会习俗。①

从东汉末至唐末五代，正是北方士民大规模迁居闽中的时代，他们的迁入，切断了闽中越人土著的固有文明，带来了中原地区的政治、军事、经济和文化制度，对福建地区社会经济的开发起着决定性的作用。然而，中州士民迁居闽中虽然有相当一部分是为着避乱而来的，但他们在当地濒临灭亡的土著文明面前，中原先进的文明，自然而然地显出了他们的自豪感和优越性。尤其是在他们迁居福建的三次高潮中，都是以统治者的身份进入闽中社会的。这样，正当中原地区门阀士族制度土崩瓦解的时候，福建的巨家大族们以门第相高，以世阀自豪，却有着十分重要的现实意义和时代使命感。在某种意义上可以说，血缘家族关系促进了福建文明的开发和进步。再加上北方士民入闽之初和福建早期的开发，缺乏应有的政府控制力和社会秩序，人们获取生产和生活空间大多依仗自身的势力甚至于军事实力，弱肉强食，强欺弱，众暴寡，这种局面，不能不进一步加强了血缘家族内部的团结，促使人们借助于家族的力量，为自身谋求更多的政治、经济利益而奋斗。这种历史的因素，无疑是宋明以来福建民间家族制度较中原地区更加严密和完善的一个重要原因。② 明代中叶以后，福建地区以至整个中国的社会经济开始出现了向多元经济转型的趋向，福建民间的贩海垦山等工商业活动得不到政府和法律的应有保护。与此同时，福建沿海的居民迫于生活的压力，逐渐向台湾迁移，寻找新的生产生活空间，在很长的时间内也完全处于无序的状态之下。在这样的情况下，福建民间所相信的是自身的实力，自身实力的强弱，将直接关系到社会、政治、经济诸

---

① 傅衣凌：《论乡族势力对中国封建经济的干涉》，《明清社会经济史论文集》，人民出版社1982年版，第80页。

② 参见笔者：《近500年来福建的家族社会与文化》第一章，上海三联书店1991年版。

方面权益的占有。当然,在法制不健全的社会里,人们仅仅依靠自身的力量是远远不够的,于是,福建先民移居福建时那种家族互助的传统,又在明中叶以后得到了新的认识。人们迫切地认识到,只有增强家族的团结,发展家族的势力,才能与机械相争、弱肉强食的外部世界做有效的抗争。

历史的积淀为福建地区家族制度和家族组织的盛行创造了坚实的温床,其间又经过宋代理学特别是以朱熹为代表的"闽学"对于重构宗法制的大力倡导;到了明清时期,福建地区以及由此延伸的台湾地区的民间家族、乡族制度及其组织,就得到了空前的繁盛发展。面对着中国王朝的残酷更替和社会的动荡不安,闽台区域的家族制度、乡族制度及其组织几乎成为一种永恒性的社会组织。中国的政治、经济、社会诸方面的身份地位是变幻不定的,中国的家庭经济以及个人贫富荣辱是起落无常的,但是唯有依托于血缘关系和地缘关系的家族制度、乡族制度及其组织是相对稳定的。它不为政治上的风暴所触动,不因频繁的改朝换代而变化,维系纠结而不愈疏,稳似经常摇动的不倒翁。清代理学名臣福建安溪人李光地在告诫子孙时指出:"夫世无百年全盛之家,人无百年平夷之运,兴衰罔极。……吾生七十年间,所闻乡邦旧家,朝者显籍多矣,荣华枯殒,曾不须臾。"①毫无疑问,这种具有相对稳定性的家族制度,既成了社会动荡和阶级矛盾的平衡器与调节器,也是处在升降荣辱富贵贫穷不断激荡变化中的社会各阶层的共同避风港和最终归宿。

现当代学者在谈到中国家族、宗族制度及其组织的时候,往往把之理解为以祭祀祖先、敬宗收族的一种社会行为。然而在闽台区域,家族制度、乡族制度及其组织的内涵大多超出了这一以血缘追寻为核心的范围,而是几乎涵盖了基层社会的方方面面。到了近现代时期,闽台地区民间祠堂、族谱、族田等所谓的家族组织三要素之完备,自不待言。家族制度及其组织已经向宗教与民间信仰、社会经济活动、社会控制与管理、民间启蒙教育等各个方面延伸。在闽台地区,崇拜神明的寺庙,教育孩儿的私塾,承认读书的书院,地方水利道路等公共事务的修建,乃至地方事务纠纷、民间械斗等,大多是以家族或者乡族的名义进行的。

闽台家族制度、乡族制度及其组织体现在闽台社会上的作用同样是二元结构的,它可以把一个多种矛盾同时存在并且相互结合在一起。在组织观念

---

① 李光地:《榕村别集》卷五《诫家后文》。

上,它既是精神道德的,又是实用功利的;在经济形态上,它既有家族的公共所有制,又有个体家庭的私人所有制,二者界线不清;在阶级关系上它既奉行和宗睦族的家族平等权利,但又强调"以宗以爵,以年以德",造成族长的权威及其控制族人的合法化;在对官府的关系上,它既有割据、对抗的一面,又有相互利用、密切配合的一面;在家族的对外关系上,家族间、乡族间的和谐相处与众暴寡、强凌弱交织在一起。等等。这些相互依存而又不可克服的内在矛盾,在其不断斗争和相互牵制中得以运转,从而使家族制度始终处于一种可塑能动的"弹性"而又可塑能动的状态①,处在一种能够顺应外部社会变化的平衡状态。它不但可以保存许多落后的、陈旧的政治、经济和文化因素,同时又可以吸取、扶植、利用各种新的社会因素,来扩充和加强家族组织的社会时代适应性,以保持一定的活力和进取精神。

闽台家族、乡族制度及其组织作为一种基层社会组织,对于地方政治所产生的影响,更是不可忽视。闽台地区的家族、乡族观念虽然是以血缘、地缘关系为基础的,但是这种界限往往是模糊的,它可以根据现实的需求而变动这种界限,呈现出无限扩大化的趋向,从而使家族制度对整个社会的政治、经济、文化生活各个方面产生深刻的影响。人们可以随时随地根据实用功利的需求,扩展家族和乡族观念的外延:家庭之外,以各房为界,各房以外,家族为界;家族之外,可以扩展为乡族;乡族之外,可以扩展到行政区域、方言区域(但绝少扩展到经济区域);而对外县而言,乡族的观念又可以扩展到全省。其对地方政治上的影响,封建专制思维和官僚机构的家长式作风以及官僚士绅间的乡土观念、拉党结派,始终贯穿整个明清以来闽台社会的演变过程。其在思想上的反映,则是乡族团伙主义,个人依附于群体,随波逐流,理性屈从于意气。不仅如此,狭隘的家族、乡族观念以及帮派仁义观念,往往使人们囿于一己之利,对国家、民族和人民的最高利益麻木不仁,缺乏应有的社会责任感,从而对社会的进步带来了诸多负面的影响。时至今日,闽台家族、乡族制度及其组织的这种负面效应,依然时有所见。尤其是在当今台湾的政治生态环境里,从表面上看,政治人物的公开选举是一种民主进步的现象,但是在选举的过程中,乡族小集团的利益牵扯、帮派仁义式宣传误导,都给台湾的所谓"民主选举"打下了深刻的乡族性的烙印。

---

① 参见傅衣凌:《中国传统社会,多元的结构》,《中国社会经济史研究》1988年第3期。

　　家族制度及其组织在中国的大部分地区普遍存在,当代学者的研究表明,到了近代,中国南方地区的家族制度及其组织普遍盛于北方地区。即以南方地区言之,当今闽台地区祠堂、族谱之盛并且不时得到修整,乡族所拥有的寺庙之多,以及修建装饰之华丽堂皇,显然是其他南方省份所无法比拟的。更有甚者,家族、乡族制度及其组织对于当今闽台社会各个领域的影响力,尤为不可等闲视之。我们有充分的理由这样表述:作为闽台社会基石和文化特征的乡族性,还将在今后很长的时期内继续发挥其正、负两个方面的重大作用。

(二)闽台文化的国际性

　　长期以来,人们对于世界文明发展史的思考,往往局限于"欧洲中心论"的格局之中。随着20世纪下半叶世界多元化进程的加快,近年来,国内外的许多学者,都进一步认识到中华文明发展对于世界文明发展史的重要贡献。有一部分学者进而提出了"大中华文化圈"的概念。这些研究和思考,无疑对于继承和弘扬中华文化起到了十分积极的作用。

　　然而,许多学者也认识到,中华文化的另一个重要特征,是相对内敛型的。从上古社会来考察,中华文明的对外交流,主要是通过西域的所谓"丝绸之路"和东南沿海的海上交通。唐宋以后,通西域的"丝绸之路"已经凋零,中华文明的对外窗口,就主要集中在东南沿海的海上交通之上。

　　东南沿海的海上交通史可谓由来已久,但是在唐宋之前,一是以政府的"朝贡"贸易为主,二是其规模数量都比较有限。宋末元代,阿拉伯商人基本控制了世界大港——泉州一带的对外贸易,闽台地区的海上贸易活动盛极一时。入明之后,东南沿海地带的海上走私贸易得到空前的发展,东南沿海的商人们逐渐把经营活动的范围转移到从内地组织货源而走私贩运到东西洋各地。商人们的活动空间结构重心,已经不再局限于国内的市场,而是跨越出政治与国家行政的藩篱,寻求着跨地域的经营网络。到了明后期及清代,情景又有了新的变化。一方面,西方殖民势力已经在亚洲建立了比较稳固的商业贸易体制,亚洲的商业贸易格局已经突破了原有的亚洲本土的限制,逐渐纳入到国际商业贸易的大市场之中;另一方面,大量沿海居民迁移台湾宝岛促进了台湾社会经济的迅速开发,不仅使得台湾成为中国市场的一个不可或缺的组成部分,同时也使得台湾成为中国市场连接海外东南亚市场乃至西方市场的一个重要据点。在以上国内外经济贸易格局的变化之下,东南区域特别是福建沿海的商人们,也迅速地顺应着这一变化的趋势,把自身经营活动的空间转移到以闽台海峡两岸间的商业贸易为核心,进而连接国内市场以至国际市场的海洋格局之上。①

从比较世界史的立场来观察,明初中国国力的鼎盛时期,正是欧洲"黑暗"的中世纪。西方透露出资本主义的曙光,和明中叶以降中国社会经济与文化思潮的新旧交替的冲动几乎同时。随着欧洲资本主义原始积累的步步推进,早期殖民主义者也跨越大海,来到了亚洲及中国的沿海,试图打开中国的社会经济大门,谋取原始积累上的最大利润。差不多在同样的时期,伴随着明代中期社会经济特别是商品市场经济的发展,中国的商人们也开始萌动着突破传统经济格局和官方朝贡贸易的限制,犯禁走出国门,投身到海上贸易的浪潮之中。②

16世纪初叶,西方葡萄牙人、西班牙人相继东航,他们各以满剌加、吕宋为根据地,逐渐伸张势力于中国的沿海。这些欧洲人的东来,刺激了福建等东南沿海商人的海上贸易活动。于是嘉靖、万历时期,民间私人海上贸易活动冲破封建政府的重重阻碍,取代朝贡贸易而迅速兴起。福建等沿海海商的足迹几乎遍及东南亚各国,其中尤以日本、吕宋、暹罗、满剌加等地为当时转口贸易的重要据点。他们把内地的各种商品,其大宗者有生丝、丝织品、瓷器、白糖、果品、鹿皮以及各种日用珍玩等,运销海外,而换取大量白银以及胡椒、苏木、香料等回国出售。由于当时的欧洲商人已经染指于东南亚各国及我国沿海地区,因此这一时期的海外贸易活动,实际上也是一场东西方争夺东南亚贸易权的竞争。中国的沿海商人,以积极进取应对的姿态,扩展势力于海外各地。据许多国外相关记载,17世纪前后,中国的商船曾遍布于南海各地,从事各项贸易,执东西洋各国海上贸易的牛耳。嘉靖前后,福建等沿海经商者众多,且分布相当广大。嘉靖、万历年间,横行于东南沿海的海商海盗集团,福建商人占有重要部分。到了明代后期,以闽南人郑芝龙为首领的海商集团,更是成为中国海上力量的霸主。郑氏集团不仅掌握了中国对外贸易的大权,而且还敢于同荷兰、西班牙等西方殖民者抗衡,屡屡挫败他们的侵略,积极争夺东方世界贸易的权益,维护本国商人的利益,为维护中国在东方市场上的主动地位作出

---

① 参见陈支平、詹石窗:《透视中国东南》第五编"海商贸易:东南文化经济的阴阳错综",厦门大学出版社2003年版。

② 参见杨国桢、陈支平:《明史新编》,人民出版社1993年版。

了不可磨灭的贡献。①

万历时期，即 15 世纪末、16 世纪初，欧洲陷入经济萧条，大西洋贸易衰退，以转贩中国商品为主的太平洋贸易发展为世界市场中最活跃的部分。中国商品大量进入世界市场，在一定程度上缓和了世界市场贵金属相对过剩与生活必需品严重短缺的不平衡状态；由嗜好中国精美商品而掀起的"中国热"，刺激和影响了欧洲工业生产技艺的革新，促进了经济的发展。中国商品为 17 世纪西方资本主义的兴起作出了不可磨灭的贡献。

14 世纪至 17 世纪，固然是西方殖民主义者向世界各地扩展的时期，从而也逐渐推进了"世界史"的涵盖空间。但是其时东方的明代社会，福建、台湾等东南沿海的商人们以积极进取应对的姿态，同样也把自己的活动范围向海外延伸进展。这种双向碰撞交融的历史进程，无疑在另一个源头促进了"世界史"大概念的形成与发展。因此可以说，14 世纪至 17 世纪的中国明代社会，同样是推进"世界史"格局形成的一个重要组成部分。

明代中后期不仅是中国的商人们积极进取应对"东西方碰撞交融"的时期，而且还随着这种碰撞交融的深化，中国的对外移民也形成了一种常态的趋向。唐宋时期，虽然说中国的沿海居民也有迁移海外者，但一是数量有限而非常态，二是尚不能在迁移的地方形成具有一定规模的华侨聚居地。而具有真正意义上的海外移民并且形成华侨群体的年代，应该说是在明代中后期以后才大量兴起的。而这种海外的移民，同样也是以福建、台湾等东南沿海的人民为主体的。根据史料记载显示，明清时期的福建、台湾等沿海商民，甚至有远到欧洲、美洲定居的。

明清时期福建、台湾等沿海居民的海外移民，同样具有十分明显的乡族性特征。这种带有家族、乡族连带关系的海外移民，必然促使他们在海外新的聚居地较多地保留着祖家的生活方式。于是，家族聚居、乡族聚居的延续，民间宗教信仰的传承，风尚习俗与方言的保存，文化教育与艺能娱乐偏好的追求，都随着一代又一代移民的言传身教，艰难存继，而得到了顽强的生命力。这种由民间传播于海外的一般民众生活方式，逐渐在海外形成了富有中国特色的文化象征。可以说，中国沿海商民特别是闽台区域商民向外移民的一个重要特征，就是能够在相当高的程度上保留和传承其在祖籍的生活方式。于是，经

---

① 参见笔者：《从世界发展史的视野重新认识明代历史》，《学术月刊》2010 年第 6 期。

过数百年来中华海外移民的艰难挣扎、薪火相传、生生不息,世界各地逐渐形成了具有显著特征而又不可替代的"唐人街"、"中国城"。我们走遍世界各地的"唐人街"、"中国城",其充满着中华文化浓郁气息的建构与特征,几乎都是一致性的。这种一致性的建构与特征,正显示了由闽台沿海商民迁移海外所传播过去的一般民众生活方式基层文化在海外的成功传播与发展。到了20世纪上半叶,在一般西方人眼里的中华文化,基本上就是等同于分布在世界各地的"唐人街"、"中国城"了。即使是到了今天,遍布在海外各地的"唐人街"、"中国城",依然在传播中华文化的道路上发挥着极其重要的桥梁纽带作用。而这一重要桥梁纽带的形成与发展,是由明代社会奠基起来的。因此,我们在回顾中国以儒家经典为核心的意识形态文化在明代后期向西方传播的同时,绝不能忽视明代中后期以来一般民众生活方式对外传播的文化作用及其意义。①

从文化传播史的视野,我们或许可以这样表述:明代中后期以来中国文化对外传播具有两个层面与两种途径,即由西方传教士及中国上层知识分子翻译介绍到欧洲的以儒家经典为核心的意识形态文化,以及由沿海商民特别是福建、台湾等沿海商民迁移海外所传播过去的一般民众生活方式的基层文化。随着时间的推移和世界文明格局的变化,这两种文化传播层面与途径,并没有殊途同归,形成合力,而是经历了不同的艰辛挣扎的发展历程。

以儒家经典为核心的意识形态文化对外传播,经历了明清易代之后,其开放的局面,还继续维持了一段时间。然而到了清代中期,政府采取了较为保守封闭的对外政策,尤其是对于思想文化领域的交流,逐渐采取压制的态势。在这种保守封闭的政策之下,中国文化的对外传播受到了一定的阻碍。更为重要的是,随着西方资本主义革命的不断胜利和工业革命的巨大成功,"欧洲中心论"的文化思维已经在西方社会牢固树立。欧洲一般的政治家和知识分子们也逐渐失去了对中华文化的那种平等的敬畏之心,延至近代,虽然说仍然有一小部分中外学人继续从事着中国文化经典的对外翻译与介绍工作,但是在绝大部分西方人士的眼里,所谓的中华文化,几乎等同于落后民族的低等文化。尽管他们的先哲们,也许在不同的领域提及并且赞美过中国的儒家思想,然而到了这个时候,大概也没有多少人肯承认他们的高度文明思想,跟远在东

---

① 参见笔者:《从文化传播史的角度看明代的历史地位》,《古代文明》2011 年第 3 期。

方的中国儒家文化有着什么样的瓜葛。时过境迁,从 19 世纪以后,中国以儒家经典为核心的意识形态文化在世界文化整体格局中的影响力大大下降,其对外传播的作用日益衰微。

反观由沿海商民特别是福建、台湾等沿海商民迁移海外所传播过去的一般民众生活方式基层文化的这一途径,则相对的通畅一些。清代政府虽然采取了较为保守封闭的对外政策,但是对于海外贸易,一方面是相对宽容,另一方面也无法予以有效的禁止。在这种情景之下,沿海居民从事海外贸易和移民的活动一直被延续下来。特别是在向海外移民方面,随着国际间交往的扩大和资本主义市场的网络化,其数量及所涉及的地域均比以往有所增长。到了近现代,中国东南沿海向外移民特别是福建、台湾人的移民足迹,已经深入到亚洲之外的欧洲和美洲各地,甚至于非洲。当清代以来中国以儒家经典为核心的意识形态文化在世界文化整体格局中的影响力大大下降,其对外传播的作用日益衰微的艰难时刻,以福建、台湾等东南沿海商民为主体的海外移民所传播的一般民众生活方式基层文化,成了 17、18 世纪以来中华文化对外传播的主要途径,它在促使中华文化对外传播上的重大贡献,是无论如何不能被长期忽视的。

我们今天探讨闽台文化的历史地位与基本特征,闽台文化的开放性、辐射性、世界性,无疑是中国其他大多数区域文化所难于比拟的(当然,广东沿海的一些地区有着相类似的状况,而广东东部的潮州、汕头地区,其文化特征更多的是福建闽南文化的延伸,在早期的行政区划里,二者也往往混淆在一起)。从地理概念上说,所谓闽台区域,指的是现在的福建与台湾这两个行政区划里面。然而从文化影响力的角度说,闽台文化的影响所及,远远超出了以上的区域。由于面临大海的自然特征与文化特征,使得闽台文化在长期的传承演变历程中,不断地向东南的海洋地带传播。不用说大陆的浙江温州沿海、广东南部沿海、海南沿海等区域,深深受到闽台文化的影响,形成了带有变异型的闽台方言社会与乡族社会,即使是在东南亚地区以及海外的许多地区,闽台文化的广泛影响,都是不可忽视的社会现实。因此,闽台文化既是地域性的,同时又带有一定的世界性的。这样饱含开放性、包容性,又勇于面对世界挑战的文化特征,才是我们今天所值得自豪的本质精神,应当予以继承发扬。在当今世界一体化的趋势之下,深入探索闽台文化的这一国际性特征,无疑尤其显得深具意义。

四、闽台文化氛围下的人文性格

俗话说:一方水土养一方人。闽台地区经过了漫长的历史演变与文化磨合,以及东南沿海地带独特的地理环境、闽台两地的家族血脉相连等多种因素所逐渐造就的闽台文化,其所呈现出来的表现形态,虽然从整体上讲是属于中华文化的一个重要组成部分,但是这种表现形态与中国其他区域性文化的表现形态,却也存在着许多特异之处。在这样的文化氛围下,与之相伴相随的是必然要造就出一些有别于其他区域特征的人文性格。我们只有了解了闽台区域的这些富有特色的人文性格之后,才能更为全面地把握闽台文化的多元性。

概略地说,闽台区域的人文性格,可以总结为冒险拼搏、求新求变、崇尚科学与鬼神并存的三个基本要素。

(一)冒险拼搏

闽台文化的形成和发展,在很大程度上是与移民社会联系在一起的。无序的移民迁徙,本身就充满着冒险的因素。一千多年来,无论是从中国北方不断地南迁入闽,还是跨越海峡,垦殖台湾,乃至移居东南亚及世界其他地方,闽台人的足迹所至,无不充满着危险和未知的结局。然而,这就是闽台人的人文性格,它已经成为闽台人生活方式的一个重要组成部分。

中国传统农业社会的一个基本特点是固守家园,与土地结下不解之缘。但是,由于闽台社会的形成是与迁徙扩展紧密相连,因此,在福建人特别是闽台人的社会心理中,安土重迁的观念相对不那么牢固,只要有利于拓展生产和生活的空间,搬迁移民就成了顺理成章的举动。发源于黄河流域的中原文明,一直以农耕经济作为文明发展的经济基础,数千年来始终奉行"以农为本"的立国之道。而边陲地带的福建地区,农业环境相对恶劣,农耕经济所能为社会发展提供的资源比较有限。早期闽越族的土著先民,其生计就不是以农耕为主。汉唐以来,从北方中原等地迁移来的汉人,虽然把农耕传统移植到福建各地,致使福建各地的农业经济得到迅速发展,但是在另一方面,受到农业资源的限制,人们不得不在农业之外寻找更多的生业方式。闽台区域以其面对大海的便利,很早就形成了与海外通商的传统。随着宋代泉州各地海外贸易的发展以及大量阿拉伯人的来闽经商,闽台区域文化习尚中增添了许多新的因素。百姓商品意识较强,为商从贾的意愿比较强烈。一旦有了适宜的社会环境,闽台人可以在农业的困境中迅速崛起,从工商业的领域寻找到更好的生产和生活空间。

福建人多地少,素有"三山六海一分田"之说。明清以来,在福建本地的生产生活空间随着人口的增长而显得日益狭窄的情况下,福建居民便毅然背井离乡,到新的地域去谋求发展。而闽台区域则以其面临大海的便利,居民向外搬迁移民的情景更为频繁,闽台人扩迁的足迹遍及国内外的许多区域,其中尤以南中国及东南亚地区为主要的扩迁方向。

在明清时期私人海上贸易兴盛的吸引下,福建沿海居民又纷纷下海谋生,犯禁贾贩海内外。其具有的冒险开拓精神,还体现在"亦商亦盗"的具体行为上。如明代福建海商的兴起,便是因为与政府的禁海政策所不兼容的福建沿海人民所固有的冒险反叛精神,促使他们走上"亦商亦盗"的道路。他们既是做买卖的商人,又是杀人越货的强盗,当海禁较为松弛或开放海禁时,他们往来贩鬻于东西洋之间和中国沿海各地,主要从事商业贸易活动,是商人的身份;一旦禁海,他们当中的一部分人就不得不转商为盗,成为海寇。这种状况虽然有起有伏,但一直到清代后期以至现代也还时有所见,嘉庆年间震动数省的蔡牵之乱及近代福建沿海的大规模走私活动,都是其中较为突出的例子。"亦商亦盗"的行为是福建人民富有冒险进取精神受到传统政治的压制而异化出来的一种畸形物。激烈的海盗行动,对于社会经济的正常发展,无疑带来一定的负面影响。但是在当时的政治社会环境里,这种过激的行为,为冲破传统政治的束缚起到了积极作用。尤其是当15、16世纪西方殖民者东来,其本身就带有十分明显的海盗性质,西方海盗的出现给中国沿海地区和海商的活动造成了很大的威胁,而中国的政府对此几乎无能为力,以郑芝龙为首的福建海商力量,勇敢地拿起武器,采取武装贸易的方式,一方面继续维持与荷兰人的贸易关系,另一方面又对荷兰海盗行径进行了针锋相对的对抗,一直到17世纪上半叶,福建海商依然能够控制住东南海上的贸易权。可惜的是,福建海商的这种强悍而又进取的作风,得不到中国政府的正确扶持和引导,而是处于内外交攻的困难境地,终于到了清代中期以后,国际贸易的主导权日益丧失于西方殖民者的手中。然而福建海商并没有因此消沉,而是努力在逆境中寻求新的机遇。时至今日,闽台区域特别是泉州沿海一带,依然是中国市场经济最为活跃的区域之一。自唐宋明清以来,中国各地出现了不少相当著名的地域性商人,但是大部分地域性商人集团都衰落了,如明清时期名盛一时的"徽州商人"和"山西商人",也在近代社会的历史变迁中消失了,唯有闽台区域的海商集团,经历了千年的历史变迁和近现代的种种磨难之后,浴火重生,在当今的改革开放大潮中发挥越来越重要的影响力。

正因为闽台人普遍具有某种冒险开拓的人文性格,所以到了现代,福建籍的华侨华人已经遍布世界各地。据 20 世纪四五十年代的统计,分布于世界各地的中国移民至少有 2000 万,其中 90% 以上侨居在东南亚。而在这数千万的华人华侨,大多数是来源于闽台地区。[①] 从这些统计数字中,可以十分清楚地看出闽台人勇于背井离乡、开拓异邦的冒险进取精神和漂泊坚韧的苦难历程。

(二)求新求变

闽台区域文化作为中华核心与边陲的文化变异的一种产物,她能够较好地吸收中华核心文化以及其他区域文化,甚至外来文化的精华成分,来强化自身的文化特征。但在另一方面,地处边陲区域的某种自卑感,又往往滋生出某些不安于现状的复杂心态,从而衍生出某些超越传统规范约束的社会心理,特别是由边陲变异文化观念中所表现出来的顽固的区域本土认同感、远离政治文化中心的那种自我表现、自我欣赏的社会文化心态,都可能在一定程度养成对于传统与现实的叛逆反抗作风。这种叛逆反抗作风,在特定的社会条件下既可以成为大一统政治文化的某些障碍,同时又可能是突破传统束缚、催发新生事物的思想摇篮。

汉唐时期,福建远离中国的政治文化中心,其文化学术事业理所当然地落后于中原地区。这种状况不能不给边陲地带的移民社会带来一定的自卑心理,由此而产生的直接后果是素以中原土族后裔相标榜的福建士民,十分珍惜自己的祖先从中原不断南迁带来的重视文化教育的优良传统,把接受和推广儒家文化作为建构福建社会的首要任务。加上唐宋以来中国经济中心的逐渐南移,致使福建地区的文化教育,经过汉晋、唐代的酝酿初创之后,到了宋代,已经迅速赶上中原的先进地区。尤其是闽台地区,在山多地少的福建堪称农

---

① 参见陈支平、詹石窗:《透视中国东南》第十四编 "移民侨居:东南文化的网络衍扩",厦门大学出版社 2003 年版。

业生产环境优良,与海外的经济文化联系密切,发展文化学术事业的条件比起福建的其他区域显得优越,儒家文化的教育和普及更是走在福建的前列。这一点从宋明清时期福建中进士及其在全国进士人数中所占的比例较高上可以十分清楚地看出。

但是,福建毕竟偏隅于东南海滨,地方文化教育再怎么发展,也较难成为中国政治文化学术的主流。不过福建山清水秀,其所孕育的灵俊人才与海洋文化所熏陶的进取性格,往往使福建的人才群体在中国人才的群星璀璨中脱颖而出,形成异军突起的局面。步中原之后的自卑心理一方面可以催人奋进,然而边陲文化的变异,又往往能够产生一定的自赏自傲的心态。这两极心态的交融作用,在得到其他社会因素的配合下,闽台区域文化中就会形成一种耻为人后的领风气之先的思想追求。

唐代的福建处于初开发时期,虽然陆续有一批士子登进士第,但在全国取得突出地位的人物并不多。到了宋代,不必说如兴化的蔡氏、闽北的曾氏、泉州的吕氏,在当时的政治权力舞台上炙手可热,显赫一时,即以文化学术而言,以兴化蔡襄为首的福建书法家群体和以闽北朱熹为首的理学学派,其文化与学术地位在当时无疑足以傲视中华,无人可以与之比肩。应当指出的是,被后世尊奉为"中国理学之集大成者"的朱熹,其在世时是以清议的本色而屹立于闽中的。南宋时期,中央政府偏安于半壁江山,政治、军事、思想、文化学术,均弥漫于腐败昏庸之中,以朱熹为代表的一批福建学人,目击国家的衰败与世道的沉沦而痛心疾首。他们著书立说,批评朝政,很快引起了国内正义之士的注目与拥戴,而朱熹本人也成了一些当权者的眼中钉,被斥为"伪学",屡屡遭到政治迫害。朱熹的学术思想虽然摆脱不了"托古改制"的老路,但是他那种敢于面对权贵,坚持自己的道德标准而与当权者相抗衡的性格,无疑是福建文化学术能够异军突起的精神支柱。至于朱熹生前历经磨难,身后却备受推崇,被明清统治者奉为理学正宗,支配中国思想界达六七百年之久,这是出于后世统治者的政治需要,与朱熹坚持"清议"的人文精神毫不相干。而朱熹本人对于闽台区域的过化及其学说对于闽台区域所产生的巨大影响,至今处处可见。宋明时期闽台区域涌现出来的一批具有全国性影响的理学家和学者,无不与朱熹的影响紧密联系。

明清时期,福建籍人士进中央政要者不乏其人,这与其他省份的政治人物大同小异,本不足道。难能可贵的是,当明代中叶以后中国的社会经济特别是商品经济发展到一个新的阶段时,中国的思想文化界出现了一股反抗传统理学、追求个性解放的思潮,其中最具代表性的人物就是福建泉州的李贽。李贽出身于一个典型的汉回结合的商人家庭,从小在沿海浓厚的海商氛围中接受熏陶。作为一个进步的思想家,他敢于冲破当时传统网罗的束缚,卑孔叛圣,对传统儒家经典著作采取批判态度,重新评价历史人物,提倡童心,要求思想解放,这对于中国传统政治道德的"禁锢人心"是一个大胆的冲击,在严密思想封锁的历史长流中,迸发出一股活泼、开朗、新鲜的时代气息。可是引人注意的是,李贽等人的这种新的人文思想,并不能在当时的时代里得到顺利的滋长,李贽本人被迫害致死,但是他的影响却在外国或在数百年后的祖国发挥进步作用。日本明治维新运动的先驱吉田松阴,自谓在生死观上颇得力于李贽《焚书》的启发,在日本民主革命中发挥一定的作用。后至五四运动时期,吴虞等人也曾引用李贽的学说作为反传统斗争的思想武器。① 这一切都说明了作为福建人的李贽,有着极为执着而深远的求新求变的人文性格。在明清易代之时,清兵南下几乎占领了整个中国,而出生于海商、海寇之家的郑成功,毅然弃儒从军,率领福建子弟兵称雄海上,与清王朝周旋达数十年之久,并且果断决策进兵台湾,驱逐荷兰殖民统治者,并把中国的文化传统传布于台湾岛。历史可以这样毫不夸张地说:如果没有明末清初的郑成功及其家族集团的收复台湾,很可能就没有祖国的宝岛台湾。不论是抗清,还是收复台湾、开发台湾,尤其是对于台湾宝岛文化教育的提倡和儒家文化的传播,郑成功及其部属的历史贡献都是无人可以替代的。

闽台人求新求变的性格并不仅仅体现在朱熹、李贽这些在中国思想文化史上具有里程碑创造的高峰人物上,事实上它体现在民间日常生活的方方面面。如前所述闽台人勇于冒险犯禁,闽台人敢于拓殖于千里之外,宋明以来福建和台湾民间生业的多样化等,都从另一个角度同样反映了求新求变的人文性格。正因为如此,当中国试行改革开放之初的时候,福建人很快就成为改革开放的排头兵,为中国的改革开放和外向型经济的发展作出了不懈的努力。这种求新求变的人文性格,是推进闽台社会与文化向前不断进步的重要动力之一。

---

① 参见傅衣凌:《明清社会经济史论文集》卷一"论明清社会的发展与停滞",人民出版社1982年版。

（三）崇尚科学与鬼神并存

闽台人冒险拼搏和求新求变的性格以及重视文化教育的社会传统，又使得他们有着更为宽阔的胸怀来接受和包容新的文化元素，其中包括来自海外的文化元素。唐宋元时期由于海外贸易的进步，福建沿海吸引了众多的中东阿拉伯人前来经商谋生，福建人从来就不曾排斥过，阿拉伯伊斯兰文化最终成为闽台文化的组成部分之一。①

明代后期以来，随着西方殖民者的东来，一部分传教士带来了西方较为先进的科学技术，福建由于地理之便，自然而然成为西方先进科学传入中国的首经之地。明代中后期欧洲耶稣会士东来交流西方科学技术，受到了以中国南方为主体的包括福建地区传统知识分子及士大夫的积极响应，其可贵之处就在于当时的福建社会，是以一种包容开放的心态来与西方的思想文化科技展开交流的。这种包容开放的接纳心态，即使是比较于中国的盛唐时期，也是有过之而无不及。譬如耶稣会士艾儒略在天启年间来到福建的时候，当地集结了几乎所有当时著名的士大夫与学者，与之展开了积极的对话讨论，从而成为明末福建的一宗文化盛事。类似的情景，在中国的古代历史上，屈指难数，难能可贵。与此同时，以郑芝龙、郑成功为代表的福建海商集团，为了抵御西方殖民者的入侵，敢于打破中国传统的军事观念，大力引进和仿造西方的热兵器，增强海上舰队的战斗力，缩短了中国传统水师与掌握热兵器技术的西方军队的差距，并且屡屡打败荷兰、西班牙等东来舰队，维护了国家与沿海海商的海上权益。

到了近代，面对着国家民族的生死存亡，许多有社会责任心的知识分子和士大夫们图强救亡，极力向西方学习并且引进先进的文化思想与科学技术。福建籍的知识分子和士大夫们，更是走在了崇尚科学与民主的前列，为近代中国的思想与科技革新作出了重大的贡献。林则徐的开眼看世界，严复的"物竞天择，适者生存"，成了近代中国图强救亡、崇尚科学的永久性符号。

然而，正是这样一个有着崇尚科学和求新求变的地域内，却又同时弥漫着对于鬼神崇拜的强烈气氛。闽台民间宗教信仰的杂乱无序，与古代闽越土

---

① 参见笔者：《福建六大民系》第四章"汉人民系与少数民族的血缘文化融合"，福建人民出版社2006年版。

著的信仰崇拜有一定的继承联系。古代闽中社会生产力低下,又远处边远偏僻之地,故土著闽越人有"信巫尚鬼"的习俗。当时的"越巫"颇闻名于中原地区,《史记》载西汉王朝中央盛称"越人俗信鬼,而其祠皆见鬼,数有效。……乃令越巫立越祝祠,安台无坛,亦祠天神上帝百鬼,而以鸡卜,上信之"①。汉晋时期北方汉民开始入迁闽中,闽中不少地方尚处于山高林深、瘴雾弥漫的原始状态。为了解决生存问题和解释一些难以理解的自然、社会现象,人们在积极开发生产的同时亦不得不寄托、求告于神灵的护佑和指示。这样,闽越土著"信巫事鬼"的传统便被入迁的汉民部分地继承了下来。再加上北方汉民入闽以后的生存竞争以及宋元以后的冒险犯禁活动,使人们普遍产生了功利主义即"有求必应"的宗教观念。于是,就逐渐地形成了福建极为怪异的民间宗教信仰现象。

宋明以来,闽台区域的商品经济继续进步,社会经济有了显著的发展。本来,社会经济的进步将有效地促进文化的进步,但是宋明以来闽台区域社会经济的发展,却为民间的鬼神崇拜提供了更为良好的经济条件,闽台区域的民间宗教信仰有着愈演愈烈的趋向,神灵鬼怪崇拜比比皆是,千奇百怪,荒诞不经。虽然如此,福建各地在修建这些荒诞不经的神灵寺庙时,却是不吝赀财,极尽铺张,以至于宫庙林立。并且,庙会祭祀的场面招摇壮观,演戏宴饮杂陈并备。而由民间宗教信仰杂乱无序所引起的信风水、祈阴福、信巫不信医等恶习,都表现得十分突出。根据近人的研究,明清以来闽台的民间宗教信仰,大体可以分为自然崇拜、祖先崇拜、道教俗神崇拜、瘟神与王爷崇拜以及画符念咒、卜告抽签、扶乩降神、跳神问亡、驱邪治病、祈风祝雨、斋醮普度、迎神赛会等名目。②

就世界宗教发展史而言,宗教信仰的一般发展规律是从多神教发展到一神教,但在福建则不同。人们可以根据自己不同的文化传统和现实功利的需求,随时随地创造出许许多多新的神灵,使鬼神的队伍越来越庞大,越来越繁杂。这其中既有闽越族及其他原始土著残存下来的鬼神崇拜,又有从中原传入的道教、佛教、民间信仰所崇拜的各种神灵,还有从邻省以及印度、阿拉伯国家、欧洲、日本等国家传入的各种神灵。同时,闽台区域及台湾区域土生土长

---

① 参见黄仲昭:《八闽通志》卷三《地理·风俗》;司马迁:《史记》卷十二《孝武本纪》。
② 参见林国平:《闽台民间信仰源流》,台北:幼狮出版社 1996 年版。

的神灵数量也非常多,构成了十分庞杂混合的神鬼体系。中国再也没有任何一个地区的民间宗教信仰可以与闽台区域相比拟的。闽台区域以及台湾区域,如今可以说是中国经济甚至于世界经济最具有生命力的区域之一,但是这两个有着共同文化特征的闽台文化圈区域,却成了中国在民间宗教信仰方面最为繁盛和杂乱无章的区域。

闽台民间宗教信仰的兴盛,在一定程度上反映了闽台民间基层乡族社会的组织形式和文化特征。民间宗教信仰的盛行,固然起到了团结家族内部、乡族内部甚至民系内部的某些社会作用,但是他们之间的割据性和排他性也是十分明显的。明清两代以至于现代,闽台各地因迎神赛会所引起的宗族械斗和民间纠纷屡屡发生,它进一步加深了人民狭隘的家族乡土观念,不利于民间基层社会的稳定和协作。同时,庞杂而无休止的民间信仰活动,浪费了社会的大量资源。时至今日,福建的一些地方,仍然存在着盖庙拜神一呼百应,建校劝学则冷冷落落的可悲现象。台湾的许多乡族寺庙,往往成为地方势力推行政治意愿和控制地方社会的策划聚集场所。闽台文化的这种劣根性,必然对这一区域社会经济和文化的进步,以至于社会的稳定,都将产生一定的不良影响。

从文化形成史的角度来探讨闽台区域文化中的民间宗教信仰,我们显然不能把闽台及台湾杂乱无章的民间宗教信仰简单地看成一种社会现象而已。正如我们在上面所讲到的,边陲文化变异的一个重要表现形式,是文化的自卑心理与文化的自我表现和自我欣赏心理的重叠结合。唐宋以来,福建特别是闽台的士民,固然一方面孜孜不倦地从中华主流文化特别是儒家文化中吸取塑造自我的文化营养,从而使自己融入到中华文化的整体共同圈内;但是在另一方面,文化的自我表现心理又促使自己在不知不觉当中把有别于他人的文化成分显露张扬出来,尽管其中的有些文化成分是相当另类的。我们在探讨闽台及台湾的民间宗教信仰的时候,无疑应当通过这种社会现象的表象,而从文化特征上去寻求其存在的价值所在。

以上是我们对于闽台文化的基本情况所作出的一般性概说。正如前面所论述过的,福建特殊的地理环境,各个内部区域之间也多有阻隔,从而形成了若干个相对而言有所差异的小民系,如闽南民系、兴化民系、客家民系、闽都福州民系、闽北民系等等,各自的文化表征或多或少有些不同。特别是台湾区域,曾经经历过荷兰、日本等外族的侵占,文化因素较为复杂,与外族文化联系的情况也不同,多少造成了与福建等大陆东南沿海地区之间在文化上呈现出了若干差异。尽管如此,我们还要看到,各历史时期外来文化的影响有限,其冲击不足以改变台湾文化的基本内核,台湾文化呈现的种种差异也不足以构成台湾文化的核心和主体部分。各历史时期台湾人民都保存了中华文化传统,台湾文化的内核和文化特质仍然属于闽台文化的范畴,建立在共同文化基础之上的民族意识成为台湾人民之间及台湾与大陆联系的精神纽带。

显而易见,闽台文化中包含的积极向上的因素是主流,但是我们也不能因此就忽视了它的负面成分。文化的伟大意义,就在于她能够在一定程度上超越政治、经济、社会的种种局限性,呈现出其较有永恒性的跨时空的功能。文化的传承及其弘扬,虽然也将受到不同时期政治、经济及社会等种种因素的干扰,但是其所承载的中华文化的核心价值观,却往往能够穿越政治、经济、社会等因素的干扰,沿着自己发展的应有轨道向前迈进。正因为如此,我们今天来探讨闽台传统文化的当代意义,无疑具有十分积极的时代必要性与紧迫性。

当然,我们在谈到文化传承的时候,往往会有意无意地忽视文化的负面成分。闽台区域文化也不例外,需要我们予以正视。例如,宗族乡族观念是保持和加强大陆与台湾交流的无形纽带,宗族乡族组织在闽台地方事务中发挥重要的积极作用,这是值得肯定的一面,但是它毕竟还有愚昧、落后的一面。每当其消极面恶性膨胀时,各势力经常为了局部的、小集团的荣誉、权益而大动干戈,形成危害地方社会经济的械斗。闽台人民的文化心理还包含着重义气、急相助的内容。崇尚义气是中华民族传统文化的一部分,应该说这种文化心理在移民互助协作开发建设台湾中发挥了积极作用。但是当族群义气受到家庭、乡族利益局限时,便有可能朝极端化的方向发展,暴露出消极的一面。我们需要清醒认识的是,闽台区域文化中存在着某些负面的内容,毕竟只是闽台文化中的非主流因素。我们需要予以正视,更需要予以正确的引导。特别是我们对台政策的制定者和执行者们,应该深入了解闽台文化的方方面面,包括其中负面的内容,因势利导。切不可高高在上,以一成不变的面孔,指责台湾当今政治与社会所表现出来的奇异现象,其效果必然适得其反。而只有在充分理解闽台文化的基本特征之后,才能对当今的台湾政治、经济与社会,作出符合区域文化实情的决策,从而推进海峡两岸社会经济的繁荣与祖国的统一大业。

闽台民间信仰的本土化与正统化

林国平

两岸协创中心福建师范大学两岸文化发展研究中心研究员
福建师范大学社会历史学院教授

一、移民与闽台民间信仰

传统的宗教文化的传播方式主要有两种:扩展扩散与迁移扩散。扩展扩散指宗教文化现象由起源地区以墨渍的形态逐渐蔓延至周边地区;迁移扩散指宗教文化现象随着移民以蛙越的形态迅速扩散到新的聚居地。闽台民间信仰的传播和发展,与移民活动息息相关。

福建在秦汉之前是闽和闽越族的聚居地,有着蛇图腾等原始宗教信仰。虽然也有少数北方方士、术士入闽寻找长生不死药材或炼丹修行,但影响不大,原始宗教信仰占据绝对的主导地位。元封元年（前110）,汉武帝派兵灭亡了闽越国,"将其民徙处江淮间,东越地遂虚"[①]。此后,北方汉族开始陆续移民福建,特别是晋代之后,出现了三次汉人入闽高潮,带来的大量的北方汉族宗教信仰,才改变了福建宗教信仰的文化生态。

第一次汉人入闽高潮发生在西晋末到南朝,志称:"永嘉二年（308）中州板荡,衣冠始入闽者八族,林、陈、黄、郑、詹、邱、何、胡是也。"[②] 实际上入闽的移民数量很多,远不止八姓,既有从江浙山口入闽的,也有从海路入闽的。这个时期带来了北方的宗教信仰,包括天地崇拜、山川水火崇拜、日月星辰崇拜、

---

① 司马迁:《史记》卷一一四《东越列传》,中华书局1982年版。
② 乾隆《福州府志》卷七五《外纪》一。

城隍信仰、祖先崇拜、英灵崇拜等民间信仰。

第二次汉人入闽高潮发生在唐初,朝廷先后派两批府兵共约七千余人,入闽平定叛乱,并定居下来,成为唐代开发九龙江流域的骨干力量。这次移民高潮又带来北方地区新的民间信仰,如至今在漳州有数百座宫庙供奉谢安,其源流可追溯到陈元光开漳州时期,《海澄县志》载:"广惠王即谢安石也,陈将军元光奉其香火入闽,启漳,漳人因祀之。"①

第三次汉人入闽高潮发生在唐代五代,主要由这样几部分组成:一是随王潮、王审知兄弟入闽的军队和家族,利用政治上的优势,各自在福建寻找合适的地点定居下来,从而成为地方上的显姓;二是众多北方的政客、士子、文人入闽;三是漂泊不定的僧人;四是北方各地平民百姓包括流卒、商贾及一般的贫民。这次大规模入闽移民也带来北方的民间信仰,如杜三郎、郭子仪信仰等。②

实际上,北方汉人移民福建一直延续到宋元之交才告结束,前后延续一千多年,他们从北方的不同地区、不同时代,带着不同的梦想来到遥远的陌生之地,不但迁徙的过程充满危险,建设新家园的过程更是艰辛,需要精神支柱来凝聚乡族的力量,其中宗教信仰在迁徙和建设新建园中发挥着不可替代的作用。因此,不同地区、不同时代的北方民间信仰随着北方移民陆续传入福建,并在交通相对不便的"东南山国"的福建传承下来,成为后世繁荣的福建民间信仰的基础。

明清时期,随着北方移民不断入闽和人口的繁衍,福建人稠地狭的矛盾越来越突出,所谓"闽中有可耕之人,无可耕之地"③,"十五游食于外"④。因此这个时期的福建移民结束了一千多年以输入人口为主的移民史,开始了以输出人口为主的移民史,向台湾移民是其中的主要路线之一。宋、元之时,闽南人移居澎湖,还有少数闽人登上台湾本岛,聚居在台湾西部沿海。明末清初,福建向台湾移民的人数大量增多。明末郑芝龙占据台湾时,曾到闽南招募上万饥民去台湾垦荒,这是台湾历史上第一次有组织的大规模移民活动。1624 年

---

① 陈锳:《海澄县志》卷十九《方外志》,乾隆廿七年刻本,《中国地方志集成·福建府县志辑30》,上海书店出版社 2000 年版。
② 黄仲昭:《八闽通志》卷五十八《祠庙》,明刊抄本。
③ 谢杰:《虔台倭纂》下卷,《玄览堂丛书续集》,台湾图书馆 1947 年影印本。
④ 谢肇淛:《五杂组》卷四《地部》,上海书店出版社 2001 年版。

至 1662 年荷兰殖民者占据台湾时期,也有不少福建人移居台湾,在赤嵌附近形成了一个约有 25000 名壮丁的居民区,全岛约有 4.5 — 5.7 万人。1662 年郑成功收复台湾后,除了郑氏军队外,又新增加移民 2 — 3 万人,使台湾的汉族移民增至 10 — 12 万人,与原住民人数差不多。乾隆五十四年(1782),清政府取消了海禁,福建向台湾移民出现了新的浪潮,嘉庆十六年(1811)台湾人口多达 1901833 人。在向台湾的移民中,福建人(主要是闽南人)占绝大多数,据统计, 1926 年台湾总人口 3751600 人,其中福建籍有 3116400 人,占 83.07%。因此,汉文化在台湾的传播历史也是福建文化移植到台湾并在台湾进一步发展的历史,这在民间信仰方面也得到充分的体现。

闽人渡台,首先面临的是要跨越充满危险的台湾海峡,为了祈求一帆风顺,大多数都随身携带原本崇奉的小神像或香灰之类的圣物。据《重修台湾府志》记载,乾隆初年台湾各地较普遍奉祀的神灵除了土地公外,影响最大的神明分别是保生大帝(有 23 座主祀宫庙)、关帝(有 18 座主祀宫庙)、妈祖庙(有 15 座主祀宫庙)、玄天上帝庙(有 14 座主祀宫庙),这几位神灵都是从福建奉祀入台的。此后,福建民间信仰、广东民间信仰继续随着闽粤移民台湾不断传入台湾,闽南和粤东民间信仰几乎全盘复制到台湾。[1] 吴瀛涛在《台湾民俗》一书中指出:据民国十九年调查,台湾有主神 175 种 3580 尊,其中:福德正神 674 尊、王爷 534 尊、妈祖 335 尊、观音 329 尊,此四神约占寺庙主神的半数。"而此等祭神大部分都是由福建以分身、分香、漂流三种方式传来者,也有传入后再传播本省各地者。"[2] 其中,天上圣母、保生大帝、清水祖师、开漳圣王、广泽尊王等为闽籍移民奉祀的祖籍神明,被称为"桑梓神",受到台湾同胞的特别敬奉。

总之,闽台民间信仰的传播和发展,与闽台移民史同步发展,移民开发的脚步走到哪里,他们所崇奉的神明也就跟进到哪里。大规模的、长时期的移民活动,把北方的汉族民间信仰带到福建,奠定了福建民间信仰的基础。明清时期,福建民间信仰又随着移民传播到台湾岛,成为台湾民间信仰的基本要素。移民不仅仅是人口在数量、地域以及籍贯上的变化,移民也是文化播迁包括宗教文化传播的重要载体。

---

① 据余光弘:《台湾地区民间宗教的发展——寺庙调查资料之分析》表 4 制作,文载台湾《"中研院"民族学研究所集刊》1982 年春季第 53 期。

② 吴瀛涛:《台湾民俗》第二章"祭祀",台北:众文图书股份有限公司 1987 年版,第 47—48 页。

二、闽台民间信仰的本土化

随着移民而来的民间信仰,都有一个逐渐适应新的自然环境、社会生活环境的过程,也有着一个与迁入地民间信仰融合的过程,还有着一个变异升华的过程,我们称之为本土化。闽台民间信仰的本土化历史进程大致与移民社会到定居社会的历史进程相吻合,大约在宋代基本完成,明清时期还在延续。闽台民间信仰的本土化主要表现在三个方面:

其一,一些从北方传入的神明改为福建籍贯,其灵应故事与闽台人文地理相结合。何氏九仙信仰在闽台传播甚广,其原型应是早期北方汉人入闽的集体记忆,但闽台民间则把他们进行本土化的加工,一方面,奉其为神仙,相传"汉元狩中,临川何氏兄弟九人自临汝来,憩于九仙山,炼丹九鲤湖,后仙去"①。唐宋时期进一步与科举考试结合,成为士子科举考试的祈梦、谒梦的祭祀对象,明清时期成为闽台影响最大的祈梦之神。另一方面,对其籍贯、身份等进行改造。嘉靖《福清县志》说何九仙是五代十国福建邵武人林玄光的外甥。万历《福州府志》则说何九仙的父亲曾经担任过福州太守,何九仙就诞生在福州,并在福州于山炼丹,成道于仙游九鲤湖。清代的《闽都别记》第二二七回甚至说何九仙是在闽江化为九鲤,飞往仙游。至于在民间广为流传的何九仙的祈梦故事、灵应故事,基本上都是围绕着闽台地区的人文地理展开的,充满着本土化的色彩。②又如在闽台民间,有关玄天上帝的神话传说很多,而且有相似之处。传说玄天上帝是五代时的泉州人氏,姓张,以杀猪为业,十分孝顺母亲。母亲去世后,他悲痛欲绝。一日,突然觉悟杀生过多,感到罪孽深重,走到洛阳桥畔,拿起屠刀,剖开腹部,取出肠肚,投入江中以谢罪,结果立地成仙了。后来,投入江中的肠子变成蛇精,肚子变成龟精,经常兴风作浪,坑害过往百姓。玄天上帝只好下凡,降服龟、蛇精为部将。③

其二,用闽台土生土长的神明取代外来神明。如广佑王信仰,神明俗名欧阳佑,隋代洛阳人,曾任泉州太守。隋大业十四年(618),欧阳佑调任蒲西,

---

① 黄仲昭:《八闽通志》卷六十《祠庙》,明刊抄本。

② 参见郑敬平:《六十六个梦》,大众文艺出版社 2006 年版;郑敬平:《石竹山神话》,大众文艺出版社 2006 年版。

③ 参见拙著:《闽台民间信仰源流》,福建人民出版社 2003 年版。

上任途经今邵武时,闻隋代已被唐所灭,他耻事二主,遂率全家跳河自尽。当地人感其忠义,将其夫妇合葬于邵武大乾山,并在墓侧立欧阳太守庙奉祀。[①]唐五代宋初,邵武一旦发生水旱兵疫,"必诣大乾迎神祈祷"[②],在闽北有一定的影响。但是到了宋乾道四年,当地百姓以"秉心刚正,处事明敏,为邻里推重"的建阳人陈焕取代他。[③]又如福州的瘟神五帝信仰影响很大,特别是明清时期,家家户户奉祀五帝,因此外来神灵被五帝排挤,甚至连关帝、观音这样在百姓中很有影响的也不能幸免。在福州流传有"五帝没捏,庙祝也没吃"的俚语,说是关帝庙原来香火冷清,后来将五帝移入,结果香火鼎盛,关帝也沾了不少光。俚语的意思是说如果没有五帝的灵显,庙祝是没有祭品吃的,言下之意,关帝的角色类似于庙祝,是靠五帝吃饭。福州还流传"拆观音堂起五帝庙"的故事,反映了当时五帝信仰兴盛、其他庙宇纷纷改建为五帝庙的本土化历史进程。

其三,创造并特别信奉闽台土生土长的神明。唐宋时期,福建出现了一场规模浩大的造神运动,创造了大批福建地方神。打开方志,我们很容易发现,至今仍在闽台流传的众多地方神,如妈祖、临水夫人、保生大帝、三平祖师、清水祖师、扣冰古佛、定光古佛、广泽尊王、二徐真人、马天仙、青山王、惠利夫人、五帝、王爷等都是在这个时期被塑造出来的。由于这些神灵是土生土长的,所以具有浓厚的地方特色,这一点在神灵的职能方面表现得尤为突出。如闽台地处亚热带,气候温热潮湿,瘟疫容易流行,加上古代福建医疗卫生落后,百姓一有疾病,便求助于神灵,所以闽台地区瘟神多,且大多数神灵都具有驱邪治病的职能。又如古代闽台水利设施落后,在海洋季风的影响下,旱灾经常发生,百姓除了向龙王求雨外,也赋予其他神灵以呼风唤雨的职能,绝大多数神灵都成为百姓祈雨的对象。再如,唐末宋元时期,由于福建海外贸易发达,产生了不少航海保护神,泉州通远王海神庙、晋江真武海神庙、莆田的灵感庙、祥应庙、大蚶光济王庙、福州的演屿庙、闽清的武功庙以及遍布东南沿海的妈祖庙,所供奉的神灵都有平定海道风涛,保护航海一帆风顺的职能。[④] 在台湾,

---

① 黄仲昭:《八闽通志》卷六十《祠庙》,明刊抄本。

② 同上。

③ 洪迈撰、何卓点校:《夷坚志》第二册《夷坚丁志》卷第十五"新广佑王",中华书局1981年版,第664页。

④ 参见拙著:《福建海神信仰与祭祀仪式》,日本广岛大学《东亚海域史现地调查研究》(日文),2007年12月,第12—32页。

这些产生于福建的神明,被称之为"桑梓神",寄托着对祖籍地的情思,特别信奉,香火尤其旺盛。

总之,本土化的历史进程,是民间信仰的传播和发展的必经之路,民间信仰的本土化进程越彻底,民间信仰的群众基础就越深厚,其生命力就越旺盛。相对于其他区域,闽台民间信仰的本土化进程就比较彻底,因此,至今仍表现出勃勃生机,具有广泛的群众性和顽强的生命力。

三、闽台民间信仰的正统化

在中国古代,历代王朝对宗教信仰采取的基本国策是适度控制,少数神明列入国家祀典,为正统宗教信仰,多数神明未列入祀典,为民间信仰,被视为"淫祀"。汉唐时期,政府对"淫祀"采取以打击为主的国策,仅狄仁杰巡抚江南时就拆淫祠一千七百多座,所谓"吴楚多淫祠,仁杰一禁止,凡毁千七百房,止留夏禹、吴太伯、季札、伍员四祠而已"①。唐中期之后,对"淫祀"的打击虽有所松懈,但因地方长官的好恶而毁淫祠的事件时有发生,如宋景德年间,福建古田县令李堪就"毁淫祠数百"②。明代,延平知府欧阳铎"毁淫祠数十百所,以其材葺学宫"③。顺昌知县马性鲁、惠安知县叶春及也先后在治内禁止民间信仰。④面对历代王朝对民间信仰的基本国策,为了求得生存,闽台民间信仰采取的对策是主动依附于官府,走正统化的道路,争取合法地位。主要表现在以下四个方面:

首先,争取朝廷的封敕或赐额。

在中国古代,皇权高于一切,任何事物只要与皇权沾上边,就风光无限。民间信仰的信众也清楚地认识到这一点,并千方百计加以利用,他们通过各种关系把自己所信奉的神明的种种灵异故事上报朝廷,争取获得朝廷的赐封或赐庙额。民间神明一旦得到朝廷的敕封,所在宫庙得到朝廷的赐额,即表明其拥有正统的地位,可以避免被列为"淫祀"拆毁,为其生存和延续提供

① 《新唐书》卷一一五《狄仁杰传》,景印《文渊阁四库全书》第274册,台湾商务印书馆1983年版。

② 万历《古田县志》卷七《庙祠》,据明万历三十四年增补二十八年刻本抄本。

③ 《明史》卷二〇三《欧阳铎传》,景印《文渊阁四库全书》第300册,台湾商务印书馆1983年版。

④ 《明世宗实录》"嘉靖九年二月辛未"条、叶春及《惠安政书》卷十六《离社篇》。

有力的保障。① 唐末五代宋明时期,福建民间为神明请求敕封和赐额蔚然成风。据林拓先生统计,政书中记载的敕封福建地方神明的有 130 次,赐庙额的有 107 次,而方志中记载的敕封福建地方神明的多达 242 人次,赐庙额的有 159 次。② 与现实相比,文献记载的敕封地方神明和赐庙额的只是极少数,至今仍在闽台民间奉祀的神明和所在宫庙,大多数有各种各样的朝廷敕封的封号和赐额,至于这些封号和赐额的来源,多是民间传说,没有任何的文献记载。可以肯定地说,在闽台民间诸神的诸多敕封封号和赐额中,多数是信徒伪造的,其目的在于抬高所信奉神灵的地位,反映了民间信仰具有浓厚的正统意识。

其次,尽可能与帝王攀上关系。

在闽台民间,流传许多有关地方神明显灵拯救落难皇帝或为帝王治病的传说。如闽南广为流传保生大帝显灵帮助宋高宗乘坐泥马横跨黄河的传说,又有显灵帮助朱元璋在鄱阳湖大败陈友谅的故事。③ 莆田也有威武圣侯显灵帮助陆秀夫驱逐元兵,保护圣驾,钦赐"帝懋乃功"匾额的传说。台北广照宫的主神的原型为乌龟,曾经背负落难皇帝过江,被敕封为"飞天大圣"④。新竹城隍庙原是县城隍,后因为其救皇子有功而被晋封为威灵公,具有府城隍的神格。⑤ 至于神明显灵治愈帝王的疑难杂症而获得封赐的传说故事,更是民众最喜欢编造的。笔者收集到的流传于闽台民间的此类传说故事就有十多个,诸如玄天上帝显灵为唐帝治病、真觉添志大师显灵治愈宋徽宗陈太后疾病、临水夫人先后显灵治愈唐王皇后和救治道光帝皇后难产、清水祖师与安溪城隍和罗内境主显灵治愈宋仁宗母后的乳疾,二徐真人显灵为永乐帝和皇后治病、保生大帝显灵治愈永乐帝后的乳疾、田公元帅显灵为太后治病、惭愧祖师显灵为皇后治病、圣公爷显灵救治皇后产厄、广泽尊王显灵治愈雍正皇帝疾病等等,许多故事情节大同小异,为所奉祀的神明涂上一层神圣的光环,打上正统性的烙印。⑥

① 张琴:《莆田县志》卷十八《建设志·坛庙》记载,明代至德戊辰(1508),莆田知县雷应龙拆毁淫祠,龙官显应庙因保存宋代咸淳七年敕封"佑文侯"的敕书而幸免。

② 参见林拓:《文化的地理过程分析》,上海书店出版社 2004 年版,第 364—366 页。

③ 详见凌志四主编:《台湾民俗大观》第 4 册,台北:大威出版社 1985 年版,第 100 页。

④ 详见陈乃蘖:《本市寺庙灵显传说·广照宫》,《台北文物》第 9 卷第 1 期,第 4256 页。

⑤ 详见凌志四主编:《台湾民俗大观》第 4 册,台北:大威出版社 1985 年版,第 65 页。

⑥ 参见拙著:《闽台民间信仰源流》,福建人民出版社 2003 年版,第 394—396 页。

第三,显灵帮助官兵打胜仗,靖国保民。

地方神明显灵帮助官兵打仗,剿灭叛军或匪徒,靖国保民的传说故事最多,几乎成为民间信仰的共性。一方面,由统治者编造神话,以鼓舞士气,并借神明显灵庇佑来表明征伐的正义性。如清廷在收复台湾的过程中,打出了妈祖庇佑的旗号征讨郑成功。康熙十九年(1680)清军征剿厦门,因妈祖显灵帮助初战告捷,朝廷敕封护国佑民妙灵昭应弘仁普济天妃;康熙二十三年(1687),施琅宣称在妈祖的庇护下统一台湾,为妈祖请功,朝廷敕封其为护国佑民妙灵昭应仁慈天后。另一方面,有民间编造阴功助战的神话,以表明其正统的政治立场。如传说莆田莆禧地方一有倭犯,民众就到"保卫宫"祈求张巡、许远、雷万春三神明助战护城,莆禧"天后宫"的妈祖也派千里眼、顺风耳率山神、土地神帮助民众抗击倭寇。莆禧城隍也因其抗倭有功而被封为威灵公,具有府城隍的神格。据传,嘉靖年间倭寇围攻莆田莆禧城五十多天,军民由于长期守城,有些疲惫。正当守兵倦怠疏忽之际,倭寇想突袭,却发现"神灯四布,夜夜绕城。而寇望城生畏,自溃鼠窜,城而不陷"[1]。有人看到灯上写有"城隍"二字,才知是城中城隍显灵,出神兵以助战。事后知府上报朝廷,皇帝赐城隍黄袍加身,并敕封"威灵公",以彰其灵。[2]澎湖城隍也有类似的传说,光绪十一年,法军攻占马公,居民避难于附近的白沙岛,因城隍显灵,大雨倾盆而下,法军大炮哑火,居民幸免于难。中法议和后,通判奏请朝廷加封澎湖城隍为"威灵公"[3]。类似的传说在民间却广为传播,世代相传,借助这些传说故事,表明其政治立场,争取敕封,这样既可使神明获得正统化的标志,也可抬高神明的地位,扩大神明的影响。

第四,以祖庙为荣耀,或特别强调与祖庙的密切关系。闽台民间信仰在发展的过程中,存在分灵、分香的传播形式,因此就有祖庙和分灵庙之分。祖庙的地位崇高,享有许多特权,诸如分灵庙要定期到祖庙进香谒祖,香火一般比较旺盛。所以,无论是历史上还是现实中,祖庙之争时有发生,如妈祖的祖庙是在湄洲天后宫还是泉州天后宫、保生大帝祖庙是白礁慈济宫还是青礁慈济宫、临水夫人祖庙是在古田临水宫还是福州仓山陈太后祖殿等的争论,至今尚无最后定论。特别是台湾民间信仰更加注重正统性,如为了争夺妈

---

[1] 《敕封守御城隍大神碑文·凤岭鼎建鲤江城隍庙碑记》(现存于莆田涵江鲤江庙)。

[2] 莆田县地方志编撰委员会、莆田县民俗学会编:《莆禧"所城"杂记》,1997年,第35页。

[3] 详见凌志四主编:《台湾民俗大观》第4册,台北:大威出版社1985年版,第71页。

祖信仰在台湾的正统地位,自 20 世纪 50 年代以来一直争论不休,卷入争论的有大甲镇澜宫、北港朝天宫、新港奉天宫、鹿港天后宫、台南天后宫、北斗奠安宫、马公天后宫等。台湾"民间其他种类的庙宇也常透过夸张本庙兴建沿革可远溯几百年,以及伪造寺庙碑文、匾额等事,来证明自身的历史正统性"[①]。

总之,民间信仰的正统化是封建主义中央集权统治的必然产物,也是民间信仰避免被视为"淫祀",求得生存的应对策略,还有对主流文化价值观的认同,因此,民间信仰的正统化进程贯穿封建社会的始终,而且越是到封建社会后期,民间信仰的正统化就越是强烈。

结　论

在封建社会,中国民间信仰的生存和发展,必须处理好与国家和民众的双重关系,前者是民间信仰生存的前提条件,后者则是民间信仰发展的基础。历史事实表明,民间信仰的正统化是处理与国家关系的良方,而本土化则是处理与民众关系的必由之路,二者相辅相成,不可偏废。闽台地处中国东南,经历着从移民社会到定居社会的漫长历史,在地理上又远离中国政治、经济和文化中心,这种特定的历史和地缘文化决定了闽台民间信仰与中央的关系十分微妙。一方面,闽台民间信仰对中原文化和王权具有很强的向心力,编造大量地方神明显灵保佑帝王和官府的传说故事,出现大量的神明和宫庙被敕封赐额,凸显闽台民间信仰的正统化倾向;另一方面,由于偏隅东南,还有台湾海峡阻隔,"山高皇帝远",中央对闽台地区的控制力相对松弛,从而使闽台区域对中央集权产生某些离心力,表现在民间信仰方面就是创造出大批土生土长的神明取代外来神明,或把北方传入的神明改为福建籍贯,其灵应故事与闽台人文地理相结合,本土化色彩浓厚。当然,闽台民间信仰的本土化进程并没有脱离中国传统文化的轨道,而是与正统化并行不悖。

---

① 　翁佳音:《民间宗教意识中的正统观》,《台湾风物》第 37 卷第 4 期。

中国传统文化对现代的响应与创新

高柏园

淡江大学副校长、教授

前　言

人是历史的动物,也是传统文化的动物。人之为人,就在其有精神文明,其实也就是有其历史文化。而历史文化又是在时间中展开,因此会形成一种连续性之内容与形式,此即成为文化之所以会有之传统。人是历史而且是有文化传统的动物,这样的说法并不表示人被传统文化所完全决定,反之,人在被传统文化影响的同时,也对传统文化进行反省与创新。何以故? 因为文化既是在时间中形成传统,也就说明传统也在时间中发展、变化,文化传统既有连续的部分,也有非连续的部分。连续的部分我们称之为传统,非连续性的部分我们称之为创新。传统与创新并非如一般人以为是冲突或矛盾的,反之,传统与创新乃是一种互动、辩证的历程。我们立基于传统才有基础、有背景了解、掌握一切;同时,我们也在新元素加入的同时转化、创新传统的内容,进而形成人类文明的生生不息。缺乏创新,传统是僵化的;缺乏传统,创新是空洞的。果如此,则传统与创新并不是我们被迫接受,而应该是我们人性本有的要求,人正是在传统与创新的过程中自我完成与自我实现。

传统文化的发扬与创新都是我们所推动,而且是在当下的时空中推动,也就是在时代最前端推动,因此,我们也必然是以最先进的文化内容加以反省与创新,此中,最先进的文化内容无疑是科学技术。所有的文化都不能且不是活在过去,而是立基现在、回顾传统、创造未来。而现在正是以科技作为最主要的文化内容,而科技并不是表面意义的科学技术,而是通过科学技术的媒介与内容,形成人类创新文化的主要动力与内容。易言之,科技并不只是提供一种技术性内容,它同时也改变我们的生活态度与内容,进而形成一种崭新的内容与形式,甚至造成与传统文化内容的非连续性。这种非连续性使得历史及传统文化或知识,对当下的社会而言,可能是不兼容且无效的。例如,如果我们还是以传统的邮寄模式了解人类社会便可能是不相应的,甚至会形成对当下现在理解上的障碍。如果我们以往所累积的知识在不同的场景下已然过时,则这些知识不但不能帮助我们理解世界,反而会形成我们理解世界时的阻碍。我要指出的是,科技不只是一种技术,而且是一种观念、价值之转变,因为科技变化速度迅速,甚至会形成一种与传统文化不连续的生活模式与内容,进而形成价值观、生活观、文化观之差异。以上是一种较为中性的说明,若落入与传统文化之互动上说,则今日要发展、创新传统文化,科技是首先且不可避免要面对的内容,我们可以说,忽视科技,传统文化的发扬与创新是空洞且不切实际的幻想罢了。

基于以上说明,本文拟由两部分说明中华传统文化对现代的响应与创新。其一是以道家思想为例,说明其对当今世界重大问题的响应,此中分别是文明对话、文化治疗、人类中心、永续发展。其二是以文创为切入点,说明后传统与后人类、未来考古学、科技与文创。前者是说明传统文化对现代世界之响应,后者则是说明传统文化与科技上之融合与创新。

一、传统文化对现代世界之回应

中国传统文化内容丰富,本文暂以道家思想作为响应之例示,此中之原因是,道家思想最为开放,其本身即是以一无为之平台自许,最适合超越个别思想之限制,而可以对当今世界问题提供讨论对话之平台,这也是道家超人文思想之优点所在。

荆楚文化历史悠久,对中国文化之发展影响甚为深远。例如"亡秦者楚",项羽即是推翻秦朝的主力所在。又如当代新儒家代表人物之一熊十力先生亦为湖北黄冈人,对当代中国哲学之发展影响不言而喻。唯此种列举故能具体呈现荆楚文化及其代表人物之影响,然仍只是一种描述性之叙述,本文欲就文化价值及时代意义之角度,以较为宏观之方式呈现荆楚文化之特色。此一方面使吾人之理解与掌握,另一方面亦较能有系统地展开论述也。

此外，仍有两点可以补充。其一，唐先生只论述四型之代表，但未说明"非人文"之内容及代表。我们如果以先秦思想论之，则名家、墨辩之学其以概代自身为研究对象，此概念及其间之关系并不预设人之主观态度，因而可视为非人文思想之代表，此亦即是某种客观知识之学，而与其他四型之人文思想以实践及价值为重心之思想有别。其实，唐先生之未深论"非人文思想"，一方面说明非人文思想在中国思想中未能成为主流核心，另一方面也透露出中国思想之特色及限制，也就是中国思想以实践为优先，较不重视抽象理论知识之客观之学，此即中国思想之不足处。

其次，道家思想之超人文思想与法家之反人文、客观知识之非人文不同，而更作为人文思想五型会通之平台。《老子·三十八章》有"礼者，忠信之薄而乱之首"之说，而绝仁弃义，绝圣弃智之说，皆有反人文之嫌。然细观《老子》之意，则其重心不存在否定文化而有疏通文化、治疗文化，此与反人文思想不同。同时，道家之自然亦不是现实之自然而为一价值之自然，此即与非人文思想不同，此论详见下节。

若将以上有关人文思想之讨论纳入现代，则道家之无执无为，可作为文明冲突与文明对话之沟通平台，并可为当代文明与文化之虚无性提供文化之治疗，而其道德自然，也可以消除人类中心主义之病，而为环境保护提供方向，并以"反者道之动"，重新为永续发展寻找理论及实践之根据。因此，本文将先说明楚文化在先秦之发展及特色，而后再以此响应当代之主观问题：文明冲突与对话问题，以及客观问题：环境保护与永续发展问题。

（一）文明对话

文明冲突与文明对话并非今日始然，而是自古而然，此观乎人类历史即可知。然而在今日论及文明冲突及文明对话与昔日之情境最大之不同，乃在其背景及内容之差别，此即是全球化趋势所带来之冲击。拜文明科技之赐，人类在信息之沟通、储存、发展上，皆有前所未见之盛况，此所谓"知识爆炸的时代"。同时，快捷的交通运输，也使得全球之政治、经济、文化关系更形密切，彼此相互了解的机会固然增加，然而因为彼此差异之碰撞更多，其可能之矛盾与冲突亦更为频繁。尤其在后冷战时代，人类间之竞争已由政治之意识形态之争，转为宗教、文化之整体竞争，其竞争所产生之冲突亦更全面而深入。针对此，人类也试图通过对话以解决彼此的矛盾与冲突，而文明之最终极之信念便

是宗教,因此,文明对话也正是以宗教对话为核心,进而试图追求共识,……①
即就中国而言,儒释道称为三教,然此中之"道",若作为宗教而言,似乎应以
道教为主,而非先秦之道家思想。事实上,在论及宗教对话时,似乎只有儒家
与佛教参与,道教反而甚少参与。问题是,以儒家、佛教参与宗教对话诚然是
合理之举,然而,如果人类志在保留宗教文化之多样性,同时又希望能彼此相
知互信,则任何宗教皆有其无可逃之限制。理由是,宗教既然作为文明之终极
关怀,对信此教的文化而言,此宗教便是终极而绝对的,是具有价值及信仰上
的优先性的,无论怎么对话,信徒又无法放弃自身之立场,因而要能真诚的互信
相知。除了宗教自身的自觉与修养之外,道家思想却有十分特殊之价值,作为
宗教问题彼此对话的平台,此即道家"无"、"无为"之精神。依道家,宗教间
之所以会有如《齐物论》所言之此一是非、彼一是非之困境,乃是因为各宗教
怕有其积极性之内容与规范,此即为不可动摇者,因为它是终极关怀。相对于
此,道家"无"的精神并没有特殊内容之规定,而仅是一种开放与成全的智慧。
道家肯定所有宗教之可能价值,但既不认为任何其中之一具有绝对的优先性,
自身亦不提供一绝对性的标准或答案,而是通过无、无为,以使一切宗教成为
自己、自觉自己、限制自己、成全自己。因此,相对于所有宗教而言,道家思想
无疑最适合做文明对话与宗教对话之平台。

(二)文化治疗

一如前论,全球化乃是后冷战时代之产物,也就是资本主义当令的时代
产物。全球化可以有其理想性,诸如四海一家、天下大同之理想,皆可由全球
化之趋势加以推动;然而,全球化却在现实上受制资本主义、个人主义、消费主
义之主导,进而形成危机的时代与不正义的时代。例如,通过全球化,资本主
义可以更迅速而有效地控制全球之资本与物资,从而成为空前的集中,而其后
果是财富也相对空前的集中,也就是由极少数人享受极大的资本与资源,造成
社会的不正义。其次,资本主义以个人利润为追求目标,以商品财富为致富手
段,于是鼓励消费、刺激消费、为消费而消费之畸形社会文化于焉诞生。这样
的资本主义与消费主义产生两个影响与结果:其一是对地球资源之过度且非
理性的消耗,造成环境污染与生态破坏;其二,是人在此刺激消费之时代与社

---

① 参见刘述先:《儒家思想意涵之现代阐释论集》,台北:"中研院"文哲所研究所筹备处 2000
年版,第 193—249 页。

会,造成个人心灵的迷失与价值的虚无。就社会 M 型化、二极化的问题,老子所说之"损有余,补不足,天之道",正可作为人类自我修正的指标,而人类精神生活的迷失与文化生活的浅薄化,也可以通过道家"文化治疗学"、"心灵治疗学"的角度加以治疗与重建。这是道家思想第二种可能的贡献与价值所在。

(三)人类中心

当人类为满足自身之需求而改变环境之时,其实也就是以自然环境为工具或手段,而以人之生存为目的,而一切存在是以人为意义与价值之核心,此即是一种人类中心主义。一般而言,人有其主体性,而人以自我为中心也是十分自然而无可厚非。然而,人以自我为中心向外认识是无可厚非,如果将人很自然地以自我为中心之生存事实转化为价值上的应然律则便是一种终极。易言之,人作为有限存在诚然是以自我为中心,而后有先后远近之别,然而这只是事实的中心,也只是暂时的中心,人可以将一群人视为中心,亦可将一切存在视为中心,此中皆无逻辑上的矛盾。因此,人类中心主义只是人类自我的一种规范,却无法说明它有价值上绝对性与优先性。易言之,何以人是目的,物是工具、手段,而不是反其道而行,此中并没有决定性的理由。虽然我们不接受人类中心主义的自我中心所含有的价值绝对性与优先性,然而,我们也不接受生态中心主义的主张,而认为一切存在皆有其平等之价值。如果人类中心之病在其忽视物之存在价值,则生态中心之误在其遗忘人与物之差异,也就是忽视了人的自觉性。人一方面是动物,因此遵守自然与生态之律则,然而,人一方面也具有自觉与自决性,因此可以自创价值,而不必只能遵守自然与生态之律则。此即庄子所说之"材与不材之间"之中道。只是道家只能提出如此原则性之说明,未能提供更为具体之做法。

(四)永续发展

无论是文明冲突、文明对话、资本主义、全球化、文化治疗、人类中心,其实皆是为人类之生存而有之种种发展,而此种种努力又不只是要求发展,而且期望是一种永续的、可持续性的发展,此中也有二义可说。其一,人类对永恒之渴望自古而然,人之求长生不死,人之求灵魂不灭与永生,人之求立功立德立言之不朽,皆说明追求永恒乃人性之自然本性所在。然而,当代对永续发展之追求又不只是因人性对永恒之追求而有,而且是因为在环境生态之破坏,以及由此破坏而可能造成的人类毁灭上开始反省。也就是因为人类对自然生态及环境的破坏,导致人类生存遭受威胁而后才考虑永续发展,此乃是外在因素压迫使成,非人性自觉之推动。其二,永续发展其实是一种价值观念,存在不永续并不会造成逻辑上的矛盾,人类可以选择永续,也可以选择不永续,因此,当人们选永续发展时,当然是一种价值的判断与选择。试问:如果存在没有价值,又何需永续? 依道家,反者道之动,一切存在之永续乃是因其反,反者,返也,返回道之谓也。唯有道的不有、不恃、不宰,才能以开放的心灵接纳一切,使一切得其自在,此即为永续。永续不必只是某个对象之永续,而是对象与道之互动,进而与道为一而得其永续,此所谓"天长地久",而不是一种静止的永恒也。因此,永续是一种价值观念,所以以道为本;永续是一种开放的观念,所以以无这本;永续是一种实践的历程,所以以虚为本。此义我们可以从《老子》第六章"绵绵若存,用之不勤"之"不勤"见之;可由第七章"天长地久"见之;可由第十六章"知常容,容乃公,公乃全,全乃天,天乃道,道乃久,没身不殆"见之;可由第五十九章"是谓根深固柢,长生久视之道"见之。

总之,如果我们暂且以文明对话、文化治疗、人类中心、永续发展作为现代世界之重要问题,则道家思想对此问题之响应,也就说明了其时代意义之所在了。[①]

二、传统文化与科技之融合与创新

文化是在时间中展开之存在,所谓传统也只是就此文化发展历程中较为常态性之精神与内容加以形式化而成立。如果文化是在时间中发展,则文化是一种尚未完成的发展,而相应的传统也是一种发展中而尚未完成的内容。因此,所谓文化传统的复兴、融合、创新,也都是相应其时代而成立,而我们今日对传统文化之创新,也正是要因应我们的时代而展开,更具体地说,是要因应科技之发展而展开。我们如是的说法并不是一种科技独大论,而是要重申科技的影响与重要,它不再只是一种知识或技术,而更是开创出一种全新的思维模式、经验模式或甚至价值模式。首先,科技已然与以往之知识产生断裂,

---

① 吴汝钧:《老庄哲学的现代析论》自序,台北:文津出版社 1998 年版,第 1—2 页:"近时的人谈古代思想,总喜欢把它关连到现代社会方面来,探寻它的现代意义,对现代人在生活上的启示。在这方面,道家起码有两点可说。其一是有助鼓吹环保。老庄的尊重大自然与提倡顺物自然是著名的;……另外一点是,我们要吸纳西方的民主思想,恐怕要借助道家冲虚的、开放的怀抱。"

我们的知识不必然是以往知识的延续，而可能是完全另类的知识。这样的知识是以往知识的延续，而可能是完全多类的知识。这样的知识当然会影响我们的思维模式，在以往认为不可能的存在或活动，在今日可能十分平常和普通。例如，手机通讯的发达，早已改变我们的生活方式与思考方式。其次，不仅是思维模式改变，经验模式也完全改变。人可以透过科技大量且快速获得感官上之经验内容，例如电子显微镜或摄影技术，已能大幅开放吾人之感官经验内容。而虚拟世界的形成，也直接挑战人类经验真实性之定义。第三，当思维模式、经验模式改变，人对对象之理解、诠释更加多元。因而也会对对象有更多元的评价模式，这就是科技对价值模式的改变与再造。其实，思维模式、经验模式、价值模式在以往也都在不断改变创新，但是，当今科技已不再是部分的改变，而是在根本处上加以扭转，也就是科技不但造成文化发展阶段间的断裂性，而且是一种极强烈、异常性与以往知识不兼容的断裂。一如早期的计算机与今日的计算机之差异，不只是速度上之差别，而是处理之模式已然改变，其断裂性之速度已非吾人所能控制。以下，我们试从三个角度加以说明。

（一）后传统与后人类

首先，我们应说明的是，无论是后传统与后人类，此中之"后"都不只是指时间之晚出，而更是强调后者对前者的反省、批判、转化、创新。因为文化传统是在时间中展开，其时间之先后乃是必然的次序，而且是一事实之次序，此中既没有价值之评价，也没有自觉批判。然而我们所谓的"后"，较接近于形上学（metaphysics）中"meta"概念，也就是一种超越义。形上学并不是物性学之后，而是对物性学之基础予以后设的反省。因此"后传统"不只是在时间上的后，而且是有自觉地反省当下的传统与以往传统之差异及其价值，同时，也在兼顾过去与当下传统的基础上，创造我们认为最有价值的未来传统。基本上，我们不必为后传统贴上某种固定的内容，而只要指出其开放性、创造性与辩证性。后传统要求所有传统开放，从而通过传统之对话而形成新的内容与创造，同时，也在自我肯定、自我否定再到自我创新的过程中，形成辩证的发展历程，而与时代之变化相应，形成活的文化传统。易言之，后传统并不是对传统的否定，而是对传统的自觉与定位，进而促使传统自我辩证。尤其在科技发展快速的时代，后传统的观念将能有效地缓和传统发展中因断裂性而造成的紧张与排斥，从而形成正面积极的辩证互动关系。

其次,有关后人类除了与后传统同样具有超越性与自觉性之外,尤其强调人工智能与身体之互动,此所谓赛博格(cyborg)。人工智能已不只是人工智能,它根本就是人类的智慧,而新的科技也使得人的感官经验大量释放,以人工智能高速且有效处理大量释放的感官经验,也就形成后人类的存在特征。半人半兽的科技解释,就是新智慧与新感官的新组合。另一方面,虚拟现实的技术,网络身份的流动,造成赛博格在环境中的另类特质。这些都是以后人类所没有的新经验与新挑战。就认识论而言,人类以其感官经验去认识自然以形成认识与知识,此时之自然就是吾人所面对之自然,也就是第一自然(first nature)。然而当经验感官通过科技而释放,虚拟世界已然较真实更为吾人所接近时,我们所身处之自然已不再只是第一自然,而是虚拟与真实,科技与肉体所重新塑造的自然,也就是第二自然(second nature),而且第二自然更为多元、多重,它完全改变人对时间、空间、经验、自然、真实、自我之观念,形成后人类十分独特的特质与处境。

(二)未来考古学

值得注意的是,虽然我们已迈入后传统、后人类的时代,但是人毕竟有连续性与历史性,因此,即使是后传统与后人类,仍是立基在传统文化之上,只是我们继承、响应、创造传统的模式与内容有了重大的改变,这主要是受科技的影响。通过科技,我们可以更有效地掌握过去,而且利用虚拟技术使传统更"真实地"呈现在我们的眼前,由此而强化我们对传统的感官与了解。这是一种全新的考古模式,也就是利用科技让传统更亲近于我们的现在生活,在扩大我们对传统了解的同时,也更能够吸收传统中宝贵的文化元素与文人创意,进而与科技结合而产生新的文化内容与传统。这是由现在前溯过去的新考古学。另一方面,我们也可以通过科技而对未来进行推测与模拟,使我们对未来不必完全处于被动与不可知,进而可以对未来加以设计、规划与创造。如果考古学是对过去未知的对象进行挖掘、了解,则我们对未来之未知事物之设计、规划与创造亦是某种意义的考古学,我们可以将这种对过去与未来,皆以科技的方式重新复活或预见的模式,称为未来考古学。此中,即使是对过去的考古,也不同于以往只是找出遗迹,而是能更进一步呈现其可能的影音数据,不但扩展了考古的内容与广度,同时也是一种诠释与创造,历史已不再只是历史,而可以是可感受的对象,从而产生新的历史观与传统观。相对而言,对未来的考古虽然没有历史之限制,但是吾人对未来之了解与掌握仍依赖科技,因此,未来虽然在存在上较历史更具开放性,然而这也只是一种可能性,就实际存在而言,未来的实现仍是某种实现,而不是同时很多种实现,这是历史与未来的平等。而无论是过去或未来,其考古就是一种诠释与创造,而其中除了人文的心灵之外,最重要的凭借就是科技。我们可以说,没有科技价值便没有历史,没有未来,没有考古,没有创新。科技是所有文化存在、发展的必要条件。

人是时间的动物,人无法穿越时间,人对过去与未来只能以想象补足许多的无知与奥秘。虽然科技也是时间中的存在,科技也如同文化也是在发展中,因而科技并未完成而有其盲点与限制。然而科技的优点也在此,我们因为科技的未完成而保持无知与议题,从而对过去、现在与未来形成一种探索的历程,它可能性无限,发展性也无限,我们必须以一种开放的心灵,聆听存在发展的天籁与脉动。科技提供更丰富的生活经验与内容,让我们有更宽阔的文化想象与创造空间,也更丰富我们的生命的内容与价值。当然,我们在使用科技之前,充分的自觉与人文的理想,自是文化创造不可或缺的必要条件,而这也就涉及科技与人文心灵两者关系问题,也就是科技与文创的关系问题。

(三)科技与文创

文创是文化创意的简称,它在许多国家已被视为产业的范畴,包括电影、出版、音乐等皆为文创之产业与内容。文创其实自古即有之,也就是以技术与文化结合,进而呈现在生活的内容中。然而,今日之文创显然与以往之文创不同,此中最大的差异即在科技。一切文化不离生活,文创也不例外,只是以往的文创其所依赖之技术较为简单,无法或只能以抽象、想象之方式突破诸如时空、实体之限制,例如童话、小说。及至电影,可说是对时间、实体限制之突破,使人能超越时空实体之限制而有完全异于以往之经验感受。即至今日,人类已不再受限于电影对实物之依赖,而可以虚拟出人类时空、经验之外之想象内容,甚至创造出某种意义的"自然"。例如,通过科技,人类的听觉、视觉、触觉甚至味觉都获得空前的扩张,自然并没变化,但是人类从自然所得到的感觉却增加了。电子摄影技术便是一例。经验的扩张正是文化资源的扩张,也是人类文明的扩张,这是指已有之自然而言。另一方面,生物技术的进步,复制人或基因工程的改良,直接参与自然的演化历程,创造出新的自然,也可以称之为第二自然。而这样的发展与以往的文化发展有其异质性之差别,也造成所谓后传统、后人类、文化考古学之兴趣。同时，这样的发展不只是发展出一套新的文化内容，而且同时提供另一种文化观、价值观、世界观等观念之转变甚至革命，而这种新观念也会影响我们对传统文化的理解与诠释。

若以上所论无误，则文创并不只是文化的转化或生活化，而根本是文化的科技化，再由科技化转化我们的生活内容，而这样的趋势再加上全球化的推波助澜，不但是无所逃，同时也不可逆，我们除正视别无他途。因此，当我们重新审视传统文化、发扬传统文化、创造传统文化之时代新貌，都不能忽视科技的因素。因为科技已不只是科技，它已然成为人类文明最核心之动力。当然！这样的说明依然只是一种客观的描述，是一种实然的叙述。除此之外，我们还要有主观的反省与应然的判断，也就是要安立人类文化的真正价值与意义，这不是内容问题，而是方向问题；这不是知识问题，而是实践问题。试想：当婴儿车的小娃娃已然在滑动屏幕时，我们应该可以想象接下来的世界究竟是如何了！

结　论

《韩非子·五蠹》："世异则事异，事异则备变。"当世界的内容已然改变，我们面对世界的方式亦相应而有所变化，这也是孟子盛赞孔子为"圣之时者"之意义所在。两岸虽有历史及政治因素之差异，然作为中国文化的一分子则无二无别，而如何有效地继承、发展、开创中华传统文化，也是两岸中华子民责无旁贷的历史责任与使命。本文特别先说明道家思想如何响应已有之世界问题，从道家思想对世界问题之响应，也说明道家思想及中国文化仍具有世界性的价值与意义。其次，我们不能只是以传统文化为已足，而更要开创出新的中华文化内容，所谓"周虽旧邦，其命维新"，这也正是全体中国人的时代写照。因此，本文特别强调科技在当代的重要性，我们从后传统、后人类、未来考古学到文化创意产业之发展，展示出科技早已成为现代人生命之 DNA，而我们要开创新文化传统，势必要充分响应科技的内容与挑战。此中，我们要注意科技对文化之运用、科技对人性之诠释、科技对未来的创造。人不是喜新厌旧，而是需要深入与创新，日新又新，人性也。当然，日新又新只是事实，而止于至善才是日新又新的价值所在。虽然科技来自人性，而科技甚至创造人性，然而当我们如何说时，已表示我们生命的自觉，也表示生命的超越性与价值性，这也就是人文精神的根本价值，也是人类文明赖以不坠的最后根据。

闽台红砖建筑文化一脉相承

姚洪峰

泉州市文物保护中心副研究馆员

红砖赤瓦、燕尾山墙、镶嵌上精美的木石雕刻装饰……闽南红砖古厝形成独有的"红砖建筑"与"红砖文化",已成为闽南一道独特的人文风景。而无论是结构、材料,还是建筑风格,台湾传统建筑中常见的红砖建筑深受闽南红砖古厝的影响,两岸红砖建筑文化一脉相承,保护红砖建筑文化已成为海峡两岸的共识。

一、闽南独特地域文化孕育红砖建筑文化

"红砖建筑"是指分布在以泉州、漳州、厦门为中心,南到广东的潮汕地区,北到福州福清和台湾地区,以红瓦、红墙、红地砖为主要外部特征的闽南传统建筑。

"红砖洋房"为西洋建筑的一大特征,而历数中国各地的民居建筑,多为青砖青瓦,而唯独闽南传统民居异于其他地区民居,使用红砖红瓦,形成独有的"红砖建筑"与"红砖文化"。这与闽南文化的开放性特征密不可分。

闽南文化上承中原、闽越文化,由移民和原住民共同创造了特色鲜明的地域文化,之后又融入了南洋文化、阿拉伯文化、西方文化,使得闽南文化更加兴盛。

宋元时期,泉州作为东方大港,是"海上丝绸之路"起航点,来泉州经商的阿拉伯人与波斯人给闽南文化增添了伊斯兰文化成分。

元代，闽南成为中外商品的集散地，源源不断的各类货物通过这里行销各地。独特的地理优势和名扬中外的名誉，四方"蛮商夷贾"、传教士、旅行家、使节、僧侣、道士等纷至沓来。意大利人马可·波罗、摩洛哥旅行家依本·白图泰曾先后到过这里，并为世人留下赞誉刺桐城（泉州）的名篇。各类人物集聚于此，为多种文化的交流创造了条件，闽南成为多元文化交汇点。

明清时期，欧洲商人和传教士的到来，传入了西方文化，闽南文化呈现了多元化特点，兼有阿拉伯文化、西方文化、南洋文化等外来文化的特质。经历代的演化，形成具有鲜明个性、独特风格和丰富内涵的地方文化，包含了浓重的农耕文化和海商文化特点，在中华文化体系中独树一帜。

闽南文化是一体多元的文化，在宗教、信仰、建筑、戏剧、方言等方面都反映出兼容性和开拓性的特征。而这种兼容开拓的特征，与闽南人中有大量的中原移民和侨民成分有关，与海商文化亦有直接关联。中原文化融合本土文化形成特色的闽南文化，通过移民传播到台湾及海外，才最终形成独有的"红砖建筑"与"红砖文化"。

2009 年，联合国教科文组织保护非物质文化遗产政府间委员会第四次会议上，中国申请的"中国传统木结构建筑营造技艺"被列入"人类非物质文化遗产代表名录"，"闽南传统民居传统营造技艺"就在其中。而闽南传统民居传统营造技艺与中原地区的做法大都相似，所不同的是福建在秦汉以前一直是蛮荒之地，虽有闽越人的开发，社会经济的发展仍大大落后于中原地区。秦设置闽中郡开启了中原文化与闽南文化在福建的融合，之后历次大规模中原汉族移民闽南地区，进一步带动了闽南文化的形成和发展。

二、两岸红砖建筑文化一脉相承

闽系红砖建筑以泉州为核心，建筑物的墙面、屋顶、地面等都透着红，而入口则以白石、石雕、精致堆剪等引入，这种红砖建筑主要分布在泉州、厦门、漳州及莆田、台湾。其中，泉州红砖建筑数量最多，以泉州鲤城古城区、中山路、泉港土坑、杨阿苗故居、蔡氏古民居、泉州天后宫等为代表。泉州的匠师则主要分布在惠安、晋江和南安，其中以惠安崇武的匠师最为出名，如溪底村的大木匠、武峰村的石匠和官柱村的泥水匠。

图1　台北文庙大成殿（泉州匠师建造）

图2　台北保安宫（漳州匠师修建）

图3　台北龙山寺

而台湾早期的建筑，与闽南沿海各地的民居，无论平面布局、立面形式、整体造型，或是细部装饰的风格都很相近，最具代表性的有板桥林本源三落旧大厝、大溪李腾芳古宅、竹山林月汀敦本堂、秀水陈荣华益源大厝、楠西江家古厝、澎湖望安岛中社古宅、金门水头十八间等。

台湾红砖建筑与闽南建筑关系是密不可分一脉相承的。明末清初时期，郑成功和施琅开发台湾，带去大量匠师，很多建筑材料也取之大陆。当时，在台南、新竹一带，多泉州匠师（图1）；台北板桥、士林、宜兰、桃园、彰化，多漳州匠师（图2）。此外，各地还零散分布福州、潮州、汀州匠师。他们将本土的建筑作法带到台湾，形成台湾多地的建筑风格。

光绪十四年（1888），惠安崇武溪底村王益顺父子承建峰尾东岳庙，设计制作了全木结构蜘蛛结网藻井并雕镂各种图案，此独创的技法一经问世便名噪一时。之后，王益顺还受邀主持台北龙山寺的重建工程（图3）。他将斗拱、藻井与天花板有机地融为一体，创造了多种新型的建筑技巧。藻井、平闸及网目的作法，无论是木结构技巧还是形制都首开台湾建筑先河，刷新了台湾寺庙的传统风格。雕梁画栋精美绝伦的龙山寺历享"中国建筑艺术瑰宝"之美誉，被台湾视为"珍宝"倍加保护，龙山寺因此被列为台湾八大景之一。至今，台湾各地先后仿造龙山寺的寺庙有近两百座，可见其影响之大。

三、保护红砖建筑文化遗产成两岸共识

近年来,海峡两岸众多专家学者对红砖建筑历史、科学、艺术价值进行了深入的挖掘,合力保护红砖建筑文化遗产成为共识,两岸古建保护界很早就有交流。台北大学民俗艺术研究所李乾朗教授,早在20世纪七八十年代就来往于海峡两岸,从事台湾与福建、泉州建筑的研究,当时还对泉州开元寺大雄宝殿的保护修缮做过一些记录和调查。此外,李乾朗教授还曾和台湾科技大学建筑系阎亚宁副教授,与当时在泉州华侨大学建筑系的方拥教授有过这方面的合作交流。他们都是两岸古建保护界交流的践行者和见证人。从20世纪90年代初起,笔者就开始学习古建筑知识,曾师从于中国文物研究所(现更名为中国文化遗产研究院)高级工程师杨玉柱,所参与的第一个项目就是"泉州洛阳桥修复工程"。之后,陆续主持了泉州府文庙、南安蔡氏古民居建筑群(图4)、南安中宪第民居、泉州杨阿苗故居(图5)等维护工程的设计

修复保护工作,并与现就职于台湾艺术大学古迹艺术修护学系的王庆台教授、现就职于台湾高苑科技大学建筑系的林世超博士和台湾中原大学建筑系的张宇彤博士等专家学者进行合作交流与调研。

图4 南安蔡氏古民居建筑群

2010年12月15日,在泉州举办"海峡两岸文化遗产保护论坛"上,与会的两岸八十多位专家一致认为闽台红砖建筑文化一脉相承,呼吁两岸联袂申遗红砖建筑。而早在2008年11月台北举行的"第一届海峡两岸南系古建艺术学术研讨会"上,两岸专家就闽系古建筑特色、南系古建筑保护、工艺传承等问题进行了广泛交流,发出闽台联袂开始红砖建筑申遗的信号。

2012年6月,闽台红砖古厝保护学

图5 泉州杨阿苗故居

术研讨会在石狮举行,来自海峡两岸的数十位文史、文博专家就新时期如何保护闽台红砖古厝资源、合理开发文化旅游进行了深入的研讨,联手推动闽台红砖古厝申报"世界文化遗产"。

2012 年 11 月 17 日在全国世界文化遗产工作会议上,国家文物局公布了更新后的《中国世界文化遗产预备名单》,厦门和南安联合申报的"闽南红砖建筑"项目列入了新名单。

四、两岸合作保护相互借鉴优势互补

图 6 泉州开元寺大雄宝殿维修工地

随着风雨的侵蚀、城市化进程的加快和人们生活习惯的变化,修复保护与传承红砖建筑这一非物质文化遗产引人关注。

近年来,除了一些零星的红砖建筑修复保护设计外,笔者于近期完成泉州开元寺维修工程设计(图 6);并参与完成晋江五店市传统街区的保护设计工作、南安蔡氏古民居建筑群及五店市传统街区的维修,二者的修复手段和技术大都是一致的,所不同的是,前者修复是按照全国重点文物保护单位的修缮要求,采用"原材料、原工艺、原形制"进行维修;后者则遵照"不改变原状"的原则,维修后还给原住民继续使用,让他们就地生产生活,繁衍生息,这是目前古村落最好的一种保护手段,同时也可供游人参观。五店市传统街区是在大规模的城市开发后,保留下来传统街区式的文化产业园区,它利用城市开发遗留下来的街区,进行保护和改造,再将周边城镇改造后留下来的有代表性的传统建筑,迁移至街区内,通过整体规划加以保护。修复办法是参照文物修复原则进行,修复后的建筑保留建筑时代外观,内部根据使用功能进行改造。如庄杰线宅是一座建于 1935 年的建筑,五间张双边厝,总占地面积约 918 平方米,改造成可经营又可展示泉州安溪茶文化的场所;天官第民居是一处明代建筑,坐南朝北,三进五开间,占地面积 900 平方米,在梁架不变的情况下,根据内部功能的需要,对部分内部墙体进行拆除改造,创建晋江灵源万应茶的体验和展示服务场所（灵源万应茶是晋江灵源禅寺高僧祖传的秘方药茶，民间有"家有万应茶，安心一整夏"之美誉）。

与大陆古建筑保护相比，台湾古建筑保护更规范，台湾研究团队按比例来说更雄厚。2013 年 10 月，笔者随原就职于台北汉光建筑事物所古迹修复部的邵西川工程师，参观台北邮电局、板桥古厝和龙云寺等古迹维修工地。发现参观的每一个修复工地都有登记在册的匠师和监理人员自始至终在现场，认真完成施工；台北邮电局新补配的材料与旧材料感观和尺度上非常接近，且修复施工档案非常完整。此外，台湾学者对传统匠师的研究更是细致入微，出版了很多专著，如李乾朗教授在调查传统匠师技艺的同时，专门为惠安溪底的大木师王益顺作传。

两岸红砖建筑文化一脉相承，大陆有丰厚的资源，台湾有高深的技术，我个人认为，海峡两岸要进一步加强交流与合作，可以建立起大陆、台湾院校与院校及研究团队与企业相结合的交流合作机制，两地相互交流借鉴，优势互补，来深入推动两岸文化遗产的保护、传承。

清前期台湾北部的永定籍移民形态论析

——以契约文书等文献为中心

张 侃

两岸关系和平发展协同创新中心专家委员

厦门大学历史系教授、历史研究所所长

清代前期,汉族移民大量进入台湾,因其祖籍地、方言不同,形成了人群分类。大致而言,官方登记把人群简化为"闽＝福佬"、"粤＝客家"。早期台湾客家研究比较关注来自粤地的客家,后来发现,台湾客家中包括了行政地域上属于闽省、方言上属于客家语系的汀州移民。日据时期台湾"总督府官防调查课"的《台湾在籍汉民族乡贯别调查》有比较完整的数据反映汀籍民众在台湾的静态分布①,摘录如下:

	全岛	台北州	新竹州	台中州	台南州	高雄州	台东厅	花莲港厅	澎湖厅
汀州	42500	17400	5500	8300	7600	3600	0	100	0
百分	100	40.95	12.94	19.53	17.88	8.47	0	0.23	0
总人口	3751600	726000	582100	853800	1010400	489700	4900	17100	67600
汀人占	1.1	2.4	0.9	0.9	0.7	0.7	0	0.5	0

---

① 台湾"总督府官防调查课":《台湾在籍汉民族乡贯别调查》,台湾时报发行所1928年版。
注:台北州:今台北市、基隆市、台北县;新竹州:今新竹县、桃园县、苗栗县;台中州:今台中县、台中市、南投县、彰化县;台南州:今云林县、台南县、台南市、嘉义县;高雄州:今高雄县、高雄市、屏东县;台东厅:今台东县;花莲港厅:今花莲县;澎湖厅:今澎湖县。

从上表看,汀籍民众人口占全台湾人口 1.1%,比重甚少。不过就局部状况而言,存在着不平衡现象。以北部、中部、南部、东部区分,北部为核心区,南部为次核心区,中部为散居区,东部为空白区。更细一点看,汀州客籍以台北州最为集中,而且以汀籍移民为主,而汀籍移民又以永定籍为多。台湾北部地区是清代移民群体最为庞杂的地区,客家认同也比较模糊,常常漂移于客家和福佬之间。①

早在 20 世纪 30 年代,罗香林撰写《客家研究导论》论及客家族群的认同混化问题,并指出了客家与畲族的双向混化现象。② 可惜到了 20 世纪 50 年代,他受"国族主义"的影响,《客家源流考》中强调了"汉族血统纯粹论"③,结果在客属精英和团体的营造下,这一观点成为客家研究话语主流趋向,遮蔽了客家族群演变过程所蕴含的复杂性和不确定性④。直到 20 世纪 80 年代,客家研究才又逐渐重视其历史过程中的动态机制。最富有原创性的学者是梁肇庭教授。他深入分析闽粤赣边区经济周期与华南地区人口迁徙形态,指出了客家人的自我意识是在与其他族群的冲突(或互动)中才形成的。⑤ 这一贡献得到了美国人类学家郝瑞的充分肯定,"梁肇庭的历史研究考察了有关客家和操客家方言的'棚民'认同的来龙去脉,……客家认同的

① 著作如尹章义:《台湾开发史研究》,台北:联经出版有限公司 1989 年版;台北县三芝乡公所:《三芝乡志》,三芝乡公所 1994 年版;台北县客家公共事务协会编:《台北县的客家人"落地生根好所在"》;客家台湾文史工作室 1997 年版;戴宝村、温振华:《大台北都会圈客家史》,台北市文献委员会 1998 年版;吴中杰:《台湾福佬客分布及其语言研究》,台湾师范大学硕士学位论文;邱彦贵、吴中杰:《台湾客家地图》,猫头鹰出版社 2001 年版;戴如峰、江彬如:《三芝乡埔头老街商业开拓史初探》,三芝资源资料工作室 2002 年版;尹章义:《台湾客家史研究》,台北市客家事务委员会 2003 年版;廖伦光:《台北县汀州客寻踪》,台北县文化局 2006 年版;陈宗仁、黄子尧:《行到新古乡:新庄、泰山的客家人》,台北县客家事务局 2008 年版。论文如庄华堂:《永定客与三芝江家》,《客家》1999 年第 113 期;廖伦光:《芝兰三堡汀州客家聚落与领域层次之联系》,《台北盆地客家垦拓发展史学术研讨会论文汇编》,2002 年版;高怡萍:《淡水河流域的客家信仰与族群性》,文化研究学年会 2011 年版;黄诗涵:《由古书契论北淡地区客家移垦——以汀州客江、潘二氏为例》,淡水大学 2011 年硕士学位论文等。

② 罗香林:《客家研究导论》,上海文艺出版社 1992 年影印版,第 76、79 页。

③ 周雪香:《从客畲混化到"纯粹自体"——罗香林客家源流观的演变》,《贵州民族研究》2007 年第 3 期;冷剑波:《罗香林客家源流观的再认识》,《嘉应学院学报》(哲学社会科学) 2007 年第 5 期。

④ 程美宝:《罗香林早年人种学与民族学的理念与实践》,《中山大学学报》(社会科学版) 2008 年第 3 期;陈世松:《中国近代以来学术建构对客家研究的影响——以罗香林〈客家研究导论〉为例》,《社会科学研究》2007 年第 6 期。

⑤ Leong,Sow-Theng, *Migration and Ethnicity in Chinese History: Hakkas, Pengmin, and Their Neighbors,* Staford University Press1997,pp.1–18.

内容随历史条件和语境的不同而变"①。梁肇庭的看法可以为台湾客家研究指出了一个历史维度，即族群边界（ethnic boundary）与是否先验地拥有一个共同文化体系关系不大，它取决于特定的社会或生态需求，取决于与不同族群发生了何种互动，取决于日常生活实践。从具体方法而论，可以落实为：一是应采取区域、族群等为核心概念展现交织性的网络体系和社会关系。二是将研究对象置于广阔的相互情境中加以理解，强调互动者互为主体，考察不同群体利用文化相遇的双向属性所创造多样的文化类型。三是与日常社会的各个环节有着密切联系，将社会行为视为一个内在（in here）的现象，从微观个体出发，"把小地方放到大世界中"（to put a small place into a big world）。

由此回到汀籍客家在北台湾地区活动的过程，可以知道，他们成为台湾社会的群体，与垦殖活动有密切关系。垦殖是台湾社会从土著自治转变为王朝开发的重要事件，闽、粤各籍移民均有参与，番族各社也扮演着重要角色。个体、地域、社会、国家在此多层交织，不同人群形成纷繁复杂的经济合作和分化现象。本文主要利用民间文献（族谱、契约、碑刻等），从垦殖的具体行为细化雍正乾隆年以永定籍士人胡焯猷为首的汀州移民在淡水河流域经济活动和文化行为，以此讨论社群演变的若干特征。

一、汀人入垦北台的合股经营

汀籍移民入台垦殖的最早文献记载见于《台海使槎录》："罗汉内门、外门田，皆大杰巅社地也。康熙四十二年（1703）台、诸民人招汀州属县民垦治。自后往来渐众，耕种采樵。"② 在客家人群中，汀籍民众与粤东各籍存在比较复杂关系，他们差不多同时赴台，但后者一般以偷渡为主。如《石窟一征》谓：

> 邑中贫民往台湾为人作场工，往往至三、四十年始归。归家，尚以青布裹头，望而知为"台湾客"也。往台湾者，例由本籍官员给照至泉州厦门海防同知验放，方准渡海。然盘费多，贫不能措者，往往在潮州樟林径渡台湾。③

① 郝瑞：《中国人类学叙事的复苏与进步》，范可译，《广西民族学院学报》2002 年第 4 期。
② （清）黄叔璥：《台海使槎录》，台湾银行经济研究室 1996 年版，第 112 页。
③ （清）黄钊：《石窟一征》卷三《教养二》，《中国史学丛书续编》，台北：学生书局 1970 年影印版，第 115—116 页。

　　相比粤东移民从潮州偷渡,汀籍移民当时赴台者以永定、武平、上杭为多,路线虽有多条,但以厦门出海为多,身份具有合法性。永定高头、古竹、湖坑等地民众沿着九龙江的水路交通,经九龙江西溪支流船场溪上游的书洋、船场走山路,过南靖、漳州到龙溪石码或月港、浮宫等港口,或坐船到厦门港换海船出海。

　　清前期汀籍民众参与台湾垦殖并非偶然,从大背景看,与明清时期区域性的人口迁徙有关。自明中叶开始,东南地区山地就有大量的汀籍棚民活动。如万历年间,江西袁州府宜春县有"蔓延至十余万"的闽籍流民[1];宁都直隶州有不少永定、上杭人种植烟草[2];雍正年间,浙南泰顺合伙佃山雇工种蓝[3]。在人口规模和商品经济的推力作用下,汀籍民众还纷纷拓殖南洋与台湾,清代台湾北部永定籍著名垦首胡焯猷所在的下洋忠坑(即今中川村)就是典型。胡大新根据民国十三年(1924)修撰的《胡氏族谱》统计了胡氏从17世至25世渡台人数[4]:

世序	17	18	19	20	21	22	23	24	25
人数	6	13	10	33	29	41	30	43	4

　　上表可见,胡氏家族的十七、十八、十九世渡台为小规模移民阶段。胡焯猷为万七公派下十八世,根据《同永胡氏族谱》中有不完全记载,在移民中,与胡焯猷(胡瑞铨)同一辈的有胡自扬、胡腾学,下一辈的有胡岐周,再下一辈为胡廷笏、胡顺和、胡兴昭、胡旺昭、胡佳昭、胡茂和、胡攸瑞、胡永祥、胡壬端、胡勋和、胡勋旺、胡勋镕等。[5]

　　永定太平里悠湾村尾王氏也是典型例子,根据族谱资料可以看出他们在清初的移民重心已由南洋转向了台湾:十五世,仕观公,往外六昆番(今泰国)……十六世,必奇公,往外交喇国,又往渡机汶番。……必登

　　① (清)江为龙等纂:康熙《宜春县志》卷十二《风俗·驱逐棚寇功德碑》。

　　② (清)魏礼:《魏季子文集》卷八《与李邑侯书》。

　　③ (清)林鹗:光绪《分疆录》卷二《方言》,成文出版社1975年影印版,第132页。

　　④ 胡大新:《永定胡氏与台湾》,中国人民政治协商会议永定县委员会文史资料委员会编《永定文史资料》第19辑,2000年。

　　⑤ 吉士:《台湾中坜市与永定中川村两地胡姓的骨肉渊源》,中国人民政治协商会议永定县委员会文史资料委员会编《永定文史资料》第10辑,1991年。

公，往番渡机汶，……必桢公，字振祥，公生于康熙己未年（1679），至庚寅（1710）往台湾。……十八世，庆唐公，往台湾，……庆连公，字富招，往外台湾，庆和公、庆穆公、庆典公、庆旺公，俱往台湾，鼎龙公，往台湾。……十九世，荣增公，字兰茂，生于嘉庆十一年（1806）五月十一日，卒于台湾。①

清代初年，永定高头的江百八郎后裔子孙也从福建不断迁移到台湾，据江太新先生统计②，雍正至乾隆年间进入一个高峰期，具体状况如下：

世序	15	16	17	18	19	20	21	22	23	24	25	26	27	28
人数	6	2	4	22	50	78	50	20	26	11	14	30	8	2

在明清人口压力的驱动下和商品经济的拉动下，闽西地区的民众具有多向垦殖能力，既有山地性，也有海洋性。台湾出现垦殖机会时，他们自然顺应历史潮流，渡海入台。雍正二年（1724）漳浦人蓝鼎元建议移民携眷入台，可能是一个重要的历史契机，"台民有家属在内地者，愿搬取渡台完聚，许具呈给照，赴内地搬取，文武汛口不得留难"③。此时台湾北部淡水河南北岸荒地多而竞争不激烈，"武朥湾、大浪泵等处，地广土沃，可容万夫之耕"④。加以熟番内附，清政府设防兵于淡水，汉人安全有所保障，福建垦殖大军很快进入北部，如清人赵翼所描述的：

> 康熙中，初取台地，仅台湾、凤山、诸罗三县地，凤在南，诸在北，台湾居其中，又有鹿耳门海口通舟楫，故就其地设府治。其后，北境日扩，闽人争往耕。于是，诸罗之北增彰化县，彰化之北又增北路淡水同知。⑤

以康雍时期为时间节点，我们回到那个历史场景来观察胡焯猷垦殖活动。

---

① 转见杨国桢：《闽在海中：追寻福建海洋发展史》，江西高校出版社1998年版，第121页。

② 江太新等：《从永定高头江氏族谱所见》，周雪香主编《华南客家族群追寻与文化印象》，黄山书社2005年版，第152页。

③ （清）蓝鼎元：《与吴观察论治台湾事宜书》，《鹿洲初集》卷二，《近代中国史料丛刊续编》第76辑，台湾文海出版社1984年影印版，第58页。

④ （清）陈梦林：康熙《诸罗县志》卷十二，高贤治主编《台湾方志集成》第1辑，宗青图书出版有限公司1995年版，第288页。

⑤ （清）赵翼：《论台湾要害》，《皇朝经世文编》卷八十四《兵政》，岳麓书社2004年版，第587页。

闽南各籍由于便利地理条件和航海优势，"厦门至淡水，水程十一更"[①]，"由淡水至福州，利风一日可达"，率先来到台北盆地，"民番杂处"[②]。现存最早垦照是康熙四十八（1709）凤山县颁发给陈赖章垦号的"大佳腊垦荒告示"[③]，尹章义先生根据"张广福"文书考证陈赖章垦号由戴歧伯、陈逢春、赖永和、陈天章合股组成，垦殖范围为"东至雷匣、秀朗，西至八里坌、干豆外，南至兴直山脚内，北至大浪泵沟"。但是台北盆地草埔广阔，根据勘察，陈赖章实际开垦面积约有田园五十余甲，只是其中一小部分。陈赖章垦号一直未能有效开垦，于康熙五十六年（1718）让渡给功加。[④] 在此状况下，雍正五年（1727），担任通事的闽人杨道弘得以再次请垦邻近草埔，彰化知县给予垦照："兴直埔有荒地一所，东至港，西至八里坌山脚，南至海山山尾，北至干豆山。"不过，杨道弘请垦的兴直荒埔为凯达格兰族武朥湾社（Pinorouwan）所有，在没有得到社番同意时，难以招引到佃户。时隔三年，杨道弘才以年贴纳番饷银五十两为条件，与土官君孝、欧湾订立瞨地合约，获得垦殖权。[⑤]

汀籍移民先至台北盆地，后沿着淡水河流域各溪推进。进入台北盆地进行拓殖，获得了从垦丁成为垦首的机会，以胡焯猷最为典型。连横的《台湾通史》专门为胡焯猷立传[⑥]，但是有些内容并不准确，比如胡焯猷来台时间，尹章义根据《案底》中起自叙已指出，应在康熙末年或雍正初年[⑦]。胡焯猷来台之后，并没有马上投入到垦殖经营，据说他先以行医为生，目前尚无确切史料佐证，姑且存疑。伊能嘉矩的《台湾文化志》抄录中武朥湾社和八里坌社之间对直余埔的土地控案，可以知道，大约乾隆二年（1737）前后，胡焯猷涉足埔地开垦：

---

① （清）陈梦林：康熙《诸罗县志》卷十二，高贤治主编《台湾方志集成》第 1 辑，宗青图书出版有限公司 1995 年版，第 288 页。

② （清）蓝鼎元：《阮骠骑（蔡文）传》，《鹿洲初集》卷七，《近代中国史料丛刊续编》第 76 辑，台湾文海出版社 1984 年影印版，第 94 页。

③ 《清代台湾大租调查书》第一章第一节"垦照（三）"，《台湾文献丛刊》152 种，台湾银行经济研究室 1964 年版。

④ 尹章义：《台北平原拓垦史研究（1697—1772）》，《台湾开发史研究》，台北：联经出版有限公司 1989 年版，第 82 页。

⑤ 《清代台湾大租调查书》第一章第一节"垦照（七）、（八）"，《台湾文献丛刊》152 种，台湾银行经济研究室 1964 年版。

⑥ 连横：《台湾通史》下，商务印书馆 1983 年版，第 564—565 页。

⑦ 尹章义：《台北平原拓垦史研究（1697—1772）》，《台湾开发史研究》，台北：联经出版有限公司 1989 年版，第 73 页。

此庄地系故业户杨道弘于雍正年间自武勝湾社番膊垦兴直界内余埔，与八里坌社番风马不相涉。迨乾隆二年（1737），杨道弘将此庄地卖给钟日升、胡瑞铨；乾隆五年（1740），钟、胡二姓复将此庄地转卖给胡世杰、林作哲；乾隆七年（1742），胡自端复自胡、林二姓界内膊出，向业主年缴大租六石。[①]

尹章义先生注意过档案文书中提到的"胡瑞铨"，他认为"胡瑞铨与胡焯猷同时存在，或非焯猷之继承人"[②]。由于史料缺乏，他只能先作非继承人的判断，然后把他们视为两个人。其实不然，乾隆《永定县志》有明确记载："胡焯猷，字瑞铨"[③]，这条史料坐实了"胡瑞铨"即"胡焯猷"的事实，胡的早期活动借此可以得到更为完备的揭示。他先于乾隆二年承典杨道弘所请垦的土地进行开垦，三年之后，把垦地转让给了林作哲等人。至于具体原因并无史料说明，可能性之一是兴直庄草埔的产权一直不清晰，尤其台北盆地中心因土地广阔，成为早期垦户的投资热点后，侵垦事件就屡有发生。[④] 乾隆二年之前，杨道弘与林天成（林成祖）等人一直存在土地开发权的相互控诉，就是侵垦事件之一，现存一份契约文书反映了这种状况：

> 仝立合同林天成、陈鸣琳、郑维谦。因康熙伍拾玖年（1720）合同陈梦兰、朱焜侯、陈化伯公置北路淡水大加腊、八芝连林、沪尾、八里坌、兴直等处五庄草地。其大加腊四庄经已节次开垦，惟兴直一庄未暇整理，是以致外人有请垦之举；而陈与郑在厦，林在淡不忍袖手，出头招佃开圳垦耕，贴纳饷课，仍与杨、许互控多年，一肩独任，计费有银壹仟贰佰零壹钱贰分。但杨、许互控之案，亦经凭公劝处冰释；而兴直应得之庄，林亦不甘归己。两相推让，遂于本月初贰日，置酒会请公亲会议，将兴直五大股之庄，作为拾小股，每股各得壹分，其余伍分以酬林为数年劳苦费用之资。则此拾分之庄，林自得其柒分，而陈得拾分之贰，郑得拾分之壹；各照议约掌业，所收租粟，除公费外，照分均分，其采办饷课公费，亦俱照应分料理。至此庄倘有人承买，价议以捌百两为度，先问股内之人不愿承受外，其庄

---

① ［日］伊能嘉矩：《台湾文化志》下，台湾省文献委员会 1991 年编译，第 342 页。
② 尹章义：《台湾开发史研究》，台北：联经出版有限公司 1989 年版，第 186 页。
③ （清）伍炜：乾隆《永定县志》卷六，厦门大学出版社 2012 年版，第 352 页。
④ 温振华：《清代台湾淡北地区的拓垦》，《台湾风物》2005 年第 3 期。

亦不得阻滞,其价亦不得从减,三面议定同立合同参纸,各执为照。

内朱焜侯一股,兹林称系与朱承买,倘有不明,林自抵当,不干他人之事。

陈梦兰一股,兹陈称系与陈承买,倘有不明,陈自抵当,不干他人之事。

陈化伯一股,兹郑称系与陈承买,倘有不明,郑自抵当,不干他人之事。

代书李宇任

公亲蓝登云、陈达生、陈鸣阳、林楚白

乾隆贰年（1737）贰月　日　仝立合同林天成　陈鸣琳　郑维谦 ①

这份契约是重新整合土地权利的合同。林天成主持与杨道弘的诉讼,其合伙人就出让土地开发权柄重新分配。林天成即北台湾早期著名的垦首、通事、漳浦人林成祖,史籍记为:"世业农,慨然有远大之志。当是时,淡水初启,地利未兴,欲谋垦田,苦无资,朋辈助之,得数百金。以雍正二十年【应为'十二年（1734）'】来台,居大甲,贷番田而耕之。厥土黑壤,一岁两熟,成祖能耐劳,佣田课耕,家乃日殖……。所垦之田,曰新庄、曰新埔、曰后埔、曰枋寮、曰大佳腊,岁入谷十数万石。"② 上述契约虽记林与杨等人的纠纷"亦经凭公劝处冰释",但这仅为一面之词,不见得杨道弘就服气。胡焯猷可能鉴于他们之间仍有土地纠葛,为了避开矛盾,于是把土地让给林作哲等人。林作哲,祖籍漳浦人,原居住台南县柳营镇,后从台南迁居台北盆地,可能与林成祖有关。

台北垦殖过程中,垦户之间频繁的参股合作和产权交易是很正常的事情。胡焯猷承垦杨道弘庄地时采取了与钟日陞合伙的方式,这是一个初步摸索。根据契约文书,胡焯猷还与胡自端、江彦华、江作卿等人一起承垦了关渡妈祖宫名下的田地:

立退尽田屋断根契人江彦华、江作卿等。先年□垦得水田埔园,犁分贰张,坐落土名牛寮【椆】窠虎头山下关渡门内,东至大港墘为界、西至山溪为界、南至相共浮圳为界、北至原,带房屋壹座,并门首周园埔地壹所,带水陆分,又带大港麻园埔地六分,四址分明,递年额纳关渡门内妈祖宫香油租粟贰拾石正。今因乏银应用,尽问房亲、伯叔人等俱各不领情愿,托中送与刘开柏、刘开书、刘开作、刘开信兄弟前来出首承接。当日凭

---

① 高贤治:《大台北古契字集》,台北市文献会 2000 年版,第 13 页。

② 连横:《台湾通史》下,商务印书馆 1983 年版,第 595 页。

中三面言议,时值田价埔地银伍佰柒拾伍两正。即日银契仝中交讫明白,中间并无债货、准折、短少等情。其田委系自己物业,不曾包退他人田地,亦不曾重复典当与人。自退之日,其田埔、房屋等项任从银主耕作管业,退人日后不得言赎增划,另说生端。壹退千休,此系二家甘愿,两无逼勒成交。恐口无凭,立退田契壹纸并上手老契合同,共六张,付执永远为照。

即日批明:实领到契内银足讫。

又批,妈祖宫香油佃批并胡瑞铨、胡自端收存仝照。所批是实。

再批明:契内田屋埔地,倘有上手来历不明,不干买主之事,系卖主一力抵当。江作卿的。批明再照。

又批明:契内牛椆窠虎头山下桥头田一处并大路下田壹处,抽出卖与邱国英等,兹因上手印契垦单连造,难已开拆,一应存在刘荣华等收贮。如要用,华等取出公用。再照。

说合中人:李翰扬、张建曾、刘应课。

在场见人:赖碧桂、胡自端、胡瑞铨、兄华中。

代笔人:江应连。

乾隆拾贰年(1747)拾壹月 日立退尽田屋断根契人江彦华、江作卿。[①]

这是一份江彦华、江作卿绝卖埔园田屋给刘开柏、刘开书、刘开作、刘开信兄弟的契约,根据在场见人"兄华中"的记载,江彦华、江作卿应是兄弟,该项交易金额为"田价埔地银伍佰柒拾伍两正",颇为不菲。承接土地的刘氏兄弟大概与粤籍潮州人刘和林垦号有关。刘和林在雍正年间请垦番地,其四至为:"东至头重埔嵌下古屋庄角泻水沟为界,西至兴直庄为界,南至搭流坑溪为界,北至关渡为界"[②],基本上在江氏田埔邻近之区。随着后来刘和林建造水圳,开垦范围不断扩大,刘氏家族成员也开始购买临近田地。上述契约的田地交易乾隆十八年以"刘开书"为户头在官方登记,并交纳契税。具体记载为:

计开:业户刘开书买江彦华犁分贰张,坐落牛寮窠虎头山下,用价银五百柒拾五两,纳税银壹拾柒两贰钱伍分。

布字壹百伍拾伍号。右给淡防厅业户刘开书。准此。

---

① 尹章义等:《五股志》,台北县五股乡公所 1997 年版,第 996 页。

② [日]山田伸吾:《台北县下农家经济调查书》,转见尹章义《闽粤移民的协和与对立》,《台湾开发史研究》,台北:联经出版有限公司 1989 年版,第 369 页。

乾隆拾捌年（1753）陆月　　日 ①

值得注意的是，契约有"递年额纳关渡门内妈祖宫香油租粟贰拾石正"字样，由此而知，江、刘两家所交易的是田面权，业主为关渡妈祖宫。"关渡"即"干豆"，方豪先生对其地名由来已有详细阐述 ②。关渡地处台北盆地主要三大水系——新店溪、基隆河、大汉溪的最后汇处，成为河口要地，便于停泊船只，"干豆门能容数百巨舰" ③。

由于特殊的地理位置，关渡成为进出台北盆地的重要渡头，"关渡口渡，厅北百二十里，兴直保、艋、沪往来适中之区" ④，是麻少翁、内北投、大浪泵、摆接诸番出入的陆路要地 ⑤。早期北部通事兼垦首赖科在康熙五十一年（1721）联合汉人与社番在此共同兴建妈祖庙，这是北台湾首座妈祖庙，也称"灵山宫"。在清代台湾垦殖活动中，非有资产保证或地位显赫的人，无法轻易获得垦照，而寺庙则利用公共事业的身份，比较有可能获得政府许可 ⑥，因此关渡妈祖宫的僧众为寺庙名申请了垦照，招佃垦殖，以此为香火费 ⑦。康熙五十六年（1726），诸罗县令周钟瑄曾允许寺僧请垦，批准"后、左、右崙及临海唇埔"由"附近庄民垦耕，征纳香祀" ⑧。由于史料阙如，尚无法列举这些庄民清单，但从上引契约可见，江氏兄弟曾是佃户之一。"妈祖宫香油佃批并胡瑞铨、胡自端收存全照"，以及"在场见人：赖碧桂、胡自端、胡瑞铨、兄华中"等信息，则说明胡焯猷等人也是妈祖宫名下的佃户。从这些迹象可以推论，永定民众

①　尹章义等：《五股志》，台北县五股乡公所1997年版，第996页。

②　方豪：《台北关渡之地名学的研究》，《方豪六十自定稿》（上），台北：学生书局1969年版，第744页。

③　（清）周钟瑄：《诸罗县志》，《台湾文献史料丛刊》第141种，台湾大通书局1987年版，第17页。

④　（清）陈培桂：《淡水厅志》卷三《建置·桥渡》，《台湾文献史料丛刊》第1辑，台湾大通书局1984年版，第69页。

⑤　（清）周钟瑄：《诸罗县志》，《台湾文献史料丛刊》第141种，台湾大通书局1987年版，第118页。

⑥　文崇一等：《西河社会的变迁》，台湾"中研院"民族学研究所1975年版，第138页。

⑦　这种情况亦见之于在新庄慈佑宫："乾隆戊戌年，李武侯、李维芝向土名茅［王包］琬批九芎林山埔，愿献为新庄天后祀田，呈明前司主曾（应蔚）详明前分分宪给谕招垦备案。至之辛丑年僧志修招李谨琳承垦，每年纳租一百石。"（慈佑宫所藏《乾隆五十五年岁次庚戌集月天后祀田碑》）

⑧　文书藏"中研院"台湾史研究所，T380D3130002，参见黄富三、方素娥：《关渡妈祖在北台的角色与地位——海神兼陆神》，《第二届台北学国际学术研讨会》，台北市文献委员会2006年版，第317页。

最早曾在关渡门一带垦殖开庄,关渡门与观音山(即兴直山)相对而望,在地理形态上有"狮象捍门"和"狮象守口"之说:"淡水厅,……西北为观音山,内为狮头岩山,与关渡门山相对。关渡门山形如象鼻,形家谓之'狮象捍门'。"① 由于两地往来频繁,永定民众进而经关渡至兴直山垦殖,可能是后来胡林隆垦号成立的地缘因素。

二、从"胡林隆"到"胡瑞铨记"

康乾时期,在北部台湾拓垦的汉人群体有着严密的组织体系和高超的农耕技术,周翔鹤先生分析早期台湾北部垦殖经济时指出的,"许多大陆移民并非一贫如洗,而是具有一定资本、能自备牛、种子和生活资料进入生产的,因此他们并不十分依赖于业主"② 。通过一系列合股经营的摸索,胡焯猷并不满足于佃种身份,在经济利益驱动下,他申请独立垦殖。

乾隆十三年(1748),胡焯猷与林作哲、胡习隆三人合股向政府申请设立垦号"胡林隆",胡焯猷占有"三股之一"。该垦号的合作者之一林作哲与林天成等大垦户有密切关系,便于处理在垦殖过程中发生的各种纠纷,而且他与胡焯猷发生过土地交易,被选择为股东,自在情理之中。胡习隆籍贯为何,因史料阙如,不得而知。从胡氏家族成员大量来台的情况看,胡习隆可能是他们中的一员。

汉人进入台北盆地,该地散居着平埔族群,垦首欲开垦这些土地,必须与原住民打交道。从"胡林隆"垦号运作情况看,他们先与番约,岁纳其租。由于未见到胡林隆与番社之间的瞨地契约,具体情形阙如。根据其他文献而知,胡焯猷等人与武朥湾、摆接二社进行了谈判,取得了垦殖土地的权利。胡焯猷依托在新庄一带的长期生活经验,请垦之处在龟仑山、八里岔山两山交接之处,从下图可以看出③ ,其垦殖之地紧靠山坡,地势较高,水源丰富,便于开发。

胡焯猷取得番地后招佃开垦,向社番交番大租,向官府纳赋税。胡林隆作

---

① (清)陈寿祺:道光《重修福建通志》卷十五《中国地方志集成·省志辑》,凤凰出版社2011年版。

② 周翔鹤:《清代早期台湾中部北部平地的乡村经济和业户经济》,《台湾研究集刊》1989年第3期。

③ [日]伊能嘉钜:《平埔族调查旅行》,杨南郡译注,台北:远流出版有限公司1996年版,第69页。

为合股垦号的主要功能是向政府申请垦照,同社番谈判贌约,具体开垦则由合股人各自经营,各自召佃。埔地被划成小块租给佃户耕种,佃户缴纳大租,形成了社番(番大租)—垦首(大租)—现耕佃人(小租)的三层关系。现存契约文书大约显示当时胡林隆招垦和租佃关系的实际状况,谨转录如下:

> 立给垦字。业主胡林隆本宅省树林埔壹所,坐在塔□田□墘,东至山仑界,西至吴瑞德之树林埔墘阴沟界,南至水圳界,北至山□□□□。今有吴梾兄自备资本前来贌垦,当日议定年间所种籽粒照详例壹玖伍抽分,俟成团圈之日,听清丈定田输租,其租当经风扇净运至□□交佃,不得延欠。倘此业欲别售他人,当告明业管,不得私相授受,亦不得容匪聚赌及私□等事,如有此等之事,听业主逐出,另行招佃顶耕,不得藉言工本生端。今欲有凭,合给垦字,付照。
>
> 批内注添树、埔字贰纸。再照。
>
> 业主:胡林隆
>
> 乾隆拾叁年(1748)陆月　日给。①

这份文书称开垦契,又称贌耕契,立于乾隆十三年,正是胡林隆号刚刚获得官方垦照之时。"吴梾兄自备资本前来贌垦"说明,胡焯猷等人按照台北盆地荒埔开发的官吏招请佃农前来拓垦草地。业主只是提供草埔素地,佃农必需自备工本,凿筑埤圳,垦辟成田。在未成田以前,业佃按照"一九五抽的"方式,分配生产所得:业主抽取15%,佃农保留其余的85%。等到田园成熟,业主开始抽收定额租粟,通常一甲以租谷八石为准。

　　招垦过程除了个人承垦外,也有类似于胡焯猷早年自己使用过的合伙承垦。乾隆二十八年(1763)的王老与林次祥两人就以王老观的名义获得胡林隆的垦单,但土地当时言明均分但未交割,而开垦中留下的房子却没有任何说明,于是道光十年(1830)才被王、林两人的孙子王启、林传交割清楚。文书如下:

> 仝立合约字人王启、林传。前于乾隆二十八年(1763)间承祖父王老、林次祥合向业主胡林隆给出垦单,在于大牛椆庄同力开垦,俱各均分在王老观垦单字内,另竹围内西南势厝地壹所尚未均分,但恐日后子孙互相争,执酿成祸端,是以妥议同请公亲人等踏明界址拈阄,各掌各界,照阄

---

① 尹章义:《林口乡志》,台北县林口乡公所 2001 年版,第 691 页。

管业,后日不得争长竞短。以及厝地至今日启名下拈在西北地壹所,传名下拈在东南地壹所,俱各清楚明白,各无弊端等情。此系二比甘愿,各无抑勒反悔。口恐无凭,全立合约字壹样贰纸,每人各执壹纸,付执为照。

再批明:前年及至今日止,厝税、地租俱各找清明白。为照。

知见人:曾天、张辛连。

公亲人:柯文麟。

代笔人:胡杰。

道光拾年(1830)正月 日全立合约字人王启、林传。

王启、林传合约字壹纸。①

土地拓殖有请垦、募股、筹资、备器、招佃、拓垦、凿渠等各种环节,垦首往往无法个人承担开发事务,因此由一个家族或几个家族合作承担。《明志书院案底》保留的《明志书院碑文》列有佃户姓名"胡旭卢"②就是最好的说明,胡旭卢来自永定金丰,"清乾隆年间开始渡台建业,设址泰山乡贵子坑村,拓垦定居"③。永定胡氏族谱中十八世的部分成员以"旭""自"等字行辈,显然胡旭卢为胡焯猷同辈的家族成员。除此之外,上文已提及的胡自端也应如此。可以推测,胡林隆垦号的第一批佃户中,胡姓家族成员比重很大。为防止土地所有权遭到佃农的侵蚀,业主一般只会允许佃户长期耕作,也就是享有永佃权,但禁止佃农私相受授,自行转让佃权。但胡姓佃户不仅拥有相当大的垦殖自主权,而且频繁交易田面权而收获经济利益。这些田产交易有的是家族成员内部的,有的是跨家族的。比如乾隆二十七年,胡自端同两个侄子把兴直庄内承垦成功的水田卖给了"本房兄自新"。

立卖田契人自端全侄琜彩、攀彩,今因无银费用,情愿将到业主胡林隆头家手内瞨垦兴直庄大牛□【稠】窠佃批内,踏出观音山下水田壹处,带自己田头小坑水贰分灌溉。东至陂子阴沟为界,西至山窠为界,南至山为界,北至坑为界,四址分明。经丈壹甲叁分零,年上纳大租谷捌石正。托中引就与本房兄自新前来出首承买,当日凭中三面言定,时值田价番镜

① 高贤治:《大台北古契字集》,台北市文献委员会 2000 年版,第 459 页。

② 《明志书院案底》(大正八年台湾总督府图书馆抄本)第 1 册,转见詹雅能编撰:《明志书院沿革志》,新竹市政府 2002 年版,第 30 页。

③ 尹章义:《台湾客家史研究》,台北市客家事务委员会 2003 年版,第 122—123 页。

银壹百伍拾贰员正,折纹银壹百零叁钱贰分正。其银即日随契两相交付足讫,委系正行交易,不是货债准折之故。其田自卖之后,任从银主过手耕作、管业、卖人,不得异言阻当等情,并无典当他人财物,倘有来历不明以及欠租等情,俱系卖人一力抵当,不干买主之事。其田价足,永远不得收赎。二家甘愿,两无逼勒,今欲有凭,立卖契一纸,付执为照。

业主:胡林隆

即日亲收契内银足讫。再照。

说合中人:自美

乾隆贰拾柒(1762)年五月 日　立卖田契人自端全侄球彩、攀彩①

借助合股经营、家族合作等模式,胡焯猷等人垦殖活动很快获得了收益,胡焯猷"翘然为一方之豪矣"②。乾隆二十八年(1763),他所拥有的庄田及缴纳各种租税的情况是:

其田八十甲零,……佃共贰拾柒人。租额虽有八石、六石之别,皆系水田,不论丰歉,年收租谷陆百零陆石玖斗零。年输正供壹百贰拾柒石柒斗三升九合,应纳丁耗共银拾两叁钱陆分零,武朥湾、摆接二社番租二十三石三斗四升,又武朥湾社饷银捌两叁钱叁分肆厘。③

在当时台湾社会中,能与官方搭上关系的身份均是社会精英所要追求的目标。依托这些身份,他们与官府打交道时,可以得到更多授权进行地方治理,也能树立其地方权威。胡焯猷和林作哲均为读书人,他们利用了"士绅"的身份得以请领垦照,依靠垦殖而获得的财富,由于捐纳功名继续提升社会身份的捷径。林作哲作为寄籍台湾的漳浦人,乾隆十四年(1749)即捐纳为诸罗县乡贡④。胡焯猷籍贯在永定,乾隆二十一年(1756)回永定捐得贡生身份,如乾隆《永定县志》所记:"乾隆二十一年捐,……由俊秀援例纳

---

① 台湾大学:《台湾历史数字图书馆》,文件名:cca100100-od-002591955-001-n.txt。
② 连横:《台湾通史》(下),台北:商务印书馆1983年版,第564—565页。
③ 《明志书院案底》(大正八年台湾总督府图书馆抄本)第1册,转见詹雅能编撰:《明志书院沿革志》,新竹市政府2002年版,第119页。
④ (清)余文仪:乾隆《续修台湾府志》卷十二,《台湾文献史料丛刊》第1辑,台湾大通书局1984年版,第456页。

贡。"① "俊秀援例纳贡"是例贡的一种,从政府捐纳而得。捐纳制度是清政府
解决财政危机的一种临时性措施,自顺治年间就开始实行,有捐官,也有捐读
书资格。胡焯猷所捐的是读书资格,所需纳银数是最高的,依照规定大约为
200两至350两,按照清初米粮折算率,1石粮食大约在1—2两白银之间波
动,大约需卖出100—350石左右的粮食。对于贫寒之家,这无疑是一笔巨大
开支,而胡焯猷此时已垦殖发家,他在胡林隆垦号内占有1/3股份,年收租额
达六百多石,完全可以支付这笔捐纳费用。

胡焯猷等人有了贡生身份之后,官方则希望他们能引导垦户,教化佃
农,并进行文化建设。胡焯猷也确实按照官方意愿去做了,乾隆二十八年
(1763),他捐出自己房屋和部分田产创建"明志"义学。正如闽浙总督杨廷
璋褒扬胡焯猷捐建明志书院,立《兴直堡新建明志书院碑》予以表达:

> 往昔荷兰鸠处,郑氏蚁争,斯固虎狼之窟,宅鲸鲵之渊薮也。今则
> 海不扬波,野皆乐土,易战攻以礼乐,化甲胄为诗书,摩义渐仁,山川焕
> 色。……乐观书院之成,惟拜手扬言,与多士赓歌太平之化而已。是举也,
> 舍宅捐租,永定贡生胡焯猷。②

胡焯猷所捐房屋和田产状况是:"该庄离新庄街五里,在龟仑山、八里岔山
两山交接之处、土名平顶山之下。紧靠山坡,峰岚甚秀。外垣□竹,内瓦壹进
五间,旁有厢房十二间。前凿池塘,上接山水,下灌庄田。"③八里坌山即兴直
山、后称观音山。从所捐献房屋位置和结构看,这是民设公馆式建筑,用于居
住、垦殖和收缴租税。由于《明志书院案底》传世,不少学人对创建书院之事
已有大量分析,不再赘述。值得继续讨论的是胡焯猷捐田之后田产形态。《案
底》中有多处记录,略摘如下:

> 【彰化知县胡邦翰详文】该田系合置之业,该生一股,贴近山旁,历经
> 丈定。嗣后请以现定租额为准,仍举公正董事一人经司其事。至该生捐
> 充义学之外,尚存租谷贰百壹拾余石,作为养膳之费,亦在所买一股之内,

---

① (清)伍炜:乾隆《永定县志》卷六,厦门大学出版社2012年版,第352页。
② (清)余文仪:乾隆《续修台湾府志》卷十二,《台湾文献史料丛刊》第1辑,台湾大通书
局1984年版,第814—815页。
③ 《明志书院案底》(大正八年台湾总督府图书馆抄本)第1册,转见詹雅能编撰:《明志书院
沿革志》,新竹市政府2002年版,第119页。

应听该生自行管业。第杜找印契已缴厅案上手，并原买契又存股伙之手，该生无凭执据。卑职已给予印照为凭。各佃亦经认耕明白。自乾隆贰拾玖年起，归义学征收。仍请官给佃批，以免吞欠。①

【淡水同知夏瑚详文】惟是此田系该生三股合置之田，旁尚有该生余存养膳租谷贰百壹拾石零。所有义学田租，应官为另给佃批，仍令董事带同各佃逐一勘明立界造册，并绘田形呈官备案，以杜将来侵越。向后收租纳课及义学支用，切令该董事管理，毋庸胥役经手。仍于每年早晚二季收租竣后，造册呈官查核，以杜侵占。所有田园房屋印契，前所该生呈缴在案。该生自行养老之田，亦经护厅胡给予印照，毋庸再为置议。②

官方批示中的"第杜找印契已缴厅案上手，并原买契又存股伙之手，该生无凭执据。卑职已给予印照为凭。各佃亦经认耕明白"，"该生自行养老之田，亦经护厅胡给予印照，毋庸再为置议"等话所透露的信息是："明志"义学只是胡焯猷的个人行为，并未垦号合伙人的共同意愿，其中还可能存在不同意见，于是胡焯猷通过官方"佃批"重新确定佃户归管问题，原属其股份之下的二十七户佃农一部分转为了"明志"义学的佃户，剩下的仍胡焯猷自己归管理。这似乎宣告了"胡林隆"垦号的结束。当时一甲水田纳租6—8石，根据胡焯猷留有田产租额"贰百壹拾石"推算，胡焯猷还拥有面积35甲的田产。"张广福文件"中存有一份印有"胡瑞铨记"朱印文书，订立于乾隆二十八年（1763），是黄姓承垦胡姓埔地的契约③。"胡瑞铨记"独立印戳的出现，说明这些以"胡瑞铨"名义运营了。

三、多重产权下的家族共产

在张广福文件"中加盖"胡瑞铨记"印戳的合同摘录如下：

立合仝分单字人许凤信、黄士雄二人合伙先年乾隆三十七年（1772）

---

① 《明志书院案底》（大正八年台湾总督府图书馆抄本）第1册，转见詹雅能编撰：《明志书院沿革志》，新竹市政府2002年版，第117页。

② 同上书，第120页。

③ 尹章义：《台北平原拓殖史研究（1697—1772）》，《台湾开发史研究》，台北：联经出版有限公司1989年版，第143页。

冬合本买得黄阿门、阿强兄弟手内前向业主胡瑞铨在兴直山脚大窝里承垦有树林埔地壹所，其界址俱载原契分明，前经垦主增洗壹次，兹买契并增契共有契叁张，因合伙个人一姓，恐日后难同爨共室，今将前合本所买山埔，听从公亲□神，拈阄为定，分作上下两截。上截管至土地公石为界，分在雄，前去管执为界掌业。下截分在信，管至上面土地公石为界，掌执为业。各人前去承筑成业，永为子孙已业。日后二比不敢言长言短，口敬有洗，立合全自（纸）贰，各执壹。雄益【？】上手母契共式，信并上手买洗式，契共叁纸为约，执正管业为照

业户胡瑞铨记【朱印】，清赋验讫【朱印】

在场罗天生，公亲管朝宗、陈立身，代笔侄文标

乾隆肆拾壹年正月 日立分字人 许凤信 黄士雄

（下略）①

这是一份垦户田面权的分割文书，交易流程涉及两个环节，先是黄阿门、黄阿强承垦胡焯猷名下荒埔，乾隆三十七年（1772）开发成熟后，黄氏兄弟转让田面权给许凤信、黄士雄二人。许、黄二人合股佃买田地耕种，一般而言，是出于资金的不足。至于在具体耕作过程中，许、黄二人应是各自展开的，而一旦机会成熟，他们就会进一步明晰田面产权的各自份额，因此有了乾隆四十一年（1776）再次分割。由于田面权转移、分割与拥有田底权的胡焯猷有着密切关系，因此在上次转让时，即有"垦主增洗壹次"的契约。而此次交割文书虽然主要是处理许、黄二人的财产问题，但业主仍为胡焯猷，必须也由他加以戳记。

可以看出，胡焯猷名下田产存在着极为复杂的"一田二主"或"一田多主"的关系，原佃户又把田转佃于现耕农而收取小租，成为小租户，其租佃关系成为番社—垦首（大租户）—原佃户（小租户）—现耕农的四层关系。像胡焯猷捐献庄屋为义学一样，大多数垦首慢慢地不在垦地居住，因而无法实地监督佃农的生产活动，他们只能要求佃农依据实际垦熟的田园数额，缴纳应付租粟。业主只知每年可以收租的数额，而不清楚田块的大小及其坐落，土地所有权早已变成一种租业，不再是生产单位。在这种情况下，承佃之人享有了长期耕作的权利。只要佃农继续缴租，业主即不可随意加以撤换，也不能在中途

---

① 台湾大学：《台湾历史数字图书馆》，文件名：cca110001-od-tcta0091-0001-u.txt。

任意加租。而后演变成为佃农可以自行管理的土地经营权利，致使佃农转而成为田主，跟业主分享部分的土地所有权，并予以转卖或依托其获得财富的积累。承垦胡焯猷名下田产的佃户一些佃户就是如此，他们以此为基础形成了家族共同财产，张良殿与兄弟子孙在道光十五年所立的分家文书即为例证。这份分家文书先叙述了分家理由及大致原则：

> 仝立阄书约字人张良殿等。因先父华日公生殿兄弟六人，长曰良金、二曰良兰、三曰良真、五曰良相、六曰良发，殿居第四，兼有创业垂统。窃谓兄弟既翕和乐且耽□，但是瓜莪生繁，难以合理，各自炊爨，而业产未尝均分，迄于今日。殿思考耄衰弱，第恐日后争端。于是集诸侄孙相议，邀请族长、公亲，将父建置淡、兰两处田园、厝宅以及山埔、竹木等项，先抽出承买张尚朝下座田寮一座以为祖祠，并抽厝后树林、竹木、果子、什物等项及门口水田一段，连坡一口，又抽坪顶及葛玛兰水田贰段，又李敢夏坪埔一段，计共四段租征税，以为蒸尝之费，与我六房作三轮年祭祀，不许后裔子孙言及均分买卖等情。仍又划出泥□圻水田一段，以为长孙承重之需，允我各房人等不得混争等事，余外按作六房均分。即日仝族长、公亲配平定界，伸载阄书，以礼、乐、射、御、书、数为号，就阄论事，各业各管，日后不得争长竞短。……
>
> 道光拾伍年（1835）玖月　日　　立阄书约字人张良殿暨侄孙成景、成源、临生、光才、捷义[1]

这份阄书在格式上与华南地区的一般阄书没有太大差别，家族共有财产按照房份进行析分，并提留一定数额的田产和房屋作为祠堂和祭田。分家文书所言先父"华日"即"张华日"，祖籍在漳州平和庵仔下庵坑[2]，对于张华日是客家或福佬客的问题，谢重光先生从地名考证角度做了一些辨析[3]。从清初垦殖角度而论，当时尚无"福佬客"的族群意识，就此确定其为客家与福佬客意义不大，较为重要的是明确他在垦殖活动的身份。倒是尹章义先生在分析刘和林垦号在出卖"万安坡大圳"水份时，指出了乾隆三十七年（1772）

---

① 尹章义等：《五股志》，台北县五股乡公所 1997 年版，第 1013 页。

② 尹章义：《台湾客家史研究》，台北市客家事务委员会 2003 年版，第 184 页。

③ 谢重光：《台湾客家史研究的几个问题》，《客家文化述论》，中国社会科学出版社 2008 年版，第 263 页。

张日华在二重埔耕作的"番佃"身份①，这是很重要的信息。目前所见的分家文书中并没有张氏在二重埔开发的土地，可能已转让。应是作为佃垦，他们另外承买自张尚朝、钟文锦位于五谷坑山场与水田，后来又到宜兰开发了新的土地，这些财产为家族建设奠定了物质基础。而沿着张日华接手张尚朝田产的线索回溯，可以发现这份田地原来是在胡林隆垦号内的，张尚朝之前的垦殖者为陈发：

> 立卖绝根树林埔地契人陈发。有先年自己续买得树林埔地壹所，今因乏银应用，情愿将先日承买树林埔地内截分壹半出卖与人，坐落名兴直庄山下大窝里内牛稠窝。南至屋背横坑为界，西至坪顶大路为界，东至山脚为界，北至窝尾为界，四址踏明，尽问房亲伯叔兄弟人等，俱各不愿承买，请托中送与张尚朝出首承买。当日凭中三面言断，树林埔地时值价银员剑？壹拾陆圆正，即日银契两相交讫明白；中间并无短少，亦无债货准折等情。其树林埔地，随即仝中交付银主前去管业，任从择地架造、砍伐树木；日后筑埤凿圳灌溉水田，永以为业。自卖之日，一卖千休，以断葛藤。其树林埔地，委系自己续买，并无包卖兄弟他人树林，亦无重复典当他人。倘有上手来历不明，不干银主之事，系卖主陈发一力抵当。其头家赎字、佃批系陈发收存，若有公用，随即付出，不得阻挡。其租粟筑成水田之日，照依头家丈明，抽的租粟，车至港唇交收。其水坑源，任从买主拦坑筑埤、凿圳灌溉，日后不得异言、生端等情。此系二家甘愿，两无逼勒；恐口无凭，立卖绝根树林埔地契壹纸付执，永远为照。
> 即日批明、实收到契内树林埔地价银圆剑足讫，再照。
> 业主　胡林业主胡林隆记
> 代笔　陈作栋
> 说合中人刘彩成
> 在场见人刘次庆、陈学英
> 乾隆拾捌年（1753）三月　日立卖绝根树林埔地契人陈发②

契约"续卖"一词还再说明，陈发不是最早从胡林隆承垦的佃户，最早

---

① 尹章义：《台北平原拓殖史研究（1697—1772）》，《台湾开发史研究》，台北：联经出版有限公司1989年版，第105页。

② 高贤治：《大台北古契字集》，台北市文献委员会2000年版，第533—534页。

佃户在埔地开发成熟后,就转卖了田面权,陈发在获利之后,为了积累资本垦殖更为肥沃的土地进行耕种,于是再次将田地分割一半出让。契约签订于乾隆十八年签订,当时胡林隆垦号的田地尚未分割。而值得注意的是,张氏分家文书中的田产处分细则中规定六房均分后要各自承担"胡业主大租":

> 一、抽出承买张尚朝契内下座田寮坡塘水田,递至厝后树林、竹木、果子、什物等件,以为祖祠蒸尝之需,……配纳胡业主大租谷六斗正。
> 一、礼字号长房侄孙捷义,……配纳胡业主大租谷乙石四斗正。
> 一、乐字号二房侄孙光才,……配纳胡业主大租谷乙石四斗正。
> 一、射字号三房侄孙临生,……配纳胡业主大租谷乙石四斗正。
> 一、御字号四房良殿,……配纳胡业主大租谷乙石四斗正。
> 一、书字号五房侄孙成源,……配纳胡业大租谷乙石四斗正。
> 一、数字号六房侄孙成景,……配纳胡业主大租谷乙石四斗正。
> 一、长孙佛养,……配纳胡业主大租谷六斗正。

胡业主是何人呢? 分家文书中注明:"胡瑞铨佃批一纸留存礼字号身上"[①],由此可见,陈发、张尚朝乃至张日华等人他们所承垦和耕作的土地归属于胡焯猷股份名下,在明志书院的财产分割之后,转为了胡焯猷名下。可见,在大小租的租佃制度之下,田面权更换周期短,田底权仍长期保持稳定。胡焯猷田产从胡林隆垦号脱离之后,其余承垦胡林隆垦号的佃农是否其租佃关系也被变更呢? 从目前史料看,胡林隆垦号也仍然存在,一些家庭也以其为产业基础而发展成为家族,如颜氏家族:

> 全立归管约字人颜宽朴、颜宽问、颜宽志、颜宽思、颜宽在兄弟五大房人等。缘于嘉庆柒年(1802)间,均承父母先有建置观音山业主胡林隆垦批内西头岩前田厝、埔地、竹围等物,又带坑内大埤水,四大份应得壹份灌溉田业。彼时五大房概行尽分,立有合约字,均掌执照无异。因道光六年世乱,原合约遗失,诚恐后来子孙管业胡混。是日五大房子孙问等公议邀请族亲、房戚前来,遵照原议均分,公同再立合约。其宽朴原分得岩前大厝前行路圻田壹段,年载大租一石伍斗带埤水;其宽志原分得岩下大厝

---

① 尹章义等:《五股志》,台北县五股乡公所1997年版,第1013页。

前门口田及州仔沟漕田、过山仑坑仔内大坡脚田，又崩崁坑口田，共四段，年载大租一石伍斗，带大坑水；其宽问原分得客仔坑口田及岭脚田，共贰段，年载大租一石伍斗，大坡水；其宽思原分得岩下大厝前中坵田壹段，年载大租一石伍斗，大坡水；其宽在原分得围仔□田贰段，共载一石伍斗，兹带大港水。将五大房之田业当公再立归管约字五纸，遵照父母在日分居管耕纳课，不敢惟易。宽在阉仔得贰段之田及关渡□壹佃批，于道光元年间又先年均分五大房立原约字，将贰段应分之田抽卖与吴章管耕除外，而宽在尚在岩下五大房厝地、竹围、竹木、菓子、菜园、禾埕等埔，又带洲仔竹围壹坵，带大租贰斗，系宽在应分之额，未有别卖。其余公厝地及树木、菓子、菜园、禾埕并未成田之余埔，依照就先年五大房公议就现管，各居掌理为业，各不得易议。此系至公无私，日后不得反悔，恐口无凭，全公立付归管字伍纸同壹样，五大房各取壹纸。为照。

　　代书：廖应章。

　　知见：仝兄、滨兄。

　　道光陆年（1826）拾壹月　日仝　立归管约字宽思、宽志、宽朴、宽问、宽在。

　　批明：业主胡林隆之垦单付林璘子林三福手内收管。照。

　　批明：先年原带林璘、林神保等合同约字贰纸，当公付宽思手内收掌，如五大房子孙若要用，取出公。照。行。

　　批明：长房宽朴名下原日抽出佛银拾贰员正，仝公亲预先付交长孙伯德生放。再照。

　　批明：嘉庆柒年（1802）五大房分散阄书，日后子孙寻出无用。再照。①

　　既然诸多承垦胡林隆和胡焯猷产业的佃户将这些田产转为家族产业，那么胡焯猷后人以"胡业主"名义是否也发展家族共有财产呢？《明志书院案底》保留的"胡邦翰批文"有一句话值得推敲，"该绅以四十余年手创基业，不私于子孙，愿将水田八十余甲及庄围房屋鱼池捐充学舍并膏火经费，仅抽田租贰壹拾余石，为生养葬祭之资，优游归里"②。显然，"不私于子孙"是

---

　　① 尹章义等：《五股志》，台北县五股乡公所1997年版，第975页。

　　② 《明志书院案底》（大正八年台湾总督府图书馆抄本）第1册，转见詹雅能编撰：《明志书院沿革志》，新竹市政府2002年版，第113—114页。

一句客气话,重点是"为生养葬祭之资"。 胡焯猷过世之后,即归葬故乡,永定县下洋如今还保存有胡焯猷墓。[①] 上文所提及的张良殿家族文书写于道光十五年(1835),根据胡焯猷在乾隆二十八年(1763)已七十岁推算,胡焯猷不可能在世,因此"胡业主"指的是归于胡焯猷名下的产业,即按照"胡瑞铨记"运营的大租业主,是一个收租和纳税的经济单位,这些说明胡焯猷田产被转为了胡氏后裔所拥有的共同产业或公尝。光绪年间,明志书院行政归属变迁发生了公产管理的纠纷,根据遗留下来的文件,光绪十九年(1893)列有"贴胡焯猷裔孙祭墓银一十二两"[②] 的经费支出,也佐证了胡氏家族祭祀公业的持续存在。由此可以理解,道光三年(1823)建造鄞山寺罗可斌所献埔地由"江日璋、江乾阳、游增上、胡焯猷、胡冻益、江和兴各投巨资,开辟成田"中的"胡焯猷"身份,这不是自然人,而是法人。

如果放宽地域视野,可以发现从垦殖到家族,是明清时期的南方地区在开发过程普遍存在一种模式,其背后的经济机制正是一田二主或一田多主的土地产权形态。清初宁都著名文人魏礼曾描述宁都直隶州汀籍移民情形:

> 佃耕者悉属闽人,大都福建之汀州之人,十七八上杭,连城居二三。……闽佃先代相仍,久者耕一主之田,至子孙十余世;近者五六世、三四世,率皆致厚资,立田宅于其祖里。彼然后召顶耕者,又获重价顶与之而后归。……故闽佃尝赤贫赁耕,往往驯致富饶,或挈家还本贯,或即本庄轮奂其居,役财自雄,比比而是……。旧佃既挟富厚而归,新佃乃复费重资与彼顶耕,……绳绳相引,至于今不绝。[③]

台北盆地的垦殖过程由众多垦号共同完成的,其人员组合与分化也都基于利益分配和财产收益,而非族群关系。以胡焯猷为首的汀籍民众不因籍贯不同形成族群分类,他们与闽、粤各籍杂居共垦,并没有凸显族群的对抗与分化,完全是一种混同涵化的状态。他们既有垦地交叉而引发控案,也有筹资、招佃的互相支持,由此合作所形成了巨大的垦殖能力。借助这种合作,乾隆

---

① 福建省文物局:《福建省涉台文物点一览表》,福建省文化厅编《"海西"文化遗产,两岸历史记忆:海峡西岸文化遗产保护论坛(2007)论文集》,2008年。

② 《明志书院案底》(大正八年台湾总督府图书馆抄本)第1册,转见詹雅能编撰:《明志书院沿革志》,新竹市政府2002年版,第186页。

③ (清)魏礼:《与李邑侯书》,《魏季子文集》卷八。

中后期,整个台北盆地基本上开发完毕。而在此过程中,不同群体或个体通过田面权多次顶让和转移获得了财富积累,这是移民垦殖社会的重要表现,但随着时间推移,如何保全这些财富呢? 从现有的模式看,他们也是利用多重产权所赋予的发展机会,构建"合同式家族",以保全在自身在流动社会中的权益。

四、共享"妈祖"的文化机制

胡焯猷善于与不同群体有合作,最大限度地获得了经济资本和文化资本,也为清代永定移民在北台湾地区活动拓展了空间。由于拓殖开发是一种经济行为,利益为其行动主轴,尚不能充分说明族群认同的问题。一般认为,族群认同是一种文化现象,它与文化行为、意识观念有比较密切的关系。诸多文化事项中,宗教信仰和仪式的社会性和历史性比较稳固,是建构族群和区分族群的重要指标。20 世纪 80 年代,有关清代台湾社会的转型问题的争论,李国祁和陈其南都曾以祖籍神/寺庙神之间的关系推导"内地化"和"土著化"模式。其中陈其南认为,不同祖籍的人群供奉共同的神明,应视为建立新地缘集团和抛弃祖籍意识的表现[1],那么以此考量以胡焯猷等为首的永定移民,又是什么面貌呢?

乾隆年间(1736—1795)是新庄最繁盛时代,新庄因依傍大嵙块溪,从大陆来求交易的大型民船出入无阻,成为淡北最早新兴市镇。新庄在行政上属彰化县,乾隆十五年(1750)八里坌巡检移驻新庄之后[2],各种民间自发和官方倡导的宗教庙宇得以了建立。胡焯猷的庄田离新庄五里,与新庄街区宗教活动也发生密切关系。比如乾隆十七年(1752),胡林隆垦号处于最为拓展繁荣时期,他们献地建造大士观,奉祀观音。史籍所载情况如下,"大士观,在新【兴】直山西云岩"[3]。"西云岩寺,即府志云'大士观'。在观音山麓狮头

① 陈其南:《土著化与内地化:论清代台湾汉人社会的发展模式》,《中国海洋发展史论文集》第 1 辑,"中研院"中山人文社会科学研究所 1984 年版。

② (清)余文仪:乾隆《续修台湾府志》卷二,《台湾文献史料丛刊》第 1 辑,台湾大通书局 1984 年版,第 63 页。

③ (清)余文仪:乾隆《续修台湾府志》卷十九,《台湾文献史料丛刊》第 1 辑,台湾大通书局 1984 年版,第 650 页。

岩（一名龟山）。乾隆三十三年（1768）（府志作十七年），胡林献地建置。"①
胡林隆献地建观音庙，除了宗教信仰成分之外，还与垦号需要水源灌溉水田
有关，该泉"在观音山畔狮头岩寺后石壁，点滴如檐溜。又一泉，分溉各田"。
而根据前文所分析的，胡林隆在乾隆二十八年应已解散，因此大士观建于乾隆
十七年比较合理。

乾隆二十五年（1760），胡焯猷还在新庄米市倡建武庙，奉祀关帝。"乾
隆二十五年，贡生胡焯猷建。道光三年（1823）县丞王承烈重修，咸丰三年
（1853）械斗毁旋。"② 关帝是清初重要的祀典神明，也是商业活动的重要
神明。彰化县关帝庙在县志中是这样记载的，"关帝庙，一在县治南门内，
雍正十三年（1735）邑令秦士望捐建，乾隆二十四年（1759）邑令张廷
珍修"③。时隔一年，胡焯猷倡建新庄关帝庙，从中大致可推测，一方面是垦
首们迎合官府要求，联合地方士绅所进行的文化符号塑造，另一方面，将关
帝庙建造在米市，可能出于商业活动原因，因为随着台北盆地农业经济的
发展，新庄成为台米运至大陆的重要转运河港，聚集了垦户与米商在此生
活。观音和关帝为全国性神祇，西云岩寺和关帝庙均具有开放性庙宇的特
性。比如《西云岩租石碑》（残碑）内容为："……应主持……等缘首不妨
别酢何端，此租应归僧省源……立石刊明，仍著僧省……捐埤塘一所及大
租……联锡田，西南俱连坑……派地基租以为……永沾，神鬼均享。"咸丰
二年（1852）全厚福季捐银生息而购置祀田，该季成员有54人，分别由游、
刘、张、胡、赖、李、黄、张组成。④ 关帝庙现存同治七年（1868）重立的《张
穆奉献锡口田园碑》，捐助人为广东嘉应镇平县任，所捐田地位于在现台北
松口区。⑤ 由此可见，胡焯猷在新庄的所捐建的庙宇都是可以容纳不同祖
籍的人群，但都是官方倡导或商业利益驱动，因此无迹象表明，这些群体被整
合为新地缘集团。

---

① （清）陈培桂：《淡水厅志》卷十三，《台湾文献史料丛刊》第1辑，台湾大通书局1984年版，
第354页。

② （清）陈培桂：《淡水厅志》卷六，《台湾文献史料丛刊》第1辑，台湾大通书局1984年版，
第149页。

③ （清）周玺：道光《彰化县志》卷五，中华书局1962年版，第153—154页。

④ 邱秀堂：《台北北部碑文集成》，台北文献委员会1986年版，第219、100页。

⑤ 尹章义：《闽粤移民的协同与对立》，《台湾开发史研究》，台北：联经出版有限公司1989年
版，第366页。

台北盆地的拓垦过程中，妈祖是民众普遍信奉的神祇，许多妈祖庙至今仍是村庄的信仰中心。新庄街兴起后，最早出现的庙宇也是供奉妈祖的慈祐宫，那么胡焯猷等永定垦殖移民，与慈祐宫关系如何呢？现存同时到的碑刻为《圣母香灯》和《奉宪立石》，简略录文如下：

《圣母香灯》：淡水四面环海，舟楫之利遍通东南省会。前人建立慈祐宫，且将左右店租、鱼池、渡税增入庙内香灯之费，……乾隆二十八年，首事等协同街众条呈分宪胡公，蒙准给示仍拨入供费。案据第恐规矩未彰，或致僧祝仍□□□，故勒石镌碑，使赫然知有神灵在焉。爰并立规于后：一议：宫内租税不许僧俗擅自典卖。如违，许众鸣官，即以法治，其业仍归本宫；一议：宫内主持僧须守规矩，并宫前不许筑寮。如违，听众议交僧主持；一议：所收租税，每年除僧人、工资并香费用银，共四十两正；有余剩，该每年诸神中秋及重阳共戏二。公用不得胡涂分派，致缺供费。①

《奉宪立石》：渡税店租额例开列于后：一、胡仁可顶摆接上渡头一分，每年银六两七钱。一、陈振兴、张同利充摆接上渡舡贰分，每月除费外，实纳钱一千七百五十文；又每年纳来渡银一十三两三钱正。一、摆接下渡头，每年纳银乙十贰两。一、牛埔渡头，每年纳银三两贰钱。一、大加腊渡头，每年纳银乙两六钱。一、奇母子渡头，每年纳银六两。一、大坪林渡头，每年纳银六两。一、秀朗渡头，每年纳银六两。一、溪仔口高江渡，每年纳银四两六钱。一、王坎充本宫后鱼池一口。一、赵隆盛充本宫左边，店税银每年九两六钱。一、林成租喜助香灯宫前左边店三间，地租银九钱；右边四间，地租银贰两贰钱；又宫左边店三间，地租银九钱。一、宫右边厝乙间，每年纳税两四钱。一、郭启、吕盛店，地租银伍钱。一、陈旭店半间，每年纳地租银贰钱五分。

乾隆二十九年孟冬月吉旦。首事：黄远来、曾国扬、林载乔、刘其琛、林玉鸣、吴文绍、罗和山、林光宗、罗振文、林学谦同街众公立。②

这两块碑刻于乾隆二十九年（1764），经彰化知县胡邦翰的批准而立，交代了慈祐宫妈祖香火费组成、收租细目、管理章程，以及向官府申报备案等经过。

---

① 邱秀堂：《台北北部碑文集成》，台北文献委员会 1986 年版，第 64 页。

② 同上书，第 136 页。

从内容看,与胡焯猷等人没什么关系。其香火经费捐资者主要来自新庄街,从店租、鱼池、渡税等资金构成看,与经营渡头和商业店铺的群体关系密切,而与从事水田垦殖的群体关系比较疏远,这是胡焯猷及其族人没有参与慈佑宫增捐活动的原因之一。另外,乾隆二十八年(1763)再次捐资,恰值胡焯猷捐田产设"明志"义学,应无财力继续捐助慈佑宫。

但胡焯猷等人没有参与新庄慈祐宫活动,并不意味以胡焯猷为首的永定移民可能超然于妈祖信仰之外。从历史渊源看,永定人的妈祖信仰较为普遍,永定县志记载:"各乡专祀天后者:一在高头乡东山墟场前,江姓建。一在鸭妈潭,乾隆十六年(1751)众乡合建。一在高陂,乾隆二十一年(1756)众姓建。一在西陂乡,乾隆二十五年(1760)林登岱邀合族建。……一在富岭乡,嘉庆十九年(1814)王姓建。一在悠湾清水岩,乾隆年间简姓建。一在悠湾村头,嘉庆年间林姓建。一在坎市,乾隆年间卢姓建。一在锦峰乡炉下坝,嘉庆二十二年(1817)建。一在南溪,嘉庆二年(1797),赠翰林院编修江临海、例贡江渭川、卫千江升腾倡建。一在堂堡内水口,乾隆四十五年(1780)沈姓建。……一在上湖雷阴桥头,乾隆三十二年(1767),举人熊辀等募众建。道光六年(1826),洪水冲毁,岁贡熊鸣高等募众修复。一在上青坑水口,乾隆年间,乡人阙调元等倡建。"[1] 胡焯猷家乡的中川汤子角天后宫则建于清康熙年间。

民众渡台往往携带着妈祖香火,有一则史料记载:"永定湖坑李壕唐偕邑人某往台湾,船坏,同舟惟余李某二人。匍匐登小岛,……忽一日,有小舟漂至,无人,……登舟任风所之。已而漂至安南地界,安南巡海人执以见王,语不能达,取纸笔写来历。王问:尔同舟皆死,二人何独得生。李献上天后小神一颗曰:此出海时所奉香火也。"[2] 淡水河流域从清初开始建造了诸多妈祖庙,简又庆先生根据相关史料按照始建时间前后可排列为[3]:

---

① (清)伍炜:乾隆《永定县志》卷二,厦门大学出版社 2012 年版,第 128 页;(清)方履篯:道光《永定县志》卷十四,厦门大学出版社 2012 年版,第 241 页。

② 魏敬中:《重纂福建通志》卷二七六;《丛谈·汀州府》,清道光十九年(1839)刊本,《中国地方志集成·省志辑》,凤凰出版社 2011 年版,第 662 页。

③ 简又庆:《北有关渡妈——关渡妈祖信仰及其年例的变迁》,台北大学 2009 年硕士学位论文。

表1　淡水河水系各河港妈祖庙创立之年代

		河港名称	庙宇名称	创建年代	资料来源
淡水河流域	淡水河	干豆门（关渡）	关渡宫	康熙五十一年（1712）	1717，《诸罗县志》
		艋舺（万华）	新兴宫	乾隆十一年（1746）	1871，《淡水厅志》
		八里坌街（八里）	天后宫	乾隆二十五年（1760）	1871，《淡水厅志》
		沪尾街（淡水）	福佑宫	嘉庆元年（1796）	1871，《淡水厅志》
		艋舺（万华）	启天宫（料馆玛祖）	道光二十一年（1841）	1993，《艋舺启天宫沿革志》
		大稻埕	慈圣宫	同治六年（1867）	台湾"总督府"，1915，《台北厅社寺庙宇ニ關スル调查》大稻埕女子公学校长报告
	大汉溪	新庄街（新庄）	慈祐宫	雍正九年（1731）	1754，《续修台湾府志》
		三角涌（三峡）	兴隆宫	乾隆四十年（1775）	1916，《宗教调查报告书》
		摆接（板桥）	慈惠宫	同治十二年（1873）	台湾"总督府"，1915，《台北厅社寺庙宇ニ關スル调查》枋桥公学校长报告
	基隆河	锡口街（松山）	慈祐宫	乾隆十八年（1753）	刘枝万，1967，《台北市松山祈安建醮祭典》
		芝兰街（士林）	兴诚宫	嘉庆元年（1796）	1871，《淡水厅志》
		水返脚（汐止）	济德宫	道光二十七年（1847）	增田福太郎，1939，《台湾之宗教》

前文的江彦华、江作卿卖地契约已显示江氏与胡氏是关渡门妈祖宫名下的佃户，他们应为淡水河流域最早的妈祖庙——关渡门妈祖的信众。乾隆三十七年（1772）胡千华、胡敏挟的绝卖房产契约也可佐证胡氏与妈祖信仰之间的关系：

　　立杜卖田屋埔地尽根契字人胡千华、胡敏挟今因乏银应用，自情愿将自垦水田壹处，坐落土名大牛寮观音山脚。其田上齐横坑为界，下齐古崁相连山岗为界,左齐坡塘窠带入山脚为界,右齐带溪背埔地至山脚为界。上齐双坑口为界,下齐达彩田头阴沟为界,并带水圳坡头水源,直上透上平顶山岭,埔田壹所。东至溪中为界,西至仓职分水为界,南至大石直透为界。北至分水为界;下齐坡头,上齐山岗,茅屋壹座。牛椆、农器等项,一切在内。原带山坑流下水源作拾股均开,带额汴水柒股,并带下栏水尾坡头贰个收水灌荫,每年额载大租肆石正。欲行出卖,托中送问房亲兄弟人等,不能承受。合托中送与天后圣母会内陆拾四股胡习隆等公共前来出首承买。当日三面言断,时值田屋埔地价镜银肆佰零贰员正,折纹银贰佰陆拾伍两参钱贰分正。其银即日全中,随契内两相交付足讫,不欠分文。委系正行交易,不是负债准折之故。其田自的笔出卖之日,即付会内前去过手耕作掌管,业者卖人不得异言阻当。其田屋埔地,系自向业主给佃批开垦之业,与兄弟房亲人等,并无寸土干涉,及来历不明,重张典当他人财产,拖欠上年大租等情。如有此情,俱依千华、敏挟一力抵当,不干买主之事。价极银足,后日不得议增找;一卖千休,永无取赎。此系二家甘愿,两无逼勒;今欲有凭,立杜卖尽根契壹纸,并缴连佃批壹纸,付执为照。

即日亲收契内价银足讫

代笔中人:炳干

说合中人:胡良才、胡纶

在场:兄恒华、侄敏桂、敏招、侄孙兆应

乾隆叁拾柒年（1772）岁次壬辰八月二十六日立杜卖田屋埔地尽根契字人胡千华、敏挟 [①]

与胡千华、胡敏挟两人发生房产交易行为是"天后圣母会内陆拾四股",该股管理人为"胡习隆等",他们代表"公共前来出首承买"。如前文所揭,雍正、乾隆年间台北盆地垦殖阶段,大陆民众由淡水河水系的水运而至垦殖地,关渡宫就成为台北盆地活动的群体的信仰中心,关渡妈祖庙为汉番合建,具有半官方祭祀色彩,北投社和八里坌社平埔族也是其信众,大陆移民的闽籍、粤籍也参与其中,其族群的包容度很强,公共性很强。[②] 关渡妈祖宫在日据时期台湾

---

① 高贤治:《大台北古契字集》,台北市文献委员会2000年版,第487—488页。

② 黄富三:《北台首座妈祖庙关渡宫之起源与角色》,海峡两岸台湾史学术研讨会论文（厦门大学）,2005年。

总督府调查中记其为漳州、同安、安溪、兴化四县人士所有 ①，根据现存实物上铭刻的乾隆壬寅年（1782），"北投社弟子刘士损、潘元坤、金佳玉仝喜捐"，道光三年（1823）"弟子台长生敬奉"、乾隆三十九年（1774）"广东茶阳大埔弟子陈德盛喜助"、道光三年（1823）"广东饶邑鸿岗许国良敬立"等信息表明，这是一所开放性很高的庙宇，为淡水河流域活动的各种人群的信仰场所。胡习隆为胡焯猷创办"胡林隆"垦号的合伙人，如前面已叙及的胡焯猷、胡自端等人为妈祖宫佃户的事实，显然永定民众在关渡妈祖宫供奉妈祖，并与其他群体一起组织了神明会，为天后圣母会第陆拾肆股，以此为基金，不断增资和扩大规模，购买田地房埔以为香火之资。

原乡的妈祖信仰活动中，庙宇与宗族势力结合得较为密切，常常属于单姓所有。② 但永定胡氏渡台后，成为关渡妈祖宫的天后圣母会成员，他们改变了在原乡的宗教活动特征，涵盖在关渡妈祖信仰圈内后，他们主动寻求与其他群体共同祀奉妈祖的机会，透过祭祀活动与多元的社会群体进行关联，显然，这是垦殖时期应付各种需求而产生的策略性行为。因为各籍移民拓殖台湾时，会带来一些祖籍神明，具有一定的封闭性，妈祖则在官府与民间的共同推动下具有可融合度。正如道光年间嘉应人氏吴子光指出的，"闽粤各有土俗，自寓台后，已别成异俗，各立私庙。如漳有开漳圣王、泉有龙山寺、潮有三山国王之类。独天妃庙无市肆无之，几合闽粤为一家焉"③。

清代永定移民在关渡妈祖宫活动，一方面基于原乡信仰根基而展开的宗教实践，另一方面则是面对现实的理性选择。关渡妈祖宫模式并非个案，永定籍移民进入其他地域垦殖时，还不断利用这种策略性宗教行为，通过庙宇以及仪式活动实现与其他各籍人群共处合作的机会。比如淡水沪尾街福佑宫建于嘉庆元年（1796），奉祀妈祖，陪祀观音大士和水仙尊王，是该街区最早的庙宇。台湾"总督府调查课"1915年对福佑宫捐资数和祭典期有详细记载：

> 汀洲：有百余石之田地。惠安：十石。安溪：计有六十石。晋水：十石。银同：计有一百二十石。武荣人：百余石头。市场内商人等，……一

---

① 台湾"总督府调查课"：《台北厅社寺庙ニ關スル调查》，《北投公校调查》，关渡宫1915年版。

② 杨彦杰：《山区的妈祖：一个宗族与村落的保护神》，《妈祖信仰国际学术研讨会论文集》，台湾省文献委员会1997年印行，第70页。

③ 吴子光：《淡水厅志拟稿》，转见陈在正《台湾中部平埔族的汉化与妈祖信仰》，《台湾研究集刊》1990年第2、3期。

年间所征收的费用将充当为祭典费用。

定期祭典安排,农历三月初一,汀州;三月十七日,惠安;三月十八,桃园;三月十八日,安溪;三月二十一日,晋水;三月二十二日,银同;三月二十三,市场内商人;三月二十三,为诞辰日,祭典费用各自支付。①

调查记录中的晋水即晋江,武荣即南安,这份记录显示这个庙宇是汀州人与闽南人混同祭祀的庙宇,因为汀州人是该宫的重要成员,惠安、安溪、晋江、同安、南安等县人氏也是重要成员,其中同安、南安等泉南区县份比重甚大。现存三芝江氏文书中涉及福佑宫的相关内容,略摘录如下:

【光绪三十三年,1907】仝立阄书合约字任堂兄弟江硕进、江茂进、江立进、江佑进、江再进等,……即将先父及我兄弟创置所有一切之物业,先抽出祖上作蒸尝之业份,余田山、家屋、茶欉、家器,农具,谷石、银圆出入数项,大小畜类,俱以截长补短,当公面配,一切作五大房均分。……一批明:抽出沪尾圣母季业份二股,又土名大坑圣母季一份,……以作祖上之蒸尝,……其轮收以齿为叙周而复始。②

【明治三十九年,1906】仝立阄书合约字人长房侄江自春、江自根,三房侄江自和、江自坤、江自炎、四房叔江茂安叔侄等,……念先父开福生下四子,长曰茂源、次曰茂宗、三曰茂永、四曰茂安,……各户即议定抽出与江阿三共业之田共二段,以为四大房作公共蒸尝之祀业。……一批明:长房自春、自长应分得与次房、四房合共水田山埔,址在新庄仔,……分得圣母季业份一股。③

从文书所显示的信息看,江氏是沪尾福佑宫祭祀公业成员之一,他们在沪尾圣母季中拥有了至少二股以上的产业,江氏在分家过程中,一方面也分这份公共产业的股份,另一方面则将部分产业与祖先祭祀蒸尝合并,由各房轮流管理收租,以为神明祭典和祖先崇拜的费用。正是依托于家族公共财产的不断分割与传承,永定籍移民共享了"妈祖"的神佑,保持族人认同以及与其他社会群体的沟通。

---

① 台湾"总督府调查课":《台北厅社寺庙二関スル调查》,1915 年。
② 台湾"总督府"档案,文化资料库编号:od-ta_01821_000059。
③ 台湾"总督府"档案,文化资料库编号:od-ta_01821_000204。

结　论

　　族群性（Ethnicity）是一种建构的过程而非纯粹客观的实体，是一个想象性的概念，它之所以存在，除了依托历史的本源性外，还需要装置一个不断解释的机制，不断被诠释，不断被建构，不断地创造象征。而就行动主体而言，在他们的生活和生产实践中，不同认同符号还交织混杂在一起，使族群性的内涵充满了多歧，因此建构族群性的元素，比如语言、种族、宗教信仰、历史经验，乃至于籍贯都是可变的。族群边界不是在社会文化的孤立中产生，而是与不同的社会群体发生交互作用形成的，它会随着社会变迁而流动的，与人群所在的社会情境有着密切关系。

　　客家以"客"而名，移动和"流动"成为族群的基本特征，依照梁肇庭的观点，"客家"原生活区属于宏观区域中（macro region）中的闽粤赣山地，其人群移动与东南沿海、岭南、江西三个区域有着密切关系，当周边经济处于扩展期时，山区民众就大批抛出，当经济处于低潮时，生存资源竞争加剧，从山区移出民众迫于压力回缩。[①] 在此拉锯过程中，边缘地区的群体认同不断被凸显和累积，才具备构建族群性的可能，因此帝国晚期的"客家"移民应是观测族群性（Ethnicity）理想参照。

　　满清鼎定之后，社会政治经济政策的调整，进入康乾繁盛期，闽粤赣山地周边区域经济拉力加强，山地民众就开始再次外移，形成了新一轮的"客家移民"，在此历史过程中，移民群体的发展轨迹极其丰富，如道光年《永定县志》对当地民众风俗所描述：

> 　　商之远贩滇蜀，不乏寄旅。金丰、丰田、太平之民，渡海入诸番如游门庭，……乾隆四十年（1775）以后，生齿日繁，产烟亦渐多，少壮贸易他省，或间一岁或三五岁一回里，或旅寄成室如家。永民之财，多积于贸易，捐监贡及职衔者，人以千数；外地置产者，所在多有。[②]

　　《县志》主撰者为巫宜福，永定金丰里大溪人，嘉庆二十四年（1819）二

[①]　Leong,Sow-Theng, *Migration and Ethnicity in Chinese History: Hakkas, Pengmin, and Their Neighbors,* Staford University Press1997, pp.1–18.

[②]　（清）巫宜福、方履篯：道光《永定县志》卷十六，厦门大学出版社 2012 年版，第 280 页。

甲进士,后入选为翰林院编修,在院内国史馆任纂修,曾宦游各地,并至台湾北部,现存淡水鄞山寺的"是登彼岸"匾额即为其手书。在游历各地的过程中,他敏锐地观察到了永定商民的不同形态,从而揭示出同一文化群的移民在播迁到不同区域后,由于社会条件的差异,其主观诉求、自我认同、文化特征的差异。

台湾作为清初"帝国边陲"的海岛"新疆",成为闽粤大量移民的拓殖新区,在人口的推力和经济的拉力作用下,永定籍移民也随之到来。就社会特性而言,清代台湾是"边疆"(frontier),此时作为族群生活的边缘有机体,是一个包含着各种深层文化矛盾的社会。尤其在拓殖过程中,迁移中的人们从原来居住地出发,已与固有社会结构逐渐分离,他们位于哪个社会分层、从事的何种职业、以及经济投资获得何种收益等都成为了未知数,甚至在开发过程所要直面的对手和自然条件也是经验所缺乏的,其社会形态从某种程度上类似于德国社会学家乌尔里希·贝克(Ulrich Beck)所说的"风险社会"(risk society)。[1]

面对拓殖社会的潜在风险,上文所展现以胡焯猷为中心的永定籍民众的日常生活实践充分显示,他们并不孤立于风险之中,而是自然地沿袭了在原籍社会已形成的经济模式和生活经验,以合作佃种、合股承垦应对垦殖社会变迁所带来诸多不确定,"合同"和"契约"等以经济利益为主轴的行为方式成为社会活动的价值主体。进而在此基础上,不同社群为了更好地处理日常生活实践中差异,共同构建出一系列的经济—文化共同体,比如书院、庙宇、家族等等,并由此形成了一种社会合成机制。因此祖籍、方言和神明在清代垦殖初期,出于资源的宽松,并没有成为"区分"彼此工具,反而成为不同社群在不同情境下进行"合作"的依托。如果把这种活动落实到清代台北地区——尤其是新庄至关渡一带——历史空间变迁,可以发现该地域作为一个自然地理概念,经过大规模的人口迁徙和拓殖运动后,已由不同社群重构了一个"地域",成为此后汀州籍社群分化和组合,最终成为客家社区的一个起点。

上述只是对清初永定籍移民在台湾北部地区的垦殖活动及社会形态进行一些理论性延伸。"多族群性"为台湾当下社会的重要特征,就永定籍移民在台湾生活状态和经济形态而言,他们不仅仅局限于垦殖社会和台北地区,也不

---

① 贝克考察的是现代社会的风险度,是反思现代性所带来的社会强制和民族国家垄断而失效,进而希望个体化的公民对抗,进而实现脱离僵化系统的有组织无责任,这是一个世界公民的理想。U. 贝克:《风险社会》,何博闻译,译林出版社 2004 年版。

会只在雍正乾隆年间而一种模式而固化,他们存在多种的文化类型。正如人类学家 Ong 在研究海外华人时所强调的动态过程,"实践"和"能动性"使海外华人在现代国家体制之下发展出一套与地域社会之间的协商策略,其中"实践"是指出日常生活实践及其意义,而"能动性"则指个人如何应有各种文化工具突破结构性的限制。永定籍移民就是以实践能动性在不同历史阶段、不同的社会情势中获得社会身份的确定,如在街区社会、暴力抗争乃至于社会运动等中不断展现出其所具有的弹性(flexibility)、移动(mobility)、重置(repositioning)特征。① 从这个意义上讲,永定籍或汀籍移民的客家族群特性的隐藏与显露,是一种历史实践(practice)行为,而非结构性的文化身份,理解永定籍或汀籍移民何以为客、何以非客,需要历时性的全景展现,本文从垦殖活动中经济利益出发来分析社群文化特征,只是一个方面的探讨,其余诸多内容有待于今后继续研究。

---

① A.Ong,Cluture *Citizenship as Subject-Making: Immigrants Negotiate Racial and Cultural Boundaries in the United States,* Current Anthropology,1996,31(5),pp.737–762.

台湾的中国戏剧史研究及其对大陆的启示

李连生
福建师范大学文学院教授
康保成
中山大学中国非物质文化遗产研究中心研究员

海峡两岸隔海相望、血脉相连,虽然由于特殊的历史、政治原因,长久分治,较为隔绝,但文化传统无法割断,仍一脉相承,薪火传承,绵延不绝。同时,也正是由于两岸关系的这种特殊性,使得台湾形成了与大陆不同的特有的一些文化传统,学术研究亦不例外。本文拟从戏剧研究方面对这种学术传统进行考察和反思,冀有助于我们对比借镜、开阔视野。

一

在 20 世纪 60 年代以前,台湾的大学没有戏曲这门课,所谓"词曲选"也往往重词而轻曲。1949 年前后,由大陆迁台的学坛耆宿进入高等院校传道授业,如任教于台湾大学的郑骞(1906—1991)与张敬(1918—1996),师范大学的汪经昌(1913—1985)、政治大学的卢元骏(1911—1977)、文化大学的俞大纲(1908—1977)与姚一苇(1922—1997)等,均在大陆受过良好的学术训练,在台湾开设戏曲课程,并指导研究生撰写硕博论文,为台湾的中国戏剧史研究初辟榛莽,开启门扉。

台湾的中国戏剧史研究者大致可分为三代人,第一代学者有郑骞、张敬、汪经昌、卢元骏、俞大纲、魏子云、孟瑶(杨宗珍)、姚一苇等,台湾大学的郑骞和张敬堪称其中的代表。

郑骞早年求学于燕京大学中国文学系,游于许之衡之门,1948年赴台,任台湾大学中国文学系教授。撰有《校订元刊杂剧三十种》(1962)、《北曲新谱》(1973)、《北曲套式汇录详解》(1973)、《景午丛编》(1972)与《龙渊述学》(1992)等曲学论著。主要研究元杂剧和北曲曲律,其中最具学术价值的著作为《校订元刊杂剧三十种》,作者费三十年之功,对"元刊杂剧"进行全面而综合的校订,在校订讹字、辨析曲白、补正脱误、厘定曲律上贡献极大,是最早、最成功的一部"元刊杂剧"整理本,体现出作者缜密细致的考校功力。《北曲新谱》和《北曲套式汇录详解》两本专著,为研究北曲曲律的重要典籍,对后学影响极为深远,两书稿成之后又修订十数年之久,可见作者治学之严谨。

张敬师从俞平伯、顾随学词曲,于1951年任教于台湾大学中国文学系。她对南曲韵律、联套与传奇排场等研究,着力最多且颇有创发。《传奇分场的研究》建立戏剧"排场"的理论系统;《南曲联套述例》(1966)指出南曲联套须掌握宫调的用律与起调、笛色的起调、各曲牌节拍、各曲牌声情等艺术特点等。《明清传奇导论》(1986)重视作为戏剧所不可或缺的关目情节、角色人物、科介表演、穿关砌末、排场类型等戏剧演出形态,确立了戏曲结构兼具情节与表演双层内涵的观念,明确将戏曲与小说等其他叙事文学样式相区分。其研究视角和方法对后继者影响极大。

台湾第二代戏剧研究者有陈万鼐、唐文标、罗锦堂、李殿魁、曾永义、洪惟助、邱坤良、王秋桂、汪志勇、王士仪等,为90年代戏剧学界的中流砥柱。

罗锦堂对散曲与古典戏剧研究深入且层面广阔,所提论点多为后学研究的奠基点,代表作《元杂剧本事考》率先对现存161本元杂剧进行全面的总目著录、本事考证与分类研究,为日后剧作的考订与剧类的探讨奠定了重要的根基。李殿魁精通于音律与曲学,亦擅长考古学与小学,代表作为《双渐与苏卿故事考》(1989)。"双渐苏卿"故事曾是中国戏曲史研究中的一个热门话题,但有关剧作已全部失传,只留下若干残曲,所以这个故事的真实和完整的面貌便成了文学史上的一个谜团。这个谜团曾吸引过近现代不少学者,吴梅、任二北、王季思、赵景深、钱南扬、叶德均、谭正璧、冯沅君、胡忌等许多戏曲史家都曾对此倾注过心力。但在半个多世纪的漫长岁月里,虽然不断有所发现,总的说来,还是不够系统,难称重大进展,直至李殿魁《双渐苏卿故事考》出版,"终于填补了这一空白",如说此著乃是集前人有关研究之大成并有新的提高,似不为过誉。①

唐文标以哲学背景治中国戏剧史,发前人所未发,其《中国古代戏剧史初稿》(1984)虽然没有全面论述戏剧史,但书中围绕着"何以中国戏剧发展那么缓慢,远较历史上文明古国如希腊、印度等,晚出得多至一千年之久"的命题来探讨中国戏剧的起源②,并提出了几个很有价值的学术问题。一是中国戏剧为什么没有选择形式简单的话剧,而是走上了"诗韵俱全"的戏曲的路子;二是如何能证明民间祭典脱离"仪式",化为雅俗共赏的"娱乐戏剧"。他对隋唐宋三代的社会状况及民间艺术进行考察,总结探求中国戏剧的民间渊源。他指出:"古剧所以晚起,所以羼杂无数民间杂艺,它的通俗内容和大众化的语调外形,它的平庸的思想、人情世故的主题,它之所以跟世界上希腊悲剧和印度梵剧大异的地方,完全由于它自民间来,以满足平民阶层的娱乐消闲为第一要点。因此,它的成熟期也非要等待中国农业社会演化的结果:宋代呈现出一个具体而微的'大众市民社会'不可了。"③ 其结论或有可商,但他侧重于戏剧"民间性"层面的阐述与关照,给我们很大启发,也提供了对中国文化形式演化与人类历史蜕变等问题的思考。

曾永义受业于台静农、郑骞、屈万里、王叔岷、孔德成、张敬等名师,由古典戏曲兼及俗文学的研究,著作等身,如《明杂剧概论》(1979)、《参军戏与元杂剧》(1992)、《戏曲源流新论》(2000)与《戏曲与歌剧》(2004)等专著二十余种,个中颇多人所未尝言之心得创见。曾教授在国学耆宿传统曲学方法基础上加以发扬光大,视野更宽阔,涉猎极为广泛,从中国古典戏剧史到台湾当代戏剧史,从作家作品到曲学理论、从民间文学到地方剧种,从研究论著到剧本创作都有相当可观的成果。其以撰写戏剧史为纲本,逐一对古典戏剧的历史源流脉络进行考辨研析,试图构建其自成一家之言的"戏曲史观"。他辨析戏剧与戏曲概念,认为戏曲有大戏、小戏之别,且小戏乃为戏曲真正的

---

① 详见姚品文:《双渐苏卿故事研究补说——读李殿魁〈双渐苏卿故事考〉》,《江西师范大学学报》1991年第1期。

② 唐文标:《中国古代戏剧史》自序,中国戏剧出版社1985年版,第1页。

③ 同上书,第239页。

"源头"。关于南戏与传奇的分野,提出"三化说";关于声腔剧种,提出体制剧种与腔调剧种之别。他展开了对于历代剧坛样貌、剧种体制规律、舞台搬演艺术、历代名家名作以及戏曲理论的课题研究,如《明杂剧概论》对明杂剧作全面探究与梳理,并率先作出了对清杂剧进行整体俯瞰的研究,完成《清代杂剧概论》。凡此种种,均体现出曾永义在戏剧研究方面具有的开疆辟土的先行者的精深、全面和独到。

洪惟助为卢元骏高足,娴于词曲与声律,有鉴于昆曲艺术之亟须振兴,特于中央大学成立戏曲研究室,收集戏曲的图书文物,两岸奔走,孜孜以求。并历经十年,编成巨著《昆曲辞典》(2002)。又与曾永义联手,在中华民俗艺术基金会成立昆曲传习班,定期传授昆曲艺术,并到大陆各昆剧团录制传统昆剧录像带,保存传统昆剧艺术,同时编著《昆曲研究资料索引》与《昆曲演艺家、曲家及学者访问录》(2002)。曾永义和洪惟助共同制作的《昆曲选辑》第一、二辑,共录制内地6个昆剧院团的133出折子戏,几乎囊括当时所有主演的代表作。很多位艺术家在之后已经相继故去,使得这批资料尤显珍贵,这批资料也是海内外戏曲教学和研究的重要参考资料,对昆曲在台湾的发扬有重大的贡献。[①]

邱坤良则坚持对小戏、台湾地方戏及戏剧民俗进行研究,以史学为基础,应用社会学对台湾戏剧进行全面论述,多年来积极参与民俗曲艺的调查记录与保存推广,带动了其后民间戏剧调查与研究的风气。《台湾剧场与文化变迁:历史记忆与民众观点》(1997)和《抗争与认同:台湾戏剧现场》(1997),这两本专著以对剧场文化生态的检视为立足点,将台湾本土文化特色和台湾现代剧场活动的叙述融为一体,对于了解台湾戏剧活动的文化意涵具有启发意义。

二

台湾戏剧第三代代表学人有王安祈、蔡欣欣、王瑷玲、华玮、林鹤宜、陈芳、许子汉、齐晓枫、游宗蓉、李惠绵、朱昆槐、杨振良、蔡孟珍等,不胜枚举。他们或受业于第二代,或从海外学成归国,大都思路活跃,勤奋著书不辍,颇有创新

---

① 王若皓:《论男儿壮怀须自吐——洪惟助教授20年戏曲之路及亲践之"台湾昆曲模式"》,《戏曲研究》第83辑,文化艺术出版社2011年版。

见解,现均已逐渐发展为台湾当前戏剧研究的主力。

王安祈早期致力于明代剧场艺术与剧本文学的研究,代表作有《明代传奇之剧场及其艺术》(1986)、《明代戏曲五论》(1990)。近年来学术触角延伸到近当代的戏曲研究与创作演出,探索传统戏曲的保存与创新,对"戏曲现代化"论题有深入的见解,著作《传统戏曲的现代表现》(1996)、《台湾京剧五十年》(2002)、《为京剧表演体系发声》(2006)等。她提出"保存传统与锐意创新,是戏曲发展的两条并存路径,无一能偏废"①,并强调"传统需要活化"。"传统老戏在现代的困境,表演和情节被撕裂为二,论表演,精彩绝伦;论思想,却实在很难被现代接受。编演于一两个世纪前的戏,反映的是古代价值观,和现代往往无法接轨,但我不希望一出戏的上演只具有'文化遗产'的意义,多么希望它仍是能激起共鸣的'当代剧场艺术'。"②王安祈目前作为台湾国光剧团的艺术总监,致力于京剧的弘扬和推广,尝试"京剧小剧场"实践,挣脱传统,对京剧从题材、文本、到内涵意旨和表演形式进行多元尝试,为"戏曲现代化"开启更多的可能性。探讨如何借鉴电影导演手法,在舞台上运用"蒙太奇"。她以现代意识改编创作京剧《王有道休妻》、《金锁记》等,重新诠释古典故事,反省女性意识,在两岸引起较大反响。

华玮重点探讨古代女曲家、妇女剧作、女性与戏曲文化关系等课题,"探讨性别与书写的关联,女性在戏曲中自我呈现的策略,与情、欲书写的特色,以及女性与世变、政治、社会、文化的互动等"③。她精于《牡丹亭》各种评本的研究,并以此系统建构明清妇女戏曲创作与批评研究的学术脉络,其代表作为《明清妇女之戏曲创作与批评》与《明清妇女戏曲集》。

蔡欣欣梳理杂技与戏曲的关系,思索杂技在中国戏曲史中的定位,尝试建构中国戏曲杂技史的学术脉络,代表作有《杂技与戏曲》(2008)等。作者以"杂技游艺"为起点,透视戏曲在历史演进中的生态演化与艺术样式,从源流史论、剧坛生态、剧种特质、剧作文本、舞台艺术及田野图像等层面,逐一剖析探究杂技与戏曲之间不可胥离的密切关系,试图构建了"中国百戏

---

① 王安祈:《传统戏曲保存与创新的两项论证》,《艺术百家》2009 年第 1 期。

② 王安祈:《回眸与追寻——谈台湾国光剧团的〈未央天〉和〈孟小冬〉》,《上海戏剧》2011 年第 10 期。

③ 华玮:《明清妇女之戏曲创作与批评》,台北:"中研院"文哲所 2003 年版,第 18 页。

竞陈演剧传统"的论述体系[1]，开辟了研究戏曲历史演进与艺术特质的不同视角，颇值得关注。作者的研究视野并关注到整个中华戏曲，如昆剧、歌仔戏、高甲戏、秦腔、河南曲子戏、潮剧等，奔走海峡两岸，亲历田野调查，"以剧场作她的'博物馆'作她的'实验室'"（曾永义评语）、"多重逸走"于田野、舞台、文本间，游刃有余，成果斐然。又关心台湾本土戏曲的发展，著有《台湾戏曲研究成果述论（1945—2001）》（2005）、《台湾歌仔戏史论与演出评述》（2005）等。

王瑷玲以明清戏曲美学理论的发展与建构为研究重心，"援引西方美学和戏剧理论作为中国戏曲理论之参照，透过'情境'、'情节'、'结构'、'戏剧语言'、'主题意识'、'抒情性'、'叙事性'、'戏剧特质'、'人物刻画'、'主体性与个体性'、'自我叙写'等不同文学层面，对明清戏曲艺术造境与戏剧性建构做出较全面之美学分析，以勾勒出中国戏曲美学理论体系发展之轨迹"。其研究"为戏剧批评的理论与方法提供一种崭新的中西比较观点与理论思路"[2]。

陈芳著有《晚清古典戏剧的历史意义》、《乾隆时期北京剧坛研究》与《清代戏曲研究五题》等。对清代戏曲而言，无论是理论还是剧作研究一直比较薄弱，而清杂剧的研究就更不多见，周妙中《清代戏曲史》就清杂剧也只是概括论之，在曾永义《清代杂剧概论》的基础上，陈芳撰著《清初杂剧研究》（1991），就所收录顺、康、雍三朝 78 位剧作家的 216 本杂剧进行分析归纳，考述剧作家生平及其撰写动机，探讨清初杂剧之创作风格以及剧场艺术等。作者对清初杂剧进行了全面的爬梳，为清杂剧的进一步研究打下了良好的基础。

三

相比大陆学人，台湾当代的中国戏剧与戏剧史研究呈现出如下一些特点：

第一，较少受到意识形态的干扰，学术含量和学术"纯度"比较高。因意识形态干涉的力量较为薄弱，再加上台湾学者没有受到"文革"等非学术因素的影响，故治学环境优良，学术传统保持较好。台湾学术传统的保持体现在

---

[1]　蔡欣欣：《杂技与戏曲》，台北："国家"出版社 2008 年版，第 25 页。

[2]　曾永义：《戏曲在台湾五十年来至研究成果》，《戏曲与歌剧》，台北："国家"出版社 2004 年版，第 245 页。

以下几个方面:

其一,曲学研究没有中辍,传统治学方法仍得到较好的传承。近代以来,曲学不振,大陆学者尤其是文学界少有继之者,研究比较多的是音乐界的学者,重点亦在曲谱之宫调、曲牌等,却少有能结合声腔口法或用现代音韵学综合谈之者。吴国钦《元杂剧研究·导论》指出元杂剧研究在音律方面的不平衡:"元杂剧作为演唱艺术,创作的重点是曲,表演的中心也是曲,对声腔、音律、曲谱的研究理应成为研究的重点,虽然20世纪前期在戏曲研究发轫之初,吴梅及其弟子蔡莹、王玉章等曾倡导曲学,其后,郑骞也曾做过不懈努力,但眼下为元杂剧审音酌律这种难度较大的工作便后继乏人了。这一方面因为对传统的曲学缺乏知识,另一方面是忽视了声腔、韵律对杂剧研究的重要性,于是元杂剧音律学的研究者如凤毛麟角。"[①] 徐朔方《南戏与传奇研究·导论》也认为在南戏与传奇曲律与理论研究方面,"向来是一个相当薄弱的环节。就曲律研究而言,吴梅以后难以为继,这已是公认的事实"[②]。对比大陆,从郑骞、汪经昌、卢元骏和张敬的著作即可见出其仍秉承吴梅、姚华、王季烈、许之衡、卢前等曲学的治学路径,而后曾永义、陈万鼐、洪惟助再到朱昆槐、李惠绵、蔡孟珍等几代学人治学眼光虽已不限于曲学一脉,然而传统没有中辍。如蔡孟珍《元曲演唱之音韵基础》(1997)则就北曲南渐的历史发展,曲坛先辈的论曲精蕴、明清戏曲创作的用韵与曲韵专书编撰的系统诸方面考察,肯定北曲遗音迄今犹鼙然可据。《沈宠绥曲学探微》(1999)详细阐述沈宠绥的曲学见解。[③] 沈宠绥的《弦索辩讹》和《度曲须知》为研究南北曲唱法和音律的重要著作,但迄今很少有这方面的全面研究,蔡孟珍的著作可谓发了先声。或许是因为少有兼通音韵学和音乐唱腔者,曲韵一直以来是曲学研究中的薄弱环节,哪怕在音韵学界也少有人触及。大陆虽然早有罗常培《中原音韵声类考》(1932)、赵阴棠《中原音韵研究》(1936)这样的著作,但是音韵学家一般仅从韵书角度而不是结合唱腔来研究。其他如杨荫浏《中国古代音乐史稿》、王守泰《昆曲格律》、周维培《曲谱研究》、俞为民《曲体研究》等涉及曲韵或腔词格律等,但即便是这样的著作也屈指可数。虽然曲学在台湾得到较好的

---

① 吴国钦等编:《元杂剧研究》,湖北教育出版社2003年版,第62页。

② 徐朔方、孙秋克编:《南戏与传奇研究》,湖北教育出版社2003年版,第64页。

③ 蔡欣欣:《台湾戏曲研究成果述论(1945—2001)》,台北:"国家"出版社2005年版,第262—263页。

继承,但相较其他方面的研究,总的来说亦呈衰退之势,如何光大曲学研究,应是两岸学界共同需要面对的问题。

其二,因为没有受到政治话语的干扰,故台湾学者的治学很早进入戏剧本体方面的研究。当大陆还在讨论古典戏剧作品的人民性,学者们正在学习使用以阶级斗争、劳动创造世界等观点解释作品的时候,台湾已经在研究戏剧形态了。80年代中期以后,大陆的"学术本位"开始回归,认识到形态、形式的重要性,却发现台湾早有成果在先。从张敬《明清传奇导论》到王安祈《明代传奇之剧场及其艺术》,一个重视戏剧形态发展史的传统在台湾同行中已经形成。许子汉《明传奇排场三要素发展历程之研究》、游宗蓉《元杂剧联套研究——以关目排场为论述基础》、高祯临《明传奇戏剧情节研究》等即是这种传统的承续。

第二,对"小戏"的重视程度远超大陆。大陆一般注重昆(腔)、高(腔)、梆(梆子腔)、黄(皮黄腔)几大腔系的研讨,小戏方面只有张紫晨《中国民间小戏》、余从《戏曲声腔剧种研究》、廖奔《中国戏曲声腔源流史》、周妙中《清代戏曲史》、庄永平《戏曲音乐史概述》、刘正维《20世纪戏曲音乐发展的多视角研究》等略有涉及,但未能深入,也未引起重视。在台湾,"小戏"这个概念,既与大陆学者常说的"民间小戏"意思相近,又带有台湾学者的学理思考。

曾永义对"小戏"的研究,是他的中国戏剧史研究框架中重要的一部分。他认为:成熟的"大戏"由故事、诗歌、音乐、舞蹈、杂技、讲唱文学叙述方式、俳优装扮表演、代言体、狭隘剧场等九个因素构成;"小戏"则由演员装扮表演、歌、舞、代言、故事、剧场等六个因素组成。"小戏"为戏曲之源头、雏形,宋金南戏、北剧为大戏,大戏为戏曲之成型。他进一步指出:"小戏可以因时因地因主要元素而发生,以其构成元素简陋而可以多元并起;大戏既为具'综合文学艺术'之有机体,以其构成元素之多元复杂而缜密精致,便只能一源多派。"① 可以说,曾永义提出的"大戏"、"小戏","渊源"、"形成"的联系与区别的主张,针对中国戏剧史研究中出现的诸多问题,提出了很多参考价值的解决方法。

第三,对俗文学极为重视,且成果丰硕。刘半农1928年出任"中研院"

---

① 曾永义:《戏曲源流新论》,文化艺术出版社2001年版,第13页。

历史语言研究所（时在北平）"民间文艺组"主任后开始征集了一大批俗文学资料。曾永义带领一批学者于 1973 年春重新搜集整理,于 1978 年完成。这批资料共分为戏剧、说唱、杂曲、杂耍、徒歌、杂著 6 大属, 137 类, 10801 种, 14860 目,较之刘半农所搜集的六千余种可谓多矣。虽然古老不如敦煌文献,却是海内外唯一的近代俗文学总汇,与敦煌文献先后辉映,其价值是毋庸置疑的。① 从 2001 年开始,由台湾史语所和新文丰公司合作,以《俗文学丛刊》之名,陆续刊行出版这套俗文学资料,至 2007 年已出版 5 辑共 500 册。在此基础上曾永义完成了六十余万字的《俗文学概论》（2003）的巨著,其中"民族故事"与"影子人物"的概念,实乃曾教授的独家创说。② 曾永义之对中国戏曲史和俗文学的研究,具有由郑振铎《中国俗文学史》奠基,赵景深、许地山、阿英、冯沅君等众多前辈学者开拓之"俗文学派"研究的特点,故车锡伦认为:"中国传统文献学虽十分发达,但对民间文献的整理却极少有研究。"而曾的研究成果"代表了这个学派在当代学科发展中的最高成就"③。

俗文学中的戏剧资料大陆亦不少见,《脉望馆抄校本古今杂剧》的发现,曾被郑振铎称之为"收获不下于'内阁大库'的打开,不下于安阳甲骨文字的出现,不下于敦煌千佛洞钞本的发现"。而车王府曲本也被王季思称为"安阳甲骨、敦煌文书之后的又一重大发现"。"足可填补'乱弹'阶段剧目的空白。"④ 1991 年由北京古籍出版社影印出版《清蒙古车王府藏曲本》,收戏曲、曲艺作品 1585 种。2000 年海南出版社影印出版的《故宫珍本丛刊》,其中的《清代南府与升平署剧本与档案》收入绝大部分没有和读者见过面的清宫自顺康以来手抄昆弋剧本等 1634 种;通过它"可以很清楚地明了清代三百年民间和宫中戏曲舞台上陆续演过的戏,是一份比较全面的系统的清代戏曲演出史料"⑤（朱家溍《故宫珍本丛刊序》）。然而,"从 20 世纪 20 年代发现至今已有八十多年,但此类文献的整理一直停留在编制目录、编印曲选以及一般介绍的阶段,缺乏全面深入的研究,还不能与当初《脉望馆钞校本古今杂剧》发现后郑振铎、孙楷第、王季烈、冯沅君等人的研究相比。清代宫廷戏曲的研究

---

① 详见曾永义:《台湾"中研院"所藏俗文学资料的分类整理和编目》,《曾永义学术论文自选集·乙编》,中华书局 2008 年版。

② 曾永义:《曾永义学术论文自选集·甲乙编》,中华书局 2008 年版。

③ 曾永义:《曾永义学术论文自选集·乙编·车锡伦序言》,中华书局 2008 年版,第 7 页。

④ 刘烈茂、郭精锐等:《车王府曲本研究》,广东人民出版社 2000 年版,第 3、7 页。

⑤ 陈多:《古代戏曲研究的检讨与展望》,《云南艺术学院学报》2001 年第 3 期。

也是如此,大批清升平署档案、剧本发现后,周明泰、王芷章等人曾进行过卓有成效的研究,但此后便很少有人涉足这一领域,仅见一些泛泛的介绍。"① 如此状况当引起我们的反思。

其他如以《传统剧目汇编》一类名义编印为内部资料出版保存下来的地方戏剧本,据云总数达到 671 册,刊出传统剧本 4780 种,但于今存世无多。"如若由'文学'的角度来看,这些多是出于老艺人口述而记录下来的剧本,水平是不高的,难与文人写作的杂剧、传奇并称;如由'文献'的角度来看,多是出于老艺人口述,难为实据。但如若从演剧史的角度看,它们却都是'场上之作',是比较真实地反映了该剧种历史上演出实际情况的极宝贵的资料,很值得下大力气去研究。"② 说地方戏剧目是一个值得花大力气开发的宝库并不夸张,但学者关注并不多见。仅就福建省来说,目前收藏在福建艺术研究院的传统剧目就有 8000 多种,含复本共计 17800 多本。③ 可以推想,若综合其他各省所收地方剧目,这个总数难以估量,然而从目前的研究现状来看,地方戏的价值还是被低估了。若从传承角度来看,"水平不高""难为实据"等也不完全是,事实上,历史上散佚的古典剧目其实有不少是可以在地方戏剧目中发现遗存痕迹的,刘念兹《南戏新证》、徐宏图《南戏遗存考论》、马建华《莆仙戏与宋元南戏、明清传奇》等都是这方面的力作。当然,其价值远不止此,我们若用当年顾颉刚以"狮子搏兔"之力研究《孟姜女故事》的劲头来研究地方戏,取得和顾颉刚一样炫目的成就是可以期待的,更何况地方戏这座"宝山"远非"兔"可比拟了。

第四,台湾学界对西方的研究方法与成果的吸收,比大陆自觉、直接。长期以来,大陆戏剧史界与西方学术界的隔膜,反衬出台湾在这方面的优势。台湾早期研究受耆宿国学的治学方法影响,多采取朴学考据的功夫,侧重于作家作品的考证、校勘等,后来受到西方各种批评思潮的影响,戏剧研究也开始运用西方学理观点进行研究。

其一是外文出身的戏剧学者关注中国古典戏剧研究,为大陆所罕见。如张晓风《中西戏剧的发源及其比较》比较希腊戏剧与中国戏剧在宗教、音乐、

---

① 苗怀明:《二十世纪戏曲文献学述略》,中华书局 2005 年版,第 336 页。
② 陈多:《古代戏曲研究的检讨与展望》,《云南艺术学院学院》2001 年第 3 期。
③ 杨榕:《福建戏曲文献研究》,中国戏剧出版社 2007 年版,第 444 页。

叙事诗、扮演与组织结构上的类同处。① 王士仪《钱与命:〈窦娥冤〉的主题分析》,运用主题学、原型和神话批评法的概念,阐释窦娥临死三桩誓愿是以传说为符号,藉以表达人类潜意识中最共同的意象。② 这些论文的作者多数是外文专业出身,他们的视角,显然与"国学"研究者不同,不同于以往文本研究——即多半集中在作者生平探讨与追溯题材源流等"外缘"研究,而是直接切入以戏剧论戏剧的"内缘"研究,颇具理论深度。

其二,一批在欧美受过教育的留学生先后回到台湾,以自己特殊的知识背景在中国戏剧史研究方面创出了一片天地。这些学者中有老一辈的彭镜禧、胡耀恒、王秋桂和较为年轻的王瑷玲、华玮和孙玫等。

其三,在对国外成果的翻译、介绍与汲取方面,大陆则远远比不上台湾。台湾《民俗曲艺》第145期发表了一篇题为《论世界各地的皮影戏及其相互关系》的论文,其中引用英文文献86种,中文文献45种。这种文章,很难在大陆的文学、艺术专业期刊上看到。牛津大学教授龙彼得的重要著作《中国戏剧源于宗教仪式考》首先在台湾由王秋桂翻译成汉语。王秋桂教授在世界范围内搜集、影印大量古代戏曲文献的同时,又致力于推进戏剧人类学的中国化进程,主持"中国地方戏与仪式"的田野调查,显然与他具有欧洲留学的背景有关,对于大陆20世纪80年代以来的傩戏、目连戏学术研究热潮起到了极大的推动作用,促进了两岸的文化交流与合作。台湾学者的具体研究成果已经使大陆学者受益匪浅,而更值得学习的,则是他们从事学术研究时的开放心态——把中国戏剧史当成一门不分国界的学问。③

第五,台湾戏曲研究者一身而兼二职,既是戏剧史研究者,又是当代剧作家、导演或舞台监督等,这种"两栖性"或"多栖性"在大陆较为罕见。

在大陆,老一辈学者如吴梅兼有学人与才人之长,集作曲、论曲于一身,这种精通曲律又长于文词的传统,在1949年以后未能得到很好的坚持,除少数学者如南开大学的华粹深、南京大学的吴伯匋、中山大学的董每戡等人之外,研究与创作、案头与场上是基本隔离的。以高校中文系和社科院文研所为代表的学者,主要研究古典剧本文学和戏剧史,精于理论而少有舞台实践或编剧

---

① 详见蔡欣欣:《台湾戏曲研究成果述论（1945—2001）》,台北:"国家"出版社2005年版,第231—233页。

② 同上书,第140页。

③ 康保成:《以开放的心态从事中国戏剧史研究》,《中山大学学报》2006年第2期。

创作的经验;隶属文化部门的以中国艺术研究院戏研所和各省的艺研所为代表的学者,则熟悉舞台和地方剧种音乐,如果加上编剧和导演的话,那可能就有三套人马。这几套人马之间各有偏擅,缺乏足够的交流合作,即便有学术交流,也由于知识背景的隔膜,未免有各说各话而无法深入交流的问题,因此在知识结构方面能够兼擅者不多。相比之下,台湾只有一支队伍,故台湾学者两者兼顾、一身二任者比较普遍。即同一个学者,既研究戏剧史、古代剧本文学,也同时从事京昆与地方戏研究,甚至躬践排场兼任编剧、导演、艺术总监的工作,"以为我家生活",有着两栖或多栖的身份。最早加入编剧队伍的有齐如山、魏子云、俞大纲、孟瑶等老一辈学者,后来曾永义、王安祈等也投入编剧、导演行列,这样的治学路径,显然有助于从舞台演出的角度认识戏剧史,是值得大陆地区的戏曲史研究者学习的。

曲学传统在大陆确有不及台湾之处,除却"文革"因素,尚与整个古典文学学术传统在两岸的不同境遇有关。"台湾的文学研究界,情况与大陆不同。文学教育及研究机构,主要在大学。但大学中国文学系实质上乃是国学系。文学采'文章博学'之古义,学生接受经史子集、文字声韵训诂之训练,文学辞章仅占三分之一左右。文学之中,又以古典文学为主。……这并非政治上规定如此,而是学术传统使然。""台湾的文学教育体系一直以古典文学为主。……因此,古典文学在台湾也仍是活的传统。""相对于台湾,中国古典的文人传统,在大陆其实已经中断了。"① 这种中断的后果,也对大陆曲学传统之承继造成了不小的伤害。

造成这种现象的原因亦和大陆教育、学术体制有一定关系,正如陈平原所说:"戏剧学院数量少,在中国学界的影响,远不及大学中文系;这一结构性特点,使得王国维的历史考证与文学批评,更容易获得知音。吴梅的课堂唱曲,偶尔还有遥远的回声;但绝大部分讲授元杂剧或明清传奇的教授,都是只说不唱。""如此尴尬局面,与百余年来中国大学的文学教育,逐渐形成重'科研'而轻'教学'、重'考证'而轻'欣赏'、重'功力'而轻'才情'的传统,有密切的关联。"②

第六,台湾学界很重视本土戏剧的研究,如歌仔戏、皮影戏、南管（梨园

---

① 龚鹏程:《由台湾看中国现代文学的传统》,南京大学中国现代文学研究中心编《中国现代文学传统》,人民文学出版社 2002 年版,第 267、270、271 页。

② 陈平原:《中国戏剧研究的三种路向》,《中山大学学报》2010 年第 3 期。

戏）、北管戏（乱弹戏）、傀儡戏、布袋戏等台湾地方剧种研究都取得了相当高的成就。台湾本土戏剧研究在 90 年代成为"显学"，为学位论文的热门课题，甚至呈现凌驾古典戏曲研究的趋势。

同时，台湾学者们参与对地方剧种的重视、保护、传承方面，无论从理论还是实践，都有许多值得我们借鉴和反思的地方。台湾经济发展较大陆早，自 60 年代，电影、电视就已席卷剧场与家庭，传统戏剧遭遇困境，随着时代变迁和社会转型的脚步加快，大众传媒兴起与娱乐方式更加多元，台湾戏剧也较早地要面对生存危机。一些有识之士多次呼吁当局与社会挽救民俗戏剧，学界亦没有落后，除教学研究、剧团建设外，也积极参与各种文化政策的制定与各项文艺活动的规划，并且与剧坛形成了交往极为密切的关系网络。"台湾的戏剧学者掌控了社会的发言权与影响力，当局与民间剧坛的高度重视，提升了其社会地位，也赋予了其整合资源的力量，当局借助学者的专业学养执行规划政策与活动，学者们也肩负起对当局公共部门监督管理及社会舆论的制衡力量；也担当起顾问或艺术总监的职责，指引着戏剧的创作走向。"①

自 1987 年台湾"解严"之后，两岸文化交流日趋开放，极大地促进了戏剧和戏剧研究之发展，相信随着互动合作的逐步深入，中国戏剧必定会焕发出更加夺目的光彩。

---

① 蔡欣欣：《台湾戏曲研究成果述论（1945—2001）》，台北："国家"出版社 2005 年版，第 32 页。

传统与现代的融合

——论台湾昆剧的表演类型

施德玉

两岸协创中心福建师范大学两岸文化发展研究中心研究员

台湾成功大学艺术研究所教授

前 言

1995 年笔者参与台湾"文建会"为保存昆剧传统艺术的录像活动,随曾师永义及洪惟助教授等学者专家到大陆南京、上海、苏州、杭州、北京和湖南郴州,录制大陆六大昆剧团演出的经典剧目,分别有江苏省昆剧院、上海昆剧团、江苏省苏昆剧团、浙江昆剧团、北方昆曲剧院和湖南昆剧团。这批影音资料,目前是台湾研究昆剧的学者专家和昆剧演出者,重要的参考数据。

当时海峡两岸对于昆剧艺术的研究,不如当今那么热络和受到重视,但是台湾的一批学者专家,有鉴于昆剧逐渐式微,并且优秀的表演者,年龄层逐渐趋向老化,希望能在他们最精华的时期,录制保留他们精彩的表演艺术,因此向台湾的"文建会"提出保存计划案,将大陆的六大昆剧团比较具有代表性的经典剧目,进行三机作业的录制,使这些优秀演员的表演艺术在当时得以保存。

在规划录像活动期间,大陆六大昆剧团的各团团长,和参与演出的优秀演员们,都非常积极努力排练,并且各项事宜都极力配合,使录像工作能顺利的进行。目前这批资料仍然保留在台湾"文建会"传统艺术中心和当时执行单位"中华民俗艺术基金会"。也就是因为这一批资料,让当时在台湾喜爱昆剧的票友们,能借着这些影音资料,而精进自己在昆剧表演和唱腔上的能力,让昆剧在台湾有进一步的发展。

就因为此次录像活动，让台湾喜爱昆剧的曲友们深为感动，因此由曾师永义与洪惟助教授规划"昆曲传习计划"，自1991年起实施到2000年，十年的时间举行6届昆曲传习。前3届由台湾"文建会"主办，台湾"中华民俗艺术基金会"承办，第四届之后则由台湾"文建会"传统艺术中心主办，台湾国光戏剧艺术学校（现为台湾戏曲学院）承办，活动中先后邀请大陆六大昆剧团的演员来台教授昆剧，初期学员是一般社会大众；继而成立"艺生班"，由台湾职业京剧团的演员参与学习昆剧，使昆剧在台湾继续传承与发扬。

"昆曲传习计划"在台湾实施以来，每一届都有数百位学员参加，这些参与昆曲传习计划的艺生们，对于昆剧的学术方面、唱腔方面、表演方面、文武场方面、容装方面都有相关的学习，并且成果显著，有许多学员因为参与传习计划而致力于戏曲艺术之研究，并且成为戏曲之观众与支持者，可见昆曲传习计划对于台湾戏曲之延续与流传产生了极大的影响。[①]

一、昆剧在台湾之概况

"昆剧"在台湾的发展，是从曲友的定期"曲会"演唱昆曲开始，基本上是从1949年以后才逐渐形成和推广。在1949年之前，昆剧中之昆腔是运用于台湾在民间流传的"北管"[②]与"十三腔"[③]的音乐唱腔中，称为"幼曲"或"细曲"[④]。由于相关论题已经有许多学者探究，本文不重复论述。

在1949年随着国民党迁台的一批研究昆曲相关学者以及曲友们，是带动台湾昆曲发展的重要推手，学者有任教于台湾大学的郑因百（骞）教授、张清徽（敬）教授；政治大学的卢声伯（元骏）教授；师范大学的汪薇史（经昌）教授等。他们致力于昆曲的学术研究，也指导了一些钻研南北曲的学者专家，如曾师永义、李师殿魁、洪惟助教授、赖桥本教授、张淑香教授、王安祈教授、陈

---

① 钟廷采：《台湾业余昆剧团观众发展之研究——以水磨曲集昆剧团为例》，台北艺术大学文化资源学院艺术行政与管理研究所硕士学位论文。

② 流传于大陆闽南地区和台湾的传统音乐，包含歌乐、器乐和戏曲。音乐以西皮和福路为主，还有昆腔与吹牌，唱腔以官话演唱。

③ 台湾台南孔庙举行祭孔释奠大典时之祭祀音乐。

④ "细曲"是北管中以丝竹乐器伴奏的艺术歌曲，由于音乐旋律曲折婉转，唱法顿挫韵味有致，因此需要较高的演唱技巧，可视为一种艺术歌曲。

芳英教授、朱昆槐教授和林逢源教授等。这些学者都致力于戏曲之研究，并带动台湾研究昆曲之学术发展。[①]

而当时的曲友们有夏焕新先生、焦承允先生、徐炎之先生、张善芗女士，结合了蒋复璁、何文基、许闻佩、田士林、成舍我、张元和、张清徽、汪薇史、郁元英、李闾东与李宗黄夫妇、陈桂清夫妇等大陆来台之昆曲同好，于1949年9月共同组织曲会，名为"台北同期曲会"；另外由夏焕新与焦承允也于1953年开始举办"昆曲清唱雅集"，在1962年因为会员大增，而更名为"蓬瀛曲集"。[②]因为这些曲友们的定期曲会，凝聚了喜爱昆曲同好的能量，并同时指导年轻学子演唱昆曲，共同开创了台湾昆曲演唱的新面貌。

在这样的环境之下，台湾昆曲人口逐渐增加，尤其是许多曲友任教于各大专院校，因此推动昆曲校园风，分别在各学校成立昆曲社。当时台湾有9个学校社团的昆曲团体，各社团的成立时间、学校名称与社团名称，依成立时间先后分别为：1950台北一女中昆曲社、1957台湾大学昆曲研究社、1957台湾师范大学昆曲研究社、1969政治大学昆曲社、1971铭传商业专科学校（现为：铭传大学）昆曲社、1973"中央大学"昆曲社、1975中兴大学昆曲社、1980东吴大学昆曲社、1990辅仁大学昆曲社等。[③]当时台湾师范大学的昆曲社是由焦成允先生教授昆曲，其他学校都是由徐炎之与张善芗夫妇任教。而后世新大学也由白先勇先生推动，成露茜院长与廖玉蕙教授发起，于2004年成立世新大学昆曲社，让台湾的年轻学生参与昆曲表演的行列。[④]

除了以上所述一些学校的昆曲社团在蓬勃发展之外，仍有许多社会人士因为喜爱昆曲，而相继组成业余的昆曲团体，台湾最早成立的业余昆剧团"水磨曲集"是于1987年，为庆祝徐炎之先生90大寿，由徐炎之先生及其夫人张善芗女士所授之弟子们共同组成。该团除了以曲会友，继续传唱昆曲之外，更积极致力于昆曲之校园扎根与社会推广之工作。[⑤]

在1966—1976年间，大陆正处于"文化大革命"之时，台湾致力于推动

---

① 蔡欣欣：《歌尽桃花扇底风——昆曲在台湾发展之历史景观》，石头出版社网站，上网日期：2014年8月14日。http://rocks.pixnet.net/blog/post/23607920.

② 赖桥本：《四十年来台湾的昆曲活动》，《国文天地》1994年第9卷第8期。

③ 见洪惟助主编：《昆曲辞典》下册，台北传统艺术中心2002年版。

④ 钟廷采：《台湾业余昆剧团观众发展之研究——以水磨曲集昆剧团为例》，台北艺术大学文化资源学院艺术行政与管理研究所硕士学位论文。

⑤ 同上。

"中华文化复兴运动",蒋复璁先生与张其昀先生共同于1968年在台湾"中国文化学院"("中国文化大学")成立"中华昆曲研究所",由夏焕新担任所长,传习与研究昆曲艺术,推动昆曲教育①,当时有许多研究生致力于昆曲之研究,对于台湾昆曲艺术之发展有正面之影响。其后1971年艺专国乐科(台湾艺术大学中国音乐学系)、1972年台湾"中国文化学院"音乐系国乐组(台湾"中国文化大学"中国音乐学系)主修声乐的学生,也学习昆曲。因此昆曲演唱和昆剧身段正式列入教学课程内容,而进入教学体系。现在台北艺术大学、台南艺术大学也安排了昆曲课程。

从以上所述台湾的昆曲,从曲友的爱好而定期演唱,到社团组织的演出,进而到学校的教学体系正规教育,使得昆曲在台湾有逐渐活络的发展。但是由于早年台湾社会经济发展非常快速,与世界其他国家接触频繁,受到西方国家文化的影响甚巨,因此各大专院校的音乐相关所系主修声乐的学生,多以演唱美声法的声乐为主,钻研昆曲者每下愈况,人数递减,除了少数几位从科班培训出的昆曲演唱者之外,音乐相关正科班对于昆剧表演人才的培训,并没有显著的成果,使得昆曲演唱和昆剧表演艺术仅活络在戏曲专业剧团和昆剧各社团中。

由于台湾高中课本的内容有昆剧的题材,以及各大学中文系研究戏曲人口增多,加以多年来学校机构昆曲相关社团之推广、"昆曲传习计划"之执行,使得台湾昆剧观众人口大增,并且以高知识分子为多,因此目前台湾的昆曲业余社团有逐渐蓬勃的情形,虽然这些昆曲相关的社团都是业余的社团,但是成员们都因为浓厚的兴趣,而非常执著地钻研昆剧的表演艺术,而逐渐形成各自的特色,有保持传统的展演内容、有小剧场的实验表演形式、还有结合其他表演艺术的多元发展等。

目前台湾有三个公部门的剧团,其中台湾传统艺术中心所属之剧团有二团,分别是:国光剧团、台湾豫剧团;另一为台湾戏曲学院附设京剧团,共三团。这三个公部门的剧团,虽然没有昆剧团,但是其中有许多的专业演员参与昆曲传习计划,演出昆剧;其中二个京剧团,也展演专场昆剧。而台湾的业余昆剧相关剧团则不少,目前有:水磨曲集昆曲剧团、台湾昆剧团、兰庭昆剧团、台北昆剧团、丝竹京昆剧团、曾韵清京昆剧团、幽兰乐坊、赏乐坊、咏风剧坊、二分之一Q剧场等十团体。属于社团性质的昆曲团体也有许多,民间社团则有台北

① 蔡欣欣:《歌尽桃花扇底风——昆曲在台湾发展之历史景观》,石头出版社网,上网日期:2014年8月14日。http://rocks.pixnet.net/blog/post/23607920.

昆曲研究社;学校社团包含:台北一女中昆曲社、台湾大学昆曲研究社、台湾师范大学昆曲研究社、政治大学昆曲社、铭传大学昆曲社、"中央大学"昆曲社、中兴大学昆曲社、东吴大学昆曲社、辅仁大学昆曲社等。这些昆剧相关的团体,各有自己的特色,并且这些剧团也在各自办理工作坊,以培训更多喜爱昆曲的朋友们,能唱昆曲、能演昆剧。另外还有一些大学的京剧社也演出昆剧,例如成功大学京剧社,近五六年来每年都演出昆剧,可见台湾的昆曲艺术之发展是非常活络的。

就台湾目前昆剧表演艺术的内容,可分为曲会的昆曲演唱,与昆剧的展演两个面向,而这些京剧相关专业演员与昆曲曲友之间互相配搭演出,加以各业余剧团为了展现该团的特色,而创发新意之下,让昆剧在台湾有了多元化的表演特色,产生昆剧表演上之不同类型。据笔者观察,有保持师承传统之表演类型、从传统基础创发改变之表演类型、昆剧融入其他剧种之表演类型、话剧融入昆剧之表演类型等四种,试将此四种昆剧表演类型之内容与特色分章节论述如下:

二、保持师承传统之表演类型

台湾喜爱昆曲的曲友们,大多以传统昆曲为入门,先学习演唱进而练习身段,往往能呈现传统昆剧之特色。在台湾京剧团中有许多专业演员,原习得京剧的唱腔与身段,对于京剧有精湛的技艺,而后也加入学习传统昆剧的行列,使京剧的演出更有艺术性;另外台湾有些歌仔戏的演员,是从歌仔戏的唱腔与身段出发,学习昆剧的唱腔与身段之后,对于歌仔戏的表演,也有一些不一样的诠释。在台湾不论是昆曲曲友或京剧、歌仔戏的专业演员,他们学习昆剧时,都非常讲究传统、尊重传统,也就是学习时完全继承师承,唱腔上,一个转韵、一个气口都非常讲究;表情上、身段上,一颦一笑,头、肩、腰、手、脚的位置高低前后快慢,都要模仿老师惟妙惟肖,所以学习态度非常严谨而讲究,因此能保留师承之传统。兹举四例如下:

例一:"水磨曲集",1987年由一群热心昆曲的业余曲友组成,每年有数场演出并做昆曲教学推广工作。多年来由徐炎之张善芗夫妇教授的折子戏《上寿》、《借茶》、《游园惊梦》、《拾画》、《夜奔》、《断桥》、《扫松》、《思凡》、《下山》、《刺虎》等,团员们演出都能保持传统的原汁原味。继而邀请大陆昆剧专业师资来台指导团员,剧目有《咏花》、《拜月》、《阳告》、《莲花剔目》、《寄柬》、《琴诉盘夫》等。① 另水磨曲集邀请上海戏剧学院教师周志刚先生 ② 来台担任教学及导演工作,并改编创新传统折子戏,如《莲花》、《剔目》、《南浦》、《藏舟》、《跳墙着棋》、《琴诉》、《盘夫》、《搧坟》、《梳妆》等。这些剧目的展演,也都依循师承的设计与安排,而有板有眼的进行展演。

例二:"台北昆剧团",于 2003 年 3 月由应平书女士发起,结合传统京剧演员及长期推动昆曲传播及演出的文化界人士而设立,多年来有系统推动昆剧演出,提升昆剧艺术,并深入小区,扩大欣赏昆剧的人口,每年除定期对外演出外,并办理各种推广研习活动,研习学员遍布全省各地。目前团长是应平书女士、由周志刚担任导演、艺术指导是朱晓瑜女士 ③,经常参加该团演出的演员有孙丽虹、朱锦荣、邹慈爱、郭胜芳、唐瑞兰、刘稀荣、李祖兴、刘珈后、杨敬明、朱胜丽、李光玉等。由于师承与艺术指导是上海昆剧的风格,因此该团之演出也都具有海派昆剧之特色。有时为了应景,该团也会演出一些通俗逗趣的昆曲,如 2006 年 1 月 30、31 日在红楼剧场假日茶馆上演新春昆曲新编时装剧《戏迷家庭——回娘家》,有张世铮、周雪雯、孙丽虹、郭敏芳、唐瑞兰、张义杰、刘珈后等担纲表演,除了是传统昆剧之外,还加入的现代的元素。

例三:"台湾昆剧团",1999 年以"昆曲传习计划"艺生班的专业演员为基础,组成了台湾第一个专业昆剧表演团体"台湾昆剧团"(简称台昆)团长洪惟助教授。曾与该团合作的大陆杰出演员如张继青、华文漪、蔡正仁、计镇华、侯少奎、汪世瑜、王奉梅、王世瑶等二十余人;演奏员如戴培德、王大元、朱为总、蒋晓地、丁尧安等;台湾资深曲友有许闻佩、田士林、陈彬等十余人。经常演出剧目:折子戏有《占花魁·湖楼、受吐》、《孽海记·思凡、下山》、《玉簪记·秋江、琴挑》、《狮吼记·梳妆》、《儿孙福·势僧》、《西厢记·长亭送别》、《琵琶记·描容、别坟、扫松》、《红梨记·醉皂》、《风筝误·惊丑、前亲》、《水浒记·借茶、活捉》、《十五贯·访鼠、测字》《牧羊记·望乡》、《雷峰塔·断桥》、《焚香记·阳告》、《贩马记·写状》、《幽闺记·拜月》、《疗妒羹·题曲》、

---

① 钟廷采:《台湾业余昆剧团观众发展之研究——以水磨曲集昆剧团为例》,台北艺术大学文化资源学院艺术行政与管理研究所硕士论文。

② 周志刚上海戏曲学校昆剧二班演员毕业,专攻小生,戏路有巾生、冠生、穷生、雉尾生等。1971年任教于上海戏剧学院表演系,并进修学习导演专科。现任上海昆剧团导演、小生演员,上海同济大学教师、上海戏剧学院教师。为大陆知名导演、昆曲小生。师承俞振飞、沈传芷两位名师。

③ 朱晓瑜 1959 年考入上海市戏曲学校昆剧二班演员,1966 年毕业,专攻旦角,师承昆剧表演艺术家朱传茗、张传芳等名师,善演旦行各类不同性格的角色。

《紫钗记·折柳阳关》等。全本戏有《蝴蝶梦》、《烂柯山》、《风筝误》、《牡丹亭》《长生殿》(上下本)、《玉簪记》等。① 虽然团员们多以京剧团的专业演员为主,但是对于昆腔的唱腔以及身段部分,仍然讲究传统的特色,并且曾分别与大陆六大昆剧团的演员们合作,因此在表演艺术上又能综合大陆六大昆剧团所专长剧目之特色,而形成保持师承传统之艺术特点。

例四:"台湾专业剧团",也相继推出许多传统昆剧,如曾师永义近年来创作一些昆剧剧本,由周秦先生编腔,分别由专业剧团演出,如国光剧团演出之《梁祝》、台湾戏曲学院演出之《孟姜女》、《李香君》,都是由专业演员演出的传统昆剧。虽然这些新编昆剧在舞台灯光与舞美部分有一些新意,但是基本上演员的表现仍然是维持昆剧的传统表演。

另外还有白先勇先生在台湾推出的《青春版牡丹亭》,也是属于此类型的昆剧。从以上所述,可以了解台湾昆剧之展演形态,有一些演出不论是传统剧目或是新编剧目,都尽量维持传统形式,并保留了师承的传统唱腔、身段和舞台形式。

三、从传统基础创发改变之表演类型

台湾是一个多元化的社会,尤其信息发达,经常能见到来自世界各国的讯息,因此表演艺术方面相当有创意,虽然昆剧表演一般都以传统戏为多,但是有些剧团也会在传统的基础之上创发构思,让昆剧的表演有新意。例如台湾的"兰庭昆剧团"于 2010 年 6 月 25、26 日,在台北城市舞台演出的新古典昆剧《寻找游园惊梦》,由苏怡安、李惠绵剧本初编和整编,温宇航导演;演员有:温宇航、孔爱萍、洪瑞襄、钱宇珊等。

"兰庭昆剧团"成立于 1994 年,创始人为京昆名生高蕙兰女士,曾在台及欧美缔造演出佳绩;高女士辞世后,朱惠良等一群热心昆剧艺术的爱好者,于2005 年以"兰庭昆剧团"为名登记再出发。复团以"结合世界华人昆剧精英,整编反映时代潮流的小全本,以文化创意产业概念推展及开发昆剧美学"为经营方向。② "兰庭昆剧团", 2005 年成立以来,以北方昆曲剧院旅美青年

---

① 参考台湾昆剧团网,上网日期:2014 年 8 月 20 日。http://www.taikun.com.tw/P-1.htm.
② 参考兰庭昆剧团网,上网日期:2014 年 8 月 20 日。http://www.lantingkun.org.tw/about.html.

演员温宇航①为主要演员,现任团长为王志萍女士,曾邀张世铮先生②担任该团展演之身段指导与导演。该团演出经常是以传统戏为主,但是于2010年创编的新古典昆剧《寻找游园惊梦》,却是有新的改变。

在当天演出的节目单上,该团现任团长王志萍女士在序言中写道:

> 该剧打破镜框式舞台结构的惯性思维,于剧场中拉巨出一条极具深度的"时空隧道"让现代读《牡丹亭》的女子,与明代《牡丹亭》剧中人物交织表演。舞台上的视觉元素:色调晕染的大型布幔、行云流水的书法线条、反射如墨镜的黑胶地板、纯净淡雅的传统戏服、典雅极简的古董家俬…在剧场投射的奇幻光影中展开无尽的空间层次,创造出回荡昆腔之美的空间韵味。时、空将在剧场中进行"古与今"、"梦境与现实"、"浪漫与不朽"的拼贴与交融! 一种展新的剧场美学体演于焉展开。

从字里行间,可以知道该场演出是以剧场的舞台布景呈现,有一现代女子捧读汤显祖的《牡丹亭》,走进杜丽娘的心灵世界,而她在歌唱《步步娇》曲牌时,灯光给了杜丽娘和春香,引出了传统《牡丹亭·(游园)惊梦》的演出,也就是整出剧是现代和古代的场景、人物,互相交织展演,从《寻梦》为关键,先后演出《(游园)惊梦》、《寻梦》、《写真》、《拾画》、《玩真(叫画)》等五折戏,不依照传统文本中的情节顺序之安排,而另以新的情节调整演出顺序。

虽然"兰庭昆剧团"新古典昆剧《寻找游园惊梦》的演出,是以崭新的手法呈现,但是这五折戏还是以传统的服饰扮相、唱腔、身段进行,也就是昆剧部分的演出,仍然是传统的内容。但是这种传统的折子戏与现代剧场拼贴的创新演出,演员可以从当代的表演艺术,引领观众进入传统的昆剧世界,笔者认为这是昆剧从传统基础创发改变之表演类型。

另外"幽兰乐坊"近年来的演出,也是从传统出发而结合书画、多媒体使传统昆剧中有新意。"幽兰乐坊"之成立是受到了戴培德及张继青女士的鼓励而组成的,现任团长林冬秀女士,团员多为昆曲传习计划之学员,及大专院

---

① 温宇航1971年生,1982年考入北京市戏曲学校昆剧班,工小生。师承马玉森,满乐民,朱世藕,沈世华,张毓文,傅雪漪,刘国庆等昆剧名家,并得到汪世瑜,蔡正仁,石小梅,张洵澎等南昆艺术家的指教。1988年毕业后就职于北京北方昆曲剧院,任主要小生演员。现为"国光剧团"专任团员。

② 张世铮为浙江省昆剧团一级演员,是一位著名昆剧老生演员,初从周传瑛、龚祥甫学小生,后改师郑传鉴、包传铎学老生。

校爱好昆曲之教授们。是台湾民间专研昆曲演奏的业余团体。该团基于对昆曲艺术追求的理念,实践综合艺术之呈现,于 2007 年 12 月 16 日演出《三梦—清唱、音乐会》,其中结合了中国的书画与多媒体的运用,是该团的创团演出。

"三梦"即张继青的三出代表作,就是《烂柯山》剧的《痴梦》和牡丹亭剧中的《惊梦》与《寻梦》。2007 年的"三梦—清唱·音乐会",参与演出的有:张继青 [①]、姚继焜 [②]、孙丽虹、陈美兰、王学兰、宋泮萍等。由张继青女士主演、戴培德先生 [③] 编曲与指挥、李师殿魁导聆,结合郑正庆先生的中国书画,加上恒庆公司吴本裕先生的科技多媒体制作进行配搭。是结合昆剧、书画与多媒体的综合性展演。

以上两例都是以传统昆剧为核心的演出,但是在作品的设计规划上,加入了新的构思与配搭,让传统昆剧有新的面貌呈现,真有如旧酒装新瓶,不仅够味,还有新意,这都是喜爱昆剧的曲友们,结合新的手法再创作的昆剧。

四、昆剧融入其他剧种之表演类型

在当代环境之下,目前台湾的表演团体非常多,就共时性的观点,各剧种彼此借鉴学习,汲取养分已成为必然,也因此从一些表演剧目中,能见到昆腔之应用。属于这种类型的表演艺术首推以歌仔戏演出为主的赏乐坊剧团。该团在十年前编创的歌仔戏《红梅错》是首创结合"昆曲"与"歌仔戏"的新编大戏;继而于 2004 年创编的歌仔戏《秋雨红楼》,更是融入昆剧于该戏中。

---

① 张继青:昆曲表演艺术家,1938 年生,攻闺门旦,先学苏剧,后得昆曲前辈尤彩云、曾长生之教授,在传统技艺上打下良好基础,1958 年后,专攻昆剧,又得沈传芷、姚传芗、俞锡侯等名家亲授指导,获首届中国戏曲"梅花奖"榜首。曾领衔主演《牡丹亭》、《朱买臣休妻》、《琵琶记》、《窦娥冤》等数十本大戏。其中演的《游园、惊梦》、《寻梦》、《痴梦》、《断桥》、《芦林》等折子戏在海内外观众中享有盛誉。

② 姚继焜:昆曲表演艺术家。专攻老生、官生。曾得郑传鉴、倪传钺的亲授和指导。其主演的《十五贯》、《关汉卿》、《朱买臣休妻》等大戏及折子戏《打子》、《吟诗脱靴》等均深受广大观众的赞誉。

③ 戴培德先生为江苏省昆剧院国家一级演奏员,是著名鼓师,台湾"幽兰乐坊"音乐总监。曾担任音乐设计的昆剧有:《牡丹亭》、《赵五娘》、《桃花扇》、《宦门子弟错立身》。其中《牡丹亭》获中国戏曲音乐"孔三传"音乐奖;《赵五娘》获江苏省第二届"紫金"音乐奖;《桃花扇》获江苏省第二届戏剧节"作曲奖";在北方昆剧院的《宦门子弟错立身》一剧中任音乐总监、音乐设计,该剧获"文化新剧目奖"、北京市第四届"文学艺术奖"。他精通传统昆曲打击乐与曲牌音乐,并能同现代演奏方法完美地结合在一起,创造出一种不失传统又能与时俱进的昆曲音乐风格。2005 年受文化部表彰为"昆曲优秀主创人员",现为江苏省昆剧院音乐总监。

　　"赏乐坊剧团",于1999年成立,由艺术总监黄丽萍与团长陈嫦棻共同创办。目前团长陈嫦棻女士,是歌仔戏薪传艺师廖琼枝老师的嫡传弟子,专攻小旦,以歌仔戏传承为职志,在剧本编写上独具巧思与创意;黄丽萍女士是文化大学毕业,原为歌仔戏小生,自从参加"昆曲传习计划"艺生班表演组,师承岳美缇、周志刚等昆曲名家,使演技更加精湛,擅刻画人物性格,教学足迹遍及全省。由于多才多艺曾参与演出舞台剧、京剧、歌仔戏、黄梅戏、越剧、昆曲等,编导剧目甚多,从而致力于创新与推广精致传统戏剧。①

　　新古典歌仔戏《红梅错》是首创结合"昆曲"与"歌仔戏"的新编大戏,这出歌仔戏的剧本是从昆剧《西园记》改编,内容描述风流才子柳俊卿仿效唐伯虎入梅园教读,近水楼台本该先得月,却因一枝落梅引发一连串的阴错阳差,还引来鬼魅缠身。这是一出喜剧,故事精彩、妙趣横生,风格清新典雅,很有特色。此剧分别在台湾的台北县三重市、新竹市、台南市、嘉义市、高雄市等地,以及台北庆祝神农大帝圣诞的"神农文化节"演出,极受欢迎。

　　一般而言台湾的歌仔戏是以俚俗的语言、具有浓郁的乡土气息为主要特点,但是此出《红梅错》的词句文雅,颇具昆剧的特色;另外表演上也融入了昆剧的身段,使此剧除了滑稽诙谐之外,能呈现优雅的气质。虽然《红梅错》是歌仔戏,从表面上看不到昆剧的影子,但是实质上《红梅错》的剧本、表演艺术已经有许多部分具有昆剧的影子,显示其受到昆剧的影响而进行创作。

　　另外,"赏乐坊"于2004年演出的歌仔戏《秋雨红楼》,剧本由黄丽萍女士创作,取材于《红楼二尤》,由于剧本内容典雅精彩,曾获得"教育部文艺创作奖"。该团邀请上海昆剧团的周志刚先生担任艺术指导。该剧由黄丽萍女士担纲演出柳湘莲一角,剧中规划了"戏中戏"的设计,安排柳湘莲在舞台上唱"昆剧",女主角因为欣赏而入戏,随之迎向舞台,当观众逐渐散去之际,男女主角在舞台上对演昆剧《琴挑》,也就是这出以闽南语演出的歌仔戏中,有以官话演唱的昆剧,并且是合理自然的融入歌仔戏中。使具有现代化歌仔戏的规范中有变化、传统中有新意,让传统戏曲的舞台表现更具多样性。

　　"台北昆剧团"的应平书女士剧评歌仔戏《秋雨红楼》写道:

　　　　……十一月十八、十九日,在台北的首演,黄丽萍担纲演出了主角柳湘莲一角,几场歌仔戏与昆腔唱段相互交融的情节,都能巧妙的转换、结

---

① 　参考赏乐坊网,上网日期:2014年8月22日。http://f0066.cyberstage.com.tw/.

合。她不是科班出身,但"冤狱"中一场滚钉板、抢背、受酷刑的身段,却显现她在这方面的功夫,不让孙翠凤专美于前。至于饰女主角尤三姐的陈嬿菜,则是廖琼枝的学生,这次特别请到上海昆剧团的朱晓瑜老师为她设计身段,几场爱憎分明的表演及长袖的耍弄,也是她个人艺术更上层楼的见证。"秋雨红楼"的表演,能结合几种传统剧种的优点,为本土的歌仔戏注入新生命。①

不仅台湾歌仔戏的某些剧目,受到昆剧之影响,使剧本创作趋于雅化,从应平书女士的剧评中可以知道,台湾的歌仔戏《秋雨红楼》已经融入了昆腔唱段,并且"相互交融"巧妙的转换与结合;表演上也加入了昆剧的身段,为歌仔戏注入新的生命。也就是说,昆剧流播到台湾之后,对于台湾本土歌仔戏之发展也有很大的影响。

另外台湾还有"咏风剧坊"剧团,也是兼演昆剧与歌仔戏,该团连续三年在台北市邻里公园、小区活动中心、观光艺文景点举办 30 场以上昆曲及歌仔戏艺术飨宴,获得各方人士支持与称赞,都非常肯定他们将昆曲、歌仔戏带到邻里公园表演,结合小区资源,深入小区将闲置空间加以整合再利用,并把注传统戏曲典雅的艺术气息,让小区居民有机会在住家方圆内,欣赏曼妙的昆曲及歌仔戏艺术。②虽然他们展演的剧目是歌仔戏与昆剧分开展演,但是同一个剧团的演员,会演昆剧、会演歌仔戏,在展演的身段与唱腔运转上,或多或少都会互相影响,而产生新的质变。

在台湾还有"丝竹京昆剧团",属于京剧与昆剧共同推动的剧团,该团1996 年成立,兼演京剧与昆剧,由前陆光京剧队演员吴陆森及其夫人尚德敏负责,该团吴陆森为主要演员并任团长。经常参与演出的团员,多为原三军剧团演员,不定期演出京剧、昆剧,并邀请大陆演员来台排演,先后曾合作演出的大陆表演家有沈世华、梁谷音、张洵澎、王世瑶、龚世葵、张世铮等。曾演出的昆剧剧目有:《夜奔》、《思凡》、《琴挑》、《痴梦》、《游园惊梦》、《拾画》、《望乡》、《贩马记》、《风筝误》等,该团平均每年都会办三至五场的演出。

团长吴陆森本行是京剧老生,后又学武生以及昆曲的小生行,舞台训练

---

① 应平书:《推陈出新有深意——我看新古典歌仔戏"秋雨红楼"》,《国语日报》2004 年 12 月 31 日第 5 版。

② "咏风剧坊":《昆乐飘香到你家系列六》,上网日期:2014 年 8 月 22 日。http://www.cyberstage.com.tw/troupe/troupe_page.asp? id=1476&ap=7.

扎实。喜爱京、昆的他，成为台湾同时发扬两门剧种的先驱。在剧团成立前几年，以传统老戏的演出为主，近年由于申请经费不易，改走校园、小区推广路线。吴陆森为钻研昆曲，曾先后求教于蔡正仁、龚世葵先生等，并曾和大陆梁谷音、计镇华等名角，在台湾合作演出《狮吼记》、《风筝误》等昆剧。①

笔者于 2010 年 12 月 11 日访谈吴陆森夫人尚德敏女士，得知吴团长的拿手戏京剧方面是：《坐宫》、《文昭关》、《捉放曹》；而在昆剧方面是：《评雪辨踪》、《写状》、《夜奔》和《弹词》等。尚女士提及"丝竹京昆剧团"所演出的剧目，京剧与昆剧是明显分开的，但是早期吴陆森先生，为了要练小生的身段，因此常演出昆剧，时间久了，现在演出京剧《拾玉镯》时，同侪也发现他的身段"怪怪的"、念白也"特别好听"，因此他们发现，平日的基本功，不论唱功或做功，也都会无形中融入演员所演出的剧目内，使表演的身段和用嗓技巧都能有独特的表现。笔者认为这就是昆剧流播到台湾之后，对于京剧演员无形中的影响。

另外，尚女士还提及，台湾早期在三军剧团还没有合并之前②，大鹏剧团曾演出京剧《白蛇传》，包含《下山》、《游湖借伞》、《成婚》、《盗库银》、《盗仙草》、《烧香》、《金山寺》、《断桥》等折子戏，但是其中《盗仙草》、《烧香》、《金山寺》是演出曲牌体之昆剧。《盗仙草》是昆剧小青的戏，经常单独演出，有时整本戏中不演；而《烧香》是许仙的戏，也以昆腔演唱；《金山寺》最为特殊，开始仙童是唱曲牌体的昆腔，白素贞唱板腔体的高拨子和皮黄腔。也就是说《白蛇传》虽然是京剧，但是其中不同折子会吸收或加入昆腔的音乐在内，甚至同一折戏中，也有昆腔、高拨子与皮黄腔同台演出。③ 笔者认为这是京剧吸收昆剧剧目，而形成的京昆同台演出之实例。

联合报驻日特派员司马桑敦于 1965 年 12 月 25 日报道《由四件事说对日国民外交》：

> 包办大鹏剧团演出的中央社李嘉之所以排出大批西游记、三国志、白蛇传的武功戏，未始不是根据这种经验专为投日本人观众所好而来。但是，这种戏码有利也有弊。利在日本观众中对剧情已有所熟习，容易接

---

① "丝竹京昆剧团"，石头书屋网，上网日期：2014 年 8 月 22 日。http://www.rock-publishing. tw/kanqu/group/troupe/default_005.asp.

② 台湾三军剧团大鹏、陆光、海光于 1995 年 7 月合并为"国光剧团"。

③ 笔者访问曹复永先生。

受。但弊在他们有了比较能力,懂得批评挑剔。大鹏的基本训练是非常成功的,许多表演有超越北平的地方,但,武戏的合作训练显然有些不够。集体武打不紧凑,不够干净利落。特别是服装和道具,大鹏也许由于匆促成行,有些地方显得不够整齐清洁,甚至武生身上的大带、小带、平鞋和武靴有的破旧,这在"照明度"极强的日本舞台上显得特别刺眼。同时,大鹏演员中有的健康条件不适于登台,居然也登台演出,这对于观众来说容易发生反感。但是,尽管如此,大鹏的活动却在国民外交上起了极大作用。新潟、山形、神户、京都、热海等地的演出,都是由日本人承包直接和日本观众发生联系的。大多日本观众都为大鹏的精彩表演所疯狂。①

以上数据,虽然是媒体报道台湾与日本之间国民外交之事,但是其中提及大鹏剧团已将《白蛇传》带到国外演出,并且日本观众都为大鹏的精彩表演所疯狂。可见观众对于京剧中有昆腔的演出,也能接受并且非常喜欢。

五、昆剧融入话剧之表演类型

昆剧流播到台湾之后,除了一群喜爱昆剧的朋友们组成了昆剧团,展演推广昆剧之外;还有一些年轻的朋友们,创发以昆剧为中心的实验剧场演出,团名为"二分之一Q剧场",是一个年轻的创作团体,于2006年成团,团长戴君芳小姐。该团以结合古典与前卫来实验昆曲,在现代剧场导演、视觉艺术创作者、昆剧演员与多媒体设计者等多方合作之下,剪辑经典戏曲剧本,激荡出新鲜丰富的剧场风情。每次制作的作品都是难得的跨界组合,同时亦是台湾表演艺术界独一无二的作品。该团非全然戏曲或非全然现代剧场的背景组合,因而称为"二分之一";英文字母Q则是取昆曲Kunqu英译之谐音,突显该团创作的活泼与创意。目前"二分之一Q剧场"正继续凝聚资源和精力,持续朝改编和还原古作的制作而努力,努力在各方资源的共同合作下,让传统昆剧隽永之美,通过现代剧场的再生,与当代观众产生更多的共鸣与情感交流,并唤起对此一珍贵文化财产的重视。②

---

① 数据源:台湾棒球运动珍贵新闻档案数字数据馆,上网日期:2014年8月22日。http://ndap.dils.tku.edu.tw:8080/ndap/querynews2.jsp?id=905.

② "二分之一Q剧场网",上网日期:2014年8月22日。http://www.blogger.com/profile/16664756619478029266.

该团在未成立之前,于 2004 年以装置艺术与昆曲结合的创新手法,创作首部作品《柳·梦·梅》,该创作入围"台新艺术奖"十大表演艺术,惊艳戏曲与戏剧界;之后连续获得国家戏剧院实验剧场与诚品艺术节的邀演,于 2006年再度以沈惠如创编的《小船幻想诗——为蒙娜莉萨而作》与《恋恋南柯》双入围"台新艺术奖"十大表演艺术。

《柳·梦·梅》从昆剧名作《牡丹亭》的《幽媾》、《欢挠》、《冥誓》三折裁剪演出,以现代剧场手法重现经典片段。运用艺术家施工忠昊设计的跷跷板椅,以及由脚踏车踩踏带动的圆形旋转舞台,呈现男女主角穿梭梦境与现实、人与鬼两界的爱恋情事,时快时缓的流转节奏呼应着演员的身段与情绪律动,在传统戏曲属于时间向度的节奏里加入空间向度的诠释,赋予节奏可视化的兴味。在不拆解昆曲样式、不违背传统戏曲美学观的前提之下,思考如何使用现代剧场的手法去凸显昆剧表演艺术之美,是这个作品的主要挑战。

导演戴君芳小姐认为:此剧就操作层面上来说,首要的切入点便是用"视觉性思考"去置换或转换昆曲表演艺术中的"文学性思考",因为传统戏曲的底层其实是中国文学的菁华,以此期能更贴近当代剧场观众的感受。其次,是在昆曲的表演文本与音乐之外,建立能与昆曲对话的视觉表现与叙事空间;事实上,在视觉的处理上,必须找到"够强的东西"才能与昆曲的符号体系对话,不是只有陪衬当布景,但也不能反宾为主。理想中的适合昆曲表演的空间是从"表演者角度"发想的空间,或说,是一个归零的空间,只有当表演发生,它才会被唤起,但是,当它被唤起时,又能与表演发生紧密联结而创造出新的意义;因此,择用了装置概念的舞台:"翘板"和"转台",都是可以视需求而投射不同意义的非写实道具、可以幻化的中性场景,其功能既类似一桌二椅,可以做符号转移,也具有独立的个性,可以改变表演的质感。

她认为传统戏曲的前卫性正在于,以虚为实的表演系统,和检场人所提示的舞台时空,两者相互辩证之处。但在戏曲现代化的过程中,我们很容易把检场人所在的美学位置丢弃,只用力在戏剧作品的构成,传统中检场的角色只等于西方剧场中的黑衣人。因此,为了保留捡场人对于整体作品的美学贡献,此次演出特别设计了一些后设角色,如脚踏车夫、旁观的鬼魂等,除了像捡场人一样安排道具外,最重要的是成为整体节奏、色彩、构图的一部分,且对表演内容做出观望,偶尔置身事外,偶尔选择介入,正因为这样的进进出出(但绝不能是一种表演),反而更能显示出此时此地的舞台时空,与传统检场人与演员之间保持泾渭分明的做法不尽相同,这也使得整体作品充满后设趣味,以及 play 的游戏感。"中国古典"与"西方后现代"的融合正是她想寻找的初步结果。①

《柳·梦·梅》演出者与工作团队如下:主演者:陈美兰饰杜丽娘、杨汗如饰柳梦梅、阮文萍饰石道姑;协力演出者:张杰淳、刘丽婷、姜幸君、贡幼颖;导演:戴君芳;剧本整编:杨汗如、戴君芳;定谱:杨汗如;执行制作:贡幼颖;舞台装置:施工忠昊;服装设计:徐秋宜、王仁杰;灯光设计:李晓琪;身段设计:刘丽婷;化妆造型:张美芳。文武场乐队编制有竖琴:朱涵妮、司鼓:梁珪华、小锣:李亦舒、笛:郭燕姬、三弦:茅惠菁、笙:林志远、二胡:江品仪等。

另外"二分之一Q剧场"于2009新点子剧展,推出汤显祖在台北《掘梦人》,于2009年12月18、19、20日在国家戏剧院实验剧场演出。情节为:柳梦梅万万没想到,数月来与他欢好的西邻女子竟是画中之人,而这位自称杜丽娘的画中人早已做了幽魂,现要他助其回生。柳梦梅半信半疑,在爱情力量的驱使下,甘犯律条,前往大梅树下掘坟开棺,本以为一场人鬼恋终将画下完美句点……到底柳梦梅能不能找回活的杜丽娘?抑或者,他还在一个未醒的梦里?

"二分之一Q剧场"以当代视角重探汤显祖的情观,将其昆曲名作《牡丹亭》的还魂高潮,转换成一篇爱情与生存的寓言。原著中柳梦梅为爱掘坟,有如掘梦;汤显祖写四梦,亦如梦之掘者,《掘梦人》因此一语双关联系了汤、柳二人,并且运用魔幻笔法重写杜丽娘回生之谜,以感念那个时代里为《牡丹亭》一恸而亡的女子芳魂!她们都受"情"召唤,只是无法像丽娘一样再活过来。

《掘梦人》演出者:陈美兰、杨汗如、吴维纬、苏安莉、孙悦泰、于明珠、张杰淳;导演:戴君芳,编剧:施如芳,装置:施工忠昊,音乐:吴宗宪,舞台:黄廉荣、灯光:刘柏欣、服装:李育升、影像:张永达。

在台湾以舞台剧形式融入昆剧的表演,除了"二分之一Q剧场"之外,还有一些大制作的演出,如:改编自白先勇经典小说的舞台剧《游园惊梦》,于1982年8月7日在台北首演,由卢燕、胡锦、归亚蕾、刘德凯、钱璐、崔福生、曹

---

① 戴君芳:《中国古典与西方后现代柳·梦·梅》(2007年1月7日),参见"二分之一Q剧场网",上网日期:2014年8月28日。http://halfqtheatre.blogspot.com/2007/01/vs.html.

健等知名演员领衔主演,当时盛况空前一票难求,写下台湾剧场史上的传奇。而这出舞台剧《游园惊梦》中就有大段的昆剧演出。

而今新象文教基金会于 2011 年规划了四大戏剧计划,《游园惊梦》率先登场,由金钟奖导演黄以功执导,故事描写钱夫人应窦夫人之邀,与当年在南京得月台的姐妹故人相聚;宴会上,众人闲话谈天,演唱昆曲《牡丹亭》数折,由魏海敏饰演繁华落尽的钱夫人,却跌入往日情感交织的痛苦回忆;徐贵樱饰演宴席女主人窦夫人、钱熠饰演《天辣椒》蒋碧月、翟椿萍饰演宾客赖夫人、高金素梅饰演徐夫人、张复健饰演高唱《霸王别姬》的余仰公、樊光耀饰演窦府随从副官程志刚、朱芷莹饰演钱夫人的妹妹月月红、蓝钧天饰演俊帅的武官郑彦青、李志坚饰演窦府老管家刘福、陆蓉之饰演窦府老女佣罗妈妈。演员阵容之坚强,为华人戏剧史上罕见。

此剧《游园惊梦》还原了白先勇对昆剧终极痴恋,寄寓了作家对时代流离、人生飘蓬无限感怀,冶实境与幻相于一炉,缔造文学技法与戏剧表现最高境界。制作人:吴静吉、樊曼侬、许博允;原著小说/改编剧本:白先勇;导演:黄以功;作曲:许博允;书法:董阳孜;编舞:吴素君;舞台设计:王孟超;灯光设计:黄祖延;影像设计:谢春德;服装设计:沈�;文宣设计:陈文德。① 这种以话剧形式之演出,并于剧中穿插昆曲的演唱,在台湾也有一定的观众喜爱。

以上"二分之一 Q 剧场"之演出作品,与新象文教基金会 2011 年所制作推出之《游园惊梦》,都是现代话剧中有昆剧之表演类型,也就是昆剧融入了现代剧场,而以崭新的方式呈现的新创作。

结　语

综合以上所述,可见昆剧在台湾之发展,是由传统展演而生发出许多加入现代元素的表演;或昆剧融入其他不同剧种中,而产生以下几种表演形式:

其一,保持师承传统之表演形式,如:"水磨曲集"演出的折子戏《上寿》、《借茶》、《游园惊梦》、《拾画》、《夜奔》、《断桥》、《扫松》、《思凡》、《下山》、《刺虎》等,有徐炎之先生和张善芗女士演出之风格。又如:曾师永义编剧国光剧团演出之《梁祝》、台湾戏曲学院演出之《孟姜女》、《李香君》,

① 见新象文教基金会为推出《游园惊梦》之海报文宣内容。

都是由专业演员演出的传统昆剧。另外还有白先勇先生在台湾推出的《青春版牡丹亭》，也是属于此类型的昆剧。其他如"台湾昆剧团"、"台北昆剧团"等一些经典演出皆属之。

其二，从传统基础创发改变之表演类型，如："兰庭昆剧团"于 2010 年创编的新古典昆剧《寻找游园惊梦》是以传统的折子戏与现代剧场拼贴的展演，由舞台剧演员从当代引领观众进入传统的昆剧世界之表演；另"幽兰乐坊"于 2007 年演出之《三梦—清唱、音乐会》，是结合了中国的书画与多媒体运用的昆曲演出。

其三，昆剧融入其他剧种之表演类型，如：歌仔戏"赏乐坊剧团"在十年前编创的歌仔戏《红梅错》是首创结合"昆剧"与"歌仔戏"的新编大戏；又该团于 2004 年创编的歌仔戏《秋雨红楼》，更是将昆剧融入于歌仔戏中；另外如：京剧《白蛇传》中《金山寺》一折戏有昆腔、高拨子与皮黄腔同台演出等。

其四，昆剧融入话剧之表演类型，如："二分之一 Q 剧场"演出之《柳·梦·梅》从昆剧名作《牡丹亭》的《幽媾》、《欢挠》、《冥誓》三折戏，裁剪演出，以现代剧场手法重现传统昆剧经典片段。另外新象文教基金会即将制作推出之《游园惊梦》，都是昆剧融入现代话剧之表演类型。

从昆剧在台湾之现况，可以探析出昆剧流播到台湾之后，丰富了台湾现代剧场，虽然这些现代剧场之展演，都是在尝试与实验阶段，各有各的走向和特色，但是从这些展演内容可以看出，是受到昆剧之影响而创发的表演艺术。京剧大师梅兰芳先生曾说："昆曲里的身段，是前辈们耗费了许多心血创造出来的，再经过后几代的艺人们逐步加以改善，才留下来这许多的艺术精华，这对于京剧演员，实在是有绝大借镜的价值的。"另外，戏剧学者余秋雨先生也曾为文："一个民族的艺术精神常常深潜密藏在一种集体无意识之中，通向这个神秘的地下社会需要有一些井口，昆曲，就是我心目中的一个井口。"

从这两位先生之言论，和昆剧在台湾之发展与现况，可见"昆剧"像一棵大树一样，可以不断的产生丰硕之果实；"昆剧"也似江河丰沛的源头活水，在其不断的流动中，将其丰富的养分输送给相关的需求者。我们可以说：昆剧是我国民族艺术中，具有极优雅之文学，极精致之艺术，是可供后代子孙取之不尽、用之不竭之泉源。

（本文已于 2010 年 12 月在北京中国艺术研究院戏曲研究所主办"地方戏昆腔学术研讨会"上发表，今略有调整）

简述大陆与台湾的戏剧交流与互动

宋宝珍

中国艺术研究院话剧研究所副所长、研究员

众所周知,台湾和大陆血脉相通、文脉相连。

抗日战争时期,虽曾有过"国统区"和"解放区"戏剧的分野,但在民族危机之际,抗敌卫国的目标和追求并无二致。1949年以后,大陆与台湾被一湾海峡隔开,话剧艺术各自发展,直到80年代以后,两岸的文化交流才逐渐展开。

一、台湾戏剧登上大陆舞台

1982年,中国青年艺术剧院在北京演出了由台湾著名剧作家姚一苇先生编剧的话剧《红鼻子》,这在当时无疑是一个富有意义的创举。《红鼻子》讲述的是杂耍戏班里一个小丑的故事,红鼻子神赐本是富家出身,但他却抛弃了俗世的正常生活,甘心在跑江湖的杂耍戏班中寻求一种精神寄托。每当带上红鼻子面具,性格原本怯懦的他就如有神助,他可以帮助江郎才尽的音乐家找回灵感,帮手头拮据的商人渡过难关,帮智障的少女恢复灵性……可是当面具摘除,身世之谜解开之时,他反而茫茫然不知所措。最后在众人"有人落水"的惊叫声中,他戴上面具走向大海,其时这不过是一场误会,而神赐却再也没有回来。

台湾戏剧评论家黄美序说:"红鼻子这个人物,我以为是姚一苇所创造的最具现代悲剧感、最含讽刺意味、也最耐人寻味的复杂人物。"[①] 红鼻子这个人

---

① 黄美序:《姚一苇戏剧中的语言、思想和结构》,《幕前幕后、台上台下》,台北:学人文化事业公司1980年版。

物,也同样令身在大陆的中国观众感动。相通的人文情怀,相似的情感状态,使得人们对姚先生的话剧充满了亲切之感。

大陆演出台湾戏剧的消息传到台湾,对台湾社会也发生了不小的振动,姚一苇先生后来说:"我当时听到《红鼻子》在北京演出,什么也不敢说,什么也不敢打听,深恐对双方不利……但是,我终于同导演(《红鼻子》导演,笔者注)陈颙在东京会面。终于到了北京,并拜会了曹禺先生。终于开禁了。想想过去这种阻隔,真比南北朝还要厉害。两岸戏剧交流,应该是很正常很普通的事,我们都是一家人哪!"① 由《红鼻子》演出开始,台湾剧作越来越受到大陆剧团的青睐。80 年代中晚期,上海人民艺术剧院演出过台湾剧作家张小风的话剧《自烹》,广东省人民艺术剧院演出过依据台湾小说家白先勇先生的小说改编的《游园惊梦》等。

进入 90 年代以后,台湾剧作在大陆的演出明显增多,两岸的戏剧交流进入良好状态。

1992 年,台湾吴静吉博士来北京,到中国艺术研究院话剧研究所访问,建立了通信联系。1993 年,中国艺术研究院主办的"93 小剧场暨国际学术研讨会"在北京举行,台湾的李行、李炎、吴静吉、马森、贡敏、钟明德等先生出席了会议。

1994 年 10 月,受台湾戏剧界邀请,由王士仪先生牵头,"大陆戏剧家访问团"访台,吴祖光、刘厚生、徐晓钟、田本相、薛若琳等组成代表团,加强了台湾与大陆戏剧家的友好联系。

1996 年冬天,北京人民艺术剧院演出了台湾剧作家胡金铨的话剧《蝴蝶梦》。这是根据民间传说和戏曲剧本中"庄周戏妻"的故事演绎的爱情伦理剧。剧中所展示的有关出世与入世、道德与欲望、现实与理想等纠缠于人们内心的矛盾,显示了作者对人之存在意义的探寻之心和哲理之思。

1997 年 10 月,中国青年艺术剧院、台湾"阿里山·Tsou 剧团"以及台湾另一个表演团体——"身体气象馆"联合排演的话剧《Tsou 伊底帕斯》在北京上演。这是根据古希腊悲剧家索福克勒斯的著名悲剧《俄狄普斯王》(台湾翻译成《伊底帕斯》)改编,由中国青年艺术剧院林荫宇导演,经两岸戏剧家联合制作,主要由台湾的原住民——邹族人演出的一台既现代又古老的话剧。

如果说以前台湾戏剧在大陆的演出,还仅仅是剧本的引入的话,那么

① 1994 年大陆戏剧代表团访台时姚一苇先生对大家的谈话。转引自田本相主编:《台湾现代戏剧概况·代结束语》,文化艺术出版社 1996 年版,第 185 页。

《Tsou 伊底帕斯》的演出，则开启了两岸戏剧家、演员共同投入、进行艺术创构的新局面。

邹族人世代居住在阿里山上，但是他们却拒绝别人称其为"高山族"，认为这是国民党当局强加给他们的带有贬义的称谓。邹族人纯朴善良、能歌善舞，因此，虽然他们好多人还是第一次登上话剧舞台，但却凭着自身的文化底蕴和对人性的感知，演绎了一个神秘而古老的有关人类命运的故事。"在这里，我们可以看到以原住民来演希腊悲剧，制作人的确是怀抱着严肃的心态来完成的，而参与者，无论是导演、工作人员乃至邹族演员也多因这一崭新生命经验，而获得或体验了一些未曾有过的东西。"因此，台湾评论界称其"有不可磨灭的价值"①。这个剧在台湾和北京先后演出，令两岸观众既欣慰又感动。同时加深了两岸不同民族间的了解和友谊。

20 世纪 80 年代以来，台湾的实验剧场即小剧场戏剧运动风起云涌，从事这类戏剧创作与演出的，往往是些在艺术上不愿因袭传统而致力于另觅新路的时代青年。1998 年夏，在北京举办了"98 中国青年艺术剧院小剧场展演"，这是一个会集了大陆、香港、台湾等多家剧团之探索剧目的演出活动。来自台湾、名为"莎士比亚的妹妹们"的剧团，演出了他们带有明显的先锋意味和探索精神的话剧《2000》。

2002 年 9 月，受中央戏剧学院邀请，由邱坤良编剧、台北艺术大学的《一官风波》在北京上演，此剧对于郑成功父子在台湾的统治进行了现代反思。以后现代剧场的散点化叙事方式，以"变化莫测的灯光，前卫新奇的服装，震撼人心的配乐"，"表现'一官船国'人们那种自由、漂流、无所属的'海洋型'思考，特意把舞台设计成船形的开放舞台"，"'一官船国'终年在海上飘荡，这些人无国界，族群混杂，亦商亦盗，商场官场，纵横捭阖"②。显然，《一官风波》重在从岛民心态看待历史中的人的情态。此剧在题材方面与 1998 年福建人民艺术剧院首演的话剧《沧海争流》（周长赋编剧）相类，而后者重在表现无论洋流怎样激荡冲撞，最后都会归于大海。若将两个剧目的反思视角和历史意识进行对比研究，或许不无借鉴和启迪意义。

21 世纪以来，两岸的戏剧文化交流明显增多，尤其是在东南沿海地区，特别是闽南地区，木偶戏、民间戏曲等的交流演出逐渐形成规模，朝着有序化、合

---

① 林谷芳：《Tsou！邹？一个文化角度的戏剧反思》，台湾《表演艺术》1998 年第 8 期。

② 苏丽萍、吴燕辛：《台湾话剧〈一官风波〉新意迭出》，《光明日报》2002 年 9 月 25 日。

理化、互惠化的方向迈进。自 2004 年以来，中华文化联谊会、福建省文化厅和厦门市人民政府共同主办每年一届的"海峡两岸民间艺术节"，此项活动成为两岸艺术展演、展览和学术研讨的重要平台，其中 2012 年 10 月 27 日至 31日举办的"海峡两岸民间艺术节"，以"两岸剧场的当代呈现"为题，不仅邀请台湾的京剧、南音、木偶戏、打击乐来厦门演出，而且以纪念姚一苇先生诞辰90 周年的名义，演出了姚一苇先生的戏剧，并对其戏剧业绩进行图文与道具展览，对其戏剧理论与创作建树进行学术研讨。

姚一苇先生早年毕业于厦门大学，对故土一直怀有眷恋之情，这一次他魂归故里，他对艺术的执著、对戏剧的热爱，使得两岸青年人都深受启迪。此次活动，在厦门台湾艺术研究院院长曾学文先生的大力推动下，共演出了由姚一苇先生编剧的《西厢记外传》（中国国家话剧院与台北艺术大学联合演出）、《一口箱子》（厦门大学中文系演出）、《我们一同走走看》（台湾"中国文化大学"戏剧学系演出）。

2014 年 11 月，台湾著名电视制作人王伟忠携手国际知名歌唱家田浩江，带领他的全民大剧团在北京国家大剧院演出了话剧《往事只能回味》，此剧有意识地将舞台台面布置成一个硕大的镜框，那一段段的往事，仿佛是过去的时光定格在家庭照相册里，被不经意地翻检怀想。北京大院出身的声乐家老田，来台拜访眷村长大的电视制作人老王，一曲邓丽君演唱的《往事只能回味》，让两人聊起儿时偷听对岸短波广播的情景。回忆的大门由此打开：20 世纪 50至 80 年代，两位少年在心中的偶像、自己的大哥的带领下，经历了艰苦的童年、校园的懵懂、朦胧的初恋，兄弟的情谊、人生的困厄，逐渐成长，历练，走向成功。老王那位一心出海打拼发大财的大哥，最终困顿老死于异国他乡；老田在大哥弥留之际聆听了他的歌唱，吃惊地发现，同样拥有一副好嗓子的大哥，一辈子承受着音乐梦想落空的感伤。有意思的是王伟忠与田浩江都出生于北京，他们年龄相仿，缅怀亲情，回忆过往，彼此的心境竟是相似的苦乐炎凉。

从 20 世纪 80 年代尝试性地排演台湾话剧剧本，到 90 年代邀请台湾剧团来大陆演出，再到 21 世纪以来两岸戏剧家的联手制作剧目，台湾的剧团每年都到大陆演出，我们从中可以看出，两岸之间的戏剧交流与合作，就数量而言，有一个由少到多的趋势；而从程度和范围来看，也出现了越来越深入、越来越广泛的趋势。我们相信，血浓于水的亲情，真诚理解与合作的态度，对艺术的不懈探索与追求，必将为两岸戏剧艺术的共同发展带来美好前景。

二、持续进行的华文戏剧节

华文戏剧,顾名思义,即是以中华民族之象形会意的语言符号作为交流工具的戏剧。祖国大陆和台、港、澳地区,世世代代是中华民族的聚居之地,这里的戏剧活动,总是烙印着炎黄子孙的生命足迹和精神历程,因此,为联络两岸华文戏剧的精英,延续血浓于水的亲情,彰显华文戏剧的成绩,开展理论交流和剧场合作,举办"华文戏剧节"是行之有效而意义深远的举措。

1996年8月,"96中国戏剧交流暨学术研讨会"在北京举行,这是由中国艺术研究院话剧研究所所长田本相先生发起并具体组织,由中国艺术研究院、中国话剧研究会、中国戏剧家协会等单位共同举办的华文戏剧交流活动。在这次会议上,共有13台话剧参加展演,两百多名来自大陆和台、港、澳地区以及其他国家的戏剧界代表出席会议,19篇学术论文得以宣讲。本届戏剧节的承办人田本相认为:在这样一个华夏民族的戏剧集会中,若是没有台湾剧团参加演出,那将是十分遗憾的事。因此,他有一个良好的心愿:就是一定邀请台湾的剧团到大陆来。经过他的不断努力,总算天遂人愿。台湾"绿光剧团"应邀参加了本届戏剧节的演出活动,他们演出的音乐剧《领带与高跟鞋》,以诙谐的喜剧风格和生动的舞台表演,展现了台湾"上班族"工作的忙忙碌碌和情感的跌宕起伏。让一向对表演艺术比较挑剔的北京观众,也看得津津有味,笑颜大开。这是自中华人民共和国成立以来,台湾话剧演出团体第一次登上大陆舞台。

为期一周的戏剧展演和研讨活动非常成功,令与会代表欣慰和感动,大家一致认为,这样的活动应当规范化、秩序化。为确保此后华文戏剧交流能够持续进行,经祖国大陆和台、港、澳地区代表反复讨论议决,将此次会议定名为"第一届华文戏剧节",以后依此规模和样式,每两年在不同的地区轮流举办华文戏剧节。1996年的夏天,一段看似平常的日子,由于中华戏剧工作者的努力,一个戏剧的节日得以创立。从此,因戏剧节的出现而显示出非凡意义的北京的8月,成为戏剧同仁们一段闪光的记忆。

1998年11月,由香港文化局和香港中文大学之"戏剧工程"等机构主办,"第二届华文戏剧节"在香港举行。在这届戏剧节上,来自祖国大陆、台港澳地区和新加坡的10个剧团,共演出了十余台话剧,来自各地的学术代表以"迈向二十一世纪的华文戏剧"为主题,就各地华文戏剧发展所取得的成绩和所面临的问题,展开了广泛而热烈的讨论。为期10天的戏剧节虽然转忽即逝,但是,它的影响却在华文戏剧世界不断扩大,深漾开来。

此后每两年或三年一届,分别在大陆和香港、台湾、澳门地区轮流举办"华文戏剧节",1996年在北京、1998年在香港、2000年在台湾、2002年在澳门、2004年在昆明、2007年在香港、2009年在台湾、2011年在澳门、2014年在杭州,先后由各地文化机构举办华文戏剧节。迄今,华文戏剧节已经持续举办了9届。这一文化交流项目,因资金和筹备的原因,虽有延期的无奈,但大陆与台、港、澳地区的戏剧家们从未放弃过坚持下去的勇气和决心。

2000年7月24日,由台湾"中华戏剧学会"和"中正文化中心"联合举办的"第三届华文戏剧节"在台北拉开序幕。来自祖国大陆、港澳地区、新加坡和台湾本土区域的话剧共8台,在"中正文化中心"大剧场和实验剧场以及社教馆陆续登场,与此同时,在"华文戏剧的根、枝、花、果"的总标题下,各抒己见式的学术争鸣也在有条不紊的进行。

姚一苇是最早为大陆观众所认知的台湾剧作家。1990年,姚先生曾来过北京,与在京的许多戏剧界人士结下深厚友谊。很巧的是,"第三届华文戏剧节"恰是由姚先生的戏剧《X小姐》的演出,敲响了开台锣鼓。这不仅表达了两岸戏剧人对这位已逝的戏剧前辈的深切缅怀,而且透过剧中X小姐身份的困惑与自我认知的艰难,反思了台湾人乃至现代人所共同面临的社会与人生问题。

X小姐在一场变故中晕倒街头并失去记忆,她不知自己是谁,来自哪里,她被带到警察局、医院、收容所,但是,无论是警察的盘诘,还是医生的实验,或是莫名其妙的人的指认,都无法改变一个事实:那就是她找不回失去的自己。剧中有一首歌,吟咏着同样的命题:"我们没有过去,我们只有将来,过去已经过去,将来还没有来,我们只有现在,现在在哪里,现在在这里,这里是哪里,这里是天堂,天堂的月亮分外的亮,天堂的女人水汪汪……"X小姐不屈服这样的现实,她不屈不挠地要确认自己,但是当她跑到大街上,隐约想起自己身世时,却被一辆汽车撞上,她会继续昏迷?还是已经结束了艰难的自我认知?抑或在下一刻明明白白地站起来?戏中的谜底,留给观众去猜想。

姚一苇的原剧比较短小,只适合在实验剧场演出。但通过导演蒋维国的二度创作,却大大丰富了原剧的内容和舞台的形象画面,并成功地把一个哲学意味很浓的剧本演绎成为大剧场戏剧。首先是舞台设计运用了繁复的大型钢架,多层面地架构起宏大的几何空间,许多的阶梯、平台、楼层伸缩转换,角色活动于其间,显示出机械的外在空间,对人类自我的情感压抑和由此造成的困惑和不安;其次,剧中的 X 小姐由五个演员来扮演,她们时而作为具象的人,分别演绎 X 小姐人生经历中的不同画面,时而作为符号,一起出现在舞台上,展现 X 小姐多层面的精神内涵,以此暗合原剧的主旨,"X 情结"不是某个人或某件事的局部症候,它所代表的是一种宽泛意义上的自我反诘:"是否我们都或多或少是一种 X?"此外,导演把原剧中代表着社会人的几段对话,演绎成机械性的动作着的人的群体场面,也在一定程度上增强了舞台的表现力。

台湾评论界认为:"'失忆的' X 小姐凸现了'正常的'各样人等光怪陆离的众生相;X 小姐在一个又一个封闭的机制空间苦闷地追寻记忆——'我是谁?'到最后开放即沦落的繁华街头再度失忆,交织出非常国际也相当本土的黑色寓言。"① 在新的世纪演出这样一部戏,"象征台湾社会在历经焦躁之后的新希望,值得期待"②。

在本届戏剧节上,还有一台实验戏剧《狂蓝》和儿童剧《学狼叫两声,汪汪》,从不同侧面展示了台湾戏剧舞台近年来的基本面貌。《狂蓝》改编自美国剧作家乔·品淘罗的剧本《Wild Blue》,这是一个反映同性恋问题的戏剧,它透过现代的视角,以 8 个段落性的故事,呈现了同性恋伦理关系中的复杂情感。《学狼叫两声,汪汪》则以活泼欢快的舞台节奏,演绎森林中动物们的故事,在富有童趣的形象画面中,教育儿童要富有爱心和集体意识,并负起保护环境的责任。

在本届戏剧节上,有来自祖国大陆的两台话剧相继在台北演出,一是上海话剧中心的大型历史剧《商鞅》(姚远编剧,陈薪伊导演),一是天津人民艺术剧院的具有津味文化特点的话剧《蛐蛐四爷》(许瑞生依林希小说改编,方沉导演)。

《商鞅》自 1997 年上演以来,以其对历史反思的独特视角,对人性复杂内涵的犀利剖析,对改革者自身悲剧命运的哲理思索,深深地打动了众多观众的心灵,并被作为此次戏剧节的大轴戏。《商鞅》"一方面使历史成为一部现代人的情感史另一方面又对历史灌注了一种气势磅礴的人格力量,从而在历史与人性之间这场无法解决的冲突中,获得了一种悲天悯人的慈悲心怀和思想

① 陈玲玲:《被迫遗忘》,见"第三届华文戏剧节"(台北 2000)《X 小姐》场刊。
② 邱坤良:《X 小姐的重新开始》,见"第三届华文戏剧节"(台北 2000)《X 小姐》场刊。

智慧"①。这是一部重在写人的历史剧,但是在创作上它却打破了这类戏剧惯常采用的方式,即以人物生命历程的纵向叙述,来揭示其一生的主要业绩,而是选取最能显示其心理成因、个性气质和决绝意志的片断性场面,从而凸显商鞅的个性魅力和命运悲剧。这台戏的舞台处理,仿佛是让观众透过一个不断搜索着的大镜头来审视人生,它会忽略一般性的人生内容,却把那最具有戏剧性的场面放大处理,让你领略现象背后的隐衷和画面之外的情境。天幕上高高吊起的巨大面具和置于台口的五匹骏马模型,令人对变法者商鞅与车裂之刑发生联想,并时时提醒观众,作为改革者,商鞅的人生轨迹,总是掩映在巨大的悲剧阴影中。不管观众对商鞅所施行的严刑峻法持有何种看法,但透过写实与写意的自然和谐的艺术情境,人们会从不同侧面感受到一种具有震慑感的魅力。

《蛐蛐四爷》也是一台在大陆久演不衰的戏剧。它叙述的是一个余姓家族的嫡庶子弟之间,为争夺家族权力和资产而不断进行的残酷较量。余四爷之母因是侧室,在老太爷去世后其母子被逐出家门,余四爷凭着一手斗蛐蛐的绝招,赢得了大量财富,并把余家老宅赢了过来。此后他们母子回到老宅,供养整个家族,但异母长兄狡诈,巧施诡计,霸占了他们的财产,将他们再度逐出家门。余家长子嗜赌成性,押上全部家产,余四爷听说后重出江湖,准备来一场绝杀,赢回老宅。赌局将开,其母赶来,出其不意,剪断其指,令他戒断赌性,永绝祸患。《蛐蛐四爷》这部戏,看似一个传奇故事,透过"虫性即人性"的道理,反思得失成败背后的人生哲理与玄机。台湾的王士仪先生在讨论会上发言,他认为此剧发人深省,特别是断指戒赌情节,旨在告诫人们剪断博弈、争执、对抗、冲突的根性,因为武器和战争赢不来爱与和平。

参加学术研讨会的代表,除来自大陆、台港澳地区之外,还有来自日本、新加坡等国家的从事华文戏剧研究的专家。在"华文戏剧的根、枝、花、果"的总标题下,学术研讨的内容可分为两种:一是按照戏剧节制定的总标题,各地学者以论文宣讲形式分别发表自己的学术见解。二是就戏剧节上演出的剧目做专题性讨论。论文既有对华文戏剧中深具影响力的戏剧理论和思潮的探讨,也有对华文戏剧发展状况所做的历史研究,也有对在华文戏剧发展中作出卓越贡献的前辈戏剧家所进行的专题研究,更有对现代剧场美学和戏剧实践

---

① 孙瑞青:《殉道者的备忘录》,台湾《表演艺术》2000 年 7 月刊。

的探讨。

2004 年 8 月,由中国艺术研究院主办,由云南省文化厅、云南艺术学院承办,第五届华文戏剧节在昆明举行。这一次,台湾带来了一台独角戏《蛇,我寂寞》,戏一开场,女演员在白色染料里浸泡过的赤足,行走在舞台上,留下一串白色的足印。她开始讲述斑驳陆离的人生,她叼着美式香烟,打着中式太极拳,她像西方人一样恋爱,却像东方人一样感伤,她在传统与现代、孤独与喧嚣之中,打发自己寂寞忧伤的人生。而来自大陆的《白门柳》、《死亡与少女》《青春禁忌游戏》也在昆明上演。

经过 2007 年在香港举办的第六届华文戏剧节之后,2009 年 2 月 24 日至 3 月 1 日,由台北市文化局和台湾中华戏剧学会共同主办的第七届华文戏剧节在台北举行。演出剧目有:台湾国光剧团的《欧兰朵》、北京人民艺术剧院的《有一种毒药》,澳门演艺学院戏剧学校的《找个人和我上火星》、香港影话戏剧团的《独坐婚姻介绍所》、上海戏剧学院的《歌星与猩猩》、香港剧场空间剧团的《粉红天使》。

《欧兰朵》是本届戏剧节观摩的第一台戏。它是一部形式新奇、风格独特的舞台剧,由美国著名的后现代剧场制作人罗伯特·威尔森担任导演,由台湾著名戏曲表演者魏海敏一人独自扮演角色。它取材于弗吉尼亚·伍尔芙的意识流小说,由剧作家安祈写出中文剧本,按照导演威尔森的创作意图加以改造,形成一台在现代音响、灯光作用下,一台一个人演出的独角戏。戏中讲述了一个人的前世今生,在大段独白、吟诵和肢体表演中,传递给观众一种生死迷惘、身份错位、自我孤独的情绪。导演威尔森是以舞台风格简约见长,在演出中,除了十分有限的道具,舞台的确比较空旷,他靠灯光分割、强化演区,靠音响传递奇特的感官刺激,靠音乐整合演出的节奏和演员的情绪。魏海敏的表演没有依据传统戏曲的表演方式,而是由导演根据他的舞台构思和主题阐释,编排了一套特定情境下的表演动作。对于这部耗资两千多万新台币,光是导演费用就达百万美元的大制作,本届戏剧节研讨会组织了专门的研讨,与会代表在讨论中意见分歧,有人喜欢这种空灵、写意、新异的舞台形式,说它拓展了戏剧的表现空间,很有意趣;有人认为它不利于传统戏曲的发展,既拆解了传统戏曲的美学韵致,也无法提升本土艺术的现代水准。

来自北京的《有一种毒药》在新舞台演出,谈起这一戏剧的名字,剧作家万方解释说,当人们追求违背自己意愿的目标时,"幸福是一种毒药,爱情是一种毒药,毒是指对心灵的侵害。现在的时代是一个崇尚物质而精神匮乏的时代"。迫于生存压力,人们所做的事不一定是自己想做的,但又不得不做。剧中的母亲就是一个在家庭角色与社会角色的双重压力下,情感变得粗糙、坚硬起来的女人。她独立支撑着一家装修公司,已经成年的儿子成了她手下无权无钱的佣工。她的丈夫曾经有志于成为歌唱演员,但是在她的猛烈打击下美梦成空,从此便借酒浇愁,染上酗酒的毛病。她的儿子爱上了一个病弱女子,母亲的极力反对竟然成就了他们的叛逆婚姻,此后母亲的眼前便时时晃动着坐在轮椅上的儿媳的身影。母亲越是付出辛劳,越会抱怨生活;越是追求家庭的经济利益,便越是导致家人与她情感的背离。这是一个现代女性的悲剧。

2月27—28日,上海的音乐剧《歌星与猩猩》在台北中山堂中正厅演出。这个戏表现了现代娱乐业的追星现象,以荒诞的手法叙述了当歌星变成猩猩之后,以另一种视角所观察到的人间冷暖,世态炎凉。该剧载歌载舞,充满青春气息,舞台动感强烈,剧场效果良好。

在台北士敏厅举办的第七届华文戏剧节学术研讨会上,以"华文戏剧的跨文化对话"为主题,探讨戏剧的文化交流、中西戏剧的对比研究以及当前华文戏剧所取得的成绩与面临的问题。戏剧节共收到论文40余篇,其中35篇被选中在学术研讨会上宣读,除王士仪、田本相两位先生的论文在大会宣读外,其余论文分成两组分别举行研讨。每场研讨由两名主持人主持,介绍论文发表者并评析论文,每位论文发表者可以有20分钟宣读论文。

第七届华文戏剧节活动内容丰富,不仅有对戏剧演出的观摩,有对学术思想的研讨,有对剧场设施的参观,有对台湾历史的寻踪,也有对台湾文化的考察。与会的大陆代表普遍反映,通过这次行程,加深了对台湾的认识,感觉对于海峡彼岸的同胞生出了更加亲近的感情。特别是戏剧人之间的相识,相知,不仅建立了联系,交换了信息,而且加深了友谊。大家还感到,进入21世纪以来,我们面临的戏剧境遇、所感受到的困惑,所需要解决的问题其实是相通的,这样的戏剧活动,开启了大陆与台、港、澳地区进一步开展戏剧交流与合作的契机。

三、赖声川演出案例分析

被日本 NHK 电视台誉为"台湾剧场最灿烂的一颗星"的赖声川先生,

是台湾著名的戏剧团体"表演工作坊"的领导人,他编剧和导演的《那一夜,我们说相声》、《暗恋桃花园》、《我和我和他和他》等话剧在台湾享有盛名。1998 年,赖声川先生和夫人丁乃筝与北京民间戏剧团体"阿丁剧场"合作,排演话剧《红色的天空》。这个剧本的创意,来自赖声川在国外学习戏剧期间,他的老师执导的一台荷兰名剧《Twilight》(《黄昏》)。后经赖声川在排演过程中,与演员们的不断磋商、改造、加工,使之变成了一台地道的中国话剧。

《红色的天空》以一群在托老院里打发残生的老人们各自的心曲,诠释人在生命尾声既万事将休又眷恋人世,既历经沧桑又复归平静的种种心境。"这些人物在舞台上组合成一种状态,为观众留下了宽广的想象空间。"① 演出时,舞台左右两侧的电子计时钟,以倒计时的方式,不断变幻着刺目的数字,演出结束时,钟上的计数恰恰是"0"。人生是什么,生命是什么,它似乎是在提醒观众,我们中的每一个人都是在不断的向生命的尽头迈进,生命其实不过是一个不断循环往复的过程,要紧的是把握当下的今生。

《红色的天空》于 1998 年 12 月在北京演出,赖声川导演,林连昆、鲍占元、韩静如等老一代大陆表演艺术家,以他们丰富的人生阅历和精湛演技,对这样一部优秀剧作做出了饶有深意的诠释。

1999 年 5 月,赖声川和夫人丁乃筝再度与阿丁合作,在北京的舞台上推出了话剧《他和他的两个老婆》,这是一部结构严谨、笑料迭出,融入了很多误会、巧合、尴尬场面和矛盾言行的喜剧。该剧由赖声川担任艺术总监,丁乃筝担任编导,马晓晴、张立、王奎荣等大陆影视明星参与演出。这部戏中的男人在妻子和女朋友之间巧妙周旋,自以为可以蒙混过关,却不料聪明反被聪明误,最后真面目暴露后,被原本爱他的两个女人抛弃。2002 年此剧重演时,有"文化委员会成员"提出,大陆的法律是一夫一妻制,"他有两个老婆"容易发生歧义,故就此更名《他没有两个老婆》,随后此剧在各地巡演。

如今在大陆,提到台湾戏剧,人们首先会想到赖声川,然后便是他的《暗恋桃花源》。在台湾戏剧家中,赖声川是比较早地意识到大陆广大的戏剧空间,并致力于开发其市场潜力的人。早在 1998 年,他就与北京的独立戏剧制作人、后来的北剧场总监袁鸿合作,建立了北京表演工作坊,经过不断的摸索、调整、适应,赖声川打开了大陆戏剧演出市场,并且所向披靡。

---

① 阿丁:《关于今晚的演出》,见于 1998 年 12 月《红色的天空》在北京演出时的剧场说明书。

2006 年 11 月，汇集了黄磊、袁泉、何炅、谢娜、喻恩泰等演员的"全明星版"《暗恋桃花源》在首都剧场上演。此剧是"集体即兴创作"的产物，它以喜剧和悲剧的拼接组合，穿越古今，表现了情感模式的互文关系。暗恋部分，是江滨柳与云之凡的跨越半个多世纪的情感缠绵，他们在抗战胜利后的黄埔江边告别，以为不过是一次暂别，却原来从此生死契阔，经历了解放战争、两岸隔绝，只好各自成家。到了江滨柳的弥留之际，他通过登报寻人的方式，得以与云之凡相见，却原来他们都住在台北。桃花源部分，故事发端于陶渊明的《桃花源记》，但演变成一出喜闹剧：老陶是袁老板的渔户，其妻与袁老板私通，他被他们驱赶到上游捕鱼，误入桃花源，见到了这里熙熙而乐、彬彬有礼的情景。因为惦记妻子，他回到家中，却发现其妻与袁老板已组成家庭，并生有一子，可是两个人争吵不休，甚至大打出手，还把他当成了鬼魂，他对这样生活深感失望，但是桃花源无迹可寻，他找不到归宿。2007 年粤语版的《暗恋桃花源》由毛俊辉导演，由香港、台湾和大陆演员合作，演出于首都剧场。"桃花源"部分香港演员有很多自己的小创意，他们无厘头的搞笑手段，夸张表演，让观众笑到前仰后合，而"暗恋"部分因为有语言障碍，反而影响了效果。2010 年，越剧与话剧"双下锅"式的《暗恋桃花源》在京上演，喜剧部分由赵志刚主演的越剧组成，悲剧部分则由黄磊与孙莉演出的话剧组成。其混搭、拼接式的演出方式也被观众接受。

2010 年，赖声川携手台湾地区知名电视节目制作人和经纪人王伟忠，编演了话剧《宝岛一村》，在保利剧场演出后反响热烈。该剧表现了台湾眷村生活的的半个多世纪的生活图景。剧情介绍中说，"一个回不去的年代，一股从'你家门'窜到'我家院'的感动。一段从'离家'、'想家'到'这里是我家'的生活印记，交织成'一个人'、'一家人'到'一村人'的酸楚与甜蜜"①。国民党败走台湾，一些政军人员家属跟随来台，他们临时应变，扎堆谋生，条件艰苦，空间逼促。而政治局势的变化也牵动着人们的神经。那叫喊着反攻大陆的人们，最后埋没于台湾乡土；那被认为驾机投共的空军家属饱受打击；那返乡探望大陆老妻的老兵，早已成为台湾女人的丈夫；而捧着父亲骨灰回大陆的孙子，却迎头挨了奶奶一巴掌，奶奶沉痛地说，这一巴掌你是替你父亲挨的，他为什么一去不返，让家人望穿双眼？眷村的儿女们走过了迷迷茫茫、懵懵懂懂的青春逐渐成长，他们接受了现实，延续着新的历史足迹。

---

① 见 2010 年《宝岛一村》在保利剧院演出说明书。

2000 年,长达 7 个半小时的戏剧《如梦之梦》在台北首演。2005 年,此剧在台湾和香港有过短暂演出,2013 年 4 月,它以新的演员阵容与北京观众见面。"在一个故事里,有人做了一个梦;在那个梦里,有人说了一个故事。"这是戏剧《如梦之梦》开场部分的台词,也可以说是这个循环往复的故事内核。

《如梦之梦》的戏剧叙事显得神秘、玄虚、迷离,结构方式也比较特别,可以说是梦与梦的互文套叠、故事与故事的轮回接续。幕启时,刚从医学院毕业的女医生,第一天上班就遭遇了 4 个病人的相继离世,她参不透死亡的秘密,理不清忧伤的思绪,她甚至幻想着人们可以像传说中秦朝的奇人庄如梦那样,在睡梦中让灵魂脱离肉体,自由游走于大荒之中。她的人文关怀情结,让她守候在 5 号病人身边,想要听他倾诉自己的故事。

接下来,5 号病人开始讲述自己的奇遇,这仿佛是原叙事旋律的变奏曲:在巴黎的一家餐馆,他遇到了餐厅女侍、偷渡者江红,他们住在一起,为了知晓命运的谜底,他们问卜于吉普赛女人,在她隐晦的呓语中,提到了诺曼底、城堡、湖,并且说在湖中人们会看到真实的自己。5 号病人和江红在诺曼底果真找到了城堡和神秘的湖。在客厅之中,他们还发现了一幅油画,画面上是一个法国男人和一个中国女子。5 号病人拿到了油画,打听到这个女子名叫顾香兰,早已回到上海。他觉得这个女人的故事好像与自己有着某种神秘联系,决定要去找她,在上海的一家医院里,顾香兰身陷病榻。

如果说上半部的戏剧都是在为顾香兰的出场做铺垫,或者说旨在营造后面叙事的互文关系,那么,在顾香兰的讲述中,则是另有一番香艳旖旎的叙事情景。她曾是 30 年代上海最红的妓女,貌若天仙,身价不凡,迷倒了法国驻上海的领事亨利伯爵,伯爵抛妻别子娶她为妻,把她带进法国城堡。然而,她像一只鸟,离开了一座旧鸟笼又进入一座新鸟笼,寂寞中她开始迷上绘画,伯爵也有意成全她,可是在一帮放浪形骸的现代艺术家之中,她的自由梦转瞬就跨越了保守的东方传统,而显现出西方式放纵的本能。她在享受爱情的时候,爱情正离她而去。

与人们习惯了的剧场模式不同,赖声川的《如梦之梦》在演出形式上的确显得奇异:

首先,它有不同寻常的叙事和演出时间:12 幕 90 多场,涉及上百个人物,演出分作上、下两部分,时长近 8 小时,而叙事时间除了插叙的秦朝奇人庄如梦故事外,主人公的人生历程,前后跨越 80 年。其次,它有跳转的现实与梦幻空间:戏剧发生地包括西藏、台湾、巴黎、诺曼底、上海等,主要观众区设在舞台正中的凹形方池,观众坐在方池里的转椅上看戏,而另一个观众区则是剧场常设的座席。演出一直环绕着方池进行,在环绕它的方形甬道和甬道四周错落的空间里,展开了一系列故事叙事。再者,是其表演方式的新奇:整部戏剧一方面在制造仪式性幻觉,仿佛是一场宗教的转山仪式;另一方面却又在打破扮演性幻觉,每一位主要角色,都由两位以上的演员扮演,每一个人物既是说故事者,也是特定情境中的角色,在跳入跳出中,从不同角度展示个体生命的丰富图景,它让你不致为故事的情绪过度控制,而从一个旁观者的角度对其进行必要的省思。比如煎蛋的江红一场戏,江红在幻想中完成了6次煎蛋动作,说故事者江红在讲述,而表演者江红在煎蛋,可是实际上江红还躺在床上,直到煎蛋煎到第7次,她才发现这一次是实际发生的。人是在想象中活着,还是活着本身就是想象,是庄生梦蝶?还是蝶梦庄生?戏剧没有明示,它让你以一个循环的视角观察相近的、相通的人生与人性。

《如梦之梦》在商业运作上是比较成功的,先是开动舆论攻势,吊足了观众胃口,接着是上下两部戏捆绑式售票,价格不菲。或许观众还是心有所待,因为演出有金士杰、许晴、史可、胡歌、谭卓等人的加盟,这无疑带来了明星效应,而他们对于角色的塑造也算得上成功;李宇春扮演的医生,据说引来了大量的粉丝,取得了较好的商业效益。目前赖声川在大陆深具影响力,在明星话剧、商业运作等方面,可谓提供了成功案例。

2013年,赖声川导演的戏剧《海鸥》和《让我牵着你的手》在北京上演,两个戏都做过全国巡演。《海鸥》将俄罗斯的故事背景挪移到了20世纪30年代的上海,由此形成了原叙事结构与中国的人情世故的掣肘;《让我牵着你的手》由蒋雯丽出演,在制作上不够精良,显得草率,更像是一次剧本朗诵,因此,不像赖声川以往的戏剧那么成功。

总之,自20世纪80年代开启的两岸戏剧交流,已经迈入一个新的历史时期。"潮平两岸阔,风正一帆悬",大陆与台湾的戏剧观念与创作方法,因为具有差异性,所以需要对话、沟通;但相通性远大于差异性,这是两岸戏剧合作与互动的基础,也是实现优势互补的保证。

曾几何时,"宝岛台湾"宛如美梦一样遥不可及,如今,它不仅可思、可念,而且可知、可感,盈盈一水已无法隔绝两岸戏剧人的深厚情谊,以戏剧为纽带的文化交流,正展现着越来越美好的前景。

"家国"想象的变迁

——台湾乡土电影的社会寄寓

刘翠霞

国家行政学院副编审、电影学博士

台湾的电影摄制在日据时代就开始了,但真正由台湾人自己摄制的极少。中日战争期间,日本人完全控制台湾电影,宣扬"皇民化"、"大东亚共荣圈"殖民思想,台湾的民族、乡土意识与电影完全无缘。台湾光复之后,撤退至台湾的国民党非常重视电影的制作,虽然管理部门也倡导发扬中华文化传统,可是在20世纪50年代,台湾电影基本上是国民党"反共抗俄"的宣政工具。所以本文关于台湾乡土电影"家国"想象的论述主要从60年代开始,以60—70年代李行为代表的追根溯源乡土影片、80—90年代侯孝贤为代表的新写实影片、90年代后蔡明亮为代表的后现代都市影片为对象,分析这几个重要阶段的电影在描绘台湾乡土、思考个体成长、揭示历史变迁,为几代台湾人的生活、历史及心境塑像的过程中,其"家国"想象的演变。

除家庭以外,也许再没有一种社会组织对社会生活中发生的变化如此敏感,能够如此明显地反映社会历史进步取得的成就和面临的困难与矛盾,家庭是以自己独有的形式对社会中发生的变化作出反应。而中国文化中特有的家国同构的哲学理念、中国发达的家庭伦理片类型都促使中国电影善于通过家庭的历史变迁和情感波折来涵纳社会历史的风云动荡,从人物遭遇和人性演变来象征文化思潮的跌宕起伏和发展趋向及其内在矛盾。"家国同构"作为一种古代主流文化认同和接受的思想观念,既催生了"忠孝情感统一"的社会伦理和以国为家的群体意识,也奠定了家庭政治化的惯性思维。中国家庭常常不仅仅是自然血缘关系的组合结构,还传递着社会文化和国家政治的公共性气息。[①] 在中国人的传统文化观念中,"家国"始终是一体的。儒家所谓的"修身、齐家、治国、平天下",其实就是以家庭、家族为基础的生活、治世理念,所以家/国常常是可以互相指涉、互相隐喻、互相转换的能指。贾磊磊在谈到这一问题的时候指出:"家、国一体通常是主流电影重要的一种文化特征:国家的畸变、动乱与家庭的离散、解体以及国家的整治、安定与家庭的和睦、重组是中国电影基本的叙事策略。"[②] 台湾和大陆本是同祖同宗同根同源,可是上百年的殖民经历以及几十年地缘政治造成的两岸隔绝,使得台湾电影和大陆电影在主题选择、影像手法等方面有很大的差异,而且与大陆电影从始至终对"国家"有较为清晰和单一的所指相比,台湾电影中的家国想象以及文化认同随着时代的发展、社会政治的变迁,在不同历史阶段的叙事语境中,在不同时代导演的影片中,具有不同的指向与内涵。在李行、侯孝贤以及蔡明亮这三代导演的影片中,"家"始终是非常重要的意象以及存在,其中家庭规模以及内涵的变化也反映出"家国"观念的变化,从几代同堂其乐融融的大家庭、到祖父辈相继逝去、到只有孤寂的一个人而无家的意象,也是台湾电影中清晰的"家国"想象向漂泊无根式"家国"发展的缩影。不同阶段电影中各异的语言构成,也是文化身份认同重要的承载符号。从整齐划一的国语对白到国语、台语、客家话、英语、日语多种语言杂陈,是台湾电影单一的"家国"认知向多元困惑认同转变的表征。考察、分析台湾电影中这种独特的家国叙事以及发展趋向,不仅可以加深我们对作为中国电影重要组成部分的台湾电影的认知,启发我们思考电影艺术与社会现实之间的关系,同时也有利于促进海峡两岸的相互了解与交流。

一、此在的家,彼岸的国:60—70 年代乡土影片中的"中原故土家国"

60—70 年代,是台湾乡土电影风潮的开始。李行、白景瑞、李嘉、宋存寿等人是这一时期台湾电影创作的主将,他们的影片从题材选择到场景摄制都洋溢着浓

---

① 尹晓丽:《儒家文化传统与中国电影民族品性的构成》,复旦大学语言文学系 2007 年博士学位论文。

② 贾磊磊:《中国主流电影中的国家形象及其表述策略》,《解放军艺术学院学报》2007 年第 1 期。

郁的台湾地方风情,是谓开创了台湾乡土电影的风潮。60—70年代,随着国际局势的风云变幻,台湾的处境发生了极大的逆转,50年代的反共宣政电影失去了意义,面对被否定的身份,国民党当局试图通过以历史传承、文化寻根为主题的电影,强化台湾的中国身份。这一理念与从大陆迁移到台湾后开始电影创作的一代导演对故乡的深厚感情和浓郁乡愁相遇,便成就了这一时期的乡土电影,其中的"家国"明确指向有着五千年悠久历史的中国,并且对中国传统文化完全服膺。

(一)追"根"溯"源":对中原故土"家国"的指认

一直以来台湾就是中国的组成部分,台湾的居民大多数是从大陆迁移去的,所以不管是在生活习惯还是语言文化方面都和大陆一脉相承。郑成功将中国国家文明带入台湾。当初追随郑延平前往台湾定居的人包括了士农工商的社会各层行业,可以说郑延平王是将一个整体性的中国社会带到了台湾,其中不乏浙闽一带誓死抗清的儒生、儒吏,为台湾播植了以儒家纲常文教为核心的中华文化种子,同时咨议参军漳浦、儒生陈永华,更为台湾设置了圣庙、建立了太学,正式在台湾推展了特富春秋经华夷之辨的浙东儒学,因此,明朝郑氏治理下的台湾,毫无疑问是以中华文化为其文化的主体,基于此,所以台湾当地人尊郑成功为"开台圣王",至今馨香不衰。

康熙二十二年(1683),清朝取代明郑而统治台湾,通贯其治台之两百多年,中华传统文化,尤其是决定其主体性原则和方向之朱子儒学儒教,以官学、民间书院、家族私学以及民间宗教等各种方式,早已广布在台湾人的心灵和生活之中;闽学和浙东儒学一样,都逐渐地渗透灌达在台湾人民的主体性文化中而成为基本的文化形式和内容。①

虽然因为特殊的历史原因,台湾几度被沦为殖民地,即使在最近的20世纪,海峡两岸又被人为地阻隔长达半个多世纪。但是不管是"本省人"还是"外省人",他们的"根"都在大陆,甚至很多人在大陆还有亲人,包括父母妻子、兄弟姐妹,大陆是他们的故乡,对大陆他们一直怀有一种强烈的乡愁。而两岸长久的分隔状态,使得骨肉同胞不得相见,给两岸同胞带来了巨大的痛苦,也使得广大台湾同胞对大陆母国、对故乡亲人怀有刻骨的思念之情。承载这种深厚情感的除了最为大家所熟知的台湾乡土文学,还有"追根溯源"的

---

① 参见潘朝阳:《明清台湾儒学论》,台北:学生书局2001年版,第57—60页。

台湾乡土电影。70年代末,《香火》、《源》和《原乡人》一起构成了台湾乡土电影中的"追根溯源"三部曲,这些影片集中彰显了台湾乡土电影对"中国"、"中原乡土"以及中华文化的清晰认同。

《原乡人》以主人公钟理和与钟平妹的爱情、婚姻为主线,呈现了一位接受过日本教育、却对原乡满怀深情的殖民地中国知识分子的坎坷一生。影片通过钟理和在开出租车时痛斥、拒载日伪和日本人、帮助无辜妓女的情节,以及始终坚持不用日文写作、宁可失业也不愿为日本人当翻译的行为,表现了他作为一个中国人所具有的善良、正直禀性和强烈的民族自尊心。影片自始至终贯穿着强烈的民族意识,同时也反映了殖民地知识分子回归中原以及认同祖国的困境以及由此而产生的巨大的苦闷,这种伟大而深沉的对祖国和民族的"痛恋"成为影片中钟理和笔耕不辍的原动力。影片故事情节是编剧张永祥根据台湾著名乡土作家钟理和的文集和他遗留的日记资料编写而成的。被称为"倒在血泊里的笔耕者"的钟理和,是较早溶入中国文化的台湾乡土作家,他虽然在台湾长大,从小接受日本的教育,却表现了对中原和中国文化的强烈认同,他的人生历程和一生坚持用汉语写作的创作历程都是他忧国忧民的思想和强烈的民族意识的写照。钟理和的自传体短篇小说也名为《原乡人》,"原乡人"是台湾人对祖籍大陆同胞的指称,小说对这一称谓的解释可以让我们深刻体会影片的意味:"待我年事渐长,我自父亲的谈话中得知原乡本叫做'中国',原乡人叫做'中国人';中国有十八省,我们是由中国广东省嘉应州迁来的。后来,我又查出嘉应州是清制,如今已叫梅县了。"[①] 小说中叙写了"我"的祖国观念形成的过程和"我"的"原乡人"意识的觉醒。"原乡人的血,必须流返原乡"的有力号召,表达了台湾同胞渴望回归故国乡土的心声。所以,影片和小说、现实构成了互文的关系,文学作品、现实人生、影像创作之间相互指涉,使得影片更具现实关照性。因此,李行导演的《原乡人》,不仅准确塑造了对原乡故土满怀热忱、眷恋的主人公钟理和,而且强化了影片追根溯源、回归故土的深刻寓意。

《香火》通过两代人的命运,再现了从大陆移民至台湾的中国人在开发美丽宝岛、抗击日本侵略的过程中遭遇到的波折、不幸和痛苦,宣扬了在台湾延续"香火"的爱国精神。根据青年作家张毅同名小说改编拍摄的影片《源》,

---

① 钟理和:《原乡人》,台北:远行出版社1977年版,第27页。

基本上延续了这一主题。影片通过主人公吴霖芳发现石油、舍身保卫石油、终于等到石油开采成功、葬身石油大火中、二儿子被父亲的精神感化最终继承父业使得台湾第一口油井成功地喷出油来等一系列事件，表现了吴霖芳一家为开发台湾所作出的卓越贡献，表彰了中国人不畏艰险、勇于开创的奋斗精神。影片中的"源"，既指"能源"也有"根源"的含义，是具有双重寓意的叙事符号。影片透过中华民族先辈们移居台湾，垦荒拓土，艰苦创业，开发宝岛的光辉业绩的影像，借对台湾社会发展有着举足轻重意义的"石油"这个能指，揭示出象征中华民族涓涓不息的血缘流脉在台湾的传承，从而强化台湾和大陆无法割断、血肉相连的家国渊源。

（二）保家卫国："中国"民族意识的张扬

在60—70年代这个阶段的台湾电影中，一部分抗战爱国影片也通过抗日战争的历史事迹呈现出对"中国"的清晰指认。丁善玺创作的《英烈千秋》、《八百壮士》通过宏阔的战争场面营造，道出中国人民抗击日本侵略时同仇敌忾、气壮山河的精神。张曾泽导演的《筧桥英烈传》主要反映抗日战争时期国民党空军高志航、阎海文、刘粹刚以及沈崇海等空军英雄悲壮牺牲的战斗事迹。张永祥编剧、李行导演的《吾土吾民》通过中学校长杜兴汉和他的女儿、同事、伪县长的儿子等一批普通中国人与日本人斗智斗勇的英雄事迹，表现了不卑不亢的中国人坚决捍卫故土，绝不让"吾土"受侵、"吾民"受欺爱国情操。这些抗战影片作为"保家卫国"的影像呈现，对喋血抗战的民族英烈们在那场救亡图存的卫国战争中所表现出来的"舍生取义"、"杀身成仁"的伟大气节予以充分的肯定，蕴含着独特的民族精神。另外，刘家昌导演的《梅花》也是一部可歌可泣的抗战爱国影片，表现了在抗日战争爆发后，以林家为代表的台湾人民奋起抵抗和日本人斗争的可贵品质，充分体现了台湾人民为维护"中国人"的声誉及精神所做出的努力，塑造了一群爱家爱国的台湾人。

《源》、《香火》、《原乡人》以及抗战片等以极富感染力的视听语言讲述台湾同中华民族的血脉联系，书写中华儿女的骨肉亲情，呈现出了对中原故土"家国"清晰坚定的认同，以及对中华文化的完全服膺。也是这一阶段乡土电影导演群体以及整个台湾社会"家国"意识的影像投射。影片中主人公对家庭的建构以及家族的维护或者最终回归家庭，彰显了中国人观念中根深蒂固的家庭本位文化。另外，这一时期影片中整齐划一的国语旁白或对白虽然被有的学者诟病为

"极不写实"①,但是从另一个侧面反映了影片对强化"中国"大陆认同的刻意追求,这种现象在新电影运动以后的台湾电影创作中基本上绝迹了。

二、现实的家,记忆的国:80—90年代历史影像中的"家国"

70年代,台湾在国际上连连受挫,"保钓运动"引发的反美日帝国主义的风潮,以及曾经象征中国的"中华民国"身份被取消,使得台湾社会的"家国"认同出现分裂,一部分爱国人士引发了"回归社会主义祖国"的风潮,与此同时关心台湾乡土现实的呼声也逐渐浮现。就是在这样的历史背景下,80年代,以侯孝贤、杨德昌、陈坤厚、王童、万仁、柯一正等为代表的新一代电影创作群体全面亮相,为台湾电影的家国认知掀开了崭新的一页。与李行等上一代导演不同,这一批导演大多出生于1949年前后,虽然他们在台湾接受的也是正统的国语以及中国传统文化的教育,但是在台湾社会剧烈变迁过程中长大成人的他们,对台湾的乡土文化有了更多的接触与较深的了解,所以他们成为学者公认的以光影为台湾"写史"的一代导演。新电影的导演们并没有统一的创作理念,其电影的风格与美学追求也各有千秋,不过他们的创作都表现出对台湾乡土的真诚关怀以及对中华民族传统文化的传承。80年代,新电影对乡土反思运动作出回应,借助改编乡土小说,对广泛存在于台湾社会的崇洋现象进行批判。其中比较有代表的有《儿子的大玩偶》、《我爱玛莉》、《莎哟娜拉·再见》等。如果说,70年代的乡土电影中的"家国"想象是以"追根溯源"和"保家卫国"的宏大模式来承载的话,在80年代初期,改编自乡土小说的新乡土电影则更多的是通过小人物生存境遇的影像呈现,强化台湾乡土意识、批判崇洋媚外、呼唤民族自尊。不过,对乡土小说的改编只是为新电影打开了一扇门,很快新电影的主将们将创作的主题转向了各自的成长经验以及由此介入的台湾几十年的社会变迁。

1982年,由杨德昌、柯一正、张毅共同导演的《光阴的故事》宣布了台湾新电影运动的开始,也喻示了走向成熟后的台湾写实电影的基本风貌。影片中的四段故事,通过童年、少年、青年、中年几个阶段的成长呈现出台湾从60

---

① 见焦雄屏:《时代显影——中西电影论述》,台北:远流出版事业股份有限公司1998年版,第157页。

年代到 80 年代的现代化历程,开创了以个人成长、家庭变故投射社会变迁的影像叙事模式,其中"报上名来"段落对身份问题的关注也是"家国"认同探讨的萌芽,新电影导演们日后的创作基本上延续了这一模式,通过台湾乡土经验和个人成长中大陆想象的再现,寻找台湾人身份认同的"根"。侯孝贤就坦言他觉得拍电影使他可以做很重要的事情,那就是:"可以在我自己生长的这块土地上,去记录这里发生的事情,去提醒台湾人,甚至是我自己,去了解台湾的历史,了解台湾的文化,当然,也要了解它与大陆的历史关系……只有这样,你才会珍惜自己的土地,进而珍惜整个大陆的土地……"①《稻草人》(1987)、《无言的山丘》(1992)、《戏梦人生》(1993)是以小人物的命运折射光复前的台湾历史;《悲情城市》(1989)则是通过一个家庭的兴衰对台湾光复至国民党迁台期间混乱的局面给以特写;《童年往事》(1985)、《牯岭街少年杀人事件》(1991)、《香蕉天堂》(1989)、《红柿子》(1996)是个人成长回忆与 1949 年后外省人在台湾悲剧的再现。

与李行等上一代导演作品中清晰单一的"家国"指认不同,这些电影中的认同指向以及态度变得更为复杂。在《童年往事》、《牯岭街少年杀人事件》等影片中,"家国"对于上下两代人有着不同的意指。

《童年往事》以侯孝贤的画外音自述开始,以侯孝贤的自述结束,主人公阿孝个人的成长、家庭的变迁,都是侯孝贤人生历程的一次复写。在《童年往事》中,阿孝的祖母从衣着到言行都透露中国传统特质,她后半生一直在寻找的那座通往大陆回家路上的"梅江桥",承载的是最为深婉绵长的乡愁,而祖母每次的迷失和徒劳,深刻渲染了上一代外省人在台湾的悲剧命运。阿孝的父母"迟早是要回到大陆的"心声、家里全都是简易的藤制家具以及通过南洋亲戚的来信或者广播时刻关注大陆动向的情节,传达出的是中年一代悲怆难言的家国念想。《牯岭街少年杀人事件》中在坦克与公车擦身而过时压低声音讨论什么时候"回去"的父亲们、坚持中文优于英文的国文老师、随时随地都能将话题转到大陆家乡的教官、操着一口山东话的卖馒头的赵班长,对于他们而言,"家国"就在"回不去"的大陆,而"还没回去"的他们所在的台湾是一个黑暗混乱的世界。《红柿子》中姥姥藏起来不愿去台湾、一生珍藏从大陆带去的一幅柿子的画等情节以及片头和片尾空镜头中出现的柿子树以及

---

① 蔡洪声:《侯孝贤·新电影·中国特质——与侯孝贤、朱天文的对话》,《电影艺术》1990 年第 5 期。

飘摇在树梢的断线风筝,镌刻着老一代赴台外省人对历史命运的无奈与缠绵的思乡情结。这些影片通过形形色色的第一代迁台外省人对"回家"的渴盼以及对台湾"暂居地"的态度,完成了对记忆中的大陆"故土家国"的想象性建构。影片也表现了这种遥远的"家国"记忆在下一代身上的延续:《童年往事》中,在阿孝仅有的一次陪同祖母"回家"的片段中,影片通过景色如画的蜿蜒小路,采摘芭乐、抛玩芭乐的祖孙俩,反复奏响的优美钢琴曲,以梦幻般的影音基调不仅谱写出了祖母一代对大陆故乡魂牵梦绕的思念与眷恋之情,也暗指主人公阿孝实际上分享了父辈对大陆的乡愁。片尾旁白("一直到今天,我还常常想起祖母那条回大陆的路。也许只有我陪祖母走过那条路……")再次强化了这种"乡恋",对于阿孝一代而言,大陆作为记忆中的家国意象同样是始终无法摆脱的"症结"。而《牯岭街少年杀人事件》中,各帮派的孩子连在骂人的时候也以使用国语、甚至山东等地的方言为豪,也是第二代在台外省人在父辈影响下对大陆故乡的潜在认同与坚守的写照。这些影片中的乡愁,如果从更深刻、更广泛的角度看,"不仅仅是一种思乡的哀愁,对于很多人而言,它还是一种极为可贵的精神滋养和生命源泉,它是对源远流长的精致文化传统的一种深深依恋,是对历史和现实的一种颇有力度的审视,成为一种凝重的文化乡愁"①。台湾乡土电影中的这种文化乡愁一方面表达了对中华文化的深情以及寻根情怀,另一方面也饱含对现代文化冲击下传统文化消逝的遗憾与无奈之情。

与祖父母不同,在台湾出生、长大的阿孝一代,对于大陆、对于台湾情感变得比较复杂。对远在大陆的祖国他们同时具有"亲切感"与"疏离感"两种情怀:他们的父辈都是来自大陆的福建、广东两省,移民到台湾以后,一方面仍然受到大陆中原传染文化的影响,祖祖辈辈流传下来这样的嘱咐:"我们是唐山人(大陆人),我们的祖先来自福建省某某府某某县某某乡某某村,后代子孙一定要想办法回乡祭祖,这是前辈的心愿。"因此,出现"内地化"的倾向,他们对祖国是有亲切感的。而另一方面,他们随着成长日益认同本土,出现"土著化"的倾向,而且他们也担心的别人说他们不爱台湾,所以他们也会强调自己从小在台湾长大对台湾富有感情,自己"所有的一切都在台湾"。

《童年往事》中的一些细节则体现出作为第三代的阿孝对大陆态度的变

---

① 郑春:《乡愁的滋味》,《精神与局限——二十世纪中国文学两极透析》,山东大学出版社2002年版,第96页。

化:其一,阿孝和同学在学校里拿"反攻大陆"开玩笑,说明他们对其本质含义的无所谓;其二,当广播中传出陈副总统出殡的消息,阿孝和他的同伴依然在无动于衷地打台球,甚至还和指责他们的一个老兵互相厮打起来,这一情景传达了年轻一代对与大陆相关事物的不置可否。影片的末尾,父母、祖母相继带着遗憾在异乡去世,象征着传统大家庭的瓦解、年轻一代台湾新生活的开始,也暗示充满大陆情结时代的结束。不过,在泪水的交织中,阿孝们体认到了上一代的苦痛,也就在参与中"传承"了祖父母那一代的感情结构,所以对于大陆、对于陌生的祖国他们仍然怀有特殊的情感。侯孝贤在纪录片中说,当他1982年在香港第一次看到大陆电影的时候非常感动,不是因为情节,而是因为电影中的人所说的语言,思维方式,和自己是如此相似,以至于觉得多年来自己接受的其实就是大陆的教育。这是两岸情同手足、血脉相连的明证。

不过,影片中的对白也体现出几代人认同的变化。祖母和父母都只讲客家话,而在家说客家话、在学校讲国语、与同伴在一起时用台语、甚至唱歌抒发感情时也用台语的阿孝则表明,年轻一代的认同出现多元化倾向,他们与台湾也建立了更为直接的联系。所以,影片中的"家国"不再是单一的指向。《牯岭街少年杀人事件》也有类似的体现,如小四的父亲老张,从小生在广东,长大后在上海工作、生活、恋爱、结婚,后来到了台湾。由于台湾当局打压国语以外的所有语言,老张作为台湾一家公司的公务员,在通常的情况下讲的是国语(普通话),在与儿子说话时,由于情绪激动,在国语中夹杂着广东谚语,用来劝慰儿子,在一次晚宴上,他与一个中年男人在暗处悄悄地讲起了上海话。暗示出语言文字跟人物成长及环境的密切关系。在坦克与公车擦身而过时压低声音讨论什么时候"回去"的父亲们、坚持中文优于英文的国文老师、随时随地都能将话题转到大陆家乡的教官、操着一口山东话的卖馒头的赵班长,对于他们而言,"家国"就在"回不去"的大陆,而"还没回去"的他们所在的台湾是一个黑暗混乱的世界。小四、小明他们则是这个动荡不安世界中无所认同、无所适从的牺牲者。《红柿子》也是关于外省人大家庭几十年在台湾悲欢离合的命运,其中同样融入了导演王童自己的成长记忆,影片通过姥姥藏起来不愿去台湾、一生珍藏从大陆带去的一幅柿子的画等情节以及片头和片尾空镜头中出现的柿子树以及飘摇在树梢的断线风筝,表现了老一代赴台外省人的无奈以及飘零无根的乡愁。

如果说《童年往事》等影片是在个人记忆的基础上自发性体现上下两代人对"家国"的"二元"体认,那么《悲情城市》、《无言的山丘》、《戏梦人生》等影片则超越了个人经验,以恢弘的视野,客观冷静的态度,苍凉的基调,多重的叙述视点,在彰显对中华传统文化认同的同时,呈现出台湾社会复杂的文化构成以及多元的"家国"想象。《悲情城市》通过对林家兄弟为中心的几组人的命运起落呈现,透视台湾历史的苦难记忆和台湾文化身份的多元认同。

1947 年的"二二八事件",给台湾民众的心理造成极大的创伤,使他们对国民党失望,进而对外省人、对整个中国都感到失望。台湾学者认为台湾人"对国民党的心态经历了'期待—失望—怀疑—不满—委屈—反抗'的痛苦历程"。"二二八"导致了本省人对国民党的不再信任,认为它是"外来政权",欺负台湾人。本来,"二二八事件"的"主犯"应当是国民党,可是由于国民党是从大陆去的,于是,一般台湾民众就把"二二八"的仇恨记在"大陆""中国"身上,他们认为"国民党是外省党,共产党也是外省党,因此,台湾人也不能接受共产党,也就不能接受统一"。① 这样的逻辑推理是我们很多人所想象不到的。而这一事件撕裂了台湾人原本对祖国毫无保留的感情,也切断了原本血缘至高无上的思考。

以《悲情城市》为代表的台湾新电影通过客观冷静的态度、多重的叙述视点,进一步呈现出多元的"中原故土家国"想象以及台湾社会复杂的文化构成。《悲情城市》中驳杂的"家国"体认,曲折地隐含在面对混乱的历史境遇不同身份人的言谈举止中。有学者指出:由于特殊的历史背景,在"集体记忆"中台湾民众也形成了一些特殊的心态,其中之一就是"悲情心态":台湾全部的历史,使一部分人认为,从古到今"台湾人祖祖辈辈受人欺侮","台湾人从来受外来人的统治","台湾人从来没有机会当家做主","台湾人曾经被祖国抛弃","台湾人遭受外国殖民统治","台湾人曾经是二等公民","台湾人曾经是'亚细亚孤儿'","台湾人的命运比任何人都苦",总之,作为"台湾人"是十分不幸的。② 《悲情城市》中的老大林文雄在一定程度上代表了台湾一部分本省人的这种心态。林文雄原本只是做生意不过问政治。可是当他家人一再被牵扯进政治漩涡时,他感受到了政治的压迫,在得知给自己和弟弟文良冠以罪名的法律被废除时,他忿忿的咒骂道出了一部分台湾本省人的心理:"咱们本岛人最可怜,一下什么日本人,一下什么中国人。众人吃,众人骑,就没人疼。"林文雄与上海佬交涉、请求协助释放其三弟的一段,林文雄

---

① 参见《台湾民情》第 177 期。

② 陈孔立:《台湾历史的集体记忆与民众的复杂心态》,《台湾研究集刊》2003 年第 3 期。

的闽南话须经过翻译成广东话再翻译成上海话方能达成沟通,揭示了几者之间的文化鸿沟。被日本人征召到南洋做军医的老二和去上海当翻译被视为汉奸和日本间谍的老三文良,两人的遭遇象征了一部分被历史戏弄无力定位自我的台湾人两难的历史处境。

以宽容为代表的知识分子,则对想象中的大陆祖国充满向往与热情,影片通过几个场景呈现:在一次聚会中,当窗外响起《流亡三部曲》的歌声,宽容等知识分子起身用国语应和,"哪年?哪月?才能够回到我那可爱的故乡……",歌声叙述着他们对大陆故乡的美好想象;宽荣在被迫逃亡至深山时托文清转告其家人说:"当我已死,我的人已属于祖国美丽的将来"以及革命者"生离祖国,死归祖国,生死天命,无想无念"的遗诗,都表现了他们对遥远祖国的无限期望。影片也借由文清和宽容等人阅读《资本论》的细节,暗示台湾知识分子否认国民党当局的政权而认同于当时逐渐壮大的"红色祖国",可是影片末尾点出国民党当局战败迁至台北的史实,喻示对于这些人而言"祖国"再一次分裂,从而"家国"无从指认。

新电影时期的乡土写实片通过批判的精神,写实的风格,将小人物的生活细节展现在非职业演员自然平实的表演中,在实景、自然光、长拍、深焦距镜头等表现手法下,台湾的社会生活有了不同以往的再现。以侯孝贤为代表的新电影创作者深受传统文化的洗礼,所以在他们的电影中表现出了对传统家庭生活的极大眷恋和热情,主人公总是和家庭紧密关联,而家庭又和社会相连。但是,随着历史的发展,电影中母慈子孝、儿孙满堂式的传统大家庭在祖、父辈的逝去后逐渐趋于瓦解,家庭最终演变为或者只有兄弟姐妹(《童年往事》)或者孤母弱子(《悲情城市》)的不完整结构,随着完整意义上的传统"家庭"的解体,"故国"逐渐成为遥远的记忆。影片中的语言不再是清一色的国语,而是"什么人说什么话",国语、台语、客家话、粤语、上海话、日语、英语杂陈,也反映出文化、身份认同的多元化倾向。至此,电影中的家国,逐渐不再是清晰单一的指向大陆故土,也不是仅仅指向台湾本土,而是处于一种含混暧昧的状态。有人说:"在一个移民的岛屿上,政权不断更迭,'家'是离乡背井的'家','国'是一个不断改换的'国','家'与'国'在这个岛屿上其实都是不稳定的存在"[1],新电影恰如其分地表达了这样一种"家国"状态。

① 蒋勋:《家·国·历史·父亲》,黄寤兰编《当代中国电影:一九九五——一九九七》,台北:时报文化出版企业有限公司 1998 年版,第 48—52 页。

三、破碎的家，隐遁的国：都市影像中的后现代图景

90年代后，台湾社会高度现代化，光怪陆离的都市生活充满迷茫颓废的后现代气息，伴随大众消费文化而登台的是被称为"新人类"或者"新新人类"的一个群体，他们"根本扬弃认同的意义……那种从过去通往未来的传承感，在新人类身上已经断裂崩溃，新的时间体验只集中在'现时'上，除了'现时'之外，什么也没有……"① 蔡明亮、陈国富等年轻导演的都市电影便是对这种后现代文化以及新人类生活状态的影像再现，他们创作的电影不仅远离了老一代导演关注的中原故土主题，连上一代导演在个人经验中投射社会变迁的追求也被完全抛弃，"他们拒绝关照历史苦难，只注意现时的感觉"。不论是蔡明亮的《青少年哪吒》（1992）、《爱情万岁》（1994）、《河流》（1997）《洞》（1998），还是陈国富的《只要为你活一天》（1993）、徐小明的《少年吔，安啦！》（1992）、易智言的《寂寞芳心俱乐部》（1995），在这些电影中，主人公都处于一种无家无国，孤独的漂泊状态。其中蔡明亮的一系列创作尤其突显了这一特质，在他的电影中，永恒的主人公小康从拥有一个虽然有缺陷但具传统意义的家庭到"家"逐渐支离破碎、最终孤身一人或与陌生人住在一起，揭示了后现代台湾社会一步步走向变异的过程。"当一个家不负担心理功能时，家的意义就已经不存在了，而现代都会的家庭结构正走上这种结果。"②

在最早的《青少年哪吒》中，主人公小康有一个看似正常的三口之家，可实质上却是彼此疏离的，影片中一家人对话极少，小康似乎只有在发泄苦闷拳击破玻璃窗使自己受伤后才能引起父母的注意。影片通过小康在旅馆内穿着内裤在床上雀跃不已的景象与他在家时百般无聊形成的鲜明对比，揭示出家对于小康而言是缺少温暖与关爱、难以沟通的假相。父亲企图通过看电影等方式消除父子之间的隔阂，可最终未能如愿，喻示着重构家庭的艰难。而影片中另一个主人公阿泽的家更只是一个睡觉的房子，根本就不曾有父母出现的"家"本身就是残缺的，那个和他住在一起几乎没有正面出现在银幕上的

---

① 卢非易：《台湾电影：政治、经济、美学（1949—1994）》，台北：远流出版事业股份有限公司1998年版，第345—346页。
② 闻天祥：《光影定格——蔡明亮的心灵场域》，台北：恒星国际文化事业有限公司2002年版，第103页。

哥哥,进一步印证了"家"的破碎。厨房总是浸泡在不断从下水道冒出的污水中,直至最后流满整个房间的意象,似乎暗示着承载着"家"这个符号的房子也将不复存在。在《河流》中,"家"进一步异化成为形同虚设、名存实亡的一个所在。小康一家三人更像是住在一个屋檐下的三个房客,父母分居住在各自的房间,母亲找情人消磨时光,父亲在三温暖寻找慰藉,小康似乎也只有在旅馆中才能得到身体和心灵的抚慰。影片中反复出现父亲一个人吃饭的景象以及父亲房间总是无法堵塞的漏水情节(与《青少年哪吒》中下水道冒水形成互喻),都在强化"家"对于都市人而言其实已经异化、支离破碎无法弥补。李行、侯孝贤等影片中一个大家庭围在一起吃饭的情景永远不会再现,"家"完全丧失了关爱、温暖等心理功能以及传统价值。最终,在《爱情万岁》、《洞》等影片中,"家"彻底消失。一套待售的空屋成了无家可归的小康、阿荣、阿美三个陌生人共同的栖息地,"房子"不再是"家"的象征,而是或简易或豪华没有任何"人气"的商品。而阿美和小康的职业,一个为生者售卖象征"家"的房屋,一个售卖死者安身之所的灵骨塔,都是为别人寻找归宿,而他们自己却无处栖身,这种反讽深刻揭示了都市人内心无所依托的空虚与孤寂。《洞》中疫情泛滥搬空的楼房更是都市病态社会的隐喻,两个封闭在各自房间的都市青年,他们无父无母无家,像是生活于荒芜之中的孤魂野鬼,在绝望窒息的孤寂中借互相的拥抱与依靠寻求类似"家"的短暂温暖。

《超级大国民》(1996)以白色恐怖政治受难者许毅生为主角,因为长年监牢的隔绝,出狱之后再度走入社会的他发现整个台北都会已经没有他熟悉可以归属的认同空间,"许毅生仿佛是从尘封的历史不小心飘到现代的一缕幽魂",于是当片末许毅生在一片荒烟墓冢间痛哭失声时,"我们发现这个墓场才是真正属与他与他的历史的空间",许毅生曾经有日本认同,中国认同,也曾在白色恐怖的受难经验中具有台湾认同,然而在90年代的台北都市,他仿佛只属于历史的坟场。[1]

在这些影片中,曾经的历史和昔日的经验几乎是完全缺席的,不管是对于小康等年轻一代,还是小康父母一代,没有任何过去值得缅怀或者追忆,他们生活在割断过往、失去连续性的当下,而现在也不过是封闭的空间与看不见未来的荒芜,充斥其中的是茫然不知所措与隔绝疏离的孤寂。高度抽象化的环境空间,极

① 李清志:《国片中对台北都市意象的塑造与转换》,见谢仁昌主编《寻找电影中的台北》(1995金马奖国片专题特刊),台北:金马奖影展执行委员会1995年版,第20—26页。

度畸形的生活,丧失意义的"家"和"房屋",蔡明亮的影片突显出后现代台湾都市中人物没有家园,没有归宿,没有历史,没有故土,没有"家国"的无根感。

　　整体而言,台湾乡土电影的家国想象与民族认同呈现出一元向多元、清晰坚定向暧昧游移转变的趋势,这也是和台湾的社会现实发展相一致的。进入80年代,台湾逐渐从农业社会向工业社会过渡,国民党迁台前后出生的一批电影导演掀起了新电影运动。这些导演成长的阶段恰好是台湾社会变迁最为剧烈的时期,他们及其家庭与台湾社会一起经历了沧桑变迁,他们在接受中国传统教育的同时也受到西方文化的影响,与上一代导演不同,他们对台湾本土社会有直接的感触与深入的认知,他们虽然也从父辈那里继承了对大陆故乡的眷恋,可是他们又对生于斯、长于斯的台湾有一种自发的认同,所以在他们的电影中,"家国"的所指不再单纯,呈现出暧昧多元的倾向,真实反映了很大一部分台湾人"家国"概念的分裂认知。90年代以后,尤其是以李登辉为首的"台独"势力在台湾的日益嚣张及其一系列"去中国化"的举动,使得原本处于困惑中的台湾人对"家国"的认同严重混淆,整个社会处于认同危机之中。正如台湾学者叶启政所言:"很难想象如何让这个一直处于危机状态下的社会,沉淀、凝聚具相同之国族认同的集体迷思,更遑论让不同世代间分享共同的集体情操、集体意识和集体期待。假若允许我们把这样的历史天命看成当代台湾社会所来自的一种历史源起状态,那么今天在台湾看到、经历到因国族认同的暧昧而引发的集体焦虑,也就不足为奇。"[①] 进入后工业时代的台湾社会弥漫着后现代特有的空虚与迷茫气息,家庭解体、人与人之间变得陌生而隔阂、难以交流,于是在蔡明亮等导演的都市影片中,"家国"的意象被逐渐消解,"家"是残缺的,"国"是被遮蔽的,主人公处于无家无国的漂泊状态。

　　综上所述,对于"家国"的指向以及文化认同变迁的问题,台湾电影和台湾的社会现实是互喻互文的关系。所以,梳理台湾电影中"家国"意识的变迁,也是了解现实中台湾人"家国"认知的嬗变。近年来,随着海峡两岸交流的日益频繁,两岸之间的了解逐渐深入,这种互动是否能够再一次影响台湾对"家国"的理解?而期待复兴的台湾电影对这一主题又会有怎样的反映?数年后,我们是否可以再一次梳理其中的变迁?这是电影人的期待,应该也是海峡两岸所有人的期待。

---

　　① 叶启政:《家族的故事 国族的失落——台湾应开始新阶段的族群关系与国族认同》,智识学术网。www.zisi.net.

跨国资本主义时代的多元重构

——论"解严"以来台湾电影中的国族认同书写

孙慰川

南京师范大学文学院影视学系教授、博导

杨 雯

南京师范大学文学院影视学系 2011 届硕士研究生

1987 年,台湾社会政经体制开始经历自 1949 年以来最大的一次变化。随着实权人物蒋经国晚年的政治革新日渐深入,民主化的进程提速,1987 年 7 月 14 日由他本人正式宣布解除"戒严令"(通常简称为"解严"),之后亦相继取消"党禁"、"报禁"。1988 年 1 月 13 日,蒋经国逝世,直接标明了"两蒋"威权统治时代的结束。李登辉主政下的台湾,"三民主义统一中国"的政治信条逐渐沦为空谈,省籍矛盾与"统独"意识之间的博弈渐渐成为热门议题,台湾社会日益分化成"泛蓝"与"泛绿"两大阵营。

在诡谲的社会政治、文化风云中,台湾电影也不可避免地面临着新的困惑与迷茫:台湾的身份到底是什么? 台湾人究竟是哪里人? 显然,往昔趋于单一化、本质主义式的认同话语已不能充分回答这个新的时代命题。以 1987 年上映的《稻草人》为代表,台湾电影以对被殖民历史的追溯,传达出了整个社会的集体身份焦虑,也预示了日后在国族认同书写上的转向:过往稳定的"大中国"民族主义话语生产渐趋式微,关于台湾的"本土"论述显著加强,探讨国族身份问题时的深度和广度也因此得到前所未有的拓展。随着许多暧昧与游移的身份话语渐次浮出历史地表,台湾电影中的国族认同在整体格局上难以再统摄于同一个明确的身份立场之下。中国认同逐渐遭到质疑与解构,"中国"不再是台湾电影中建构台湾人国族想象的唯一终极所指,而是成为形塑台湾"本土"身份、具有流动性的"想象的能指"。

一、都市全球化语境中的身份消解

在杨德昌和蔡明亮等人的电影里,当台北等大都市以全球化的城市景观进入影像书写时,却不能再如同 20 世纪 60 年代的台湾故事片《家在台北》一般,在时髦的城市空间里令片中人和观众均产生出一种对现代化"国家"的理想式认同。在美国著名学者、文学评论家弗里德利克·詹明信(Frederic Jameson)所言的"晚期资本主义的文化逻辑"支配下,跨国资本主义时代中个体的异化、人际关系的疏离、社会环境的快速变迁等特征极大地稀释了本土地理空间的历史感,全球化的过程在某种程度上也成为去地域化的过程,《你那边几点?》(2001)和《天边一朵云》(2005)等影片中所呈现的碎片化的都市生命体验无法超越小众人物个体生命的范畴,更遑论为社会集体身份代言。于是,"解严"后,台湾电影里国族认同在当下都市语境中的缺席本身便已然成为一种有意味的存在。这种"失语"状态也为一些关注台湾本土身份建构的导演所捕获,进而成为表征社会身份危机的新资源。

一向将探询本土历史作为书写台湾人国族认同策略的侯孝贤导演,在其"悲情三部曲"的最后一部《好男好女》(1995)中,尝试对台湾特殊的历史文化经验与当下都市生活图景进行交汇,进而探讨现代台湾人的身份危机。该片采取了一个套层结构,以当代女演员梁静(伊能静饰)的生活为主轴,藉由戏中戏的形式带入四十多年前台湾左翼知识分子蒋碧玉、钟浩东夫妇的人生经历,屡屡试图在过去和现在之间寻找交集。片中,梁静在其单身公寓里不断收到传真机自动接收的旧时日记,也因此唤起她关于死去的男友阿威的种种记忆。生活于她而言是青年男女间的爱恨缠绵,城市于她而言也只是抽离了复杂社会历史向度的无数的封闭空间。而梁静在戏中所要扮演的角色正是蒋碧玉。当年,蒋碧玉夫妇等一干年轻人在殖民岁月中辗转千里,赴祖国抗日,虽屡受磨难也未改其志,他们的生活始终与时代保持着共振。然而,对梁静这位都市新世代女青年而言,这种对照结构却难以唤起她的情感共鸣。梁静叙述蒋氏生平时的语气疏离平淡,远不如读自己日记时的激情投入。梁静对于蒋碧玉等人在艰难时世中的家国理想始终缺乏代入感,不惟对蒋氏等人所希冀的红色中国理想无动于衷,毫无接纳抑或反感之意,她对于本省知识分子的政治受难亦缺乏关怀,也并未因此生出本省人的"出头天"意识。影片没有就梁静的身份立场作出任何表述,因为历史经验的断裂令她无法被询唤为当下台湾人民的主体,只能成为资本主义世界里普世价值映照下的消费主体,当下的台北都市空间则成为国族历史的去魅之地。

在《最好的时光》(2005)中,侯孝贤进一步放大了线性历史流程的裂隙和断裂之处,揭示出全球化进程与乡土历史经验的脱节,以及国族意识在全球化都市中无处置放的尴尬处境。影片以分段式的手法表现了三对青年男女的爱情,1966年的"恋爱梦"、1911年的"自由梦"、2005年的"青春梦",三段不同的故事分别对应了台湾历史发展中具有代表性的三个阶段。其中最耐人寻味的是第二段"自由梦",其时日据台湾经年,但是片中台人仍保有传统的汉人生活方式和文化观念,殖民地人民的身份并未改变他们的国族认同。张震饰演的是一名热心参与台湾政事的男士,他追随流亡的梁启超先生在台湾省中游走,致力于启蒙台人的民族自救意识,表现了当时一批智识阶层的归国反日之心。然而,这种特殊的经验只能固守于历史的一隅,并没有在时序上靠后的"青春梦"中得到任何体现——对于千禧年后的台湾新新人类而言,他们根本无暇顾及自身以外的任何事物,民族大义更是无从谈起。"自由梦"整段中的人物对话都由默片的字幕形式来完成,这种特殊的处理方式也预示台湾的历史终将处于失语的状态,无法与全球化语境下的现实生活进行有效对接。在该片中,除却共享这个名为台湾的地域空间外,三段故事彼此之间几乎毫无干系,即使将三段故事打乱放映次序,也将无损于观众对相应情节的理解。

在侯孝贤的这些电影中,台北在奠定全球化都市的地位后,却一再丧失弗里德利克·詹明信所言的"认知图解"功能,成为漂浮的空间符码,一方面对本土历史空间形成挤压之势,另一方面却又频频需要借助于历史影像的还魂来为自己的身份写下注脚,显示出一种全球化进程与民族国家、地区之间的紧张关系,也昭示了在跨国资本主义时代,台湾电影若意图书写更具建设性的国族认同,亟须另辟蹊径。

二、"在地"视野下的身份再建

无独有偶,当擅长书写台湾历史的新电影作者们一时之间还未能在全球化的乡土大都市中找寻出建构时代新身份的良策时,被称为新新一代的台湾电影人却以一种对土地意象的集体执著完成了一次创作视点上的转向,在《等待飞鱼》(2005)、《练习曲》(2007)、《最遥远的距离》(2007)、《海角七号》(2008)、《蝴蝶》(2008)、《星月无尽》(2009)、《夏天协奏曲》(2009)、《爸……你好吗?》(2009)等影片中,恒春、金门、花莲、兰屿等大量过往不被特意强调的地方小镇和边陲小岛共同贡献出了一个全新的影像台湾,并且,这些电影对地方风土人情的展示并非仅仅止于背景式的点缀和符号式的说明——如同它们早年在台湾乡土写实影片中的主要功用,而是常常与人物的日常生活建立了一种完美的想象性关系。《经过》(2004)、《斗茶》(2008)、《对不起,我爱你》(2008)等影片则以一种更富传统人情的意象,刷新了对现代都市的认识,从而使"在地"成为表征人物身份立场的发声位置。

就表层结构而言,在这些强调在地景观的影片中,人物对地域的情感认同以及与其之间的互动往往取代了过往对沉重的国族议题的直白表达,似乎对外界的身份焦虑有所消隐,只是安然诉说一些台湾特色的情感小品或成长故事,以此来完成对台湾的土地形构。然而,当在地风貌与一些影响台湾社会身份认同的历史因素结合时,这些影片仍不免落实了弗里德利克·詹明信的著名论断:"第三世界的本文,甚至那些看起来好像是关于个人和利比多趋力的本文,总是以民族寓言的形式来投射一种政治。"① 影片《五月之恋》(2004)中,以哈尔滨少女瑄瑄早年远去台湾的爷爷,点出台南三义五月的油桐花雨与哈尔滨的冬雪之间因乡愁生出的隐秘关联,而一折《四郎探母》在海峡两岸的两度吟唱,以及瑄瑄祖父保存了半世纪之久的归乡车票,更是意图接驳起大陆与台湾之间的历史裂缝。因此,尽管该片频频以台湾流行音乐、台北地标诚品书店以及台湾名片之一的捷运来突出"在地"感,但是其蕴含的中国认同是确凿无疑的。而《对不起,我爱你》(2008)通过两名台、日青年男女的都市一日漫游,呈现出在大城市高雄,日本殖民陈迹已与当地的其他日常生活图景融为一体,甚至于电影图书馆放映的也正是洋溢着日式风情的台语老电影《高雄发的早班车》,并频频在片中用旁白对那位日本女子(其扮演者与《海角七号》女主角的饰演者是同一个人)道出:"你还记得吗?……你离开的那

_____

① [美]弗里德利克·詹明信:《处于跨国资本主义时代中的第三世界文学》,张京媛主编《新历史主义与文学批评》,北京大学出版社1993年版,第235页。

一晚……我总是在这个港湾,期待着哪一天,有一艘船能把你载进港。"显然,影片意在藉由"后海角时代"的电影接受语境,营造出台、日之间的暧昧氛围。电影结尾关于高雄的大量城市特写,也由此被赋予与故事片《五月之恋》完全不同的地理文化意义,而"中国"则被排除在该片的语境之外。

因此,"在地"言说下的深层结构中有时沉潜的仍然是关于台湾的国族想象。如果说早前台湾新电影往往将影片"置于一个明确界定的空间和时间框架之内……在理念上破除了关于一个统一中华文化的宏大神话"①,那么,这一次形成群体态势的在地书写,则力求以一种较为轻盈的姿态,厘定台湾在乡土与全球之间、现实与历史之间的主体性地位。不过,倘若只是沿袭单一族群的线性历史观,仍然有可能使现实台湾社会中的多元族群难以穿越本雅明所言的"同质的、空洞的时间",直抵一个共同的认同空间。就这个角度而言,陈怀恩初执导筒的剧情片《练习曲》(2007),是将国族议题沉潜入在地风情的影片中意象最为丰盈、也最具有企图心的一部。该片以相当清新的影像描绘了一名男大学生的环岛脚踏车之旅,带有公路片常常蕴含的寻找主题。其最具开创性的意义在于通过将历史空间化的方式,把台湾各族群的复数历史记忆和乡土风俗传统巧妙镶嵌于沿途的风景中。影片以台湾东岸到西岸的路线,联结起了从"日据"时期至今的台湾历史,比如宜兰的"莎韵之钟",北火电厂的日本技师遗魂,都因应和象征着对殖民创伤的铭刻;而八斗子的乡间景色则联结起20世纪80年代台湾新电影中所指涉的乡土经验;随着路线的西进,关于两岸情结的意象也渐为密集,在台湾海峡边,影片先是给了妈祖神像和青天白日旗两个别具意味的空镜头,再借导游之口对海岸边的消波块作出一语双关的评价:"人要走过去跟海接近很难啦……最可怕的是,如果你的儿孙长大了,还以为这是从海里长出来的,不晓得是人们把它放下去的。"随后,影片又接上了一个浮云蔽日的镜头,流露出对两岸未来的忧思。而之后彰化妈祖出巡的盛大场面、太麻里祖籍天津的外省老兵的口述历史,则一一深化了这种中国情结。虽然直到结尾,影片仍未确立一个清晰的国族认同图景,也未表露出对历史更为成熟的思考,但在地的空间已然被发展为一个可能统摄多种身份立场的存在,这也使得地域认同有可能化约为凝聚台湾多元复杂身份

---

① [美]张英进:《影像中国——当代中国电影的批评重构及跨国想象》,胡静译,上海三联书店2008年版,第286页。

意识的资源。

如果说"解严"前台湾电影中的国族认同书写留下的是太多的空白,那么"解严"后,在交缠着历史恩怨与现实权力占有欲望的复杂身份图景中,台湾电影留给观众和研究者的是太多的困惑。有海外学人指出:"后悲情时代(引者注:指电影《悲情城市》问世以后的时代,即 1989 年以后)台湾人的身份认同是建立在脆弱的基础之上的;这样的身份认同正在不断地面临危机,并可能导致一个终极的错位。"[①] 相较于 50 年之久的被殖民史以及长达 40 年的"戒严"期,就两岸间的历史隔膜而言,"解严"以来的二十几年可能还尚显短暂,需要有一个过程去消化和处理在地理政治中积累的历史问题。随着海峡两岸之间各个领域良性交流和互动的增加,台湾电影中的国族认同必将因为新思路、新视野的加入而呈现出新的景观。

---

① Sheldon H. Lu and Emilie Yueh-yu Yeh, edited, Chinese-Language Film: Historiography, Poetics, Politics. Honolulu: University of Hawaii Press, 2005, p.79.

新时期台湾青春电影成功转型对大陆青春电影的启示

赵珊珊

福建师范大学传播学院硕士研究生

近几年来台湾青春电影以其细腻的感情书写和清新的影像风格吸引着大批包括大陆观众的喜爱。杨德昌导演曾这样说过："在台湾只有青春电影和非青春电影。"然而台湾青春电影并不是一直以来就受到观众的喜爱，它也曾曲高和寡，知音者甚少。从早期的《牯岭街少年杀人事件》到《恋恋风尘》再到后来的《爱情万岁》，台湾青春电影在经历了几年的短暂高潮之后跌进苦涩的境遇，尽管在此之后多少充满激情的导演们创作了艺术性极强的青春电影，却在一定程度上挑战了观众长久以来的观影习惯，以致很难得到观众的认同和喜爱，如何找回本土电影观众的观影热情显然成为了台湾电影人最迫在眉睫的事情。

一、台湾青春电影的昨天

台湾电影自新浪潮运动后，受巴赞电影理论的影响，长镜头、固定拍摄成为了台湾电影的一个基本的镜头语言，导演们对电影艺术上的追求可谓到达一定高度。继侯孝贤导演的《恋恋风尘》和杨德昌导演的《牯岭街少年杀人事件》，艺术电影的创作深深影响着之后的台湾导演，也使得台湾青春电影曾在90年代出现了尴尬的局面。之后在蔡明亮导演的"水"中三部曲中展现的是几对青年人迷惘的青春故事,电影采用了生硬写实的影像风格,晦涩的剧情让观众难以认同和喜爱,电影中更是将水的艺术象征性发挥到了极致。电影《爱情万岁》中象征情欲的浴缸里的水,《河流》中流淌着死亡意味的脏水,《青少年哪吒》里压抑与反抗包裹着房屋的雨水,然而导演这类电影手法的运用并没有吸引观众。这一时期台湾电影导演们过分追逐电影艺术上的创作而忽视了电影的娱乐性和商业性,使得此时台湾电影作品在国际上获奖很多,但国内票房则惨淡至极。因此寻找到青春电影艺术和商业上的一个平衡点是当时电影人所首先考虑的。2008 年,一部电影的问世让台湾青春电影重新焕发青春,国境之南的《海角七号》以 4.6 亿新台币的票房让我们看到台湾青春电影的未来潜力。

二、台湾青春电影的今天

说起近些年来的台湾青春电影,观众可以叫上名字的有很多,继《海角七号》之后,《那些年我们一起追过的女孩》观众记住了九把刀和沈佳宜,台湾青春电影的前景是乐观、丰富和多彩的。

(一)题材的单向性转为多样化

青春电影主要围绕着青少年青春、迷惘、彷徨时期的成长历程,自然而然爱情在懵懂的青春是一个永恒的主题,校园里男生女生之间的羞涩感情在台湾电影中淋漓尽致的展现出来,尽管电影中故事是娓娓道来缺少轰轰烈烈但却让观众为之心动。《那些年我们一起追过的女孩》使观众陷入深深的回忆,黑板上的排列组合依旧舍不得解开。再如电影《天台爱情》、《近在咫尺的爱恋》、《一页台北》讲述得都是纯纯的青春爱恋。这类电影之所以让观众印象深刻是因为在那里,爱情总是那么美好,就如观众所期待和憧憬的,自然而然的发生,没有任何的杂质,回归最初才是爱开始的地方。当观众还在为少男少女的故事所触动之间,伴随着青涩的同性之爱闪亮登场。台湾相对于大陆对同性恋的宽容度和认可度要高出很多,台湾同性之爱的电影早在蔡明亮的《爱情万岁》、《青少年哪吒》都有或多或少描写同性之爱的片段和主线。近些年《蓝色大门》、《盛夏光年》、《刺青》、《女朋友,男朋友》等越来越多的同性题材出现在大荧幕上,这类电影通过平稳的叙事,展现潮湿的街景,描写止步的爱情,观众或多或少的了解目观这个群体之间的爱恨纠葛,电影让观众用平常的心态来认可和感受同性之爱。同样青春时期,有爱情也有为之热血的梦想,对于梦想的坚持和向往在新时期的电影里迸发而生。电影《海角七号》和《逆光飞翔》都是关于追梦,无论现实是多么的无可奈何,只要有信念,坚定自己的梦想就会有奇迹的发生,生命只有一次,梦想不会只有一次,这是作为观众的我们从电影中所领悟的有关梦想的力量。与之相凑巧的是《海角七号》和《逆光飞翔》都是将音乐元素融为电影的主题。台湾青春电影在这些年突出的体裁则是音乐电影的出现,这类电影的主人公或是音乐学院的学生如《不能说的秘密》、《逆光飞翔》,又或是音乐表演者如《海角七号》和《听见下雨的声音》。无论是海边的沙滩音乐会还是室内的钢琴合奏,音乐在电影中作为一种表现形式,可以跨越国界,可以实现自我,可以穿越时空,美丽的音符宛如绵绵的细雨浸入电影中。

（二）人物角色设置的多样转换

题材的丰富性来自于故事角色的多样性,台湾青春电影尽管同样描写校园生活的男生女生,但人物角色的设置相比之前的电影中边缘化的人群,新时期电影在关注边缘人群的同时,将描写对象进行横切面的扩展,观众在这类作品中看到了形形色色的新人物。《逆光飞翔》中的阿翔看不见花花绿绿的世界,但他在音乐的世界中自由翱翔。《听说》中,尽管男女主人公都不是聋哑人,但是由于开头的误会彼此认为对方听不见,让观众看到了一个没有声音但真挚的爱情故事。而电影《不能说的秘密》观众在电影中更是看到了一个现实生活中所不存在的人物,然而整部影片导演所有用画面呈现出来了的也看似合情合理。之后有《艋舺》描写一群暴力少年用义气和兄弟情谊谱写青春。多样的人物设置使得电影总能出现创新力,每看一部电影,就如同一次新的人生体验,和剧中的主人公一起体会不一样的人生百味。多样的青春絮语和成长历练被观众认识和领悟,正因如此,更多的人物形象有待导演们的不断发掘,似一汪富有创新力的泉水不断注入电影中。

（三）影像风格的转化和标识

台湾,那里总是很潮湿,那里充满绿与蓝,电影中给我们所呈现的台湾总是那么美与怀旧。尽管早期电影中画面风格也是平稳流畅,却总是被压抑在社会大背景的环境下。近些年的台湾青春电影也有一个雅致的别名——"小清新"电影，借以清新的影像风格与细腻抒情的叙事让台湾青春电影形成了自己独有的影像标识。电影《爱》中是由 4 个平行故事所组合而成，影片开头导演用一个将近 10 分钟的长镜头把 4 个故事的主人公串联在一起，舒缓流畅的镜头让观众了解每个人物的性格，职业和身份，还有他们彼此多样的爱情。每个故事都是一个单独的叙事，导演用极其娴熟的视听语言将每个故事都诠释的十分贴切，虽然 4 个故事相互独立但又相互交织。无论你是否来过台湾，也可辨别出台湾电影，看台湾青春电影，与镜头向北向南，一起欣赏台湾独有的风景和影像。

三、对大陆青春电影的启示

相比于台湾青春电影的勃勃生机，大陆青春电影近些年则少之又少，大陆青春电影在 20 世纪 90 年代曾一度激情迸发。90 年代的青春摇滚，披散头发，拿着吉他，大声吼叫的青春记忆在《头发乱了》、《长大成人》里都有体现。同时期也有《阳光灿烂的日子》这样的青春成长故事，之后几年，内地青春电影如白纸夹在中国电影史中。而近些年尽管以"青春"命名的电影的出现很多，类似于《青春期》《青春如诗》《正青春》，这类电影层出不穷。然而故事只是简单的拼贴，内容上更显空白，一味的追求市场和迎合大众猎艳的态度，全然歪曲青春成长的意义。观众对于记忆中的青春是迷惘、反叛和任性，并不是近几年的电影所讲述和描写的青春是多么现实、如何上位和尔虞我诈。青春作为最值得回忆的阶段，它应该是值得回味，有所触动。相比于台湾青春电影的蓬勃朝气，大陆青春电影应从台湾电影中找到值得借鉴的地方。

（一）寻回正确的价值导向

正如台湾电影所传达的青春，梦想，近些年内地描写青春成长的电影往往远离了正确的价值观，深深地影响着观众的判断和审美。电影制作人应为电影接受的主体寻回正确的价值导向，不是像电影里看到的有钱人才会有青春，长的漂亮的人才会有青春。青春电影应该贴近青少年的生活环境，让观众看到熟悉的场景和似曾相识的故事，再次看到电影会有所触动和怀念。电影尽管作为大众消费品，也应讲述大众自己的故事，应该创作观众自己喜欢的电影:同乐、同哭、同青春。相比台湾电影中的青春梦想,平凡的小镇居民可以办一场精彩的演唱会,看不见的阿翔可以在舞台上绽放自己的光彩,青春是属于每个人的,你我的青春会散发属于各自的光彩。

(二)立足扎根于乡土化

在台湾电影中,尽管只是隔海相望,观众却能了解台湾的风土人情,了解台湾不同地区的不同文化,还有台湾当地人的在地精神。电影中会出现带有乡土特色的夜市、语言、音乐、民俗等元素,看完整部电影观众仿佛和剧中一样从台南到台北领略着属于台湾的乡土文化。在 90 年代的内地青春电影中,导演也展现了属于那个时代特有的摇滚标识和地域特点。《长大成人》、《头发乱了》中老北京的胡同、四合院和北京话都与人物故事的发展紧密融合。与之相比现在的青春电影放在任何城市或者校园都可以拍出一样的电影。我国有着丰富的文化资源和地域特色,很多民族化的东西完全可以呈现在观众面前。大陆电影缺乏一个乡土化的认证,将本地区本民族的地方结合起来,创作和描写地区所特有的电影,焕发出新的青春火花。

(三)赋予创新与想象

台湾电影从过去到现在正经历着最好的时段,丰富的创新和想象力正如一股隽永的血液倾入电影中,《星空》中小美的想象,《不能说的秘密》中导演的想象,《宝米恰恰》中少女的想象,《等一个人的咖啡》中爱情的想象。大陆青春电影应该增加题材的多样性和乡土化的想象,加之正确的价值观才会焕发青春的光彩。一位导演曾经说过:"当你站在山脚看风景,身边树木的种类是繁多的,当你到达半山腰时,所看到的植物种类会少了一些,当你达到山顶,所看到的植物都是一样的。"正如拍电影,你站在山脚下,身边的素材是丰富多彩的,当你爬到半山腰,电影的会凸显出主题,主题则显得相对较少,而当你到达山顶,完美的掌握的题材和主题,电影就如一个共通的语言,所有人都会爱看。电影永远倾向于艺术的创新力和情感共鸣性的统一。大陆青春电影可以不仅仅局限于爱情,也可以追梦,寻找理想,青春不是金钱堆砌的青春也不是尔虞我诈,青春是怀念、是记忆、是无与伦比。

小　结

台湾青春电影有着深厚文化积淀的昨天,饱满热情的今天,也会有着一个璀璨的明天。而大陆青春电影也该增加广度的认知,寻找到一个艺术和商业的平衡点,这个过程是艰难和模糊不定的,好在青春会在,梦想会在,相信大陆青春电影会有一个璀璨的未来。

参考文献:

1. 孙慰川:《当代台湾电影》,中国广播电视出版社 2008 年版。

2. 宋子文:《台湾电影三十年》,复旦大学出版社 2006 年版。

3. 郭越:《华语电影的美学革命与文化汇流——大陆、香港、台湾"新电影"研究》,人民出版社 2008 年版。

4. 陈犀禾、王雁:《多元视野下的台湾电影研究》,《上海大学学报》(社会科学版)2009 年第 1 期。

5. 王欣:《新世纪以来台湾校园青春电影解析》,《电影评介》2009 年第 12 期。

台湾音乐文物述略

王清雷

中国艺术研究院音乐研究所副研究员

引　言

2004 年 10 月 14 日至 12 月 14 日,笔者有幸得到台湾 "中华发展基金管理委员会" 的资助,赴台南艺术大学作为期两个月的学习考察。因为笔者主要致力于音乐考古学的研究,所以就把重点放在台湾音乐文物的考察与研究上。同时,也想为将来有一天编撰《中国音乐文物大系·台湾卷》做一个初步的铺垫工作。

台湾的音乐文物分为乐器类音乐文物和图像类音乐文物。台湾的音乐文物比较丰富,但是这些音乐文物的有关资料在大陆却非常缺乏。从台湾本地出土的文物来看,音乐文物很少;但是从馆藏品来看,台湾的音乐文物却是丰富多彩! 这些馆藏音乐文物大多藏于台北历史博物馆、故宫,一些孔庙也收藏有若干清代的祭孔乐器。

一、乐器类音乐文物

据初步统计,乐器类音乐文物有 17 种 126 件之多,其中吹奏乐器有埙(25 件)、唢呐(2 支)等;拉弦乐器有二胡(1 把)等;弹拨乐器有古琴(6 张)、琵琶(1 件)等;打击乐器有镈(6 件)、甬钟(28 件)、纽钟(9 件)、梵钟(3 件)、铜铃(12 件)、编磬(20 件)、铜鼓(3 面)、腰鼓(1 面)、扁鼓(1 面)、搏拊（5 面）、拍板（2 件）、铜锣（1 面）等。下面择其要者而述之。

（一）吹奏乐器

图1　台北"故宫"藏骨埙

图2　台北历史博物馆藏鸟形埙之一

埙，大多为泥土烧制而成。《拾遗记》卷一中说，陶埙为庖牺氏所发明。考古发现表明，埙的历史源远流长，从新石器时代一直沿用到今天。早期的埙大多呈蛋形，平底，顶上设吹孔，腹部开按音孔，按音孔 1—7 个不等。台北"故宫"所藏的骨埙（见图 1）即是这种形制，属殷商时期遗物。埙为骨质。开有 5 个按音孔，前 3 后 2。表面阴刻饕餮纹。其外形与殷墟妇好墓出土的陶埙极其相似，但比妇好墓陶埙做工更为精美。研究与试奏表明，这种 5 孔埙已经是陶埙发展史上成熟时期的产品。

唐宋时期，动物形、人头形、鬼脸形、兽头形陶埙出现很多，台北历史博物馆所藏的 24 件动物形陶埙（见图 2）就是这一时期的产物。其中，22 件属唐代器物，2 件为五代至北宋时期的产品。在这 24 件陶埙中，鸟形埙 22 件，羊形埙 1 件，猪形埙 1 件。均为 3 音孔。鸟形埙的吹孔开在胸部，按音孔设在两边翅膀以下。体态较胖，翅膀短小，形态各异，非常可爱。这些陶埙的测音资料，对音乐史学家研究当时的音阶发展史具有一定的参考价值。

（二）弹拨乐器

琴，又称古琴或七弦琴，是中国历史悠久、最具民族精神和审美情趣的一种弹拨乐器。在长达数千年的历史长河中，它不仅是文人修身养性，抒情写意的工具，还是人格、情操的象征。由于它与中国文人极为密切的关系，使得古琴在中国历史及文化上的意义，远远超过了一般乐器的含义。早在西周晚期，"士无故不撤琴瑟"，已成为文人的一种风尚。先秦两汉时期，琴是文人赋诗弦歌的重要工具。后历经唐、宋、元、明、清各代,绵延数千年一直不衰。台北历史博物馆所藏的 6 件古琴就是古琴实物中的代表之作。其中,北宋琴一张,名"冠古",长 117 里米;南宋琴一张,名"玉涧鸣泉",长 126 里米;明琴一张,名"响山",长 125 里米;清琴一张,名"幽兰",长 122 里米;另有 2 张明琴,无名,长度分别为 115、121 里米。这些古琴,都是在文人的直接参与下,由著名的造琴工匠制作而成。因此,这些传世的名琴,不仅仅是一种乐器,也是一件书法、篆刻俱佳的艺术品。

(三)打击乐器

1. 编钟

中国的青铜编钟是世界青铜文化中一枝绚丽夺目的奇葩。传说黄帝时期就发明了乐钟,其原始形态来源极古。《吕氏春秋·古乐》中说:黄帝时的一位乐官伶伦,奉了黄帝的命令,和大臣荣将一起"铸钟 12 口,以和五音"。此外,炎帝、颛顼、帝喾、尧、禹时也有关于编钟的记载。西周时期,统治者赋予钟磬类大型编悬乐器以深刻的政治内涵,形成了以钟磬为代表、严格等级化的乐悬制度。[①] 随着乐悬制度的发展,编钟作为礼乐重器,进入其繁荣期。编钟可分为三类:镈、甬钟和纽钟。

(1)镈。

商末周初,镈逐步流行起来。它的装饰繁缛,制作精美,垂直悬挂击奏。考古发现最早的标本为江西新干大洋洲镈。此后,镈的形制被越做越大,有的重达百余千克,纹饰极其豪华。西周后期开始出现成组的编镈。台湾收藏的镈主要有如下四例:第一是能原镈,属春秋晚期遗物;第二和第三是台北历史博物馆收藏的新郑郑公墓特镈和辉县琉璃阁特镈,时代为春秋时期;第四是藏于台北"故宫"博物院的大晟钟。详见如下:

①能原镈:现存 2 件,一件藏台湾中央博物院,另一件藏北京故宫博物院。[②] 镈平舞,上置蟠龙繁纽。体呈合瓦形。铣棱斜直,于口齐平。以绳纹框隔枚、篆、钲区。篆带、正鼓部均饰蟠虺纹。螺旋形枚分 2 区,每区 3 排,每排 3 枚,共 36 枚。有铭文 60 字。

---

① 参见笔者:《西周乐悬制度的音乐考古学研究》,文物出版社 2007 年版,第 1 页。
② 袁荃猷:《中国音乐文物大系·北京卷》,大象出版社 1996 年版,第 64—65 页。

**图 3　台北历史博物馆藏
新郑郑公墓特镈**

②新郑郑公大墓镈:1923 年秋出土于河南新郑县李家楼郑公大墓,共计 4 件。这批编钟出土后即被分散收藏,由于历史原因几经辗转,个别编钟的去向一直不明。《中国音乐文物大系·河南卷》载:"今河南省博物馆藏特镈 1 件,甬钟 6 件。中国历史博物馆藏特镈 1 件,台北历史博物馆藏特镈 1 件,尚有部分钟镈未知去向。"① 今据笔者考查, 4 件镈分藏于:河南博物院藏 1 件、北京故宫和中国历史博物馆分别收藏 1 件②、台北历史博物馆藏 1 件③。4 件镈中,北京故宫藏镈通高 108.0 厘米,为第一件;台北历史博物馆藏镈通高 95.0 厘米,为第二件;河南博物院藏镈

通高 93.5 厘米,为第三件;中国历史博物馆藏镈通高 85.5 厘米,为最后一件。台北历史博物馆藏镈(见图 3)与其余三件形制纹饰相同。保存完好。青铜质。平舞,舞上置由 5 条夔龙组成的镂空繁纽。体呈合瓦形,枚、篆、钲区以阳线弦纹界隔。螺旋形枚分 2 区,每区 3 排,每排 3 枚,共 36 枚。两铣中部稍微外弧,于口齐平。舞部、篆带及正鼓部均饰蟠螭纹。无铭文。

③辉县琉璃阁甲墓特镈:1936 年秋出土于河南辉县琉璃阁甲墓,共计 4 件,同出编镈 9 件,分藏于:台北历史博物馆藏镈 1 件,河南博物院藏镈 1 件、编镈 8 件,北京故宫藏特镈 3 件。④ 据笔者考察,台北历史博物馆所藏镈应该是 9 件编镈之一,而非特镈。因为特镈共计 4 件,故宫藏 3 件,分别是第 1、2、3 件⑤,河南省博物院藏特镈一件,是最小的一件⑥。编镈全套为 9 件,河南省博物馆"现收藏的只有 8 件。据全套镈尺寸大小及重量排列来看,所缺可能为第 6 件"⑦。这 8 件镈通高(从大到小)分别为:35.5、34.5、31.5(残)、29.0(残)、

①　赵世纲:《中国音乐文物大系·河南卷》,大象出版社 1996 年版,第 99 页。

②　袁荃猷:《中国音乐文物大系·北京卷》,大象出版社 1996 年版,第 48—49 页。

③　河南博物院、台北历史博物馆:《新郑郑公大墓青铜器》,大象出版社 2001 年版,第 161 页。

④　李明珠:《瑰宝重现辉县琉璃阁甲乙墓器物图集》,台北历史博物馆 2003 年版,第 298—301 页。

⑤　袁荃猷:《中国音乐文物大系·北京卷》,大象出版社 1996 年版,第 51 页。

⑥　赵世纲:《中国音乐文物大系·河南卷》,大象出版社 1996 年版,第 107 页。

⑦　同上书,第 108 页。

28.8、25.5、23.0、21.5 厘米。台北所藏镈通高为 26.3 厘米,正好是第 6 件。该镈保存完好(见图 4)。青铜质。平舞,上置繁纽,由 2 条蟠龙组成。体呈合瓦形,枚、篆、钲区以阳线弦纹界隔。螺旋形枚分 2 区,每区 3 排,每排 3 枚,共 36 枚。铣棱斜直,于口齐平。舞部、篆带及正鼓部均饰夔龙纹。无铭文。

图4　台北历史博物馆藏琉璃阁甲墓编镈之一

④大晟钟:3 件,藏于台北"故宫"博物院。据考证,大晟钟系宋徽宗崇宁四年(1105)所定大晟乐用钟,为掌管雅乐及鼓吹乐的宫廷音乐机构"大晟府"所造。大晟钟的器形按当时端州(今广西高要)出土的春秋宋公成钟模铸而成。宋公成钟为端州贡物之一,上有"端"、"宋"二字。因徽宗原以端王继承帝位,以为此二字是其当皇帝的征兆,于是以此钟为标准,铸造了大晟编钟。宣和七年(1125)12 月金兵南下,大晟府遂罢,部分大晟乐器亦遭劫掠,为金人所用。其后金人用于郊庙社稷时,为避金太宗完颜晟讳,曾用黄纸将钟上"晟"字封盖。至金世宗大定十四年(1174),刮去钟上原款,改刻"大和"。李幼平先生对大晟钟有系统研究。他指出,目前海内外的大晟钟至少有 25 件,其中台湾故宫藏有 2 件:"大和·夷则"和"□□·蕤宾"。[①]据笔者此次考察,还有一件是"大晟·姑洗中声"钟(见图 5)。此件大晟钟基本保存完整。但锈蚀已甚,很多地方出现裂纹,应该经过多次修补。平舞,上置对称式透雕扁体双龙繁纽。体呈合瓦形,较浑圆,于口齐平。螺旋形枚 36 个,枚、篆间以阳线界隔。钲部的正面铭"大晟"二字,背面铭"姑洗中声"四字。细部纹饰已经漫漶不清。据记载,大晟钟总数为 12 套,每套有正声 12 件、中声 12 件(各合黄钟、大吕、太簇、夹钟、姑洗、仲吕、蕤宾、林钟、夷则、南吕、无射、应钟十二律)及清声 4 件(合黄钟、大吕、太簇、夹钟四律),共 28 件,以应二十八宿。该器自铭"姑洗中声",当为中声 12 件中的第 5 件。当时所铸大晟钟数量较多,但留传下来的却很少,见于著录及存世的不到 30 件。所以,此件"大晟·姑洗中声"钟非常珍贵。

① 李幼平:《见存大晟钟的考古学研究》,《中国音乐学》2001 年第 1 期。

图5 台北"故宫"藏大晟·姑洗中声钟

（2）甬钟。

甬钟是产生于西周初期的重要乐悬。在中国的青铜钟类乐器中，甬钟所达到的科学技术和文化成就最高。其主要的形制特征是舞面正中置一带锥度的柱状甬把。台湾收藏的甬钟较多，主要有以下几例：宗周钟、闻喜晋国子范编钟（15件）、者减钟（2件）、新郑郑公大墓编甬钟（3件）、邵钟和辉县琉璃阁甲墓编甬钟（4件），下面分别介绍。

①宗周钟：1件，藏于台北"故宫"博物院，为西周晚期厉王自铸之器，用以祭祀宗庙，追孝先人的礼乐重器。钟保存完好，青铜质。铸造精良，体量较大。平舞，上置圆柱形空甬，有旋有斡。腔体呈合瓦形，于口弧曲上收。二节圆柱形枚36个。旋、舞部均饰云纹，篆间饰双头龙纹，正鼓部饰一对凤鸟纹。钲部有铭文，记录了厉王率兵亲征东南淮夷，使26邦进贡臣服的英勇事迹。宗周钟是一件罕见的周天子自作器，为研究西周甬钟的发展史提供了重要的实物资料。

②闻喜晋国子范编甬钟[①]：共计一套16件，为山西省闻喜县被盗古墓中所出，属春秋时期遗物。1994年流往台湾、香港等地。其中12件为台北"故宫博物院"收藏，3件由台湾收藏家陈鸿荣先生收藏，1件为香港人士收藏，但具体收藏者不明。该套编钟分为两组，台北"故宫"所藏为完整的一组，以及另一组的5、6、7、8号钟。子范编钟的出土，为了解晋文公时代的历史及乐悬状况提供了珍贵的资料。

③者减钟：乾隆二十六年（1761）江西临江（今清江）出土。据记载共11件，现存5件，分别藏于台湾博物院、台北"故宫博物院"、上海博物馆[②]、故宫博物院[③]和日本松岗美术馆。据铭文定为春秋时期吴国器。钟甬为圆柱形，由甬根至甬端逐渐内收，较为粗大。平舞。体呈合瓦形，较为短阔。铣棱微带弧曲。于口上收，弧曲较小。二节圆台形枚36个。甬、舞、篆以及正鼓部

① 项阳、陶正刚：《中国音乐文物大系·山西卷》，大象出版社2000年版，第73—76页。

② 马承源：《中国音乐文物大系·上海卷》，大象出版社1996年版，第50—51页。

③ 袁荃猷：《中国音乐文物大系·北京卷》，大象出版社1996年版，第60页。

均饰蟠龙纹,细部装饰云纹及雷纹。

④新郑郑公大墓编甬钟（见图6）:1923年秋出土于河南新郑县李家楼郑公大墓。共计19件,分别藏于河南博物院藏（6件）、中国历史博物馆（10件）、台北历史博物馆（3件）。台北3件甬钟应与河南的6件为一组,共计9件。因为发表的资料中这3件甬钟的尺寸有误[①],故无法明确判断其在整组编钟的位置。但是根据中国历史博物馆所藏10件甬钟的形制数据可以推测,台北3件甬钟应为这组甬钟的最后3件,即第7、8、9。3件甬钟保存完整,有的锈蚀较重,形制纹饰相同。平舞,上置圆柱形甬,较短,旋斡俱全。体作合瓦形,铣棱斜直,于口弧曲。舞部、篆间、旋及正鼓部均饰蟠螭纹。圆柱形枚36个。无铭文。

图6　台北历史博物馆藏
新郑郑公墓甬钟之一

⑤邵钟[②]:19世纪下半叶出土于今山西万荣县后土祠附近,其时代为春秋晚期。从目前资料来看,传世邵钟应有13件。其中,上海博物馆藏10件,台湾博物院藏1件,英国伦敦不列颠博物馆藏1件,还有1件不知下落。按钟的大小次序排列,台湾博物馆、英国伦敦不列颠博物馆及不知下落的3件钟应分别为第3、第5和第10钟。台湾所藏邵钟与另外几件造型相同。平舞,上置圆柱形甬,封衡,锥度较大。体呈合瓦形。铣棱斜直,于口弧曲较大。二节圆台形枚36个。甬饰三角雷纹及蟠龙纹,舞饰蟠龙纹,篆带饰雷纹,正鼓部饰夔龙纹。有铭文。

⑥辉县琉璃阁甲墓编甬钟（见图7）:1936年秋出土于河南辉县琉璃阁甲墓,共计8件。由于历史原因,这批乐器与郑公墓乐器一样,出土后被分散收藏,有些乐器的去向至今不清。《瑰宝重现辉县琉璃阁甲乙墓器物图集》中指出,8件甬钟分藏于两地:深圳博物馆（4件）、台北历史博物馆（4件）。[③]今据考察,8件甬钟当中除了4件藏台北历史博物馆外,其余4件应该藏于河南省博物馆[④],而不是深圳博物馆。这4件甬钟有可能曾经藏于深圳博物馆,

---

①　河南博物院、台北历史博物馆:《新郑郑公大墓青铜器》,大象出版社2001年版,第161—163页。
②　马承源:《中国音乐文物大系·上海卷》,大象出版社1996年版,第55—57页。
③　李明珠:《瑰宝重现辉县琉璃阁甲乙墓器物图集》,台北历史博物馆2003年版,第298—301页。
④　赵世纲:《中国音乐文物大系·河南卷》,大象出版社1996年版,第92页。

图 7 台北历史博物馆藏　　图 8　台北历史博物馆藏琉
琉璃阁甲墓甬钟之一　　　璃阁甲墓甬钟之二

至于何时拨交到河南省博物馆，尚需进一步考证。台北所藏 4 件甬钟的尺寸（从大到小）分别为：44.5、42.5、39.0、38.3 厘米。[①]河南所藏 4 件甬钟的尺寸（从大到小）分别为：35.0、32.0（残）、29.3、27.3 厘米。显然，台北 4 件甬钟是这组编钟中的前 4 件。甬钟保存完整，其中一件锈饰较甚。编甬钟均青铜质。平舞，上置圆柱形粗甬，甬端较细，根部较粗，旋、斡俱全。体作合瓦形，铣棱微弧。于口弧曲较大。篆、舞及甬部均饰较细的蟠螭纹，鼓部饰两组对称的象首纹。圆柱形枚较高，共 36 个。钟壁较厚，钟腔内有调音锉磨痕迹。无铭文。需要指出的是，从 4 件甬钟的形制，如甬、旋、枚等细部来看，其中锈饰较甚的那件甬钟似乎不是此组成员（见图 8）。究竟是因为锈蚀较重导致变形，还是其他原因，有待考证。

图 9　台北"故宫"藏编纽钟局部

（3）纽钟。

西周末期，编钟中的另一位成员——纽钟产生。与镈相比，其体量要小得多。纽钟的旋律性能较好，多见为 9 件一组，有的纽钟可以演奏完整的七声音阶和简单的旋宫转调。台北"故宫"收藏的一套编纽钟就是其中的代表，其编列恰好就是 9 件。编钟保存完好（见图 9），少数锈蚀较甚，表面有绿锈覆盖。平舞，上置环纽。体合瓦形，于口弧曲上收。涡纹枚 36 个。需要指出的是，其钟架是仿曾侯乙编磬磬架之形。

① 李明珠：《瑰宝重现辉县琉璃阁甲乙墓器物图集》，台北历史博物馆 2003 年版，第 124 页。

2. 鼓

鼓是人类最早发明的乐器之一。一些民族音乐学家研究发现,一些狩猎民族除了鼓之外,尚不知道还有别的乐器。鼓的形制多样,仅据中国先秦文献的记载,鼓的名称就多达好几十种。从目前所见的出土实物来看,鼓类乐器也是品种繁多。台湾收藏的鼓主要有如下两例:

(1)腰鼓。

腰鼓历史悠久,种类较多,是一种少有的有实物传世或出土的打击乐器。其形制特征为细腰,鼓腔形状像两个碗底对接而成,两端蒙皮,以绳收束,使皮膜绷紧敲击发音,也有将皮膜粘在鼓框之上的。其演奏方式是将腰鼓系于腰间,或者置于面前,用手拍击或杖击发声。唐代的细腰鼓,在壁画和石刻上比较常见,而实物发现较少,台北历史博物馆所藏红陶腰鼓即是一件重要的标本。此件腰鼓保存完好(见图10)。制作规整,通长51.1厘米。鼓身两端粗圆,中间腰细,内空。外壁饰阳线弦纹七道。表面无釉。目前所见腰鼓的实物,只有北京故宫藏黑釉蓝斑腰鼓、甘肃黑釉彩斑瓷腰鼓、河南沁阳张庄细腰鼓、河南鲁山段店花瓷细腰鼓、陕西西安大明宫瓷腰鼓、日本奈良正仓院藏瓷腰鼓7例。此件红陶腰鼓的发现,对唐代腰鼓的研究又提供了一件重要的实物资料。

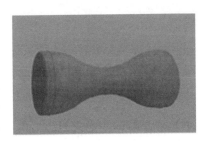

图10 台北历史博物馆藏红陶腰鼓

(2)扁鼓。

扁鼓也是鼓类乐器家族中的一位重要成员,因其形制较扁而得名。台北历史博物馆收藏的一件清代扁鼓即是此类乐器少见的实物标本之一。清代乐器以制造精美,做工考究著称,从此件扁鼓上可见一斑。扁鼓形圆体扁(见图11)。鼓腔木质,上面蒙皮,用铆钉固定二周。鼓腔上彩绘雷纹,鼓面中间彩绘双龙戏珠纹,部分剥落。直径32厘米,通高8厘米。清代乐器所见较多,但是扁鼓极为少见,弥足珍贵。

图11 台北历史博物馆藏扁鼓

二、图像类音乐文物

除了以上这些乐器类音乐文物以外,台北"故宫"和历史博物馆等地还藏有丰富的图像类音乐文物,如乐舞俑、绘画、石刻、器皿饰绘等等。

商周时期,中国尚处于奴隶制时代。当时的奴隶主贵族死后,需用许多活人来为他们殉葬。入秦以后,用活人殉葬的制度基本上得到废除,秦始皇陵出土的大量兵马俑即是明证,这是社会发展的重大进步。在客观上,古代殉葬制度形成一种源远流长的习俗,地下出土的千姿百态的历代乐舞俑人,无疑形成了一种独特的墓葬文化,为我们今天的音乐研究留下了重要的图像资料。尤其是汉代乐舞百戏的盛行,创造出丰富多彩的乐舞百戏俑。台北历史博物馆收藏的 12 件乐舞俑,堪与著名的四川天回山击鼓说唱俑相媲美,称得上是众多乐舞俑中的经典之作。其中的 4 件俳优俑尤具特色(见图 12),属于一种古代杂技、滑稽戏的造型。从面部来看,似为胡人,均大腹如鼓,或手舞足蹈,或放声高歌,或神情木呐,或挤眉弄眼。神态诙谐,动作夸张,形态各异,刻画生动。隋唐五代又是一个俑人殉葬之风盛行的时期。考古发现的隋唐乐舞俑数量很多,而且风格上自成体系,历史博物馆即收藏有 8 件唐代骑乐俑。这些乐俑(见图 13)均头戴高冠,骑于马上。所奏乐器有竿篥、排箫、琵琶、鸡娄鼓等,演奏姿势各有不同。其乐器的形制、组合,乐人的服饰、发式、造型、神情、演奏姿态等均有时代特色,为唐代音乐史的研究提供了重要的图像资料。

另外,台北"故宫博物馆"所藏的 3 件

图 12 台北历史博物馆藏俳优俑之一

图 13 台北历史博物馆藏唐代排箫乐俑

图 14　台北"故宫"藏三星图局部　　　图 15　台北"故宫"藏上元婴戏图局部

丝织艺术品亦颇有音乐考古学价值。第一件是三星图（见图 14），系刺绣作品，属五代时期。① 尺寸为 194.3×111.2 厘米。画面绣人物鸟兽、花草树木，风格古拙。画面上部三星列坐，中间有 6 位乐伎，身着衣服华丽。其中 5 位奏乐，1 位伴随着音乐翩翩起舞，彩带飘飘，婀娜多姿。所持乐器分别为拍板、挎鼓、琵琶、横笛、腰鼓。尤其是琵琶特征尤为明显，曲项及四个弦轴清晰可见，为曲项琵琶无疑！奏乐者左手按弦，右手持大拨子弹奏，时代特征浓郁。第二件为上元婴戏图（图见 15），系宋代缂丝作品。② 画面上儿童三五成群，或游戏、或读书、或放风筝，最引人注目是奏乐图。奏乐者计 5 人，所持乐器分别为梆子、管子、横笛、板鼓、小钹。板鼓是一种高音打击乐器，可能来源于唐代的"羯鼓"，用两根藤或竹制鼓棒敲击。有关板鼓的考古资料十分罕见，此幅作品对研究板鼓的发展史有着重要的学术价值。第三件为群仙献寿图（见图 16），也属于宋代的缂丝作品。③ 图面绣仙山瀛海，群仙云集。画面最上方有一仙女驾凤而来，旁边有一持扇侍女，前方一组女乐作为先导。女乐共 4 人，所持乐器分别为笙、横笛、琵琶、五音锣。

图 16　台北"故宫"藏群仙献寿图
局部

① 台北"故宫博物院"、蒋復璁：《"故宫博物院"刺绣》，日本写真印刷株式会社 1982 年版，第 1 页。
② 同上书，第 3 页。
③ 同上书，第 41 页。

结　语

由于这仅是一次初步的考察，加之时间较短，本文所涉及的音乐文物仅是其中的一部分而已，台湾的音乐文物应该远不止这些。同时，受客观条件所限，本文所述有关文物的相关资料也非常有限，确实非常遗憾。我希望将来有一天，两岸有关单位和学者能够和《中国音乐文物大系》总编辑部一道，共同编撰一部《中国音乐文物大系·台湾卷》，将台湾的音乐文物珍品和珍贵的相关资料展现给两岸的学人。

《中国音乐文物大系》是一项国家"七五"、"九五"社会科学重点研究项目，由国家文物局、中国艺术研究院、中国社会科学院考古研究所、中国科学院声学研究所共同发起，协作攻关，由中国艺术研究院音乐研究所承办编撰。目前，文物大系已经出版16本19卷，是中国音乐史学界迄今为止规模最大的一部巨著，获得了多项国家级奖项。1999年，《中国音乐文物大系》（一期工程）获"国家图书奖·荣誉奖"；2006年，获"第二届文化部文化艺术科学优秀成果奖"一等奖。国家文物局前局长张文斌同志曾经感叹此项目："中国文博界最大的一部书，想不到是你们搞音乐的人编出来的！"我国首席考古学家、北京大学中国考古学研究中心主任、古代文明研究中心主任李伯谦先生面对19卷的《中国音乐文物大系》由衷赞许道："文物大系的出版，开创了中国音乐考古的新时代！"我国著名音乐史学家、中国音乐史学会副会长修海林先生这样评价《中国音乐文物大系》："这项成果的完成，代表着中国音乐考古学开始走向成熟，形成较为完整的、系统的学科知识体系，是一件具有'里程碑'意义的重大学术成果，并且将对中国音乐史乃至中国文化史的研究，产生持久的影响。"[1]

毫无疑问，如果《中国音乐文物大系·台湾卷》合作成功并出版，必将成为两岸学人和中国音乐史学界的一道盛宴，我期待着这一天早日到来！

（致谢：在2004年赴台考察过程中，我得到了两岸诸多领导、老师和朋友的悉心关怀和热情帮助，特别是郑德渊教授和王子初研究员，以及给予我资助的台湾"中华发展基金管理委员会"，在此一并表示深深的谢意！）

---

① 参见笔者：《浅谈〈中国音乐文物大系〉的特点及学术价值》，《人民音乐》2013年第1期。

城乡视觉形象开发与文创设计分析

傅铭传

台湾艺术大学视觉传达设计学系副教授兼系所主任

绪　　论

近年来,台湾各界均积极规划导入视觉形象设计,恰如其分的"形象定位"与"视觉设计表现",可传达出本身的形象诉求,达到提升产业形象的目的。台湾曾于 2001 年针对"九二一"震灾重建区提出多项振兴地方产业与视觉形象设计计划,至今大力推动"文化创意产业",均以达到创新地方产业,促进地方文化展现新生命,提升地方文化视觉新形象为目的。

透过循序渐进的步骤进行整体规划,进行城乡形象的定位与设计发展策略之研议,提高城乡形象与地方产业竞争力,成为设计规划者与地方人士共同参与的课题。而如何达成有效率的沟通与规划,提出一套适合的形象策略与设计表现的模式,便成为一重要的研究议题。

为建构设计规划之基础论述与原理,本研究以传播理论以及人因分析的模式,分析两者之间的关系与意涵,企图建构使用者、城乡形象定位与标志造型设计之间的关系,并提出具体的文化创意设计开发的方法与步骤。在进行视觉识别系统规划与文创产业构思时,考虑的因素众多,如何系统化、模块化是提高规划效率及掌握精确的设计策略重要之考量。

本研究将视觉形象设计规划之方法以及使用者（User）、视觉识别设计（Visual Identity Design）、形象功能（Image Function）建构在传播理论与人因设计模式中,以达成下列目的:

第一,分析评估形象规划时,设计规划主题之形象功能、视觉识别设计与使用者三者间之关系。

第二,了解视觉设计中形象概念与视觉概念所涵盖之要素。

第三,掌握设计规划时有关主题内容、特性、目标,以及设计概念语意化、图像化的过程,达到提出形象标志设计中,主题造型题材与设计表现技法形式。

第四,建构一城乡视觉形象设计规划的方法与程序,以及提供设计创作时之分析与评估模式。

现今视觉设计与消费者之间,存在包含告知功能以外的许多界面,这些界面常会改变消费者对商品的取舍,因此选择合适的界面法则以及确实掌握媒体传达的讯息,才能正确地传达商品内涵及对使用者的意义。这些问题涉及传播符号基本的功能以及视觉心理的探究。本文将从城乡视觉形象规划流程中,如形象策略、定位等,提出其中存在与使用者心理界面相关的部分,将相关理论如人因设计、符号、传播功能等要件建构在使用者与视觉设计关系的前提下,将其放在适当位置来解析视觉形象设计与使用者之间存在的界面关系,以利能更清楚地分析出使用者、VIS系统及形象功能三者的关系,提出此模式的概念,可供设计业界建构城乡视觉形象设计规划的方法与程序以及提供设计创作时之分析与评估模式。

一、传播模式与功能

在日常生活中人们常借着传达(Communication)活动来传递各种讯息(Message),以达到了解事物意义、沟通与交流的目的。根据柏格(Berger,1989)的研究,80%的人类经由视觉获取信息,菲士尔(Fessel)也指出:人类有65%透过视觉获得信息,25%经由听觉,其余则来自其他器官。所以视觉可说是获得信息最直接且最广泛的传播管道。

"传达"一词,在中文字义上有"传递"、"传送"、"传通"与"共通"之意。英文Common为"共通"之意。Communication源于拉丁文的Communis,有"并同享受"、共同地"分享或给予"之意。就传达的过程而言,Communication是人与人之间以符号为媒体,共同共享有对方意念之状态及过程。所以,Communication是一种兼具"沟通"与"传达"双重意义与功能的活动。大众传播学界则经常称之为"传播"。一般而言,"传达"是指人类意图将个人或集团之思想、感情转化成"讯息",透过符号、媒体传送给他人或其他大众之过程(如图1)。

发讯者 —→ 讯息 —→ 媒体 —→ 收讯者
反馈(Feedback)

图1 传播过程基本模式(资料来源:《广告策略精论》)

在传播的模式中,设计规划者与消费者的关系就如同图1发讯者(Sender)与收讯者(Receiver)的关系。若传达之讯息(Message)为符码(Code)的一种,两者之间便如同编码者(Encoder)与译码者(Decoder)如(图2);若将符号与符号都视为传播过程中的元素,则符号可说是各种人为制品、行为或欲传达之形象概念,其目的与功能是传递意义,而符码则是组织符号和决定符号之间关系的系统。

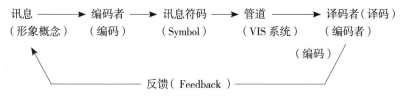

讯息 —→ 编码者 —→ 讯息符码 —→ 管道 —→ 译码者(译码)
(形象概念)(编码)(Symbol)(VIS系统)(编码者)
(编码)
反馈(Feedback)

图2 形象传达过程编码与译码之关系

在传播理论领域中两个主要的派别,与视觉设计有密切的关系。第一个学派视传播为讯息的传递,其主张在于发讯者和收讯者如何进行编码和解码工作以及与传播媒介和传播管道的关系,并将传播视为讯息传递的过程并影响人行为或心理状态,尝试与社会学、心理学等领域结合,将传播定位为一种行为,称之为过程学派(Process school)。

另外一个学派称符号学派(Semiotics school),则视传播为意义的产生与交换,其注重的是讯息与本文如何与人互动并产生意义,并认为发讯者与收讯者对讯息本身会有文化上的认知差异,因此他们关注文本的文化角色,其主要研究方法是探讨意义及符号的科学,即符号学(Semiotics),此学派取材自语言学和艺术等领域,将传播定位为一种作品。

过程学派认为传播是人与人相互影响彼此心理及行为的互动过程,认为传播的意图是构成传播活动的主要因素,讯息是透过传播过程进行传输的,发讯者的意图可能是明示的,也可能是暗示的,但必须是可分析的。

就符号学派而言,将讯息视为符号的建构,并透过与接收者的互动而产生意义,其关系是讯息与收讯者之间的互动,发讯者的重要性已大不如前,其所强调的重点为文本身上,也就是讯息如何被解读。解读是发现意义的过程,收讯者(译码者)以其文化经验及认知去理解讯息中的符码进而产生意义,也就是说不同的读者在阅读本文时,会依个人的文化背景不同产生不同的意义解读,此时并不意味着传播错误或失败。Jakobson 的传播功能概念是用来分析一个讯息的传播效果,而大多数的广告传播模式都是假设一项商品讯息由甲传递到乙的过程,其目的是为了使讯息沟通进行,我们必须借助符号,使用相同的符码愈多,编码和解码者的共识便会愈加接近,而符号是使意义产生的关键。

Jakobson 认为传播必须具备六个要素才能成立,接着又另建构六个主要功能,来诠释前面六个要素。Jakobson 结合程序和语意学派建构一个双重的模式;以类似线性模式为基础,如图 3 的模式,发讯者传递讯息给收讯者,收讯者认识到的讯息必然指涉外在的事物,被指涉物在此称为情境,借此架构成一个三角关系,然后他加入两个元素:一是触媒,指的是发讯和收讯之间物理性的管道与心理性的接触;另外是符码,符码是一个文化或次文化共享的意义系统,由符号和惯例规则共同组成。

图 3　Jakobson 传播构成要素(资料来源:《传播符号学理论》)

Jakobson 认为此六个因素都会决定一种不同的语言功能,而且任何一种传播行为都有它自身的功能与意涵。Jakobson 所发展出的六个要素和六个功能的位置是相互对应的,如图 4 所示。兹将六个功能逐一说明如下:

图 4　Jakobson 传播要素的功能(资料来源:《传播符号学理论》)

情感功能：用来表达发讯者的情感、态度、身份，能使讯息具有个人色彩，不同于发讯媒体。

企图功能：指的是讯息在接收者身上所产生的效果或欲达到的目的，一般命令或宣传中是最重要的。

社交功能：这个功能可以使传播管道畅通、维系接收者和传递者间共识的关系。因此它扮演触媒的角色，用以连结物理和心理两个层面，从另外角度来看社交功能就是讯息中的冗赘性。

参照功能：本功能着重在客观事实的传达上，其功能在于探究讯息的真实意图，此时参照功能便具有最优先的地位，这表示传播的意义首重真实和精确。

超语言功能：可用来指认所运用的符码，例如饼干盒放在废纸堆上必然被视为垃圾，但如果将饼干盒黏在废纸上，然后以画框裱起，挂在博物馆的墙上展示，垃圾就会被视为艺术品，这时候画框就具有超语言的功能，同时也示意我们必须以艺术的角度及意涵来译码这件作品。

诗意功能：在美学性的传播中诗意显得十分重要，以上述的例子说明画框的超语言功能，就必须表现及强调废纸和饼干盒之间的美学关系。

二、以传播及人因模式所建构的视觉形象设计

现代的经营者大部分都透过大众传播，将他们的企业形象讯息传达给消费者。而要了解形象讯息，就应先了解大众传播的基本模式与过程（如图1）。在传播的模式中，视觉形象与消费者的关系就如同图3所示，发讯者（Sender）与收讯者（Receiver）的关系。若传达之讯息（Message）为符码（Code）的一种，两者之间便如同编码者（Encoder）与译码者（Decoder），编码者将形象概念讯息编码，透过讯息符码经由视觉识别系统（VIS）的管道，传达给译码者也就是收讯者或是使用者，再将接受的讯息反馈（Feedback）给编码者（如图2）。根据传播理论接分析视觉形象传达的过程，并结合人因系统设计分析模式，发展出视觉识别系统分析模式与设计开发方法。

视觉设计规划中人与形象概念间在传达上具有一定互动之关系与模式，为分析其界面因子，透过人因系统设计模式（Human Systems Design）架构之中的元素（图5），转换成视觉设计中，在传达上所扮演的角色，就如同如 User

（使用者）、Tool（产品）、Task（任务）在 Human Systems Design 中的意义一样，其对应关系如下：

图 5　人因系统设计分析模式图

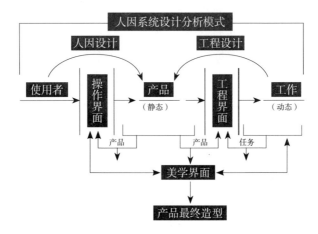

图 6　以 FORM 为中心对应于设计层面关系图

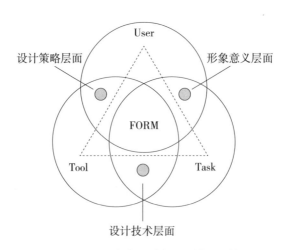

形象标志之设计操作与人因系统设计模式所建构的关系概念，若以标志作品 FORM 为中心，则架构出与产品设计中相关的 User（使用者）、Tool（产品）、Task（任务）之对应位置，其界面关系包括 User 与 Tool 之间的设计策

略层面，Tool 与 Task 之间的设计技术层面、User 与 Task 之间的形象意义层面（如图 6）。

在设计技术层面上，是以 Tool 与 Task 两者所代表的视觉识别系统（Visual Identity System）以及所欲传达的城乡形象功能及目的（Task），此层面属于设计表达的技术部分，包括将欲塑造设计的形象，将其想法概念语意化、文字化，再将文字化的设计概念，提出图像化的想法，最后整合概念找出具体的、可见的 Logo 设计题材以及设计 Logo 技法与表现形式，如表现出写意的、写实的、几何的、曲线的、速度的等造型表现形容词。

在设计策略层面上表示使用者（User）与对应代表 Tool 的视觉识别系统（VIS）之间的因子界面，此层面为设计策略部分，包括设计规划的主题名称、地方的文史背景、环境的现况分析以及城乡的未来发展目标定位，透过设计调查与策略的拟定以及视觉设计的开发，有系统地建立地区形象概念，并传达给收讯者、乡市民（User）。

形象意义层面则是介于 User 与传达形象功能、目的 Task 之间所包含的传播功能，此部分为形象传达的解释部分，运用 Jakobson 所发展的六个传播要素对应的六个传播功能，如情感功能、企图功能、社交功能、参照功能、超语言功能、诗意功能，达成使用者或乡市民对于地方形象塑造所反映出来的传播成效与解释意涵。

上述以人因系统设计模式所建构出来的形象视觉设计对应关系如图 7 所示：

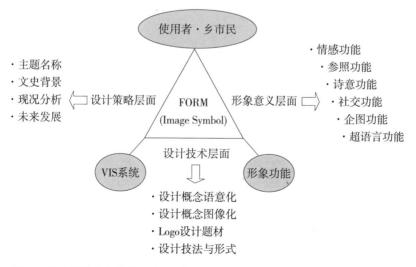

图 7　视觉设计中有关使用者、形象功能与 VIS 设计相互之间在各意义层面说明图

　　由人因系统设计分析模式发展出的视觉识别系统分析模式与设计开发方法,建构出形象功能、视觉识别系统（VIS）和使用者三者之间的关系与内涵意义（图7）,将其关系因子对应到人因设计模式,发展出如图8的视觉识别系统设计分析模式图,其设计模式是将欲建立的形象功能,透过设计技术规划产生视觉识别系统（VIS）,视觉识别系统则将有关设计策略定位及未来发展目标的部分传达给收讯者,而有关主题名称、地方文史背景、现况分析与发展目标则 Feedback 至设计概念语意化与图像化,从 Logo 的表现题材与设计技法与形式中表现出城乡形象所要传达的任务与功能。

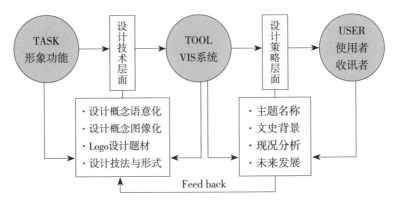

图 8　视觉识别系统设计分析模式图

三、案例设计操作

　　在建构完成视觉识别系统设计分析模式中,有关城乡形象定位与标志造型设计之间的关系后,以万里乡的标志（表1）为例,进行案例设计改造。设计案由视觉传达系学生于视觉识别系统课程中进行设计操作,课程中透过建构形象标志与使用者关系之系统分析模式之方法,以台湾新北市万里进行设计开发规划。

表 1　万里乡及桃园县现有标志

名　称	乡县徽	表现题材	设计技法
万里乡		灯塔造型	以灯塔剪影、文字组合

万里乡的地方形象设计规划,再经过现况调查分析后,将其设计策略概念化,概念语意化,再将语意化的概念图像化,拟定出以"自然景观"为主题方案的形象定位与设计策略;另外根据欲发展的形象目标,提出形象标语"晴空万里,海岸风情"作为设计表现方向,并以万里乡著名的野柳风景、女王头结合阳光、晴空、浪花等为造型题材及表现形式,其设计概念如表2。

表2　根据视觉设计分析模式重新拟定的万里乡形象定位与设计题材

设计技术 ＼ 设计策略	主题名称	文史背景	现况分析	未来发展目标
概念说明	万里乡	闽南建筑 海岸风情 风化奇岩	海天一线 特殊自然景观 发展蓝色公路	观光发展导向 自然景观维护 整合商圈形象
概念语意化	自然的 迷人的 休闲的	休憩的 舒服的 视觉的	蓝天的 天然的 慵懒的	休闲的 原始的 艺术的
概念图像化	自然造型 随意笔触 流畅线条	海水浪花 风蚀意象 女王头	蓝色色块 日光海岸 海岸线天际线	海岸景观 碧海蓝天 奇岩美景
Logo 设计题材	蓝天、海水、浪花、女王头、海岸线			
设计技法与形式	自然写景、流畅线条、随意笔触、色块构成			

透过上述的规划方法,以蓝天、海水、浪花、女王头、海岸线为设计题材(图9),完成形象标志设计开发作业,并以形象标语"晴空万里,海岸风情"作为整体视觉设计表现风格方向,开发出相关的外围设计,辅助图案设计则以

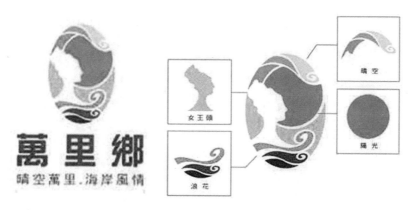

图9　万里乡乡徽及其设计元素与设计理念

表 3 以蓝天、海水、浪花、女王头、海岸线为设计题材的乡徽发展草图

"浪花点点"主题,点、线、面构成方式,表现出优雅的律动感,并将其运用在视觉设计中,包括手提袋设计、公交车亭、户外布告栏、旗帜与照明设计、座椅设计等。(图 10—13)

图 10 手提袋设计

图 11 公交车亭设计

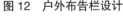

图 12 户外布告栏设计

图 13 以辅助图案"浪花点点"为题所设计的户外照明、旗帜与行人座椅

结　论

本研究以循序渐进的步骤与设计方法,借由传播原理将使用者、视觉识别设计（VIS）、形象功能（Image Function）架构在人因设计所转换的模式中,作为拟定视觉形象设计策略时,分析评估主题之形象功能、视觉识别设计与使用者三者之间的关系。设计师可掌握设计规划时有关主题内容、特性、目标以及设计概念语意化、图像化的过程,将其系统化、模块化而有效率地掌握精确的设计策略,提出具体的创意设计开发方法与步骤,以达到理想的视觉形象与传播功能。

在开发地方文创商品设计时,亦可透过此模式分析出地方文化精髓,再将其特色设计开发成当地之文创商品,从当地的文史分析、自然景观调查、生态研究、乡野传奇、奇闻轶事、民艺或传统产业调查等,整合在文史背景与现况分析中进行设计策略层面的研议（图7）,进而开发具在地文化之创意商品。

本研究提出此设计程序与模式,让设计者与地方人士共同参与,以参与式设计方式进行城乡形象的定位与视觉设计发展策略的研议,以达成有效率的沟通与规划。地方形象的建立与文创产业的开发可说是源自创意或文化积累,透过智慧财产的形成与运用,创造出具有财富与就业机会的潜力,并促进人民整体生活与环境的提升。透过本研究概念的提出,以台湾城乡文化形象设计规划为操作案例,将视觉识别设计与传播理论、形象功能建构在一模式之下,萃取地方文化之精华,透过"设计力"与"创造力"提升城乡形象的塑造与在地文化产业之竞争力,达到创新地方产业,展现地方文化新生命与视觉新形象。上述之原理与模式可提供两岸未来在城乡视觉形象设计规划以及地方文创产业设计开发之参考。

参考文献:

1. 田中正明:《视觉传达设计》,苏守政译,台北:六合出版社 1988 年版。

2. Don E. Schultz:《广告策略经论》,林隆仪译,台北:清华管理 1988 年版。

3. John Fiske:《传播符号学理论》,张锦华等译,台北:远流出版事业有限公司 1995 年版。

4. P.C. Lin and K.J. Ko（1999）,"A Study of Cognitive Human Factors in Mascot Design", *International Journal of Industrial Ergonomics*, vol 23, pp.107–122.

论文化、创意、产业之平衡:以璞石艺术为例[①]

邱凡芸

金门大学华语文学系助理教授

孙剑秋

台北教育大学语文与创作学系教授

前　言

世界各国都推行文化创意产业（cultural and creative industries）（以下简称文创产业）之际,海峡两岸也看重。台湾于 2010 年公布"文化创意产业发展法"（以下简称"文创发展法"）,并且在 2012 年,将 1981 成立的"文建会"改制为文化主管部门,推动各项相关业务。[②] 大陆在 2011 到 2015 期间,推动"国民经济和社会发展第十二个五年规划"（以下简称"十二五"规划）,从其中的第十篇"传承创新:推动文化大发展大繁荣"、第四十二章"提高全民族文明素质"、第四十三章"推进文化创新"以及第四十四章"繁荣发展文化事业和文化产业",何知其看重文化、创意、产业的发展。[③]

---

①　本研究为台湾科技主管部门三年整合型计划"台湾故事 2.0:多元文化汇流与地方文创的跨域实践"之子计划一"花莲璞石艺术研究与文创社群 APP 平台设计"产出成果。本研究所引用之图片,均为第一手数据,由璞石艺术工作坊提供。

②　"文化创意产业发展法", 2014 年 10 月 23 日。http://www.moc.gov.tw/law.do?method=find& id=247.

③　《国民经济和社会发展第十二个五年规划纲要》,中国政府网（2013）, 2014 年 10 月 23 日。http://www.gov.cn/2011lh/content_1825838.htm.

　　在学术研究方面,以"文化创意产业"为篇名关键词,搜寻两岸的期刊论文。台湾"期刊论文索引系统",今年已经有 13 篇以此为题的学术性期刊论文。① 大陆"中国期刊全文数据库",今年已经有 27 篇以此为题的核心期刊。② 由此可知,文化创意产业至今仍是两岸急欲发展的领域,引发学术界、文化界、产业界的热烈讨论。然而,这些期刊论文,多数将焦点集中于某项文创产业的发展,或是对政府文创政策的建言等主题上,较少学者关注发展文创产业,文化、创意、产业三者之间关系的探讨与彼此平衡的重要性。

　　在文创产业方面,璞石艺术为源自于花莲的本土艺术,至今已经三十余年,发展出大幅璞石壁画(图 1)、小幅璞石画作(图 2)、璞石公共艺术(图 3)、璞石建筑(图 4)、璞石庭园造景(图 5)、璞石文创小品(图 6)等等。原创者邱创用老师,为了纪念这门艺术起源于玉里(玉里旧称璞石阁),因此命名为"璞石艺术"。如今,璞石艺术进一步与成人教育、小学艺术与人文教

图 1　台北"中研院"大壁画"跃升"

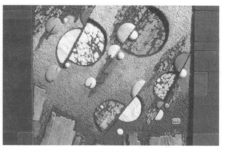

图 2　小幅璞石画作"西北雨"

图 3　璞石公共艺术"玉里镇意象"

图 4　璞石建筑"璞石厝"

---

① 台湾"期刊论文索引系统",2014 年 10 月 23 日。http://readopac3.ncl.edu.tw/nclJournal/search/search_result.jsp.

② 《中国期刊全文数据库》,CNKI 中国知网(2014),2014 年 10 月 23 日。http://big5.oversea.cnki.net/kns55/brief/result.aspx?dbPrefix=CJFD.

图 5　璞石庭园造景"璞石椅"　　　　图 6　璞石文创小品"璞石灯"

育、观光休闲旅游、数字艺术等领域结合,向外拓展、向下扎根,可为文化、创意、产业平衡发展的代表。

　　因此,本文以花莲本土原创之璞石艺术为例,分别从文化、创意、产业三个角度,探讨这三者与文创产业的关系为何? 推动文创产业的目的是什么? 什么才是优良值得推广的文创产业? 文末提出永续经营文创产业之建议,期待未来能发展出更多兼具文化内涵、创意思维以及自给自足、代代相传的文创产业。

一、文化

　　以下探讨什么是文化? 文化与文创产业的关系为何? 目前文化与文创产业之间的问题有哪些?

　　首先,什么是文化? 汉刘向《说苑·指武》提到:"凡武之兴,为不服也,文化不改,然后加诛。"晋朝束皙《补亡诗·由仪》提到:"文化内辑,武功外悠。"可知道文化有"文治教化"的含义。[①] 但昭伟提到:"'文化'在人类学及社会学中,指社会生活特质的总和,举凡社会生活中不属于本能行动的部分,均可视为文化的内容,是人类智慧进步的成绩;包括:语言文字、文学、艺术、科学、风俗习惯、社会组织、宗教、道德规范、典章制度等等。"[②] 可知,文化为人类生活的一切。

　　其次,文化与文创产业的关系为何? 台湾公布的"文创法",第一章第一条即提到:"为促进文化创意产业之发展,建构具有丰富文化及创意内涵之社会环境,运

---

　　① 《文化》,《汉典》(2012), 2014 年 10 月 23 日。http://www.zdic.net/c/7/31/77163.htm.

　　② 《文化》, 2014 年 10 月 23 日。http://terms.naer.edu.tw/detail/ 1303183/?index=9.

用科技与创新研发,健全文化创意产业人才培育,……"① 大陆推行的"十二五"规划中,第十篇开宗明义写着:"坚持社会主义先进文化前进方向,弘扬中华文化,建设和谐文化,发展文化事业和文化产业,满足人民群众不断增长的精神文化需求,充分发挥文化引导社会、教育人民、推动发展的功能,增强民族凝聚力和创造力。"② 由此可知,文化是文创产业的根基,无论两岸推展文创产业之目的、项目、方式与目标为何,文化是文创产业主要的内涵。

再次,目前文化与文创产业之间的问题有哪些? 由上可知,文化包含人类生活的一切,且文化是文创产业的根基。随即而来的问题是,文化的范畴广阔,只要是与人类生活有关,都算文化的一部分,而政府推动的文创产业,经费再怎么庞大,仍是有限的资源,不可能挹注所有的文化项目。那该如何挑选出精要的文化项目加以扶植呢? 笔者认为,需要挑选具备深厚文化内涵的项目加以发展。

以璞石艺术为例,璞石画钟的古字创作(图7)以及文创小品"青蛙笔筒"(图8),均具备深厚的文化内涵。璞石钟"孙"的楷体字,笔画较多,不容易入画,然而"孙"的甲骨文,左边为"子"、右边为"系",易于设计造型,兼具文化内涵与造型美学。璞石青蛙笔筒,则记录花莲玉里秀姑峦溪的历史:早期溪流的中间,有一块造型颇似青蛙的石头,当地人认为,若是水位超过那块青蛙石,表示可能有灾难要发生。自从溪流里的青蛙石被不肖人士盗采后,

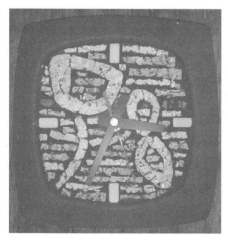

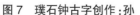

图7 璞石钟古字创作:孙

图8 璞石青蛙笔筒

---

① "文化创意产业发展法",2014 年 10 月 23 日。http://www.moc.gov.tw/law.do?method=find&id=247.
② 《国民经济和社会发展第十二个五年规划纲要》,中国政府网(2013),2014 年 10 月 23 日。http://www.gov.cn/2011lh/content_1825838_11.htm.

这段结合地方风物的故事,渐渐被人们遗忘,只有当地的耆老还记得。因此,璞石青蛙笔筒,承载了当地的人文故事,兼具文化内涵、造型美学以及实用性。

二、创意

以下探讨什么是创意?创意与文创产业的关系为何?目前创意与文创产业之间的问题有哪些?

首先,探讨什么是创意?汉朝王充《论衡·超奇》:"孔子得史记以作《春秋》,及其立义创意,褒贬赏诛,不复因史记者,眇思自出于胸中也。"[①] 可知创意即创立新意。简茂发归纳学者对创造力(creativity)的定义:"主要有两种见解,其一视创造为能力,另一则视创造为历程。"创造力指的是在解决某一难题时,能从各方面想出许多不同的解决方法。创造历程指的是创造思考的一系列心理活动历程。[②] 可知创意或创造力,具备求新、求变以解决某一问题的特质。

其次,创意与文创产业的关系为何?前已述及,文化为文创产业的主要内涵,创意则是将某项文化加以改造,成为新的样貌。例如将故宫珍藏、具有深厚文化内涵的《清明上河图》,透过现代数字科技,呈现会动的人物、动物,使人们可以一窥北宋的民情风俗。

再次,目前创意与文创产业之间的问题有哪些?在大肆提倡文创的风气下,许多人认为,只要将某项具有传统文化的东西稍加改变,就是文创。例如将某张名画印制在衣服或是杯子上;或是将某项物品制作成小模型或公仔。若是回头思考"创意"与"创造力"的意义,是"求新、求变以解决某一问题",将会发现,市面上有太多标榜文创的商品,只是将一样也许有文化内涵的物品,加上另一样日常生活中常见的东西(杯子、衣服、雨伞等等)。只是将两样东西"混合"在一起,并非"创造"一个新的东西。笔者认为,真正有"创意"的文创产业,必须在深厚的传统文化基础上,加以求新、求变,以符合新时代的需求,创造出全新的产品。

以璞石艺术为例。最初的璞石画,整幅画作必须透过大大小小的石头填满,要完成一幅画作,必须历经半年、一年的时间。之后,发明了各种颜色的砂材,将作画时间缩短为几个月。中间,历经各式石材、砂材创作技法的发展,特

① 《创意》,《汉典》(2012),2014 年 10 月 23 日。http://www.zdic.net/c/b/38/87047.htm.

② 《创造力》,2014 年 10 月 23 日。http://terms.naer.edu.tw/detail/1311016/?index=6.

别是碎裂法的发明，作画时间再缩减为几星期。近年来则发明重组石材，丰富了石材的色彩与解裂的稳定度，使得画作有更新的面貌。如此缺乏材料，就自行研发所需材料的精神，正是创造力的展现。

三、产业

以下探讨什么是产业？产业与文创产业的关系为何？目前产业与文创产业之间的问题有哪些？

首先，探讨什么是产业？汉东方朔《非有先生论》："减后宫之费，损车马之用……以与贫民无产业者。"可知产业指的是私人财产。《史记·苏秦列传》："周人之俗，治产业、力工商，逐什二以为务。"可知产业指的是生产事业。①

其次，产业与文创产业的关系为何？前已述及，文化为根基，创意为在文化根基上进一步再创造。若仅有文化与创意两者，则无论是文化工作者，或是创意发想人，均无法维持生计。长年累月之下，生活上的经济压力，势必迫使这两类人，放弃悠久传统的文化以及无利可图的创意，转而寻找可供其温饱的工作。反之，若是文化与创意的结合，能促进商机，使人们可借此得以温饱，进而优良的文化得以被保存与宣扬，日新月异的创意构思得以有挥洒的舞台，即达到产业化的目的。

再次，目前产业与文创产业之间的问题有哪些？台湾文化主管部门发布的"文创发展法"，第三条明言："文化创意产业，指源自创意或文化积累，透过智慧财产之形成及运用，具有创造财富与就业机会之潜力，并促进全民美学素养，使国民生活环境提升。"②可知道创造财富与就业机会，且促进全民美学素养为两大目标。然而，许多市面上标榜的文创产业，经常着眼于如何赚钱，忽略了美学素养。在花莲就可见到，许多仿冒者自行立起"璞石画"的招牌，随意搜集一些小石块，让不知情的游客以这些质量粗糙的小石块拼贴作画，误以为这就是璞石画。姑且不论其触犯专利的法律问题，若是文创产业，仅是汲汲营营，着眼于利润有多高，往往降低了质量，成为模仿者，无法兼顾文化内涵与创造新意。最终不仅无法促进全民美学素养，还造成了反效果，降低全民美学的品位，以为劣质品可取代艺术品。

---

① 《产业》，《汉典》（2012），2014 年 10 月 23 日。http://www.zdic.net/c/7/15/32332.htm.

② "文化创意产业发展法"，2014 年 10 月 23 日。http://www.moc.gov.tw/law.do?method=find&id=247.

以璞石艺术为例。为了让第一次接触璞石艺术的民众,能够体验作画的乐趣,璞石艺术工作坊又发明了一系列的文化创意小品,让游客可以在短短一两个小时内完成一件作品:璞石画 DIY(图 9)、璞石钟（图 10),或是璞石文镇（图 11、图 12）等等。兼具创造财富与就业机会,以及促进全民美学素养的特质。

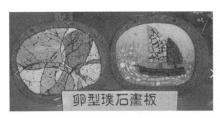

图 9　璞石画 DIY

图 10　璞石钟

图 11　璞石文镇（卵形）

图 12　璞石文镇（椭圆形）

结　语

综合以上的讨论,可以知道,优良的文创产业,必须兼具深厚的文化内涵、创意的想象力以及创造财富、提升全民美学品位之特质。然而,什么才能让优良的文创产业永续经营呢？多数人的答案,可能是"创造财富",因为表面上看起来,似乎有了财富,才能够让从事文创产业的人能够维持生计。然而,更深层的探究,优良的文创产业形成后,需要透过"教育",才能传承固有文化,创造崭新文化。

图 13　文化、创意、产业与教育的关系

文化、创意、产业与教育的关系，可参考图 13。

以璞石艺术为例，光是文化、创意、产业三者平衡，并无法让此优良的创意产业，能够从此自给自足，向外开展。原创者邱创用老师，还透过"教育"培养新生代。例如：于源城小学开设璞石艺术课程，自幼培养孩童的美学品位，将艺术往下扎根（图 14、图 15）。又如，于小区开设成人班，培养璞石志工团队，让假日造访璞石艺术馆（图 16）的旅客，有志工教导基本璞石画创作技巧。再如，于原住民部落开设班别，教导原住民创作璞石画（图 17），使原住民不再需要以质量不佳、容易被其他物品取代的原住民手工艺品维生，而是以创作独一无二，兼具文化内涵与创意思维的璞石画，带来经济效益。由此可

图 14　儿童璞石画（一）

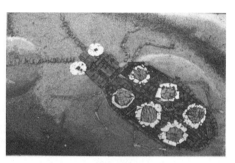

图 15　儿童璞石画（二）

图 16　璞石艺术馆

图 17　原住民璞石画

知，"教育"才能让文化的根基得以永固，创意的发想得以随着时代更新，最终达到不仅创造财富，还能让该项文创产业代代相传，带来文化、创意、产业三者平衡，实现真正源源不绝的财富。

"三生教育"在通识学门的实践

——由大一国文的课程与教学谈起

林以衡

佛光大学中国文学与应用学系项目教师

前　言

　　自国民党迁台以来,台湾教育就屡有变革。首先,1968 年"九年国民义务教育"开始施行,不但废除被人诟病许久的"恶补",义务教育由六年延长到九年的结果,也培养了许多人才,成为日后"台湾经济奇迹"的基础。但除了中等教育外,台湾的大学教育亦不停地在进步与发展,特别是在学生学习的广度和深度上,教师们皆希冀此两点能达到平衡。而台湾的大学课程,最为人所担忧的,即是学科分工过细,造成各学科不但有极深的门户之见,也缺少多元沟通和交流的管道,这并非是教育发展上所乐见之事。在各界期望台湾的大学生除在专业科目上能一展长才外,若学生能够在专业知识外,还能具备通才教育的能力,并达到各学科跨界交流的目标,才是大学教育最理想的教育情境。

　　1984 年,台湾教育当局开始通令全台各大专院校实施通识教育,随着 1987 年政治上的开放,通识教育的推动更是如火如荼,已经成为台湾大学教育中不可缺的一环。黄俊杰认为,通识教育的推行,代表台湾各大学的自由化与民主化,师生更能在自由风气下交流和学习,学生也能真正为为具有自主意识的"公民"。①

---

　　①　黄俊杰:《大学通识教育:涵义的厘清与目标的展望》,《大学通识教育的理念与实践》,台湾"通识教育委员会"1999 年版,第 31 页。

尤其近几年来,当大学教育逐渐变成对绩效与排名的过度追求时,对于大学生的人格养成是否更应当正视,而不会在一片竞逐名利的声浪中,让大学生变成唯利是图的投机分子、或是无法面对压力的温室花朵?所以,如何设计出兼具实用与情意用途的通识课程,就成为台湾在安排通识课程时所重视的环节。

位于台湾宜兰的佛光大学,是由佛光山星云大师秉持"义正道慈"的理想而创办的一所学校。① 由于星云大师最初弘法之地即为宜兰,故对位于台湾东北角的兰阳平原有深厚的感情。创立初始,最先的规模为人文社会学院,也反映出学校至今仍以人文素养为主的教学目标,故能在台湾众多私校中独树一帜。近两年来,学校努力以"书院"作为办学特色外,亦在杨朝祥校长所提"生活"、"生命"与"生涯"此"三生"作为教育理念,期盼学生能在此"三生教育"下均衡发展,而成为具有人生理想与人文素养的公民。

有鉴于此,本文乃以隶属通识教育中"基本学门"范畴的国文课程为例,探讨如何在国文课程的设计上以此"三生教育"为依据,架构出适合学生学习的课程纲要与内容;并透过教学逐步实践,与学友分享自我教学的感想,并借由会议讨论激发新的教学创意与构思。如此,集两岸教学研究者的智慧与心得,相信未来能融合两方的优点、改正己方的缺点,帮助台湾国文课程在高等教育中的重要性将不再被忽略,进而突显出人文学科的教育价值。

一、国文课程的设计理念

台湾各大学的课程,可分为"核心课程"和"通识课程"。"核心课程"为各专业科系所开设的课程,为学生专业能力的范畴;而"通识课程"又可细分为"基础语文通识"和"一般通识",各大学名称互异,但都相去不远。所以以学生基本能力为培养重点的国文、英文、信息能力等,皆是"基础语文通识"中的必开课程,之后才辅以如人文与艺术领域、社会科学领域或自然科技领域等,名称不一;而"一般课程"主要着眼于让学生能够修习专业领域外的

---

① 星云大师所立的校训:"义正道慈",其意义乃是透过内在的认知转化成有用的知识,具有自主思考与独立判断的能力即是"义";知道什么是正确的事(doing right things)和怎么做才是正确的方法(doing things right)就是"正";追求真理,吸取知识即是"道";同时怀有感恩和喜舍的心,关怀社会,服务社会就是"慈"。请参考佛光大学全球信息网,上网时间:2014年9月30日。http://website.fgu.edu.tw/.

学科,内容更是包罗万象,主要就是由一个大学中各学院所开出、供不同学院修习的特色课程为主。近年来,台湾不少大学朝"书院"化发展,佛光大学如此,位于台北的政治大学,亦有书院制度的建立,故在"一般课程"中,亦包含"书院课程"的选项。无论是哪一类的课程,都有一个共同的教育目标,即是黄俊杰所言:"建立人的主体性,以完成人之自我解放,并与人所生存之人文及自然环境建立互为主体性之关系。"所以,通识教育应是建立人的主体性并与客体情境建立互为主体性关系的教育,也就是完成"人之觉醒"的教育。①

人的生命境界,是由物质生命和精神生命二者所组成。在追求功利的时代,物质生命的富足,已有多数人能达成;但,在追求物质生命富足的同时,精神生命却往往流失,此即当今忽视人文与艺术教育的后果,而此缺失,当可由通识教育的推行予以补救。在台湾,国文教育的养成由小学教育正式开始后,历经国中、高中的阶段,虽是以考试领导教学为主的授课取向,但对于学生基本语言和文化能力的养成,仍有重要帮助。直至大学教育,全台多数大学,仍在学生大学一年级时保有国文课程,或规定四年内必须修满几学分的国文课程始能毕业。这些措施皆是教育者们期盼能透过国文课的开设,维持大学生应有的语文基本能力外,亦能培养学生情意鉴赏和美感培养的能力。

但,对刚刚经历过升学考试的学生而言,一入学,除了依照自我兴趣及未来走向而选填的专业科系,还要面对大量非专业的共同必修课程,如国文、英文和军训等,在心态上就已有先入为主的排斥感。再者,现实生活中长久以来"重理工轻人文"、"文学无用"的刻板印象,也造成少数学生会以能过就好的消极心态去面对必修、同时又是已从小学读到大学的国文课。②此种学习态度成国文教师在安排课程上的困扰,也很难从学生修课过程中得到主动且积极的回馈。诚如张高评所言:

台湾的语文教育,历经中小学十二年,到了大学,还必修一门"大一

---

① 黄俊杰:《大学通识教育:涵义的厘清与目标的展望》,台湾"通识教育委员会"1999 年版,第 32 页。

② 诚如李玲珠所言:"检视国文教学与教材的编辑,似乎仍以中国文学系为本位,以中文系的思考模式与训练需求,统驭国文教学,漠视其他科系在国文教学中能获取的实际效果;再加上人文教育非速成学科,都容易导致其他学系以'无用'论来看待国文教育,国文变成点缀学分的学科,这大概也是近年许多学校逐渐将国文由必修改为选修,修习学分日减的主因。"李玲珠:《国文教学的人本化与通识化》,收于张高评编《第二届国文科教学研讨会论文集》,台北:万卷楼出版社 2004 年版,第 189—190 页。

国文"。究竟有无必要？这不是见仁见智的问题，而是课程之规划设计、教学之内容与实务问题。

> 教材好比剧本，教师是演员，学生就是观赏者。如果类似的戏码演出，已经看了三年，到了大学又得再观赏系列演出，除非改编剧本，否则，仍旧有兴趣、认为有必要的人恐怕不多。观众期待好剧本，就像大学生期待好教材一般；有了理想教材，身为传道、授业、解惑的大学教授，才能挥洒才情，圆满完成教学任务。[①]

因此，如何安排实务与情意兼顾的课程内容，又能提升学生语文能力，是每一位大学国文老师在编选教材时必须慎重考虑之事，唯有教师尽心安排能让学生了解生命价值、与生活息息相关或对未来求职有帮助，并能提升语文能力的教材，才是台湾各大学国文课持续进步的契机。

综观全台各大学的国文课，各校皆努力塑造具有本校特色的国文课程。例如台湾大学重视大一国文，除了课程内容重视中国文学内容外，另辅以"台大经典阅读护照"活动，和大一国文配合以稳固学生国文基础，此活动分为文化经典、诗歌经典、古典小说、现代文学四大部分，学生可依兴趣选择领域进行答题，采先选择后申论的方式，帮助学生奠定中国文学扎实基础。政治大学由中文系"通识课程委员会"审订教师所拟定的国文课纲后，交由通识中心开课，并由教师至各学院开设不同课程，提供学生兴趣选修，让同学选择。而铭传大学则凝聚国文课程的共识，以提升学生国学知识和文学鉴赏为目标，统一实行"中国文学鉴赏与创作"的课程，并配合"全校性中文能力检定"，作为国文课程的特色。亦有指定教材与自编教材并用的课程设计，例如成功大学中文系负责全校性基础国文课程的规划、教学，若为"综合文类"则采用中文系所编《大学文选》，其他专门类别如"古典诗词"、"现代小说"、"古典戏剧"或"现代诗"等，任课教师则可采用自选教材的形式，或以《大学文选》为辅，与己身专业能力相结合为学生授课。指定教材与自编教材的并行，既可订立标准培养学生基础文学能力，又可兼顾教师专业与学生兴趣，实是相得益彰的国文设计理念。此外，成大中文系近年来针对实用中文等议题甚为重视，在台湾"顶尖大学发展计划"的支持下，成大中文系举办过多场研讨会与先

---

① 张高评：《语文教学，应当兼顾实用化、生活化和现代化》，《实用中文讲义》（上），台北：东大图书股份有限公司 2010 年版，第 1 页。

进同好互相讨论国文教学与教法的问题,会后并出版专书,让众多教授大一国文的教师在备课或教学时有不少参考数据。① 最后,台湾亦采用协同教学与评量的合作模式,由教育主管部门支持、静宜大学主导"全校性阅读与写作课程推动与革新"计划即是此例。参与此计划的大学院校,针对大一国文的授课编选共同教材、教学展演和学习成果的展览,达到文学实务与情意并重的目标。②

由上述可知,台湾各大学对国文课程的设计是自由、多元且开放。类似政治大学的教师可在不同课程下自由选定教材供学生阅读,但需在每学期课程结束后有共同的"国文写作练习"展览,其余评量标准则由教师自定义。成功大学则集固定教材和自编教材之长,并积极推动实用中文在国文课程中扎根,以证明国文课程在大学的重要性。铭传大学亦重视实务能力,期待学生能借由全校性中文检定的推动加深语文能力。最后,亦有统合性的国文课程推动,以静宜大学联合各大学的计划可为代表。在各校皆重视国文课程,希望能透过一连串的改革让学生体会到国文课实务作用与情意、鉴赏的功能下,朝"书院精神的现代实践"理想迈进的佛光大学,亦思考国文课程的革新,以配合书院精神的落实,成为具有佛光大学特色的国文课程。目前学校对于国文课程的设计、教师授课的理想并未多做干涉,但在学校致力于推动"三生教育"的教育精神下,教师在国文课程设计和内容安排上,仍不脱此概念的发展。

所谓的"三生教育",是自杨朝祥先生接任佛光大学校长后,在星云大师办学理念下所延伸的教育方法。杨朝祥校长于担任台湾教育主管部门负责人期间,揭示 21 世纪教育愿景——"全人教育,温馨校园,终身学习";到校服务后,力主全面推动全人教育,融入"生命"、"生活"、"生涯"三生概念于校园,使学生能够体现热爱生命的真谛,拥有丰美满足的生活,更有机会促成生涯的自我实现。

在"三生教育"中,生命教育讲求"真",待人以诚,敬业乐群,增进群己关系,适才适所,让生命发光发热;而生活教育重视"善",力求品德陶冶,提升

---

① 例如张高评主编:《实用中文写作学》(里仁书局 2004 年版)、《第二届国文科教学研讨会论文集》(万卷楼出版社 2004 年版)、《修辞学之多元诠释与教学学术研讨会论文集》(新文丰出版社 2012 年版)。或王伟勇主编:《实用中文写作要领》(里仁书局 2012 年版)、《成大中文写作诊断书 成语篇》(里仁书局 2009 年版)。可见成功大学中文系对于大学国文的重视,故集合系上教师与他校教师的国文教学研究成果,成为现今教师充实大学国文课程设计和内容时不可缺的参考数据。

② 详见全校性阅读书写课程推动与革新计划网,上网时间:2014 年 9 月 30 日。http://www.aipiirwc.pu.edu.tw/index.php.

生活质量,营造有品位的生活;生涯教育则追求"美",强调专业能力的培养,事业的永续发展,使学生能够安身乐业。除了扮演好在"学校"学习者的角色外,也能够胜任"家庭"、"职场"及"社会"中各场域的工作,在任何的人生场合中都能有完美的展现。①

以下将以个人近两年来大一国文课纲为例,以"生命"、"生活"、"生涯"为项目,说明选择教材与此"三生教育"的对应理由,并略述授课内容以及配合课程进行的各项活动,与两岸前辈同好共同分享教学经验,以求未来在国文课程安排上的充实,并在先进同好的指正下教学技巧能更为进步。

二、新世代大学生的成长："生命"新体验

对于刚入大学的学生而言,国文课如何跳脱过去"仅追求句读意义"、"赶课"、"考试领导教学"等刻板印象,而能以活泼生动的授课方式,让学生透过文本阅读和讲解,能对"生命"有更深的理解,是大一国文教师在选材上的考验,李玲珠说:

> 教材是教学活动中的主要媒介,教材决定了教学方向,也客观反映选材者的教育思维、理想与目标;国文教学必须以生命为主轴,生命的丰富性与复杂性亦应决定了教材必须多元性。②

可见"生命"在国文课的选材中占有重要地位。而在培养学生生命丰富性和复杂性的视野时,就必须先了解学生的来源和组成。佛光大学的学生组成,主要来自于全台中等程度的普通高中,少数科系如"健康与创意素食产业学系"学生来源主要为高职生、"佛教学系"为单独招生。过去几年,大一国文是大班授课,近来年,为追求教学质量以提升学生的语文能力和文学素养,改采小班制一班约30人左右的教学。小班制的教学,让教师在授课时更能顾及到每一学生的课堂参与情形。由于学生人数不多,教师可透过对学生不停的随机问答和讨论,让学生理解文本内容、作者意图,或是由文本衍生出来的社会议题做更深入的理解。尤其是借由文本的解析与诠释,学生能对自我生命有更

---

① 请参考佛光大学全球信息网,上网时间:2014年9月30日。http://website.fgu.edu.tw/.

② 李玲珠:《国文教学的人本化与通识化》,《第二届国文科教学研讨会论文集》,台北:万卷楼出版社2004年版,第185页。

深刻的体验。

以下学期选取《庄子·逍遥游》作为授课教材为例,主要目标即是希望同学能从庄子"逍遥无为、顺应自然"的人生态度中,了解生命价值。在过去,学生国、高中的国文课,大多偏重于儒家教材的选读。的确,儒家教材的讲授,让学生了解伦理秩序、忠孝之道及仁爱精神的重要性。但一元化教材的实施,则让学生的生命感受过于单调,故以庄子作为选读篇章,可让学生对大学生活有不同于以往片断零碎式的理解,而能就庄子的生平、整体思想建立学生大学时期的恢宏生命观。所以:"北冥有鱼,其名为鲲。鲲之大,不知其几千里也。化而为鸟,其名为鹏。鹏之背,不知其几千里也。"[①] 庄子无边无际的想象,不但是让学生顺便理解中国神话最好的素材,海阔天空的思考,还能够培养学生在大学时开启自我生命宏大的视野和丰富的想象力,而不再局限于过去国高中只有教室大小的眼界。从鲲变鹏的蜕变,更可从中告知学生,由高中生转变为大学生成长的喜悦,同时,也要对自己的行为和生命有负责任的表现。

其中庄子"乘大瓠浮乎江湖"[②] 的故事,可借由庄子和惠子的对话,带领学生讨论"有用无用"、"无用之用,是为大用"的观念,借此培养大学生不应只有急功近利的生命观点,而能透过文学理解精神生命的领域,故文学的功用实是潜藏于生命各处,让学生由认识文学中体悟生命的重要与价值,学生心灵才不会空虚。本课程亦由此发挥,补充庄子与惠子对话的各个短篇,以作为学生讨论的题材。其他像是《濠梁之辩》,可能放在本单元一开始作为引起动机或是唤起学生过去国高中的先备知识,亦可连同庄子和惠子的对话做一完整介绍,让学生能自然进入两人机智巧妙的对话领域中,了解学习过程中"独学而无友,则孤陋而寡闻"的道理,因为庄子若是没有惠子与其对话,其哲理将会失色许多。

而赖和的《南国哀歌》,除让学生体验现代诗的写作与特点外,学生亦可在过去所读的小说《一杆秤仔》中,了解"台湾新文学之父"赖和及其同时代作家"反帝、反封建"的写实精神与悲天悯人的同情心,亦能了解赖和的文学成就并非只有小说,而是包含古典与现代诗歌。《南国哀歌》主要是赖和震惊于"雾社事件"所写的悼念之作,透过诗歌的介绍与讨论,除建立学生对原

---

① 黄锦鋐:《新译庄子读本》,台北:三民书局 2002 年版,第 3 页。
② 同上。

住民文化和生存等基本权利的认识外，原住民的英勇抗日、视死如归的精神，亦是学生生命教育的题材：

> 所有的战士已都死去，只残存些妇女小儿，这天大的奇变，谁敢说是起于一时？人们最珍重莫如生命，未尝有人敢自看轻，这一举会使种族灭亡，在他们当然早就看明，但终于觉悟地走向灭亡，这原因就不容妄测。虽说他们野蛮无知？看见鲜红的血，便忘却一切欢跃狂喜，但是这一番啊！明明和往日出草有异。①

生命诚可贵，但尊严更无价。新世代的学生们创意力丰富，但抗压力却让师长们担忧。在日常新闻中，总是可见学生（尤其是资优生）因学校课业压力过大、对自我期许过高、或是情关难过而选择轻生，生命的价值就这样被轻易地浪费，大好的前途与未来就这样随风而去。透过赖和对赛德克族的描写，教师要引领学生的，就是要与他们讨论"生命如此重要，雾社战士的牺牲是否值得"等问题，如果值得，那么，我们是否也应当要珍惜生命、而不该轻率放弃生活中的乐趣？毕竟，现代环境已不若过去殖民统治的苛刻，台湾各族群间，大抵也都认清尊重不同族群的道理。我们既非活在赛德克族那段被压迫的日子，岂非更该重视我们的生命、并将其尽情发挥在每一天？透过对《南国哀歌》的解析和阅读，另可配合由台湾导演魏德圣的电影《赛德克·巴莱》的部分片段，让学生可以将文本与戏剧整合比较，提升学生此单元的兴趣。

如何享受生命，也是具有活力与热情的大学生更应具备的求学态度。延续对生命的重视，唐传奇《定婚店》谈月下老人"姻缘天注定"、"千里姻缘一线牵"的缘分观念，很适合为大学生进行情感教育。《定婚店》是被台湾多本大学国文所选入的篇章，它不但可以替学生介绍中国小说的流变、唐传奇的特点，让学生了解中国文学的发展和价值外，配合将月下老人置于霞海城隍庙的特征，可带领学生深入探讨台湾月下老人信仰风俗，此乃文学与民俗相融合的统整课程。由于由月老故事出发的教学策略，再配合全台湾各地月老庙的简介②、祭拜月老求姻缘方式的介绍，为同学甚感兴趣的文学作品和乡土议题，故教学成效良好。同样的，下学期以《周南·汉广》、苏轼《江城子》、陆游

---

① 赖和：《南国哀歌》，《台湾新民报》1931年4月25日。
② 例如台南市大天后宫、祀典武庙、观音亭。高雄市武庙、日月潭龙凤宫、台中月下老人庙等。

《钗头凤》与元好问《摸鱼儿·雁丘辞》等词作为选读篇章,除让学生得以了解与爱情有关的诗词之美外,也针对上学期未安排词选的课程进行补强,让学生可以体会到词的优美以及中国韵文由四言诗起始的发展历史。台湾学生对于《诗经》并不陌生,但最有印象的几乎都仅限于《关雎》,若没有扩大学生的视野,《诗经》作为中国文学经典之作的特点也会黯然失色,故借由《汉广》等《诗经》篇章的选读,学生在大学真正接触到爱情时,能与文学产生连接点。其后的《江城子》、《钗头凤》和《雁丘辞》都是情感真挚的文学作品,透过作者对情感的抒发,让学生更能理解何谓"真感情"、"真性情",在人格修养上必有帮助。

最后,选择萧飒的小说《香港亲戚》和龙应台的散文《二十海浬四十年》,可让未经战乱的学生感受大时代动荡下的悲哀以及珍惜生命的态度。毕竟,在战争的年代里,人命最不值钱,但能活下来的人,在饱受骨肉离散之际,会比往生者来得快乐吗?萧飒的《香港亲戚》就表现出这个悲喜交加以及时空隔阂的尴尬情境。小说以第一人称的视角写成,叙述"我"的父亲1949年来到台湾后,另娶台湾女子成家立业,并育有"我"及其妹,当"我"成家立业后,已退休的父亲突然接到通知、原来在大陆的原配妻子及女儿在香港妹妹的协助下,已来到香港,欲借此机会见上一面,进而引发台湾家庭冲突等问题。最后,"我"和父亲仍顺利前去香港与离散多年的妻女相聚,并透过亲人间彼此互动的情况,刻画出同时代下大陆、香港与台湾的悲剧与差异。[①]而龙应台在田野调查和口述历史两者相辅相成下,将两岸隔离的历史悲剧寄寓在字里行间表露出来。其中的主角林文彩,从湄州岛到乌坵,短短二十海浬的距离,竟然走了四十年。龙应台采用报道文学的书写方式,不但有助于学生参考,作为日后欲从事创作或记者的范例,隐含于其中浓厚的人道关怀与家国之情,更透过散文彻底发挥出来,不但能让学生了解散文文体的特征与书写方法,更让学生了解生命的可贵以及和平的重要性。

透过以上选材动机的概述,可见这几篇选文中皆有可与学生共同探讨的生命议题。由于文学作品往往带来情意培养的特点,透过情感强烈的文章,更能激发学生的生命关怀以及对生命的重视,这些思考能力的培养,对于踏入大

---

① 萧飒:《香港亲戚》,收于齐邦媛、王德威编《最后的黄埔》,台北:麦田出版社2004年版,第159—202页。龙应台:《二十海浬四十年》,《大江大海一九四九》,台北:天下出版社2009年版,第336—345页。

学的新鲜人来说,能为他们的生命历程带来不同的视角。

三、认真体会每一天:"生活"深刻化

文学的作用,除可以帮助人们抒发性情并体验生命的价值外,陶冶品德、体验生活亦是功能之一。佛光大学位于风光明媚的兰阳平原,林美山上飞瀑流水、同时面向大海,让师生视野无垠无涯。如此优美自然的环境,足以让刚刚历经大学入学考试的莘莘学子身心获得解放,并在山上求知之余,享受精致生活。但,若要享受兰阳地区的好山好水,对于兰阳地区的人文风景,就要有所认识。故大学新生的国文课,第一单元即选择"兰阳八景诗"作为授课主题,同时亦让上学期的国文课程有以古典诗为主题的课程。

"八景诗"是台湾极具特色的文学创作,在以"八景"相关的文学作品中,有以全台八景为范畴,也有以地域为范畴者如"诸罗八景"、"兰阳八景"。① 自清以后,宦游诗人来台湾任官、游玩如过江之鲫,故以"八景"为题的作品源源不绝,但每位文人喜好不同,故选择"八景"的标准亦不相同。而"兰阳八景"最负盛名者,则为乌竹芳的作品②,故本单元以乌竹芳的作品为主要选读篇章,带领同学细读乌氏所举"龟山朝日"、"隆岭夕烟"、"西峰爽气"、"北关海潮"、"沙喃秋水"、"石港春帆"、"苏澳蜃市"、"汤围温泉"。扩及介绍台湾古典文学的发展、宜兰民俗歌谣如"丢丢铜"的介绍以及配合课程进度进行校外教学,让学生不是只能坐在教室中认识"兰阳八景",而是能借由佛光大学的地利之便,由山头俯视兰阳平原,对"兰阳八景"的印象和理解将更为深刻。例如:由佛光大学向前望去,正是浩瀚无涯、水天一际的太平洋,龟山岛雄峙于波涛中,每当日出之际,构成一幅朝日美景。本课程即能借实景向学生解讲"龟山朝日"诗歌的描写手法和寓意,并辅以介绍龟山岛的神话与传说。除了乌竹芳,李望洋亦是本课程的补充资料③,其在宜兰推广文教和至大陆西北任官的经历,能让学生在宜兰的求学生活中充满知识

---

① 刘丽卿:《清代台湾八景与八景诗》,台北:文津出版社2002年版。
② 乌竹芳,生卒年不详,字筠林,山东博平人。举人。道光五年(1825)署噶玛兰通判,道光十年(1830)又署澎湖通判。
③ 李望洋(1829—1901),字子观;号静斋,为人刻苦向学,中举后在甘肃一带任官13余年。光绪十年(1884)闻法军占领基隆,后回乡协助办理善后劝捐、清赋与团练事宜,主讲仰山书院,著有《西行吟草》两卷。

之美。

相对于上学期以"兰阳八景诗"作为第一单元,以让初到宜兰求学的佛光学子能对所在地的文学、自然景观有所认识,进而增加生活的趣味,并在美好的环境中追求知识和品德的精进。下学期的第一单元,则以"饮食文学"为主题,饮食文学近年来在台湾兴起,像叶振富教授(焦桐)更致力于推行饮食文学和文化,故选取此议题与学生分享,主要是要让学生了解当代台湾文坛,实朝着多元议题的发展而前进;而近年来的大陆,更是掀起一股"舌尖上的中国"风,皆是可以配合此单元的讲述。在本单元选材方面共选了焦桐《论吃饭》、李潼《鸭赏与糕渣》和王聪威《妈宝的便当》三篇文章。焦桐《论吃饭》,着眼于多数华人以米为主食的特性,能与日常生活的饮食习惯相结合,且《论吃饭》由作者亲身经历构思而成,写作手法值得学生参考。李潼的《鸭赏与糕渣》则与上学期"兰阳八景诗"相呼应,借由文学作品,让学生体会李潼对宜兰当地食物细腻的描写手法与字里行间浓厚的人亲土亲之感。王聪威《妈宝的便当》则透过对便当的描写,展现对母亲亲情的怀念,对于台湾学生或民众日常生活中不可缺的便当,有深刻的着墨与感想,透过对此篇文章的导读与解析,可让学生对生活中随时可见之物提高感受度,而让生活更加深刻化。

生活中总是充满了许多想象和幻想,因为如此,人类才能不停地创新和发明。奇幻文学就具备这样的特点,所以在下学期的课程中,透过对中国历代笔记小说、章回小说的整理,特别是以《山海经》和《镜花缘》为例,引导学生认识古人或作家所想象出的"小人"或"大人"。神话为文学之母,此单元主要是向学生介绍古代神话,而小说通常取材于神话,故《山海经》和《镜花缘》关系密切。除此之外,亦进行中西文学的比较,例如《镜花缘》和《格理弗游记》的相似与相异、小说内部所含的寓意等,都是课堂和学生共同讨论的重点。至于元曲《窦娥冤》单元,除了联结生命的重要性外,亦与学生探讨日常生活中可能会发生不公不义的事件,如何才是最适当的解决之道,是课堂和同学共同讨论的问题。而此作品,亦可培养学生的正义感,期待能协助社会中弱势团体取得合理发声的地位。

以上一学年针对大一国文课所选取的篇章,既希望学生能加深对文学的认识,亦希望学生借由文本的阅读与讲解,能对自己的生活环境有更深的体会,或是反思生活中所遇到的问题。如此,学生才能透过文学作品享受阅读、享受生活以及享受学习文学的乐趣,进而转化为永久的精神生命,而非认为文学只是为考试的苦差事,甚至敷衍了事,而让国文课成为枯燥无味的课程。但,除了文学结合生命和生活的问题可以帮助学生增加对国文课的学习兴趣外,要化解学生心中"文学无用论"的刻板印象,配合各单元的议题,教师仍必须思考,什么样的评量方式或是活动,可以协助学生面对未来的生涯规划,并能在大学四年毕业后,对其求职有帮助? 此即教师安排课程时应要注意到文学实践与应用的面向。

四、以实力建立对未来的信心:"生涯"有规划

近年来,台湾高等教育最大问题,莫过于大学过多、少子化进而产生"学用落差"的问题。当大学教育不再是少数人的学习,而是成为人人的基本学历时,如何培养学生对自己"生涯"的掌握,即成为大学教育的重点。而要落实此重点,最适当的课程,其实就是国文课。文学课程首要的目标,是在养成学生思考和组织的能力,这可以透过文学作品的阅读、分析和讨论来养成。张高评认为,传统中文学门的课程设计,重理论而轻实务,故会产生难以与时代潮流相结合的弊病:

> 中文学门之教学设计,长久以来,较欠缺"学以致用"之规划,颇难适应以实用功利为导向的现当代需求。因此,为补偏救病,笔者以为,语文教学之任务,除了美感欣赏、情意陶冶、文化薪传等传统使命外,语文作为一种表达工具,应同时兼顾其实用性、生活化、创意化和现代感。[①]

那么,要如何让传统的中文教材与时代相结合呢? 本课程以《史记·项羽本纪》为教材,除希望学生能深入认识中文经典作品外,有鉴于《史记》学生在高中阶段虽以已读过"鸿门宴"单元,但并未通盘了解项羽、刘邦的领导特质,对经典的认识难有通盘了解,所以安排学生重读完整的《史记·项羽本纪》能彻底学习太史公的生动笔法外,也透过完整篇章的阅读、各式人物的特性描写,让学生思考,未来在职场上,是要当个像项羽的人,或是像刘邦、张良的人? 又,如在职场上遇到具有项羽、刘邦特征的主管,学生应当如何去面对

---

① 张高评:《实用中文讲义》(上),台北:东大图书股份有限公司 2010 年版,第 2 页。

他,或是完成主管所交待的事务?类似这种思考的能力,正是普通大学教育和技职教育不同的地方,大学教育应重人文素养、独立思考能力和规划自我人生能力的培养;技职教育则重在技术训练的培育。而台湾过去的经济奇迹,正是在大学教育和技职教育不失衡的情况下达成,而不可否认,技职教育所养成的技术人员,正是支撑起台湾经济的一片天,但要有新观念的应用与研发,仍应是大学的责任。可惜的是,当台湾的大学过于普遍后,学生的思考力、创造力和规划能力似乎也降低了,特别是不少学生进入大学后,对于未来仍是一片茫然。所以台湾近年来不停强调"产学合作"、"学用合一"等,是当局欲透过学校帮助学生得到技术,进而找到自己的生涯目标,但成效却有限。因为技术日新月异,当大学生四年毕业后,他所学到的技术,并不一定能跟得上企业对人力所需的要求。

不过,透过国文课程,仍可试图做一些改变,特别是在引导学生未来方向、刺激学生创意力和语文能力运用方面。由于国文课程一星期3小时,所以教师试着利用课堂前10—15分钟的时间,与学生分享教师在各大报纸上所见到的文章。选文标准包括是否能让学生思考争议性问题、对未来人生的走向、在职场上如何生存等。透过他人的文章,期盼学生能在教师导读和提问下,勇于提出自己的看法和见解,如此才具备一个成熟大学生应有的特质;同时,也可透过他人经验分享,了解未来毕业后,在社会上可能遭遇到的困难,以及吸取他人解决问题的能力。

在课程安排方面,除了文学作品的阅读、诠释和讨论外,亦安排几堂实用中文的课程,而尤重实务写作。这其中包含了自传书写和履历制作、企划书的撰写、广告文案的创意构思和抒情文的撰写等。企划书的撰写,考虑学生日后在职场上可能担任营销或业务的企划人,而必须了解企划书基本的撰写方式,如计划缘起、方式、时间地点和经费规划等,越完整的企划书,越能在职场上受到青睐。广告文案的构思和抒情文撰写,重点在训练学生的创造力和思考力,协助学生未来在职场上能激发自我潜力。自传和履历则为求职的第一步,如何以通顺的文句和简洁的篇幅,让欲应征的企业在短时间内就对求职者的特点印象深刻,开启面谈的机会,即是自传和履历的重要性。人的每一阶段,或多或少都有值得记录或是转化成为个人特点的部分,在此课程的设计下,教师除对学生写作能力有所要求和建议外,亦教导学生如何制作个人档案,或以作品集形式展现,方便学生日后书写自传时参考。

既然教导学生进行作品集的制作,在部分单元的主要作业目标,则是让学生结合课程文本来发挥创造力。例如,"兰阳八景诗"与宜兰在地生活密切相关,但它又具备旅游文学的特质,在结合在地营销和文创产业的思考下,要求学生以八景诗和其他景点为例,进行旅游文案的写作。如何透过对八景诗内容的理解和改写,成为可以吸引观光客前来宜兰旅游的动机呢?学生可以思考几个适合台湾当下问题的主题,像是高龄化社会中适合银发族的旅游路线和方式、适合背包客的漫游方式等,学生如何将此八景串连成同一条路线,或是设计套装行程,这些都可以帮助学生日后从事营销工作预先做的基本训练。如此将是文学课程与实务结合的范例,同时,也帮助学生探索生涯志向。而经典性的文学巨著如《史记》,若能应用于学生创意构思和写作实务的训练,则可兼顾经典与实用的理想目标。仇小屏认为:

> 经典很迷人,但不易读进去,更不易教学。除了古奥的文字与现代隔阂外,它还承载着几千几百年之间,各朝代学子的阅读方法,光是了解各家各派,就相当累人。要超越这些"铜墙铁壁",直接与一位现代的文学心灵会面,令他能吸收,变成身体里流动的气质,变成笔下创作之元素,这其间,必须有一道转化的桥梁。①

太史公笔下的人物,具有动人的立体性和存在感,举手投足、喜怒哀乐间呈现跨越时空的经典形象和生动情节。若学生透过分组合作发挥巧思,以《史记》为底本,进行剧本的编写,这其中就包含角色安排、对话设计、动作想象、剧情构思和写作能力的训练。故本课程在《史记》中选读篇章如《项羽本纪》、《管晏列传》、《刺客列传》或《游侠列传》等,鼓励学生在教师讲解、学生阅读和共同讨论后,将上述篇章分组改写为剧本。此作业不但培养学生的想象力与创造力,鼓励学生充实文学阅读以作日后活用的素材,更是训练学生透过分组,学习与人合作、沟通与化解歧见的能力,毕竟,人的一生中必须不断与人共事;学生固然应具备独立思考的能力,但也要懂得如何包容和接受他人的想法,才不会流于自我武断,并能集思广益而将众人的智慧发挥最大功效,课程也不会流于照本宣科而失去活泼性。

---

① 仇小屏:《转化经典为当代写作的能量》,收于张高评编《实用中文写作》,台北:里仁书局2004年版,第412页。

除了实用写作外,学生口语表达的训练亦为课程重点之一。学生面对未来人生的自信心培养或求职的挑战,如何把话说好、培养良好稳健的台风和与他人顺畅的沟通能力,亦是大一国文课所必须要求的。诚如李玲珠所言:

> 回到国文教学的本质思考,"语文教育"本就具有实用性的特色。语文表达包括口语与书面语,二者涵括人类沟通的形式与媒介,辞能达意的表达将助于良好的沟通,减少因沟通不良产生的误解与误判;……透过口语表达,教师能适时地给予建议与纠正,同侪间可以相互观摩,透过实际练习可以提升学生说话的仪态、风度、自信、说话时间的掌握度。环视现今社会,无论哪一行业、不同的人际间相处,口语表达的重要性与日俱增,特别在忙碌的工商社会,生活步调快速,如何在短时间内作清楚、有效的表达,应该成为语文教学的重点。①

故本课程在内容安排上,特留期末若干周时间,要求学生必须轮流进行 3 分钟口语练习。上学期安排分组口头报告,报告内容即为各组所撰写的企划案,作为学生日后就业、若必须向公司主管和同仁进行业务简报时的预备训练,故可准备投影片或书面资料看稿报告,教师纠正报告时学生出现的问题并予以示范;下学期则要求学生作 3 分钟的抽题即席演讲,借此训练学生的组织能力和不看稿时的台风与胆量。综合上、下学期的比较,每位学生在口语表达方面皆有明显进步。

但,仅有学生练习和教师指导,对于学生仍有所不足。有鉴于此,本课程亦透过"职涯演讲"的举办,协助学生对未来的人生进行思考,例如针对"产业与媒体设计学系"的国文课,即邀请到在相声和口语表达方面专精的讲者为学生进行相声表演。两位演讲者以"静观·动作——古老相声艺术的现代哲思"为题,除实地表演相声等口语艺术外,另结合说话技巧与业界经验,实地指导学生即席上台表演;各项现场活动让同学们在聚精会神聆听之余,亦感受到与众不同的国文课,且面对未来自我职涯规划时,了解口语表达的重要和诀窍。

另,针对本校"未来与乐活学系"与"健康与创意素食产业学系"的同学,邀请具有生活哲理专长的演讲者前来演讲,配合庄子和饮食文学的课题,

---

① 李玲珠:《国文教学的人本化与通识化》,《第二届国文科教学研讨会论文集》,台北:万卷楼出版社 2004 年版,第 190 页。

演讲者将饮食、哲理和生活等议题相结合与同学讨论,并与学生分享自己的手作食品,更能激发此二科系的同学未来在食物设计上的思考。最后,针对"传播学系"的学生,邀请台湾有"新乡土"之称的新锐作家杨富闵前来演讲,演讲者由在台湾台南市大内区成长的亲身经验为例,与同学分享他的成长过程、原乡记忆,以及如何透过成长过程中所亲见亲历的事物,培养出敏锐的观察力,进而以这些成长趣事为题材,书写出一篇篇动人的小说。学生不但了解演讲者在成长过程中,影音媒介如何带给他创作灵感,同时,也学习到如何借由日常生活各事务的触发和观察,培养敏锐且生动的写作能力。

结　论

迈入 21 世纪,台湾的高等教育正面临种种外在危机而需思索转变之道。在跨领域、跨文化的观念冲击下,大学国文课程也应有兼顾传统与现代、基础能力、情意鉴赏和实际应用的功能,才不会自时代潮流中落伍,并逐步打破重理工轻人文的全球化迷思,而彰显其身为人文社会学科一环的价值。

台湾各大学院校已注意到国文课程的设计必须跟上时代的脚步外,并透过各式教学研讨会、期刊发行等提供教师信息流通和心得分享的平台,以达成资源共享和互相学习的目标。更有心者,凝聚校内共识,编选教材,期望能让学生感受不同于国中、高中时考试为先的国文课,而能真正学习到想学或是应学的知识。有感于此,佛光大学即以"生命"、"生活"和"生涯"为办学特点,除配合教学卓越计划的进行以改善教学质量和环境外,在课程方面,也时常举办"国文科教学工作坊"、"英文科教学工作坊"等研习,集思广益针对教师在教授国文或英文时所遇到的问题进行解决。这些都显示学校对于基本学门国文、英文的重视。

因此,教师如何由课程设计和内容安排落实此"三生教育"的理想,就必须在选材、教学和作业上多加思考。本文所举的例子,其实各篇章的教授,并非仅限于一种范畴,只要教师能从多元角度去思考文本,其实每篇文本都具备"三生"特质,而能带给学生深刻的思考。同时,若能与世界各国的教学者和研究者互相交流、分享各项教学实例,相信对于日后课程安排的修改与内容的充实,将有不少帮助。

认识宝岛、再现台湾：永和社大"台湾文化导论"的课程设计与教学

王俐茹

华夏科技大学通识中心兼任讲师

前　言

台湾教育课程建构随着时代与社会转变，教育逐步普及，民众对于学习的概念也从较为僵硬的国民教育，开始思考"活到老，学到老"的社会教育意义。台湾早期升学率受到工作、家庭期待等诸多影响（往往选择提早入社会就业），随着个人社会资本累积与生涯规划，成人学习的呼声也不停高涨。在1994年台大数学系黄武雄教授的倡议下，于1998年年初与关心教育改革的人士组成"社区大学筹备委员会"，希望能在台湾各地推动社区大学的设立。1998年9月文山社大在木栅国中成立，此后社区大学成为成人学习教育很重要的关键。

成人教育有别于基本国民教育养成。国民教育要求五育俱全，借由教育协助心灵智识与身体尚在发展的孩童、青少年建立良好的人格基础与知识，犹如建筑透过蓝图设计规划，水泥、钢材建构而成一般。成人教育则借重学习者本身的社会经验，透过各种不同学科的知识学习整合，建立更为宽阔的人生与视野，重视不断创新和改变的进步世界观。[①]

正因为社区大学强调不断创新与改变的进步世界观，因此社区大学的课

---

①　张德永：《社区大学：理论与实践》，台北：师大书苑有限公司2001年版，第22页。

程设计以关怀地方、放眼世界为导向，要求多元文化并陈。倡议者黄武雄教授也提过他并不主张将社区大学当作转进一般大学的跳板，更不主张把社区大学定位为培养工商专业技能的场所。① 在社区大学，我们仍然可以见到开设财经解读等相关课程，但更为偏向生活学习运用，强调其间的人文意识。黄武雄也认为："社区大学可以开设一些工商课程，但应强调'通识'重于'技职'的办学精神，使人民能具有共同经营现代社会，具有进行反省、思辨与批判的能力。"② 从倡议者的理念看来，社区大学的着重点在于人格培养，更为重视哲学与公民社会的思考、反省与批判。由此可知社区大学的课程组成强调人文思考，并与学习者身处的社区经验相互配合，经由学员学习与课程实践达到地方社区营造的目的。因此课程设计上要求多元视野与辩证性学习，一般大学受限于学科传统与教学规划，反而不若社区大学课程规划来得自由。正因如此，社区大学的许多课程相较于一般大学，更具有前瞻与实验性质。

"台湾文化导论"亦是在上述学习理念的延伸下，在永和社区大学（以下简称永和社大）开设课程。此课程配合当时永和社大调查在地发展的"双和生活"活动，协助建立当地文史调查。本文希望透过讨论台湾社区大学的建构理念，并分享"台湾文化导论"课程建立的过程，使其了解社区营造与成人学习的发展成果。也希望透过会议双方的交流，交换彼此对于成人教育与社区营造的思考，进而能够达到"他山之石可以攻玉"的互惠结果。

一、社区与知识的整合：台湾社区大学创办

1994 年"四一〇教改运动"中，对开放高等教育、提升教育民主化等议题一直是运动关心的重点。尔后，诸如与地方整合的社区参与等思考一一浮现在当时运动目标与想象当中。从这些议题当中，"四一〇教改联盟"与"人本基金会"提倡民间大学制度，进而形塑成"社区大学"的发想。

与当时黄武雄教授等人所提倡的"社区大学"相对应的，是教育主管部门提出的"社区学院"。教育主管部门的"社区学院"概念立基于美国的初级学院和社区学院制度，属于一种两年制的中学后教育机构。其目的在于培

---

① 黄武雄：《我们要办什么样的社区大学？》（1997 年），检索有效日期：2014 年 10 月 8 日。http://www.community-univ.org.tw/?q=node/1133.

② 同上。

养国民终身学习的习惯和能力,并提供转学课程、职业教育课程、一般通识教育课程、社区服务课程等,是以"社区"为主要服务的范围。① 黄武雄等提倡社区大学者则认为,社区大学所强调的是开拓人民的公共领域,充实其生活内容。教育主管部门所构想的"社区学院"仅"强调个人终身学习与推广技职教育,并企图藉此纾缓升学压力"②。亦即教育构想着重点限于教育改革本身,社区学院的位置是介于中等教育和大学教育之间的高等教育机构;并且因为学院本身拥有"转学"机制,所以同时具备衔接大学学制的功能性。从教育主管部门发展的"社区学院"构想中,可以见到官方依旧是以衔接现有教育体制为思考点,借由"社区学院"发展"另一批职业训练导向的大学生"。

回顾 1994 年的"四一○教改运动",可以发现其发展动能是对当时台湾社会升学压力过高的反思。因此当时运动不仅要求广开高中、大学之门,希冀透过大学开放解除台湾学生身上的升学压力,增进社会的公民思考与人文批判。与此同时,为了要促进一般已经进入社会工作的成人能够有再度进修的机会,黄武雄等人建议成立"社区大学"。黄武雄对社区大学的展望是:"1. 打开公共领域,发展民脉(civic connections);2. 进行社会内在反省,培养批判思考能力;3. 以学员为主体,协同经营社区大学;4. 紧抓成人学习的特点,着重由问题出发的讨论;5. 藉生活艺能课程充实生活内容,重建私领域的价值观。"③由上述展望可知社区大学的成立来自对社会经济过度发展下,丧失人文精神的一项反思,同时也开始注意到在地发展与知识整合的重要性。

90 年代的台湾运动风起云涌,除了政治"解严"所带来的议题多元发展外,妇女、性别、教育运动的提倡,究其根本还是来自知识分子对于所处社会的自我观照与期待。举办成人教育的呼声之所以高涨,一方面是随着全球化的步步紧逼,台湾在地整合、社区营造的思维也相应而生,地方文史研究益发受到重视。另一方面,60 年代台湾工商业尚在起步时,许多就学人口提早在国中毕业后进入就业市场成为劳动人力,历经二十余年后,昔日的劳动人口累积相当的社会经验与资本,若能借重这些拥有社会经验的成人与学术知识相互结合,必能相互增益。

① 张德永:《社区大学:理论与实践》,台北:师大书苑有限公司 2001 年版,第 33—34 页。
② 黄武雄:《我们要办什么样的社区大学?》(1997 年),检索有效日期:2014 年 10 月 8 日。
http://www.community-univ.org.tw/?q=node/1133.
③ http://www.community-univ.org.tw/?q=node/1133.

　　黄武雄在《套装知识与经验知识——兼谈社区大学学术课程的定位》中提到套装知识与经验知识的差别。认为学校里面所传授的多半是套装知识，而"套装知识通常无助于催化学习者的知性成熟，相反的，对于人的创造力会加以压抑"①。然而套装知识之于社会还是相当必要的，因为它有助于学习者在短期之间窥知人类文明知识的粗略架构，尤其方便于把人训练成专业知识的操作者。但随着社会运作的进展，套装知识往往成为学院中僵化的标本、唯一答案。标准化的套装知识在凝结国家意识与发展国力的强大需求下，进入各级学校，变成知识的唯一内容。这些知识虽然会协助学习者取得文凭，进入社会，但因为缺乏个人经验辅佐理解，对于知识往往是照本宣科，对于学科背后的脉络则是知其然，不知其所以然。

　　社区大学则是逆向思考，在黄武雄对于社区大学的理想蓝图中，可以见到："社区大学将强调经验知识。不同于传统学校的教学，社区大学将融合经验、知识与套装知识，让彼此相互渗透，其份量也调整为七比三左右（经验七，套装三），使套装知识不再成为知识唯一的内容。"②1998年第一间社区大学——文山社大成立精神也立基于此，尔后各地社区大学成立的基本信念也多半强调学习者经验分享与知识的彼此结合。

　　因此社区大学在课程设计上不以"启蒙"为要务，重视讲师与学习者间的讨论与交流；另外，社区大学在课程结构上强调必须纳入学术课程。文山社区大学前任校长唐光华在《社区大学课程规划的理念与实践》提到：

　　　　社区大学学术课程的开设目的有三，一为让过去数十年未受过高等教育的公民也有机会吸收学术知识。二为鼓励教师从一般大学的殿堂内走出，到社区大学与人生经验丰富的民众对话，教学相长，脱离套装知识的束缚，不断建立经验知识。三为社区大学学员修满足够的学术课程，再加上选修其他课程，满一百多学分后，才有资格获颁大学文凭。若抽掉学术课程，而要求教育主管部门承认社区大学的学员具有领取大学文凭的资格就很困难。③

　　社区大学之所以有别于其他以才艺学习为导向的学园，诸如长青学院等，

---

① 黄武雄：《套装知识与经验知识——兼谈社区大学学术课程的定位》（1999年），检索有效日期：2014年10月8日。http://www.community-univ.org.tw/?q=node/597.

② 同上。

③ 唐光华：《社区大学课程规划的理念与实践》，《文讯》2006年3月第245期。

就在于学术课程的创立。学术课程设计偏向哲学、社会、公民、文学、历史等面向,贯彻黄武雄等人倡议建立社区大学的初衷:"开拓人民的公共领域、充实其生活内容,同时发展人民的批判思考与台湾社会的新文化,以进行社会重建,为未来的民间社会铺路。"

社区大学在学术课程外,也相当重视生活艺能与社团。生活艺能强调手脑协调,认为台湾过去教育环境中仅要求"记忆"而缺乏"实践",因此生活艺能的课程试图去补足"动手"的层面,像是木工、园艺、缝纫课程,同时也有外语、乐器、舞蹈学习。社区大学的另一项特色是社团活动,可以说是各社区大学借由社团活动形塑自身特色。诚如上述所论,社区大学创办的理想形态除了要求人文思考、公民讨论外,还要求在地生根、社区营造。社区大学根植于各个社群,所招收的学员多半也来自同一社区,社团活动的目的正是希望学员能在课堂之外,主动探索生活外围、理解地方特色。有的社大重视河川保育,有的社大则重视性别与新移民问题,也有部分社大致力于地方学的发展,更有社大鼓励师生投入社区公共议题的讨论。农村型的社大重视农业问题,部落型的社大重视原住民问题。社团透过议题与老师带领,往往能展现自我关怀所在,亦能回头扣合社大最初的理念。

台湾社区大学从发轫到现在恰好已经 20 年,从初始社区学院与社区大学的讨论,到确立社区大学走向与课程结构;从初始仅有文山社大与新竹青草湖社大,到现在遍地开花,一区一社大,看来成果虽然丰硕,但内部也仍然存在学术课程招生不易、自筹经费困难等问题。然而就整体而言,台湾社区大学仍然建立了一套强调自发、催生在地动力的成人教育形态。这几年两岸交流频繁,彼此也交流关于成人教育的发展动态,从"晏阳初平民教育发展中心"、"乡村建设中心",乃至于"福山金山社区大学"等成人教育学校的理念发轫中,可以看出彼此对于社区大学的想象与目的还是有所差别。福山金山等社区大学理念发想:"社区大学是一种打开教育围墙,推动城乡平民教育的有益尝试。它搭建平台,让城乡的居民互动,在接受平民化教育的道路上,彼此了解、融合,促进城乡和谐、可持续发展。"[①] 理念口号也相当动人:"让无力者有力,让有力者有爱。"显然,大陆的社区大学发展相较于台湾更为重视启蒙教育与打破城乡差距。台湾集中于个别社区知识整合与社区营造,大陆则强调教育机

---

① 《社区大学》,检索有效日期:2014 年 10 月 8 日。http://www.iguxiang.org/jieshao/contact.htm.

会均等、外来民工受教权力等关怀。

成人教育的经营方式各有差异，但对于教育所强调的热诚与人文理念却是有着相同关怀。彼此若能够相互借镜学习，相信更可以点出对方设计优点与盲点。希望能透过在社区大学开设学术课程的经验，交流彼此对于人文课程教学设计的想法与观点。

二、"这里有玫瑰，就在这里跳舞吧！"：永和社大与学术课程设计

德国唯心主义大师黑格尔说过："这里就是罗陀斯，就在这里跳跃吧，这里就有玫瑰花，就在这里跳舞吧！"本来只是伊索寓言中旁人揭穿一个吹牛者的谎言，到了黑格尔笔下，转换语言成为"这里有玫瑰，就在这里跳舞吧"。黑格尔认为："就个人来说，每个人都是他那个时代的产儿，哲学也是一样，它是被把握在思想中的它的时代。妄想一种哲学可以超出它那个时代，这与个人可以跳出他的时代，跳出罗得斯岛，是同样愚蠢的。"对黑格尔而言，人受到所处时代的局限，难以超脱其外，与其期待超出时代局限，不如好好把握当下的学习。

永和社区大学以"这里有玫瑰，就在这里跳舞吧"为创校口号，自然是撷取黑格尔"把握当下"的理念作为校务期许。从口号的选择也可以看出永和社大本身的哲学性质与对人文研究的偏好，永和社大是新北市少数开出多种类别学术课程的社区大学，在近年社区大学经营越发困难的情况下，仍然坚持理想开设学术课程以半价学费吸引学习者。1998 年文山社大成立后，接续是新竹青草湖社大，1999 年永和社大跟进前者的脚步，率先在新北市成立。不论是学生数量、课程多元性，永和社大都是傲视各社大。以第 12 学期为例，共开设 103 门课程，正式选课学员人数为 1800 人。

永和社区大学每学期开设近百种各类课程。不分科系，没有必修／选修之别。课程并分为三大类，分别是：

学术课程（人文、自然、社会科学）。目的在扩展人的知识广度，培养思考分析、理性判断的能力。例如：精神分析学、台湾文学、生态学概论、基因与生活、传播理论等。

社团活动课程。目的在深化民众参与社会公共事务的能力，从关心、参

与、学习中,凝聚社区意识,迈向公民社会。例如:社区新闻社、慈幼与残障权益关怀社、教育问题研究社。

生活艺能课程。可以学习实用技能、充实生活内容,提升人的工作能力与生活质量。例如:计算机与生活、生活纸艺术、英日语、法律与生活、西班牙佛朗明哥舞。①

从前述社区大学的成立理念,我们可以了解到社区大学主要是凝聚社区意识、培养民众拥有多元的自然、人文视角。永和社大近几年结合环保意识与社区再造发想,提出"生态双和(中和、永和)"的概念。从找寻"瓦窑沟"、再造警察宿舍等行动,企图借由在地学员的力量重新认识居住社区。一方面以环保生态调查的方式找出瓦窑沟的前世今生,另一方面透过地方文史工作认识"双和"历史,可以说除了知识结合学员经验外,还能够透过社团行动实践认知。

台湾文学、文化研究在学术体系中发展至今,除了一般大学研究所的学术发展外,更需要以平易近人的面貌让台湾社会重新认识其研究成果。这项发想与社区大学要求在地经验与扩展人的知识广度的概念有所接近,因此"台湾文化导论"相关课程能够在永和社大开设。本系列课程的开设同时也得力于近几年永和社大发掘在地历史书写,让"台湾文化导论"有机会能带领学员去做地方志的观察与写作。

"台湾文化导论"之外还有"台湾文学停看听"的课程轮替,每学期都力求内容要达成具普及性与具备系统性、议题性。台湾文化相关课程从 2011 年开设以来到现在,都会尝试让不同研究专长的博士生合作开课,一方面能保持课程的弹性与活力,另一方面也能让台文研究领域的博士生增加实际教学的经验。透过不同研究领域的博士生开课,不但能够增进台上教学的功力,教学者们也可以相互观摩、取长补短。社区大学的学员与一般大学、技职体系的学生不同,多半是工作数十年的大哥、大姐,其人生阅历胜过台上的每一位讲师,甚至经历过许多历史发生现场。然而,这些年长的学员却比一般大学生来得更为积极、热情,除了读完每周交待的文学文本外,还能配合自身经验讲述当时历史现场。这些年长学员的记忆力或许已经比不上正当青春年华的学生,但上课笔记却做得比任何人都来得勤快。黄武雄之所以强调经验教学,正是

---

① 《永和社区大学课程》,检索有效日期:2014 年 10 月 8 日。http://www.community-univ.org.tw/.

认为："社区大学的课程最忌讲师个人太强的主导，我们不祈求大师的泽被，却寄望课程提供多元而深刻的经验，使学习者在穿透他人经验的同时，陷入沉思，不断更新自己的内心世界。"① 在"台湾文化导论"课堂上，不仅是学习者的经验彼此交流连贯，讲师更是获益良多。当书本上的知识与历史现场，透过学员的经验分享而得以再现时，书本的内容不再虚假与冰冷，反而在相互印证下呈现探求知识的乐趣。

像是 2014 上半年的"台湾文学停看听"课程是以议题形式进行，分别是：学校、监狱、女性殖民地写作、异人的旅行眼光。课程着重在双方知识与经验的交流上，首先以学校为主题挑选出赖和《高木友枝先生》②、《无聊的回忆》③；张文环《论语与鸡》④、《重荷》⑤；周金波《尺的诞生》⑥。透过赖和描写汉文私塾、现代学校的杂文，重新回顾现代学校教育是如何形塑而成。清领时期的书房教育目标在于功名科考，借由教育挤入国家核心；帝国借以掌握由下而上的晋升管道。进入殖民体制后，教育则成为殖民统治手段的延伸。透过公学校、小学校的分流，提早确立殖民地位阶差异；殖民者掌握课程订定的权力，借学校科目撒下殖民现代的种子。另一方面，书房教育并未消失于殖民地台湾，同时也是日据时期"学校"的另一面向。经由这几篇文章，学员们能够理解学校教育是如何"被形成"的。同时学员还能分享自己父祖辈的经验。对授课者而言，私塾、日本学校的知识来自于史料、文学建构，并不是一项生命经验；然而对学员而言，距离私塾、公学校的时代并不久远，阅读文学书写像是印证过去生命经验一般，往往还能在课堂上补充确切的亲身经历。社区大学授课者的任务就像是堆栈积木一样，将学员经验与抽象的课程内容重新整合，进而将人文思考带进学员的生命体会中。

因此课堂中不仅学习历史成因，还能经由讨论去贴近赖和所感叹的："啊！时代的进步和人们的幸福原来是两件事，不能放在一起并论啊！"⑦ 进一

---

① 黄武雄：《套装知识与经验知识——兼谈社区大学学术课程的定位》（1999 年），检索有效日期：2014 年 10 月 8 日。http://www.community-univ.org.tw/?q=node/597.

② 李南衡编：《日据下台湾新文学全集：赖和先生全集》，台北：明潭出版社 1979 年版，第 263—267 页。

③ 同上书，第 220—233 页。

④ 张文环著、张恒豪编：《张文环集》，台北：前卫出版社 1991 年版，第 115—133 页。

⑤ 同上书，第 47—55 页。

⑥ 周金波著、张恒豪编：《周金波集》，台北：前卫出版社 1991 年版，第 37—50 页。

⑦ 李南衡编：《日据下台湾新文学全集：赖和先生全集》，台北：明潭出版社 1979 年版，第 229 页。

步认识现代性与殖民现代性的抽象学术思考，亦能带回现代台湾社会，讨论现代意义下的幸福是什么，而个人生命中所感受的幸福又是如何。

三、社区经营与经验教学："台湾文学停看听"课程建构与成果展示

从上述课程设计与学员互动中，可以发现社区大学的课程核心大抵以"人本"为中心，将生命经验与文学思考整合，借以认识所处社会。然而，社区大学并不满足于单纯"认识"，亦希望能主动改变社区，透过课程、学员、社团活动形成改进的循环动能。社区大学强调在地环境经验与建设，李丁赞认为这是社区大学特色之所在。李认为社区学院所提及的"社区"指的是地理概念，缺乏人文或社会意涵。而一般正规大学虽不以技职为导向，会探求纯知识，但对于社会议题却漠不关心，也与学校所在社区脱节。仅有社区大学真正立足于"社区"的基础上，并试图和社区产生实质互动。① 因此，社区大学所要面对的不仅是学员教育问题，更重要的是透过社区大学课程、社团的运作，找出社区精神与挑起文化再造的担子。

永和社大顾名思义位于永和社区，永和与中和两区长期以来作为台北市的卫星城市，承载大量外来劳动人口赁居的需求，是充满活力却又具有不安定感的社区。相较于其他地方而言，双和人口流动率偏高，街道狭窄且人口稠密，新兴劳动人口与旧有居民彼此生活在同一区域，却缺乏相互沟通的机会，对于双和的认识与认同感自然难以提升。永和社大以发现双和作为出发点，前与生态研究社进行瓦窑沟的调查，后则与"台湾文化导论"等课程合作，重新调查访谈永和警察宿舍的前世今生，将双和议题透过社团活动与调查发散出去。永和社大每学期都会以园游会的方式向外发布教学与社团成果，一方面让学员与老师检视一学期的成效为何，另一方面经由走出户外吸引新的社区居民加入社区大学。

然而，面对向外展演的场合时，文学课程常常会遇到瓶颈。文学作为向内心探索、挖掘的一种方式，灵光往往出现在口头传授时拈花微笑的那一刻，而

---

① 李丁赞：《试论社区大学中"社区"一词的意涵》，载《第二届社区大学全国研讨会会议手册》，2000 年 4 月 8 日。

学员对文学议题的领会也常常是如人饮水,冷暖自知。因此,当面对流动的大众,文学课程难以透过短时间的表演吸引群众,学员的学习成果也仅能透过静态的习作展示。因此,"台湾文化导论"的课程成果展便试图以文学游戏为主,像郁永河《裨海记游》的大富翁、诗句弹珠台等方式,让社区民众能够对静态的学术摊位产生兴趣,文学与游戏的结合也更适合吸引年轻族群的注意。

就如同文学课程的成果展示不能只靠静态文本陈列,文学课程与社区的结合必须是深入社区,而非坐等学员进入教室。配合永和社大对发展"生态双和"的期许,以地方志书写为目的开设"台湾文学停看听:地景与生命的交错"课程,一方面呼应过去社区的文史书写,一方面扩大视野,观看其他作家如何以文学描绘土地与生命,继而让学员学习如何回馈自身经验。永和容纳了许多外地求学、工作的游子,有些人从游子成为在地人,有些人则世居于此,地方文学的阅读往往能够带领新、旧居民产生在地认同。

首篇便以舒国治的《无中生有之镇——永和》[1] 作为导游,倚靠舒国治细数古今永和的变化,同时钩沉永和早期农村样貌。舒国治写起地景与书写吃食类似,淡淡白描将自身记忆与景色合并包裹,一并传递给读者。这篇文章引起学员热烈的讨论,对来自外地的授课者而言,舒国治的描写是一种记忆的传递,与其说是认识永和,不如说外地的读者借由文章脉络也想起自己的故乡,文里文外彼此的故乡相互辉映。然而对永和土生土长的学员而言,地景书写犹如青春记忆的召唤,舒国治书写带领读者神游过去,但对于年长的学员而言,他们本就身处记忆现场,甚至还可以挑出舒国治漏掉的区块。地景书写不仅再现地方,同时也再现、总和在地人的记忆,进而形塑地方认同。

然而地方记忆不能只有怀旧,永和社大一直以来积极关心外围自然景观,并推动环境保育。像是银河洞的生态介绍、社大小农市集等,运用社团与课程的力量唤醒更多关怀地方自然变化的公民。那么,又如何才能够以文学深入地方呢？吴明益的《家离水边那么近》和吴音宁《江湖在哪里》都提供了视角与方法,两者写作笔法南辕北辙,但是关怀心态与书写深度却没有不同。吴明益以河、溪、湖、海诸多水的样貌为书写主角,写生物与水的互动,写污染物让水源逐渐死去,生物日渐消失。吴音宁的《江湖在哪里》则写了公权力、贸易协议扼杀台湾小农的生机,从白米炸弹客杨儒门的抗议开始,粮食危机成为

---

[1] 舒国治:《无中生有之镇——永和》,《作家的城市地图》,台北:木马出版社 2004 年版。

社会真正的隐形炸弹。污染与财团垄断,台湾倚靠米食的人口越来越少,吴音宁细述各年代的农业政策与农村情景,报道文学的笔法冷静且充满佐证。吴明益的自然散文写作与吴音宁的报道文学,都是关怀地方发展、生态问题的利器。对于学员而言,透过阅读不同的写作范式,一方面能了解目前台湾生态书写的文学状况,另一方面则是希望透过认识生态,学员终有一日能意识到永和自然生态的重要性。

课程前半都是以亲身经历书写生态、环境;课程后半则是回到族群的多样性观点。社区大学的部分经营理念一直是追求文化多样性与培养包容,永和作为一个容纳新旧混杂的城市,本来就比其他地方多点包容力。然而,透过他者的眼睛所望出来的台湾不知道又会呈现出什么形态。后半课程以桑品载的《岸与岸》、张贵兴的《伏虎》为主。桑品载书写当时国共对立的童兵生涯,写家族分离的苦状,写台湾基隆上岸后无亲可依的漂泊感;相对应的马华作家张贵兴,则用了魔幻的方式讲述家乡的故事以及来台的见闻。对于永和社大的学员而言,这是比较难得的阅读经验,一者写实如自传,一者充满魔幻性质,但两者都是书写自身的经历。这两种写作模式除了让学员认识不同视角的台湾外,也提供了如何书写自我的示范。

经过一学期的阅读与讨论,课程期末时请学员各自挑选一张与永和相关的照片,并说明照片的时间、地点、人物、拍摄理由,再请学员回到昔日拍照地点照一张,一并陈列。两相对照下,时间与地方变化一览无遗,除了呈现出时间的痕迹,也说明了社区是无时不刻不在变动的。这种变动不仅在于永和地景建筑本身,更在社区营造的观念更新上。透过课程、社团经营,社区大学与地方的连结越紧密,自然会连动带往好的社区营造方向。社区大学作为民间自主发起的成人教育团队,从普及教育的理念到致力经营社区,可以说是贯彻了当初黄武雄等人对社区大学的期待。社区大学亦肩负普及大学纯知识与成为民间经验分享平台的责任,正因为有了社区大学作为连接社区的平台,既提供台湾文学向外推广的机会,亦实践社区大学初始所期盼的经验教学方式。

结　论

台湾社区大学的成立从 1994 年发轫至今恰好已经 20 年,从小小的两间社区大学发展到今日可以说是一区一社大。社区大学的创立见证了 90 年代台湾对教育的深切反思，从初始教育主管部门提议的社区学院与民间版本社区大学的讨论，到确立社区大学的走向与课程结构，相较于一般大学套装教育课程固化的情况，成人教育借重的是学习者本身的社会经验，并透过各种不同学科的知识学习整合，建立更为宽阔的人生与视野。看来成果虽然丰硕，但内部也仍然存在学术课程招生不易、自筹经费困难等问题。然而就整体而言，台湾社区大学仍然建立了一套强调自发、催生在地动力的成人教育形态。

无独有偶，台湾文学、文化研究在学术体系中发展到现在，除了一般大学研究所的学术发展外，亦面临到需以平易近人的面貌让台湾社会重新认识其研究成果的阶段。这项发想与社区大学要求在地经验与扩展人的知识广度的概念有所接近，因此"台湾文化导论"相关课程得以在 2011 年于永和社大尝试开课。目前已经有三年课程设计的经验与历届学员所累积的成果，希望能透过本文综合讨论台湾社区大学经营的方向与理念，并分享"台湾文化导论"课程建立的过程，使其了解社区营造与成人学习的发展成果。也冀望透过会议双方的交流，交换彼此对于成人教育与社区营造的思考，进而达到"他山之石可以攻玉"的互惠结果。

后 记

由福建师范大学、中华文化联谊会、中国艺术研究院、两岸关系和平发展协同创新中心、福建省闽南文化发展基金会、中国战略文化促进会台湾问题研究中心、福建社会科学院、海峡两岸文化发展协同创新中心共同主办，由两岸关系和平发展协同创新中心福建师范大学文化研究中心承办、文化部两岸文化研究基地协办的"第二届海峡两岸文化发展论坛"，于2014年10月25、26日在福建师范大学举行。来自北京、上海、台北、福州、厦门等地的150余位专家学者出席会议。在为期两天的研讨中，各位专家学者就"两岸文化发展的合力"展开讨论，就两岸商签文化交流协定的现实意义，两岸中小学文史音美教材的比较研究，两岸文化话语体系的交流对接，两岸传统文化认知的异同，两岸文化传统与现代的融合等议题，发表了诸多卓见，取得了丰硕的成果。

为了保存本届论坛的研讨成果，我们特将本次研讨会的部分发言稿和论文编辑成册出版，以飨读者。期待着对这些问题研究的进一步关注和深入。

编　者

2014 年 12 月 27 日